中国社会科学院创新工程学术出版资助项目

〔加纳〕理查德·弗林蓬·奥蓬 ◎ 著
（Richard Frimpong Oppong）

朱伟东 ◎ 译

英联邦非洲
国际私法

PRIVATE INTERNATIONAL LAW
IN COMMONWEALTH AFRICA

社会科学文献出版社
SOCIAL SCIENCES ACADEMIC PRESS (CHINA)

中文版序

　　当朱伟东教授邀请我为《英联邦非洲国际私法》中文版写篇序言时，我感到非常高兴。理查德·弗林蓬·奥蓬教授在 2013 年出版的《英联邦非洲国际私法》（英文）是一部扛鼎之作。此次为中文版作序不但使我有机会表达对这一重要出版事件的欣赏和支持，而且使我能够像事后诸葛亮那样重新审视我最初的序言——那是五年前我为奥蓬教授最初的英文版所写的序。

　　我在当时曾经写道：

　　　　在未来，考虑到非洲目前进行的地区一体化进程，国际私法注定会在非洲大陆获得举足轻重的地位。

　　在那个时候对非洲的地区一体化进程进行反思恰逢其时。非盟认可的八个地区性组织所从事的重要工作得到广泛认可。这段话反映了我当时坚定不移的信念：统一的国际私法原则具有分配、协调和合作功能，可以为商人和投资者带来一致性和确定性，它们在经济一体化进程中将发挥关键作用。我在 2013 年就有这种信念，今天这种信念更加坚定，并且我还深信，海牙国际私法会议制定的国际私法和法律合作文件可以为非洲国家提供现成可用的、可靠新颖的原则和机制，以推动非洲地区的法律协调和合作。海牙国际私法会议文件对于跨境货物、服务和国际投资流通发挥了积极作用，它们促进了对基本人权的保护，它们必然也会为非洲实现地区经济一体化提供一个重要的平台。

　　为释放它们在非洲的真正潜力，海牙国际私法会议文件必须得到广泛实施。此外，它们的实际运作必须连贯一致，这样国家才能从统一的国际私法规则中全面受益。自从我在 2013 年为奥蓬教授的大作作序以来，海牙国际私法会议又取得了不少进步，当然也是因为海牙国际私法会议已将吸引更多非洲国家参与该组织的工作作为其战略性优先考虑。又有三个非洲国家（突尼斯、布基纳法索、赞比亚——译者注）成为海牙国际私法会议的成员，还有一个非洲国家（纳米比亚——译者注）目前正考虑加入该组织。同时，还有许多非洲国家已成为一个或多个海牙国际私法会议公约的缔约国。当然，还有更多工作可做，而且必须做。

海牙国际私法会议要想成为真正的全球性组织，非洲国家的参与至关重要。让非洲的声音在该组织内被听到，让非洲代表团了解新公约的谈判并确保它们的利益被适当考虑，让非洲国家和其他成员分享经验、挑战和成功，是海牙国际私法会议的一个重要目标：尊重法律制度和传统的多样性。海牙国际私法会议《2019～2022年战略计划》中的"战略性优先目标3"反映了这一点，它强调需要加强该组织的普遍性和包容性，而非洲国家在国际私法和法律合作统一原则制订过程中的日益参与，可以确保海牙国际私法会议文件能更好地服务于包括非洲在内的世界所有地区。

另外，非洲国家在海牙国际私法会议中的广泛参与，也有助于非洲国家在贸易、商业、投资和人员流通领域更好地融入全球一体化进程。我坚信，经济上具有竞争力的地区性贸易和投资集团的发展仍是非洲发展的关键，它不但有利于增加地区贸易和投资的价值，也有助于非洲国家集体参与日益全球化的经济。国际上的一些最新发展使其重要性更为突出：中国富于创新的、全面的、跨越不同大洲的"一带一路"倡议为全球一体化进程提供了动力，加速了全球一体化发展。"一带一路"倡议目前涵盖了40多个非洲国家、70%以上的非洲人口，将为非洲和它的人民带来巨大利益，也必将凸显海牙国际私法会议工作的重要性。

要想抓住这一机遇，非洲国家就需要制定适当的法律制度，这不但可以在非洲国家之间实现有效、便捷的协调与合作，也有助于在非洲国家与全球性共同体之间实现有效、便捷的协调与合作。海牙国际私法会议所提供的全球性国际私法和法律合作解决方案可以提供重要帮助，它将帮助非洲国家更好地参与"一带一路"倡议，并从这一开创性的倡议中获取重要利益。为确保海牙国际私法会议提供的方案更好地满足非洲国家的需求，非洲国家需要加大参与该组织工作的力度。

朱伟东教授将奥蓬教授的大作翻译成中文并出版，将有助于非洲国家的参与进程。中文版可以使人们通过中文了解这部重要的学术著作——我曾在2013年的序言中将其描述为"填补了世界上一个重要地区的知识空白"。考虑到"一带一路"倡议在非洲的发展以及对其带来的巨大利益的认可，而且考虑到中国以及更大范围的东亚的国际私法的快速发展，朱伟东教授的努力具有重要意义，我对他的这一杰出成就表示祝贺！

克里斯托弗·贝纳斯科尼

（Christophe Bernasconi）

海牙国际私法会议秘书长

2019年12月24日

献给

玛丽·阿杰依（Mary Adjei）

妈妈，谢谢您！

序

　　《英联邦非洲国际私法》的出版是非洲国际私法历史和发展中的一个重要里程碑。它对十五个非洲国家——这十五个国家占了非洲大陆 40% 以上的人口、70% 以上的经济总量——的法律制度进行了百科全书式的分析，就世界上这一重要的地区而言，要填补一项知识空白，有很长的路要走。

　　我在海牙国际私法会议工作期间，很高兴认识了理查德·弗林蓬·奥蓬。海牙国际私法会议——"开展民商事事项跨国合作的世界性组织"——是唯一一个专门致力于国际私法研究、发展和全球统一化的政府间组织。虽然该组织起源于 19 世纪后期的欧洲大陆，但它一直致力于扩大其全球伙伴关系（目前它代表了全球 70 多个国家和所有的主要法系）。不过，遗憾的是，非洲大陆在该组织的参与度很低。目前，在英联邦非洲国家中，仅有南非和赞比亚加入了该组织，[①] 虽然其他一些国家加入了一个或多个"海牙公约"（即在海牙国际私法会议上达成的国际公约）。

　　除南非外，有关英联邦非洲国际私法问题的学术文献可谓寥若晨星，我对此深感震惊。即使存在此类文献，也只是对这一地区的国际私法问题进行粗线条式的描述。这通常给人带来这种印象，即这一地区对待国际私法问题的方式和英国普通法中对待这些问题的方式相似。英联邦非洲国家的法律制度主要建立在英国普通法基础之上。但本书所做的全面研究表明，情况并非如此。它表明英联邦非洲不但是国际私法问题不同解决方案的来源，而且是国际私法规则逐步统一化的新场所。因此，非洲国际私法值得"特别关注"，也是理所当然。

---

　　① 目前，加入该组织的非洲国家有摩洛哥、突尼斯、埃及、布基纳法索、毛里求斯、南非和赞比亚。其中南非、赞比亚和毛里求斯是英联邦非洲国家。——译者注

1

在未来，考虑到非洲目前进行的地区一体化进程，国际私法注定会在非洲大陆具有举足轻重的地位。世界上其他地区一体化进程（如欧盟、南方共同市场和东盟）的经验揭示了对国际私法问题的关注和对跨境贸易和投资之间联系的促进，更不用说对基本人权的推动了。人们只要略微关注诸如西非国家经济共同体和东非共同体等组织，就会认识到跨境司法合作机制、法院和法律选择同一规则以及判决跨境执行制度的重要性。在非洲的一些地区性组织中，一些必需的法律设施已经安排就绪，以便为这些重要的国际私法问题发展出协调化的解决方案。现在，对于那些参与这些一体化进程的决策者而言，获得精准的资料对将来需要采取的行动进行评估，比以往任何时候都更加重要。

过去几年，理查德和海牙国际私法会议建立了紧密的关系。他总是慷慨地提供有关英联邦非洲国际私法发展的信息，包括来自不同法域的判例法和评论。对于正在进行的一些项目，他也提供了很多专家观点，带来了独特的、不可缺少的非洲视角。最近，他已成为一个旨在为国际合同的法律选择制定非约束性文件（"海牙原则"）的工作组的成员。在工作组中，他与其他专家一道参与了国际私法、国际商法和国际仲裁法领域的工作。

理查德早期有关英联邦非洲国际私法问题的写作和研究，对于海牙国际私法会议正在进行的工作意义重大、作用非凡。确实，我们认为他所撰写的《海牙国际私法会议在非洲：呼吁合作》（"The Hague Conference on Private International Law in Africa: A Plea for Cooperation"，发表在《国际私法年刊》第八卷上）一文具有重要意义和价值，所以我们决定将它译成法语，并利用它来努力推动非洲国家参与海牙国际私法会议的工作。我们希望通过这种方式，不但推动英联邦非洲国家的加入，也推动法语非洲的加入。

我们一直不断努力在非洲推广海牙公约并将非洲观点纳入未来公约的制订中，在这一过程中，我深信海牙国际私法会议会从本书中获益匪浅。从长远来看，对于那些在国际私法问题领域从事研究和执业的英联邦非洲的学者、学生和法律执业人士而言，本书也会提供难以估量的参考价值。对于那些收集基本资料以评估国际私法改革——无论是国内、地区还是多边层面的——以便采取进一步行动的政府官员以及地区和国际组织来说，本书也将是必不可少的文献。

　　但是，最终从本书中获益最大的将是那些与非洲或在非洲内有跨境关系的个人和企业，这些跨境关系会涉及国际私法的不同方面。我可以肯定，本书无疑会实现其目的，即"填补当前空白"以及"对非洲现有的、调整国际商业和人身关系所必需的法律设施进行完善"。

克里斯托弗·贝纳斯科尼博士

海牙国际私法会议秘书长

前　言

"我为什么要从事冲突法这一领域的研究？"这是著名的戴西教授（A. V. Dicey）在1896年的一封信中向他的朋友布莱斯（James Bryce）提出的一个严肃问题。当我从事这一研究项目时，我丝毫没有想到它的工作量是如此巨大！

在我作为我的博士论文指导老师布罗姆（Joost Blom）教授的研究助理而在加拿大从事一项不相关的有关经济侵权的项目时，布罗姆教授运用完善的数据资料来组织有关案例，使我深受震动，并产生了如下想法，即利用他的方法在国际私法领域做一项有关非洲国家的同样的工作。在此，我要深深感谢布罗姆教授为这一项目的成功实施所作出的贡献。

本书是在不列颠哥伦比亚大学的走廊内萌芽的，但它是在其他三所大学历经五年的研究成果，它们是兰卡斯特大学、达尔豪斯大学和汤普森河大学。这些大学的贡献，尤其是它们的法律图书管理员的贡献，我时刻铭记在心。

本书由我独自完成，因此，所有责任由我一人承担。但无论是谁，如果曾经从事过如此繁重的项目——这一项目涵盖十五个国家——都会理解我对那些在不同程度上、以不同方式帮助我完成这一项目的人士的深深谢意。我要感谢所罗门（Solomon Amoateng）、丹尼（Danny Auron）、本尼迪克特（Benedict Daminabo）、马勒贝肯（Malebakeng Forere）、提艳嘉纳（Tiyanjana Mphepo）、基利（Killey Mwitasi）、丽萨（Lisa Niro）、普林斯（Prince Nyekwere）、邦茹库（Banjugu Nyangado）、奥赛－阿芙里耶法官（Justice Osei－Afriyie）、葛文（Gwen Park）、福赛斯教授（Professor Christopher Forsyth）、大卫（David McClean）、戈登（Gordon Woodman）、伊丽莎白（Elizabeth Edinger）和奥卢戈本噶（Olugbenga O. Bamodu），感谢他们作出

1

的贡献！我还要感谢舒立克（Schulich）法学院的沃恩教授（Vaughan Black），在他的精心指导下，我作为吉拉姆博士后人员（Killam Postdoctoral Fellow）完成了本书的部分章节。他的支持使我获得了这一职位和研究项目所需要的充足经费，而他对本项目鞭辟入里的评论，给这一项目增色不少。同样，我还要感谢海牙国际私法会议秘书长贝纳斯科尼博士，感谢他对本项目的支持。

如果没有家人的大力支持，本书也不可能完成。我要对我的妻子乔伊斯（Joyce Okofo Adjei）和我的"女孩们"玛丽（Mary Adjei）和佐伊（Zoe Oppong Serwaa）表示衷心的感谢。乔伊斯经常会问"瑞奇（Rich），这就是你在做的项目吗？"她的提问总是使我想起戴西的话，并提醒我尽快将书出版，以摆脱"我们的困境"。娜娜（Nana Ama），希望你在知道这本书已确实出版后，能够欢欣鼓舞！为了本书的写作，玛丽和佐伊减少了和我玩耍的时间，这才确保这本书能早一点来到世上！

我要感谢剑桥大学出版社的工作人员，包括费诺拉（Finola O'Sullivan）、伊丽莎白（Elizabeth Spicer）、阿曼达（Amanda George）、玛丽（Mary O'Hara）、克里斯蒂娜（Christina Sarigiannidou）以及索菲（Sophie Rosinke），他们使本书的出版成为可能。我还要感谢加拿大吉拉姆信托（Killam Trusts）和英国社会科学院（British Academy）为我提供的慷慨的经济支持，前者资助我在达尔豪斯大学完成了博士后研究，后者资助我完成了本项目的前期资料收集工作。

理查德·弗林蓬·奥蓬博士
加拿大不列颠哥伦比亚坎普鲁斯
2013 年 5 月 4 日

目录
CONTENTS

第五部分 财产、继承和遗产管理

第六部分 外国判决与仲裁裁决

第七部分　国际民事程序

案例表

博茨瓦纳

冈比亚

Theresa Saidie v. *Saika Saidy* (1974) 18 *Journal of African Law* 190　279

加　纳

Delmas America Africa Line Inc. v. *Kisko Products Ghana Ltd* [2005 – 6] SCGLR
75   155

Eboe v. *Eboe* [1962] 1 GLR 453   51, 52, 53

Edusei v. *Diners Club Suisse SA* [1982 – 3] GLR 809   49, 54, 460

Ekem v. *Nerba* (1948 – 51) Ghana DC (Land) 40   291

Elliot v. *King* [1966] GLR 654   291

Fan Milk Ltd v. *State Shipping Corp.* [1971] 1 GLR 238   93

Farmex Ltd v. *Royal Dutch Airlines* [1987 – 8] 2 GLR 650   135

Fattal v. *Fattal* [1999 – 2000] 1 GLR 331   92, 132

Fink v. *Coelho* [1999 – 2000] 2 GLR 166   236, 240

Garcia v. *Torrejoh* [1992] 1 GLR 143   113, 132

Garrett v. *Garrett* [1991] 1 GLR 32   261, 292

Gatco Chempharam v. *Pharmdex (GH) Ltd* [1999 – 2000] 2 GLR 262   459

Ghamson v. *Wobill* (1947) 12 WACA 181   291

Ghana Ports and Harbours Authority v. *Issoufou* [1993 – 4] 1 GLR 24   155

Godka Group of Companies v. *PS International Ltd* [1999 – 2000] 1 GLR 409
13, 14, 132

Gordon v. *Essien* [1992] 1 GLR 232   298

Grinaker – LTA Ltd v. *Stype Investment Ltd*, Suit No. 34/2006 (High Court, Ghana, 2006) 398, 400

Grippman v. *Nigerian Airways* [1992] 2 GLR 80   134

Hungarotex Foreign Trading Co. v. *Boateng* [1984 – 6] 1 GLR 611   154, 155

Huzaifeh v. *Saba* [1939] 5 WACA 181   13

In re. Asante (Deceased); *Asante* v. *Owusu* [1992] 1 GLR 119   248

In re. Canfor (Deceased); *Canfor* v. *Kpodo* [1968] GLR 177   13

In re. Kariyavoulas (Deceased); *Donkor* v. *Greek Consul – General* [1973] 2 GLR
52   23, 183, 309

In re. Larbi (Deceased); *Larbi* v. *Larbi* [1977] 2 GLR 506   291

In re. Lartey (Deceased); *Lartey* v. *Affutu – Lartey* [1972] 2 GLR 488   280,
298, 308

肯尼亚

D. P. Bachheta v. *Government of the United States of America* [2011] eKLR 132

DTH Jethwa v. *Mulji Bhanji* [1939] 6 EACA 28   317, 352

Ebramji v. *Jivanji* [1917 – 18] KLR 89   322

EMS v. *Emirates Airlines* [2012] eKLR 135

Ender v. *Ender* [2008] 2 EA 105   29, 192

Farrab Inc. v. *Brian John Robson* [1957] EA 441   459

Fasco Trading Co. Ltd v. *Goodearth Ltd* [2000] LLR 1236   459

Fatuma Binti Athuma v. *Ali Baka* [1917 – 1918] KLR 171   199

Field v. *Field* [1964] EA 43   30

Fonville v. *Kelly III* [2002] 1 EA 71, [1995] LLR 2636   94, 435

Friendship Container Manufacturers Ltd v. *Mitchell Cotts Ltd* [2001] 2 EA 338,
    [1995] LLR 1282   95, 108

Gathuna v. *African Orthodox Church of Kenya* [1982] KLR 1, [1982] LLR
    1205   313

Georgina Ngina v. *Inter Freight East Africa Ltd* [2006] eKLR 54

Gerard Killeen v. *International Centre of Insect Physiology and Ecology* [2005] 1
    KLR 718   115

Glencore Grain Ltd v. *TSS Grain Millers Ltd* [2002] KLR 1   409, 417

Glencore Grain Ltd v. *TSS Grain Millers Ltd* [2012] eKLR 420

Gulam Fatuma v. *Gulam Mahomed* [1917 – 18] KLR 30   192

Gulam Mahomed v. *Gulam Fatima* [1917 – 18] KLR 102   199

Jusab v. *Gamrai* [2009] 1 EA 164   40

Healthwise Pharmaceuticals Ltd v. *Smithkline Beecham Consumer Healthcare Ltd*
    [2001] LLR 1279   459, 461

Herman Phillip Steyn v. *Charles Thys* [2011] eKLR 367

His Majesty's Principal Secretary of State for the Colonies v. *Deutsche Ost – Afrika
    Linie* [1906 – 8] KLR 74   56

Ijaz Hussein Gan Ijee v. *Hussein M Aideed* [2005] eKLR 114

In re. AARE (A Child) [2005] eKLR 222

In re. an application by Barbara Simpson Howison [1959] EA 568   183

［2006］eKLR 108，258

Parmex Ltd v. *Austin & Partners Ltd* ［2006］eKLR 459

Pastificio Lucio Garofalo SPA v. *Security & Fire Equipment Co.* ［2001］KLR
   483   445

Patel v. *Bank of Baroda* ［2000］LLR 3413   365

Patel v. *Bank of Baroda* ［2001］EA 189，［2000］LLR 3491   368

Patel v. *Mart* ［1954］27 KLR 40   56

Paul Donnebaum v. *Kurt Mikolaschek* ［1966］EA 25   56

Pioneer General Assurance Society Ltd v. *Zulfikarali Nimji Javer* ［2006］eKLR 367

Premchand Raichand Ltd v. *Quarry Services of East Africa Ltd* ［1969］EA 514   445

Rage Mohammed Ali v. *Abdullahim* ［2005］eKLR 150

Raytheon Aircraft Credit Corp. v. *Air Al – Faraj Ltd* ［2005］2 KLR 47   94，107，
   347

Re. Ghelani Impex Ltd ［1974］1 EA 532   397，401

Re. Ghelani Impex Ltd ［1975］1 EA 197   397，401

Riddlesbarger v. *Robson* ［1958］EA 375   54，150

Rift Valley Textiles v. *Cotton Distributors Inc.* ［1976 – 85］1 EA 505   95

Ronning v. *Société Navale Chargeurs Delmas – Vieljeux* ［1976 – 85］1 EA 513
   95

SC Baxi v. *The Bank of India Ltd* ［1966］EA 130   104

Schiratti v. *Schiratti* ［1976 – 80］1 KLR 870   30，192

Shabbir Ali Jusab v. *Anaar Osman Gamrai* ［2009］eKLR 241

Shadi Ram Mohindra v. *BC Mohindra* ［1954］KLR 89   8

Shah v. *Aperit Investments SA* ［2002］KLR 1   126

Shah v. *Shah* ［1981］LLR 1206   459

Singh v. *Singh* ［1936 – 7］17 KLR 82   331，334

Singh v. *Singh* ［1954］27 KLR 62   433

Singh v. *Singh* ［1955］28 KLR 50   258

Society of Lloyd's v. *Larby* ［2004］LLR 5919   367

Ssebaggala v. *Kenya National Shipping Line Ltd* ［2000］LLR 931   368

莱索托

马拉维

纳米比亚

尼日利亚

115, 116

Omotunde v. *Omotunde* [2001] 9 NWLR 252　32, 41, 194

Onikepe v. *Goncallo* [1900] 1 NLR 41　182

Oshevire v. *British Caledonia Airways Ltd* [1990] 7 NWLR 489　135

Oshodi v. *Oshodi* [1963] 2 All NLR 214　199

Osibamowo v. *Osibamowo* [1991] 3 NWLR 85　32, 194

Overseas Union Insurance Ltd v. *Marine & General Assurance Co. Plc* [2001] 9
　NWLR 92　373

Owners of the MV 'Arabella' v. *Nigeria Agricultural Insurance Corp.* (2008) 2
　All NLR 491　57, 67

Owners of the MV Lupex v. *Nigeria Overseas Chartering and Shipping Ltd* [2003]
　15 NWLR 469, [2003] 43 WRN 123　99

Pan African Bank Ltd v. *Ede* [1998] 7 NWLR 422　157

Peenok Ltd v. *Hotel Presidential Ltd* (1982) 12 SC 1 16

Prospect Textiles Mills (*Nig*) *Ltd* v. *ICI* [1996] 6 NWLR 668 157

Resolution Trust Corp. v. *FOB Investment & Property Ltd* [2001] 6 NWLR 246　97

Rhein Mass Und See Schiffahrskontor Gmbh v. *Rivway Lines Ltd* (1998) All NLR
　565, [1998] 5 NWLR 265　10

Ritz & Co. KG v. *Jechno Ltd* [1999] 4 NWLR 298　127

Saeby Jernstoberi Maskinfabric A/S v. *Olaogun Enterprises Ltd* [2001] 11 WRN
　179　127, 156, 157

Salzgitter Stahl GmbH v. *Aridi Industries* (*Nigeria*) *Ltd* [1996] 7 NWLR 192
　157, 165

Savannah Bank of Nigeria Ltd v. *Starite Industries Overseas Corp.* [2001] 1
　NWLR 194　157

Shona – Jason Nigeria Ltd v. *Omegar Air Ltd* [2005] WRN 123, [2006] 1
　NWLR 1　374

Shyngle v. *Shyngle* [1923] NLR 94　194

Sonnar (*Nigeria*) *Ltd* v. *Partenreedri MS Nordwind* [1985] 3 NWLR 135　98

Sonnar (*Nigeria*) *Ltd* v. *Partenreedri MS Nordwind* [1987] 1 All NLR (Part I)

塞拉利昂

南　非

（1） SA 6　182

National Coalition for Gay and Lesbian Equality v. *Minister of Home Affairs* 2000
　　（2） SA 1　182

Naville v. *Naville* 1957 （1） SA 280　33

Naylor v. *Jansen* 2006 （3） SA 546　79

Newmarch v. *Newmarch* 1950 （3） SA 591　437

NF v. *MC*，Case No. 17845/2012 （High Court，South Africa，2012） 242

Nicol v. *Nicol* 1948 （2） SA 613　33

Njikelana v. *Njikelana* 1980 （2） SA 808　79

Numill Marketing CC v. *Sitra Wood Products Ltd* 1994 （3） SA 460　76

Nusca v. *Nusca* 1995 （4） SA 813 79

Ocean Commodities Inc. v. *Standard Bank of SA Ltd* 1978 （2） SA 367　17, 25

O'Mant v. *O'Mant* 1947 （1） SA 26　33

Orion Pacific Traders Inc. v. *Spectrum Shipping Ltd* 2006 （2） SA 586　81

Owners，*Cargo Lately Laden on Board MV Kairos* v. *MV Alka* 1994 （4） SA
　　622　108

Parkin v. *Government of the RepubliqueDemocratique du Congo* 1971 （1） SA259
　　77, 119

Parry v. *Astral Operations Ltd* ［2005］ 10 BLLR 989　102

Pennello v. *Pennello* 2004 （3） SA 100　242

Pennello v. *Pennello* 2004 （3） SA 117　242

Phelan v. *Phelan* 2007 （1） SA 483　5, 203

Phoenix Shipping Corp. v. *DHL Global Forwarding SA （Pty） Ltd* 2012 （3） SA
　　381　412

Pink v. *Pink* 1957 （4） SA 41　203

Pitluk v. *Gavendo* 1955 （2） SA 573　187

Polysius （Pty） Ltd v. *Transvaal Alloys （Pty） Ltd* 1983 （2） SA 630
　　102, 148

Portion 20 of Plot 15 Athol （Pty） Ltd v. *Rodrigues* 2001 （1） SA 1285　119

Potgieter v. *British Airways Plc* 2005 （3） SA 133　135

SA 295 76

Tick v. *Broude* 1973 (1) SA 462 78

Tomlinson v. *Zwirchmayr* 1998 (2) SA 840 281

Toumbis v. *Antoniou* 1999 (1) SA 636 33

Towers v. *Paisley* 1963 (1) SA 92 80

Tradex Ocean Transportation SA v. *M V Silvergate* 1994 (4) SA 119 342

Transnet Ltd v. *Owner of the MV 'Alina II'* [2011] 4 All SA 350 79

Transol Bunker BV v. *MV Andrico Unity* 1987 (3) SA 794 9

Transol Bunker BV v. *MV Andrico Unity* 1989 (4) SA 325 9

Transvaal Alloys (Pty) Ltd v. *Polysius (Pty) Ltd* 1983 (2) SA 630 415

Transvaal Lewendehawe Kooperasie Bpk v. *Van Wyk* [1984 – 7] 4 BSC 228 326, 333

Tropic Plastic and Packaging v. *Standard Bank of South Africa* 1969 (4) SA 108 174

Tsung v. *Industrial Development Corp. of SA Ltd* 2006 (4) SA 177 80

Tulip Diamonds FZE v. *Minister of Justice and Constitutional Development* [2012] All SA 401 444

Tulip Diamonds FZE v. *Minister for Justice and Constitutional Development*, CCT 93/12 (Constitutional Court, South Africa, 2013) 444

Ultisol Transport Contractors Ltd v. *Bouygues Offshore* 1996 (1) SA 487 262

Uniroyal Inc. v. *Thor Chemical SA (Pty) Ltd* 1984 (1) SA 381 75, 256

Utah International Inc. v. *Honeth* 1987 (4) SA 145 80

Van As v. *Appollus en Andere* 1993 (1) SA 606 101

Van der Walt Business Brokers (Pty) Ltd v. *Budget Kilometers* 1999 (3) SA 1149 80

Van Rensburg v. *Ballinger* 1950 (4) SA 427 33

Van Rooyen v. *Van Rooyen* 1999 (4) SA 435 237

Van Ryneveld v. *Paxinos* 1964 (3) SA 754 78

Van Zyl v. *Van Zyl* 1961 (3) SA 472 438

Vanda v. *Mbuqe* 1993 (4) SA 93 459

斯威士兰

De Hart v. *Kleynhans* [1963 – 9] Sw. LR 373   81

Ex p. Groenewoud [1963 – 9] Sw. LR 65   127

Mamba v. *Mamba*, Case No. 1451/09 （High Court, Swaziland, 2011）
203, 377

Marques v. *Marques* [1979 – 81] Sw. LR 200   240

Molly Kiwanuka v. *Samuel Muwanga*, Civil Case No. 1506/98 （High Court,
Swaziland, 1999）81

Princess Nomcebo Dlamini v. *Executive Financial Consultants Group*, Case No. 4/
2011 （High Court, Swaziland, 2011）103

Southern Textiles (*Pty*) *Ltd* v. *Taga Investments*, Civil Case No. 4223/2007
（High Court, Swaziland, 2009）18

Standard Bank of Swaziland Ltd v. *Cassamo* [1979 – 81] Sw. LR 247   81

Winters v. *Winters* [1970 – 6] Sw. LR 49   196

坦桑尼亚

Abdalla Hamid Mohamed v. *Jasnena Zaludova* [1983] TLR 314   196

Attorney General v. *Sisi Enterprises Ltd* [2007] 2 EA 33   160

Auto Garage Ltd v. *Motokov* [1972] 1 ALR Comm. 17   19

Beysne v. *Republic of Romania* [2000] 2 EA 322   120

Bolton v. *Salim Khambi* [1958] EA 360   303

Continental Agencies v. *AC Berrill* [1971] EA 205   160

East African Development Bank v. *Blueline Enterprises Ltd*, Civil Appeal No. 110 of
2009 （Tanzania, Court of Appeal, 2011）120, 124

Everard v. *Everard* [1953 – 7] 2 TLR 375   196

FX Oliso – Emosingoit v. *East African Community* [1982] TLR 155   378,
379, 392

Gordon v. *Gordon* [1965] EA 87   34

Hasumati Chhaganlal v. *Gulamali* [1983] TLR 320 185

Humphrey Construction Ltd v. *Pan African Postal Union*, Misc. Comm. Case No. 8

乌干达

ganda, 2005) 227

In re. Sir John Bagaire [1995] Kam. LR 681 380

In the matter of Deborah Joyce Alitubeera & Richard Masaba (*infants*), Civil Appeal No. 70 of 2011 (Court of Appeal, Uganda, 2012) 227

In the Matter of Iren Najjuma, HCT – 00 – FD – FC – 079 – 2009 (High Court, Uganda, 2009) 229

In the Matter of Michael, an Infant, HCT – 00 – FD – FC – 072 – 2009 (High Court, Uganda, 2009) 229

Interfreight Forwarders (*U*) *Ltd* v. *East African Development Bank*, Civil Appeal No. 33 of 1992 (Supreme Court, Uganda, 1993) 160

JK Patel v. *Spear Motors Ltd* [1993] Kam. LR 145 160

JK Patel v. *Spear Motors Ltd* [1993] 1 Kam. LR 40 160

Joy Kiggundu v. *Horace Awori* [2001] Kam. LR 374 42, 197

Jubilee Insurance Co. v. *Krediet Geneve Inc.* [2002] Kam. LR 560 460

Kanji Naranji Lakhani v. *Salim Mohamed Bin Name* [1960] EA 358 143

Katatumba v. *Uganda Cooperative Transport Union Ltd* [1994] V Kam. LR 138 160

Kenya Airways Ltd v. *Ronald Katumba*, Civil Appeal No. 43 of 2005 (Court of Appeal, Uganda, 2006) 135

Keshavlal Bhoja v. *Tejalal Bhoja* [1967] 1 EA 217 304

Larco Concrete Products Ltd v. *Transair Ltd*, *Civil Appeal* No. 3 of 1987 (High Court, Uganda, 1986) 104, 105

M/S Untorom Ltd v. *M/S Kawsi & Co.* [1992] Kam. LR 109 460

National Social Security Fund v. *Alcon International Ltd*, Civil Appeal No. 02 of 2008 (Court of Appeal, Uganda, 2009) 105

National Social Security Fund v. *Alcon International Ltd*, Civil Appeal No. 15 of 2009 (Supreme Court, Uganda, 2013) 414

Nawangwe Marina v. *Nawangwe Barnabas* [2004] Kam. LR 495 197

Nelson Dhibikirwa v. *Agro Management* (*U*) *Ltd*, Misc. Application No. 651 of 2010 (High Court, Uganda, 2012) 120, 124

赞比亚

津巴布韦

Riseley v. *Watt* 1965 （2） SA 664, ［1965］ RLR 82　82, 83, 437

Roberts v. *Air Zimbabwe Corp.* 2003 （1） ZLR 223　135

Secretary of Justice v. *Parker* 1999 （2） ZLR 400　242, 244

Siwela Holdings （Pvt） Ltd v. *Nyirongo* 1985 （1） ZLR 58　386

Smith v. *Smith* 1962 R & N 469, 1962 （3） SA 930　36

Smith v. *Smith* 1970 （1） SA 146　36

Stanmarker Mining （Private） Ltd v. *Metallon Corp. Ltd*, HC 919/03 （High Court, Zimbabwe, 2003） 82

Stanmarker Mining （Pvt） Ltd v. *Metallon Corp. Ltd* 2004 （1） ZLR 45　82, 83

Steinberg v. *Cosmopolitan National Bank of Chicago* 1973 （3） SA 885　343, 344

Steinberg v. *Cosmopolitan National Bank of Chicago* 1973 （4） SA 564　321, 325, 327, 328

Taylor v. *Taylor* 1952 （4） SA 279 238

Timms v. *Nicol* ［1967］ RLR 386　9, 147

Vehicle Delivery Services （Zimbabwe） （Private） Ltd v. *Galaun Holdings Ltd*, HC 8191/2002 （High Court, Zimbabwe, 2003） 386

Voicevale Ltd v. *Freightlink （Malawi） Ltd* 1987 （2） ZLR 22　83

Walker v. *Industrial Equity Ltd* 1995 （1） ZLR 87　20

Walls v. *Walls* 1996 （2） ZLR 117　206

Watergate （Pvt） Ltd v. *Commercial Bank of Zimbabwe*, Judgment No. SC 78/05 （Supreme Court, Zimbabwe, 2006） 161

Westwood v. *Westwood* 1997 （1） ZLR 295　89

X & Y （Pvt） Ltd v. *Z* 1974 （1） SA 195, 1973 （2） RLR 178　83

Zendera v. *McDade* 1985 （2） ZLR 18　460

Zimbabwe Development Bank v. *Zambezi Safari Lodges （Pvt） Ltd*, HC 703/2003 （High Court, Zimbabwe, 2006） 161

Zimbabwe Electricity Supply Authority v. *Maposa* 1999 （2） ZLR 452　414, 415, 417

非英联邦非洲国家

其他国家的案例

缩略语表

法律报告

ALR	African Law Reports (Commercial Series)
ALR Mal.	African Law Reports (Malawi Series)
All NLR	All Nigeria Law Reports
BLLR	Butterworths Labour Law Reports
BLR	Botswana Law Reports
BSC	Bophuthatswana Law Reports
Div. Ct.	Gold Coast Divisional Court Reports
EA	East Africa Law Reports
EAP LR	East African Protectorate Law Reports
EACA	East African Court of Appeal Reports
eKLR	Electronic Kenya Law Reports
FNLR	Federation of Nigeria Law Reports
FSC	Federal Supreme Court (Nigeria)
GBR	Ghana Bar Reports
GLR	Ghana Law Reports
GR	Gambia Law Reports
ILR	International Law Reports
KLR	Kenya Law Reports
Kam. LR	Kampala Law Reports
LAC	Lesotho Appeal Cases
LLR	LawAfrica Law Reports

LLR – LB	Lesotho Law Reports and Legal Bulletin
LRC Comm.	Law Reports of the Commonwealth, Commercial Law Division
LRNR	Law Reports of Northern Rhodesia
MLR	Malawi Law Reports
NCLR	Nigeria Commercial Law Reports
NR	Namibia Law Reports
NWLR	Nigeria Weekly Law Reports
R & N	Rhodesia and Nyasaland Law Reports
Ren.	Renner's Reports
RLR	Rhodesian Law Reports
SA	South Africa Law Reports
SC	Supreme Court Reports (Nigeria)
SCGL	Supreme Court of Ghana Law Reports
SLJR	Sudan Law Journal and Report
SLR	Sudan Law Reports
Sw. LR	Swaziland Law Reports
TLR	Tanzania Law Reports
WACA	West African Court of Appeal
WALR	West African Law Report
WRN	Weekly Reports of Nigeria
ZLR	Zimbabwe Law Reports
ZR	Zambia Law Reports

著 作

James Facwcett and Janeen M. *Carruthers*, *Cheshire*, *North & Fawcett Private International Law*, 14th edn (Oxford University Press, 2008) [Hereinafter, *Cheshire*, *North & Fawcett*]

Lord Collins of Mapesbury et al. (eds.), *Dicey*, *Morris and Collins on the Conflict of Laws*, 15th edn (London: Sweet & Maxwell, 2012) [Hereinafter, *Dic-*

ey, Morris & Collins]

Christopher Forsyth, *Private International Law – the Modern Roman Dutch Law including the Jurisdiction of the High Courts*, 5th edn (Lansdowne: Juta & Co Ltd, 2012) [Hereinafter, Forsyth]

引　言

　　我们应集思广益，博采众长，以便为相关个人实现公正。但我们没必要盲从外国对国际私法问题采取的解决方案或方法；我们没必要像风向标一样随国外吹来的风儿左摇右摆。真正的问题是，我们面临的挑战是资料的稀缺和关注的匮乏。

——克里斯托弗·福赛斯（C. Forsyth）①

　　本书是关于英联邦非洲国际私法或冲突法的。② 用学术话语来说，这是一项比较国际私法的研究。我也希望它成为实务人士的有关非洲国际私法问题的指南——这只是第一步。本书对十五个国家——博茨瓦纳、冈比亚、加纳、肯尼亚、莱索托、马拉维、纳米比亚、尼日利亚、塞拉利昂、南非、③ 斯威士兰、④ 坦桑尼亚、乌干达、赞比亚和津巴布韦⑤（后文简称"所研究的国家"）——的法律进行了考察。⑥

---

① 'The Provenance and Future of Private International Law in Southern Africa' 2002 *Journal of South African Law* 60 at 68.

② 有关英联邦的、同样具有比较性的文献，see Vaughan Black, *Foreign Currency Claims in the Conflict of Laws* (Oxford: Hart Publishing, 2010); J. D. McClean, *Recognition of Family Judgments in the Commonwealth* (London: Butterworths, 1983); Keith W. Patchett, *Recognition of Commercial Judgments and Awards in the Commonwealth* (London: Butterworths, 1984); Horace Emerson Read, *Recognition and Enforcement of Foreign Judgments in the Common Law Units of the British Commonwealth* (Cambridge: Harvard University Press, 1938).

③ 南非在所研究的国家内也许拥有最古老和最先进的法律报告制度。在本书中，我关注的很多案例来自 1947 年至今的《南非法律报告》。

④ 在本书中，斯威士兰的文献最少，我不能从该国获得有关立法和法律的报告。

⑤ 本书写作时，津巴布韦还不在英联邦内，但我把它纳入本研究中。

⑥ 本书会偶尔提及来自利比里亚、索马里和苏丹的陈旧案例，这些国家的冲突法在历史上曾直接或间接受到英国普通法的影响。除作者提到的 14 个国家外，英联邦非洲国家还有喀麦隆、塞舌尔、卢旺达、莫桑比克和毛里求斯。——译者注

国际私法处理的是具有涉外因素的案件。基于一些原因，非洲为这一课题的研究提供了一个有趣但尚未开发的领域。目前，为扩大非洲内部的国际经济活动，人们采取了广泛的努力。例如，为促进贸易、投资和人员的自由流通，多层次的、地区性的经济一体化安排①层出不穷，单边国内措施也应接不暇。一些非洲国家的人民为了寻求更好的生活，摆脱本国的内乱，大量涌入其他非洲国家。对于推动国际商业活动、调整跨国人身关系并从而促进一国经济发展所必需的法律设施而言，国际私法是其中的一个重要部分。但是，由于非洲以前国际商业交往程度较低，过去外国人流入非洲国家的数量较少，还很少有人关注健全的国际私法制度对经济发展所起的作用。总之，可以说，非洲的国际私法制度还在发展之中，但很多未决事项（res nova）会越来越多地需要它来解决。

非洲国际私法的研究、学习和实践已经落后，这可以从整个大陆学术文献的缺失上看出来。实际上，非洲所有私法部门如合同和侵权也面临同样的情形。从历史角度来看，对非洲国际私法的关注直到 20 世纪 70 年代后期才开始出现。从那以后，《非洲法律报告商法系列》（*The African Law Reports Commercial Series*）和《英联邦法律报告》（*Commonwealth Law Reports*）开始经常报道非洲的国际私法案例。有关非洲国际私法的论文也在主流期刊上出现。不过，相关专著却凤毛麟角，而且它们主要关注的是内部法律冲突问题——因许多非洲国家存在多元性质的法律体系而产生的问题。目前可以肯定，只有在南非，国际私法才得到系统的学术关注。非洲现有的有关这一领域的文献大多已经过时，涵盖的法域极不均衡，而且它们往往只是关注某一个国家。此外，也没有人试图去完成一部真正的以非洲人为基础的或被非洲人所影响的国际私法论著，或者说一部从非洲获取主要法律资料（判例法、立法和学术评论）、旨在应对非洲大陆现在正面临的挑战的论著，同时它又不低估非洲大陆以外的其他材料的重要性。非洲大陆现在面临的挑战包括地区经济一体化、国际贸易和投资的提升、移民、全球

---

① Richard F. Oppong, *Legal Aspects of Economic Integration in Africa* (Cambridge：Cambridge University Press，2011).

化和法律多元。

　　尽管非洲国际私法发展缓慢，但它已具有一门新兴研究课题的所有特征。《国际私法年刊》（*Yearbook of Private International Law*）的编辑指出，就国际私法的研究而言，非洲"是一个充满前景的大陆"。该年刊 2007 年卷所登载的非洲国际私法案例发展史在前言中被认为是"独一无二的"，值得"特别关注"。近来，有关非洲国际私法不同问题的论文已在一些主流期刊上发表。这些论文满足了国际上日益增长的、对非洲国际私法知识的需求。例如，英国权威的国际私法著作——《戴西、莫里斯和考林斯论冲突法》（*Dicey，Morris & Collins on Conflict of Laws*）——引用了很多来自非洲的最新案例。另外，有关非洲冲突法的论文也经常出现在《国际私法杂志》（*Journal of Private International Law*）上，《美国比较法杂志》（*American Journal of Comparative Law*）最近也发表了一篇有关在非洲法学杂志上发表的国际私法论文文献综述。① 所有这些都表明了国际上对非洲国际私法的日益关注。

　　非洲国际私法的发展在当下受到许多限制，特别是相关论著还十分缺乏，案例、立法和评论还难以获取。希望了解所研究的对象国的国际私法问题的法律执业者、学者或政策制定者将会惊讶地发现，有关这一领域的资料竟是如此稀缺。本书的目的是填补目前的这一空白，对非洲现有的、调整国际商业和人身关系所必需的法律设施进行完善。

　　撰写这样一本涵盖十五个非洲国家、涉及将来可能会快速发展的学科的著作，② 无疑是巨大的挑战。这些挑战包括资料的获取以及采用何种方法——既能吸引不同的读者（法律执业者、学者、研究人员、学生、法律和政策制定者以及机构），又能便于不断更新以反映所研究的国家的法律变化。因此，本书所采用的方法既要考虑实际，也要满足实用的需要：它要在满足不同读者需求与便于将来修订和更新之间实现一种平衡。

---

① Richard Frimpong Oppong, 'Private International Law Scholarship in Africa（1884－2009）– A Selected Bibliography'（2010）58 *American Journal of Comparative Law* 319.

② Richard Frimpong Oppong, 'Private International Law in Africa：The Past，Present and Future'（2007）55 *American Journal of Comparative Law* 677.

本书是围绕一些宽泛主题或问题予以组织的。每章开始都有一个有关本章内容的简要说明。这些介绍主要是针对那些不太了解国际私法问题的读者。① 根据每章主题，有的还分成几节。在每一主题下，按照字母顺序安排了针对不同国家的报告，每一个报告后面附有相应的评论。② 每一国家的报告只是对该国法律或法律原则的陈述，并由权威材料予以支撑（包括成文法和判例法）。在报告中无意对它们进行评论或分析——这些内容都保留在评论部分。换句话说，国家报告关注的是法律是什么。现有案例和立法的性质表明，在每一主题下，案例和成文法可能涉及同一问题的不同方面。当分析同一问题的相同方面时，一个突出的现象是，在所研究的国家内相关法律存在很大程度的相似性。这种现象造成的后果就是，本书的有些部分似乎是重复的。不过，读者应该认识到，实际上本书是"一个护封中的十五本书"（fifteen books in one jacket）！如果放在一起阅读，国家报告就提供了一个对某一特定问题的全面分析；如果单独阅读，每一份国家报告所涉及的内容就不是那么完整。③ 确实，对于一些主题，我可能还没有找到某些国家任何相关的已决案例或成文法，在这些国家还没有相应的法律报告。时间和篇幅也不允许对每一国家的法律都进行详尽的分析，或对每一个案例和成文法进行详尽的探讨。我在评论部分试图对国家报告进行总结，并对法律方面的某些重要内容进行分析。评论通常关注的是法律中的异同、空白、不足和矛盾以及改革。

　　由于本书的组织方式，那些希望了解某一具体国家法律的读者，或那

---

① 　总体而言，本书不应被作为"教材"阅读。在很大程度上，它以读者已有的相应国际私法知识为前提，主要目的是帮助那些已掌握此类知识、希望了解某一国家有关某一具体问题的具体做法的人。

② 　在一些主要由相似内容的立法占主导地位的领域，如有关允许域外送达的理由、婚姻事项的管辖权以及根据成文法对外国判决和仲裁裁决的承认与执行等，我没有采用这种方法。在这些领域，相同的成文法规定都在内容中进行了分析，而具有相关立法的国家只是在脚注中列举出来。

③ 　在已决案例中，两本经常被引用的外国著作——特别是更旧的版本——是《戴西、莫里斯和考林斯论冲突法》以及《戚希尔、诺斯和福赛特国际私法》。对于一些未决问题，这两本书可以作为说服性渊源，特别是在冈比亚、加纳、肯尼亚、马拉维、尼日利亚、塞拉利昂、坦桑尼亚、乌干达和赞比亚。有关莱索托、纳米比亚、南非、斯威士兰和津巴布韦的情况，可参考 Christopher F. Forsyth, *Private International Law: The Modern Roman-Dutch Law including the Jurisdiction of the High Court*, 5th ed. （Juta & Co, 2012）。

些对更为普遍的、比较性的知识感兴趣的读者，都能够容易地找到自己想要的内容。不过，考虑到这本书因范围过大而存在的限制，本书的很多内容在很多情况下只是抛砖引玉，希望能引导读者走向更深入的研究。①

---

① 关于一些最近的、关注某一国家的更为详尽的著作，see Richard Frimpong Oppong, *Private International Law in Ghana* (Kluwer Law International, 2012); Elsabe Schoeman & Christa Roodt, 'South Africa', in Bea Verschraegen (ed.), *Private International Law* in Roger Blanpain (Gen. Ed.), *International Encyclopedia of Law* (Kluwer Law International, 2007); I. O. Agbede, 'Nigeria', B. Verschraegen (ed.), *Private International Law* in Roger Blanpain (gen. ed.), *International Encyclopedia of Law* (Kluwer Law International, 2004); Christian Schulze, *On Jurisdiction and the Recognition and Enforcement of Foreign Money Judgments* (2005); Christopher F. Forsyth, *Private International Law: The Modern Roman-Dutch Law including the Jurisdiction of the High Court*, 5 ed. (Juta & Co, 2012); John Kiggundu, *Private International Law in Botswana, Cases and Materials* (Gaborone: Bay Publishing Ltd, 2002).

第一部分　基本问题

第一章
法律选择中的概念性问题

　　法律选择过程中经常会遇到十分难懂而且高度技术性的问题。法官在确定适当的法律选择规范从而以查明所适用的法律前，可能不得不首先确定需要处理的问题的法律性质。对于构成法律选择规范一部分的类别（category）的范围可能还存在不确定性。法律选择规范本身可能清晰而确定，但在特定案件中所争议的事项是否可归属于该法律选择规范所适用的类别的范围内则可能不会一目了然。法官必须要确定，某些特定事实或某一法律规范所产生的是婚姻的财产后果问题还是继承问题，或者它涉及一项违约诉讼还是侵权诉讼。这就是定性或识别领域。

　　除了主要问题外，国际私法案件还可能会出现附带问题，它也需要有自己的法律选择规范来作出相应的处理。这就是先决问题的内容。此外，在一些案件中，对所适用的法律的选择会引出进一步的问题：所适用的"法律"意味着什么？它是指一国的内国法（internal law）还是也包括该国的国际私法规范？如果它包括一国的国际私法规范，这些规范又指引法官去适用另一国的法律，又会出现什么结果？这种将一国法律指向另一国法律的绵延过程属于反致（renvoi）的范围，它是由法律选择规范歧异所产生的结果。最后，一项涉外诉讼的所有方面并非都适用外国法——一些事项被作为程序问题对待，从而适用法院地法（lex fori），另一些事项被认为是实体问题，从而适用准据法（lex causae）。因此，在确定所适用的法律时，实体和程序的区分就显得尤为重要。上述这些内容就是本章的主题。

第一节　识别、先决问题和反致

一　博茨瓦纳

博茨瓦纳所承认的外国判决书如果援用了博茨瓦纳法律，它就指的是博茨瓦纳的全部法律，包括它的国际私法。在一个离婚判决中，坦桑尼亚法院指示位于博茨瓦纳的婚姻财产应根据"博茨瓦纳的法律"进行分配。配偶双方的住所都在坦桑尼亚。根据博茨瓦纳国际私法，在不存在特殊情形时，婚姻财产（动产和不动产）的分配应适用当事人的住所地法。博茨瓦纳法院认为，坦桑尼亚离婚判决所指向的博茨瓦纳法律包括博茨瓦纳的国际私法，因此，当事人位于博茨瓦纳的财产应根据坦桑尼亚法律分配。坦桑尼亚 1971 年《婚姻法》第 114 条对婚姻财产分割作出了规定。[①] 博茨瓦纳法院对这一案件的判决有这样的暗示，即婚姻财产的分配应根据坦桑尼亚法律进行，不包括它的国际私法。

二　加纳

对物之所在地法（lex situs）的指引并不简单意味着物之所在地的内国法，还包括它的国际私法，而该国际私法可能指引其他国家的国内法。[②] 在 *Youhana v. Abboud* 案[③]中，两个住所在黎巴嫩的男士未留遗嘱死亡，在加纳留有不动产。对于财产继承应适用的法律这一问题，审理案件的加纳法院认为应适用物之所在地法，包括它的国际私法。根据加纳的国际私法规范，遗产的分配应根据死者的住所地法确定。从这一判决中还不清楚，对黎巴嫩法律的指引是否包括了它的国际私法，或如果黎巴嫩的国际私法规范又将这一问题指向了物之所在地法，会发生何种结果。实际上，在加纳法院

---

① *Mtui v. Mtui* 2001（2）BLR 333.

② *Akoto v. Akoto*［2011］1 SCGLR 533.

③ ［1974］2 GLR 201.

判决作出前，黎巴嫩法院已对遗产进行了分配，它们没有提及加纳法律。

三 莱索托

在莱索托，对于识别问题更优先采取的方法是介于法院地法识别方法和准据法识别方法之间的中间方法（midway）。采用这种方法的最终目的是产生一种政策导向的处理结果。在 *Mohapi v. Motleleng* 案①中，法院需要解决的问题是，一个寡妇继承其死亡丈夫的遗产的诉讼请求是建立在婚姻财产权利之上，还是继承权利之上。这对夫妇在南非结婚，财产位于莱索托，而且不清楚他们的住所是在南非还是在莱索托。受理案件的莱索托法院在对南非法律和莱索托法律进行分析后认为，该诉讼请求应被识别为是有关婚姻财产的请求。

四 南非

南非法院对识别问题倾向于采用中间方法（via media approach）。根据这一方法，对法院地的冲突规范应从普遍主义的或世界性的观点进行解读，以便外国的国内规则得以适用。在这一过程中，法院在对某一事项进行识别前，应对法院地法和准据法都予以考虑，并应充分考虑外国法中外国规则的"性质、范围和目的"。第一步是对可适用的法院地法和准据法进行临时识别。接着，法院在考虑到相关的政策因素后，作出最终的识别。②

国际私法案件（受外国法调整的）的解决可能需要先解决一个附带的、独立的国际私法事项，这一事项可能适用外国的或法院地国的冲突规范，

---

① *Mohapi v. Motleleng*（1985 – 1986）LAC 316.

② *Society of Lloyd's v. Price* 2006（5）SA 393（on appeal from *Society of Lloyd's v. Price* 2005（3）SA 549）；*Society of Lloyd's v. Romahn* 2006（4）SA 23；*Laurens NO v. Von Hohne* 1993（2）SA 104，*Monokandilos v. Generale Des Carriers et Des Mines SA*，Case No. 11261/2001（High Court，South Africa，2010）. But see *Laconian Maritime Enterprises Ltd v. Agromar Lineas Ltd* 1986（3）SA 509，在该案中，法院在提供各种不同的理由后认为，识别应根据法院地法进行。

从而可能得出迥异的结果。*Phelan v. Phelan* 案①就表明了这一点。在一项请求离婚及附带救济的诉讼中，被告提出抗辩，认为当事人在澳大利亚缔结的婚姻是无效的。被告以前已结婚。当他在爱尔兰定居时，他在多米尼加共和国获得一项离婚判决。被告声称，由于多米尼加共和国的离婚判决不能在澳大利亚得到承认，因而他的后一婚姻是无效的。这样，为确定被告在澳大利亚缔结的后一婚姻是否有效，南非法院就必须先确定一个附带的、独立的问题，即当被告和原告在澳大利亚结婚时，他是否还存在另一婚姻。如果他此前的婚姻仍然存在，根据澳大利亚法律，他就不能在澳大利亚再缔结婚姻。南非法院并没有明确承认它正面临一个先决问题，但在对澳大利亚法律进行分析后，南非法院指出，被告已经证明多米尼加共和国的离婚判决不能在澳大利亚得到承认，因此原告和被告在澳大利亚缔结的后一婚姻就是无效的。

五 津巴布韦

津巴布韦国际私法中的传统方法是根据法院地法而不是准据法进行识别。不过，更好的方法是采用中间方法，特别是在出现识别落空（gap）时，这种方法允许法院在考虑到不同方法所导致的案件结果后，自由决定法律选择问题。这一方法能够使法院在审理案件时，实现国际礼让以及平衡公正和便利这样的目的。②

六 评论

识别问题出现在国际私法系统中，就如我们在非洲发现的那些问题一样，它们是基于冲突规范中的范围和连结点而产生的。识别问题是多边法律选择规范适用过程中所固有的问题。围绕这一问题已出现了大量文献，

---

① 2007（1）SA 483. See also *Guggenheim v. Rosenbaum*（2）1961（4）SA 21. 在该案中法院要确定的是在纽约达成的一项婚姻的有效性：原告以前在内华达州获得离婚判决，这一离婚判决会在纽约得到承认。

② *Coutts & Co. v. Ford* 1997（1）ZLR 440.

学者们也提出了不同的解决方法。① 但对于这一问题似乎还没有太多的非洲案例，或这一问题在案件中没有得到认真对待。实际上，在一些案件中，法院并没有意识到识别问题的存在。② 莱索托、南非和津巴布韦的法院也只是在最近才认识到这一问题，并做了相应的分析。

识别中一个最为棘手的问题是，识别的到底是什么：是一个法律问题，一个法律规则，还是一组事实？在南非，法院指出，识别的是法律规则。③ 另一个问题是，应根据法院地法、准据法、中间方法（既关注法院地法也关注准据法）或其他方法进行识别？在莱索托、南非和津巴布韦，法院乐于采用中间方法。

当冲突规范指向外国法律时，就会产生反致问题。根据反致，所指向的外国法包括其冲突规范，该冲突规范可能又指向第三国法律或法院地（审理案件的法院所在国家）的法律。虽然有案例承认，指向外国法律包括该国的冲突规范，但法院并没有就它们如何解决因此产生的问题提供任何指导。在南非，对于以住所作为连结点的法律选择规范，有成文法对反致问题的范围进行了限制。根据南非《住所地法》，如果法院在适用法律选择规范时发现，某一问题依据当事人的住所应根据某一外国或某一地区的法律解决，它就会根据该法律解决这一问题，即使该国或该地区的法院在适用自己的法律选择规范时发现应适用南非法律或其他法律。④

第二节　实体和程序

一　肯尼亚

肯尼亚有关诉讼时效的规定一般包含在 1967 年的《诉讼时效法》

---

① Christian Schulze, ‘Formalistic and Discretionary Approaches to Characterization in Private International Law’ (2006) 123 *South African Law Journal* 161; Christopher Forsyth, ‘Characterisation Revisited: An Essay in the Theory and Practice of the English Conflict of Laws’ (1998) 114 *Law Quarterly Review* 141.

② See e. g. *Powell* v. *Powell* 1953 (4) SA 380; *Anderson* v. *The Master* 1949 (4) SA 660.

③ *Laconian Maritime Enterprises Ltd* v. *Agromar Lineas Ltd* 1986 (3) SA 509 at 517.

④ Domicile Act 1992, s. 4. 成文法排除反致的另一领域是遗嘱继承，参见第十五章。

中，它们适用于在肯尼亚法院提起的诉讼，无论诉因发生在何处。不过，在肯尼亚法院提起的程序中，如果就肯尼亚之外发生的诉因，外国法律既排除了相关权利也排除了相关的救济，肯尼亚法院也会驳回这一诉讼。①

二 莱索托

根据莱索托法律，时效问题是一个实体问题，由准据法支配。例如，在一项为确立管辖权目的而扣押外地人被告财产的申请中，申请人以其在南非的轿车被非法扣留作为诉因提起诉讼。这一诉因在南非已超过诉讼时效。莱索托法院认为，时效问题应根据准据法确定，由于这一诉讼根据南非法律已超过时效，就不存在表面理由来反对被申请人对申请人轿车的扣押。②

三 马拉维

对诉讼费用的评估是一个程序问题，应由法院地法调整。马拉维法院曾经指出，从原则上讲，没有理由反对在马拉维进行诉讼的律师应根据外国的标准和原则获得报酬。③

四 纳米比亚

在纳米比亚，应由法院地法来决定在外国创设的权利是否可在纳米比亚获得救济。因此，外国债券持有人的权利是否应在纳米比亚获得承认并

---

① Limitation of Actions Act 1967, s. 40 (1). See generally *Athman bin Mahomed v. Abdulhosein Karimji* [1917 – 18] KLR 5; *Shadi Ram Mohindra v. BC Mohindra* [1954] KLR 89; *Doshi v. Patel* [1953] 26 KLR 15.

② *Lepota v. Ivan Hyland*, CIV/APN/280/87 (High Court, Lesotho, 1991).

③ *Preferential Trade Area Bank v. ESCOM*, Civil Cause No. 238 of 2000 (High Court, Malawi, 2003). But also see *Magennis v. Malawi Press Ltd* (No. 2) [1961 – 1963] ALR Mal. 584, 法院在该案中判定，对外国律师账单的收税应根据其执业所在地的收费标准进行。

给予救济，是一个由法院地法决定的问题。①

五　南非

根据南非法律，法院地法调整所有程序事项，而实体事项由准据法调整。② 一项规则是实体性的还是程序性的，应由法院地法确定。③ 法院曾指出，优先权的次序、④ 损害赔偿的计算、⑤ 导致海事留置的诉讼请求的认可、⑥ 证据的充分性⑦以及有关既判力（res judicata）的规则⑧都是由法院地法调整的程序问题。此外，时效是否消灭（或创设）一项权利是一个实体事项，并因此受准据法调整。⑨

六　坦桑尼亚

坦桑尼亚《时效法》可以适用于在坦桑尼亚就外国产生的诉权而提起的诉讼，就和适用于在坦桑尼亚产生的诉权一样。不过，如果外国法律对产生于坦桑尼亚之外但在坦桑尼亚法院被主张的权利或救济予以排除，坦桑尼亚法院也不会受理此类诉讼。⑩

---

① *Banco Exterior de Espana SA* v. *Government of the Republic of Namibia* 1996 NR 1，1992（2）SA 434.

② *Minister of Transport*，*Transkei* v. *Abdul* 1995（1）SA 366.

③ *Kuhne & Nagel AG Zurich* v. *APA Distributors*（*Pty*）*Ltd* 1981（3）SA 536 at 521.

④ *MV Guzin S*（*No 1*）*Hamburgische Landesbank-Girozentrale* v. *Fund created by the sale of the MV Guzin S* 2002（6）SA 113；*Transol Bunker BV* v. *MV Andrico Unity* 1989（4）SA 325.

⑤ *Santam Ltd* v. *Gerdes* 1999（1）SA 693.

⑥ *Transol Bunker BV* v. *MV Andrico Unity* 1989（4）SA 325；*Transol Bunker BV* v. *MV Andrico Unity* 1987（3）SA 794；*Brady-Hamilton Stevedore Co.* v. *MV Kalantiao* 1987（4）SA 250. 关于海事留置的性质，see *Southern Steamship Agency Inc.* v. *MV Khalij Sky* 1986（1）SA 485。

⑦ *Ex parte Heinmann* 1952（3）SA 149.

⑧ *Laconian Maritime Enterprises Ltd* v. *Agromar Lineas Ltd* 1986（3）SA 509.

⑨ *Kuhne & Nagel AG Zurich* v. *APA Distributors*（*Pty*）*Ltd* 1981（3）SA 536；*Society of Lloyd's* v. *Price* 2006（5）SA 393（on appeal from *Society of Lloyd's* v. *Price* 2005（3）SA 549）；*Society of Lloyd's* v. *Romann* 2006（4）SA 23.

⑩ Law of Limitations Act 1971，s. 42（1）.

七 津巴布韦

人们根据法律诉讼所获得的救济是一个程序事项，应由法院地法调整。① 不过，时效是一个实体问题，应由准据法调整。②

八 评论

在国际私法中，实体问题和程序问题截然不同，前者由准据法调整，后者由法院地法调整。但困难通常是如何确定哪些事项是实体性的，哪些是程序性的。程序问题适用法院地法而实体问题适用准据法这一原则已得到普遍认可。③ 程序事项的列举并非穷尽，法院并没有提供一个它们将哪些问题识别为程序事项的详尽清单。目前，法院曾指出，证据的充分性、对国外产生的权利的认可、当事人可获得的救济、损害赔偿的计算、优先权的次序以及诉讼费用的评估都是程序事项。也许有人认为需要对法院认定的程序事项的范围进行限制——此类事项清单的扩大会破坏法律选择规范以及更为广义的冲突规范的目的。实际上，在普通法国家现在有种趋势，即对可被识别为程序事项的范围予以限制。④

时效应被识别为程序问题还是实体问题一直争议不断。⑤ 在莱索托、南非和津巴布韦，时效被识别为实体事项，并由准据法调整。肯尼亚和坦桑尼亚的立场（就某一外国的诉权排除权利或救济的外国法律优先适用）与

---

① *Timms* v. *Nicol* ［1967］RLR 386.

② *Coutts & Co.* v. *Ford* 1997（1）ZLR 440.

③ See also *Coal Export Corp.* v. *Notias George* ［1962］EA 220，在该案中，法院认为附带于工资性质的金钱诉讼的优先权问题应根据法院地法确定；以及 *George Michailides* v. *Nerves Yacoub* ［1900 – 1931］1 SLR 190，在该案中，对于程序和时效问题，法院质疑合同准据法是否优先于法院地法适用。

④ *John Pfeiffer Pty Ltd* v. *Rogerson*（2000）203 CLR 503；*Harding* v. *Wealands* ［2006］UKHL 32；United Kingdom – Foreign Limitation Periods Act 1984；*Tolofson* v. *Jensen* ［1994］3 SCR 1022；*Castillo* v. *Castillo* ［2005］3 SCR 870.

⑤ See generally the interesting Nigerian case of *Rhein Mass Und See Schiffahrskontor Gmbh* v. *Rivway Lines Ltd*（1998）All NLR 565，该案涉及为时效法目的而进行的诉讼和诉因之间的区分。

莱索托、南非和津巴布韦所采用的方法一致。但与莱索托、南非和津巴布韦不同，在肯尼亚和坦桑尼亚，准据法如何识别其时效规则（例如识别为程序性的或实体性的）无关紧要——它必须予以适用。这可以避免在一些南部非洲的案件中所出现的识别落空问题。当法院地法将时效识别为实体问题而准据法将时效识别为程序问题时，就会出现这一现象。传统上，普通法对只是排除救济的成文法与消灭一项权利或诉因的成文法进行了区分，只有后者才被认为是由准据法调整的实体问题。这种区分通常很难界定。其他非洲国家是否会继续坚持这一区分还有待观察，但将所有时效作为实体事项对待更为可取。

第二章
外国法

国际私法的内容在很大程度上与外国法相关。和对外国法进行比较的比较法不同，国际私法关注的是，外国法能在多大程度上在另一法律体系中适用。外国法的适用问题可能会在任何语境中出现，但特别相关的领域还是法律选择领域。

在分析外国法能否适用于某一特定问题之前或在这一过程中，可能会出现许多问题。这些问题包括：外国法应被作为事实问题还是作为法律对待；谁有资格证明外国法；证明的方式；必须满足的证明标准以及不能满足相关标准时会产生何种后果；法官、当事人以及在某些案件中的陪审团在确定外国法的内容时，发挥何种作用；当外国法被确定后，外国法是自动适用还是可以根据任何理由被排除适用；以及上级法院可在多大程度上审查下级法院就外国法作出的决定。这些问题及其他相关事项是本章的主要内容。

第一节　外国法的性质、存在和证明

一　博茨瓦纳

外国法是事实问题，必须由专家证据予以证明。① 法院不会对外国法进

---

① *Mtui* v. *Mtui* 2000（1）BLR 406 at 413；*Garmroudi v. The State* 1987 BLR 409. See generally Evidence（Commonwealth Statutes）Act 1923；Evidence（Commonwealth and Foreign Acts of State and Judgments）Act 1910.

行司法认知（take judicial notice）。和案件中的其他事实证明一样，外国法需要由专家证人提供证据。专家证人可以是在该外国执业的律师。在适用这些原则时，外国是否和博茨瓦纳具有同样的法律传统无关紧要，在法院面对的是外国的成文法时也是如此。① 除了专家证人的证明外，在两国间存在条约时，博茨瓦纳法院也可请求外国高级法院的协助，以查明适用于它正处理的案件的事实的法律。②

二　冈比亚

当冈比亚法院处理外国法的问题时，对外国法具有专业知识的人员（专家）的观点被认为是重要的事实。此类观点是可接受的证据。专家也可以提供他们认为是外国法权威文献的著作。在收到有关外国法的著作和专家观点后，冈比亚法院有权自己对外国法律作出解释。换句话说，法院不会受作为证据提交的专家观点或著作观点的束缚。③

三　加纳

在加纳，外国法被作为事实对待。④ 援引外国法的当事人必须提供证据证明它。虽然外国法是事实问题，但它并不由陪审团作出决定；对外国法的决定由法院作出。⑤ 外国法的证明必须由专家证人提供，⑥ 对于法官来说，证人的资格是一个法律问题。⑦ 一个以前从未在美国印第安纳州执业的当地律师不是一个合格的印第安纳州法律专家；⑧ 但一个马龙派罗马天主教堂的

---

① *Point Trading（Pty）Ltd v. The Attorney General* 2004（1）BLR 75.
② Commonwealth and Foreign Law Ascertainment Act 1910.
③ Evidence Act 1994，ss. 57 and 58.
④ *Davis v. Randall*［1962］1 GLR 1；*In re Canfor（Deceased）*；*Canfor v. Kpodo*［1968］GLR 177；Evidence Act 1974，s. 1（2）.
⑤ Evidence Act 1974，s. 1（2）.
⑥ *Godka Group of Companies v. PS International Ltd*［1999 – 2000］1 GLR 409.
⑦ *Huzaifeh v. Saba*［1939］5 WACA 181.
⑧ *Godka Group of Companies v. PS International Ltd*［1999 – 2000］1 GLR 409.

牧师可以被视为是有关黎巴嫩婚姻法的专家证人。① 只是向法官提供外国法的文本并让他自己作出结论，这样做并不能满足通过证据进行证明的要求。② 在当事人没能满足规定的盖然性平衡基础上的证明标准时，法院会推定外国法和加纳法相同。③ 虽然加纳成文法并没有对外国法作出界定，但从加纳的《证据法》可以推论出，外国法包括"国际组织的法律，只要此类法律还未成为加纳法律的一部分"，还包括外国或其附属地区的法律。④ 换句话说，未纳入的国际法和外国法律都被视为外国法。

四　肯尼亚

当肯尼亚法院要确定外国法的内容时，对外国法具有专业知识的人员所给出的观点可被法院接受。⑤ 在遗产管理领域，肯尼亚《遗嘱查验和管理规则》规定，在对遗嘱查验许可申请作出处理时，如果需要外国法的证据，则在该外国作为出庭律师、事务律师、辩护律师或其他法律执业者执业的或曾经执业的且熟悉该国法律的人员提供的证词，可被法院接受。在特殊情况下，肯尼亚法院如果确信不具有上述同样资格的人员对外国法有充分了解，它也可偏离这一规则。⑥

五　莱索托

莱索托法院通常不会对外国法进行司法认知。外国法必须由专家证人证明，证人可以是专业律师或拥有某一职位的人员，这一职位要求必须具有一定的法律知识或拥有这一职位的人员有专门机会熟悉相关法律。⑦ 在不

---

① *Khoury v. Khoury* ［1958］3 WALR 52.

② *Godka Group of Companies v. PS International Ltd* ［1999 - 2000］1 GLR 409.

③ Evidence Act 1974, s. 40; *Moubarak v. Holland West Afrika Lijn* ［1953］14 WACA 262; *Godka Group of Companies v. PS International Ltd* ［1999 - 2000］1 GLR 409.

④ Evidence Act 1974, s. 1 (2).

⑤ Evidence Act 1963, s. 48.

⑥ Probate and Administration Rules 1981, s. 30.

⑦ *Serobanyane v. Serobanyane*, CIV\APN\290\91 (High Court, Lesotho, 1991).

能提供外国法的证明时，外国法被推定和法院地法相同。[①] 但在适当情况下，莱索托法官可对外国法进行司法认知——在莱索托法院审理的一个案件中，法官对南非法律进行了司法认知。[②]

六　马拉维

在马拉维，外国法被作为事实对待，必须由专家证据予以证明。[③] 这一原则也适用于非洲国家的习惯法。[④] 为此目的，在罗德西亚（津巴布韦）生活且通过参与法院案件审理研究习惯法的人士被认为是有关罗德西亚习惯法的专家证人。[⑤] 同样，精通意大利法律的公证员[⑥]以及在葡语东非（莫桑比克）的太特地区执业的律师[⑦]被法院认为分别有资格提供有关意大利法律和葡萄牙法律的证明。证明外国法的责任由援引外国法的当事人承担。当外国法不能被证明时，法院会适用法院地法。[⑧]

七　纳米比亚

纳米比亚法院把外国法作为必须由专家证人证明的事实对待。[⑨] 纳米比亚法院不能对外国法进行司法认知（包括英国法）。外国法必须由专家证人提供证据证明。专家证人通常是在该外国执业的律师。外国法一旦被合格的专家证人提供的证据证明，法院就应认可它是有关外国法的正确表述，

---

① *Serobanyane v. Serobanyane*，CIV\APN\290\91（High Court, Lesotho, 1991）；*Weng v. Weng*，CIV/T/351/99（High Court, Lesotho, 1999）；*Ndlovu v. Employment Bureau of Africa Ltd*，CIV/APN/142/98（High Court, Lesotho, 2002）；*Mutua v. Matholoane*，CIV/APN/183/94 High Court, Lesotho, 1994）．

② *Mohapi v. Motleleng*［1985 – 1989］LAC 316.

③ *Commissioner for Taxes v. A Ltd*［1973 – 1974］7 MLR 211.

④ *Kamcaca v. Nkhota*［1966 – 1968］ALR Mal. 509 at 516.

⑤ *Kamcaca v. Nkhota*（No. 2）［1966 – 1968］ALR Mal. 518 at 523.

⑥ *In the Estate of Barretta*［1984 – 1986］11 MLR 110.

⑦ *Gouveia v. Gouveia*［1923 – 1960］ALR Mal. 239 at 241.

⑧ *Maseko v. Maseko*［1973 – 1974］7 MLR 310.

⑨ *Westdeutsche Landesbank Girozentrale*（*Landesbausparkasse*）*v. Horsch* 1992 NR 313 at 314，1993（2）SA 342 at 344.

并且必须适用该外国法。①

纳米比亚法院曾经指出，一个在伦敦大学讲授过独联体法律包括乌克兰法律的教授，有资格就乌克兰法律提供专家证据，这位教授在一家律师事务所有数年的负责独联体法律事务的执业经历，而且他还经常在英国法院就苏联法律包括乌克兰法律作证。法院认为没有必要要求他拥有乌克兰某一具体部门法的知识或经历。② 当证明外国法时，对于外国法的提交或法院自己调查外国法的义务并不存在僵化的规则。这两者取决于个案的情况——关键因素是，是否必须对外国法进行调查以便得出一个令人满意的结论。③

如果一方当事人希望援引外国法，他就有责任证明外国法的内容。在不能证明外国法的内容时，纳米比亚法院会适用纳米比亚法律，因为在这种情况下，纳米比亚法院推定外国法和纳米比亚法律相同。这一推定不仅仅适用于普通法，也适用于成文法。④

八 尼日利亚

在尼日利亚，外国法是必须予以请求和证明的事实——如果当事人未能证明外国法，尼日利亚法院会适用尼日利亚法律。⑤ 这一规则并不适用于尼日利亚联邦内各州的法律，尼日利亚有成文法要求尼日利亚法院对联邦内其他州的法律进行司法认知。⑥ 根据尼日利亚 2011 年《证据法》，当法院需要查明外国法的内容时，对该外国法具有专业知识的人员（专家）的观点被认为是相关事实（relevant facts）。在其职业范围内对该外国法十分精通

---

① *Dowles Manor Properties Ltd* v. *Bank of Namibia* 2005 NR 59.

② *MFV Kapitan Solyanik Ukrainian – Cyprus Insurance Co.* v. *Namack International （Pty） Ltd* 1999 （2） SA 926, 1997 NR 200.

③ *MFV Kapitan Solyanik Ukrainian – Cyprus Insurance Co.* v. *Namack International （Pty） Ltd* 1999 （2） SA 926, 1997 NR 200.

④ *Dorbly Vehicle Trading & Finance Company （Pty） Ltd* v. *Nekwaya*, Case No. A 191. 98 （High Court, Namibia, 1998）.

⑤ *Murmansk State Steamship Line* v. *Kano Oil Millers Ltd* ［1974］ （3） ALR Comm. 192; *Ogunro* v. *Ogedengbe* ［1960］ 5 FSC 137.

⑥ Evidence Act 2011, s. 122 （2）, *Peenok Ltd* v. *Hotel Presidential Ltd* （1982） 12 SC 1; *Benson* v. *Ashiru* ［1967］ 1 All NLR 184.

的专家的观点被认为是可接受的证据（admissible evidence）。此类专家可向法院提交他认为是相关的外国法权威文献的著作。法院在听取专家的所有必要解释后，可自行对相关著作进行解释。有关外国法专家所提供的证据的效力的任何问题，由法官作出决定。① 在确定一个人是否"具有专业知识"时，所采用的标准通常是该特定证人所拥有的知识和经历，以及他所提供的证据是否可以说明他具有专业知识。这并不意味着他必须对相关问题拥有专门的知识、培训或经历。② 例如，尼日利亚法院曾在一个案件中指出，一位俄罗斯律师兼俄罗斯一家国营航运经纪人公司即 Sovfrancht 公司法律业务部的主管，就有资格作为俄罗斯法律的专家。③

九　南非

对于南非法院而言，南非所承认的某一外国的法律④是一个事实问题，有关外国法的证据必须由拥有必要专业知识的人提供。⑤ 不过，外国法是否适用不是一个事实问题——这是一个法律问题。⑥ 一个拥有法律资格且精通莫桑比克法律的、马普托一家会计公司税收和法律业务部的高级顾问，有资格作为专家证人。⑦ 援引外国法的当事人必须承担证明外国法的责任。⑧除非当事人能够向法官充分证明且使其确信外国法的内容，否则法官将推定外国法和南非法相同。这一推定具有普遍适用性：⑨ 它既适用于成文法，

---

① Evidence Act 2011 ss. 68 and 69; *Melwani v. Chanhira Corporation* [1995] 6 NWLR 438; *Bhojwani v. Bhojwani* [1995] 7 NWLR 349.

② *Ajami v. The Comptroller of Customs* (1952 – 1955) 14 WACA 34; *Ajami v. The Comptroller of Customs* (1952 – 1955) 14 WACA 37.

③ *Murmansk State Steamship Line v. Kano Oil Millers Ltd* 1974 (3) ALR Comm. 192.

④ *Ocean Commodities Inc. v. Standard Bank of SA Ltd* 1978 (2) SA 367 at 376; *Standard Bank of SA Ltd v. Ocean Commodities Inc.* 1980 (2) SA 175 at 181 and 183.

⑤ *Schlesinger v. Commissioner of Inland Revenue* 1964 (3) SA 389 at 396; *Atlantic Harvesters of Namibia (Pty) Ltd v. Unterweser Reederei Gmbh of Bremen* 1986 (4) SA 865.

⑥ *Burchell v. Anglin* 2010 (3) SA 48 at 54 – 59.

⑦ *Skilya Property Investments (Pty) Ltd v. Lloyds of London Underwriting* 2002 (3) SA 765.

⑧ *Anderson v. The Master* 1949 (4) SA 660.

⑨ *Rogaly v. General Imports (Pty) Ltd* 1948 (1) SA 1216; *Harnischfeger Corporation v. Appleton* 1993 (4) SA 479; *Estate H v. Estate H* 1952 (4) SA 168; *Bank of Lisbon v. Optichem Kunsmis (Edms) Bpk* 1970 (1) SA 447; *Deutsche Bank v. Moser* 1999 (4) SA 216.

也适用于普通法。① 不过，南非法院曾警告不要随意使用这一推定。②

在证明外国法时，专家只是提到外国法院就某一法律的含义和效力作出解释的某一判决还不够，他还应至少向法院陈述他援引这一判决的理由。如果南非法院根据所有证据确信某一外国判决并不能准确地代表外国法的内容，法院就没有义务适用这一判决作为外国法的证据。如果专家不能充分说明他有关外国法解释的理由，南非法院可自由适用它自己的解释，或至少可以适用这一推定，即外国法中的解释规则和南非的解释规则一致。③需要强调的是，南非法院不受专家有关外国法观点的限制，它可以自己查阅外国法的文本，并就其含义作出自己的判断。④

南非 1988 年《证据法》第 1 条第 1 款授权法院对外国法进行司法认知——只有该外国法"能够被容易并充分确定地查明"时。⑤ 在适用这一规定时，能否获得权威性的资料是一个重要的因素。⑥ 南非法院曾利用这一规定对作为调整苏格兰婚姻财产后果的 1985 年《家庭法（苏格兰）》、⑦ 希腊的时效规则⑧以及英国和德国民事诉讼法的某些规定⑨进行过司法认知。

十　斯威士兰

当一项交易适用外国法时，该外国法必须由在该外国执业的律师予

---

① *Bank of Lisbon* v. *Optichem Kunsmis* （*Edms*） *Bpk* 1970 （1） SA 447； *Rogaly* v. *General Imports* （*Pty*） *Ltd* 1948 （1） SA 1216.

② *ITT Continental Baking Co.* v. *Registrar of Trade Marks* 1980 （2） SA 127.

③ *Continental Illinois National Bank* v. *Greek Seamen's Pension Fund* 1989 （2） SA 515 at 544.

④ *Atlantic Harvesters of Namibia* （*Pty*） *Ltd* v. *Unterweser Reederei Gmbh of Bremen* 1986 （4） SA 865 at 874； *Standard Bank of South Africa Ltd* v. *Ocean Commodities Inc.* 1983 （1） SA 276 at 294.

⑤ *Harnischfeger Corporation* v. *Appleton* 1993 （4） SA 479； *Hlophe* v. *Mahlalela* 1998 （1） SA 449； B. S. C. Martin, 'Judicial Notice of Foreign Law' （1998） 31 *Comparative and International Law Journal of Southern Africa* 60； Bernard Martin, 'The Ascertainment of Foreign Law by Means of Judicial Notice' （1997） 8 *Stellenbosch Law Review* 377； A. J. Kerr, 'Judicial Notice of Foreign and Customary Law' （1994） 111 *South African Law Journal* 577.

⑥ *Harnischfeger Corporation* v. *Appleton* 1993 （4） SA 479.

⑦ *Hassan* v. *Hassan* 1998 （2） SA 589.

⑧ *Monokandilos* v. *Generale Des Carriers et Des Mines SA*, Case No. 11261/2001 （High Court, South Africa, 2010）.

⑨ *C Hoare & Co.* v. *Runewitsch* 1997 （1） SA 338； *Holz* v. *Harksen* 1995 （3） SA 521.

以证明。①

十一　坦桑尼亚

外国法是事实问题，未经请求不得援用外国法。② 根据坦桑尼亚 1967 年《证据法》，如果法院要确定外国法的内容，对该外国法拥有专门知识、技能、经历或培训的人员（专家）的观点可作为相关事实对待。③ 坦桑尼亚法院曾指出，在英国殖民者占领坦桑尼亚之前或占领期间在坦桑尼亚施行的"德国法"不是外国法，不需要由专家证人证明，可由法院直接进行司法认知。在坦桑尼亚法院审理的一个案件中，法院在提及德国法时指出，它是在坦桑尼亚处于德国统治时期在坦葛尼喀（现在的坦桑尼亚）所适用的法律。④

十二　乌干达

当乌干达法院需要查明外国法的内容时，对该外国法拥有专业知识的人员所提供的观点可被法院接受。⑤ 对于英国法律，乌干达法院可不需要专家证据的证明，它可直接援引英国法的文献，如《霍尔斯伯里英国法律大全》。⑥

十三　赞比亚

在赞比亚法院审理的 *Mwiba* v. *Mwiba* 案⑦中，婚姻的性质这一问题需

---

① *Bonham v. Master Hardware*（*Pty*）*Ltd*，Civil Trial 294/08（High Court，Swaziland，2009）；*Southern Textiles*（*Pty*）*Ltd v. Taga Investments*，Civil Case No. 4223/2007（High Court，Swaziland，2009）.

② *Auto Garage Ltd v. Motokov*［1972］1 ALR Comm. 17.

③ Evidence Act 1967，s. 47（1）.

④ *Land Officer v. The Motor Mart and Exchange*［1953 – 1957］TLR 295.

⑤ Evidence Act 1909，s. 43；*Amrit Goyal v. Hari Chand Goyal*，Misc. App. No. 649 of 2001（High Court，Uganda，2003）.

⑥ *F. L. Kaderbhai v. Shamsherali Zaver Virji*，Civil Appeal No. 10 of 2008（Supreme Court，Uganda，2010）.

⑦ ［1980］ZR 175.

要根据罗德西亚法律确定，但当事人并没有证明该法律。审理案件的法院自行调查，并对下列事实进行了司法认知，即本土非洲人之间的婚姻，特别是在中部非洲，和基督教婚姻有很大不同，它们大多是多配偶婚姻。

十四　津巴布韦

根据津巴布韦《民事证据法》第 25 条，津巴布韦法院不会对任何国家或地区的法律进行司法认知，[1] 也不会推定该法律和津巴布韦法律相同。[2] 任何人，只要津巴布韦法院认为基于其知识或经历具有适当资格证明外国法，他就可提供有关某一外国法或某一地区法律的专家证据，无论他在该地是否以法律执业者身份行事或是否有权以该身份行事。因此，一位经认证的、非常熟悉加利福尼亚法律中有关婚姻解除和相关诉讼知识的美国加利福尼亚的家庭法专家所提供的证词，就被津巴布韦法院接受为有关这些法律的证明。[3] 津巴布韦《民事证据法》第 25 条并不认为津巴布韦法院在没有借助专家证据的情况下不能对外国法进行解释。这样，津巴布韦最高法院在没有新西兰法律专家的协助下，可以对新西兰法律进行解释。[4] 该法第 25 条接着规定，在审查有关某一外国法或某一地区法律的任何问题时，法院应考虑下列因素：该国或地区任何法院以可引用形式作出的有关判决或裁定；[5] 该国或该地区的任何成文法；以及津巴布韦高等法院或最高法院就该国或该地区法律作出的任何判决。

---

[1] 在过去，法院可对外国法进行司法认知。*See Grauman v. Pers* 1970（1）RLR 130 at 133，在该案中，法院对南非的《法院规则》进行了司法认知。

[2] *Walker v. Industrial Equity Ltd* 1995（1）ZLR 87.

[3] *G v. G* 2003（5）SA 396，2002（2）ZLR 408.

[4] *Registrar-General of Citizenship v. Todd* 2002（2）ZLR 680. See also *G & P Ltd v. Commissioner of Taxes* 1960（4）SA 163（法院在没有专家证据的情况下解释了英国的税法）；*Mandimika v. Mandimika* 1997（2）ZLR 352（对于加纳婚姻的性质，法院进行了自己的研究）。

[5] 只有在报道、摘要或其他文件中以书面形式报道或记载且是在津巴布韦相关法律程序中制作而且在津巴布韦的法律程序中可作为权威判例引用的裁定或判决，才被视为以可引用形式报道或记载的裁定或判决。

十五　评论

外国法或法院地法律以外的法律，处于国际私法的核心，但令人惊讶的是，在有关国际私法的学术文献中，这一问题通常很少受到关注。① 一项涉外争议无论是否进入审理程序，与外国法相关的问题在当事人评估他们的法律地位中总会发挥重要作用。在法院程序中，律师和法官也经常遇到这类难题，包括外国法的性质、如何证明外国法以及外国法不能被证明时会带来何种后果等。

在所研究的国家内，外国法是事实这一原则根深蒂固。② 从这一原则中引申出其他两条原则，即适用外国法必须由当事人提出请求，而且必须通过证据进行证明。虽然在一些成文法中没有对外国法进行明确界定，但在一些已决案例中可以隐约看出，外国法指的是其他国家的法律。加纳法院对外国法的界定不限于此，它还包括"国际组织的法律，只要该法律还不是加纳法律的一部分"。③ 以对待国内法的同样方式对待国际法似乎偏离了英国的普通法立场——英联邦非洲国家的法律都建立在这一立场之上。④ 实际上，除了成文法中的规定外，在加纳并没有已决案例支持这样的观点，即加纳的法院（以及其他国家的法院）将国际法作为必须经当事人请求且经过专家证据证明的事实。这是法院所采取的正确的立场。和外国法不同，法官学习国际法，作为其法学教育的一部分，而且国际法不是某一特定国家的法律，因此，不能推定法官不了解国际法原则。另一个还需确定的问题是，诸如商人法以及民间组织发展出来的其他原则等此类的非国家法

---

① See generally Richard Fentiman, *Foreign Law in English Courts* (Oxford: Oxford University Press, 1998); Sofie Geeroms, *Foreign Law in Civil Litigation*, *A Comparative and Functional Analysis* (Oxford: Oxford University Press, 2004).

② See also the Supreme Court of Somalia case of *Adan Deria Gedi* v. *Sheikh Salim El Amoudi* 1964 (1) ALR Comm. 385.

③ Evidence Act 1974, s. 1 (2).

④ *Trendtex Trading Corp.* v. *Central Bank of Nigeria* [1977] 2 WLR 356 at 377; I. A. Hunter, 'Proving Foreign and International Law in the Courts of England and Wales' (1977 – 1978) 18 *Virginia Journal of International Law* 665.

（non - state law）应如何分类——是事实还是法律。非国家法可能会被作为事实对待，必须由当事人提出请求且经过证据证明。

外国法必须由当事人提出请求这一事实意味着法官不能主动援引外国法，更不用说自己独立进行研究以查明外国法了。换句话说，除非当事人请求适用外国法，否则法院就会将案件作为纯粹的国内案件进行审理。博茨瓦纳在这方面似乎是个例外：如果博茨瓦纳法院认为"对于正确处理诉讼是必要的或有用的"，博茨瓦纳法院有自由裁量权，决定就案件事实向适当的英联邦法院或其他国家法院征求意见。① 不过，对于法院这种自由裁量权的行使，还没有相关的报道案例。

在所研究的国家内，都需要提供专家证据来证明外国法。法院有权决定专家的资格。不过，法院和成文法都没有坚持相关专家必须具有特殊资格——学者、律师和通过经历或观察获得法律知识的人员都被认为有资格作为专家。认定专家资格方面的这种灵活性是合适的，因为法院不受专家观点的约束，而且它们是外国法的内容的最终裁判者。在证明外国法时，对于专家所依赖的材料的范围没有限制——成文法、司法判决、教材、期刊论文和证词都被认为可以接受，只要它们满足国内有关证据可接受性的规则就行。

在外国法的查明中，存在这样一种可反驳的推定（加纳在立法中作出规定）：外国法和法院地法相同。这一推定受到批评，② 津巴布韦已通过立法废除了这一推定。③ 当援引外国法的当事人不能在盖然性平衡基础上充分证明外国法的内容时，或当外国法的内容不能查明时，这一推定就可发挥后援规则（fall - back rule）的作用。④ 同时，在适当情况下，例如，如果法院认为适用这一推定会带来不公正，或适用法院地法会带来完全武断的后果，法院就可自由决定，承担外国法证明责任的当事人

---

① Commonwealth and Foreign Law Ascertainment Act 1910.

② See e. g. *Dicey*, *Morris & Collins*, para 9 - 025. But see *Bank of Lisbon* v. *Optichem Kunsmis (Edms) Bpk.* 1970（1）SA 447 at 451.

③ Civil Evidence Act 1992, s. 25（1）.

④ Ellison Khan, 'What Happens in a Conflicts Case When the Governing Foreign Law Is Not Proved?' (1970) 87 *South African Law Journal* 145; Charles Wesley, 'The Presumption that Foreign Law Is the Same as the Local Law: An Absolute Tradition Revised' (1996) 37 *Codicillus* 36.

未能确立自己的案件——未能证明外国法就是未能履行自己的证明责任。

在所研究的国家内，对于法院能否对外国法进行司法认知还存在歧义。南非立法允许南非法院对外国法进行司法认知，但津巴布韦立法禁止该国法院这么做。① 在莱索托，司法部门支持法院对外国法进行司法认知，或至少对南非法律可进行司法认知，但博茨瓦纳法院反对这么做，即使对南非法律也不能进行司法认知。法院对外国法特别是与法院地法相似的外国法进行司法认知具有一定的合理性。② 由于南非和博茨瓦纳具有共同的罗马—荷兰法律传统，博茨瓦纳法官对于南非法律的许多方面都非常熟悉。同样，英国普通法的内容对于加纳或尼日利亚法官来说也并不陌生。南非法院在 *G & P Ltd* v. *Commissioner of Taxes* 案中作出了这样的评论："要求提供证据证明外国法这一规则存在的理由是，本国法院对外国法缺乏了解。如果本国法院对外国法非常了解，就不需要提供证据予以证明了。"③

但法律总是具有自己独特的国内风格和特征，作为外国人很难了解这些细微之处。由法官对外国法作出权威性的论断并在没有求助外国法专家的观点或在对此类观点进行对抗性调查以论证此类观点的可靠性前，就基于这样的论断作出判决，这样的做法并非总是恰当。实际上，即使在南非，虽然法院被允许对外国法进行司法认知，但也只能在外国法"能够被容易并充分确定地查明"的情况下，才能这么做。同样，在 *Mohapi* v. *Motleleng* 案④中，舒茨（Schutz）法官也指出，"我认为，如果曾在南非执业、现在莱索托法院审理案件的法官不能对南非法律进行司法认知，这太不现实了。可是不要把我的意思误解为莱索托法官在所有时间、所有情况下都可对南非法律进行司法认知"。

---

① 在过去，这一立场在南非得到司法部门的支持。See *Schlesinger* v. *Commissioner of Inland Revenue* 1964（3）SA 389 at 396.

② Fui Tsikata, 'Proving Familiar Foreign Law'（1987－1988）*Review of Ghana Law* 249；Ellison Khan, 'Proving the Laws of our Friends and Neighbours'（1965）82 *South African Law Journal* 133.

③ 1960（4）SA 163 at 168.

④ ［1985－1986］LAC 316 at 321－322.

第二节　外国法的排除适用

一　加纳

如果外国法的适用或适用结果与加纳的公共政策相冲突，加纳法院就可排除外国法的适用。在 *In re. Kariyavoulas（Deceased）；Donkor v. Greek Consul - General* 案①中，死者是一名希腊国民，当他在加纳定居时根据习惯法和一名加纳妇女结了婚。他们生育了两名子女。在要求法院签发遗产管理信的申请程序中，他们的婚姻被认为根据希腊法律（死者的住所地法）是无效的。法院判定，即使情况确实如此，法院也会依据公共政策支持婚姻的有效性。法院指出，允许适用在加纳与加纳妇女结婚的外国男士的住所地法以使婚姻无效，会严重损害加纳妇女的利益，而且在这种情况下，对于加纳法院来说，重要的是要保护加纳公民的权益。因此，对于本案，就需要排除外国法的适用。

二　南非

公共政策提供了排除准据法适用的一种理由。不过，外国成文法中含有不被南非法律认可的概念这一单纯事实本身，并不能构成拒绝适用外国法的理由。② 因此，南非法院在一个案件中指出，执行一项依据以色列法律作出的外国判决并不违反南非的公共政策，即使该法要求未善意进行合同谈判的当事人应支付相应的赔偿。③

南非法院不会执行外国的税法。在一个有关执行外国判决的案件即 *Commissioner of Taxes，Federation of Rhodesia v. McFarland* 案④中，南非法院指出，法院无权受理有关执行外国税法的法律程序。法院的理由是，允许

---

① ［1973］2 GLR 52.

② *Eden v. Pienaar* 2001（1）SA 158.

③ *Eden v. Pienaar* 2001（1）SA 158.

④ 1965（1）SA 470.

某一外国直接或间接地在另一国家获得一项判决，以对那些它认为应分担其经济或社会生活的人士进行征税，等同于对另一国属地最高权的司法干涉。① 不过，南非法院曾经判定，外国税收规则并不适用于清算人、法定受让人或破产财产受托人请求追回相关财产的情形，此类财产在合法的管理程序中可使普通债权人以及国家的税收部门受益。在这种情况下，外国的受托人、清算人或受让人实质上并不是在寻求实施外国的税法。②

南非法院也不会直接或间接地执行外国的外汇管制条例。③ 南非法院不会认可此类外国法以使其能够在域外适用或具有域外效力。因此，如果一项财产转让交易由作为物之所在地法的南非法律调整，则外国的外汇管制立法不能使该交易归于无效。④

三 评论

并非在所有案件中，法院在查明所适用的法律及其内容后，就会适用该法律。⑤ 成文法和普通法列举了一些法院可以排除外国法适用的情形。⑥ 这方面的案例相对较少。其中一个原因可能是，与涉及诸如国际案件管辖权等此类问题的案件相比，所研究的国家内的法院遇到的确实适用外国法的案件相对更少。法院不会执行外国税法或适用会违反国内公共政策的外国法这一原则，看来在普通法传统中已牢固确立。例如，加纳和南非的判决就支持这一原则。此外，其他国家的法院在遇到相关案件时也不可能偏离这一原则。⑦ 但是，对于"公共政策"和"税法"并没有一个全面的定

---

① See also *Jones* v. *Borland SSC* 1969（4）SA 29.

② *Priestley* v. *Clegg* 1985（3）SA 955.

③ *Ocean Commodities Inc.* v. *Standard Bank of SA Ltd* 1978（2）SA 367；*Standard Bank of SA Ltd* v. *Ocean Commodities Inc.* 1980（2）SA 175.

④ *Standard Bank of SA Ltd* v. *Ocean Commodities Inc.* 1980（2）SA 175.

⑤ See generally Erwin Spiro,'Must Foreign Law be Applied？'（1979）12 *Comparative and International Law Journal of Southern Africa* 319.

⑥ 本书其他部分也讨论过成文法对外国法适用的排除，如对当事人意思自治的限制、婚姻诉讼中所适用的法律以及判决或仲裁裁决的承认和执行。

⑦ But see T. A. Ijohor,'Foreign Revenue Laws and the Nigerian Conflict of Laws'（2003）2 *Benue State University Law Journal* 107.

义。不过，毫无疑问，要对这两个概念进行界定以限制它们的适用范围并非易事。① 此类概念的缺失就可能产生它们的不当适用问题。

外国税收规则的性质有待探讨。实际上，这一规则的政策理由还没有被法院认真分析过。② 本书认为，在逃税的情况下，如果法院与逃税者站在一起，而不对追缴正当税收的外国政府提供协助，这本身就是一种很不恰当的做法。协助纳税人逃避其法律义务，可以说是对国际礼让的否定。但是，与其通过司法废除这一规则或对外国税法的适用采用一种个案分析的方法，更恰当的做法是，让国家达成税收条约，以允许在各自的辖区内进行收税。③ 正如维伊拉（Vieyra）法官指出的，"在现代世界，要想使纳税人员可在国外主张自己的请求……就必须通过公约和条约的方式进行"。④

---

① In *Dale Power Systems Plc v. Witt & Busch Ltd* ［2001］8 NWLR 699，在该案中，尼日利亚法院将公共政策界定为适用于全国的，有关公共道德、健康、安全、福利等事项的集体意识和共同良知。

② R. D. Leslie, 'The Non – Enforcement of Foreign Revenue Laws' (1976) 93 *South African Law Journal* 46; Ellison Khan, 'Enforcement of Foreign Revenue Law' (1954) 71 *South African Law Journal* 275.

③ See e. g. *Joint Council of Europe – OECD Convention on Mutual Administrative Assistance in Tax Matters*, 25 January 1988, 28 ILM 1160 (1988).

④ *Commissioner of Taxes, Federation of Rhodesia v. McFarland* 1965 (1) SA 470 at 474.

第三章
住所

在所研究的国家内,多边冲突规范是国际私法制度的重要内容。此类规范由两部分组成,即范围和连结点。范围指明所要处理的问题,如婚姻效力或缔约能力等。连结点指向某一法律体系,其法律将被用来解决范围中的问题。连结点的作用就像路标,它指向某一适当的法律体系。

住所就是这样的一个重要路标。自然人或法人是否在某一国家有住所这一问题,在国际私法的许多领域都极为重要,尤其是在管辖权、家庭和财产法等领域。本章所谈论的问题包括住所的类型、获得住所的条件、如何证明住所的存在,以及住所能否变更、以何种方式变更等。

第一节　原始住所和选择住所

一　博茨瓦纳

博茨瓦纳有关住所的法律立场①在 *Naude v. Naude* 案②中有很好的总结。一个人是否放弃了其原始住所(domicile of origin)是一个需要在盖然性平衡基础上证明的事实问题。要确定一个人是否成功地获得了一个选择住所

---

① See generally John Kiggundu,'The Law of Domicile in Botswana: The Need for Reform'(1990) 2 *African Journal of International and Comparative Law* 626; A. J. G. M Sanders,'The Expatriate Contract Worker and the Acquisition of a Domicile of Choice – The Botswana Position'(1983) 100 *South African Law Journal* 705.

② 2002(1)BLR 30. See also *Dance v. Dance* 1975(2)BLR 39; *Dance v. Dance*(2)[1976] BLR 43.

(domicile of choice)，法院需要考虑许多因素，包括该人在所声称的住所地国居住时间的长度，他访问他声称已放弃其住所的那个国家的次数，他是否在他所声称的选择住所地国拥有动产，他在该国的投资水平，以及他是否与他声称已放弃其住所的那个国家保留有联系或是否在该国仍有财产。法院必须对所有因素进行分析，然后才能确定是否可以将它们接受为证据。

声称已获得一个博茨瓦纳选择住所的人士，必须证明有在该地永久居住的确定意图，[①] 但无须证明有决不改变新住所地国的意图。[②] 在一个国家获得临时居留权并不自动构成在该地获得住所的障碍，[③] 但国籍和持续居住本身并不构成在某一特定国家获得住所的充分依据。[④] 有关当事人心理状态的证据是一个重要的但并非决定性的因素。因此，在涉及住所问题的法律程序中，如果一方当事人提供了清楚而确定的放弃原始住所以及意图获得新住所的证据，法院就不应基于他有提供此类证据的强烈动机这一唯一理由就拒绝接受此类证据，只要在法院看来他是一个可信的证人且不存在与其证词相矛盾的行为，就可以了。[⑤]

二 冈比亚

冈比亚法律认可两类住所，即在出生时获得的原始住所以及可在任何时间获得的选择住所。要获得一个冈比亚的选择住所，就应确定性地证明，居住在冈比亚的直接关系人（propositus）有在该地无限期住下去的意图。如果没有相应的心理状态，单纯的居住事实本身不能足以获得一个选择住所。换句话说，如果在冈比亚居住是临时的、不自愿的而且没有打算将冈比亚作为自己永久的家，就不能使一个人在冈比亚获得选择住所。[⑥]

---

① *Jeffreys v. Jeffreys* 1973 (1) BLR 42.

② *Kenyon v. Kenyon* 1974 (1) BLR 2.

③ *Sergeant v. Sergeant* 1983 BLR 61.

④ *Ucanda v. Ucanda* 1989 BLR 21.

⑤ *Scarr v. Scarr* 1971 (2) BLR 44.

⑥ *Siwingwa v. Siwingwa* [1994] GR 276.

三　加纳

加纳法院非常强调住所和国籍之间的区别。一个人的国籍，除了归化取得的外，都取决于他的出生地或血统。但一个人的住所的取得，除了需要在某一特定国家有居住的事实外，还必须有在该地居住的意图（animomanendi）。一个人可能具有一个国家的国籍，但在另一个国家有住所。① 因此，一个已归化的美国人并不自动丧失他在加纳的原始住所。② 一个人的住所是否在加纳，应根据法院地法判定。③ 如果一个人的住所正面临调查，他就必须证明他的居住意图，他有在居所地国设立家庭的确定目的。④ 一个人声称他已申请加纳国籍，这不足以构成他有在加纳永久居住的意图的证据。⑤ 申请人只是陈述自己的意图而没有提供相关事实的任何支持性证据，也不足以证明选择住所的变更。⑥ 长期的居住——在加纳法院审理的一个案件中当事人有23年的居住事实——并不等同于获得一个住所：居所和住所是不同的概念。⑦

四　肯尼亚

肯尼亚有关住所的规定主要在成文法中。⑧ 根据法律，一个人在任何时间不得拥有一个以上的住所，而且任何人必须要有住所。⑨ 虽然有的人可能会离开其住所地国，而且不再打算返回，但其住所会持续存在，直到他获得新的住所。⑩ 如果一个心智健全的人在其住所地国以外的国家获得居所，

---

① *Republic* v. *Mallet*，*Ex parte Braun*［1975］1 GLR 68.

② *Amponsah* v. *Amponsah*［1997 - 1998］1 GLR 43.

③ *Omane* v. *Poku*［1972］1 GLR 295 upheld in *Omane* v. *Poku*［1973］2 GLR 66.

④ *Abu-Jaudeh* v. *Abu-Jaudeh*［1972］GLR 444. See also *Davis* v. *Randall*［1962］1 GLR 1.

⑤ *Abu-Jaudeh* v. *Abu-Jaudeh*［1972］2 GLR 444.

⑥ *Simpson* v. *Simpson*［1960］GLR 105.

⑦ *Abu-Jaudeh* v. *Abu-Jaudeh*［1972］2 GLR 444.

⑧ Law of Domicile Act 1970.

⑨ Law of Domicile Act 1970，s. 10（1）.

⑩ Law of Domicile Act 1970，s. 10（2）.

并打算在该地设立永久的家，或如果一个人已在其住所地国以外的国家居住，并决定把该国作为永久的家，那么自其获得居所或作出该决定之日起，他就在该国获得了住所，并不再拥有其以前的住所。① 一个人可打算或决定将一国作为其永久的家，即使在情况发生变化时他会考虑离开该国。②

对于将原始住所改变为选择住所这一事件，法院总会认真对待。因此，所要求的证明标准是一个很高的标准，当事人必须十分清楚地（with perfect clearness）证明他获得新住所的意图。③ 但要求原始住所的改变也必须被"十分清楚地"证明，并不是也要求有一个很高的证明标准。"十分清楚地"这一短语的含义可能是一个智者见智的问题。这一证明标准在一定程度上取决于当事人的主张（allegation）。④

五　莱索托

如果为法律目的，一个人被推定为在所有时间内都出现在（present）一个国家内，则该人的住所就在该国。具有完全法律行为能力的人可自由选择自己的住所。为了使自己的选择生效，他们必须在所选择的国家内确实居住，而且具有在该地永久居住且放弃他们的现有住所并获得一个新的住所的确定意图。因此，一个人只是为了治病而在另一国内居住这一事实，并不意味着他已放弃了他的原始住所。⑤

一个人的亲口陈述（ipse dixit）通常并不能决定住所问题，至少必须要证明有充分的可能性支持他的主张。⑥ 一个人在某一国家有居所的事实，只是他在该国有住所的表面证据，而且居住时间越长，住所就越牢固的观点，是一种可反驳的推定。声称改变住所的人应承担住所改变的证明责任。如果法院内的证据并不能使法院十分确定地判断出居住者的意图，法院就会

---

① Law of Domicile Act 1970, s. 8 (1).

② Law of Domicile Act 1970, s. 8 (1).

③ *Schiratti v. Schiratti* [1976－1980] 1 KLR 870; *Field v. Field* [1964] EA 43.

④ *Field v. Field* [1964] EA 43.

⑤ *Maphathe v. Maphathe*, CIV/APN/479/02 (High Court, Lesotho, 2004).

⑥ *Binns v. Binns* 1980 (1) LLR 18, [1980－1984] LAC 14; *Fischer v. Fischer*, CIV/T/302/85 (High Court, Lesotho, 1985).

倾向于支持已有的住所。①

六 马拉维

原始住所会伴人一生，除非能够在事实上和意图上清楚证明该人已获得了一个选择住所。要证明一个人的原始住所已被选择住所取代，必须要有最充分的证据，同时还要证明该人具有永久放弃其原始住所的清楚、明确和确定的意图。② 如果发生可清楚预见而且可合理预测的紧急情况，当事人就会返回其原始住所地国，这就会使他已放弃原始住所的主张站不住脚。③ 马拉维法院曾经警告，不应过分强调与居住相关的长久性这一因素；居住意图应该不受时间长短的限制，但在性质上是可改变的。④ 法院也不应将当事人的陈述作为改变住所的决定性证明。⑤ 一个人不能仅仅因为受雇于马拉维，就可在马拉维获得住所。⑥ 不过，马拉维法院曾判定，当事人在马拉维居住 23 年的事实以及不再离开马拉维的意图，足以使当事人在马拉维获得一个选择住所。⑦

七 纳米比亚

根据纳米比亚法律，人们总是可以自由选择自己的住所。⑧ 住所与一个人的居所地联系紧密。⑨ 居所是住所的推定证据，如果还有必需的居住意图，就可认定住所的存在。声称住所改变的人士应承担在盖然性平衡基础

---

① *Lepelesana* v. *Lepelesana*［1977］LLR 190；*Mokoena* v. *Mokoena*，C of A（CIV）No. 2 of 2007（Court of Appeal，Lesotho，2007）.

② *Brown* v. *Brown*，Matrimonial Cause No. 9 of 2002（High Court，Malawi，2002）. See also *Whitelock* v. *Whitelock*［1978 – 1980］9 MLR 43；*Bond* v. *Bond*［1984 – 1986］11 MLR 87；*Gray* v. *Gray*［1923 – 1960］ALR Mal. 160；*Kaunda* v. *Kaunda*［1993］16（2）MLR 545.

③ *Whitelock* v. *Whitelock*［1978 – 1980］9 MLR 43.

④ *Jervis* v. *Jervis*［1968 – 1970］ALR Mal. 119.

⑤ *Coombe* v. *Coombe*［1923 – 1960］ALR Mal. 115.

⑥ *Msindo* v. *Msindo*，Civil Cause No. 67 of 2006（High Court，Malawi，2006）.

⑦ *Dorrington* v. *Dorrington*［1993］16（1）MLR 73.

⑧ 1993 年《移民法》第 22 条和第 23 条含有很多为本法目的获得和丧失住所的具体规则。

⑨ *Oliver No* v. *Insolvent Estate D Lidchi* 1998 NR 31.

上证明这一改变的责任。① 当事人在某地居住是否伴有必需的居住意图需要从案件的事实中推论出来。住所的意图要求可以是在所选择的国家永久或无限居住的意思，它并不要求当事人必须有不改变该住所的意思。②

如果一个人在纳米比亚的居留是非法的，他就不能在纳米比亚获得一个选择住所。③ 一个非法移民只要继续非法居住在他所选择的国家，他就不能在该国获得住所。④ 纳米比亚法院注意到，在现代的判例法中，罗马—荷兰法的权威观点并没有被抛弃，而且这种观点可能仍然反映了普通法中的立场。这种观点认为，一个人可以拥有一个以上的住所。⑤

八　尼日利亚

主张原始住所已被选择住所取代的当事人，应承担他已选择一个住所的证明责任，此类证明应十分清楚，且考虑到所有的相关事实。因此，要确定是否获得一个选择住所，需要对所获得的事实进行详尽的分析和评估，以查明相关当事人的心理状态。为此目的，居所和住所应作为两个不同的概念对待。⑥ 一个人只有获得选择住所后，才会失去其原始住所；实际上，当选择一个新的住所后，原始住所并没有消亡，而是处于待命状态，当新的住所被放弃时，原始住所就自动恢复。⑦ 尼日利亚法院也质疑这样的观点，即一个人在某一特定时间不能拥有一个以上的住所。⑧

九　南非

住所问题包括获得住所的能力，要根据法院地法确定。⑨ 根据南非的成

---

① *Main No* v. *Van Tonder No* 2006 (1) NR 389 at 394.

② *Gravato NO* v. *Redelinghuys*, Case No. A 401/2009 (High Court, Namibia, 2012).

③ *Government of the Republic of Namibia* v. *Getachew* 2008 (1) NR 1 at [42]-[56].

④ *Minister of Home Affairs* v. *Dickson* 2008 (2) NR 665.

⑤ *Main No* v. *Van Tonder No* 2006 (1) NR 389 at 395.

⑥ *Bhojwani* v. *Bhojwani* [1995] 7 NWLR 349. See also *Osibamowo* v. *Osibamowo* [1991] 3 NWLR 85; *Omotunde* v. *Omotunde* [2001] 9 NWLR 252.

⑦ *Bhojwani* v. *Bhojwani* [1995] 7 NWLR 349.

⑧ *Odiase* v. *Odiase* [1965] 2 All NLR 91.

⑨ *Ex parte Jones*: *In re Jones* v. *Jones* 1984 (4) SA 725.

文法，每个年满 18 周岁且依法具有成年人身份的人（排除那些因心智能力不健全不能作出合理选择的人），都可以获得一个选择住所，无论其性别或婚姻状况如何。① 如果一个人在某一特定地方合法居住且有在该地无限期居住的意图，他就可在该地获得选择住所。② 一个人只有获得一个新的住所后，无论是通过选择还是依据法律，他原有的住所才会丧失。③ 但在南非，一个人的原始住所不能自动恢复，住所恢复原则（the doctrine of revival of domicile）不是南非法律的一部分。④

一个人是否获得选择住所或失去其选择住所，要在盖然性平衡基础上进行判断。⑤ 一个人一旦能够证明有在南非实际居住的事实，而且他有放弃其以前住所并在南非永久居住的确定意图，他获得选择住所的证明责任就算履行完毕。如果当事人打算在将来发生某一确定的或可预见的事件时，他就不会在某地居住，就可以排除他有在该地居住的意图。如果当事人对于是否在某地居住还犹豫不定，也可排除当事人有在该地居住的意图。⑥

并没有绝对的规则来阻止从事某一特定职业的人在所驻扎的地方获得住所，是否获得选择住所取决于个案事实。所以，武装部队的人员、⑦ 外国政府的领事⑧以及海员⑨在南非任职期间都可以在南非获得住所。同样，被禁止的移民不能仅仅因为受到禁止，就不能在南非获得住所。不过，由于此类移民面临被驱逐的可能性，这就使得他们的居住变得极不确定，并因而可能会影响他们永久居住的意图。⑩ 实际上，驱逐会导致被驱逐人所获得

① Domicile Act 1992, s. 1（1）.
② Domicile Act 1992, s. 1（2）.
③ Domicile Act 1992, s. 3（1）.
④ Domicile Act 1992, s. 3（2）; *Grindal v. Grindal* 1997（4）SA 137.
⑤ Domicile Act 1992, s. 5; *Ley v. Ley's Executors* 1951（3）SA 186; *Senior v. Commissioner for Inland Revenue* 1960（1）SA 709; *Hillard v. Hillard*, Case No. 1464/2007（High Court, South Africa, 2008）.
⑥ *Eilon v. Eilon* 1965（1）SA 703. See also *Smith v. Smith* 1952（4）SA 750; *O'Mant v. O'Mant* 1947（1）SA 26.
⑦ *Nicol v. Nicol* 1948（2）SA 613; *Hibbs v. Wynne* 1949（2）SA 10; *Ex parte Readings* 1958（4）SA 432.
⑧ *Naville v. Naville* 1957（1）SA 280.
⑨ *Ex parte Pekola* 1951（3）SA 793.
⑩ *Van Rensburg v. Ballinger* 1950（4）SA 427. 移民从事了与其居留条件不符的活动（转下页注）

的南非住所归于消灭，即使他仍打算返回南非。① 当事人应有能力表达他们
永久居住的意图，而不受任何机构的控制。② 当事人继续效忠外国政府并向
其纳税，并不能影响他们获得新的住所。③

十 坦桑尼亚

声称已在坦桑尼亚获得选择住所的当事人，应承担责任证明这一事
实。④ 敌方外国人在战后被强制离开坦桑尼亚的可能性，并不影响他们当前
的意图的有效性以及他们在坦桑尼亚获得选择住所的能力。⑤ 只有长期居住
的事实还不足以在坦桑尼亚获得选择住所。因此，在 *Gordon v. Gordon* 案⑥
中，坦桑尼亚法院指出，虽然申请人已在坦葛尼喀（现在的坦桑尼亚）居
住了 18 年，大部分利益和关系也都在当地，而且也可以说他已"加入了一
个新的社会"，但这一切仍然不能证明或甚至不能得出这样的推定，即他已
放弃了英国的原始住所。

十一 乌干达

在乌干达，原始住所会持续存在，直到新的住所得以确立。⑦ 新的住所
会继续存在，直到之前的住所已经恢复或当事人获得了又一个新的住所。⑧
一个人可以通过在其原始住所地以外的地方设立确定的居所（fixed habita-
tion）而获得新的住所。但是，一个人不能仅仅因为为从事职业或完成任务

(接上页注⑩) 这一事实，也不会自动影响他在南非获得住所的能力。*Toumbis v. Antoniou* 1999（1）
SA 636.

① *Drakensbergpers BPK v. Sharpe* 1963（4）SA 615.
② *Ex parte Glass et Uxor* 1948（4）SA 379.
③ *Gwambe v. Gwambe* 1950（2）SA 643.
④ *Taylor v. Taylor*［1921 – 1952］1 TLR 746.
⑤ *Reinhard v. Reinhard*［1921 – 1952］1 TLR 749.
⑥ ［1965］EA 87.
⑦ Succession Act 1906，s. 8.
⑧ Succession Act 1906，s. 12.

在乌干达居住，就被认为在乌干达有确定的居所。① 证明原始住所已被选择住所取代的责任并不轻松，住所的改变必须"十分清楚地"予以证明。② 只有能够充分证明当事人有在乌干达永久居住的确定意图，乌干达法院才会判定该当事人在乌干达获得了一个选择住所。③ 不过，当事人没有乌干达国籍并不影响他在乌干达获得选择住所的意图。④

一个人也可通过向指定办公室缴存一份自己起草的、希望在乌干达获得住所的书面声明的方式，在乌干达获得住所，只要在作出该声明前他在乌干达居住已满1年。⑤ 被一国政府任命为驻另一国的大使、领事或其他代表，由于其在当地居住只是履职需要，因此他们不能在另一国获得住所；其他人员也不能因作为此类人员的家庭成员或作为雇员在该地居住，而在该地获得住所。⑥

十二　赞比亚

声称住所发生变更的当事人有责任提供有关居住事实和永久居住意图的证据。法院必须谨慎调查有关意图的证据。⑦ 在证明是否获得选择住所时，一个人在该国定居（settled）很关键——仅仅为了获得更好的报酬而待在某一国家，这只能说明当事人更喜欢的是报酬而不是那个国家。⑧

十三　津巴布韦

在津巴布韦法律中，⑨ 住所是一个事实问题，而且有关住所的事实必须

① Succession Act 1906, s. 9.
② *Santhumayor* v. *Santhumayor Ferris* ［1959］EA 204.
③ *Thornhill* v. *Thornhill* ［1964］EA 616；*Aslanidis* v. *Aslanidis* ［1967］EA 10.
④ *Thornhill* v. *Thornhill* ［1965］EA 268.
⑤ Succession Act 1906, s. 10. 法院认为这一规定仅适用于遗嘱或无遗嘱继承的情况。*Santhumayor* v. *Santhumayor Ferris* ［1959］EA 204 at 206.
⑥ Succession Act 1906, s. 11.
⑦ *Healy* v. *Healy* 1963 R & N 278.
⑧ *Russell* v. *Russell* ［1949 – 1954］NRLR 756.
⑨ 1979年《移民法》第3条。为本法的特殊目的，含有一个有关住所的特别规则。有关涉及这一规则的案例，see *Principal Immigration Officer* v. *O'Hara* 1993（1）ZLR 69；*In re Hoggart* 1992（1）ZLR 195；*Baxter* v. *Chief Immigration Officer* 1989（2）ZLR 320。

提交法院。一个人的住所位于其视为永久的家的地方，它并不必然是他居住的地方。① 选择住所的取得需要在盖然性平衡基础上予以证明。② 为获得一个选择住所，重要的是要有永久居住的意图；这一意图的实现存在障碍并不重要。③ 因此，作为外国人可能被驱逐这一事实，并非不可能使其获得一个选择住所，但如果一个成年且心智健全的人最初的入境和居留都是非法的，他就不可能在津巴布韦获得一个选择住所。④ 只有在某一国家有设立永久居所的确定意图，且已通过在该地实际居住实施该意图的情况下，才能获得一个新的住所。在一国居住但没有永久居住的意图不足以导致原有住所被取代。⑤ 住所的变更既需要有在新的国家永久居住的意图，也必须有在该国居住的事实。⑥ 这样，在原告离开其选择住所地而没有在另一个国家永久居住的意图时，就不能认为他已放弃了他的选择住所。⑦ 此外，一个人的住所可以是在澳大利亚的某一特定的州，但不能说是在澳大利亚。⑧

十四　评论

住所将一个人⑨与某个法律体系连接起来，该人的许多法律关系要受该法律体系的调整。在所研究的国家内，住所是国际私法制度中的一个重要的连结点，特别是在法律选择和管辖权领域。⑩ 上面有关各国的报告主要集

---

① *De Jager v. De Jager* 1998（2）ZLR 419.

② *Howard v. Howard* ［1966］RLR 182.

③ *Boswinkel v. Boswinkel* 1995（2）ZLR 58.

④ *Smith v. Smith* 1962 R & N 469, 1962（3）SA 930; Erwin Spiro, 'Domicile of Illegal Immigrant'（1963）12 *International and Comparative Law Quarterly* 680. See also Immigration Act 1979, s. 3（2）（3）.

⑤ *Baxter v. Chief Immigration Officer* 1989（2）ZLR 320.

⑥ *Nunes v. Nunes* 2003（1）ZLR 14.

⑦ *Mandlbaur v. Mandlbaur* 1983（1）ZLR 26.

⑧ *Smith v. Smith* 1970（1）SA 146.

⑨ 这里的"人"（person）指的是自然人。成文法有时对于法人如公司也会使用住所的概念。有关公司住所的案例，see *Silverstone（Pty）Ltd v. Lobatse Clay Works（Pty）Ltd* ［1996］BLR 190，在该案中，法院认为，如果公司在博茨瓦纳注册并在博茨瓦纳有注册办公室，为管辖权目的，它的住所就在博茨瓦纳。

⑩ 有关外国判决执行中的住所问题，see *Chinatex Oriental Trading Co. v. Erskine* 1998（4）SA 1087。

中在住所的一般法律方面。在所研究的一些国家内，如纳米比亚和津巴布韦，对于特定情况下的住所，如移民的住所，还有专门的法律规定。

一个人在某一特定地点是否有住所要由法院地法确定这一原则，看来在所研究的国家内都是一样的。因此，南非法院可能认为一个人的住所在乌托邦，虽然根据乌托邦的法律，它的住所并不在那儿；而且可能实际上乌托邦并没有住所的概念。

一般而言，法院认为——实际上南非已在法律中作出规定——住所的取得和变更应在盖然性平衡基础上予以证明。不过，法院采用了不同的概念，如在住所的证明标准上经常出现的"十分清楚地"和"最充分的证据"（strongest evidence）的概念。对此，判例法中有两点倾向非常值得注意。首先，要证明原始住所的放弃需要更为充分的证据；其次，法院会关注与证明永久居住意图相关的所有事实。要确定是否已获得住所的确是高度的事实判断。法院不太乐意接受放弃原始住所这类做法，一方面是因为原始住所是从英国判例法中移植而来，另一方面也可能是非洲的殖民历史造成的。这些非洲国家较早的案例大多涉及非洲的外国人团体。人们有理由怀疑，对于这些外国人，法院不愿判定他们已在殖民地获得了选择住所，并因此将殖民地的法律适用于他们。①

虽然"意图"（intention）这一概念在有关获得选择住所的判决中处于核心，但法院并没有清晰或确定地指明应适用哪种标准——主观的还是客观的——来分析该意图。有判决意见指出，应采用主观性的标准。② 另一个在方法上存在分歧的重要问题是，在一个人失去住所和获得新的住所之间会发生什么。住所恢复原则认为，在一个人失去选择住所时，他的原始住所恢复。肯尼亚、南非和乌干达都通过立法废除了这一原则，而采用了住所持续原则（the doctrine of persistence）。但在其他国家，还没有案例或立法支持这一立场。

对于居住或行为的非法性会给获得住所的能力带来哪些影响，还存在

---

① 实际上，戴西、莫里斯和考林斯注意到，存在这么一种推定，它不赞成一个人在一个宗教、生活方式、风俗习惯与其本国极为不同的国家获得一个选择住所。*Dicey, Morris & Collins*, para 6 – 050 and the cases cited there.

② *Sergeant v. Sergeant*［1983］BLR 61 at 63（"无疑本案中所采用的调查方法是主观性的"）.

不同意见或不确定性。① 在南非，禁止入境的移民或移民从事了与其居留许可不符的活动，并不能自动地阻止其在南非获得选择住所。但在津巴布韦和纳米比亚，非法入境或居留会阻止移民在当地获得选择住所。对于在某一外国的非法居留是否导致不能在津巴布韦和纳米比亚获得住所，还有争议。②

一个人在某一特定时间是否可拥有一个以上的住所，也是一个有争议的问题。在肯尼亚，一个人不能拥有一个以上的住所。③ 同样，在乌干达，为继承动产目的，一个人只能拥有一个住所。④ 不过，尼日利亚和南非的法院质疑这一立场。实际上，一些评论者认为，一个人为不同目的在不同地方拥有住所，可能对他有益。⑤ 也许非洲法院对于住所的含义可以采用一种语境相关方法（context – sensitive approach），即根据住所服务的目的，对住所的含义作出不同解释。

还有一个在很大程度上尚无定论的重要问题是，获得选择住所的时间点如何确定。获得原始住所或依附住所（domicile of dependency）的时间点很容易确定，如出生时、结婚时或收养时。选择住所的情况却不是这样。是首次居住的日期、永久居住的想法形成的日期，还是法院宣布获得新住所的日期？这都还不确定。似乎只有肯尼亚通过立法解决了这一问题：开始居住的日期或决定永久居住的日期都可以。⑥ 在冲突规范或准据法中的实体法发生重大变化的情况下，这一问题的答案至关重要。

现行法律中的一些重要方面，如有关原始住所和已婚妇女住所的原则，还不尽如人意或缺乏确定性。但除肯尼亚、莱索托、纳米比亚、南非和乌干达外，其他国家似乎还没有进行立法改革的计划。实际上，住所作为连结点的这一观念已受到批评，人们建议用居所、惯常居所和国籍来取代住

---

① 英国上议院指出，非法居留不能阻止一个人在英国获得住所。*Mark v. Mark* ［2006］1 AC 98；Christopher Forsyth, 'The Domicile of the Illegal Resident' (2005) 1 *Journal of Private International Law* 335.

② 如果法院判定在外国的非法居留会阻止在该国获得住所，将等同于执行该外国的公法。

③ Law of Domicile Act 1970, s. 10 (1).

④ Succession Act 1906, s. 5.

⑤ Ellison Khan, 'Multiple Domiciles' (1965) 82 *South African Law Journal* 147.

⑥ Law of Domicile Act 1970, s. 8 (1).

所。正如本书中的其他部分提到的，不同的立法为某些特定目的采用了这些替代性连结点。但在所研究的国家内，住所在确定属人法方面不会丧失其重要性。虽然一些国家通过立法进行了干预，特别是在婚姻事项的管辖权方面，但有关住所的法律在很大程度上仍然是由移植而来的普通法规则主导的，司法部门和学者只是时而对某些具体方面大声抗议一下而已。

第二节　依附住所

一　博茨瓦纳

已婚妇女在结婚时获得其丈夫的住所。获得丈夫的住所是法律实施的结果，妻子不能通过合同排除这一住所。① 司法别居令不能改变这一规则，以便允许妻子获得一个新的住所。② 对于婚姻事项的管辖权，博茨瓦纳通过立法进行干预，以缓和这一规则的影响，虽然人们呼吁废除这一规则，因为它对妇女造成歧视，但它仍是博茨瓦纳法律的一部分。③

二　肯尼亚

女士在结婚时获得其丈夫的住所。④ 但如果婚姻是可撤销的，妻子的住所就不会受到丈夫住所的影响。⑤ 一个成年的已婚妇女能够获得一个独立的选择住所。⑥ 一个已婚男士获得一个选择住所本身，并不能改变其妻子的住所，但如果丈夫在获得该选择住所时，妻子和她丈夫一起住在丈夫的选择住所地国，或如果妻子随后来到丈夫的选择住所地国和他生活在一起，这

---

①　*Egner* v. *Egner* 1974（2）BLR 5；*Ucanda* v. *Ucanda* 1989 BLR 21.

②　*Egner* v. *Egner* 1974（2）BLR 5.

③　*Nku* v. *Nku* 1998 BLR 187.

④　Law of Domicile Act 1970，s. 7.

⑤　*Dobbs-Johnson* v. *Dobbs-Johnson*［1950 – 1951］KLR 55.

⑥　Law of Domicile Act 1970，s. 8（3）.

就提出了一个可反驳的推定，即她也获得了该选择住所。①

　　每一个婚生的或被视为婚生的人，在其出生之日，获得其父亲的住所。如果一个人出生后死亡，他就在死亡之日获得其父亲的住所。如果一人是非婚生的，他就获得其母亲的住所。② 一个小孩如果是弃儿，他就在被发现的地方获得住所。③ 通过父母事后婚姻而准正的儿童，在准正之日获得其父亲的住所。④ 经有管辖权的法院授权收养的儿童，或经法院宣告令认可的被收养儿童，自法院裁决或命令之日，获得其收养人的住所，或如果收养人是一对夫妻，被收养儿童就获得夫妻中丈夫的住所。⑤

　　如果儿童是婚生的，或被视为婚生的，或已经过准正，儿童的住所就随父亲住所的改变而改变。如果父亲死亡，儿童的住所就随母亲住所的改变而改变。⑥ 如果儿童是非婚生的，他的住所就与母亲的住所相一致。如果有管辖权的法院通过命令将儿童的监护权授予其母亲，其住所将随母亲的住所而改变。⑦ 此外，已结婚的女童的住所将变更为她丈夫的住所。⑧ 其他被收养儿童的住所随收养人住所的改变而改变，如果其是由夫妻双方收养的，则其住所随夫妻中丈夫住所的改变而改变；如果丈夫死亡，该被收养儿童的住所就随夫妻中妻子住所的改变而改变。⑨

三　莱索托

　　已婚妇女的住所与其丈夫的住所一致。但如果情况许可，也可按照其他人获得选择住所的标准来判断妻子是否获得住所，不用考虑婚姻缔结的日期。⑩

---

① Law of Domicile Act 1970, s. 8 (4).

② Law of Domicile Act 1970, s. 3.

③ Law of Domicile Act 1970, s. 4.

④ Law of Domicile Act 1970, s. 5.

⑤ Law of Domicile Act 1970, s. 6.

⑥ *Jusab* v. *Gamral* [2009] 1 EA 164.

⑦ Jusab v. Gamral [2009] 1 EA 164, s. 9 (1).

⑧ Jusab v. Gamral [2009] 1 EA 164, s. 9 (2).

⑨ Jusab v. Gamral [2009] 1 EA 164, s. 9 (3).

⑩ Legal Capacity of Married Persons Act 2006, s. 13.

儿童的住所在与儿童有最密切联系且其利益能得到保护的地方。但如果在正常情况下，儿童和其父母双方或一方住在一起，就应推定儿童的住所就在其居住的地方，除非有相反情形。①

四　纳米比亚

已婚妇女的住所不应仅仅根据婚姻就被认为和其丈夫的住所一样，而应根据其他人获得选择住所的同样标准判断她是否获得自己的住所。②

儿童（包括非婚生儿童③）的住所应该是与该儿童有最密切联系的地方。④ 如果在正常情况下，儿童和其父母双方或一方居住在一起，就应推定该儿童的住所在其居住的地方，除非有相反情形。⑤

五　尼日利亚

根据法律，已婚妇女在结婚之日获得其丈夫的住所。⑥ 妻子的住所随丈夫住所的改变而改变，在婚姻存续期间，妻子不能获得一个不同的住所。⑦

六　南非

根据南非法律，每一个人——无论是男人还是女人——在达到成年年龄且心智健全时，都可获得一个住所。⑧ 该规则范围以外的人的住所在与其

---

① Legal Capacity of Married Persons Act 2006, s. 14.

② Married Persons Equality Act 1996, s. 12.

③ Children's Status Act 2006, s. 18.

④ Married Persons Equality Act 1996, s. 13 (1) (a), but see *Main No v. Van Tonder No* 2006 (1) NR 389. 在该案中，法院指出，婚生儿童在出生时获得其父亲的原始住所。如果儿童心智不健全，而且随后也不能形成自己的必要意图以确定自己的住所，在这种情况下，只有父亲有法律能力和权力改变其住所。

⑤ Married Persons Equality Act 1996, s. 13 (1) (b).

⑥ *Omotunde v. Omotunde* [2001] 9 NWLR 252.

⑦ *Machi v. Machi* [1960] Lagos LR 103; *Adeyemi v. Adeyemi* [1962] Lagos LR 70.

⑧ Domicile Act 1992, s. 1.

有最密切联系的地方。① 如果在正常情况下，儿童和其父母双方或一方居住在一起，除非有相反情形，就应推定父母的家就是儿童的住所。②

七 乌干达

一位女士通过婚姻获得其丈夫的住所。③ 在婚姻存续期间，妻子的住所随丈夫住所的改变而改变。如果夫妻双方因有管辖权的法院的命令而分居，妻子的住所就不再随丈夫住所的改变而改变。④ 精神病人的住所只能随其他人住所的改变而改变，其不能自己获得一个新的住所。⑤

每一个婚生人士的原始住所是其出生时其父亲的住所，或如果儿童出生时死亡，其住所就是死亡时其父亲的住所。⑥ 非婚生儿童的原始住所是出生时其母亲的住所。⑦ 儿童的住所随其父母住所的改变而改变，如果儿童结婚或在政府部门任职或受雇，或经父母同意设立了自己独立的企业，其住所就不再随父母住所的改变而改变。⑧

八 津巴布韦

在监护与保佐分别作出的情况下，儿童住所的改变主要取决于作为监护人的父母一方而不是作为保佐人的父母一方的意见。⑨

九 评论

除原始住所和选择住所外，普通法还承认依附住所。对于依附住所能

① Domicile Act 1992, s. 2 (1).
② Domicile Act 1992, s. 2 (2).
③ Succession Act 1906, s. 14.
④ Succession Act 1906, s. 15; *Joy Kiggundu v. Horace Awori* [2001] Kam. LR 374.
⑤ Succession Act 1906, s. 17.
⑥ Succession Act 1906, s. 6.
⑦ Succession Act 1906, s. 7.
⑧ Succession Act 1906, s. 13. 除了这种情况，一个人在未成年期间不能获得一个新的住所，see s. 16。
⑨ *Favard v. Favard* 1953 (3) SA 656.

否构成一类不同的住所，司法实践中还有疑问。① 依附住所是依法指定给诸如儿童、妻子或心智不健全的人等特殊类型人群的住所。

如果非洲的住所地法有需要改革的地方，那就是依附住所。其中一个例子就是这一规则，即已婚妇女结婚时取得丈夫的住所而且在婚姻存续期间不能获得一个自己的独立住所。② 肯尼亚和南非已通过立法废除了这一规则，现在它们都允许已婚妇女获得一个独立的住所。其他国家并不是这样，③虽然很多学者对这一规则提出批评。同样，一些法院也对这一规则表示不满，但没有通过司法实践废除这一规则。④ 这一规则已经落伍——它是旧时代的产物。随着人权观念在非洲的传播，以及非洲国家宪法对人权的重视，再继续适用这一规则显然不合时宜。它是对性别平等这一基本权利的公然践踏。正如一位尼日利亚学者在很久以前所评论的，"需要谨记的是，住所不是特权。即使它是特权，我们所做的也只是把丈夫专享的特权也授予妻子"。⑤

另一个问题涉及司法别居对妻子获得独立住所的能力的影响。在博茨瓦纳，司法别居令并不能对妻子的住所与其丈夫一致这一规则产生影响。但乌干达采用了不同的立场。

随着传统婚姻（如在男人和女人之间）以外的其他形式的关系的出现，以及婚姻关系以外其他子女生育方式的出现，需要根据这些发展的特点，重新审视有关依附住所的法律。目前，只有在南非，同性恋关系才是合法的。⑥但其他国家的法院可能会面临诸如两个"已婚的"女士或男士的住所问题。假设此类婚姻会得到认可，在住所问题由法院地法决定这一原则背景下，可能就会出现一些与住所相关的有趣问题：结婚时，一方伴侣是否获得另一方伴侣的住所？哪一方伴侣的住所会优先？他们能保留各自的独立住所吗？

---

① *Bhojwani v. Bhojwani* ［1995］7 NWLR 349 at 364；Francis N. Ekwere, 'Is there Domicile of Dependence in Nigerian Conflict of Laws?' (2000) 12 *African Journal of International and Comparative Law* 616.

② 关于这一规则在婚姻程序中的影响及如何通过立法减缓它的负面影响，参见本书第十二章。

③ 不过，一些国家专门为婚姻事项管辖权目的规定了一些例外，参见本书第十二章。

④ In *Amponsah v. Amponsah* ［1997 – 1998］1 GLR 43 at 45，在该案中，法院认为该规则没有"与时俱进"。

⑤ I. Oluwole Agbede, '*Lex Domicilii* in Contemporary Nigeria：A Functional Analysis' (1973) 9 *African Legal Studies* 61 at 93.

⑥ Civil Union Act 2006.

第二部分　管辖权

国际私法中的一个重要问题就是法院审理一项诉讼或请求的管辖权依据或理由。在所研究的所有国家内，法院审理案件的管辖权都是通过立法获得的。但无论立法对这种管辖权限规定得多么宽泛，法院也不能审理每一个被提交给它的案件。管辖权依据能够使法院进一步界定自己的审判权限，特别是在具有涉外因素的案件中。管辖权依据可以是普通法或成文法的产物。此外，管辖权依据可以根据特定诉因或诉讼当事人来进行界定——对于对人诉讼（actions in personam）和对物诉讼（actions in rem）以及对于外国的原告和被告可能存在不同的管辖权依据。

本章将分析所研究的国家的法院审理具有涉外因素的案件的管辖权依据。本章内容主要关注对人诉讼，特别是金钱诉讼。由于所研究的国家内的规则各具特色，本章将分别从普通法国家①和罗马—荷兰法国家②的角度对此类诉讼分别进行探讨。

第一节　普通法国家

一　冈比亚

管辖权的基础是送达。每一诉讼通过传票的送达而启动。③ 如果被告出

---

① 冈比亚、加纳、肯尼亚、尼日利亚、塞拉利昂、坦桑尼亚、乌干达和赞比亚（下文简称"普通法国家"）。

② 博茨瓦纳、莱索托、纳米比亚、南非、斯威士兰和津巴布韦（下文简称"罗马—荷兰法国家"）。

③ Rules of the High Court, Ord. II, r. 1 (1).

现在冈比亚，冈比亚法院就对对人诉讼具有管辖权。① 对于在法院辖区范围外的被告，冈比亚《高等法院规则》允许对此类被告进行送达。如果传票签发时，被告在法院辖区外，就不能在法院辖区内使用替代送达（substituted service），以规避向法院辖区外进行送达的要求。② 在下列情况下，法院会许可向法院辖区外送达传票或传票通知：③

（a）诉讼的全部标的是位于法院辖区内的土地（伴有或不伴有地租或收益），或为了固定与法院辖区内的土地有关的证据；

（b）影响到位于法院辖区内的土地的行为、文书、遗嘱、合同、义务或责任要在法院的诉讼中进行解释、更正、撤销或执行；

（c）针对住所或通常居所位于法院辖区内的任何人寻求救济；

（d）法院内的诉讼是为了对死亡时住所在法院辖区内的人士的个人财产进行管理，或为了执行应根据冈比亚法律执行的、被送达人是受托人的任何信托文件（涉及位于法院辖区内的财产）；

（e）在法院内提起的诉讼是为了执行、撤销、解除一项合同，或宣告该合同无效或其他影响该合同的行为，或因合同违约请求赔偿或其他救济，如果该合同：是在法院辖区内缔结的；是由或通过在法院辖区内经商或居住的代理人代表在法院辖区外经商或居住的委托人缔结的，或该合同适用冈比亚法律。此类诉讼也可能是就发生在法院辖区内的违约而针对被告提起的，无论合同在何处缔结，即使该违约行为发生前或发生时在法院辖区外也发生了违约行为，且该违约行为导致本应在法院辖区内履行的合同部分无法得到履行，也是如此；

（f）法院内的诉讼是基于发生在法院辖区内的侵权提起的；

（g）当事人在法院内请求一项命令，以便在法院辖区内采取某些行为，或请求在法院辖区内禁止或消除某些行为，无论当事人是否请求了损害赔偿；

（h）位于法院辖区外的人士是针对其他在法院辖区内经适当送达

---

① *Solo Dabo* v. *Mohammed Abdalla Mousa* ［1963－1966］GR 22.

② *Blell* v. *Isaac* ［1997－2001］GR 748.

③ Rules of the High Court, Ord. Ⅷ, r. 8 （a）-（i）.

而被提起的一项诉讼的必要的或适当的当事人；

（i）法院内的诉讼是由抵押人或抵押权人就位于法院辖区内的财产提起的，而且寻求的救济涉及出售、取消赎回权、抵押人交付占有、赎回、抵押权人交付占有等，但不涉及任何人身判决或要求根据抵押支付任何到期金钱的判决。

这些依据和法院辖区外送达的程序必须得到严格遵守。①

二　加纳

在对人诉讼中，加纳法院的管辖权根据普通法和成文法确定并受它们的调整。国际诉讼管辖权的基础是送达。只要被告能被送达传票，加纳法院就可对其行使管辖权。因此，合同在国外缔结并在国外履行的事实，② 或侵权发生在国外的事实，③ 并不能剥夺法院的管辖权。

在国际诉讼中，被告的实际出现（physical presence）是一种管辖权依据。被告出现在加纳的事实，哪怕极其短暂的出现，也能使加纳法院对其行使管辖权。④ 如果被告接受加纳法院的管辖，加纳法院就可审理他和原告之间的诉讼。接受管辖可以通过行为或通过法院选择协议作出。所以，已被送达传票的被告如果无条件出庭，而且没有请求法院中止诉讼程序，其就通过自己的行为接受了法院的管辖。⑤

根据加纳2004年《高等法院（民事程序）规则》第8节，不得向域外送达传票。但经过法院的许可，可通过规定的形式向域外送达传票通知。⑥ 该规则第2节第7条第5款规定，"未经法院的许可，不得签发拟向域外送

---

① Rules of the High Court, Ord. Ⅷ, r. 9 and 10; *Joseph Sarjuka Jobe v. Jack Alderlifste*（2002 – 2008）2 GR 535.

② *Edusei v. Diners Club Suisse SA*［1982 – 1983］GLR 809.

③ *Wachter v. Harlley*［1968］GLR 1069.

④ *Tafa & Co.（Ghana）Ltd v. Tafa & Co. Ltd*［1977］1 GLR 422.

⑤ *Polimex v. BBC Builders & Engineers Co. Ltd*［1968］GLR 168; *Moubarak v. Holland West Afrika Lijn*（1953）14 WACA 262.

⑥ High Court（Civil Procedure）Rules 2004, Ord. 8 r. 1 （1）. A writ includes a writ of summons and a statement of claim or a petition in a cause or matter. Ord. 82 r. 3.

达的任何传票、传票的通知"。该款规定的前身所产生的一个问题是，在原告希望向域外送达的情况下，请求法院许可的申请应在何时提出。在 *Lokko v. Lokko* 案①中，法院裁定，在原告希望对居所在域外的被告进行送达时，原告在签发传票前必须首先获得法院的许可。因此，如果原告在获得法院许可前就针对居所在纽约的被告签发传票，法院认为该传票糟糕透顶，从而也是完全无效的。② 不过，在 *Shirlstar Container Transport Ltd v. Kadas Shipping Co. Ltd* 案③中，在涉及多个被告时，该原则被进行了变更。法院指出，在其中一些被告在国内，另一些被告在国外的情况下，如果仍然要求遵守加纳《高等法院（民事程序）规则》第 2 节第 4 条（现在的第 2 节第 7 条第 5 款），就显得既不可行，也不公正、不公平。换句话说，在有多个被告的情况下——一些在国内，另一些在国外——在获得法院许可对国外的那些被告送达传票通知前，原告就可送达传票。

寻求法院许可以向国外送达传票通知的人士必须向法院提出申请。申请必须附有证明书，阐明提出该申请的理由。它还应申明，证人认为原告存在正当的诉因。证明书必须说明被告所在的或可被找到的地点或国家。即使原告未能陈述提出申请的理由，这也并非至关重要，只要他在签发传票时能够提交全面的请求主张即可。④

法院不会作出向国外送达传票通知的许可，除非能充分向其显示下列情况：（i）案件是一个向国外进行送达的适当的案件；而且（ii）该案属于《高等法院（民事程序）规则》第 8 节第 3 条规则调整的范围。⑤ 法院下令向国外进行送达的权力是一种自由裁量权，而不是强制性的。法院必须谨慎行使这种自由裁量权，并避免出现任何疑问，以有利于可能的被告。⑥ 这

---

① ［1989 – 1990］1 GLR 96.

② 在上诉时，上诉法院同意这一原则，但认为考虑到案件事实，传票并不打算用于域外送达。法院的理由是，在有证据表明加纳的律师准备接收传票且代表被告进行诉讼的情况下，尽管传票上有外国的地址，但它也清楚表明，该传票并不是打算用于域外送达的那类传票。在这种情况下，被告被视为已放弃了必须对其进行送达的权利。他的代理人将被推定为会同意采取他应采取的措施，就如同被告就在法院辖区内。See *Lokko v. Lokko* ［1991］2 GLR 184.

③ ［1989 – 1990］1 GLR 401.

④ *Shirlstar Container Transport Ltd v. Kadas Shipping Co. Ltd* ［1989 – 1990］1 GLR 401.

⑤ High Court（Civil Procedure）Rules 2004，Ord. 8 r. 2 (2).

⑥ *Eboe v. Eboe* ［1962］1 GLR 453.

是因为向域外送达的申请都是单方提出并单方审理的，外国被告既得不到通知，也不能参与审理。如果没有实质性的理由和根据，就拉上一个人来到加纳对诉讼进行抗辩，这显然很不公平。格里菲斯（Griffiths Randolph）法官指出，"法院一般不愿意让居住在国外的被告遭受不必要的花费并且忍受因抗辩纠缠性诉讼所带来的不便"。① 确实，这种授予许可以便签发向国外送达的传票的权力应谨慎行使。申请人必须提供切实的证据以说服法院其有正当的诉因，或存在需要审理的真正问题，而且另一方当事人对于这一请求没有适当的抗辩理由。

下列就是申请人可申请向域外送达传票的理由：②

（a）由传票所启动的诉讼的全部标的是位于法院辖区内的不动产（伴有或不伴有地租或其他利益），或是与此类财产有关的证据的固定；

（b）影响位于法院辖区内的不动产的行为、文件、遗嘱、合同、义务或责任，应在传票所启动的诉讼中进行解释、更正、撤销或执行；

（c）在传票所启动的诉讼中，所寻求的救济是针对住所或普通居所位于法院辖区内的人士提出的；

（d）由传票所启动的诉讼是为了对死亡时住所在法院辖区内的人士的财产进行管理，或为了在任何此类诉讼中获得任何救济；

（e）由传票所启动的诉讼是为了执行涉及位于法院辖区内的财产的书面信托文件，该信托应根据加纳法律执行，而且被送达传票的人是受托人，或由传票启动的诉讼是为了获得可在任何此类诉讼中获得的任何救济；③

（f）由传票所启动的诉讼是为了执行、撤销、解除一项合同或宣告其无效或其他可能影响合同的行为，或就合同违约要求赔偿或获得其他救济，而针对住所或通常居所不在法院辖区内的被告而提起的，只要：该合同是在法院辖区内缔结的；该合同是由或通过在法院辖区内

---

① *Signal Oil and Gas v. Bristow Helicopters* ［1976］1 GLR 371 at 374.

② High Court（Civil Procedure）Rules 2004, Ord. 8 r. 3.

③ 法院认为，在缺乏书面文件的情况下，如果被告被作为受托人起诉，法院无权许可进行域外送达传票。See *Eboe v. Eboe* ［1962］1 GLR 453.

经营或居住的代理人代表在法院辖区外经营或居住的委托人而缔结的；或该合同通过其条款或通过默示，应适用加纳法律；①

（g）由传票所启动的诉讼是就在法院辖区之内或之外缔结的一项合同在法院辖区内发生的违约而针对住所或通常居所不在法院辖区内的被告提起的，即使在该违约发生前或同时，在法院辖区外也存在导致本应在法院辖区内履行的合同部分无法履行的违约行为；

（h）由传票所启动的诉讼是基于发生在法院辖区内的侵权而提起的；②

（i）在由传票所启动的诉讼中，所请求的命令是为了命令被告在法院辖区内采取某种行为或禁止其采取某种行为（无论当事人是否也针对被告未能采取此类行为或采取了此类行为提出了赔偿请求）；

（j）由传票所启动的诉讼已针对在法院辖区内已被适当送达的人士适当提起，但法院辖区外的人士是该诉讼的必要的或适当的当事人；

（k）由传票所启动的诉讼是由位于法院辖区内的不动产的抵押权人提起，并且是为了请求出售该不动产、取消赎回权或要求抵押人交付对不动产的占有，但不是请求法院判定支付根据抵押到期的任何金钱；

（l）由传票所启动的诉讼是由位于法院辖区内的不动产的抵押人提起，并且是为了赎回抵押财产、解除抵押或请求抵押权人交付对财产的占有，但不是请求法院作出属人判决（personal judgement）；

（m）由传票所启动的诉讼涉及一项合同，该合同含有的条款导致法院有权审理并决定涉及该合同的任何诉讼。

在合同是通过居所在加纳的代理人缔结的情况下，法院可依据单方申请，下令授权针对该代理人而不是委托人送达传票，以启动与合同有关的诉讼。③

一个重要的问题是，原告能否分别将《高等法院（民事程序）规则》第8节调整范围内和范围外的诉讼合并起来，并且仍请求法院许可向域外送达。法院曾经指出，如果一项传唤令状含有不得被许可进行域外送达的任何请求，那么，即使它也含有可被许可进行域外送达的其他请求，法院也

---

① *Sanyo Electric Trading Co. v. Quacoopome* [2001–2002] GLR 198.

② *Signal Oil and Gas v. Bristow Helicopters* [1976] 1 GLR 371.

③ High Court (Civil Procedure) Rules 2004, Ord. 7 r. 13.

不能基于后一类请求授权许可进行域外送达。因此，此类传票并不在第11节（现在的第8节）第11条规则的任何规定之内。①

居所在加纳的公司应受加纳法院的管辖。确定居所的标准是，该公司是否在加纳的一些确定的并且具有一定持久性的地点进行营业活动。为管辖权目的，公司居所是否在加纳，应根据它们在诉讼提起时存在的事实来确定。②

在加纳从事营业活动的公司应受加纳法院的管辖。③ 此类公司不必在加纳有长久的营业地。该公司在加纳出售其产品或提供服务，就足够了。法院曾指出，在加纳未从事营业活动的一家外国未经注册的合伙企业不得签发传票，或以公司的名义起诉。④ 此类外国实体可能在其本国不具有可被加纳法院认可的独立的法律人格。在另一国家注册的公司在加纳有起诉的能力。加纳法院会认可由外国授予一个公司的法律人格。不过，此类公司有义务在传票中披露它的注册地。⑤

三 肯尼亚

对人诉讼的管辖权基础是送达。被告如果在肯尼亚出现，就可授予法院管辖权。当被告在途中经过肯尼亚而在内罗毕伊斯特利机场被送达传票时，就被认为已进行了适当的送达，⑥ 即使基础交易是通过在卢旺达基加利缔结的合同而进行的，也没有关系。⑦

---

① *Eboe v. Eboe* ［1962］ 1 GLR 453 at 457.

② *Ackerman v. Société Générale de Compensation* ［1967］ GLR 212 at 214.

③ *Tafa & Co.（Ghana）Ltd v. Tafa & Co. Ltd* ［1977］ 1 GLR 422.

④ *Attorney General v. Levandowsky* ［1971］ 2 GLR 58.

⑤ *Edusei v. Diners Club Suisse SA* ［1982 – 1983］ GLR 809；*Kimon Compania Naviera SARP v. Volta Line Ltd（Consolidated）* ［1973］ 1 GLR 140.

⑥ *Riddlesbarger v. Robson* ［1958］ EA 375.

⑦ *Georgina Ngina v. Inter Freight East Africa* ［2006］ eKLR（合同将在肯尼亚履行），but see *Sunrise Travel and Tours Ltd v. Wanjigi* ［2002］ LLR 5933，在该案中，法院认为，在日益全球化的时代，虽然采取不同的立场会更好，但根据肯尼亚现行的法律，一个完全在肯尼亚之外缔结和履行的合同不会给予肯尼亚法院管辖权，即使被告确实居住在肯尼亚。

肯尼亚 2010 年《民事程序规则》为域外送达做了规定。① 在某些情况下，只要被告被适当送达，就可针对不在肯尼亚的被告提起诉讼。② 肯尼亚法院可在下列情况下允许向肯尼亚之外送达传票或传票通知：

（a）诉讼的全部标的是位于肯尼亚的不动产（无论是否伴有租金或利益）；

（b）在该诉讼中，当事人请求对影响位于肯尼亚的不动产的任何行为、文书、遗嘱、合同、义务或职责进行解释、更正、撤销或执行；

（c）当事人针对住所或通常居所位于肯尼亚的任何人士请求获得救济；③

（d）提起的诉讼是为了对死亡时住所在肯尼亚的死者的动产进行管理，或为了执行（有关位于肯尼亚的财产）任何书面文件的信托，在此类信托中，被送达人是受托人，而且该信托文件应根据肯尼亚法律执行；

（e）提起的诉讼是为了执行、变更、撤销、解除一项合同或宣告合同无效或采取其他影响合同的行为，或请求就合同违约进行赔偿或提供其他救济，如果：该合同是在肯尼亚缔结的；该合同是由或通过在肯尼亚经营或居住的代理人代表在肯尼亚之外经营或居住的委托人缔结的；或根据合同的条款或相关立法，该合同应适用肯尼亚法律；或该合同含有的条款授予肯尼亚法院审理和决定与合同诉讼相关的管辖权；或者诉讼是就发生在肯尼亚的合同违约而提起，无论该合同在何处缔结，即使在该违约发生前或同时，在肯尼亚之外发生的违约已导致本应在肯尼亚境内履行的合同部分无法履行；④

（f）该诉讼是基于发生在肯尼亚的侵权而提起；⑤

---

① Civil Procedure Rules 2010, Ord. 5, Rule 21 (a) - (h).《民事程序规则》第五节第 22 条和第 24 条规则对域外送达做了进一步规定，还规定了其他程序如传唤令、动议通知、请求及其他启动程序。

② *African Mercantile Co. Ltd v. Patel* [1927 - 1928] 11 KLR 69.

③ *Donnebaum v. Mikolaschek* [1964] EA 645.

④ *Karachi Gas Co. Ltd v. Issaq* 1965 ALR Comm. 35, [1965] EA 42; *Nairobi Projectors Services Ltd v. Patricia Kabuleeta* [2006] eKLR; *Kenya School of Flying v. ACE INA UK Ltd* [2005] eKLR; *African Mercantile Co. Ltd v. Patel* [1927 - 1928] 11 KLR 69.

⑤ *Donnebaum v. Mikolaschek* [1964] EA 645; *Kenya School of Flying v. ACE INA UK Ltd* [2005] eKLR.

（g）当事人在诉讼中请求法院作出命令，以命令或禁止在肯尼亚采取某些行为，无论当事人是否就此类行为同时请求进行赔偿；

（h）肯尼亚之外的人士是在肯尼亚针对已被适当送达的其他人士而适当提起的诉讼的必要的或适当的当事人。

域外送达被描述为一种例外措施。因此，请求域外送达的申请人必须严格满足为行使此类管辖权而施加的法定要求。① 域外送达许可的授予是自由裁量性的，即使申请人严格按照规定的要求提交申请，仍然可能存在法院拒绝授予许可的理由，包括申请人未能进行全面、公正的披露，或未能证明存在合理和可能的诉因。② 如果根据域外送达命令签发的传票不能直接送达给受送达人，法院也可下令进行替代送达。③

公司在肯尼亚的居所可以授予肯尼亚法院管辖权。不过，法院曾经指出，为证明某一外国公司在法院辖区内是否出现或居住的目的，该公司货运代理人在某一法院辖区内进行的交易，并不必然等同于该公司通过货运代理人所进行的交易。④ 在法院辖区内从事营业活动的外国公司可在该法院内被起诉。⑤

四　尼日利亚

在尼日利亚，接受管辖构成一种管辖依据。尼日利亚法院有权审理合同相关诉讼，如果合同当事人自愿接受法院的管辖。⑥ 接受管辖可以是达成法院选择协议的形式，或从有关行为中推断出来，例如，对于某一诉讼无条件出庭并采取进一步的措施。⑦ 但如果出庭仅是为了抗议法院的管辖权，

---

① *Assanand and Sons（Uganda）Ltd v. East African Records Ltd*［1959］1 EA 360.

② *Paul Donnebaum v. Kurt Mikolaschek*［1966］EA 25.

③ *Patel v. Mart*［1954］27 KLR 40.

④ *In re Lowenthal and Air France* 1966（2）ALR Comm. 301，［1967］EA 75；*Kanti & Co. Ltd v. Oriental Fire & General Insce Co. Ltd*［1973］1 EA 203.

⑤ *His Majesty's Principal Secretary of State for the Colonies v. Deutsche Ost－Afrika Linie*［1906－1908］KLR 74.

⑥ *Barzasi v. B Visinoni Ltd* 1973（1）ALR Comm. 373，［1973］NCLR 373.

⑦ *Grisby v. Jubwe*（1952－1955）14 WACA 637.

则不构成自愿接受法院的管辖。①

同样，在尼日利亚法律中，在法院辖区内拥有居所也是一种管辖权依据。这样，在一个请求归还借款的诉讼中，借款协议是在国外达成的事实，并不能阻止尼日利亚法院对案件行使管辖，只要能证明债务人的居所在法院辖区内即可。②

尼日利亚法律允许向域外送达。③ 未经法院许可，任何传票或传票通知不得向域外送达。④ 法院在下列情形下可允许向域外送达传票或传票通知：⑤

（a）诉讼的全部标的是位于法院辖区内的土地（伴有或不伴有地租或收益）；

（b）影响到位于法院辖区内的土地或可继承遗产的行为、文书、遗嘱、合同、义务或责任要在法院的诉讼中进行解释、更正、撤销或

---

① *Holman Bros（Nigeria）Ltd v. Kigo（Nigeria）Ltd*［1980］FNLR 395 at 407.

② *First Bank of Nigeria Plc. v. Kayode Abraham*［2008］18 NWLR 172（reversing *First Bank of Nigeria Plc v. Kayode Abraham*［2003］2 NWLR 31）.

③ 在本章，我仅关注联邦高等法院的规则。每一个州的高等法院有自己的程序规则，它们对于这一问题的规定和联邦高等法院的规定相似。See e. g. High Court of Lagos State（Civil Procedure）Rules 2004，Ord. 8 r. 1；High Court of the Federal Capital Territory，Abuja（Civil Procedure）Rules，Ord. 12 r. 13；High Court of Kaduna State（Civil Procedure）Rules 2007，Ord. 8 r. 1. 尼日利亚是一个联邦国家，本章所讨论的一些问题都产生于州际法律冲突这一背景之下，关于这一点，see generally Gbenga Bamodu，'In Personam Jurisdiction：An Overlooked Concept in Recent Nigerian Jurisprudence'（2011）7 *Journal of Private International Law* 273。

④ Federal High Court（Civil Procedure Rules）2000，Ord. 6 r. 12（1）. *Nwabueze v. Okoye*［2002］10 WRN 123；*Broad Bank of Nigeria Ltd v. Olayiwola*［2005］WRN 101，［2005］3 NWLR 434. 尼日利亚法院似乎对进行域外送达前没有获得法院许可会产生何种后果并未形成一致做法。一些法院认为，未能获得签发域外送达传票的许可，或未经许可进行域外送达，并不能使传票无效，而只是使其可被撤销。法院有权事后给予许可。*Aermacchi SPA v. AIC Ltd*［1986］2 NWLR 443；*Caribbean Trading & Fidelity Corporation v. Nigerian National Petroleum Corp.*［2002］34 WRN 11. 其他一些法院，包括尼日利亚最高法院在近来的判决中认为，没有遵守有关域外送达的规则不只是一种程序不当，而是影响管辖权根基和法院审判权的严重瑕疵。*Owners of the MV "Arabella" v. Nigeria Agricultural Insurance Corporation*（2008）2 All NLR 491；*Drexel Energy and Natural Resources Ltd v. Trans International Bank Ltd*（2008）2 All NLR 224. See also *Nwabueze v. Okoye*［2002］10 WRN 123；*United Bank for Africa Plc v. Odimayo*［2005］2 NWLR 21；*AGIP（Nigeria）Ltd v. AGIP Petroli International*［2010］5 NWLR 348 at 395；*Touton SA v. Grimaldi Compagnia di Naviga Zioni SPA*［2011］4 NWLR 1.

⑤ Federal High Court（Civil Procedure Rules）2000，Ord. 13 r. 13.

执行；

（c）针对住所或通常居所位于法院辖区内的任何人寻求救济；

（d）在法院内提起的诉讼是为了执行、撤销、解除一项合同，或宣告该合同无效或其他影响该合同的行为，或因合同违约请求赔偿或其他救济，如果该合同：是在法院辖区内缔结的；是由或通过在法院辖区内经商或居住的代理人代表在法院辖区外经商或居住的委托人缔结的；或该合同适用尼日利亚法律。此类诉讼也可能是就发生在法院辖区内的违约而针对被告提起的，无论合同在何处缔结，即使该违约行为发生前或发生时在法院辖区外也发生了违约行为，且该违约行为导致本应在法院辖区内履行的合同部分无法得到履行，也是如此；①

（e）法院内的诉讼是基于发生在法院辖区内的侵权或其他民事违法行为提起的；②

（f）当事人在法院内请求一项命令，以便在法院辖区内采取某些行为，或请求在法院辖区内禁止或消除某些行为，无论当事人是否就此类行为请求了损害赔偿；

（g）位于法院辖区外的人士是针对其他在法院辖区内经适当送达而被提起的一项诉讼的必要的或适当的当事人；

（h）法院内的诉讼是由抵押人或抵押权人就位于法院辖区内的财产提起的，而且寻求的救济涉及出售、取消赎回权、抵押人交付占有、赎回、抵押权人交付占有等，但不是为了请求［除非根据本规则（d）段得到许可］作出属人判决，以下令支付根据抵押到期的任何金钱；或

（i）诉讼是根据《民用航空法》或根据该法所制定的任何条例或任何与航空运输相关的法律而提起的。

每一项请求法院许可进行域外送达的申请必须附有证明书或其他证

---

① *Cold Containers（Nigeria）Ltd v. Collis Cold Containers Ltd* 1977（1）ALR Comm. 97，［1977］NCLR 97；*Nahman v. Allan Wolowicz*［1993］3 NWLR 443；*Benworth Finance Ltd v. Ibrahim* 1969（3）ALR Comm. 180；*Blaize v. Dove*［1936］13 NLR 66；*Arjay Ltd v. Airline Management Support Ltd*［2003］7 NWLR 577.

② See generally *Ezomo v. Oyakhire*［1985］1 NWLR 195，（1985）2 SC 260.

据，阐明证人确信原告有正当理由的诉因，而且说明被告所在的或可被找到的地点或国家以及该申请所依据的理由。① 除非法院确信该诉因是一个可以进行域外送达的适当诉因，否则法院不会授予此类许可。② 这也指明了在确定是否存在进行域外送达的理由时所采用的证明标准——这必须是一个看来可以进行域外送达的适当案件。这种适当的标准是，在考虑到所有可接受的材料后，是否存在有力观点支持所需理由已得到满足：原告只是证明他针对可能的被告具有表面的案件（a prima facie case）还不够，但也没必要使法院在排除合理怀疑的基础上确信存在进行域外送达的理由。③ 对原告签发和送达域外传票的权利进行限制是为了使法院（作为国家的机构）能够决定，在某一特定案件中，如果其管辖权不能扩展适用于另一国，它对另一国的人员行使国家的司法权力是否合适。法院一旦决定它有作出此类许可的管辖权，那么它是否应行使此类管辖权就是自由裁量的事项了，不过这种自由裁量权也应谨慎行使。法院在行使这种自由裁量权时考虑的因素包括：审理诉讼的方便法院；花费和便利的比较；以及如果相关的话，就同一诉因有关的程序是否已在其他地方提起。④ 如果在签发传票时，不能依法对域外的被告进行直接送达（personal service），法院也不应下令进行替代送达。⑤

尼日利亚法院对居所在尼日利亚的公司⑥和在尼日利亚从事营业活动的任何人⑦都有管辖权。居所是一个事实问题，公司的居所是其管理中心和控制地。⑧ "从事营业活动"（carrying on business）这一短语并非意味着只是在远离公司总部或总部办公室的地方与消费者进行偶然的交易。必须有证

---

① Federal High Court (Civil Procedure Rules) 2000, Order 13 r. 14 (1).

② Federal High Court (Civil Procedure Rules) 2000, Order 13 r. 14 (2).

③ *Cold Containers (Nigeria) Ltd v. Collis Cold Containers Ltd* 1977 (1) ALR Comm. 97, [1977] NCLR 97.

④ *Nwabueze v. Okoye* [1988] 4 NWLR 664. See also *Cold Containers (Nigeria) Ltd v. Collis Cold Containers Ltd* 1977 (1) ALR Comm. 97, [1977] NCLR 97.

⑤ *Kida v. Ogunmola* [2006] 13 NWLR 377.

⑥ *University of Nigeria v. Orazulike Trading Co. Ltd* [1989] 5 NWLR 19. See generally Companies and Allied Matters Act 1990, s. 78 and 54.

⑦ *In re Gresham Life Assurance Society (Nigeria) Ltd* 1973 (1) ALR Comm. 215, [1973] 1 All NLR (Part I) 617, [1973] NCLR 215; *In re Gresham Life Assurance Society (Nigeria) Ltd v. Ochefu* [1970] NCLR 78.

⑧ *University of Nigeria v. Orazulike Trading Co. Ltd* [1989] 5 NWLR 19.

据表明公司在法院辖区内是在真正从事营业活动。① 不过，外国公司可通过代理人在法院辖区内从事营业活动，② 但如果外国公司只是在尼日利亚的公司里拥有股份资本，它就没有在尼日利亚从事营业活动。③

五　塞拉利昂

塞拉利昂允许原告向域外送达传票。但未经法院许可，不得签发用于域外送达的任何传票或传票通知。④ 法院可在下列案件中许可向域外送达传票或传票通知：⑤

（a）在此类案件中，所寻求的救济是针对住所在塞拉利昂的人士提出的；

（b）在此类案件中，所请求的命令是为了命令被告在塞拉利昂采取某种行为或禁止其采取某种行为（无论当事人是否也针对被告未能采取此类行为或采取了此类行为提出了赔偿请求）；

（c）此类诉讼是针对在塞拉利昂境内或境外已被适当送达的人士而提起的，而且塞拉利昂境外的人士是该诉讼的必要的或适当的当事人；

（d）该诉讼是为了执行、撤销、解除一项合同或其他可能影响合同的行为而提起，只要：该合同是在塞拉利昂缔结的；该合同是由或通过在塞拉利昂经营或居住的代理人缔结的；或该合同通过其条款或通过默示，应适用塞拉利昂法律；

（e）该诉讼是就在塞拉利昂缔结的一项合同在塞拉利昂发生的违约而提起的，即使在该违约发生前或同时，在塞拉利昂之外也存在导致本应在塞拉利昂履行的合同部分无法履行的违约行为；⑥

---

① *Ezebube* v. *Alpin & Co. Ltd* 1966 （2） ALR Comm. 97.

② *Spiropoulos & Co. Ltd* v. *Nigerian Rubber Co. Ltd* 1970 （2） ALR Comm. 94，［1970］ NCLR 94.

③ *Aluminium Industries Aktien Gesellschaft* v. *Federal Board of Inland Revenue* 1971 （2） ALR Comm. 121，［1971］ 2 NCLR 121.

④ High Court （Civil Procedure） Rules 2007，Ord. 6 r. 8.

⑤ High Court （Civil Procedure） Rules 2007，Ord. 11 r. 1.

⑥ *Aboud* v. *Mandi* ［1920 – 1936］ ALR SL 240.

（f）该诉讼是基于发生在塞拉利昂的侵权或因发生在塞拉利昂的行为所遭受或产生的损害而提起；

（g）诉讼的全部标的是位于塞拉利昂的土地（无论是否伴有地租或收益）或是为了固定与位于塞拉利昂的土地有关的证据；

（h）诉讼的提起是为了对影响位于塞拉利昂的土地的行为、文件、遗嘱、合同、义务或责任进行解释、变更、撤销或执行；

（i）该诉讼是为了位于塞拉利昂的不动产担保的一项债务而提起，或为了确认、宣告或确定位于塞拉利昂的动产财产的所有权、占有权或担保权，或为了获得授权处置位于塞拉利昂的动产财产；

（j）该诉讼是为了执行一项书面信托文件，该信托应根据塞拉利昂法律执行，而且被送达传票的人是受托人，或是为了获得可在任何此类诉讼中获得的任何救济；

（k）该诉讼是为了对死亡时住所在塞拉利昂的人士的财产进行管理，或为了在此类诉讼中获得任何救济；

（l）由传票所启动的诉讼是由位于塞拉利昂的不动产的抵押权人提起，并且是为了请求出售该不动产、取消赎回权或要求抵押人交付对不动产的占有，但不是请求法院判定支付根据抵押到期的任何金钱；

（m）由传票所启动的诉讼是由位于塞拉利昂的不动产的抵押人提起，并且是为了赎回抵押财产、解除抵押或请求抵押权人交付对财产的占有，但不是请求法院作出属人判决；或

（n）由传票所启动的诉讼涉及一项合同，该合同含有的条款导致法院有权审理并决定涉及该合同的任何诉讼。

请求法院许可以进行域外送达申请必须附有证明书，阐明提出该申请的理由；证人认为原告存在正当的诉因；可在哪些国家或地方找到被告；以及在申请人援引"必要的或适当的当事人"这一送达理由时，说明证人相信在原告和被送达人之间存在原告可合理请求法院审理的真正问题的理由。① 只有在法院确信该案件是一个可以进行域外送达的案件时，才会授予

---

① High Court（Civil Procedure）Rules 2007, Ord. 11 r. 3（1）.

域外送达的许可。①

六　乌干达

在对人诉讼中，只要被送达传票的人在乌干达，乌干达法院对相关争议就有管辖权。② 乌干达法院可在下列情况下允许进行域外送达：③

（a）诉讼的全部标的是位于法院辖区内的不动产（无论是否伴有租金或利益）；

（b）在该诉讼中，当事人请求对影响位于法院辖区内的不动产的任何行为、文书、遗嘱、合同、义务或职责进行解释、更正、撤销或执行；

（c）当事人针对住所或通常居所位于法院辖区内的任何人士请求获得救济；④

（d）提起的诉讼是为了对死亡时住所在法院辖区内的死者的动产进行管理，或为了执行（有关位于法院辖区内的财产）任何书面文件的信托，在此类信托中，被送达人是受托人，而且该信托文件应根据乌干达法律执行；

（e）诉讼是基于发生在法院辖区内的违约或所声称的违约而提起，无论该合同在何处缔结，根据合同条款，该合同应在法院辖区内履行；

（f）当事人在诉讼中请求法院作出命令，以命令或禁止在乌干达采取某些行为，无论当事人是否就此类行为同时请求进行赔偿；

（g）法院辖区外的任何人是针对在法院辖区内已被适当送达的其他人而适当提起的一项诉讼的必要的或适当的当事人；

（h）诉讼是基于发生在法院辖区内的侵权而提起的。

---

① High Court（Civil Procedure）Rules 2007, Ord. 11 r. 3（2）.
② *Eastern and Southern African Trade and Development Bank v. Hassan Basajjabalaba*, HCT‑00‑CC‑CS‑0512‑2006（High Court, Uganda, 2007）. See generally *Ruby General Insurance Co. Ltd v. General Land and Insurance Agencies Ltd*［1963］EA 154.
③ Civil Procedure Rules 1964, Ord. V r. 22（a）–（h）.
④ *Alemayehu Degafa v. Kim Bowerman*［1994］Kam. LR 644.

乌干达法院对居所在乌干达的公司有管辖权。因此，法院曾经指出，一家公司在法院辖区内有居所的事实，授予该法院审理该公司与在另一国家注册的公司之间的争议的管辖权，即使争议中的合同要在国外履行。①

七　赞比亚

如果被告的居所在赞比亚或被告接受赞比亚法院的管辖，赞比亚法院就对涉及将在国外履行的合同的事项有管辖权。②

对人诉讼由传票启动。③赞比亚法律允许向域外送达传票。在签发此类传票前，应首先获得法院的许可。④

法院可在下列情况下允许向域外送达传票或传票通知：⑤

（a）诉讼的全部标的是位于法院辖区内的土地（伴有或不伴有地租或收益），或是对涉及位于法院辖区内的土地的证据进行固定；

（b）影响到位于法院辖区内的土地或可继承遗产的行为、文书、遗嘱、合同、义务或责任要在法院的诉讼中进行解释、更正、撤销或执行；

（c）针对住所或通常居所位于法院辖区内的任何人寻求救济；

（d）提起的诉讼是为了对死亡时住所在法院辖区内的死者的动产进行管理，或为了执行（有关位于法院辖区内的财产）任何书面文件的信托，在此类信托中，被送达人是受托人，而且该信托文件应根据赞比亚法律执行；

（e）在法院内提起的诉讼是为了执行、撤销、解除一项合同，或宣告该合同无效或其他影响该合同的行为，或因合同违约请求赔偿或其他救济，如果该合同：是在法院辖区内缔结的；是由或通过在法院

---

① *Wigglesworth Clearing Ltd v. Trago（U）Ltd*［1999］Kam. LR 758.
② *Commonwealth Development Corporation v. Central African Power Corporation*（1968）ZR 70，1968（3）ALR Comm. 416；*Fratelli Fasani SPA v. Zambital Ltd*（1983）ZR 129.
③ High Court Rules，Ord. VI r. 1（1）.
④ *Leopold Walford（Zambia）Ltd v. Unifreight*（1985）ZR 203.
⑤ High Court Rules，Ord. X r. 15.

辖区内经商或居住的代理人代表在法院辖区外经商或居住的委托人缔结的；或根据合同条款或根据默示，该合同适用赞比亚法律；或此类诉讼是就发生在法院辖区内的违约而针对被告提起的，无论合同在何处缔结，即使该违约行为发生前或发生时在法院辖区外也发生了违约行为，且该违约行为导致本应在法院辖区内履行的合同部分无法得到履行，也是如此；

（f）该诉讼是基于发生在法院辖区内的侵权而提起的；[①]

（g）当事人在法院内请求一项命令，以便在法院辖区内采取某些行为，或请求在法院辖区内禁止或消除某些行为，无论当事人是否就此类行为请求了损害赔偿；

（h）位于法院辖区外的人士是针对其他在法院辖区内经适当送达而被提起的一项诉讼的必要的或适当的当事人；或

（i）法院内的诉讼是由抵押人或抵押权人就位于法院辖区内的财产提起的，而且寻求的救济涉及出售、取消赎回权、抵押人交付占有、赎回、抵押权人交付占有等，但不是为了请求［除非根据本规则（e）段得到许可］作出属人判决，以下令支付根据抵押到期的任何金钱。

八　评论

在对人诉讼中，出现、居所和接受管辖在普通法国家中都是管辖依据。加纳和肯尼亚的法院曾经指出，被告在法院辖区内的单纯出现，无论多么短暂，都给予法院审理涉及该人诉讼的管辖权。不过，单纯出现是不是一种可接受的管辖权依据还有争议——它易被滥用，损害当事人的合法期望，鼓励挑选法院，它在其他一些法域不被接受为一种管辖权依据。虽然如此，这种行使管辖权方式的严厉性（特别是诉因与法院有很少或没有联系的情况下）在普通法国家可通过适用不方便法院原则而得到缓解，该原则允许法院中止本院的诉讼程序，以便案件可在国外一个更为适当的法院进行

---

① 法院指出，追回因事实错误而支付的金钱的诉讼绝不是产生于合同的诉讼。因此，法院不会下令在此类诉讼中进行域外送达。*Northern Rhodesia Tobacco Co-operative Society Ltd v. Baird* ［1949 – 1954］ NRLR 387.

审理。

一个人的居所是否在某一法域内是一个应根据个案情况予以确定的事实问题。就法人如公司而言，居所问题是一个特别值得关注的问题。立法在确定公司的居所是否在某一法域内时发挥着重要影响。在法院辖区内注册的公司，[1] 或根据相关国内法在法院辖区内设立"营业地"的公司，为管辖权目的，会被当然认为其居所在法院辖区内。[2] 实际上，大多数国内立法都为有关向被称为"外部"（external）或"外国"（foreign）公司（即在法院辖区外注册成立但在法院辖区内设有营业地的公司）[3] 以及一般公司[4]的送达做了特殊规定。值得注意的是，一些普通法国家的民事程序规则[5]也含有向公司送达传票的规定。在大多数国家，在不同法律规定出现冲突时，《公司法》的规定优先适用。[6]

---

[1]　一些国家的法律允许公司在本国注册为非居民公司。See e. g. Gambia – Companies Act 1955, s. 364 （在冈比亚注册成立但在冈比亚不从事经营活动或不受冈比亚方面控制的公司）。

[2]　See generally Gambia – Companies Act 1955, s. 348 – 357; Ghana – Companies Act 1963, s. 302 – 317; Kenya – Companies Act 1962, s. 365 – 375; Malawi – Companies Act 1986, s. 306 – 320; Sierra Leone – Companies Act 2009, s. 484 – 493; Tanzania – Companies Act 2002, s. 433 – 449; Uganda – Companies Act, s. 369 – 379; Zambia – Companies Act 1994, s 240 – 261. 除获得专门的许可外，尼日利亚法律不允许在国外注册的公司在尼日利亚设立固定的营业地。See Companies and Allied Matters Act 1990, s. 54. 总体上看，在这些国家，固定的营业地是指分支机构、管理地、股票地、转让地或登记办公室。它不包括代理处，除非代理人拥有并经常以团体法人名义谈判并缔结合同或保留有公司的商品。一个团体法人不会因为仅仅在法院辖区内通过一个经纪人或代理人进行了营业活动就被认为在法院辖区内有固定的营业地。一个团体法人在法院辖区内有一个注册成立的或通过固定营业地从事营业活动的子公司的事实，也不能被作为认定子公司的营业地就是该团体法人的固定营业地的证据。

[3]　Gambia – Companies Act 1955, s. 354; Ghana – Companies Act 1963, s. 306; Kenya – Companies Act 1962, s. 372; Malawi – Companies Act 1986, s. 311; Sierra Leone – Companies Act 2009, s. 488; Tanzania – Companies Act 2002, s. 440; Uganda – Companies Act, s. 376; Zambia – Companies Act 1994, s. 250

[4]　Gambia – Companies Act 1955, s. 380; Ghana – Companies Act 1963, s. 263; Kenya Companies Act 1962, s. 391; Malawi – Companies Act 1986, s. 137; Nigeria Companies and Allied Matters Act 1990, s. 78; Sierra Leone – Companies Act 2009, s. 514; Tanzania – Companies Act 2002, s. 470; Uganda – Companies Act, s. 394

[5]　See e. g. Gambia – Rules of the High Court, Ord. VIII r. 3 – 4; Ghana – High Court（Civil Procedure）Rules 2004, Ord. 7 r. 5 (1); Kenya – Civil Procedure Rules 2009, Ord. V r. 2; Nigeria – Federal High Court（Civil Procedure）Rules 2000, Ord. 13 r. 8; Sierra Leone – High Court Rules 2007, Ord. 10 r. 4 (2) (c); and Zambia – High Court Rules, Ord. X r. 11 (3).

[6]　See e. g. *Dakar Ltd* v. *Industrial Chemical and Pharmaceutical Co. Ltd* [1981] GLR 453.

接受管辖可以采用管辖权协议的形式，也可以从被告的行为中推断出来。管辖权协议的存在被认为是接受管辖的证据。有趣的是，只有在极少数案例中，诉讼中所涉及的基础合同才指定非洲国家法院作为争议解决法院。管辖权协议中对非洲国家法院的极少选择表明，当事人认为非洲国家的法律和法院还不足以应付涉及跨境交易的复杂问题。这种对非洲法院和法律处理跨境交易复杂问题的能力的负面看法，只有通过制度改善司法资源（包括人员培训），才能有所纠正。

对于在国外缔结的或在国外履行的合同，一些法院不太乐意行使管辖权，即使一方当事人的居所在法院辖区内时，也是如此。可以说，这种做法明显混淆了管辖权的存在和管辖权的行使。对在法院辖区内出现或居住的被告送达传票当然会授予法院管辖权。在决定是否行使通过送达传票而产生的管辖权时，法院可能会考虑诉讼标的和法院的联系，以分析它是不是审理案件的方便法院。但仅仅因为合同是在国外缔结的或将在国外履行（或诉因发生于国外）[1] 就否认管辖权的存在，不但在分析上站不住脚，也与普通法国家牢固确立的权威观点不一致。

在被告不在法院辖区内时，建立在传票送达基础上的管辖权经常会出现问题。在普通法中，域外送达没有得到承认。[2] 为克服这一问题，每一普通法国家的法律都对如何向国外的被告送达传票做了规定。这些成文法规定，[3] 无疑都移植自英国，在措辞上惊人地相似。但只有凤毛麟角的一些案例来解释这些法律。在所有普通法国家中，原告都无权签发域外送达的传票——这是法院自由裁量的事项，[4] 而且这种自由裁量权需精心、谨慎行使。法院认为这么做非常有必要，不仅是因为这种管辖权行使的明显的"域外"性质（extra – territorial nature），而且在大部分案件中，许可申请都

---

① See e. g. *Capital Bancorp Ltd v. Shelter Savings and Loans Ltd* ［2007］3 NWLR 148.

② *Motibhai Girdharbhai v. Thomas King* ［1959］EA 270 at 276.

③ 坦桑尼亚是唯一一个在其法律中没有相似规定的普通法国家。

④ 在一些国家，这一问题和送达似乎都需要获得法院的许可，在其他一些国家，只有送达有此规定。Compare e. g. Nigeria – Federal High Court Rules, Ord. 6 r. 12, 该条规则规定"未经法院许可，任何传票或传票通知不得向域外送达", with Sierra Leone – High Court Rules 2007, Ord. 6 r. 8, 该规则规定"未经法院法官许可，不得签发域外送达传票或传票通知"。

是单方作出的且被告没有在法院出庭。用一位尼日利亚法官的话来说，法院有义务确定域外受送达人能否在其他地方得到便利的审理。① 在一些案件中，法院撤销了对域外被告进行的送达，所依据的唯一理由就是原告在送达传票前没有取得法院的许可。不过，除了最近尼日利亚最高法院作出的一些相反的案例外，② 未能取得法院的许可并不能使传票送达无效，这种观点似乎得到普遍接受——这只是一种程序上的不规范，法院可在适当情况下对它进行纠正。

允许域外送达的自由裁量权并不是在真空中行使。在授予许可进行此类送达前，必须证明存在具体的管辖权类型或依据。在这方面，合同的类型看来是最常被人援引的。此外，法院必须确信，案件是可以进行域外送达的适当案件。令人惊讶的是，在判例法中很少对进行域外送达应满足的证明标准进行讨论。在一个有关这一问题的也许是最为详尽的案例法讨论中，法院指出，原告必须使法院确信它计划提起的诉讼在管辖权类型的范围中，而且存在正当理由。③

考虑到普通法并不允许域外送达，而且随着国际诉讼的日益复杂，现有可进行域外送达的种类是否充分还值得讨论。实际上有充分理由认为，允许此类送达所依据的理由清单需要扩展。例如，目前还没有依据允许就执行外国判决或仲裁裁决的诉讼进行域外送达。此外，目前侵权和合同类型所使用的措辞似乎将返还请求权诉讼排除在外。确实，一家赞比亚法院曾经判定，一项请求追回错误支付的金钱的诉讼绝不是产生于合同的诉讼④——当然它也不是侵权诉讼，也不是一些普通法国家目前的诉因类型所涵盖的诉讼。所研究的这些国家的域外送达的规定都是以英国法为基础的。自从这些普通法国家移植这些规定以来，英国法已发生了巨大变化。⑤ 因此，这些普通

---

① *Broad Bank of Nigeria Ltd v. Olayiwola* 〔2005〕 WRN 101, 〔2005〕 3 NWLR 434.

② *Owners of the MV "Arabella" v. Nigeria Agricultural Insurance Corporation* （2008） 2 All NLR 491; *Drexel Energy and Natural Resources Ltd v. Trans International Bank Ltd* （2008） 2 All NLR 224.

③ 对这一问题的最好分析, see the case of *Cold Containers （Nigeria） Ltd v. Collis Cold Containers Ltd* 1977 （1） ALR Comm. 97 at 116, 〔1977〕 NCLR 97。

④ *Northern Rhodesia Tobacco Co-operative Society Ltd v. Baird* 〔1949 – 1954〕 NRLR 387.

⑤ See *Cheshire, North & Fawcett*, pp. 372 – 399.

法国家的法律也应与时俱进，以反映当前的需要。

第二节　罗马—荷兰法国家

一　博茨瓦纳

在博茨瓦纳，除拘押被告程序以外的每一诉讼，如果可以在法院辖区内进行有效送达，都应由经法院书记官签署并盖有法院印章的传票启动。① 未经法院或法官许可，不得签发向法院管辖权范围以外送达的传票。②

有效原则（principle of effectiveness）是博茨瓦纳有关管辖权规则的重要组成部分。实际上，法院曾经判定，有效原则也应适用于仲裁——通过扣押确认管辖权（attachment to confirm jurisdiction）也可扩展适用于仲裁员解决争议的情况。③ 由于这一原则，博茨瓦纳法院不会对下列争议行使管辖权：这一争议与博茨瓦纳法院没有联系，或博茨瓦纳法院不能就争议作出能够有效执行的判决。④ 但在适当情况下，有效原则可能需要服从其他公共政策考虑。因此，在一个案件中，法院指出，虽然确保法院判决有效这一要求背后有重要的公共政策考虑，要求当事人忠实履行合同背后同样有重要的公共政策考虑。⑤

在确定所适用的合适的管辖权规则时，当事人的性质十分重要。博茨瓦纳法律区分了两类诉讼：一种是由本地人（incola）提起的诉讼，另一种

---

① Rules of the High Court 1970, Ord. 6 r. 1 (1). See also Order 10. 该条规则规定，未经法院许可，据以提起程序的任何传票或文书不得向博茨瓦纳共和国以外进行送达。

② Rules of the High Court 1970, Ord. 6 r. 9. *Lifelinx Insurance Agencies （Pty） Ltd v. Chikowe* 2006 (2) BLR 435；*Gaam Associates （Pty） Ltd v. Ogbugo* 1995 BLR 683. 关于如何向域外送达传票和其他文书，see Ord. 8 r. 4 – 6。

③ *Silverstone （Pty） Ltd v. Lobatse Clay Works （Pty） Ltd* 1995 BLR 669 at 681 – 682.

④ *Cloete v. Brink* 1996 BLR 224；*Gaam Associates （Pty） Ltd v. Ogbugo* 1995 BLR 683；*Pretorius v. Sweiger* 1979 – 1980 BLR 124.

⑤ *MAK （Pty） Ltd v. St Paul Insurance Co. SA Ltd* 2007 （1） BLR 210.

是由外地人（peregrine）或在外地人之间提起的诉讼。① 可以通过扣押外地人的财产来确立（found）或确认（confirm）对本地人和外地人之间或外地人之间诉讼的管辖权。只有在被告是外地人而不是本地人的情况下，才要求通过申请扣押财产以确立管辖权（attachment ad fundandamjurisdictionem）。② 法院一般不太允许通过扣押财产来确立或确认管辖权。申请人有义务向法院提供他希望扣押的财产的某些重要细节。此类重要细节包括财产的性质、价值以及位置等。财产的性质对于法院确定它们是否易腐烂或是否免于被依法执行十分必要。财产的价值可以使法院确定它的出售价值或相对于诉讼请求的价值。财产的位置有助于避免因识别财产出现差错，而且在作出执行令时有助于知道在何处找到它们。③ 在有多个潜在的原告的情况下，即使一份单一财产已在另一案件中为确立管辖权而被扣押，它仍可为了同样的目的而被扣押。与原告的诉讼请求相比，被扣押的财产的价值可能微不足道。④

在外地人之间的诉讼中，外地人被告的财产已被扣押这一单纯事实还不足以给予法院管辖权——还必须存在其他的管辖权连结因素（或管辖理由，rationes jurisdictionis）。因此，如果一个外地人就在国外缔结的合同针对另一外地人提起金钱诉讼，后者在法院辖区内拥有财产这一单纯事实并不能使该法院成为物之所在地法院（forum rei sitae）。⑤ 同样，对于两个外地人之间的诉讼，单独存在管辖权理由也不足以使法院获得管辖权，还必须通过拘押被告或扣押被告财产来确认法院的管辖权。⑥

---

① 法院指出，在博茨瓦纳注册成立且在博茨瓦纳有注册办公室的公司，为管辖权目的，其住所在博茨瓦纳，并因此可作为本地人对待。*Silverstone（Pty）Ltd v. Lobatse Clay Works（Pty）Ltd* 1996 BLR 190（varying *Silverstone（Pty）Ltd v. Lobatse Clay Works（Pty）Ltd* 1995 BLR 669）. 但单纯从事营业活动不会使一个公司可被当作本地人对待。*Bezuidenhout v. Dominion Earth Works（Pty）Ltd* 1964 – 1970 BLR 233.

② *Healthcare Management Services（Pty）Ltd v. Smith* 1996 BLR 301.

③ *Martex Trading（Pty）Ltd v. Yannoulis（No 2）* 1991 BLR 346；*Martex Trading（Pty）Ltd v. Yannoulis* 1991 BLR 330.

④ *Semele v. Montanus* 1977 BLR 110.

⑤ *Pretorius v. Sweiger* 1979 – 1980 BLR 124.

⑥ *Pascoe v. Botswana Ash（Pty）Ltd* ［2008］2 BLR 540.

接受管辖为克服扣押外地人的财产所带来的挑战提供了一种可替代方法。被告接受法院管辖或承认法院管辖权的行为应明确作出，如果接受管辖是推断出来的，它必须是从明白无误指向接受管辖的因素中推断出来的。① 在本地人原告针对外地人被告提起的诉讼中，外地人被告作出的单纯的接受管辖就足以给予法院管辖权，而无须再通过扣押财产确认管辖权。② 即使在两个外地人之间的诉讼中，接受管辖本身也足以给予法院管辖权。因此，法院曾经指出，在跨境国际贸易十分频繁的时代，随着国际判决执行机制的完善，对于已经通过他们自己的约定接受了法院管辖的外地人，没有理由不让他们履行他们自己约定的义务。③

接受管辖或同意法院管辖能否有效替代扣押财产取决于它们作出的时间。如果外地人接受或同意管辖发生在财产扣押令签发前，法院就不会签发财产扣押令，因为法院的管辖权已得到确保，法院不会关心它随后作出的判决是否有效。如果在扣押财产后，作出接受管辖的表示，这就太迟了，法院在这种情况下不会撤销对财产的扣押。④

二　莱索托

莱索托法院可以根据申请，许可对在莱索托的外地人的财产进行扣押，以便授予法院对申请人试图针对该外地人提起的诉讼的管辖权。⑤ 申请人必须使法院确信，他有针对该外地人的表面诉因；寻求扣押的财产是该外地人的财产，或该外地人对财产享有权益；⑥ 以及申请人自己是莱索托本地人

① *Cloete v. Brink* 1996 BLR 224 at 227；*Cloete v. Brink* 1995 BLR 275.
② *Bigzy Holdings（Pty）Ltd v. Eso Management（Pty）Ltd* 2002（2）BLR 125. 在本案中，合同是在博茨瓦纳缔结的，也将在博茨瓦纳履行，因此，不仅仅是接受管辖将这一案件与博茨瓦纳联系起来。
③ *MAK（Pty）Ltd v. St Paul Insurance Co. SA Ltd* 2007（1）BLR 210.
④ *Bigzy Holdings（Pty）Ltd v. Eso Management（Pty）Ltd* 2002（2）BLR 125.
⑤ High Court Rules 1980, s. 6（1）.
⑥ *Moggee & Du Toit v. Makhoza*，CIV/T/238/84（High Court, Lesotho, 1985）.

并且被告是外地人。① 该外地人可在判决作出前的任何时间，在通知原告后，请求法院基于所证明的正当理由撤销对财产的扣押。② 同样，如果有人能够证明所扣押的财产是他们的财产，而不是该外地人的财产，该人就可请求法院撤销对财产的扣押。③

此外，在收到莱索托本地人的申请后，法院可下令拘押暂时出现在法院辖区内的外地人。④ 原告必须证明他有针对该外地人的正当诉因，而且必须提交一份律师证明。在证明中，律师应证实他已考虑了申请人所问问题以及所提交的材料的所有信息，而且相信申请人具有针对该外地人的正当诉因。⑤ 如果申请人的申请被许可，法院会下令法警拘押该外地人并将他尽快带到法院。外地人可提供保证金，以免于被拘押。⑥

三 纳米比亚

在纳米比亚，对外地人被告的财产进行扣押或对外地人被告进行拘押，是国际案件管辖权规则的重要内容。不得针对纳米比亚的本地人下令进行财产扣押或人身拘押以确立管辖权。⑦

应一方外地人的申请，为对另一方外地人的财产进行扣押，法院必须对预计的诉讼具有管辖权——物之所在地，或合同缔结地或履行地，或在法院管辖权范围内发生的侵权。对外地人财产进行扣押只是巩固了法院已

---

① High Court Rules 1980, s. 6 (2). 申请人可在同一申请中请求对被告进行公告送达。第 5 条第 1 款规定，除获得法院许可外，不得向莱索托之外送达传票或其他文书。有关向莱索托以外送达传票的程序，see High Court Rules 1980, s. 5 (3) - (9)。

② High Court Rules 1980, s. 6 (4). See generally *Lepota v. Ivan Hyland*，CIV/APN/280/87 (High Court, Lesotho, 1991)。

③ High Court Rules 1980, s. 6 (6).

④ High Court Rules 1980, s. 6 (8). *Lesotho Express Delivery Services Ltd v. Ravin Panambalana*，CIV/T/634A/02 (High Court, Lesotho, 2006)。该案涉及一项对被告进行拘押以确立或确认管辖权的申请，但没有成功。

⑤ High Court Rules 1980, s. 6 (8) (a).

⑥ High Court Rules 1980, s. 6 (8) (c).

⑦ High Court Act 1990, s. 25；*Schiebler v. Kiss* 1985 (3) SA 489.

经拥有的管辖权——两个外地人仅接受法院管辖还不足以确立法院的管辖权。① 换句话说，一般规则是，同意或接受管辖，无论是明示的还是默示的，在不存在其他管辖理由且原、被告双方都是外地人时，不能授予法院管辖权。② 布雷布纳（Brebner）法官说过这样的话："在法院对诉讼标的没有管辖权时，协议管辖原则不能适用……当事人的同意不能授予对诉讼标的的管辖权。"③ 但在有数个对同一债务负有连带责任的债务人且他们位于不同的法院辖区时，根据诉因牵连规则（the causae continentia rule），他们都应受同一法院的管辖。这可以避免多重诉讼以及作出相互冲突的判决。在被告通过他们的行为而被认为已默示同意该法院的管辖时，这一例外的适用得以强化。④ 如果存在管辖理由，接受或同意管辖就无须再扣押财产了，但如果外地人是在财产扣押令作出后才同意法院管辖的，那就为时已晚了。⑤

请求下令扣押财产以确立或确认法院管辖权的申请人，必须证明他有针对被告的表面诉因，被告是外地人，被告在法院辖区内，或被告拥有权益的财产位于法院辖区内。⑥

对于公司，纳米比亚法院对在纳米比亚从事实质性经营活动的外国公司有管辖权，或如果寻求的救济产生于一项在纳米比亚缔结或履行的合同，纳米比亚法院对外国公司也有管辖权。⑦

公告送达（edictal citation）程序允许原告对在国外的人士送达传票。除非得到法院许可，任何诉讼程序据以启动的文书或文件不得向纳米比亚之外送达。⑧

---

① *Slabber v. Blanco* 1991 NR 404 at 409. See generally *SOS – Kinderdorf International v. Effie Lentin Architects* 1990 NR 300, 1991（3）SA 574.

② *Argos Fishing Co. Ltd v. Friopesca SA* 1991 NR 106 at 111, 1991（3）SA 255 at 260; *New York Shipping Co.（Pty）Ltd v. Emmi Equipment（Pty）Ltd* 1968（1）SA 355.

③ *Brecher v. Brecher* 1947（3）SA 225 at 229 – 230.

④ *New York Shipping Co.（Pty）Ltd v. Emmi Equipment（Pty）Ltd* 1968（1）SA 355.

⑤ *Bourgwells Ltd（Owners of MFV Ofelia）v. Shepalov* 1998 NR 307.

⑥ *Bourgwells Ltd（Owners of MFV Ofelia）v. Shepalov* 1998 NR 307.

⑦ *Mahe Construction Ltd v. Seasonaire* 2002 NR 398, *Seasonaire v. Mahe Construction Ltd* 2002 NR 53.

⑧ High Court Rules 1990, s. 5. 关于向纳米比亚以外送达文书的程序，see Section 4（3）–（5）. See also generally *Cabinet of the Transitional Government of South West Africa v. Dagnin* 1990 NR 14, 在该案中，法院认为针对居所在法院辖区外的人员的传票，应载明法院具有管辖权的理由。

四　南非[①]

对财产进行扣押是南非管辖权规则的基本内容，但南非法院不会针对居所在南非的人下令对其财产进行扣押或对其人身进行拘押。[②] 过去，由于有效原则这一原因，[③] 只有在金钱诉讼或有关财产的诉讼即涉及财产或财产物权的诉讼中，才可以扣押财产以确认管辖权。这一做法在婚姻诉讼或不具有金钱或财产内容的对人诉讼中并不适用。[④] 这样，在一项要求法院针对外地人被告作出禁止性命令的申请中，法院查明所指控的所有侵权都发生在国外，南非法院无法控制被申请人，或要求其停止相关行为，法院因此判定，在这种情况下，法院没有管辖权，而且这不能通过扣押财产确立管辖权来进行补救。[⑤]

在针对外地人被告提起的金钱诉讼中，扣押外地人被告的财产的命令非常重要。南非法院不会对两个外地人之间的金钱诉讼行使管辖权，除非存在管辖理由，而且对财产进行了扣押（或在过去对人身进行拘押）以确认该管辖权。[⑥] 除非存在管辖理由，否则外地人原告不能通过对外地人被告的财产进行

---

① 本节并不涉及南非法院内部之间的管辖权问题。See generally Supreme Court Act 1959，s. 19 (1) (c)；*Ewing McDonald & Co. Ltd v. M & M Products Co.* 1991 (1) SA 252；*Koppe & Co. v. Accreylon Co. Incorporated* 1948 (3) SA 591；*Kopelowitz v. West* 1954 (4) SA 296；*Bock & Son (Pty) Ltd v. Wisconsin Leather Co.* 1960 (4) SA 767；*Ex parte Gerald B Coyne (Pty) Ltd* 1971 (1) SA 624. 涉及法人的管辖权会产生一些特殊问题（例如，公司何时居住在法院辖区内？哪些行为构成在法院辖区内的营业活动？），本节没有分析这些问题。对于这些问题，see generally *Leibowitz t/a Lee Finance v. Mhlana* 2006 (6) SA 180；*Appleby (Pty) Ltd v. Dundas Ltd* 1948 (2) SA 905；*Bisonboard Ltd v. K Braun Woodworking Machinery (Pty) Ltd* 1991 (1) SA 482；*Dairy Board v. John T Rennie & Co. (Pty) Ltd* 1976 (3) SA 768；*Spie Batignolles Societe Anonyme v. Van Niekerk* 1980 (2) SA 441；*Skjelbreds Rederi A/S v. Hartless (Pty) Ltd* 1982 (2) SA 739；*ISM Inter Ltd v. Maraldo* 1983 (4) SA 112；*Joseph v. Air Tanzania Corporation* 1997 (3) SA 34。

② Supreme Court Act 1959，s. 28 (1). 对于"居所"概念的全面分析，see *Mayne v. Main* 2001 (2) SA 1239；*Terblanche v. Damji* 2003 (5) SA 489。

③ See generally *Makoti v. Brodie* 1988 (2) SA 569，[1984 – 1987] 4 BSC 411.

④ *Simon v. Air Operations of Europe* 1999 (1) SA 217.

⑤ *Ex parte Hay Management Consultants (Pty) Ltd* 2000 (3) SA 501. See also *Di Bona v. Di Bona* 1993 (2) SA 682.

⑥ *Chong Sun Wood Products Ltd v. K & T Trading Ltd* 2001 (2) SA 651；*Siemens Ltd v. Offshore Marine Engineering Ltd* 1993 (3) SA 913.

扣押的方式确立管辖权。① 在此类诉讼中，属于一方外地人所有的财产位于法院辖区内这一单纯事实还不够。② 因此，如果合同是在南非之外缔结和履行的，南非法院就无权应外地人原告的申请下令对外地人被告的财产进行扣押以确立管辖权，从而追回根据该合同所产生的债务。③ 但在本地人原告针对外地人被告提起的诉讼中，扣押财产本身就足以确立管辖权：无须存在管辖理由。④

请求扣押财产的申请人有责任证明其有权请求法院作出财产扣押令。⑤ 申请人作为受让人从外地人处获得诉权的这一事实，并不影响其向法院申请财产扣押令。⑥ 被告是不是逃犯并不影响对财产扣押令申请的决定，这只是一个相关因素。⑦ 可被扣押的财产必须位于法院辖区内。⑧ 为扣押财产以确立或确认管辖权这一目的，股票的所在地被认为是股票的登记地。⑨

被告必须对被扣押的财产具有可被没收的利益——所被扣押的财产必须属于外地人被告所有。在针对外地人被告提起的诉讼（无论是由本地人原告还是外地人原告提起）中，没有理由对被告以外的其他人的财产进行扣押，而且原告也不得对此类财产主张所有权。这是因为扣押财产是为了使法院的管辖能够有效，如果扣押了不是被告所有的财产，这一目的就无法实现。⑩ 申请人有责任在盖然性平衡基础上证明被告对被扣押的财产具有可被没收的利益。⑪ 确定被告是不是被扣押的财产的所有人的关键时刻，通

---

① *Chattanooga Tufters Supply Co. v. Chenille Corporation of South Africa（Pty）Ltd* 1974（2）SA 10；*Berger v. Aiken* 1964（2）SA 396.

② *Frank Wright（Pty）Ltd v. Corticas 'BCM' Ltd* 1948（4）SA 456.

③ *Maritime & Industrial Services Ltd v. Marcierta Compania Naviera SA* 1969（3）SA 28. *See also Minesa Energy（Pty）Ltd v. Stinnes International AG* 1988（3）SA 903.

④ *Kudu Granite Holdings Ltd v. Caterna Ltd* 2007（6）SA 615.

⑤ *Skjelbreds Rederi A/S v. Hartless（Pty）Ltd* 1982（2）SA 710.

⑥ *Kaffraria Property Co.（Pty）Ltd v. Government of the Republic of Zambia* 1980（2）SA 709.

⑦ *Harris v. Rees*［2010］4 All SA 603.

⑧ 在这方面，财产位于南非并不重要。*See Supreme Court Act* 1959，s. 26（1）.

⑨ *Uniroyal Incorporated v. Thor Chemical SA（Pty）Ltd* 1984（1）SA 381.

⑩ *Chong Sun Wood Products Ltd v. K & T Trading Ltd* 2001（2）SA 651.

⑪ *Sunnyface Marine Ltd v. Hitoroy* 1992（2）SA 653；*Barlows Tractor & Machinery Co. v. Oceanair（Transvaal）Pty Ltd* 1978（3）SA 175；*Degem Systems Ltd v. Government of the Republic of Bophuthatswana*［1989 – 1990］6 BSC 466；*American Cotton Product Corp. v. Felt and Tweeds Ltd* 1953（2）SA 753.

常是审理扣押申请的法官被请求签发扣押令之时。① 如果证明外地人被告对被扣押的财产不具有可被没收的利益，法院就会撤销扣押。②

可被扣押的财产类型并非封闭——它们可以是动产或不动产。已被抵押或留置的财产、③ 根据分期付款协议已出售给被告的商品、④ 根据提单到期的款项、⑤ 应被支付一定数额金钱的个人权利、⑥ 要求支付费用的命令⑦以及封闭式公司中的成员利益（像公司中的股份）⑧ 都曾被扣押过。一个潜在的外地人被告针对一个潜在的本地人原告所存在的权利主张（无论其价值）也可在有关诉讼中被扣押，以确立管辖权。⑨ 不过，债务人的债务不是可被扣押的财产。⑩

作为一种原则和政策，法院也随时准备将某些形式的财产免于扣押。这样，法院在一个案件中曾指出，让开立不可撤销信用证的买方通过扣押程序来推翻此类信用证的不可撤销性，不符合国际贸易和国际金融的利益，法院因此将一个条款暗含到买方和卖方之间的合同中，这一条款的效力是，买方不能通过扣押卖方从信用证开立行获得付款的权利来损害信用证的不可撤销性。⑪ 法院也曾质疑过，诸如著作权之类的消极权利（negative right）是否也可被扣押以确立管辖权。⑫ 此外，外国国家的所有财产，包括该国在

---

① *Numill Marketing CC v. Sitra Wood Products Ltd* 1994（3）SA 460.

② *Anderson & Coltman Ltd v. Universal Trading Co.* 1948（1）SA 1277；*Jackson v. Parker* 1950（3）SA 25；*Banco de Mocambique v. Inter – science Research and Development Services*（Pty）Ltd 1982（3）SA 330；*Bominflot Ltd v. Kien Hung Shipping Co. Ltd* 2004（2）SA 556.

③ *Mercantile Bank of India v. Davis* 1947（2）SA 723；*Hymore Agencies Durban*（Pty）Ltd v. Gin Nih Weaving Factory 1959（1）SA 180.

④ *BW Diesel Distributors*（Pty）Ltd v. Byrne 1957（2）SA 29.

⑤ *Araxos*（East London）（Pty）Ltd v. Contara Lines Ltd 1979（1）SA 1027.

⑥ *Meihuizen Freight*（Pty）Ltd v. Transportes Maritimos de Portugal LDA 2005（1）SA 36；*Ferguson & Timpson Ltd v. African Industrial & Technical Services*（Pty）Ltd 1949（4）SA 340.

⑦ *Drop Inn Group of Liquor Supermarkets*（Pty）Ltd v. Longman Distillers Ltd 1988（4）SA 35；*Drive Control Services*（Pty）Ltd v. Troycom Systems（Pty）Ltd 2000（2）SA 722.

⑧ *Schmidt v. Weaving* 2009（1）SA 170. 在此种情况下，必须将扣押通知实际交付给公司，它才能有效。

⑨ *Thermo Radiant Oven Sales*（Pty）Ltd v. Nelspruit Bakeries（Pty）Ltd 1969（2）SA 295. But see *Ex parte Usko Ltd；In re Usko Ltd v. Cortinovis Spa* 1998（4）SA 976.

⑩ *MV Snow Delta Serva Ship Ltd v. Discount Tonnage Ltd* 2000（4）SA 746.

⑪ *Ex parte Sapan Trading*（Pty）Ltd 1995（1）SA 218.

⑫ *Bieber v. Columbia Pictures Inc.* 1981（2）SA 405.

法院辖区内所拥有的用于公共目的的金钱，都免于被扣押。①

所扣押的财产不必具有任何特定价值，当然也无须与诉讼请求的价值相当。② 被扣押的财产的价值可能不足以履行法院随后可能作出的判决的事实，并不能剥夺法院的管辖权，也不能使扣押被撤销。③ 如果扣押令签发或送达时，被扣押的财产具有一定的价值，它随后可能失去价值的事实也不影响法院的管辖权，只要该管辖权已通过扣押得到确立或确认。④ 外地人被告可能通过提供担保以解除对财产的扣押。但扣押价值微不足道的财产足以确立管辖权的事实，并不意味着外地人被告有权提供与该财产等值的担保以解除对财产的扣押。⑤

除了要证明被告对被扣押的财产具有可没收的利益外，扣押财产的申请人还必须证明存在表面的诉因。如果存在一旦被接受就可证明有诉因的证据，这一表面诉因的要求就能得到满足。此类证据相冲突的这一单纯事实不会使申请人无权得到救济。即使此类证据的冲突可能是针对申请人的，表面诉因这一要求仍有可能得到满足。只有申请人显然没有诉因或不能胜诉的情况下，扣押申请才会被法院驳回或撤销。⑥ 实际上，扣押令申请人所承担的证明责任并非严苛。⑦ 这并不是否认扣押是一种"例外的救济"；法

---

① *Parkin* v. *Government of the Republique Democratique du Congo* 1971 (1) SA 259.

② *Yorigami Maritime Construction Co. Ltd* v. *Nissho – Iwai Co. Ltd* 1977 (4) SA 682.

③ *MV Snow Delta*：*Discount Tonnage Ltd* v. *Serva Ship Ltd* 1998 (3) SA 636 (*The MV Snow Delta Discount Tonnage Ltd* v. *Serva Ship Ltd* 1997 (2) SA 719).

④ *MT Tigr Owners of the MT Tigr* v. *Transnet Ltd* 1998 (3) SA 861. 管辖权一旦依法行使，就不得被放弃。*Coin Security Group* (*Pty*) *Ltd* v. *Smit NO* 1992 (3) SA 333 (reversing *Coin Security* (*Pty*) *Ltd* v. *Smit NO* 1991 (2) SA 315); *Cats* v. *Cats* 1959 (4) SA 375; *South African Railways and Harbours* v. *Chairman*, *Bophuthatswana Central Road Transportation Board* 1982 (3) SA 24.

⑤ *Yorigami Maritime Construction Co. Ltd* v. *Nissho – Iwai Co. Ltd* 1977 (4) SA 682.

⑥ *Bradbury Gretorex Co.* (*Colonial*) *Ltd* v. *Standard Trading Co.* (*Pty*) *Ltd* 1953 (3) SA 529; *Italtrafo SpA* v. *Electricity Supply Commission* 1978 (2) SA 705; *Butler* v. *Banimar Shipping Co. SA* 1978 (4) SA 753; *Inter-science Research and Development Services* (*Pty*) *Ltd* v. *Republica Popular de Mocambique* 1980 (2) SA 111; *Kaffraria Property Co.* (*Pty*) *Ltd* v. *Government of the Republic of Zambia* 1980 (2) SA 709; *MY Summit One Farocean Marine* (*Pty*) *Ltd* v. *Malacca Holdings Ltd* 2005 (1) SA 428 (*MY Summit One Farocean Marine* (*Pty*) *Ltd* v. *Malacca Holdings Ltd* 2003 (6) SA 94); *MV Lina Union Shipping and Managing Co. SA* v. *Lina Maritime Ltd* 1998 (4) SA 633.

⑦ *Yorigami Maritime Construction Co. Ltd* v. *Nissho – Iwai Co. Ltd* 1977 (4) SA 682.

院会"谨慎而小心地"签发扣押令。① 一旦财产扣押的所有要求得到满足，法院就不能再自由裁量拒绝对财产进行扣押。②

对外地人被告的财产进行扣押以确立或确认管辖权的理由就是有效原则。如果可以通过其他途径确保判决有效，法院就不会再要求对财产进行扣押。因此，法院曾经指出，在将租户逐出房屋的程序中，就没有必要实施扣押程序以确立或确认管辖权。③

在过去，针对外地人被告来说，法律认为，扣押财产或拘押被告以确立或确认管辖权是强制性的。④ 本地人有权获得扣押令或拘押令以确立或确认管辖权，并无须考虑外地人是否接受了法院的管辖。⑤ 在 *Bid Industrial Holdings（Pty）Ltd v. Strang* 案⑥中，南非法院指出，拘押外地人被告以确立或确认管辖权侵犯了相关人员的自由和安全权，因而是违宪的。作为一种替代，法院认为，在不可能对被告的财产进行扣押的情况下，只要被告在南非出现时，传票送达给了被告，而且在诉讼和相关法院辖区间存在充分联系，可以确保该法院是审理案件的适当和便利的法院，该法院就可以行使管辖权。⑦

在适当情况下，接受或同意法院管辖可以作为扣押财产的替代。⑧ 只有在存在独立于财产扣押的管辖理由，即通过扣押以确认法院管辖权的情况

---

① *Ex parte Acrow Engineers（Pty）Ltd* 1953（2）SA 319；*Hülse – Reutter v. Gödde* 2001（4）SA 1336.

② *Simon v. Air Operations of Europe* 1999（1）SA 217；*Associated Marine Engineers（Pty）Ltd v. Foroya Banki PF* 1994（4）SA 676.

③ *Sandton Square Finance（Pty）Ltd v. Biagi, Bertola and Vasco* 1997（1）SA 258；*Manna v. Lotter* 2007（4）SA 315. *But see Jackaman v. Arkell* 1953（3）SA 31.

④ See generally *Ex parte Whitehead* 1950（3）SA 429；*Jardine v. Stibbe* 1959（2）SA 783；*Van Ryneveld v. Paxinos* 1964（3）SA 754；*Tick v. Broude* 1973（1）SA 462；*Small Business Development Corporation Ltd v. Amey* 1989（4）SA 890；*Preisig v. Tattersall* 1982（3）SA 1082；*Reilly v. Benigno* 1982（4）SA 365.

⑤ *Naylor v. Jansen* 2006（3）SA 546.

⑥ 2008（3）SA 355.

⑦ *Bid Industrial Holdings（Pty）Ltd v. Strang* 2008（3）SA 355.

⑧ *Transnet Ltd v. Owner of the MV 'Alina II'*［2011］4 All SA 350. See generally *Njikelana v. Njikelana* 1980（2）SA 808，在该案中，法院认为即使在相关时间内当事人没有在住所内实际居住或出现，住所也足以构成金钱诉讼管辖权的依据，在这种情况下无须对被告的财产进行扣押。See also *Nusca v. Nusca* 1995（4）SA 813.

下，对财产的扣押才因接受法院的管辖而变得没有必要。① 在这方面，接受管辖的有效性在很大程度上取决于当事人的性质。在本地人原告针对外地人被告提起的诉讼中，接受管辖使得对财产的扣押既无必要，也不被允许。② 换句话说，在本地人原告的情况下，外地人被告的接受管辖足以授予法院管辖权，而不用再扣押财产以确立管辖权。③ 但在外地人原告起诉外地人被告的诉讼中，法院不能仅仅依据被告接受了法院的管辖就受理该诉讼——此外还必须存在传统的管辖理由，如物之所在地理由（ratione rei sitae）、事实发生地理由（ratione res gestae）或缔约理由（ratione contractus）。④

为构成对法院管辖的接受，相关行为必须具有这样的性质，即法院可以认定这一行为相当于默认了法院的管辖。⑤ 接受管辖无须采用特定形式——在任何具体案件中，被告是否接受管辖是一个事实问题。⑥ 接受管辖可以是书面的或口头的、单方的或双方的、明示的或默示的。⑦ 被告未能对扣押申请提出异议这一事实，⑧ 以及被告遵守法院命令在法院辖区指定一个接受传票的地点的事实，都不构成对法院管辖的接受。⑨ 但一个公认的原则是，原告总是接受他在其内提起诉讼的法院的管辖。⑩ 开庭时律师所做的被

---

① *Ghomeshi – Bozorg v. Yousefi* 1998（1）SA 692；*Briscoe v. Marais* 1992（2）SA 413.

② *American Flag Plc v. Great African T-shirt Corporation CC* 2000（1）SA 356；*Ex parte Jamieson*: *In re Jamieson v. Sabingo* 2001（2）SA 775；*Cinemark（Pty）Ltd v. Transkei Hotel* 1984（2）SA 332；*Centner v. Griffin* 1960（4）SA 798；*Du Preez v. Philip – King* 1963（1）SA 801. *But see Slabbert v. Herbst* 1981（4）SA 257；*Blue Continent Products（Pty）Ltd v. Foroya Banki PF* 1993（4）SA 563.

③ *Hay Management Consultants（Pty）Ltd v. P3 Management Consultants（Pty）Ltd* 2005（2）SA 522.

④ *Hermes Versekeringsmaatskappy v. Dartnell* 1980（4）SA 279；*Veneta Mineraria Spa v. Carolina Collieries（Pty）Ltd（in Liquidation）* 1987（4）SA 883 *Veneta Mineraria Spa v. Carolina Collieries（Pty）Ltd* 1985（3）SA 633；*Greater Services（Pty）Ltd v. Du Toit* 1975（1）SA 260；*Towers v. Paisley* 1963（1）SA 92.

⑤ *Van der Walt Business Brokers（Pty）Ltd v. Budget Kilometers* 1999（3）SA 1149；*Du Preez v. Philip – King* 1963（1）SA 801；*Blue Continent Products（Pty）Ltd v. Foroya Banki PF* 1993（4）SA 563.

⑥ *Agro-grip（Pty）Ltd v. Ayal* 1999（3）SA 126.

⑦ *Hay Management Consultants（Pty）Ltd v. P3 Management Consultants（Pty）Ltd* 2005（2）SA 522.

⑧ *Leibowitz t/a Lee Finance v. Mhlana* 2006（6）SA 180.

⑨ *JPS Nominees（Pty）Ltd v. Binstock* 1993（1）SA 341.

⑩ *American Flag Plc v. Great African T-shirt Corporation CC* 2000（1）SA 356.

告同意法院管辖的声明，曾被认定为是对法院管辖的接受。[①] 接受管辖一旦作出，就不能再撤回。[②]

在确定接受管辖能否有效替代财产扣押时，时间是一个重要的考虑因素。在外地人被告的财产已被下令扣押后，他即使自愿接受了法院管辖，也不能解除对财产的扣押。[③] 但如果在财产扣押令签发前接受了法院管辖，就不需要再对财产进行扣押。[④] 合同中存在的管辖权协议构成一种扣押令前的对法院管辖的接受。[⑤]

南非法律允许向国外送达法律文书。但未经法院许可，不得向南非之外送达传票或文件。[⑥] 法院有权自由决定是否许可通过公告送达传票程序启动诉讼。在行使此类自由裁量权以作出有利于申请人的决定时，法院不但要确信申请人有诉因以及它对被告有管辖权，而且还要确信为使申请人能够获得主张的救济，该申请是必需的，或无法避免。[⑦]

五 斯威士兰

斯威士兰管辖权规则的一个重要内容是有效原则。斯威士兰法院会扣押外地人被告的财产以确立或确认法院的管辖权。法院会应一外地人的申请下令扣押另一外地人的财产或拘押其人身，只要该法院对诉讼还有其他管辖理由。[⑧] 只要存在一旦被接受就能证明申请人有诉因的证据，申请人的

---

① *Agro-grip（Pty）Ltd v. Ayal* 1999（3）SA 126.

② *Centner v. Griffin* 1960（4）SA 798.

③ *Kasimov v. Kurland* 1987（4）SA 76；*Bettencourt v. Kom* 1994（2）SA 513；*Himelsein v. Super Rich CC* 1998（1）SA 929；*Tsung v. Industrial Development Corporation of SA Ltd* 2006（4）SA 177.

④ *Jamieson v. Sabingo* 2002（4）SA 49；*Rosenberg v. Mbanga* 1992（4）SA 331；*Utah International Inc. v. Honeth* 1987（4）SA 145.

⑤ *Elscint（Pty）Ltd v. Mobile Medical Scanners（Pty）Ltd* 1986（4）SA 552.

⑥ Uniform Rules of Court, s. 5（1）. See generally *Consani Engineering（Pty）Ltd v. Anton Steinecker Maschinenfabrik GmbH* 1991（1）SA 823；*Rand Estate Agency（Pty）Ltd v. Lacey* 1949（4）SA 83.

⑦ *Steinberg v. Steinberg* 1962（4）SA 321, but see *Orion Pacific Traders Inc. v. Spectrum Shipping Ltd* 2006（2）SA 586. 在该案中，法院指出，一旦从表面上看法院有管辖权，而且显然法院内的诉讼是适当提起的，也不存在缠诉情况，法院就不能行使自由裁量权拒绝对原告依法享有的权利提供救济。

⑧ *De Hart v. Kleynhans*［1963 - 1969］Sw. LR 373.

证明责任就算完成。①

如果被告同意法院的管辖，他们的财产就可免于被扣押。但外地人同意管辖只是同意法院对其自身有管辖权。在法律中，这种同意不能代表同意法院对诉因的管辖权。换句话说，通过同意管辖，被告只是自身服从法院的管辖权，但这还不够，还必须存在一个或多个对争议标的的传统管辖理由。当事人除了可同意法院对自身的管辖权外，不得同意其他额外的管辖理由，特别是在法院依据此类理由没有管辖权的情况下。②

六　津巴布韦

对被告的财产进行扣押或对被告人身进行拘押是津巴布韦管辖权规则的重要内容。应本地人原告的申请，只要外地人被告的财产位于法院辖区内，津巴布韦法院就可扣押该财产以确立管辖权，即使不存在其他可行使管辖权的理由。③ 被告所拥有的财产包括不动产都可被扣押。④ 实际上即使所有权以外的其他财产权益，也可被扣押。这样，一家公司对另一家公司及其财产的控制权可能具有很大的商业价值，从而也可被扣押。⑤

确立或确认管辖权并不是扣押的唯一目的；另一个目的是为判决的执行提供财产，以便有利于扣押申请人的判决能得到执行，从而不至于使法院的判决落空。⑥ 这样，在一个案件中，在诉讼开始前，被告是一名津巴布

---

① *Standard Bank of Swaziland Ltd v. Cassamo* ［1979 - 1981］Sw. LR 247.

② *AG Thomas (Pty) Ltd v. Grinaker Lta (Ltd)*, Case No: 1453/2004 (High Court, Swaziland, 2005).

③ *Central African Airways Corp. v. Vickers - Armstrong* 1956 (2) SA 492, 1956 R & N 4; *Riseley v. Watt* 1965 (2) SA 664, ［1965］RLR 82; *Ex parte Vulcan Trading Co. Ltd* 1951 (1) SA 355; *African Distillers Ltd v. Zietkiewicz* 1980 ZLR 135 at 136.

④ *Ex parte Smith* 1956 (1) SA 252; *Ex Parte Sletcher* 1947 (1) SA 549; *Ex parte Heald* 1952 (3) SA 740; *Ex parte Gregory* 1956 (1) SA 215.

⑤ *Stanmarker Mining (Pvt) Ltd v. Metallon Corporation Ltd* 2004 (1) ZLR 45 (Reversing *Stanmarker Mining (Private) Ltd v. Metallon Corporation Ltd*, HC 919/03 (High Court, Zimbabwe, 2003)).

⑥ *Grobler v. Boshoff* 1988 (2) ZLR 447.

韦居民，但在送达传票后，她永久离开了津巴布韦，在这种情况下，为实际目的她就不能被认为是本地人，对她的财产的扣押（或在律师处存放与财产价值等同的一笔金钱）对于管辖权的确认就非常必要了，并且这也可以为可能针对她作出的判决提供担保。①

在任何情况下，如果津巴布韦高等法院可基于财产扣押或人身拘押行使管辖权，或此类管辖权可被财产扣押或人身拘押予以确认，法院就可在它指定的日期内允许或指示向津巴布韦国内或国外送达传票，而无须下令进行扣押或拘押，只要法院确信相关财产或人员位于津巴布韦、能够被扣押或拘押且津巴布韦高等法院的管辖权在此类诉讼中根据情况应可以通过签发传票程序被确立或确认。这一规定的目的是给予法院自由裁量权，以便可以通过签发传票而不是扣押或拘押令来确认管辖权。② 这并不能免除原告需要证明被告在津巴布韦境内或拥有可被扣押的财产。③ 所以，如果一个外地人被告或其财产都不在津巴布韦法院的管辖范围内，该法院就无权受理针对该外地人被告提起的、就在津巴布韦缔结和履行的合同的违约主张赔偿的诉讼。④

免于扣押或拘押的自由裁量权应以衡平方式行使：法院没有义务给予申请人以优惠待遇，但可以考虑此类命令对第三方当事人的影响以及行使自由裁量权时对便利的平衡。⑤ 不过法院一直很谨慎没有详细列举可作出扣押令的所有情形。法院曾经作出扣押令的案例包括被扣押的财产是相关争议的标的，或很清楚被告在法院辖区内的唯一财产就是将被扣押的财产，

---

① *Grobler* v. *Boshoff* 1988 （2） ZLR 447.

② High Court Act 1981, s. 15； *Ex Parte Mor – Tal Construction Co.* （*Pvt*） *Ltd* 1962 （2） SA 664, 1962 R & N 248； *Ex Parte Mercer* 1969 （1） R & N 117, 1969 （2） SA 207； *Clan Transport Co.* （*Pvt*） *Ltd* v. *Government of Republic of Mozambique* 1993 （3） SA 795； *Ex Parte Coote* 1962 R & N 423. See generally *McGuire* v. *Fourie* 1962 R & N 420, 1962 （3） SA 302 and *In re Practice Note* 1963 （4） SA 165.

③ *Monarch Steel* （*1991*） *Ltd* v. *Fourway Haulage Ltd* 1997 （2） ZLR 342； *Riseley* v. *Watt* 1965 （2） SA 664, ［1965］ RLR 82； *Stanmarker Mining* （*Pvt*） *Ltd* v. *Metallon Corporation Ltd* 2004 （1） ZLR 45.

④ *African Distillers Ltd* v. *Zietkiewicz* 1980 ZLR 135. See also *Riseley* v. *Watt* 1965 （2） SA 664, ［1965］ RLR 82.

⑤ *X & Y* （*Pvt*） *Ltd* v. *Z* 1974 （1） SA 195, 1973 （2） RLR 178； *Voicevale Ltd* v. *Freightlink* （*Malawi*） *Ltd* 1987 （2） ZLR 22.

而且该财产不被扣押的话，就存在被告转移财产的危险，从而可能导致法院的判决变成废纸（brutum fulmen）。[①]

津巴布韦国际私法认可协议管辖或接受管辖。在 *Beverley Building Society v. De Courcy* 案[②]中，两个外地人被告被连带起诉以支付一笔到期担保债务。他们在当时的南罗德西亚既没有住所和居所，也没有可供扣押的财产以确认法院的管辖权。但他们都选择将索尔兹伯里作为接收传票和法律文件的地点。法院判定，被告对接收传票和法律文件的地点的选择更可能意味着同意该地法院的管辖，而不仅仅只是意味着一个接收传票的地点。因此，法院对该案具有管辖权，即使没有对财产进行扣押或对人身进行拘押以确立管辖权。[③]

七 评论

通过扣押财产或拘押人身来确立或确认管辖权是罗马—荷兰法国家管辖权规则的重要内容。扣押或拘押具有双重目的，即确立管辖权以及为判决的执行提供担保。扣押不只是一种形式，而是获得某一诉因救济的实体性的第一步。实际上，扣押可被视为一种救济。[④] 如果不存在其他管辖依据，扣押或拘押可以确立管辖权。如果已存在管辖依据（如合同是在法院辖区内缔结的，或诉因发生在法院辖区内），扣押或拘押就只是确认法院的管辖权。

罗马—荷兰法国家对两类诉讼进行了区分，即本地人原告和外地人被告之间的诉讼以及外地人之间的诉讼。[⑤] 从现有规则的特征中可以明显看

---

① *Ex Parte Mor – Tal Construction Co.* （*Pvt*）*Ltd* 1962 （2）SA 664 at 665，1962 R & N 248 at 249.

② 1964 （4）SA 264，1963 R & N 208.

③ See generally *Ex Parte Adair Properties Ltd* ［1967］RLR 56.

④ 在很大程度上，罗马—荷兰法国家中的扣押财产来确立或确认管辖权的做法和普通法国家中的判决前的扣押做法十分相似，只是后者不是为了管辖权。

⑤ "外地人是一个在法院辖区内既没有住所也没有居所的人，而且法院指出，在法院辖区内有长久的或确定的住所或居所就足以使一个人成为本地人。" *Healthcare Management Services* （*Pty*）*Ltd v. Smith* 1996 BLR 301 at 306. Citizenship does not per se enter the equation. *Sandton Square Finance* （*Pty*）*Ltd v. Biagi*，*Bertola and Vasco* 1997 （1）SA 258 at 260；*Klisser v. McGovern* 1963 （4）SA 483. On when a legal person is an *incola*, see *Silverstone* （*Pty*）*Ltd v. Lobatse Clay Works* （*Pty*）*Ltd* 1996 BLR 190 （varying *Silverstone* （*Pty*）*Ltd v. Lobatse Clay Works* （*Pty*）*Ltd* 1995 BLR 669）；*Worldview Botswana v. World University Services of Canada* 1996 BLR 527；*Bezuidenhout v. Dominion Earth Works* （*Pty*）*Ltd* 1964 – 1970 BLR 233.

出，本地人享有特殊的权利或保护——他们的人身或财产免于被扣押，而且他们可以基于外地人不能利用的原则来启用法院的管辖权。如下所述，这与普通法国家的做法形成鲜明对比。在罗马—荷兰法国家，对于本地人原告和外地人被告之间的诉讼，拘押或扣押（无须任何管辖理由①）就足以确立管辖权。换句话说，外地人被告在法院辖区内的财产被扣押或其自身被拘押这一单纯事实，就足以授予法院管辖权，即使诉因与法院没有任何联系或拘押与扣押与基础诉因没有任何关系，也不影响法院的管辖权。虽然这方面的法律现在已十分确定，但在开普殖民地直到1931年还经常出现相互冲突的判决。② 对于两个外地人之间的诉讼，既要存在公认的管辖理由，也要通过扣押或拘押确立或确认管辖权，只有这样，法院才会行使管辖权。

扣押或拘押申请在所有罗马—荷兰法国家必须基本满足一些相同的要求。必须要在盖然性平衡基础上证明外地人被告在法院辖区内或在法院辖区内拥有财产，而且申请人针对被告具有表面诉因。这些一旦得到证明，原告就有权获得扣押或拘押令。但在津巴布韦，法律明确授权法院可以不采取扣押或拘押措施，而是下令向被告送达传票。换句话说，在津巴布韦，如果被告在法院辖区内或在法院辖区内拥有财产——即在这种情况下拘押或扣押才有可能——法院有权自由决定不采用扣押或拘押程序，而是下令向被告送达传票即可。③

被告在法院辖区内的几乎所有财产包括在第三人手中的财产都可以被扣押。在这方面最引起争议的可被没收的利益是有关费用的命令。有关费用的命令被扣押可能产生的后果是，当一个外国居民历尽千辛万苦成功撤销一项毫无根据的财产扣押令，或成功驳回财产扣押令申请，或成功抗辩对其提出的诉讼而获得一项有关费用的命令后，却发现该费用命令面临被

---

① 即管辖权连结因素，如居所、住所、合同缔结地或履行地以及侵权行为发生地。

② *Central African Airways Corp. v. Vickers – Armstrong* 1956（2）SA 492 at 493，1956 R & N 4，对早期冲突的判决进行了分析。

③ 这被描述为"与南非的实践有天壤之别"。*Slabbert v. Herbst* 1981（4）SA 257. 历史上，情况不是这样。Thus，in *Central African Airways Corp. v. Vickers – Armstrong* 1956（2）SA 492 at 494，1956 R & N 4. "人们还争议……在普通法中是否存在允许对财产进行扣押的自由裁量权。这并非如此。"

扣押局面。① 这表明了罗马—荷兰法国家的法律对外地人被告可能带来多么严苛的后果。

　　扣押也可能对第三人带来影响。对于他们而言，扣押的后果通常相当于对被扣押的财产施加了禁令，使得他们不能行使针对该财产所可能获得的权利（例如通过合同方式）。第三人介入扣押程序的大部分案件都涉及这样的主张，即争议财产并不属于外地人被告所有。一般而言，法院不会仅仅因为扣押会给第三人带来不便而撤销或拒绝一项扣押令。但由于津巴布韦法律授予津巴布韦法院许可扣押的自由裁量权，津巴布韦法院曾指出，在决定是否准予扣押令时，法院会考虑扣押令给第三人带来的影响。

　　对外地人财产进行扣押以确立或确认管辖权是否合宪或是否符合现有的人权规则包括免于歧视的自由——只有外地人的财产可被扣押（对于拘押，在南非已被判定为违宪，但在博茨瓦纳、莱索托、纳米比亚、斯威士兰和津巴布韦，它仍是法律的一部分），对此问题，法官和学者多有质疑。② 和拘押一样，财产扣押可能会给外地人的权利带来严重后果，会给外地人带来很多障碍。外地人在法院辖区内的任何财产都可被扣押。这给外地人被告带来很大挑战：在此期间他们不能处置被扣押的财产。本地人原告仅仅通过证明存在表面诉因的案件，就可对外地人被告的财产权利施加限制，这同样让人不安。仅仅通过证明存在表面诉因的案件，就可下令剥夺被告的财产，至少在审判期间，这实有不妥。在普通法国家存在同样有效的救济，但这种救济在对财产进行"扣押"前需要进行严格审查，而且在"扣押"后需要给予更多的权利和保护，这种救济就是诉前冻结令（pre‐trial freezing injunction）。③ 将来的某一天，扣押财产以确立或确认管辖权这一问

---

① 至少在一个案件中，被告被迫放弃有关费用的请求，他担心此类请求会被扣押。See *Drive Control Services（Pty）Ltd* v. *Troycom Systems（Pty）Ltd* 2000（2）SA 722.

② See generally, *De Roeck* v. *Campbell* 1990 NR 126 at 133，这一案件涉及扣押财产以确立或确认管辖权以及判决前扣押财产对财产权的影响。

③ 为获得冻结令，申请人必须证明：就案件实体而言，案件是针对被告具有充分理由的案件；存在着判决因被告转移财产而不能被执行的极大风险；以及就案件情况而言，准许此类救济是公正和便利的。此外，禁令是一个对人救济，不是对财产进行扣押。因此，它允许被告在有限的情况下处置财产（它并没有给予原告相对于被告其他债权人的优先担保权，而且被告可在正常的营业过程中向债权人进行支付）。

题很可能会被重新审视。就目前而言，它仍然是所有罗马—荷兰法国家中管辖权规则的重要组成部分，但法院承认它只是一种例外救济，而且许可这种救济的管辖权应谨慎行使。

外地人被告可避免财产扣押的一种方式是，在法院签发扣押令前接受法院的管辖。对此，在罗马—荷兰法国家中存在分歧的一个争议问题是，在外地人之间的诉讼中，接受管辖本身是否足以授予法院管辖权。例如，南非法院是否会对一项合同行使管辖，如果其与南非的唯一联系是合同中选择南非法院的管辖权协议？虽然纳米比亚和南非法院都对此做了否定回答，博茨瓦纳法院却准备对此类案件行使管辖权。① 换句话说，在纳米比亚和南非，一个外地人原告不能起诉另一外地人被告，除非在合同中存在管辖权协议外，诉因也与法院辖区有一定的联系。在斯威士兰法院的判例中可能找到对此观点的可能解释。斯威士兰法院曾判定，通过同意法院的管辖，被告使其自身（不是诉因）服从了法院的管辖——法院还必须通过一个或多个传统管辖理由的存在对诉讼标的具有管辖权。作为对比，在普通法国家，仅管辖权协议的存在就足以授予法院管辖权。

普通法国家和罗马—荷兰法国家中管辖权规则的其他方面也非常值得比较。对于法院可以在哪种情况下对金钱诉讼行使管辖权这一问题，它们反应各异。最近，南非最高上诉法院承认，在无法对财产进行扣押的情况下，当事人的出现以及传票的送达足以授予法院对金钱诉讼的管辖权。这在一定程度上使得南非的立场与普通法国家的立场趋于一致。在普通法国家，当事人的出现是一种管辖依据。② 该判决作出后，也许管辖权中没有其他问题能够在普通法国家的规则和罗马—荷兰法国家的规则中差距如此之大了。在普通法国家，管辖权建立在送达基础之上——送达传票是法院受理对人诉讼的管辖权的基础。如果外国被告在法院辖区内出现，或被告接受了法院的管辖，或在许可原告向国外送达传票后，对被告实施了有效

---

① 对罗马—荷兰法国家中这一法律的强烈批评，see Christopher Forsyth, 'The Impact of the Domestic on the International: Some Crucial Deficiencies in the South African Law of Jurisdiction with their Regional and International Consequences' (2006) 18 *South African Mercantile Law Journal* 1。

② 但仍有许多问题没有解决。关于这一点，see Richard F. Oppong, 'Roman – Dutch Law Meets the Common Law on Jurisdiction in International Matters' (2008) 4 *Journal of Private International Law* 311。

送达，法院就可对外国被告行使管辖。在普通法国家，法院不会为了管辖权目的扣押被告的财产，或拘押其人身。① 不论被告的性质如何，都是如此。实际上，本地人和外地人的区分在普通法国家的管辖权规则中是不存在的。

对于法院可在哪种情况下对外国被告行使管辖权这一问题，罗马—荷兰法国家的反应更为复杂。它们区分了两类诉讼：本地人和外地人被告之间的诉讼以及外地人之间的诉讼。如上所述，一般而言，罗马—荷兰法国家的法院不会对外地人行使管辖，除非其在法院辖区内的财产已被扣押以确立或确认管辖权，或除非为同样目的其已被拘押（南非除外）。扣押或拘押的理由是有效原则。该原则表达的是这种观点："管辖权规则应确保法院作出有意义的判决"。② 虽然该原则广受批判，③ 但它已被接受为所有罗马—荷兰法国家管辖权规则的基本原则。④

罗马—荷兰法国家和普通法国家都有规则涉及被告在国外的案件。在普通法国家，根据法律确定的理由以及为确立法院管辖权的目的，原告可被允许向国外送达传票。在罗马—荷兰法国家，管辖权通过财产扣押被确立或确认后，法院可允许原告送达传票，通过传票可针对外国的被告启动诉讼程序。这种程序也称公告送达程序，针对那些法院有管辖权但由于在国外而不能对他们进行直接送达的被告，这种程序提供了一种可以对此类被告提起诉讼的机制。和普通法国家中的域外送达程序不同，公告送达并不能确立法院的管辖权。相反，它只是告知被告一项已经确立的管辖

---

① See *Michigan Trust Co. v. Ferry* 228 US 346, 353 (1913)，在该案中，赫尔姆斯法官指出："通常，对于人的管辖权是建立在主权者可对该人进行拘押且可将其监禁的基础之上。但在此类权力存在且可在诉讼开始前通过送达予以肯定的情况下……我们就没有必要再保留对人身控制的权力……这也是文明的一种体现。没有人会质疑这一点。"

② Forsyth, p. 159.

③ Forsyth, pp. 170 – 175.

④ 在津巴布韦，似乎已废除了通过公告送达对域外的被告进行送达的做法。如果一个人想对位于津巴布韦之外除南非或南非邻国之外的一个国家内的被告提起诉讼并送达传票，他就必须向法院法官提出此类送达的申请。See *Westwood v. Westwood* 1997 (1) ZLR 295. 虽然签发传票和签发公告送达在实质上并无差别，但这两个程序是不同的：传票是交给法院执达员的，他受命要求被告对原告的诉请进行答辩；而公告送达是直接针对被告的。*McGuire v. Fourie* 1962 R & N 420 at 422, 1962 (3) SA 302 at 304.

权。换言之，罗马—荷兰法国家的法院不能签发此类传票，除非之前或与之同时已对被告进行了拘押或对被告位于法院辖区内的财产进行了扣押。①

---

① *Murphy v. Dallas* 1974（1）SA 793.

第五章
不方便法院、未决诉讼和法院选择协议

　　法院依据第四章所分析的一个或多个管辖依据具有管辖权的事实，并不意味着它就一定会审理案件。这方面的重要问题包括法院是否有权拒绝行使它已拥有的管辖权、以何理由可以这么做以及在这么做时应考虑哪些因素。一方面法院为这些问题所困扰，另一方面合同的当事人也可通过管辖权协议或仲裁协议将争议提交给一个本来不具有管辖权的法院，或"取走"（take away）法院本来拥有的管辖权。在合同中纳入管辖权条款或仲裁条款，是当事人意思自治和合同自由的重要方面。法院可以在多大程度上给予此类协议以效力，对于国际合同的当事人来说是一个至关重要的问题。

　　本章将讨论所研究的国家的法院可以拒绝行使管辖权的一些原则，以及它们可以在多大程度上承认管辖权协议和仲裁协议的效力。

一　博茨瓦纳

　　如果仲裁协议的一方当事人就仲裁协议范围内的事项，针对该协议的另一方的当事人在任何法院内启动诉讼程序，此类程序的当事人就可在出庭后、答辩前的任何时间，或者程序中采取任何步骤前，请求法院中止该程序。该法院如果确信没有充分的理由不让争议的事项根据仲裁协议解决，而且申请人在诉讼程序启动时仍然愿意为仲裁程序的进行采取所有必要的措施，法院就可在它认为公正的条件下下令中止诉讼程序。[①]

---

　　① Arbitration Act 1959, s. 6 (1).

博茨瓦纳法院也可根据未决诉讼的抗辩，自由裁量中止本院内的诉讼程序，以让外国的程序继续进行。①

二 冈比亚

冈比亚法院会给予一项仲裁协议以效力——法院具有初步义务（prima facie duty）以根据当事人之间的协议行事。② 受理涉及仲裁协议范围内事项的法院，如果收到一方当事人在首次就实体问题进行答辩前提出的中止法院程序的请求，就应中止本院的程序，让当事人将争议提交仲裁解决。如果法院查明仲裁协议是无效、无法实施或不能被执行的，或如果实际上当事人之间就约定提交仲裁的事项并无任何争议，法院就不会中止本院的诉讼程序。③

三 加纳

在加纳法律中，不方便法院原则是国际事项管辖权规则的重要内容。法院具有管辖权这一单纯事实，并不意味着法院就会行使管辖权。因此，在一项请求域外送达的申请中，只是满足了一项管辖权理由还不够。授予法院下令进行域外送达的权力是一项自由裁量权，诉因和当事人与法院的联系会影响对法院是不是方便法院的决定。④ 法院曾指出，仅存在未决诉讼这一事实，并不构成确定方便法院的一种标准。⑤

在当事人已在合同中约定了管辖权协议或仲裁协议的情况下，经常会出现中止诉讼的申请。法院曾判定，当事人可自由达成管辖权协议——如果所选择的法院与合同缔结地和合同使用的语言有更为密切的联系，法院

---

① *Makgekgnene v. Makgekgnene* ［2007］ BLR 621.

② *ESB International Ltd v. Utilities Holding Corp.* ［1997－2000］ GR 297；*Lerr Group Ltd v. Ballast Nedam Africa*, *Civil Suit No. HC/269/09/CO/082/D2* （High Court, Gambia, 2010）.

③ Alternative Dispute Resolution Act 2005，s. 12. 该法实施了 1958 年《联合国承认与执行外国仲裁裁决公约》。

④ *Shirlstar Container Transport Ltd v. Kadas Shipping Co. Ltd* ［1989－1990］ 1 GLR 401.

⑤ *Fattal v. Fattal* ［1999－2000］ 1 GLR 331 at 350.

就更可能给予此种协议以效力。① 但此种协议并不能剥夺法院的管辖权。案件的特定情形可能会表明不应给予此种协议以效力。② 合理性（reasonableness）通常是决定应否遵守此类协议的一种标准。何谓合理是一个事实问题。因此，在一个双方当事人都是加纳人的货物运输合同中，货物在加纳交付，提单约定一家英国法院为管辖法院。加纳法院认为有关此类事项的加纳法律和英国法律并无实质不同，所以它就判定该案不是中止诉讼程序的适当案件。③ 实际上，一方当事人在诉讼中自行采取的行为，也可能导致其不能再援引管辖权协议。④

加纳法院会认可仲裁协议。⑤ 加纳法院曾指出，不能仅仅因为最初约定的仲裁机构已被解散，就认为仲裁协议无法实施。法院在考虑仲裁协议的整体情况后，有为当事人指定仲裁员的自由裁量权。⑥ 不过，在一些适当情况下，法院可能会拒绝给予仲裁协议以效力。⑦

四　肯尼亚

在适当情况下，肯尼亚法院可以行使自由裁量权，中止在本院的诉讼程序，以便国外的诉讼程序继续进行。希望避免肯尼亚法院管辖的当事人需要证明避免肯尼亚法院管辖的充分理由，该证明责任十分繁重。在行使自由裁量权时，肯尼亚法院会考虑某一具体案件的所有情形，包括证据所在的国家以及哪些国家更易获取证据；所适用的外国法律是否存在差异以及差异的程度；当事人与哪些国家有联系及联系的紧密程度；被告是否真心希望在外国法院进行诉讼，或只是为了寻求程序上的优势；以及原告如

---

① *CILEV v. Chiavelli*〔1967〕GLR 651. See also *CILEV v. Chiavelli*〔1968〕GLR 160.

② *CILEV v. Black Star Line*〔1967〕GLR 744.

③ *Fan Milk v. State Shipping Corporation*〔1971〕1 GLR 238.

④ *Moubarak v. Holland West Afrika Lijn*（1953）14 WACA 262.

⑤ 加纳是 1958 年《纽约公约》的成员国。加纳 2010 年的《选择性争议解决法》是为实施该公约而制定的。该法第 6 条规定当事人可依据当事人之间将争议提交仲裁解决的约定请求法院中止诉讼程序。*Republic v. High Court*, *Tema*; *Ex parte My Shipping Pvt Ltd*〔2011〕1 SCGLR 237.

⑥ *Paul Gyasi v. Abosso Goldfields Limited*, Suit No. ANR 17/2004（High Court, Ghana, 2004）.

⑦ *Polimex v. BBC Builders & Engineers Co. Ltd*〔1968〕GLR 168.

果不得不在外国法院起诉，是否对其有损害。① 诉讼在外国进行这一单纯事实，并不足以使肯尼亚法院中止自己的诉讼程序—— 一个重要的考虑是作出不一致判决的风险。② 同样，在不止一个国家具有平行管辖权的情况下，法院将根据当事人之间的便利平衡原则（the principle of the balance of convenience）行事。③

肯尼亚法院会认可管辖权协议。④ 这样做并不违反肯尼亚宪法。肯尼亚宪法授予肯尼亚高等法院对所有民事事项的无限管辖权（unlimited jurisdiction）。⑤ 但在适当情况下，法院可能会拒绝给予当事人的法院选择协议以效力。在一个有关提供摩托车及驾驶员的合同争议中，当事人在合同中约定了选择肯尼亚法院的条款。相关证据在肯尼亚，肯尼亚是普通法国家，而且如果在德国起诉被告会面临极为不利的局面，德国被告也在肯尼亚经营，而且与肯尼亚商人签订了合同。肯尼亚法院拒绝中止本院的诉讼程序，以便让诉讼在德国进行。⑥ 依据管辖权协议拒绝中止诉讼的当事人必须提供反对中止诉讼的理由。⑦ 而希望不遵守管辖权协议的当事人必须提供更为充分的中止诉讼的理由。肯尼亚法院曾经支持过提单中授予南非法院管辖权的排他性管辖权条款，虽然合同与南非的唯一联系是被告在南非有注册办公室。⑧

---

① *United India Insurance Co. Ltd* v. *East African Underwriters*（*Kenya*）*Ltd*［1985］KLR 898，［1976 - 1985］1 EA 579.

② *Owens* v. *Owens*［1959］EA 909；*Walker - Munro v. Walker - Munro*［2010］eKLR. 还可参见 1924 年《民事程序规则》第 6 条的注释性评论："诉讼正在外国法院进行的事实，不应阻止肯尼亚法院受理与外国法院诉讼程序具有同样标的的诉讼。"

③ *Kanti* v. *South British Insurance Co. Ltd*，Civil Appeal No. 39 of 1980（Court of Appeal，Kenya，1981）.

④ *Fonville* v. *Kelly* Ⅲ［2002］EA 71，［1995］LLR 2636；*Raytheon Aircraft Credit Corporation* v. *Air Al - Faraj Limited*［2005］2 KLR 47；*Areva T & D India Ltd* v. *Priority Electrical Engineers*［2012］eKLR. 排他性管辖权只能通过合同清晰而确定的条款授予某一特定国家的法院。在英国只是对保险合同进行盖章并不能使该合同受英国法院的专属管辖。*Kanti* v. *South British Insurance Co. Ltd*，Civil Appeal No. 39 of 1980（Court of Appeal，Kenya，1981）.

⑤ *Raytheon Aircraft Credit Corporation* v. *Air Al - Faraj Limited*［2005］2 KLR 47.

⑥ *Valentine Investment Company Ltd* v. *Federal Republic of Germany*［2006］eKLR. 法院也考虑了当事人平等谈判合同的事实。See also *The Despina Pontikos* 1974（3）ALR Comm. 329.

⑦ *Ronning* v. *Societe Navale Chargeurs Delmas Vieljeux*［1976 - 1985］1 EA 513.

⑧ *Friendship Container Manufacturers Ltd* v. *Mitchell Cotts Ltd*［2001］2 EA 338，［1995］LLR 1282.

肯尼亚法院也会认可合同中的仲裁条款。① 如果肯尼亚法院受理了仲裁协议中的事项，若一方当事人在不迟于答辩前提出中止诉讼的请求，法院就会中止诉讼，让当事人提交仲裁，除非法院查明仲裁协议无效、无法实施或不能被执行，或当事人对约定提交的仲裁事项并不存在争议。② 在当事人约定将争议提交仲裁的协议中，处理实体争议及分歧的管辖权被授予仲裁员，但肯尼亚法院保留有处理外围事项的剩余管辖权（residual jurisdiction），以监督争议或分歧是否按照当事人约定的方式得到了处理。③ 因此，当一个贷款协议约定当事人之间的争议应根据国际商事仲裁院的《仲裁和调解规则》解决时，肯尼亚法院裁定，这并不能阻止肯尼亚法院发布禁令，禁止被告要求还款。④

五　莱索托

　　如果一项管辖权协议违反莱索托的公共政策，莱索托法院就不会执行该管辖权协议。因此，在一项管辖权协议约定在南非法院进行诉讼，但这么做会剥夺大部分时间在莱索托工作的雇员根据莱索托法律所享受的更为优惠的条件时，莱索托法院裁定该管辖权协议是无效的，不能被执行。⑤

---

① See generally *Rift Valley Textiles v. Cotton Distributors Incorporated* [1976 – 1985] 1 EA 505. See also *Midland Finance & Securities Globetel Inc v. Attorney General* [2008] 1 KLR 650，在该案中，法院认为，某项争议能否通过仲裁方式解决——可仲裁性——应根据法院地法而不是合同准据法确定。See *Nedermar Technology BV Ltd v. Kenya Anti-corruption Commission* [2008] KLR 476；*Nedermar Technology BV Ltd v. Kenya Anti-corruption Commission* [2006] 2 KLR 678.

② Arbitration Act 1995, s. 6 (1). See generally *The Despina Pontikos* 1974 (3) ALR Comm. 329 at 352 – 353，在该案中，法院不愿执行一项仲裁协议。

③ *Tononoka Steel Ltd v. Eastern and Southern African Trade and Development Bank* [2000] 2 EA 536；*Indigo EPZ Ltd v. Eastern and Southern African Trade and Development Bank* [2002] KLR 1，[2002] EA 388；*Caneland Ltd v. John Deere (Proprietary)* [2011] eKLR.

④ *Indigo EPZ Ltd v. Eastern and Southern African Trade and Development Bank* [2002] KLR 1，[2002] 2 EA 388.

⑤ *Khotle v. Metropolitan Life Insurance*，CIV/T/662/84（High Court, Lesotho, 1985）.在该案中法院还考虑了这一事实，即如果实施管辖权协议，作为外国人的原告在开普敦法院提起诉讼会产生更多的个人花费和不便。他可能不得不为自己诉讼的可能败诉为被告的花费提供担保，即使雇主在争议的发生地马塞鲁（莱索托首都）有分支办公室。See also *Komane v. City Express Stores (Pty) Ltd*，LAC/CIV/A/5/2002（High Court, Lesotho, 2006）.

六 马拉维

马拉维法院会给予管辖权协议以效力。① 这种认可管辖权协议的管辖权是自由裁量性的，在适当情况下，法院可能会拒绝给予此种管辖权协议以效力。②

如果仲裁协议的一方当事人就仲裁协议的事项，针对协议的另一方当事人在任何法院提起诉讼，则此类程序的任一方当事人可在出庭后及答辩前或采取任何其他措施前的任何时间，请求法院中止诉讼程序。如果法院确信根据仲裁协议解决争议具有充分理由，而且申请人在诉讼开始时仍准备并愿意通过仲裁解决争议，法院就会下令中止诉讼程序。③ 如果一项仲裁协议是根据 1923 年的《仲裁条款议定书》作出的，法院就会中止诉讼程序，除非法院确信仲裁协议或条款无法实施，或当事人就约定提交的事项并不存在争议。④

七 纳米比亚

合同中存在的外国的排他性管辖权条款，并不能自动剥夺纳米比亚法院的管辖权。法院有权自由决定诉讼是在纳米比亚进行，还是在所选择的法院进行。在行使这种自由裁量权时，一个重要的考量是申请人所寻求的救济的类型。在一个案件中，原告违反排他性的鹿特丹管辖权协议在纳米比亚法院提起诉讼，请求法院在稍后提起的诉讼前作出一项临时命令。纳米比亚法院认为，考虑到时间的紧迫性，原告实际上不可能在鹿特丹法院获得救济，而且即使能够获得救济，它也不能在纳米比亚被执行（因为该救济不是最终的和决定性的），纳米比亚法院因此拒绝行使自由裁量权以让

---

① *Landell Mills Associates Ltd* v. *Marshall* [1991] 14 MLR 175.

② *AA Mirza* v. *AMI* (*Malawi*) *Ltd*, Civil Cause No. 59 of 1999 (High Court, Malawi, 2007).

③ Arbitration Act 1967, s. 6 (1). 支持仲裁协议的管辖权也扩展适用于 Scott v. Avery 条款，而且中止诉讼的申请也可建立在这一条款之上。See *National Insurance Co. Ltd* v. *Ngwira* [1993] 16 (1) MLR 381；*Chanthunya* v. *Ngwira* [1987 – 1989] 12 MLR 133.

④ Arbitration Act 1967, s. 6 (1).

诉讼在鹿特丹进行。①

八 尼日利亚

不方便法院原则是尼日利亚法律的一部分。如果国外存在审理案件的更为合适的法院，尼日利亚法院就可能中止本院的程序。在作出该决定时，尼日利亚法院会考虑案件的所有相关因素。在一个违反合同的案件中，所有被告的住所都在美国，被告从事的营业活动与尼日利亚没有联系，所声称的违约发生在美国，而且解决争议所需的全部文件都位于美国，尼日利亚法院因此判定，拉各斯法院不是审理案件的适当法院。② 尼日利亚法院还曾经判定，如果中止诉讼会给原告带来不公正，例如诉讼在外国法院已过诉讼时效而且中止诉讼等于永久性地剥夺了原告可能获得的救济，那么拒绝中止诉讼就可以更好地实现公正。③

诉讼程序正在国外进行这一单纯事实，并不构成中止尼日利亚法院诉讼程序的自动理由。原告有权就同一案件在两个不同的国家提起诉讼，除非申请人能够证明再次提起的诉讼构成缠诉。申请人必须证明，有充分理由表明，基于诉讼程序、救济和利益的同一性或基于并非出于善意解决争议的证据，存在着缠诉情况。④

尼日利亚法院通常会认可一项管辖权协议，⑤ 但此类管辖权协议只约束协议当事人。作为合同条款，它并不能约束合同的非相对人。⑥ 在适当情况

① *Olympic Fruit* v. *Nagrapex Holdings*, Case No. A 278/2011 (High Court, Namibia, 2011).

② *Resolution Trust Corporation* v. *FOB Investment & Property Ltd* [2001] 6 NWLR 246. See also *Barsoum* v. *Clemessy International* [1999] 12 NWLR 516.

③ *Sonnar (Nigeria) Ltd* v. *Partenreederi MS Norwind* [1987] 1 All NLR (Part I) 396, [1988] LRC (Comm.) 191 (reversing *Sonnar (Nigeria) Ltd* v. *Partenreederi MS Norwind* [1985] 3 NWLR 135).

④ *Jammal* v. *Abdalla Hashem* 1975 (2) ALR Comm. 141, [1975] NCLR 141. See generally *Nahman* v. *Allan Wolowicz* [1993] 3 NWLR 443.

⑤ *Comet Shipping Agencies (Nigeria) Ltd* v. *Panalpina World Transport (Nigeria) Ltd* [1990] LRC (Comm.) 206. 在过去，一些法院将此类协议定性为剥夺法院管辖权的协议，并拒绝实施此类协议。See *Ventujol* v. *Compagnie Française De L'Afrique Occidentale* [1949] 19 NLR 32; *Allied Trading Co Ltd* v. *China Ocean Shipping Line* 1980 (1) ALR Comm. 146.

⑥ *Unipetrol Nigeria Ltd* v. *Prima Alfa Enterprises (Nigeria) Ltd* [1986] 5 NWLR 532.

下，法院可能会拒绝根据管辖权协议中止在本院进行的诉讼程序。① 在当事人违反管辖权协议而提起诉讼时，受案法院有权自由决定是否中止本院的程序。除非有充分理由表明不应中止诉讼，法律一般要求法院行使这种裁量权以中止本院的程序。违反管辖权协议提起诉讼的当事人，必须证明为什么法院不应中止诉讼程序，而且他还必须证明，不应要求当事人遵守管辖权协议的"充分理由"。②

尼日利亚法院会认可一项仲裁协议，包括 Scott v. Avery 条款。③ 如果合同当事人已约定在某一外国进行仲裁，在外国仲裁程序中没有采取行动的被告可以在尼日利亚法院的诉讼程序中，依据仲裁协议请求中止法院的诉讼程序。④ 尼日利亚法院有义务中止诉讼程序，除非它确信有充分的理由可以拒绝把争议提交仲裁。如果违反仲裁协议的当事人能够证明，在诉讼被中止的情况下其会遭受不公正，或其不能从仲裁庭中获得公正，或当事人之间的仲裁协议是无效的、无法实施的或不可执行的，法院就可能拒绝下令中止诉讼程序。不希望中止诉讼程序的当事人应证明，存在充分理由可以不遵守仲裁协议的约定，并由此可通过法院诉讼程序而不是仲裁程序来解决争议。⑤

尼日利亚 1991 年《海事管辖权法》第 20 条对管辖权和仲裁协议的执行施加了限制。⑥ 与第 20 条规定相冲突的管辖权协议或仲裁协议是无效

---

① *Sonnar（Nigeria）Ltd v. Partenreederi MS Norwind*［1987］1 All NLR（Part I）396,［1988］LRC（Comm.）191; *Adesanya v. Palm Line Ltd* 1967（2）ALR Comm. 133.

② *Nika Fishing Co. Ltd v. Lavina Corporation*（2008）1 All NLR 422（revesering *Nika Fishing Co. Ltd v. Lavinia Corporation*［2001］16 NWLR 556）. See generally *Funduk Engineering Ltd v. McArthur*（1995）All NLR 157 at 165, 在该案中, 法院注意到这样的事实, 即一项合同声明应根据英国法进行解释绝不等同于剥夺了尼日利亚法院解释或实施该合同条款的管辖权。

③ *African Insurance Development Corp. v. Nigeria Liquified Natural Gas Ltd*［2000］4 NWLR 494,［2000］1 WRN 40. 尼日利亚是 1958 年《纽约公约》的成员国。尼日利亚 1998 年《仲裁和调解法》实施了该公约。更多分析参见第十九章中有关 *Scott v. Avery* 条款的分析。

④ Arbitration and Conciliation Act 1998, ss. 4 and 5.

⑤ *Owners of the MV Lupex v. Nigeria Overseas Chartering and Shipping Ltd*［2003］15 NWLR 469,［2003］43 WRN 123.

⑥ 该条规定:"任何人或任何诉因、事项或诉讼的当事方所达成的旨在剥夺尼日利亚法院管辖权的任何协议都是无效的, 如果该协议涉及本法所调整的任何海事事项, 而且如果——(a) 履行地、缔结地、交付地、行为地或侵权地在或发生在尼日利亚; 或 (b) 当事人中的任何一方居住在或曾经居住在尼日利亚; 或 (c) 付款根据协议（无论是明示还是默示的）在或将在尼日利亚进行; 或 (d) 在任何海事诉讼中或在海事留置的情况下, （转下页注）

的，尼日利亚法院不会执行此类协议。①

九　塞拉利昂

对于请求中止因违反管辖权协议而提起的诉讼的申请，塞拉利昂法院没有义务中止在本院的诉讼程序——它有权自由决定是准许该申请还是根据情况拒绝该申请。法院会考虑选择一个更适合审理案件并有利于实现公正的解决机构。希望中止诉讼程序的当事人需要承担证明责任。其不但要证明目前的法院不是适当的法院，而且要证明另一法院显然更为适当。在考虑是否存在另一更为适当的法院时，法院一般会考虑哪一法院与诉讼有最真实和最重要的联系（例如，就便利或花费、证据的获取难易、相关交易的准据法以及当事人的居所地或营业地等因素而言）。在一个案件中，塞拉利昂法院判定，尽管存在意大利法院的管辖权协议，塞拉利昂法院仍是审理案件的更为适当的法院。②

十　南非

南非法院长期以来都认可未决诉讼（lis alibi pendens）原则是中止诉讼程序，以便让外国的诉讼程序继续进行的一种依据。南非法院认识到，如

（接上页注⑥）原告接受法院的管辖而且作出了具有如此效力的声明，或相关物品位于尼日利亚法院辖区内；或（e）案件涉及联邦军政府或联邦的州政府，而且军政府或相关州接受了法院的管辖；或（f）根据尼日利亚加入的现行有效的国际公约，缔约国内法院被授权或有自由裁量权行使管辖；或（g）法院认为，诉因、事项或诉讼应在尼日利亚审理。"

① *MV Panormos Bay v. Olam Nigeria Plc*［2004］5 NWLR 1；*Lignes Aeriennes Congolaises v. Air Atlantic Nigeria Ltd*［2006］2 NWLR 49；*JSF Investment v. Brawal Line Ltd*［2010］18 NWLR 495.

② *Technoscavi v. Civil Engineering Company*, Case No. CC 424/2007 2007 T NO. 14（High Court, Sierra Leone, 2007）. See also *Samco Ltd v. Novel Commodities SA*, Case No. CC668/07（High Court, Sierra Leone, 2008）, *Transmarine Shipping and Trading Co. Ltd v. The Owners and / or Persons interested in the vessels "F/V Kawa" and others*, Case No. CC998/06 2006 T NO. 36（High Court, Sierra Leone, 2007）, 在该案中，法院拒绝实施一项希腊法院的管辖权协议。*Leone Mining Company v. Euro African Import and Export Company*, Case No. CC1197/05 2005 L NO. 2V（High Court, Sierra Leone, 2007）, 在该案中，法院实施了一项西班牙法院管辖权协议。

果允许在两个法域同时进行两种诉讼，就可能会造成"难以言表的"极度混乱。① 南非法院指出，在依据未决诉讼行使自由裁量权以中止诉讼程序时，下面的一些原则需要得到遵守。

为了合法中止诉讼程序，必须满足两个条件：一个是肯定性条件，一个是否定性条件。首先，被告或被申请人必须向法院证明，存在另一个对其有管辖权的法院，在该法院可以更为方便或经济地在当事人之间实现公正；其次，中止诉讼程序不能剥夺原告或申请人在当地法院所能获得的合法的个人或司法上的好处。法院必须对原告相对于被告的好处进行权衡，要考虑证据的获取难易程度、相关的花费和不便、司法程序的快慢以及损害赔偿和法律费用的程度等因素。② 因此，很明显并不存在依据未决诉讼中止程序的自动权利——即使未决诉讼抗辩的所有要求都存在，法院仍有决定是否中止诉讼程序的自由裁量权。③ 一项诉讼最先提起的事实并不是决定性的因素，④ 但在没有证据证明如果中止诉讼程序会带来不公正的情况下，它会构成中止诉讼的一种表面理由。⑤ 在决定是否中止诉讼程序时，便利和公正考虑因素才是决定性的。⑥

在对人诉讼中，⑦ 是否存在依据不方便法院原则中止诉讼程序的一般自由裁量权这一问题，在南非法律中还有争议。⑧ 但南非法院在一些案例中会时

---

① *Schlesinger v. Schlesinger* 1979（3）SA 521；*Halfon v. Halfon* 1952（4）SA 260. See generally *Melamed NO v. Munnikhuis* 1996（4）SA 126. 该案涉及诉讼正在外国法院进行的事实会在多大程度上影响到南非法院管辖权的行使。

② *Berrange NO v. Hassan* 2009（2）SA 339.

③ *HR Holfeld（Africa）Ltd v. Karl Walter & Co. GmbH* 1987（4）SA 850；*Hubert v. Hubert* 1960（3）SA 181.

④ *Van As v. Appollus en Andere* 1993（1）SA 606；*HR Holfeld（Africa）Ltd v. Karl Walter & Co. GmbH* 1987（4）SA 850.

⑤ *Kerbel v. Kerbel* 1987（1）SA 562.

⑥ *Swanvest 234（Pty）Ltd v. Nkwazi Resources Investments（Pty）Ltd*, Case No. 871/2010（High Court, South Africa, 2010）.

⑦ 不方便原则在南非法律体系中并非完全陌生。南非 1983 年《海事管辖权法》第 7 条第 1 款（a）（b）项就认可了这一原则的适用。*M T Tigr Bouygues Offshore SA v. Owners of the MT Tigr* 1998（4）SA 740；*Great River Shipping Inc. v. Sunnyface Marine* 1992（4）SA 313；*Kandagasabapathy v. MV Melina Tsiris* 1981（3）SA 950；*Magat v. MV Houda Pearl* 1982（2）SA 37.

⑧ Forsyth, pp. 184 – 188；C Schulze, ' *Forum non-Conveniens* in Comparative Private International Law'（2001）118 *South African Law Journal* 812 at 827 – 828.

而明示或默示提到这一原则。① 在 *Bid Industrial Holdings（Pty）Ltd v. Strang*案②中，南非最高上诉法院支持了一种新的管辖权依据——单纯的出现——并且意识到这一依据带给外地人的潜在困难。法院随后判定，"对于南非法院是不是方便法院，以及诉讼是否与南非有充分联系使得在南非法院而不是在被告住所地法院进行诉讼更为适当，被告可提出异议"。③

外国法院的管辖权条款并不具有绝对的约束力。因违反管辖权协议而在其内提起诉讼的法院有权自由决定是否由自己审理案件，而不是把案件提交给当事人选择的法院。④ 在当事人已约定将争议提交给外国的法院时，南非法院的原告应证明，为什么南非法院不应中止其内的诉讼程序，以执行当事人之间的协议。⑤ 原告在约定的法院不得不提起不同的诉讼的事实——例如在其中一个法院是对人诉讼而不是对物诉讼——或原告在约定的法院获得赔偿的机会十分渺茫的事实，并不能构成违反管辖权协议的合法理由。⑥ 但是，如果被告在一起因违反管辖权协议而提起的诉讼中接受了法院的管辖，随后其又提起上诉要求中止该法院的程序，以便外国法院的程序继续进行，其请求就不会获准。⑦

在南非法律中，仲裁条款并不能剥夺法院的管辖权。如果被诉的当事人希望援引仲裁协议进行仲裁并向法院提出了请求，南非法院就可行使自由裁量权决定是由自己审理案件，还是下令在仲裁裁决作出前中止自己的诉讼程序。⑧

---

① See e. g. *Moslemany* v. *Unilever Plc*, Case No. D102/06（Labour Court, South Africa, 2006）at ［35］；*Parry* v. *Astral Operations Ltd* ［2005］10 BLLR 989 at ［35］；*Lane* v. *Dabelstein* 1999（3）SA 150 at 171－172.

② 2008（3）SA 355.

③ *Bid Industrial Holdings（Pty）Ltd* v. *Strang* 2008（3）SA 355 at 369.

④ *Butler* v. *Banimar Shipping Co. SA* 1978（4）SA 753 at 761. See generally *Ind-Lex Investment CC* v. *Aqua-Terra（Pty）Ltd* ［1991－1992］7 BSC 221.

⑤ *MV Spartan-Runner* v. *Jotun-Henry Clark Ltd* 1991（3）SA 803.

⑥ *MV Achilleus* v. *Thai United Insurance Co. Ltd* 1992（1）SA 324.

⑦ *Ind-Lex Investment CC* v. *Aqua-Terra（Pty）Ltd* ［1991－1992］7 BSC 221.

⑧ Arbitration Act 1965, s. 6, Admiralty Jurisdiction Regulation 1983 s. 7（1）. *Yorigami Maritime Construction Co. Ltd* v. *Nissho-Iwai Co. Ltd* 1977（4）SA 682；*Polysius（Pty）Ltd* v. *Transvaal Alloys（Pty）Ltd* 1983（2）SA 630；*MV Iran Dastghayb*, *Islamic Republic of Iran Shipping Lines* v. *Terra-Marine SA* ［2011］1 All SA 468. See generally *Intercontinental Export Co.（Pty）Ltd* v. *MV Dien Danielsen* 1983（4）SA 275（reversing *Intercontinental Export Co.（Pty）Ltd* v. *MV Dien Danielsen* 1982（3）SA 534）.

十一　斯威士兰

斯威士兰法院有权自由决定是否支持一项管辖权协议。只有存在充分和特殊的理由时，法院才会允许违反管辖权协议。在斯威士兰法院受理的一个案件中，法院拒绝执行一项选择南非法院的管辖权协议。斯威士兰法院考虑到了法院和案件实体问题之间的紧密联系、对当事人的便利、在斯威士兰法院内的诉讼程序的非压迫性和非缠诉性质、南非法律与斯威士兰法律十分相似的事实以及被告是否真心希望在南非法院进行诉讼而不只是为了寻求策略上的优势等因素。①

十二　坦桑尼亚

诉讼正在外国法院进行的事实，并不能妨碍坦桑尼亚法院受理基于同样诉因提起的诉讼。②

将争议提交仲裁以排除坦桑尼亚法院管辖权的协议并非无效。③ 接受外国仲裁员的管辖本身，并没有剥夺法院的管辖权，也并非侵犯了坦桑尼亚的公共政策。④

如果仲裁协议的一方当事人针对协议的另一方当事人提起了诉讼程序，此类程序的一方当事人就可在出庭后、提交书面陈述意见或采取任何其他措施前，请求法院中止诉讼程序。如果法院确信争议应根据仲裁协议解决有充分理由，而且申请人在诉讼程序提起时仍然准备并愿意通过仲裁方式解决争议，法院就可下令中止诉讼程序。⑤

---

① *Barlows Central Finance Corporation* (*Pty*) *Ltd* v. *Joncon* (*Pty*) *Ltd*, Case No. 2491/99 (High Court, Swaziland, 1999). See generally *Princess Nomcebo Dlamini* v. *Executive Financial Consultants Group*, Case No. 4/2011 (High Court, Swaziland, 2011).

② 这一表述包含在 1908 年《民事程序法》第 8 条的注释性评论中，但我还没能找到直接适用该规定的案例。

③ *Wendt* v. *Jiwan* [1921 – 1952] 1 TLR 460.

④ *Motokov* v. *Auto Garage* [1970] EA 249.

⑤ Arbitration Act 1938, s. 6.

十三　乌干达

乌干达法院有权自由决定中止本院的诉讼程序，以便让外国法院的诉讼程序继续进行。① 中止诉讼程序的申请无须使法院确信，由于该诉讼程序对被告是压迫性的和缠诉性的，针对被告继续该诉讼程序会带来不公正。但法院必须确信存在另一个对被告具有管辖权的法院，在该法院内可以更为便利和经济地在当事人之间实现公正，而且中止诉讼程序不会剥夺原告如果在乌干达法院进行诉讼他可能获得的任何合法的、人身的或司法上的利益。②

如果当事人已毫不含糊地接受了外国法院的专属管辖，乌干达法院会认可此类协议的效力。因此，在合同约定"本合同应根据英国法解释并受英国法院的专属管辖"时，乌干达法院判定当事人不但选择英国法来支配他们的合同，而且毫不含糊地接受了英国法院的专属管辖。这样，乌干达高等法院便无权受理根据该合同所产生的争议。③ 另外，一项非排他性的管辖权协议将所指定的法院列为"可替代的法院"——这不能授予所指定的法院"审理并决定产生于合同的争议的独有权力"。④ 所选择的适用于交易的法律是外国法律这一单纯事实本身，并不是由外国法院审理相关争议的理由。⑤ 此类法律选择条款只是表明当事人对合同准据法的选择。⑥ 它不是确定法院是否对合同争议具有管辖权或是否应行使管辖权的决定性因素。最为重要的是，当事人是否毫不含糊地接受了外国法院的专属管辖，以及

---

① *American Express International Banking Corp.* v. *Atul*［1990 – 1994］1 EA 10. 同样参见 1929 年《民事程序法》第 6 条的注释性评论。

② *American Express International Banking Corp.* v. *Atul*［1990 – 1994］1 EA 10；*SC Baxi* v. *The Bank of India Limited*［1966］EA 130.

③ *Uganda Telecom Ltd* v. *Rodrigo Chacon t/a Andes*，Misc. Application 337/08（High Court, Uganda 2008）.

④ *Larco Concrete Products Ltd* v. *Transair Ltd*，Civil Appeal No. 3 of 1987（High Court, Uganda, 1986）.

⑤ *Eastern and Southern African Trade and Development Bank* v. *Hassan Basajjabalaba*，HCT – 00 – CC – CS – 0512 – 2006（High Court, Uganda, 2007）.

⑥ *World Population Foundation* v. *Uganda Youth Anti-Aids Association*［2003］Kam LR 287.

受理诉讼的法院是不是审理案件的适当和公正的法院。①

受理了仲裁协议调整事项的法院应将争议提交仲裁解决，除非该法院查明仲裁协议是无效的、无法实施的或不可执行的，或相关争议在仲裁协议调整范围之外。② 乌干达法院曾经指出，申请人生活贫困的事实，并不能构成法院驳回中止诉讼程序的申请并执行国际仲裁协议的充分理由。因此，（当事人）身无分文本身并不能使一项仲裁协议变得不可执行。③

十四　赞比亚

受理仲裁协议调整事项的法院，在当事人于诉讼程序的任何阶段提出中止诉讼的请求时，应中止诉讼程序，让当事人通过仲裁解决争议，除非该法院查明仲裁协议无效、无法实施或不可执行。④

十五　津巴布韦

津巴布韦法院有权自由决定是否依据未决诉讼原则中止本院的诉讼程序。在行使这一自由裁量权时，法院应考虑到案件中的公平和便利平衡——被告最先提起诉讼程序的事实在所有相关因素中微不足道。⑤

如果合同中存在仲裁条款，法院就应执行该条款。⑥ 在 *Bitumat Ltd v. Multicom Ltd* 案⑦中，法院执行了一项由马拉维法律调整的合同中约定在

---

① *Larco Concrete Products Ltd* v. *Transair Ltd*, *Civil Appeal* No. 3 of 1987 (High Court, Uganda, 1986).

② Arbitration and Conciliation Act 2000, s. 5. 该法实施了 1958 年的《纽约公约》。See generally *Power & City Contractors Ltd* v. *LTL Project* (*PVT*) *Ltd*, HCT – 09 – CV – MA – 0062 – 2011 (High Court, Uganda, 2012); *National Social Security Fund* v. *Alcon International Ltd*, Civil Appeal No. 02 of 2008, (Court of Appeal, Uganda, 2009); *Shell* (*U*) *Ltd* v. *Agip* (*U*) *Ltd* [1997] Kam. LR 250.

③ *Fulgensius Mungereza* v. *Pricewaterhouse Coopers Africa Central* [2004] Kam. LR 258.

④ Arbitration Act 2000, s. 10 (1).

⑤ *Baldwin* v. *Baldwin* [1967] RLR 289.

⑥ 1996 年《仲裁法》是以 1985 年《国际商事仲裁示范法》为基础制定的，并实施了 1958 年的《纽约公约》。

⑦ 2000 (1) ZLR 637.

马拉维进行仲裁的仲裁条款。但仲裁条款不能完全剥夺法院的管辖权。一项争议是否在仲裁条款范围内这一问题，主要是一个合同和仲裁条款解释问题，而且法院可介入确定是否存在此类争议。[①]

十六　评论

法院在已经拥有管辖权的情况下有权拒绝行使管辖，这是所研究的大部分国家内有关管辖权规则的一个重要特点。[②] 这种权力或可认为是法院固有管辖权（inherent jurisdiction）的一部分，[③] 因为所研究的国家没有一个通过立法直接对这种权力作出规定。[④]

虽然在南非有关不方便法院原则是否存在还有争议，该原则已在许多案件中得到援引和适用。适用这一原则的首要考虑是，法院希望确保案件在最适当的法院得到审理，以保护当事人的利益，实现公正。为了达到这一目的，法院需要考虑案件的所有因素。对于这些因素，法院不会厚此薄彼。法院在对案件进行分析时，不会对当事人区别对待。法院在依据不方便法院原则对中止诉讼的申请作出决定时，会考虑下列因素：法院和构成争议基础的交易之间的联系；证人的位置；适用的法律以及它与法院地法的异同；花费和便利。在这方面一个重要的考虑因素还涉及当事人的议价地位。在 *Valentine Investment Co. Ltd v. Federal Republic of Germany* 案中，"当事人不在同一水平上议价而且原告处于不利地位"这一事实是法院拒绝执行一项德国管辖权协议的重要考虑因素。[⑤]

---

① *PTA Bank v. Elanne Ltd* 2000（1）ZLR 156.

② See also *Sinco Anstalt v. Brown International* 1972（1）ALR Comm. 439；*Misr Printing Press v. Kamil*［1959］SLJR 3.

③ 就仲裁协议而言，立法明确规定了中止诉讼的管辖权。

④ 唯一的例外——在海事诉讼这一语境下——似乎是 1983 年《海事管辖权法》第 7 条第 1 款（a）（b）的规定。根据该规定，"在任何已提起的或将要提起的程序中，法院可拒绝行使其海事管辖权，如果法院认为共和国的其他法院或其他地方的其他法院、仲裁员、法庭或机构会对该程序行使管辖权，而且由此类法院、仲裁员、法庭或机构行使管辖权更为合适，法院会根据本法的规定中止任何程序，如果相关当事人同意争议事项应在南非共和国或其他地方通过仲裁解决，或如果存在其他充分理由使法院确信应中止其内的程序"。

⑤ ［2006］eKLR. See also *Raytheon Aircraft Credit Corporation v. Air Al-Faraj Limited*［2005］2 KLR 47. 在该案中审理案件的法官驳回了一项排他性的管辖权协议，理由是 （转下页注）

依据不方便法院原则请求中止诉讼的当事人应承担证明责任——这是一个繁重的责任，但证明标准建立在盖然性平衡基础之上。总的来看，已决案件显示出一种平衡的方法，即对所有相关因素都予以考虑——看来受理案件的法院并没有流露出将案件保留在法院内的愿望。实际上，在一些案件中，虽然相关因素都表明受理案件的法院是最为适当的法院，但这些法院仍准备让诉讼在国外进行。的确，正如法官在 *Adel Kamel Barsoum v. Clemessy International* 案中所做的评论一样，"法院在行使管辖权时，并不会仅仅因为案件涉及其国民就采纳或依赖单纯的情感方法"。①

当事人已约定在出现争议时某一指定的法院具有管辖权这一事实，是法院决定是否中止在本院提起的诉讼程序的一个重要考虑。在过去，有些案件表明此类协议试图剥夺法院的管辖权，因此是不可执行的。现在的主流观点是，法院有权自由决定是否执行此类协议。法院并没有要求必须在所选择的法院和争议之间存在某种联系，但目前还没有出现所选择的法院和争议之间的唯一联系就是管辖权协议的这种情况。仅仅存在管辖权协议还不足以使法院中止诉讼程序，但排他性的管辖权协议似乎被给予一种特殊优待。②

在所研究的国家内，通过立法对管辖权协议的可执行性进行明确限制，还比较少见。③ 法院除了具有拒绝执行此类协议的自由裁量权外，似乎对管

(接上页注⑤)该协议"是因胁迫达成的"。上诉法院推翻了这一裁决。对于这一问题，上诉法院指出，一审案件的法官没有充分的证据作出上述裁决，但上诉法院并没有明确反对将胁迫作为拒绝执行一项管辖权协议的理由。

①　[1999] 12 NWLR 516 at 526.

②　For example, in *Uganda Telecom Ltd v. Rodrigo Chacon t/a Andes*, Misc. Application 337/08 (High Court, Uganda 2008)，对于该案，考虑到当事人在诉讼中的可能花费，法院并不认为在合同中纳入排他性管辖权条款有多么明智，或将案件提交给英国高等法院解决具有多大的经济意义。法院的理由是，在乌干达存在有能力解决该争议的法院；该合同是在乌干达履行的而且很可能证人也都来自乌干达。此外，原告没有在其申请中指明如果该案在乌干达审理，将会给他带来的损害或不公正。然而，法院判定，考虑到排他性管辖权协议的"自然和通常含义"，在没有理由撤销该条款的情况下，自己的管辖权被"剥夺"了。See also *Friendship Container Manufacturers Ltd v. Mitchell Cotts Ltd* [2001] 2 EA 338, [1995] LLR 1282，在该案中，法院支持了提单中的一项排他性管辖权条款，该条款将管辖权授予南非法院，虽然与南非法院的唯一联系是被告在南非有注册办公室。

③　对这一情况的例外，see South Africa's Carriage of Goods by Sea Act 1986, s.3 (1)，该款规定"即使存在任何对管辖权的排除、排他性管辖权条款或将争议提交仲裁的协议……任何在南非共和国内从事营业活动的人以及任何将货物运至南非共和国某一目的地（转下页注）

辖权协议方面的当事人意思自治给予极大的尊重。不过，近来对管辖权协议的可执行性日益构成"威胁"① 的是在一些已决案件中出现的宪法争论。这种观点认为，管辖权协议损害了国内宪法授予法院的对所有事项的"无限的原审管辖权"。② 在所有提出此种论点的案件中，这种观点都没得到法院的支持。③ 管辖权协议并非旨在剥夺成文法授予法院的管辖权，这样的主张也是陈词滥调了。实际上，法院的管辖权只能被成文法而不是私人协议剥夺。管辖权协议所做的只是希望通过请求法院执行当事人的意图，就像法院平常处理其他合同约定一样，来影响法院管辖权的行使（exercise）。法院必须在执行管辖权协议问题出现前，对当事人行使管辖权——例如，通过对被告送达传票或扣押被告的财产。只有在存在（exist）管辖权时，管辖权的行使问题才会出现，在这种情况下，管辖权协议的存在才有意义。④ 因此，正如肯尼亚法院在 *Raytheon Aircraft* 案中得出的正确结论，这些协议（管辖权协议）并不能挑战宪法授予高等法院的管辖权；高等法院管辖权的

（接上页注③）或南非共和国内任一港口的提单、海运单或其他类似单据的收货人或持有人，无论是为了主张最终费用，或费用，或将来运输的费用，都可在南非共和国国内有管辖权的法院提起有关货物运输、提单、海运单或类似单据的诉讼"。See generally *Owners*, *Cargo Lately Laden on Board MV Kairos v. MV Alka* 1994（4）SA 622.

① 虽然只是在近来的案件中才出现援引宪法规定直接质疑管辖权协议的现象，但在这一领域适用宪法或成文法的规定由来已久。See e. g. Oputa JSC of the Nigeria Supreme Court in 1987; in *Sonnar*（*Nigeria*）*Ltd v. Partenreedri M S Nordwind*〔1988〕LRC（Comm.）191 at 210，在该案中，最高上诉法院法官欧普塔（Oputa JSC）分析了"当事人能否通过私人行为排除宪法授予我们法院的管辖权"，而且法院在该案中判定，"作为一种公共政策事项，我们的法院不应仅仅因为当事人在他们私下的合同中选择了外国的法院和外国的法律，就太急于放弃宪法和其他法律授予的管辖权"。See generally Richard Frimpong Oppong,'Choice of Law and Forum Agreement Survives a Constitutional Challenge in the Kenya Court of Appeal'（2007）33:1 *Commonwealth Law Bulletin* 158–163; *Papco Industries Limited v. Eastern and Southern African Trade and Development Bank*〔2006〕eKLR，在该案中，一项贷款合同约定合同应适用英国法并根据英国法解释。法院认为肯尼亚法院有义务维护肯尼亚宪法和肯尼亚的其他法律，法院因此认为它不能就贷款协议来解释英国法律。

② See e. g. Constitution of the Republic of Kenya 2010, art. 165（3）（a）; Constitution of Republic of Uganda 1995, art. 139; Constitution of Malawi 1994, art. 108（1）.

③ 另一个威胁是援引国内刑法或刑事程序来阻止合同或合同中仲裁条款的实施。See *Midland Finance & Securities Globetel Inc v. Attorney General*〔2008〕KLR 650; *Nedermar Technology BV Ltd v. Kenya Anti - corruption Commission*〔2008〕KLR 476.

④ 在被告不在法院属地管辖的范围内时，外国法律选择条款或外国法院选择条款的存在可能是决定是否允许域外送达的一个相关考虑因素。

存在毋庸置疑。

　　除管辖权协议外，某一诉讼正在外国法院进行的事实，通常也会产生法院地的诉讼程序是否应中止的问题。此处的关键问题通常是，法院地法院在决定是否中止本院的程序时，会对另一国正在进行平行诉讼这一事实给予多大程度的考虑。已决案例表明，外国法院的未决诉讼并不能自动中止法院地的诉讼程序——就像管辖权协议一样，是否依据未决诉讼理由中止本院的诉讼程序，法院地法院有自由裁量权。在不方便法院原则的分析中，未决诉讼是另一个需要考虑的重要因素。此处，公平和正义的考虑同样重要——诉讼程序提起的先后顺序并不是决定性的考虑因素。不过，如果不能证明中止诉讼会带来不公正，外国的诉讼程序最先提起这一事实就可能构成中止诉讼的表面理由。法院考虑的其他因素包括：判决的可执行性；诉讼程序的花费和复杂程度；证人的位置；重要事实的披露；以及外国法院行使管辖权的依据。

　　所研究的大部分国家——博茨瓦纳、加纳、肯尼亚、莱索托、尼日利亚、南非、坦桑尼亚、乌干达、赞比亚和津巴布韦——都是《纽约公约》的成员国，而且都已制定立法实施这一公约。冈比亚、[①] 马拉维、纳米比亚、塞拉利昂和斯威士兰不是《纽约公约》的成员国。所研究的国家的仲裁立法都授权法院在当事人违反仲裁协议而提起诉讼时，中止本院的诉讼程序，以便仲裁能够进行。除涉及《纽约公约》的案例外，也许可以认为，在一些国家——博茨瓦纳、马拉维、尼日利亚、南非和坦桑尼亚——诉讼程序的中止是自由裁量性的，而在另外一些国家——冈比亚、加纳、肯尼亚、乌干达、赞比亚和津巴布韦——诉讼程序的中止是强制性的，除非存在某些确定的条件。

　　仲裁协议以及管辖权协议执行过程中的一个重要问题，是此类协议与纳入此类协议的合同的其他部分的可分割性问题。核心问题是主合同无效是否会导致仲裁协议无效。在所研究的一些国家内，仲裁协议的可分割性原则被规定在成文法中或得到司法实践的支持。根据加纳 2010 年《选择性

---

　　① 联合国国际贸易法委员会网站并没有将冈比亚列为公约的成员国，但冈比亚 2005 年《选择性争议解决法》实施了该公约，并将该公约作为该法的第二个附件列入。

争议解决法》第 3 条第 1 款，除非当事人有其他约定，构成合同一部分的仲裁协议不应因合同其他部分无效、不存在或无法执行而被认为无效、不存在或无法执行，而且为此目的，仲裁协议应作为独立合同对待。[①] 可分割性原则可使仲裁协议在主合同被质疑时仍然有效。在所研究的一些国家内，还没有立法对可分割性原则作出直接规定，而且似乎有些国家对此问题还没有直接相关的已决案例，[②] 这种状况所造成的不确定性不利于仲裁协议的执行。

[①]　See generally *Attorney General* v. *Balkan Energy Ghana Ltd*，Reference No. J6/1/2012（Supreme Court，Ghana，2012），在该案中，加纳最高法院法院提到由高等法院决定的基础合同的合宪性问题，但最高法院指出，仲裁协议是一项"独立的交易"，不受基础合同是否合宪这一问题的影响。对于肯尼亚的情况，see Arbitration Act 1995 s. 17，*Midland Finance & Securities Globetel Inc* v. *Attorney General*［2008］KLR 650；*Nedermar Technology BV Ltd* v. *Kenya Anti-corruption Commission*［2008］KLR 476；*Nedermar Technology BV Ltd* v. *Kenya Anti - corruption Commission*［2006］2 KLR 678。

[②]　In *National Insurance Co. Ltd* v. *Ngwira*［1993］16（1）MLR 381. 在该案中，法院将 *Scott v. Avery* 条款从仲裁协议中分割出来。该条款被查明与立法不符，并因此被认定为无效。仲裁协议的其他部分以及合同并不受该条款无效的影响。有关英国上议院对这一问题作出的有用分析，see *Premium Nafta Products Limited* v. *Fili Shipping Company Limited*［2007］UKHL 40。

第六章
对管辖权的限制

在有些情况下，法院审理案件的权限受到明确限制。这些对管辖权的限制所产生的效力是，法院将无权审理在其内适当提起的案件。这些限制通常以公共政策或履行国际义务为由。此类限制可能针对的是诉讼中的当事人、诉因本身，甚至是所寻求的救济，它们可能是成文法或普通法的产物。本章将探讨对法院审理案件的管辖权所施加的限制。

第一节　管辖豁免

一　博茨瓦纳

博茨瓦纳 1969 年《外交豁免和特权法》是为实施 1961 年的《维也纳外交关系公约》而制定的。该法授权总统将公约的规定扩展适用于国际组织和个人。博茨瓦纳坚持限制性豁免原则。[1] 在 *Bah v. Libyan Embassy* 案[2] 中，原告要求被告支付遣散费、代扣通知金、扣缴工资并提供雇佣证明。问题是，考虑到《外交豁免和特权法》的相关规定，被告作为外国的一个大使馆是否可因违反博茨瓦纳《雇佣法》的规定而被起诉。针对这项诉讼，法院驳回了管辖豁免的抗辩，法院认为，该诉讼因违反雇佣合同而产生，它仅涉及私法交易，被告没有理由豁免于此类性质的诉讼，因为原告并没

---

[1]　*Republic of Angola v. Springbok Investments（Pty）Ltd* 2005（2）BLR 159；*Dube v. American Embassy*，Case No. IC 897/2006（High Court，Botswana，2009）.

[2]　2006（1）BLR 22.

有质疑一项政府行为，他只是要求遵守《雇佣法》的规定。实际上，法院认为，外交使团有义务遵守所在国的法律，否则就会破坏所在国的法治。

二　加纳

加纳是 1961 年《维也纳外交关系公约》的成员国，并通过 1962 年的《外交豁免法》实施了该公约。公约第 31 条中的"商业活动"被认为是指外交人员以私人名义所进行的任何商事或经营性交易。个人能否获利不是第 31 条中商业活动中的关键因素。反过来讲，由外交人员在其职责范围之外所从事的任何私人商事交易，无论是否获得个人利益，都构成第 31 条规定含义和目的范围之内的商事活动。[①] 此外，结合公约第 31 条和第 42 条的解读来看，单一、孤立的购买车辆和其他个人用品的行为并不构成具有商业性质的活动——"只有经常性的，或频繁发生的，或重复性的购买行为，才可构成具有商业性质的活动"。[②]

一个声称是外交代表的人员必须提供证据进行证明。在加纳，外交部的来函可被法院接受并作为外交人员身份的最终证明。[③] 外交代表获得管辖豁免的权利的日期不是诉因发生之日，而是诉讼提起之日。[④]

管辖豁免可被放弃。[⑤] 不过，是否放弃豁免不能轻率推论出来。所以，一外交人员根据加纳 1958 年《机动车（第三方保险）法》对车辆进行投保的事实，并不意味着他已明确放弃了外交豁免。根据《维也纳外交关系公约》第 32 条第 1、第 2 款，只有外交人员的派遣国政府才能有效地放弃豁免——在一个案件中以色列政府放弃了豁免。[⑥]

外交豁免可以使外国的外交人员免受加纳法院的管辖；它并不能保护

---

① See *Garcia v. Torrejoh* ［1992］1 GLR 143.

② *Torrenton v. Diez* ［1992 – 1993］GBR 1578 at 1582. 但法院指出，存在"获利的动机或目的"可能会将一个无任何色彩的活动转化为商业活动。

③ *Armon v. Katz* ［1976］2 GLR 115（reversing *Katz v. Armon* ［1967］GLR 624）；*Garcia v. Torrejoh* ［1992］1 GLR 143；*Torrenton v. Diez* ［1992 – 1993］GBR 1578.

④ *Armon v. Katz* ［1976］2 GLR 115.

⑤ *NML Capital Ltd v. The Republic of Ghana*，Suit No. RPC/343/12（High Court, Ghana, 2012）.

⑥ *Armon v. Katz* ［1976］2 GLR 115.

因国外发生的行为而在加纳被诉的加纳外交人员。在加纳高等法院受理的一个案件中，当所声称的侵权行为发生时，被告是加纳在利比里亚使馆的代办，他主张享有豁免。加纳法院判定，被告是加纳人，是由加纳政府派出负责其在蒙罗维亚使馆的人员，他根据公约享有的豁免不能扩展适用于在他本国法院针对他提起的诉讼。①

三　肯尼亚

肯尼亚 1970 年的《特权和豁免法》是为了实施《维也纳外交关系公约》和《维也纳领事关系公约》而制定的。肯尼亚法院不会受理针对某些享有特权的人员或机构而提起的诉讼，除非此类特权被放弃，而且相关人员接受法院的管辖。② 此类人员包括外国主权者或国家元首和政府首脑、外国外交人员、领事官员和国际组织的代表。肯尼亚法院会接受行政机关的声明，作为外交人员身份的最终证明。③ 一个享有特权的人员，如果接受法院的管辖，就会失去主张法院管辖豁免的特权。④ 同样，如果一个国家针对某人提起了诉讼，它就接受了法院的管辖，并应服从法院提供的救济。因此，如果一国在肯尼亚法院提起了诉讼，肯尼亚法院就可命令它提供费用担保。⑤

并不是外国主权者或国家的所有行为都适用豁免原则——豁免不是绝对的，而是相对的。判断能否享有豁免的标准是，外国主权者或政府是以政府的名义行事——在这种情况下它可主张豁免，还是以私人名义行事，在这种情况下就可针对它提起诉讼。⑥ 这样，在一个案件中，一个被授予豁

---

① *Kwarteng* v. *Sackey* [1984 – 1986] 1 GLR 141.
② *Ministry of Defence of the Government of the United Kingdom* v. *Ndegwa* [1983] KLR 1, [1976 – 1985] 1 EA 294; *Urbanus Mutiso* v. *Susan Kavanagh* [2012] eKLR.
③ *Urbanus Mutiso* v. *Susan Kavanagh* [2012] eKLR.
④ *Ijaz Hussein Gan Ijee* v. *Hussein M Aideed* [2005] eKLR.
⑤ *State of Israel* v. *Somen* [2001] LLR 5932.
⑥ *Ministry of Defence of the Government of the United Kingdom* v. *Ndegwa* [1983] KLR 1, [1976 – 1985] 1 EA 294. See also *Tononoka Steels Ltd* v. *The Eastern and Southern Africa Trade and Development Bank* [2000] 2 EA 536.

免权的国际组织因雇佣合同而被起诉，肯尼亚法院查明该合同对于被告实现其目的来说是必需的，法院因此判定被告有权得到豁免。[①]

四　尼日利亚

尼日利亚是《维也纳外交关系公约》的成员国，但尼日利亚1962年的《外交豁免和特权法》并没有明确提到该公约。根据该法，外国的外交人员、领事官员、此类人员的家庭成员、他们的正式职员以及正式职员的家庭成员应被授予诉讼和法律程序的豁免，只要他们在该法实施前根据尼日利亚有效的法律就享有此类豁免。[②] 尼日利亚法院曾指出，该法只为外交人员而不是主权国家本身提供保护。它只将豁免授予在另一国为国家服务的个人，包括自然人和法人，它并不涉及国家的主权豁免。[③] 尼日利亚主权豁免的基础存在于1900年以前的英国普通法中。普通法传统上认可主权的限制豁免原则，而且适用限制豁免原则的案例主要是商事案例而不是侵权案例。在适用该原则前，法院须谨慎行事——法院必须从原告的诉请中确信，被告的行为显然与其最高权威的身份不符。而在尼日利亚法院所受理的一个案件中，原告未能证明这一点。[④]

所授予的豁免是管辖豁免。豁免的存在并不能否定诉因构成要件。因此，在以色列大使位于拉各斯的居所地发布针对他的诽谤性信件，构成尼日利亚法律中的诽谤，从而可以确立一项诉因。[⑤] 外交豁免可被放弃。[⑥] 不能针对享有豁免的主权者或国际组织而推定豁免的放弃。除非存在相反的证明，才能推定放弃豁免的存在。只有享有豁免特权的人完全清楚自己的行为

---

① *Gerard Killeen* v. *International Centre of Insect Physiology and Ecology* ［2005］1 KLR 718. See generally *Joseph Kimani Gathungu* v. *Attorney General* ［2010］eKLR. 该案涉及国际刑事法院的豁免。

② Diplomatic Immunities and Privileges Act 1962, s. 1. 根据该法，其他指定的外国官员也被给予同样的待遇。该法实施前施行的法律包括《外交豁免和特权（英联邦国家爱尔兰共和国）法》以及《外交特权（扩展）法》。

③ *Oluwalogbon* v. *Government of United Kingdom* ［2005］14 NWLR 760.

④ *Oluwalogbon* v. *Government of United Kingdom* ［2005］14 NWLR 760. See also *AG Ishola Noah* v. *The British High Commission of Nigeria* ［1980］FNLR 473.

⑤ *Zabusky* v. *Israeli Aircraft Industries* ［2008］2 NWLR 109.

⑥ Diplomatic Immunities and Privileges Act 1962, s. 2.

后，才能推断是否存在已放弃豁免。享有豁免的人必须明确、肯定地作出放弃豁免的表示。[1] 放弃豁免的形式包括通过出庭和提交答辩状接受法院的管辖，[2] 或通过起草措辞恰当的管辖权条款[3]和仲裁协议[4]等形式作出。不过，这种放弃并不影响宪法对国内法院之间管辖权的分配，一个人也不会因为放弃法律授予的豁免而失去他的外交身份。例如，尼日利亚宪法第 25 条第 1 款（h）项授予联邦高等法院受理民事案件以及涉及外交人员、领事人员和贸易代表的事项的专属管辖权，而宪法第 272 条第 1 款授予州高等法院审理诽谤诉讼的管辖权，在这种情况下，在一起由原告即保加利亚驻尼日利亚大使和保加利亚大使馆提起的诽谤诉讼中，法院指出，该诉讼必须由联邦高等法院审理。[5]

如果所指控的行为是一个具有商业性质的行为，它是由国家机构基于政府或政治原因而实施的事实也不能获得主权豁免。从事商业交易的政府部门——在尼日利亚法院审理的一个案件中涉及被告提供建筑咨询服务的行为——并不能豁免于因此类交易产生的争议而提起的法律诉讼。[6] 在确定一项交易是不是商事交易时，交易的内在性质是首要考虑因素。因此，尼日利亚法院认为，大使馆委托承包商为大使建设居所的合同并不是纯粹的商事交易。[7]

五 塞拉利昂

塞拉利昂 1962 年《外交豁免和特权法》调整外交豁免问题。为证明某人是否具有外交代表身份，来自塞拉利昂对外事务和国际合作部的信函或证明可以提供有关该事实的最终证明。[8] 豁免可被放弃。但外交人员有条件

---

① *African Reinsurance Corporation* v. *Fantaye* ［1986］3 NWLR 811（reversing *African Reinsurance Corporation* v. *Fantaye* ［1986］1 NWLR 113）; *Dimitrov* v. *Multichoice Nigeria Ltd* ［2005］13 NWLR 575.

② *Grisby* v. *Jubwe*（1952 - 1955）14 WACA 637.

③ *African Reinsurance Corporation* v. *JDP Construction（Nigeria）Ltd* ［2007］11 NWLR 224.

④ *African Reinsurance Corp.* v. *Aim Consultants Ltd* ［2004］11 NWLR 223.

⑤ *Dimitrov* v. *Multichoice Nigeria Ltd* ［2005］13 NWLR 575.

⑥ *African Reinsurance Corp.* v. *Aim Consultants Ltd* ［2004］11 NWLR 223.

⑦ *Kramer Italo Ltd* v. *Government of the Kingdom of Belgium*（2004）103 ILR 299.

⑧ *Representative of the World Health Organisation* v. *Joseph Monrovia*, CC1215/2005 2005 F No. 51（High Court, Sierra Leone, 2007）.

出庭、申请以程序不当或管辖权原因撤销一项传票或因车辆事故办理保险等行为，都不构成对豁免的放弃。①

塞拉利昂法律中一个确定的原则是，对于非商业交易，外国主权者在塞拉利昂法院不可被起诉。但外国主权者可作为原告在塞拉利昂法院出庭，在其作为原告出庭的情况下，在诸如文件开示和费用担保等事项方面，其和其他当事人具有同样的待遇。如果一个国家作为原告提起诉讼，它就接受了法院的管辖，而且应服从法院依法作出的所有命令。②

六 南非

对于管辖豁免，南非有两项重要的成文法，即 1981 年的《外国国家豁免法》③ 和 2001 年的《外交豁免和特权法》。前者主要关注外国国家可在哪些情形下免于南非法院的管辖，而后者主要关注的是个人和国际组织在南非法院的管辖豁免情况——该法是为实施《维也纳外交关系公约》和《维也纳领事关系公约》而制定的。

《外国国家豁免法》采纳了限制性豁免原则——只有外国国家行使主权职责的行为才可在南非法院享有管辖豁免，外国国家行使的商事行为不能享有此类豁免。④ 实际上，该法明确列举了一些外国国家不能免于南非法院

---

① *Representative of the World Health Organisation v. Joseph Monrovia*，CC1215/2005 2005 F No. 51（High Court，Sierra Leone，2007）.

② *Bank of Credit & Commerce International v. The Charge D'affaires of the Ivory Coast Embassy*，Misc. App. No. 3/82（Supreme Court，Sierra Leone，1983）.

③ 该法对外国国家的界定包括了外国的国家元首、政府首脑以及政府的任何部门。该法排除了不同于外国行政机构且能够起诉和被诉的任何实体；或形成联邦国家组成部分的任何地区。See *Lendalease Finance Co. （Pty） Ltd v. Corporacion de Mercadeo Agricola* 1975（4）SA 397；*Banco de Mocambique v. Inter - science Research and Development Services （Pty） Ltd* 1982（3）SA 330［reversing *Inter - science Research and Development Services （Pty） Ltd v. Republica Popular de Mocambique* 1980（2）SA 111］；*The Shipping Corporation of India Ltd v. Evdomon Corporation* 1994（1）SA 550.

④ *KJ International v. MV Oscar Jupiter* 1998（2）SA 130. 这种成文法立场反映了南非在该法实施前的法律状况。See：*Banco de Mocambique v. Inter - science Research and Development Services （Pty） Ltd* 1982（3）SA 330；*Kaffraria Property Co. （Pty） Ltd v. Government of the Republic of Zambia* 1980（2）SA 709.

管辖的具体情形，包括商事行为，雇佣合同，① 人身伤害和财产损害，财产的所有、占有和使用，专利和商标相关诉讼，附属于仲裁程序的诉讼，② 海事程序，税收和关税。考虑到这些例外情形的性质和范围，外国国家免受南非法院管辖的情况几乎不复存在，特别是有关发生在南非的交易或诉因。

为了与国家享有的豁免相一致，南非法院不会迫使某一国家作为当事方加入诉讼中来，即使某些原则要求该国加入该诉讼中来。③ 外国国家的所有财产，包括它在法院辖区内为公共目的而持有的金钱以及它所控制的、由代理人掌管的财产，都免于被法院下令扣押——财产扣押是南非法律中一项重要的管辖依据。④ 豁免可根据该法被放弃。⑤ 豁免的放弃必须是明示的。⑥ 如果一国因其行为侵犯了法院地国的主权而被诉，它就不能主张主权豁免。因此，在一个案件中，法院指出，由于南非侵犯了博普塔茨瓦纳的主权，南非不能在博普塔茨瓦纳法院就该侵犯行为主张主权豁免。⑦

南非 2001 年的《外交豁免和特权法》是为了实施 1961 年的《维也纳外交关系公约》和 1963 年的《维也纳领事关系公约》。根据《维也纳外交关系公约》第 31 条第 1 款（a）项的规定，外交人员就其"针对位于接收国领域内的私人不动产提起的物权诉讼"不享有豁免，"除非他是为职务目的代表派遣国政府持有该不动产"。法院指出，只是主张相关政府对财产拥有利益还不够：法院必须确信该主张不是凭空捏造的，或明显缺乏正当的权利基础。⑧

---

① The scope of this exception reserves the decision in *Prentice*, *Shaw & Schiess Incorporated* v. *Government of the Republic of Bolivia* 1978 （3）SA 938.

② *The Akademik Fyodorov*: *Government of the Russian Federation* v. *Marine Expeditions Inc.* 1996 （4）SA 422.

③ *Leibowitz* v. *Schwartz* 1974 （2）SA 661.

④ *Parkin* v. *Government of the Republique Democratique du Congo* 1971 （1）SA 259; *Lendalease Finance Co.* （*Pty*）*Ltd* v. *Corporacion de Mercadeo Agricola* 1975 （4）SA 397. 根据 1981 年《外国国家豁免法》第 14 条（b）（i）项，不得对外国国家的财产进行扣押，以确立管辖权。

⑤ *Foreign States Immunities Act* 1981, s. 3.

⑥ *C G M Industrial* （*Pty*）*Ltd* v. *KPMG* 1998 （3）SA 738. See also Diplomatic Immunities and Privileges Act 2001, s. 8（3），该款规定豁免的放弃必须是明示的且采用书面形式。

⑦ *Mangope* v. *Van der Walt* 1994 （3）SA 850. 博普塔茨瓦纳（Bophuthatswana）是南非在种族隔离时期设立的一个"黑人家园"，未得到国际承认。——译者注

⑧ *Portion 20 of Plot 15 Athol* （*Pty*）*Ltd* v. *Rodrigues* 2001 （1）SA 1285.

七　坦桑尼亚

坦桑尼亚为实施《维也纳外交关系公约》和《维也纳领事关系公约》制定了 1986 年的《外交和领事豁免法》。坦桑尼亚法院也接受绝对豁免和限制性豁免理论之间的区别。法院曾经指出，在决定采用哪一理论时，法院有权在外交或领事人员的接收国（receiving state）政府对相关事项没有明确表态时，根据有关权威意见，自由行使司法裁量权。但如果接收国政府对于坚持哪一理论以及对于外交豁免有明确表态，法院就应尊重政府的观点。① *Beysne v. Republic of Romania* 案②涉及一项因非法收回房产而要求损害赔偿的诉讼。在该案中，罗马尼亚共和国根据协议将其房产租给原告，被告根据《维也纳外交关系公约》主张豁免。坦桑尼亚外交和国际合作部告知法院，被告不应受坦桑尼亚法院的管辖。法院判定，考虑到坦桑尼亚外交和国际合作部来函的语调，坦桑尼亚仍然坚持绝对豁免理论。③

对于依据创始条约享有豁免的国际组织，坦桑尼亚法院认为，国际组织所主张的豁免是否成立只应根据条约规定判断，而不应根据国际习惯法中的主权豁免理论来判断。因此，在一个案件中，当对有关的条约规定的解释得出成员国意图授予国际组织以绝对豁免的结论时，当前国际习惯法对豁免采用的是限制性方法这一事实，就无关紧要了。

八　乌干达

乌干达 1965 年《外交特权法》是为实施《维也纳外交关系公约》而制定的。对于国际组织，法院指出，根据对其创立条约的严格解释，

---

① *Beysne v. Republic of Romania* ［2000］2 EA 322.

② *Beysne v. Republic of Romania* ［2000］2 EA 322.

③ *East African Development Bank v. Blueline Enterprises Ltd*, Civil Appeal No. 110 of 2009 （Tanzania, Court of Appeal, 2011）. See also *Humphrey Construction Ltd v. Pan African Postal Union*, Misc. Comm. Case No. 8 of 2007 （Court of Appeal, Tanzania, 2008）.

东非开发银行和国际金融公司根据乌干达法律享有绝对豁免。① 因此，两个组织的官员不能在乌干达法院被口头询问，因为此类询问是"一种法律程序"。

九　津巴布韦

津巴布韦1972年《特权和豁免法》实施了《维也纳外交关系公约》和《维也纳领事关系公约》。津巴布韦法院曾指出，主权豁免原则是一个国际法问题。津巴布韦坚持限制性主权豁免理论。根据这一理论，只有政府或公共性质的行为才能享有豁免，而商业或财产性质的行为不能享有豁免。② 津巴布韦法院根据国家行为或相关法律关系的性质而不是根据国家行为的动机或目的，来对公务行为和商事行为进行区分。③ 国际红十字会享有诉讼和法律程序的豁免——虽然是有限的。在津巴布韦法院审理的一个案件中，法院查明构成被告非法解雇请求基础的雇佣合同明显是具有私法性质的合同，因此红十字会不能就此享有诉讼和法律程序的豁免。④ 法院能否主动提出豁免问题，还悬而未决。⑤

十　评论

在所研究的国家内，主权和外交豁免受到成文法、国际习惯法和国际

---

① *Nelson Dhibikirwa* v. *Agro Management*（*U*）*Ltd*，Misc. Application no. 651 of 2010（High Court，Uganda，2012）.

② *Barker McCormac Ltd* v. *Government of Kenya* 1983（2）ZLR 72，1983（4）SA 817；*International Committee of the Red Cross* v. *Sibanda* 2007（1）SA 476，2004（1）ZLR 27.

③ *Barker McCormac Ltd* v. *Government of Kenya* 1983（2）ZLR 72，1983（4）SA 817（reversing *Barker McCormac Ltd* v. *Government of Kenya* 1983（1）ZLR 137）；*Barker McCormac Ltd* v. *Government of Kenya* 1985（1）ZLR 18，1985（4）SA 197.

④ *International Committee of the Red Cross* v. *Sibanda* 2007（1）SA 476；2004（1）ZLR 27.

⑤ In *Barker McCormac Ltd* v. *Government of Kenya* 1983（1）ZLR 137. 法院在该案中指出，在一个国家的国内法院起诉另一个主权国家的提议是一个非常严重的行为，法院有理由主动采取行为。不过最高法院在 *Barker McCormac Ltd* v. *Government of Kenya* 案（1983（2）ZLR 72，1983（4）SA 817）中改变了这一决定。最高法院认为"它没有必要就该问题作出裁决"。

公约的综合调整。① 所研究的每一国家都是《维也纳外交关系公约》的成员国，并且都通过立法实施了该公约。但各国立法在实施公约的程度和方式上各有不同。不过，这些立法都采纳了公约第 31 条和第 32 条的规定，这两条规定涉及管辖豁免。除塞拉利昂（只是签署国）外，所研究的国家没有一个是 2004 年《联合国国家及其财产管辖豁免公约》的成员国，该公约尚未生效。②

外交豁免不同于主权豁免。在所研究的国家内，外交豁免主要由成文法调整，而主权豁免主要由作为国际法一部分的国际习惯法调整。换句话说，许多案件中有关主权豁免的法律是国际习惯法原则的反映，这些原则得到国内法院的确认，被认为是国际法的一部分。只有在马拉维③和南非，主权豁免是由成文法调整的。

个人或国际组织是否享有豁免常被质疑。对于这一问题，法院一般会尊重行政机关的意见。不过，在司法判决和法律中对于应给予行政机关的证明多大分量，还存在分歧。加纳和塞拉利昂的判例法以及冈比亚、博茨瓦纳、肯尼亚、马拉维、尼日利亚、坦桑尼亚、赞比亚和津巴布韦的法律表明，在任何程序中，如果出现个人是否享有豁免这一问题，外交部长作出的有关这一问题的证明，将构成该事实的终局性证据。④ 而在南非，此类

---

① 除了管辖豁免外，还存在其他特殊的国内规则，包括适用于针对外国政府诉讼的通知要求，See e. g. *Maunga Seed Company（T）Ltd v. Secretary to the Treasury*, *Ministry of Finance and National Planning*: *Government of the Republic of Zambia*, Civil Case No. 99 of 2003（High Court, Tanzania, 2004）. 在该案中，法院驳回了诉讼，因为该诉讼没有通知总检察长。也可能存在其他法律程序的豁免，如强制作证等。See e. g. *Tsatsu Tsikata v. The Republic*［2011］1 SCGLR 1.

② 此外，一些国家可能是特定组织公约的成员国，如 1965 年《非洲统一组织关于特权与豁免的总公约》、1946 年《联合国特权与豁免公约》以及 1947 年《专门组织特权与豁免公约》。

③ Immunities and Privileges Act 1984, ss. 3 – 19. 这些规定与南非 1981 年《外国国家豁免法》的规定非常相似。两部法律在很大程度上是依据英国 1978 年《国家豁免法》制定的。

④ Gambia – Diplomatic Privileges（Commonwealth and Foreign Missions）Act 1968, s. 5；Botswana – Diplomatic Immunities and Privileges Act 1969, s. 9；Kenya – Privileges and Immunities Act 1970 s. 16；Malawi – Immunities and Privileges Act 1984, ss. 19 and 32；Nigeria – Diplomatic Immunities and Privileges Act 1962, s 18；Tanzania – Diplomatic and Consular Immunities and Privileges Act 1986, s. 20（2）；Zambia – Diplomatic Immunities and Privileges Act 1965, s. 15；Zimbabwe – Privileges and Immunities Act 1972, s. 14.

证明只是构成表面证据。①

　　无论是外交豁免还是主权豁免，所研究的大部分国家都坚持限制性豁免理论。坦桑尼亚似乎是一个显著例外——从其法院已有案例来看，它更倾向于绝对豁免理论。根据限制性豁免理论，政府的公务行为不受法院管辖，但商事行为不能免于法院的管辖。困扰法院的问题总是如何区分公务行为和商事行为。除南非1981年的《外国国家豁免法》外，在所研究的国家内，商事行为的概念大多没有被清楚界定。② 在这方面，每一案件主要是基于其特定事实判决的，很难单纯根据这些案件的事实来将两种行为的差异予以合理化。这些案件对于如何区分两种行为，没有提供太多指导意见。即使如此，法院都强调应关注相关交易的内在性质，个人是否获利不是决定性的因素，而且要求相关行为有一定程度的连续性。但在确定某一行为是不是商事行为时，行为的连续性不应是重要的考虑因素。外交人员或主权者不应仅仅因为只进行了一次物品的买卖，就可避免国内法院的管辖。从商事行为例外旨在保护的原告的角度看，所指控的、由外交人员从事的行为的持续性或经常性无足轻重。实际上，《维也纳外交关系公约》第31条专门提及某种"商事行为"（commercial activity），而不是某些"商事行为"（commercial activities）。

　　所研究的国家内有关外交豁免的成文法通常含有将该法扩展适用于国际组织的规定。③ 不过，国际组织的创始条约也通常含有授予组织豁免的具体规定。与肯尼亚法院采用的方法不同，④ 坦桑尼亚和乌干达法院就国际组织采取的立场是，在针对国际组织提起的诉讼中，此类组织是否享有豁免

---

① South Africa – Diplomatic Immunities and Privileges Act 2001, s. 9（3）. 对于主权豁免，根据1981年《外国国家豁免法》第18条，来自外交部的证明构成"决定性证据"。

② 该法第4条第3款将"商事行为"界定为："任何服务或商品的供应合同；任何贷款或为提供金融服务而进行的其他交易以及就此类贷款或交易或其他金融义务提供的担保或补偿；以及外国国家所从事的或者其行使主权职务范围以外所参与的任何其他具有商业、工业、金融、专业或其他类似性质的交易或活动，但不包括外国国家和个人缔结的雇佣合同。"

③ 冈比亚有涉及国际组织的单独立法。See Diplomatic Privileges（International Organizations）Act 1948.

④ *Tononoka Steels Ltd* v. *The Eastern and Southern Africa Trade and Development Bank*［2000］2 EA 536. Contrast with *East African Development Bank* v. *Blueline Enterprises Ltd*, Civil Appeal No. 110 of 2009（Tanzania, Court of Appeal, 2011）.

应根据对条约规定的解释而不是根据国际习惯法的主权豁免理论来判断。[①]
这一立场所产生的后果是，即使国际习惯法中的主流观点是倾向于限制性
豁免，但一个国际组织却可能享有绝对的管辖豁免。也许这两种观点可以
进行调和，这样法院在解释相关条约规定时，也要考虑现有的有关豁免的
国际习惯法。这种解释方法可能更符合国际组织成员以及将国际组织的条
约转化为国内法的成员国内立法者的意图。国家不可能通过立法授予一个
组织比该国自己在外国法院享有更多的特权。

在所研究的全部国家内，享有豁免的人员可放弃豁免。已有的案例表
明，豁免的放弃不能通过轻率的推论作出。实际上，在一些国家，如南非，
放弃豁免必须以书面形式作出。[②] 管辖权协议的存在被认为是一种有效的对
豁免的放弃。不过，对于法律选择协议是否也具有同样的效力，还存在
争论。[③]

在一些案件中所出现的一个有趣问题是，豁免问题能否由法院主动提
出。对于主权豁免，南非《外国国家豁免法》第 2 条第 2 款明确指示法院
"承认该款规定所授予的豁免的效力，即使某一外国并没有在相关程序中出
庭"。[④] 考虑到豁免是为了保护国家间关系的和谐，有充分理由认为，在案
件事实表明存在豁免问题时，法院应主动提出这一问题。

肯尼亚法院审理的 *Tononnoka Steels Ltd v. Eastern and Southern Africa
Trade and Development Bank* 案[⑤]提出了另一个有趣问题，即豁免是一个程序
问题还是实体问题。这一案件表明在确定是否存在豁免时，准据法可能成
为一个相关因素。在该案中，原告要求被告—— 一个根据多边条约由几个
非洲国家成立的团体法人，因其违约支付损害赔偿，并请求法院作出临时
禁令。该银行主张根据肯尼亚的《特权和豁免法》享有民事程序的豁免权。

---

① 乌干达似乎在下面这个案件中已接受了这种方法：*Nelson Dhibikirwa v. Agro Management*（*U*）
Ltd，Misc. Application no. 651 of 2010（High Court, Uganda, 2012），在该案中，法院赞成并
引用了坦桑尼亚法院的判决。

② Diplomatic Immunities and Privileges Act 2001, s. 8（3）.

③ 根据南非《外国国家豁免法》第 3 条第 2 款和马拉维《豁免和特权法》第 4 条第 2 款，合
同中约定的合同应适用南非法律或马拉维法律不应被视为对豁免的放弃。

④ See also Malawi-Immunities and Privileges Act 1984, s. 3（2）.

⑤ ［2000］2 EA 536.

被告还进一步主张，根据合同中的仲裁条款，所适用的法律是英国法律。肯尼亚法院判定，根据肯尼亚的《特权和豁免法》，银行只享有有限豁免权。法院接着指出，银行提出的豁免抗辩并不成立，因为根据合同所适用的英国法律，豁免并不能扩展适用于商事行为。鉴于世界各国可分为坚持绝对豁免的国家和坚持限制性豁免的国家，这是一个重要判决：如果豁免是一个实体问题，并因此受准据法调整，那么它就为当事人提供了通过选择法律来规避豁免效力的机会。

法院在一些判决中指出，如果一国行为侵犯了法院地国的主权，该国就不能在受理案件的法院就其行为主张豁免。但是，如果一国违反了国际法，如侵犯了基本人权，能否在依据此类行为提起的诉讼中主张管辖豁免，还仍然是一个未决事项。如果违反国际法的行为是因政府的公务行为引起的，也许国家仍可享有豁免。毕竟，豁免理论的基础不在于公平，或实现个案的公正，而是要反映维持国家间和谐关系这一目标。国家的管辖豁免应该优先考虑，即使所声称的行为违反了国际法。

第二节　起诉的能力

经常会出现这样的问题，即一个人能否启动法院的管辖。在可能的原告是敌方外国人、外国公司、外国清算人、信托人和其他代表时，就可能产生这样的问题。在肯尼亚、坦桑尼亚和乌干达，经总统许可（在坦桑尼亚是经政府许可，在乌干达是经外交部部长许可），在该国居住的敌方外国人和外国友好人士，可在这些国家的法院提起诉讼。但如果未获得此类许可，则居住在上述国家或居住在某一外国的敌方外国人不得在上述国家的法院提起诉讼。①

所研究的国家内的普遍立场似乎是，根据外国法律创立的法人会得到法院地法院的认可，并从而可以启动法院的管辖。在肯尼亚，法院指出，当外

---

① Kenya – Civil Procedure Act 1924, s. 56 (1) (2)；Tanzania – Civil Procedure Code 1966, s. 61 (1) (2)；Uganda – Civil Procedure Act 1929, s. 57 (1) (2). 这些规定的注释性评论建议，每一个居住在其政府与肯尼亚或乌干达处于战争状态的某一外国的且未经外交部部长许可在该国从事营业活动的人，应被视为居住在外国的敌方外国人。

国公司已进入自愿清算时，或已根据其住所地法被解散或清算时，肯尼亚法院将不会承认它是一个既存的实体，而只是一个没有法定存在的名称而已，此类实体因而不能在肯尼亚法院起诉或被诉。① 在加纳，法院指出，未在加纳从事营业活动的未注册外国公司不得签发传票或以自己的名义起诉。②

尼日利亚法院一贯认为，根据尼日利亚所承认的外国的法律而合法创立的外国公司，可以公司的名义在尼日利亚法院起诉或被诉，除非能够证明该外国公司自愿居住在敌方领土或敌方控制的领土内，或该外国公司是由敌人控制的。③ 同样，纳米比亚、博茨瓦纳、津巴布韦、南非和斯威士兰的法院也认可外国受托人、④ 司法管理人、⑤ 清算人、⑥ 财产管理人⑦和监护人⑧的身份。认可外国法律所授予的法律人格的自由裁量权是以礼让和公正

---

① *Shah v. Aperit Investments SA* ［2002］KLR 1. See also *Fuhrmeister and Co. v. Abdel Ghani Ali Mousa* ［1959］SLJR 38，法院在该案中指出，外国公司、实体或社团能否以自己的名义提起诉讼，要根据其住所地法判定；只要该地法律授予它起诉的资格，它就可提起诉讼。

② *Attorney General v. Levandowsky* ［1971］2 GLR 58.

③ *Olaogun Enterprises Ltd v. Saeby Jernstoberi & Maskinfabrik* ［1992］4 NWLR 361. See also *Bank of Baroda v. Iyalabani Company Ltd* ［2002］All NLR 325，［2002］13 NWLR 551，［2002］40 WRN 13；*Saeby Jernstoberi Maskinfabric A/S v. Olaogun Enterprises Ltd* ［2001］11 WRN 179；*Edicomesa International Inc. v. Citec International Estates Ltd* ［2006］4 NWLR 114；*Companhia Brasileira de Infrastrututira v. Cobec (Nigeria) Ltd* ［2004］13 NWLR 376；*Nigerian Bank for Commerce & Industry Ltd v. Europa Trade (UK) Ltd* ［1990］6 NWLR 36；*Ritz & Co KG v. Jechno Ltd* ［1999］4 NWLR 298；*Wema Bank Ltd v. Nigeria National Shipping Line Ltd* ［1976］NCLR 68.

④ *Bekker No v. Kotze* 1994 NR 373，1996（4）SA 1293；*Bekker No v. Kotze* 1994 NR 345，1996（4）SA 1287；*Oliver No v. Insolvent Estate D Lidchi* 1998 NR 22；*Ex parte Palmer NO：In re Hahn* 1993（3）SA 359；*Ex parte Steyn* 1979（2）SA 309；*Lamonica v. Baltic Reefers Management Ltd* 2011（3）SA 164.

⑤ *Ex parte Lawton，No and Ruskin* 1950（3）SA 129.

⑥ *Ex parte Trakman* 1983 BLR 176；*Ex parte Shell Company of Rhodesia Ltd* 1964 RLR 44，1964（2）SA 222；*Ex parte Meinke* 1954（4）SA 391；*Liquidator Rhodesian Plastic (Pvt) Ltd v. Elvinco Plastic products (Pty) Ltd* 1959（1）SA 868；*Ex parte Gettliffe：In re Dominion Reefs (Klerksdorp) Ltd* 1965（4）SA 75；*Moolman v. Builders & Developers (Pty) Ltd* 1990（1）SA 954（reversing *Ex parte Moolman No：In re Builders and Developers (Pty) Ltd* 1989（4）SA 253）；*Ward v. Smit* 1998（3）SA 175；*Ex parte Groenewoud* ［1963–1969］Sw. LR 65.

⑦ *In re National Bank of Scotland Ltd* 1956（3）SA 92；*Smith and Gilks v. The Master* 1957（4）SA 582.

⑧ *Ex parte Lang* 1963（3）SA 733；*MTD (Mangula) Ltd v. Frost and Power* 1966（2）SA 713；*Ex parte Nupen* 1957（2）SA 450.

与便利因素为依据的。①

外国国家在肯尼亚、坦桑尼亚和乌干达起诉的能力由成文法调整。外国国家可在这些国家提起诉讼,只要肯尼亚、坦桑尼亚或乌干达承认该外国,而且诉讼是为了执行一项外国国家元首或外国任何官员以其公务名义所享有的私权利。②

---

① *Bank of Baroda v. Iyalabani Company Ltd* [2002] All NLR 325,[2002] 13 NWLR 551,[2002] 40 WRN 13;*Ex parte Trakman* 1983 BLR 176;*Ward v. Smit* 1998(3)SA 175.

② Kenya – Civil Procedure Act 1924,s. 57;Tanzania – Civil Procedure Code 1966,s. 62;Uganda – Civil Procedure Act 1929,s. 58. 每一个法院应根据情况对下列事实进行司法认知,即某一外国国家是否已得到肯尼亚、坦桑尼亚或乌干达的承认。

第三部分 债

第七章

合同

一项国际合同会产生多重的国际私法问题。合同是法律选择问题的沃土。潜在的连结点的多样性、合同关系的计划性、可能出现的各类问题以及合同达成和履行之间的时间间隔等都为国际合同中的许多国际私法问题提供了素材。实际上，多种不同类型合同存在的事实通常会导致这样的问题，即是否应适用同一的法律选择规则。正如我们将要分析的，对于某些类型的合同，人们依据相关国际公约制定了特殊的制度。本章将讨论产生于国际合同的法律选择问题，包括当事人意思自治的地位及其限制、在当事人没有选择法律时确定合同准据法的规则、当事人的能力以及准据法的适用范围等。

第一节　合同准据法的确定

一　加纳

合同准据法是指当事人意图用以调整合同的法律，或在当事人无明示意图，也不能从相关情形中推断出该意图时，与合同交易有最密切、最真实联系的法律。加纳法院曾经指出，对合同准据法进行司法确定的模式是，在当事人无明确的法律选择协议时，应客观、实际地适用理性商人这一外部标准，然后分析当事人在缔结合同时如果已考虑到准据法这一问题，他们的意图是什么。在进行分析时，某些可反驳的推定，如合同缔结地法（lex loci contractus）、合同履行地法（lex loci solutionis）、不动产的物之所在地法（lex situs）以及租船合同中的船旗国法（the law of the flag）等，都可为合同与某一特定法律体系的联系提供一定的指导。这些推定只是提供了一些表面的推论，这些推论可被相反的指示推翻，例如这些指示可能表明合同与另一个不同的法律体系有联系。① *Godka Group of Companies v. PS International Ltd* 案②涉及一项在美国印第安纳州注册的一家公司和一家加纳公司之间缔结的合同。该合同将通过把货物交付给加纳的被告而在加纳得到履行。货物将在加纳出售且货款也在加纳支付。加纳法院因此判定该合同应适用加纳法律。当事人对合同准据法的选择可以是明示的，也可以通过合同条款和性质以及案件的总体情况暗示出来。③ 当事人对合同的法律选择必须是善意的，不得违反公共政策。④

二　肯尼亚

合同准据法是指考虑到案件的全部事实后，合同必须适用的法律或与合同交易有最密切、最真实联系的法律。⑤

三　莱索托

在当事人没有约定法律选择时，合同适用与合同有最密切、最重要联系的法律。合同中的法院选择条款可以作为一种充分的暗示，即所选择的法院地的法律就是合同的准据法。⑥ 在确定合同的准据法时，需要审查合同的书面条款，以确定当事人有关合同准据法的自然的或推定的意图。当事人使用某一特定国家所使用的合同格式并且在合同中提到该国的法律，这

---

① *Société Générale de Compensation v. Ackerman* [1972] 1 GLR 413 (on appeal from *Ackerman v. Société Générale de Compensation* [1967] GLR 212)；*Garcia v. Torrejoh* [1992] 1 GLR 143 at 151 – 153；*Fattal v. Fattal* [1999 – 2000] 1 GLR 331 at 351 – 352.

② [1999 – 2000] 1 GLR 409.

③ *Garcia v. Torrejoh* [1992] 1 GLR 143 at 152.

④ *Fattal v. Fattal* [1999 – 2000] 1 GLR 331 at 351.

⑤ *Karachi Gas Co. Ltd v. Issaq* [1965] EA 42, 1965 ALR Comm. 35. See generally *D. P. Bachheta v. Government of the United States of America* [2011] eKLR.

⑥ *Khotle v. Metropolitan Life Insurance*, CIV/T/662/84 (High Court, Lesotho, 1985).

对于确定合同准据法十分有用。① 莱索托法院曾经指出，在当事人没有选择合同所适用的法律时，南非雇主和原告在南非缔结的但将在莱索托履行的雇佣合同应适用莱索托法律。②

四　尼日利亚

合同当事人可以选择他们交易所适用的法律。当事人选择的法律将指示法院确定他们之间的权利和义务，只要选择的法律并不违反尼日利亚的公共政策。③

五　南非

在合同当事人没有作出明示或默示法律选择时，合同准据法通过推断当事人的意图来确定，或通过寻找与合同交易有最真实、最密切联系的法律来确定。④ 在这一过程中，虽然简单计算连结因素的数量这种做法并不令人满意，但大量连结因素指向同一方向可充分表明当事人的意图。⑤

六　斯威士兰

合同当事人可自由选择合同的准据法。法院会尊重当事人的选择。⑥ 但

---

① *Western Credit（Africa）（Proprietary）Ltd* v. *Mapetla* 1965 ALR Comm. 361 at 364 – 366.

② *Ingram* v. *Training and Rural Development Consultants（Pty）Ltd*，CIV/APN/181/98（High Court，Lesotho，1999）.

③ *JSF Investment* v. *Brawal Line Ltd*［2010］18 NWLR 495. See also *Adesanya* v. *Palm Line Ltd* 1967（2）ALR Comm. 133；*Sonnar（Nigeria）Ltd* v. *Partenreedri MS Norwind*［1987］1 All NLR（Part I）396，［1988］LRC（Comm.）191.

④ *Improvair（Cape）（Pty）Ltd* v. *Establissements Neu* 1983（2）SA 138；*Laconian Maritime Enterprises Ltd* v. *Agromar Lineas Ltd* 1986（3）SA 509 at 524 – 530；*Guggenheim* v. *Rosenbaum（2）* 1961（4）SA 21 at 30 – 31；*Roger Parry* v. *Astral Operations Ltd* 2005（10）BLLR 989. E. Spiro，'Failure to Choose the Applicable Law'（1984）47 *Journal of Contemporary Roman – Dutch Law* 140.

⑤ *Laconian Maritime Enterprises Ltd* v. *Agromar Lineas Ltd* 1986（3）SA 509.

⑥ *Barlows Central Finance Corporation（Pty）Ltd* v. *Joncon（Pty）Ltd*，Case No. 2491/99（High Court，Swaziland，1999）.

考虑到法院不能适用两种法律制度，如果合同约定"本合同应适用南非共和国法律和斯威士兰王国法律并根据这两种法律进行解释"，这样的条款是不会得到法院支持的——法院会适用与合同有最密切联系的法律。①

七 坦桑尼亚

在坦桑尼亚法律中，合同的有效性取决于合同达成的那个地方的法律——合同缔结地法（lex loci contractus）。如果合同根据合同缔结地法是有效的，即使它根据坦桑尼亚法律是无效的（例如，因为缺乏对价），也不影响它的有效性。②

八 津巴布韦

如果合同当事人没有选择合同所适用的法律，法院将通过寻找与交易有最密切、最重要联系的法律来确定合同的准据法。在这样做时，法院会考虑合同的所有相关因素。③

九 评论

合同产生的义务不能独立存在。要使此类义务在法律中具有约束力，就必须有法律制度认可它们，并给予它们"法律力量"。这就需要确定合同的准据法。合同有多种形式，可能涉及不同标的。一些合同往往因为它们的标的和所创设的关系的性质而产生独特的法律选择问题。④ 实际上，在所研究的国家内，一些合同由特定成文法调整，这可能影响合同准据法的确

---

① *Afinta Financial Services （Pty） Ltd v. Luke Malinga*, Civ. Case No. 123/2001 （High Court, Swaziland, 2001）.

② *Juma v. Mlinga*, Civil Appeal No. 10 of 2001 （Court of Appeal, Tanzania, 2002）

③ *Herbst v. Surti* 1990 （2） ZLR 269, 1991 （2） SA 75; *Cooper Brothers & Co. v. HWJ Bottriell & Co. Ltd* 1971 （1） SA 22.

④ See e. g. Eesa A. Fredericks & Jan L. Neels, 'The Proper Law of a Documentary Letter of Credit （Part 1） and （Part 2）' （2003） 15 *South African Mercantile Law Journal* 63 and 207.

定。在这方面，有两种特殊类型的合同值得关注——海上运输合同和航空运输合同。不过本章并没有分析这两类合同。这两种合同都受这些国家所加入的国际公约的调整。①

　　当事人意思自治即选择合同准据法的自由，在所研究的大部分——如

---

①　有关航空运输的案例，see Gambia – *Ghana Airways v. Williams*［1994］GR 184。

Ghana – *Grippman* v. *Nigerian Airways*［1992］2 GLR 80；*Slyvanus Juxon – Smith* v. *KLM Royal Dutch Airline*, Suit No. FTC 46/2002（High Court, Ghana, 2003）；*Slyvanus Juxon – Smith* v. *KLM Royal Dutch Airline*, Civil Appeal No. HI/18/2004（Court of Appeal, Ghana, 2004）；*Slyvanus Juxon – Smith* v. *KLM Royal Dutch Airline*, Civil Appeal No. J4/19/2005（Supreme Court, Ghana, 2006）；*Madam Happy Akos Hloradzi v. Lufthansa German Airlines*, Accra Suit No. C 801/2001（High Court, Ghana）；*Farmex Ltd* v. *Royal Dutch Airline*［1987 – 1988］2 GLR 650；*Royal Dutch Airlines v. Farmex Ltd*［1989 – 1990］1 GLR 46.

Kenya – *Transworld Safari（K）Ltd v. Rateno*［2008］KLR 339；*Kihungi v. Iberia Airlines of Spain SA*［1991］KLR 1；*Akharali Karim Kurji v. British Airways Plc Ltd*［2005］eKLR；*Charity Wairimu Wanjau v. Ethiopian Airlines*, Civil Case No. 824 of 2003（High Court, Kenya, 2004）；*Ngunjiri v. British Airways World Cargo*［2003］KLR 222；*Alitalia Airline v. Assegai*［1989］KLR 548；*VR Chande* v. *East African Airways Corporation*［1964］EA 78；*EMS v. Emirates Airlines*［2012］eKLR.

Lesotho – *S Carlos v. Government of Lesotho*［1999 – 2000］LLR – LB 139.

Nigeria – *African Continental Bank Ltd* v. *Swissair Air Transport Co. Ltd* 1968（1）ALR Comm. 202；*Swissair Air Transport Co. Ltd* v. *African Continental Bank Ltd* 1971（1）ALR Comm. 213,［1971］1 NCLR 213；*International Messengers Nigeria Ltd* v. *Pegofor Industries Ltd*（2005）All NLR 234；*Cameroon Airlines v. Abdul Kareem*［2003］11 NWLR 1；*UTA French Airlines v. Marie Fatayi – Williams*［2000］14 NWLR 271；*Joseph Ibidapo v. Lufthansa Airlines*［1997］4 NWLR 124；*KLM Royal Dutch Airlines v. Kumzhi*［2004］46 WRN 59,［2004］8 NWLR 231；*Joseph Ibidapo v. Lufthansa Airlines*［1994］8 NWLR 355；*Oshevire v. British Caledonia Airways Ltd*［1990］7 NWLR 489；*Kabo Air Ltd v. Oladipo*［1999］10 NWLR 517；*Harka Air Services（Nigeria）Ltd v. Keazor*［2006］1 NWLR 160；*Harka Air Services（Nig.）Ltd* v. *Keazor*［2011］13 NWLR 321；*British Airways v. Atoyebi*［2010］14 NWLR 561；*Cameroon Airlines v. Otutuizu*［2011］4 NWLR 513.

South Africa – *Bafana v. Commercial Airways（Pty）Ltd* 1990（1）SA 368；*KLM Royal Dutch Airlines v. Hamman* 2002（3）SA 818；*Impala Platinum Ltd v. Koninklijke Luchtvaart Maatschappij NV* 2008（6）SA 606；*Potgieter v. British Airways Plc* 2005（3）SA 133.

Uganda – *Kenya Airways Limited v. Ronald Katumba*, Civil Appeal No. 43 of 2005（Court of Appeal, Uganda, 2006）；*Ethiopian Airline v. Olowu Motunrola*, Civil Appeal No. 30 of 2005（Court of Appeal, Uganda）.

Zambia – *Air France v. Mwase Import and Export*［2000］ZR 66；*Almaz Lulseged v. British Airways Ltd*, Appeal No. 99/06（Supreme Court, Zambia, 2007）.

Zimbabwe – *Barclays Bank of Zimbabwe Ltd v. Air Zimbabwe Corporation* 1992（2）ZLR 377, 1994（1）SA 639；*Roberts v. Air Zimbabwe Corporation* 2003（1）ZLR 223.

果不是全部——国家内，都得到尊重和支持。① 即使在南非还存在一定的疑问，② 但南非最高上诉法院近来确认，"如果当事人明确选择了合同所适用的法律，他们的选择会得到支持"。③

总体来看，在已判决的案件中，都没有明确要求在当事人选择的法律制度和他们的合同之间必须存在一定的联系。④ 当事人的选择可以是明示的或默示的。不过，看来法院并没有仔细区分默示选择的情形和他们客观寻找与合同有最密切联系的法律的情形。⑤ 一家南非法院曾经警告，法律选择约定"不应该那么容易地推论出来"。⑥ 无论两种情形的区别是什么，可以肯定的是，确定默示法律选择的相关因素在确定与合同有最密切联系的法律时也是同样重要的。

一些法院附带意见在不同程度上支持这样的观点，即合同的不同方面可受不同的法律支配，而且当事人可以变更合同的准据法。在 *Improvair (Cape)(Pty) Ltd v. Establishment Neu* 案中，格罗斯考普夫（Grosskopf）法官发表了如下意见：

> 一项规定了双方权利和义务的不可分割的合同，从逻辑上讲，不能适用一个以上的法律。此处的合同不包括当事人明确作出其他约定的合同或一些例外情况下的合同。在构成一个有机整体的普通合同中，如果合同的一部分适用一种法律，其他部分适用另外一种法律，当事人的权利和义务就会被扭曲。同样的逻辑也可应用于时间维度——合

---

① 独立而又相关的法院选择和仲裁协议问题在第五章进行分析。

② Forsyth, p. 321; Wouter de Vos, 'Freedom of Choice of Law for Contracts in PrivateInternational Law' (1961) *Acta Juridica* 1.

③ *Creutzburg* v. *Commercial Bank of Namibia Ltd* [2006] 4 All SA 327 at 330.

④ But see *Sonnar (Nigeria) Ltd* v. *Partenreederi MS Norwind* [1987] 1 All NLR (Part I) 397 at 414, [1988] LRC (Comm.) 191 at 210, 在该案中欧普塔（Justice Oputa）法官指出："还有一点得到承认的是，当合同当事人有关合同法律适用的意图通过语言表达出来时，这种明示的意图一般而且作为一般规则确定了合同的准据法。但为了有效，法律选择必须是真实的、真心的、善意的、合法的而且合理的。它不应该是随意的、荒唐的。选择德国法来调整尼日利亚货主和利比里亚船东之间的合同，在我看来就是随意的、不合理的。幸运的是，现在法院并不认为当事人的法律选择是决定性的……合同准据法必须与总体上考虑的合同具有一定的联系而且与合同的现实相关。"

⑤ But see *Roger Parry* v. *Astral Operations Ltd* 2005 (10) BLLR 989 at [80] – [88].

⑥ *Improvair (Cape)(Pty) Ltd* v. *Establissements Neu* 1983 (2) SA 138 at 145.

同缔结时所确定的准据法应持续适用至合同权利和义务归于消灭时。①

值得注意的是，上述评论是在当事人没有选择合同的准据法的情况下作出的。对于当事人明确约定合同的不同部分适用不同法律的情况，还没有已决案例。对于这种做法是否合适，还存在不同意见，特别是考虑到多种准据法可能带来的法律挑战。不过，如果当事人约定合同的不同方面适用不同的法律，法院很可能会尊重此类约定。②

一个在司法实践中悬而未决的问题是，当事人选择非国内法是否会得到支持。还没有立法涉及这一问题。一般的看法都认为当事人可以自由在合同中纳入他们认为适当的任何条款，包括选择非国内法作为合同的准据法。此类条款是否有效以及能否实施，是根据国内法判定的事项。国内法院应确定它们是否给予此类条款以效力。但在所研究的国家内，法律立场还不确定。在尼日利亚，法院曾经指出，要想适用《跟单信用证统一惯例》，就需要把它纳入合同中。③

在当事人没有选择合同准据法的情况下，法院都强调了它们为确定合同准据法而进行的调查的客观性和高度事实性。能够显示交易和当事人与某一特定法律体系之间联系的所有因素都被认为是相关的。这些因素包括

---

① 1983（2）SA 138 at 147. *Karachi Gas Co Ltd* v. *Issaq*［1965］EA 42 at 50，1965 ALR Comm. 35 at 47，法官在该案中作出了如下评论："我认为没有必要为了审理这个案件而确定整个合同的准据法，因为在我看来，当事人的意图是，就货物的装运和交付而言，它们应根据肯尼亚法律进行；但就对巴基斯坦的进口和货款的支付而言，要适用巴基斯坦的法律。" *Laconian Maritime Enterprises Ltd* v. *Agromar Lineas Ltd* 1986（3）SA 509 at 529；*Shacklock* v. *Shacklock* 1948（2）SA 40 at 51. 该案似乎表明，单一的合同可能仅仅因为有多个履行地点会适用不同的准据法。

② 注意两案中的合同条款：*Afinta Financial Services（Pty）Ltd* v. *Luke Malinga*，Civ. Case No. 123/2001（High Court，Swaziland，2001）（"本合同适用南非共和国和斯威士兰王国的法律，并根据它们进行解释"）and *Ekkehard Creutzburg* v. *Commercial Bank of Namibia* 2006（4）All SA 327（"本担保应适用南非共和国和/或纳米比亚共和国的法律，并根据它们进行解释"），这两个条款在这方面是不同的。

③ *Eagle Super Pack（Nigeria）Ltd* v. *African Continental Bank Plc*［2006］19 NWLR 20（on appeal from *African Continental Bank* v. *Eagle Super Pack（Nigeria）Ltd*［1995］2 NWLR 590）. See also *Nedermar Technology BV Ltd* v. *Kenya Anti - corruption Commission*［2008］KLR 476 at 499，法院在其附带意见中认为，当事人可以选择"跨国法"（包括一般法律原则、国际发展法、商人法和贸易惯例）。

合同缔结地或履行地、支付的货币和地点、当事人的居所地、谈判和合同所使用的语言、交易的性质和目的、是否存在法院选择条款、约定的仲裁地、特定合同形式的使用以及合同中是否提到某一国内法。从已决案件来看，显然合同履行地受到重视。

津巴布韦法院审理的 *Cooper Bros & Co. v. HWJ Bottriell & Co. Ltd* 案[①]表明，在确定合同的准据法时，除了考虑一些事实性连结因素外，法院还会考虑一些可能"影响其想法"的其他一些实体性考虑因素。[②] 具体到该案，法院面对的事实性连结因素指向赞比亚和罗德西亚（现在的津巴布韦）。至于合同的准据法，法院还考虑到这样的事实，即当事人可能受到赞比亚外汇管制法变化的影响。无疑，在达成合同时，当事人会受到一些正当的实体性因素的影响，如成本、利润、效率、法律制度和便利等。合同当事人可自由考虑所有这些因素，并选择一个适合其需要的法律制度。不过，如果他们未能选择合同所适用的法律，上述因素不应实质性地影响法院对合同准据法的确定。法院应仅限于考虑事实性因素和合同术语，包括当事人所使用的在某一法律体系中广为人知而在另一法律体系中却不被人知的术语。如果法院决定考虑一些并非当事人所共有的连结因素，就会带来很大的不确定性。在当事人自己没有选择合同所适用的法律时，为当事人选择最有效率的或符合商业需要的法律并不是法院的职责。相反，法院应关注于客观地确定与合同有最密切联系的法律。

第二节　当事人意思自治的限制以及合同准据法的适用

即使合同当事人能够自由选择合同的准据法，而且在很多情况下法院会尊重他们的选择，对这种自由的限制也确实存在。这种限制同样适用于当事人没有选择合同准据法而由法院利用最密切联系标准为他们作出决定的情况。换句话说，无论合同准据法是由当事人选择的还是由法院确定的，

---

① 1971（1）SA 22.

② *Cooper Brothers & Co. v. HWJ Bottriell & Co. Ltd* 1971（1）SA 22 at 24.

对它的适用仍然会施加某些限制。施加此类限制通常是为了保护法院、其他国家、第三方当事人或合同一方当事人的某些利益。①

成文法是此类限制的一个重要来源，而且在这方面，消费者和雇员看来是特殊的"受保护团体"。赞比亚 2009 年《电子通信和交易法》第 38 条和第 39 条就可以说明这一点。该法规定，"无论相关协议适用何种法律制度，本部分为消费者提供的保护总会适用"。② 此外，"协议中排除本部分所规定的权利的任何约定都是无效的"。其他国家的成文法中也可以找到类似的规定。而且肯尼亚 2010 年宪法第 46 条还规定了具体的消费者权利，这给予消费者权利以额外关注和重视。③ 这些成文法都旨在保护消费者权利，由此，如果当事人选择的法律或由法院确定的法律与这些成文法规定的权利相冲突，后者会优先适用。在所研究的一些国家，很可能也会采用相似的立法。④ 如果当事人选择的法律会给予消费者更好的保护，这些成文法就不会限制当事人所选择的法律的适用。换言之，如果当事人所选择的法律规定了更高的消费者保护标准或消费者权利，法院就会给予此种法律以效力。

成文法也对当事人意思自治进行限制以保护雇员的权利。例如，乌干达 2006 年《雇佣法》一般不适用于"乌干达以外的雇佣活动"。⑤ 但对于乌干达国内的雇佣活动，该法明确规定，"如果一项服务协议或合同中的任何约定排除或限制了本法任何规定的实施，以至于损害了雇员利益，则此类约定是无效的"。⑥

---

① See generally George Nnona, 'Choice of Law in International Contracts for the Transfer of Technology: A Critique of the Nigerian Approach' (2000) 44 *Journal of African Law* 78; Erwin Spiro, 'Autonomy of the Parties to a Contract and the Conflict of Laws: Illegality' (1984) 17 *Comparative and International Law Journal of Southern Africa* 197.

② See Botswana – Consumer Protection Act 1998, s. 18; Ghana – Electronic Transactions Act 2008, ss. 53 and 54; South Africa – Electronic Communications and Transactions Act 2002, ss. 47 and 48, Consumer Protection Act 2008, s 51 (3).

③ 第 46 条规定消费者有权获得具有合理质量的商品和服务；有权获得利用商品或服务的必要信息；有权保护他们的健康、安全和经济利益；以及有权因瑕疵商品或服务导致的损害或损失获得赔偿。

④ See e. g. Kenya – Consumer Protection Bill 2007, s. 8; Namibia – Use of Electronic Transactions and Communications Bill 2010; Uganda – Electronic Transactions Bill 2008, s. 28.

⑤ Employment Act 2006, s. 3 (5).

⑥ Employment Act 2006, s. 4 (a).

其他国家也存在具有相似规定的立法。① 此外，劳动者权利如同工同酬权、公平报酬权以及成立或加入工会的权利也通常得到宪法的保护。② 这些宪法保护的权利很可能被法院解释为是强制性规定，不得予以减损。确实，正如所预料的那样，在所研究的全部国家的宪法中，宪法被宣布为本国的最高法律，其他任何与其规定相冲突的法律就其相冲突的部分而言都是无效的。

法院也已经表明，它们随时准备对雇佣合同和保险合同的准据法施加限制。在 *Roger Parry v. Astral Operations Ltd* 案③中，原告试图从被告一家南非公司处获得雇佣违约损害赔偿。原告负责被告在马拉维的项目的运行，并且居留在该地。本案的关键问题是合同的准据法。被告主张合同应适用马拉维法律，因为马拉维是合同的履行地，法院没有支持这一主张。④ 法院将南非劳工立法定性为强制性立法，直接适用于在南非的所有雇佣合同。本案的雇佣合同没有法律选择条款。不过，即使存在选择外国法的条款，南非法院也准备根据《合同义务法律适用的罗马公约》第 6 条规定的"指示"，只有在该法律选择条款没有剥夺雇员根据南非法律中的强制性规则所提供的保护时，才会支持该法律选择条款。

莱索托法院同样表明了需要让雇员获益于莱索托的劳动法，而不用考虑合同的准据法的立场。⑤ 在 *Representative of Lloyds v. Classic Sailing Adven-*

---

① See e. g. Botswana – Employment Act 1982, s. 37; Kenya – Employment Act 2007, s. 3（6）; Namibia – Labour Act 2007, s. 9; Zambia – Employment Act 1965, s. 38（2）（"如果在另一国家缔结的合同涉及赞比亚的雇佣，该法的规定就应适用于该合同"）. 一些成文法特别保护成立工会的自由并宣称违反此类规定的合同无效。

② See e. g. Constitution of the Republic of Botswana 1966, Art. 13（1）; Constitution of the Republic of the Gambia 1997, Art. 25（1）（e）; Constitution of the Republic of Ghana 1992, Art. 24; Constitution of the Republic of Kenya 2010, Art. 41; Constitution of the Republic of Malawi 1994, Art. 31; Constitution of the Republic of Namibia 1998, Art. 21（1）（e）; Constitution of the Republic of Sierra Leone 1991, Art. 26（1）; Constitution of the Republic of South Africa 1996, Art. 23; Constitution of the United Republic of Tanzania 1977, Art. 22 – 23; Constitution of the Republic of Zambia 1991, Art. 21（1）.

③ 2005（10）BLLR 989. See also *Kleinhans v. Paramalat SA（Pty）Ltd*［2002］9 BLLR 879.

④ 法院判定，当事人已暗示或默示地选择南非法律作为准据法，或在任何情况下，该合同与南非有更重要的联系。

⑤ *Khotle v. Metropolitan Life Insurance*, CIV/T/662/84（High Court, Lesotho, 1985）; *Ingram v. Training and Rural Development Consultants（Pty）Ltd*, CIV/APN/181/98（High Court, Lesotho, 1999）*Komane v. City Express Stores（Pty）Ltd*, LAC/CIV/A/5/2002（转下页注）

tures（*Pty*）*Ltd* 案①中，法院判定，即使当事人已选择英国法作为保险合同的准据法，南非《短期保险法》仍然适用。用法院的话来说，"法院的强行法（ius congens）不能被排除……法院的强制性规则——特别是立法规定——会适用。完全的当事人意思自治不能凌驾于成文法的强制性规定之上。"在确定法院地法是否应优先于合同准据法而适用时，法院会考虑下列因素：成文法是禁止性的还是任意性的，该法是否旨在保护合同谈判中弱方当事人的利益，以及当事人能否放弃或排除该成文法的适用。

公共政策作为排除外国法适用的一种途径，可被用来限制当事人选择合同准据法的自由。但是，在所研究的国家内，似乎还没有法院根据公共政策拒绝执行法律选择协议的已决案例。

此外，所研究的国家加入的国际公约也可能对当事人意思自治或法律选择协议的可执行性施加限制。例如，根据 1929 年《统一国际航空运输某些规则的国际公约》第 32 条规定，"运输合同的任何条款和在损失发生以前的任何特别协议，如果运输合同各方借以违背本公约的规则，无论是选择所适用的法律或变更管辖权的规定，都不生效力"。②同样，不论所适用的法律为何，根据 1944 年《国际货币基金协定》第 8 条第 2 节（b）项的规定，"有关任何会员国货币的汇兑契约，若与该国按本协定所施行的外汇管理条例相抵触时，在任何会员国境内均属无效"。

第三节　合同准据法的适用范围

在任何合同争议中，会产生诸如同意、合同术语、能力、解释、履行、解除、赔偿和利息等诸多问题。③一个有力的观点是，产生于合同的所有问

（接上页注⑤）（High Court, Lesotho, 2006）.

①　2010（5）SA 90，［2010］4 All SA 366.

②　See also Montreal Convention for the Unification of Certain Rules for International Carriage by Air Montreal 1999，s. 49.

③　对于合同债务利息所适用的法律，see generally *Spirvin Bottling Company*（*Pty*）*Ltd v. Lesotho Case and Carry*，CIV/T/110/91（High Court, Lesotho, 1992）；*Royal Dutch Airlines v. Farmex Ltd*（*No 2*）［1989 – 1990］2 GLR 682。

题都应适用一种法律制度——合同准据法。不过，从已决案例来看，目前并非所有这些问题都适用合同准据法。一些特定规则被用于处理诸如能力、形式有效性、履行等问题。

一 能力和合同的形式有效性

（一）加纳

一个人的缔约能力应受与合同有最密切联系的法律支配。这样，当一个租船合约包括仲裁协议被确定应适用英国法，且根据英国法被告在缔约时没有缔约能力的情况下，加纳法院判定该仲裁协议不能针对被告得到执行。[1]

（二）南非

在南非，法院曾经指出，对于普通商事合同，例如，所列举案件中的担保契约，缔约能力应适用合同缔结地法。[2] 不过，在早期的一个涉及夫妇间赠予可撤销性问题的案件即 *Powell v. Powell* 案中，法院适用了与合同有最密切联系的法律。[3]

对于合同形式有效性的准据法问题，南非法院采用了一种任意性方法（facultative approach）。这种方法允许合同形式有效性由与交易有关的某一法律制度支配，而不是由履行地法支配。这种方法可以确保合同在符合其他可替代的法律制度的情况下，不至于单单因为缺乏合同缔结地法所规定的形式而被认为无效。因此，南非法院曾经判定，婚前合同只要符合合同缔结地法或合同准据法所要求的形式，该合同在形式上就是有效的。[4] 不过，任意性方法适用于所有合同——它并不局限于婚前合同。*Creutzburg v. Commercial Bank of Namibia Ltd* 案[5]涉及两个上诉人之间在纳米比亚作成的

---

① *Jadbranska Slobodna Plovidba v. Oysa Ltd* 1978（2）ALR Comm. 108 at 114 – 116.

② *Tesoriero v. Bhyjo Investments Share Block（Pty）Ltd* 2000（1）SA 167 at 171 – 172.

③ *Powell v. Powell* 1953（4）SA 380.

④ *Ex parte Spinazze* 1985（3）SA 650（on appeal from *Ex parte Spinazze* 1983（4）SA 751）.

⑤ 2006（4）All SA 327.

一项担保合同的形式有效性。这两个上诉人分别是南非居民和纳米比亚的一家公司。担保合同含有一个"南非共和国和/或纳米比亚共和国"的法律选择条款。该合同根据纳米比亚法律是有效的，但根据南非法律是无效的。南非法院认为，该合同的形式有效性应由合同缔结地法支配。法院讨论并同意用任意性方法来确定合同的形式有效性。

（三）坦桑尼亚

如果一个人根据其本国法达到成年年龄、具有健全心智，而且根据他们所遵守的任何法律，他们有资格缔结合同，则该人就有缔结合同的能力。①

（四）评论

在所研究的国家内，支配缔结商事合同的能力的法律看来在很大程度上还是未定事项——有些判例和立法采纳了合同自体法、合同缔结地法和住所地法。② 这一状况与其他普通法域的情形一致。③ 此外，合同自体法被认为应决定缔结合同的能力，而且合同自体法应由法院客观确定，无须考虑当事人在合同中纳入的法律选择条款，也不用考虑已决案例并没有反映这种观点的事实。换句话说，即使需要考虑当事人合同中纳入的法律选择

---

① Law of Contract Act 1961, s. 11 (1). 我未能找到坦桑尼亚法院解释和适用该规定的冲突法案件。乌干达和肯尼亚有相似的立法（1872 年印度《合同法》第 11 条），但这些规定已被废除。目前，"有关合同的英国普通法"在乌干达和肯尼亚适用，以确定缔约能力。See Uganda – Contract Act 1963, s. 2 (1)；Kenya – Law of Contract Act 1962, s. 2 (1). 在这些规定被废除前，乌干达高等法院对印度《合同法》第 11 条进行解释，认为该条规定的含义是，缔约能力由当事人的住所地法决定。See PB Damani v. Zangie (1948) 6 U. L. R. 179；*Kanji Naranji Lakhani v. Salim Mohamed Bin Name* [1960] EA 358.

② See generally G. F. A. Sawyerr, 'Contractual Capacity and the Conflict of Laws in East Africa：A Study of Conflicts Method' (1968) 1 *Eastern African Law Review* 1；E. A. Fredericks, 'Contractual Capacity in Private International Law：Interpreting the Powell Case' (2006) 69 *Journal of Contemporary Roman-Dutch Law* 279. 在乌干达法院审理的 Bank of *Uganda* v. Banco Arabe Espanol 案（[2002] 2 EA 333）中，提出了银行缔结合同的能力问题。乌干达最高法院似乎承认该问题应适用乌干达法律，即使当事人选择英国法作为合同准据法。

③ *Cheshire*, *North and Fawcett*, p. 750. 他们在该书中认为，英国在这一领域的判例只是"臆测而已"。Stephen G. A. Pitel & Nicholas Rafferty, *Conflict of Laws* (Toronto：Irwin Law, 2010), p. 281, 他们在该书中认为加拿大的判例是"不一致的"。

条款，此类条款也不应被允许优先或排他性地支配缔约能力问题。允许当事人通过法律选择协议来决定自己的缔约能力，就会使当事人产生规避某一国内法的动机，根据该国内法其可能没有缔约能力。利用国内法来决定当事人的法律能力的政策考量，不应因偏向当事人意思自治而被牺牲掉。

其他可以决定缔约能力的法律体系包括当事人的住所地法或居所地法、合同履行地法以及合同缔结地法。虽然每一种法律体系都有自己的理由，但它们的适用可能导致武断的结果。正如温什（Wunsh）法官所评论的，"对于合同缔结地法决定当事人的缔约能力这一规则，存在充分的反对理由，因为合同缔结地可能纯粹是偶然的，特别是通过信件、传真或通过电话缔结合同时更是如此"。[1] 同样，依赖住所地法或居所地法也会带来许多难题，如由谁的住所地或居所来决定？再者，如果合同当事人的住所位于不同国家，在出现冲突时，哪一住所地法优先适用？此外，如果住所或居所发生变更，会出现何种情况？由法院客观确定的合同自体法会考虑到所有连结因素，它更可能得出一个符合当事人期望的结果以及防止滥用。

合同形式有效性涉及合同在有效情况下应采取的形式。许多法律体系对合同的作成都施加了一些要求，如要求采用书面形式、要有对价、要有证人见证等。目前，合同形式有效性问题看来只有在南非才存在权威判例。[2] 南非法院所采用的任意性方法可以确保通过援引其他可选择性的法律体系使得根据合同缔结地法原本无效的合同成为有效。[3] 但任意性方法因不得不指明或限制一个或多个可选择性的法律体系而变得复杂。值得强调的是，任意性方法旨在确保合同在形式上有效，而不是利用这种方法使合同归于无效。用姆帕蒂（Mpati）法官的话来说，"如果合同根据缔结地法是

---

[1]　*Tesoriero v. Bhyjo Investments Share Block（Pty）Ltd* 2000（1）SA 167 at 172.

[2]　在特定国家，合同的有效性不同于合同的可执行性。一项合同根据一个国家的国际私法可能在实质和形式上都是有效的，但因不符合某些国内要求如登记或盖章而不能被执行。See generally *Continental Bakery（Pty）Ltd v. Giannakakis* 1956（4）SA 324. *Syed Huq v. Islamic University in Uganda*［1997］Kam. LR 272 and *Thomas Robinson v. ACAV Commission*［1999］Kam. LR 836，这两个案件都判定，根据《雇佣法》第13条，一项外国的雇佣合同不能被执行，除非它已根据该法的规定被批准并经过证明。

[3]　正如第十五章讨论的，这种针对形式有效性的显然自由的态度也反映在所研究的国家的遗嘱法中。因此，对于合同的形式有效性采纳功能性方法也可能是基于与遗嘱有效性相关的立场作出的，虽然无疑这两种文件是不同的。

有效的，就无须再考虑其他法律体系。"① 此外，一项国际性合同通常与许多法律体系有联系。从众多法律体系中选择一种——例如缔结地法——可能非常困难，并且有时可能过于武断。有观点认为，合同形式有效性应由合同自体法决定。不可否认的是，逻辑表明合同形式有效性问题应该先于合同自体法的确定问题——在形式上无效的合同就不是合同，所以也不会出现它所适用的法律的问题。合同自体法考虑到了与不同法律体系相关的所有连结因素。对于合同缔结地不确定的交易，合同自体法方法特别适合。

二　合同履行

（一）肯尼亚

在肯尼亚，法院曾经指出，如果合同部分在一国履行，部分在另一国履行，就必须推定当事人意图根据各自国家的法律来支配合同在该地的履行。②

（二）马拉维

如果合同的履行将违反某一外国的法律，马拉维法院将不会要求履行该合同，因为如果不这样做，将会违反国际礼让。③

（三）南非

南非法院不会执行一项涉及在南非或某一友好外国实施非法行为的合同。④ 合同的履行受合同自体法或履行地法支配。即使在合同一方当事人居所地或营业地或其本国存在有效的外汇管制法律，且合同的履行根据该法律无效，这样的事实也不能作为涉及该合同的诉讼的抗辩，除非该立法所属的法律体系是合同自体法，或合同将在该立法有效实施的地方履行。⑤

---

① *Creutzburg v. Commercial Bank of Namibia Ltd*［2006］4 All SA 327 at 331.

② *Karachi Gas Co. Ltd v. Issaq*［1965］EA 42，1965 ALR Comm. 35.

③ *Mzumacharo v. Osman's Garage*［1978－1980］9 MLR 68.

④ *Henry v. Branfield* 1996（1）SA 244.

⑤ *Cargo Motor Corporation Ltd v. Tofalos Transport Ltd* 1972（1）SA 186.

（四）赞比亚

如果合同的履行根据其自体法或履行地法是合法的，某一外国通过立法使得合同的履行成为无效的事实，并不能影响该合同在履行地的可执行性。这样，在一个案件中，一项受英国法支配的合同约定，付款在伦敦以先令作出，而当时的罗德西亚政府通过立法禁止此类付款，在这种情况下，法院判定，罗德西亚的立法并不能构成在赞比亚提起的执行该合同的诉讼的有效抗辩。①

（五）津巴布韦

根据合同自体法是非法的且不能执行的合同，在津巴布韦也不能得到执行。② 同样，根据合同自体法可以执行的合同，如果其执行会违反津巴布韦的公共政策，该合同也不能在津巴布韦得到执行。③

（六）评论

一项合同的履行可能会与许多法律体系有联系。实际上，要确定什么构成合同项下的履行有时十分棘手。从已决案例来看，合同履行应受合同自体法或合同履行地法支配，似乎已被广为接受。但在二者出现冲突时，例如，履行根据合同自体法是合法的但根据履行地法是非法的情况下，哪种法律优先适用，还悬而未决。可以确定的是，法院不会执行一项根据履行地法非法的合同。同时，合同的履行根据与合同有某种联系的其他国家的法律非法的事实，并不能防止合同的履行。例如，合同一方当事人的居所地、营业地、国籍或住所位于该国。出于礼让或公共政策的考虑而不执行一项根据合同履行地法或合同自体法非法的合同的做法，不能拓展适用于与合同有其他联系的国家。这种观点十分可取，因为它可以防止出现这

---

① *Commonwealth Development Corporation v. Central African Power Corporation* (1968) ZR 70; 1968 (3) ALR Comm. 416.

② *Herbst v. Surti* 1990 (2) ZLR 269. See generally *Cooper Brothers & Co. v. HWJ Bottriell & Co. Ltd* 1971 (1) SA 22.

③ *Timms v. Nicol* [1967] RLR 386.

样一种情形，即合同一方当事人可以援引自己与某一法律体系的独立联系来使合同履行落空。

三 合同解释

对于支配合同解释的法律这一问题还没有太多直接的权威判例。现有的少数案例支持合同自体法应是支配合同解释的法律。南非法院曾经判定合同的解释问题应受合同自体法支配。① 同样，在一个案件中，在一项贷款合同约定它"应适用英国法并根据该法进行解释"时，受理案件的一家乌干达法院指出，该条规定"使得乌干达法律不得适用于该合同的解释"。②

---

① *Polysius（Pty）Ltd v. Transvaal Alloys（Pty）Ltd* 1983（2）SA 630 at 643；*Maschinen Frommer GmbH v. Trisave Engineering & Machinery Supplies（Pty）Ltd* 2003（6）SA 69；*Shacklock v. Shacklock* 1949（1）SA 91 at 100. See generally *Telkom Directory Services（Pty）Ltd v. Kern*〔2011〕1 All SA 593. 在该案中，法院对一个适用加利福尼亚法律的合同适用了该法中的解释原则。

② *Bank of Uganda v. Banco Arabe Espanol*, Civil Appeal No. 23 of 2000（Court of Appeal, Uganda, 2000）. 最高法院驳回了上诉。*Bank of Uganda v. Banco Arabe Espanol*〔2002〕2 EA 333.

第八章
侵权行为之债

　　和合同一样，侵权作为一类非合同之债，也会产生复杂的国际私法问题。① 此类问题的复杂性可归因于许多因素。首先，和合同一样，某一特定案件的事实会产生不同的连结点，这在选择准据法时就会面临问题；其次，侵权请求和事项的多样化性质会引发这样的问题，即同一规则是否应适用于所有侵权或因侵权而产生的各类事项；最后，每一侵权通常由许多要素（如疏忽、义务、违反、赔偿）构成，而且不同的要素可能发生在不同国家，这样的情况在许多案件中会带来严重的界定问题。本章将讨论与外国侵权有关的两个主要问题，即法院在什么情况下可对外国侵权进行管辖，以及如果进行管辖，解决侵权产生的问题应适用什么法律。这些问题包括责任、能力、抗辩和豁免以及救济等。

一　加纳

　　在加纳，法院曾指出，为对在加纳以外发生的侵权确立管辖权，所指控的侵权必须根据加纳法律是可提起诉讼的，而且所指控的侵权根据侵权行为发生地国家的法律也必须是非法的。但是，如果在送达传票时，被告在加纳法院的辖区内，法院就会对任何诉因具有管辖权，无论该诉因发生在何处。②

---

① 本章没有分析其他形式的非合同之债，如返还请求权和衡平债务等。就整体情况而言，我不能在所研究的国家内找到有关此类请求的法律选择的案例或立法。See generally Forsyth, p. 365.

② *Wachter v. Harlley* [1968] GLR 1069.

二 肯尼亚

对于在肯尼亚之外发表的诽谤文字，如果此类诽谤文字在肯尼亚和发表国都是可以起诉的，此类诉讼就可在肯尼亚提起。在这种情况下，只要对被告进行了适当送达，肯尼亚法院就有权审理案件。①

三 莱索托

在莱索托，法院曾判定，对于发生在国外的侵权行为，所适用的法律应是侵权行为地法（lex loci delicti）。②

四 尼日利亚

对于发生在尼日利亚以外的侵权行为，如果满足两个条件，该侵权行为就可在尼日利亚法院提起诉讼：该非法行为如果发生在尼日利亚，必须是可以提起诉讼的；以及该非法行为根据行为发生地法律必须是没有合法理由的。③

尼日利亚法院曾指出，在一个州际案件中，如果侵权发生在一个州，而诉讼在另一个州提起，在此种情况下所适用的法律应是侵权行为发生地州的法律。④

五 南非

在南非，只要被告因居所或其他原因应受南非法院的管辖，则南非法

① *Riddlesbarger* v. *Robson* ［1958］ EA 375. See generally *Rage Mohammed Ali* v. *Abdullahim* ［2005］ eKLR.

② *Lepota* v. *Hyland*，CIV/APN/280/87 （High Court，Lesotho，1991）.

③ *Herb* v. *Devimco International* ［2001］ 52 WRN 19；*Zabusky* v. *Israeli Aircraft Industries* ［2008］ 2 NWLR 109 at 140 – 142. This rule applies equally to inter-state torts. *Amanambu* v. *Okafor* ［1966］ 1 All NLR 205；*Benson* v. *Ashiru* ［1967］ 1 All NLR 184；*Ajakaiye* v. *Robert Adedeji* ［1990］ 7 NWLR 192.

④ *AO Agunanne* v. *Nigeria Tobacco Co. Ltd* ［1979］ 2 FNLR 13.

院就可受理在外国发布的诽谤言论的案件。① 不过，为了在南非对发生在国外的非法行为确立管辖权，还不清楚南非罗马—荷兰法是否要求必须证明该行为如果发生在南非也是可以提起诉讼的，但该行为根据行为发生地法可能是不可起诉的。②

直到最近，外国侵权的准据法问题在南非仍是待决事项（res nova）。南非法院曾经判定，外国侵权适用的法律应是与当事人和侵权有最重要联系的法律。③ 侵权行为地法可以作为决定哪一法域与侵权和当事人有最重要联系的衡量标准中的其中一个因素。④

六　评论

发生在国外的侵权可能与许多国家有联系。在此类侵权中适用哪种法律来决定当事人的责任就十分重要。要确定适用哪一国家的法律来判定当事人的权利和义务可能非常困难。一些学者倾向于选择法院地法作为准据法，其他一些学者建议选择适用侵权行为发生地法以及侵权自体法。

所研究的许多国家的法律对此问题尚无定论。就涉及这一问题的判例法而言——在所研究的国家内还没有立法涉及此类问题——这些国家可以分为坚持双重可诉规则的国家和坚持侵权行为发生地法原则的国家。加纳和肯尼亚持有的立场是，一项外国侵权行为除非根据法院地法和侵权行为地法都是可诉的，它才可在这两个国家提起诉讼。莱索托倾向于适用侵权行为发生地法。尼日利亚的判例法既支持双重可诉规则，也支持侵权行为发生地法原则。最近，南非法院采用了最重要联系标准，根据该标准，侵权行为发生地只是其中一个考虑因素。

---

① *Rogaly v. General Imports*（*Pty*）*Ltd* 1948（1）SA 1216.

② *Rogaly v. General Imports*（*Pty*）*Ltd* 1948（1）SA 1216.

③ 当然，该判决没有清楚表明，在法院分析是否用"有更重要联系"的法律取代侵权行为发生地法原则后，或是否应直接寻求与当事人和侵权有最重要联系的法域后，是否采用了侵权行为发生地法原则。Forsyth，p. 364，他在该书中倾向采用前一种方法。

④ *Burchell v. Anglin* 2010（3）SA 48. 法院在该案中也指出，通过这种方法确定的有最重要联系的法律还要经受宪法的考验，因此有必要考虑法律选择的过程、道德价值和公共政策。See generally *Minister of Transport*，*Transkei v. Abdul* 1995（1）SA 366.

双重可诉规则使得涉及外国侵权的诉讼变得复杂。实际上，加纳和肯尼亚的判例法似乎只是将该规则作为管辖权标准对待，而不是将其真正作为法律选择规则对待。[①] 在所研究的国家内，这一领域案例的缺乏掩盖了双重可诉规则适用的复杂性：这一状况已导致一些英联邦国家对该规则进行了修正或放弃了该规则。总体来看，英联邦国家目前存在的一种趋势是，支持侵权行为发生地法作为侵权的法律选择规则。[②] 澳大利亚[③]和加拿大[④]法院以及英国（通过立法）[⑤] 都采纳了侵权行为发生地法原则，放弃了双重可诉规则。[⑥] 侵权行为发生地法原则更可能满足当事人的期望，例如，在多哥发生的涉及一个加纳商人和尼日利亚司机的事故中，当事人双方很可能都不会想到加纳法律或尼日利亚法律与该事故有什么牵连。侵权行为发生地法原则也能带来确定性，特别是与最重要联系标准相比较更是如此。但在一些情况下，要决定侵权行为发生在哪儿可能并非易事。例如，导致伤害发生的行为发生在一个国家，而在另一个国家出现伤害结果，就是这种情形的一个例子。在这种情况下，最根本的问题是，应根据产生伤害的事件发生的地点还是根据伤害结果——实际的或后来出现的——的地点来确定侵权的地点。所研究的国家的已决案例的事实都过于"本地化"，因此法院并没有在法律选择的语境中过多关注这一问题。[⑦]

　　笔者建议对此不要采用僵硬的规则——导致伤害发生的事件的地点在有些情况下可能十分重要，但在其他情况下可能关注伤害结果发生地会更好。在此类案件中，也许应更加重视灵活性——法院应适用能够给原告带

①　可以说，如果属人诉讼的管辖权规则已得到满足，法院对基于国外发生的侵权提起的诉讼行使管辖权前，无须再做其他考虑。在被告可被送达传票时，法院可对违约之诉行使管辖，而不用考虑违约发生在何处。与此相同，法院也可对国外的侵权行使管辖，只要被告能被适当送达。法院一旦行使管辖，就必须解决诉讼应适用哪一法律这一问题。对此，双重可诉原则就极为重要了。

②　John Kiggundu，'Choice of Law in Delict：The Rise and Rise of the *Lex Loci Delicti Commissi*'（2006）16 *South African Mercantile Law Journal* 97.

③　*Régie National des Usines Renault SA v. Zhang*［2002］210 CLR 491.

④　*Tolofson v. Jensen*［1994］120 DLR（4th）289.

⑤　Private International Law（Miscellaneous Provisions）Act 1995.

⑥　John Kiggundu，'Choice of Law in Delict：The Rise and Rise of Lex Loci Delicti Commissi'（2006）18 *South African Mercantile Law Journal* 97.

⑦　为管辖权目的而确定侵权地的判例法，参见第八章的分析。

来更有效救济的地方的法律。这也符合侵权法的主要功能，即为侵权行为受害者提供赔偿。

从已决案例来看，为确定准据法，法院似乎并没有对不同的侵权进行区分，如诽谤、诱导违约、过失等，[①] 即对法律选择采用了同一方式，而不问侵权的类型如何。这种侵权法律选择的单一方式可能并不完全恰当。因此，对于不同情况下出现的侵权需要采用不同的规则。

一个有趣但在很大程度上尚未确定的问题是，侵权行为地法是否适用于侵权的所有事项，例如，责任、抗辩和赔偿。在 *Burchell v. Anglin* 案[②]中，提出了这样的问题，即被用于证明侵权的法律是否同样可被用于证明赔偿的数额，但这一问题还没有定论。

[①] But see *Burchell* v. *Anglin* 2010（3）SA 48 at 71，该判决建议不应对所有侵权一视同仁。

[②] 2010（3）SA 48 at 77.

以外币提出的请求也会产生重要的国际私法问题。由于汇率波动和外汇贬值，此类问题的解决可能会给当事人带来严重的经济影响。外币请求所涉及的国际私法问题主要包括：法院是否有权作出外币判决；如果法院有管辖权，在决定以某种外币而不是法院地的货币或另一国家的货币提供救济时，它应考虑哪些因素；如果需要将货币进行转换（例如，为执行目的），应用哪一日期作为货币转换日期；对外币债务或判决应以何种货币计算、利息如何计算；以及国内或国际立法对外币请求的影响。这些问题构成本章的内容。①

一　加纳

加纳法院有权作出外币判决。② 但加纳法院曾经指出，在当事人双方没有以外币进行交易的情况下，加纳法院不宜行使这种管辖权。③ 如果判决以

---

① 与执行外国判决和仲裁裁决相关的问题将在第十七章和第十九章讨论。

② *Royal Dutch Airlines* v. *Farmex Ltd* ［1989 – 1990］2 GLR 632；*Royal Dutch Airlines* v. *Farmex Ltd* ［1989 – 1990］1 GLR 46；*Hungarotex Foreign Trading Co.* v. *Boateng* ［1984 – 1986］1 GLR 611. 在过去，加纳法院认为作出外币赔偿判决在程序上是错误的。See *Societe Générale de Compensation* v. *Ackerman* ［1972］1 GLR 413 at 433 – 434. See generally F. S. Tsikata, 'Actions in Respect of Foreign Currency Obligations' （1987 – 1988）26 *Review of Ghana Law* 234；R. E. Bannermah, 'Award of Damages in Foreign Currency: A Critical Look at the Judgments' （1993 – 1995）19 *Review of Ghana Law* 231.

③ *Mensah* v. *National Savings and Credit Bank* ［1989 – 1990］1 GLR 620；*Hungarotex Foreign Trading Co.* v. *Boateng* ［1984 – 1986］1 GLR 611.

外币作出，对判决金额适用的利率应是外币的利率。① 同样，如果判决债务、金钱或赔偿以外币支付，外国在外汇中调整货币交易的规则将决定它们的利率，除非缔约当事人明确作出了相反的规定或约定。② 在判决以外币作出时，汇率应适用支付之日而不是判决作出之日或违约之日的汇率。③

加纳法院曾判定，在支付国没有明确的成文法限制时，国际货物或服务合同的当事人可就支付的货币作出法律选择决定，他们所选择的货币可能不同于交易发生国的法定货币。不过，如果当事人在合同中没有明确的货币选择条款，支付的货币被推定为交易发生地的法定货币。④

历史上，经 1986 年《外汇管制（修正）法》修正的 1961 年《外汇管制法》对在加纳进行的外币支付或接收外币施加了不同的限制。⑤ 《外汇管制法》现已被 2006 年的《外汇法》废除。《外汇法》没有规定禁止合同当事人以外币进行交易。⑥ 但是，对以外币进行的支付有一些程序上的限制。根据《外汇法》第 15 条第 1 款，来往加纳的外币支付——在加纳居民和非居民之间或在非居民之间——应通过银行进行。来往加纳的外汇转账也应通过被许可从事货币转账的人士进行。⑦

二　肯尼亚

人们有权利用本应使用的实际货币解除货币债务，无论该货币的价值是否存在贬值。在肯尼亚法院审理的一个案件中，原告借给被告 1000 黎凡

---

① *National Investment Bank Ltd v. Silver Peak Ltd* ［2003 – 2004］SCGLR 1008；*Butt v. Chapel Hill Properties Ltd* ［2003 – 2004］SCGLR 636 at 661 – 663；*Royal Dutch Airlines v. Farmex Ltd* (*No.* 2) ［1989 – 1990］2 GLR 682.

② *Ghana Ports and Harbours Authority v. Issoufou* ［1993 – 1994］1 GLR 24 at 50 – 52.

③ *Hungarotex Foreign Trading Co. v. Boateng* ［1984 – 1986］1 GLR 611.

④ *Delmas America Africa Line Inc. v. Kisko Products Ghana Ltd* ［2005 – 2006］SCGLR 75 at 99 – 100.

⑤ 对于它的一些规定的分析，see *Sam Jonah v. Duodu – Kumi* ［2003 – 2004］SCGLR 50；*Takoradi Flour Mills v. Samir Faris* ［2005 – 2006］SCGLR 882。

⑥ See generally *Sam Jonah v. Duodu – Kumi* ［2003 – 2004］SCGLR 50.

⑦ Foreign Exchange Act 2006，s. 15（3）.

特元（Maria Theresa dollar），法院认为被告有权用这些货币还款，尽管黎凡特元已大幅贬值。①

肯尼亚法院有权作出外币判决。② 但这种管辖权需谨慎行使。法院曾指出，考虑到国际货币市场上肯尼亚先令贬值迅速，如果允许一方当事人利用司法程序获得异乎寻常的利润就会违反公共政策。③ 如果判决是以外币作出的，汇率应适用支付之日而不是判决作出之日或交易发生之日的汇率。④但在 *Charles Thys v. Herman Steyn* 案⑤中，法院判定，有关外汇转换的决定（能否转换、在何种情况下转换）取决于法院所认定的"每一案件事实"，法院应考虑每一请求的实体问题、相关的法律原则以及公共政策因素等。

三　尼日利亚

从历史上看，尼日利亚法院无权作出外币判决。⑥ 不过，今非昔比——尼日利亚法院现在有权作出外币判决了。⑦ 当事人有权以当地货币或外国货

---

① *Abdurrehman v. Hamed*［1897 – 1905］EAP LR 11.

② *Beluf Establishment v. AG*［1993］eKLR. 在过去，法院不愿作出外币判决。See *Universal TPT Co. Ltd v. Tzortzis*［1973］EA 310 at 311；*Life Insurance Corporation of India v. Valji*［1968］EA 225；*Intercontinental Greetings v. Kenya Litho Ltd*［1976 – 1985］1 EA 141.

③ *Charles Thys v. Herman Steyn*［2006］eKLR.

④ *Beluf Establishment v. AG*［1993］eKLR；*Ingra v. National Construction Corporation*［1987］KLR 652. But see *Universal TPT Co. Ltd v. Tzortzis*［1973］EA 310. 在该案中法院认为，如果一项债务需要从一种货币兑换成另一种货币，应根据债务到期日的汇率进行兑换。

⑤ ［2006］eKLR.

⑥ *Aluminium Industries Aktien Gesellschaft v. Federal Board of Inland Revenue* 1971（2）ALR Comm. 121 at 135，［1971］2 NCLR 121 at 135.

⑦ *Koya v. United Bank for Africa Ltd*［1997］1 NWLR 251 at 276 – 289；*Saeby Jernstoberi Maskinfabric A/S v. Olaogun Enterprises Ltd*［2001］11 WRN 179 at 196 – 197（On appeal from *Olaogun Enterprises Ltd v. Saeby Jernstoberi & Maskinfabrik*［1992］4 NWLR 361）；*Afribank Nigeria Plc v. Akwara*［2006］5 NWLR 619 at 644 and 656；*Erik Emborg Export v. Jos International Breweries Plc*［2003］5 NWLR 505 at 533；*Nwankwo v. Ecumenical Development Co – operative Society*［2002］NWLR 513 at 543；*Tankereederi Ahrenkiel GmbH v. Adalma International Services Ltd*［1979］2 FNLR 168 at 177 – 178；*Harka Air Services（Nigeria）Ltd v. Keazor*［2006］1 NWLR 160 at 194 and 196 – 197；*Harka Air Services（Nig.）Ltd v. Keazor*［2011］13 NWLR 321 at 355 – 356；*Co-operative and Commerce Bank（Nigeria）Ltd v. Onwuchekwa*［1998］8 NWLR 375 at 123；*Broadline Enterprises Ltd v. Monterey Maritime Corporation*［1995］9 NWLR 1. 不过，有些案件对以外币表示的诉讼请求的性质或作出的外币判决的性质 （转下页注）

币在尼日利亚法院提出自己的请求，如果合同交易是以外币达成的，法院就可能下令实际履行合同。① 实际上，尼日利亚法院一般并不限制以外币提出实体请求，特别是在汇率容易确定的情况下。②

尼日利亚法院曾指出，在债务以外币标价或判决以当地货币作出的情况下，汇率应适用支付之日的汇率。③ 同样，如果仲裁裁决以外币作出，尼日利亚法院就应判决以外币数额支付或为执行目的在支付之日以兑换的等值的奈拉（尼日利亚货币）支付。④

作为一种法律事项，如果原告的请求以外币提出，而且判决也以外币作出，判决的执行就应以同样的货币进行。只有在作为一种恩惠或特殊许可的情况下，才允许判决债务人以当地货币履行其外币债务。此外，如果允许这样做，所适用的汇率应是支付之日的汇率。⑤

在海事事项中，尼日利亚 1991 年《海事管辖权法》授予尼日利亚联邦高等法院针对下列遭受损失的任何当事人以任何财政货币（即根据一国法律被认可的法定货币）作出判决的权力：（a）货物是以或将以外币支付；（b）货物是以外国货币投保的而且所主张的索赔额也在该外币的数额范围内；或（c）货物的对价或损失来源于外币、在外币中产生或被接受（根据情况），或为了向法院提出请求的当事人

（接上页注⑦）存在疑问。*Melwani v. Chanhira Corporation*［1995］6 NWLR 438 at 461 – 469；*Savannah Bank of Nigeria Ltd v. Starite Industries Overseas Corporation*［2001］1 NWLR 194 at 211；*Prospect Textiles Mills（Nig）Ltd v. ICI*［1996］6 NWLR 668. *Wema Bank Plc v. Linton Industrial Trading Nigeria Ltd*［2011］6 NWLR 479 at 511 – 512.

① *Erik Emborg Export v. Jos International Breweries Plc*［2003］5 NWLR 505 at 535；*Pan African Bank Ltd v. Ede*［1998］7 NWLR 422 at 436 – 437；*UBA Ltd v. Ibhafidon*［1994］1 NWLR 90 at 122.

② *BB Apugo and Sons Ltd v. Orthopeadic Hospitals Management Board*［2005］17 NWLR 305 at 338；*Momah v. VAB Petroleum*［2000］2 SC 142；［2000］4 NWLR 534.

③ *Erik Emborg Export v. Jos International Breweries Plc*［2003］5 NWLR 505 at 535.

④ *Saeby Jernstoberi Maskinfabric A/S v. Olaogun Enterprises Ltd*［2001］11 WRN 179 at 197；*Harka Air Services（Nigeria）Ltd v. Keazor*［2006］1 NWLR 160 at 194.

⑤ *Salzgitter Stahl GmbH v. Aridi Industries（Nigeria）Ltd*［1996］7 NWLR 192 at 201 – 202；*Union Bank of Nigeria Plc v. Eskol Paints Nigeria Ltd*［1997］8 NWLR 157；*Akunne Patrick N Anyaorah v. Anyaorah*［2001］7 NWLR 158. But see *Co-operative and Commerce Bank（Nigeria）Ltd v. Onwuchekwa*［1998］8 NWLR 375 at 397. 在该案中，法院依据成文法的规定，采用了违约之日这一规则以确定因违约造成的特殊损害赔偿。

的利益。① 法院以外币作出的判决可以得到执行，如同法院以奈拉作出的判决一样。②

四　南非

货币唯名主义原则是南非法律的一部分。因此，货币债务只需根据货币的票面价值支付即可，而不用考虑该货币购买力的任何波动。③ 南非法院曾判定，通货价值恢复原则（doctrine of revalorisation）——根据这一原则，债务人在有关债务支付的案件中的义务不认为是支付相同数额而是支付相同价值的货币——不违反南非的公共政策。④

南非法院有权作出外币判决。⑤ 实际上，判决债务可部分以一种货币作出，部分以另一种货币作出。⑥ 这种管辖权是自由裁量性的，如果一方当事人具有法律义务以外币量化债务⑦或损失实际上可在外币中"感受到"，⑧法院就会倾向于行使这种自由裁量权作出外币判决。将南非兰特转换成外

---

① Admiralty Jurisdiction Decree 1991, s. 17 (1).

② Admiralty Jurisdiction Decree 1991, s. 17 (2).

③ *SA Eagle Insurance Co. Ltd* v. *Hartley* 1990 (4) SA 833 at 839; *Radell* v. *Multilateral Motor Vehicle Accidents Fund* 1995 (4) SA 24.

④ *Eden* v. *Pienaar* 2001 (1) SA 158. 这一案件并不认为通货价值恢复原则是南非法律的一部分。

⑤ *Standard Chartered Bank of Canada* v. *Nedperm Bank Ltd* 1994 (4) SA 747; *Skilya Property Investments* (*Pty*) *Ltd* v. *Lloyds of London Underwriting* 2002 (3) SA 765 at 815; *Barclays Bank of Swaziland* v. *Mnyeketi* 1992 (3) SA 425; *Elgin Brown and Hamer* (*Pty*) *Ltd* v. *Dampskibsselskabet Torm Ltd* 1988 (4) SA 671; *Murata Machinery Ltd* v. *Capelon Yarns* (*Pty*) *Ltd* 1986 (4) SA 671. 法院过去不愿作出外币判决。*Carroll* v. *Carroll* 1978 (4) SA 714; *Voest Alpine Intertrading Gesellschaft Mbh* v. *Burwill and Co. SA* (*Pty*) *Ltd* 1985 (2) SA 149; *Malilang* v. *MV Houda Pearl* 1986 (2) SA 714.

⑥ See e. g. *Elgin Brown and Hamer* (*Pty*) *Ltd* v. *Dampskibsselskabet Torm Ltd* 1988 (4) SA 671; *Radell* v. *Multilateral Motor Vehicle Accidents Fund* 1995 (4) SA 24.

⑦ *Barclays Bank of Swaziland* v. *Mnyeketi* 1992 (3) SA 425; *Murata Machinery Ltd* v. *Capelon Yarns* (*Pty*) *Ltd* 1986 (4) SA 671.

⑧ *Standard Chartered Bank of Canada* v. *Nedperm Bank Ltd* 1994 (4) SA 747; *Elgin Brown and Hamer* (*Pty*) *Ltd* v. *Dampskibsselskabet Torm Ltd* 1988 (4) SA 671; *Mediterranean Shipping Co. Ltd* v. *Speedwell Shipping Co. Ltd* 1989 (1) SA 164; *Macs Maritime Carrier* v. *Keeley Forwarding & Stevedoring* (*Pty*) *Ltd* 1995 (3) SA 377; *The MV Sea Joy* v. *The MV Sea Joy* 1998 (1) SA 487 at 509.

国货币的日期应是实际支付之日，而不是债务到期之日。① 南非法院可对货币属于某一国家进行司法认知。不过，它不能对两种货币的汇率进行司法认知——有关汇率的证明必须提供给法院。②

南非法院在行使海事管辖权时，在遵守有关外汇管制的任何法律规定的情况下，可以下令以外币进行支付，只要案情适合这样做，而且法院还可就不同货币之间的转换计算的日期作出它认为公正的命令。③ 南非《海事管辖权规则法》第 5 条第 2 款（g）项授予法院自由裁量权，以选择将外币请求转换成兰特请求的适当或公正日期。法院指出，法院不会就该自由裁量权行使的方式制定任何一项规则。④

五　坦桑尼亚

坦桑尼亚法院可以作出外币判决。⑤ 在过去，坦桑尼亚法院采取的观点是，它们只能作出坦桑尼亚先令的判决。⑥

六　乌干达

乌干达法院有权作出外币判决。⑦ 因此，一项外币请求是可以执行的。⑧

① *Murata Machinery Ltd* v. *Capelon Yarns*（*Pty*）*Ltd* 1986（4）SA 671；*Skilya Property Investments*（*Pty*）*Ltd* v. *Lloyds of London Underwriting* 2002（3）SA 765 at 815. 更早时候，一些法院倾向于违约发生之日. *Voest Alpine Intertrading Gesellschaft Mbh* v. *Burwill and Co. SA*（*Pty*）*Ltd* 1985（2）SA 149.

② *Barclays Bank of Swaziland* v. *Mnyeketi* 1992（3）SA 425 at 427.

③ Admiralty Jurisdiction Regulation Act 1983，s. 5（2）（g）. *MT Argun*；*Master and Crew of the MT Argun* v. *MT Argun* 2003（3）SA 149；*Mediterranean Shipping Co. Ltd* v. *Speedwell Shipping Co. Ltd* 1989（1）SA 164；*Macs Maritime Carrier* v. *Keeley Forwarding & Stevedoring*（*Pty*）*Ltd* 1995（3）SA 377.

④ *Scallop Petroleum Company* v. *The Fund Comprising the Proceeds of the Sale of The MV Jade Transporter* 1987（1）SA 935.

⑤ *Attorney General* v. *Sisi Enterprises Ltd*［2007］2 EA 33；*Transport Equipment* v. *Valambhia*［1993］TLR 91.

⑥ *Continental Agencies* v. *AC Berrill*［1971］EA 205.

⑦ *Interfreight Forwarders*（*U*）*Ltd* v. *East African Development Bank*，Civil Appeal No. 33 of 1992（Supreme Court, Uganda, 1993）.

⑧ *Katatumba* v. *Uganda Cooperative Transport Union Ltd*［1994］V Kam. LR 138；*Willy Owacha* v. *Ringa Enterprises Ltd*［1995］Kam. LR 816.

如果外币需要转换成乌干达先令, 汇率应是乌干达官方银行的正式汇率。①

七　赞比亚

赞比亚法院可以作出外币判决。在这种情况下, 所适用的汇率应是判决执行之日的汇率。② 此外, 在以赞比亚货币克瓦查进行的交易中, 赞比亚法院不允许通过以更早的和更为优惠的汇率储存相同价值的外币, 然后按照目前的汇率将该外币重新转换为克瓦查的方式, 来试图规避克瓦查的贬值。③ 为了说明这一点, 试举 *Zambia Industrial Mining Corp. v. Lishomwa Muuka* 案④为例。该案涉及一起在 1975 年违约出售一栋价值 6 万克瓦查的房屋的诉讼。原告声称它的损失估价已达 1.25 亿克瓦查。这一价值是通过将 1975 年的 6 万克瓦查转换成等值的美元, 然后再按照目前的汇率将美元转换成克瓦查而计算出来的。但法院没有接受这种计算损失的方法。⑤

八　津巴布韦

津巴布韦法院可以作出外币裁决, 在许可执行裁决时, 转换日期应是支付之日。⑥ 如果法院必须将外币转换成津巴布韦元或将津巴布韦元转换成外币, 它们将适用官方汇率, 而不是外汇平行市场上的汇率, 即使适用官

---

① *JK Patel* v. *Spear Motors Ltd* ［1993］ Kam. LR 145 at 157；*JK Patel* v. *Spear Motors Ltd* ［1993］ 1 Kam. LR 40 at 51.

② *Zambia Export and Import Bank Ltd* v. *Mkuyu Farms Ltd* （1993 - 1994） ZR 36 at 40.

③ *Zambia Industrial Mining Corporation* v. *Lishomwa Muuka* （1998） ZR 1.

④ （1998） ZR 1.

⑤ See also *Chinjavata* v. *The Administrator General* （2004） ZR 184；*Chibesakunda* v. *Mahtani* （1998） ZR 60.

⑥ *Makwindi Oil Procurement Ltd* v. *National Oil Company of Zimbabwe* 1988 （2） ZLR 482, 1989 （3） SA 191 （upholding *Makwindi Oil Procurement Ltd* v. *National Oil Company of Zimbabwe* 1988 （2） SA 690 on this point）. 历史上情况不是这样, see *National Food Distributors* v. *Weltman* 1985 （2） ZLR 310 at 311 - 312. See generally *Avacalos* v. *Riley*, HC 2022/06 （High Court, Zimbabwe, 2007）。

方汇率会使一方当事人处于严重不利地位。① 不过，在适当情况下，而且在判决执行不存在异议的情况下，法院可能坚持以外币作出的判决应以外币执行。② 实际上，如果当事人特别约定贷款应以外币偿还，法院就会下令以专门约定的方式履行，除非存在履行不能。③

　　法院会审查案件的实体问题，以查明原告是否有必需的依据以外币提出主张。在进行审查时，原告的动机无论多么值得赞赏，都无助于确定用哪种货币来反映其所遭受的真实损失。在侵权主张中，原告必须提出以外币提出请求的依据，他需要证明正是由于在那种外币中，他才"切实遭受或感受到"损失。④ 这种做法也适用于合同请求。⑤ 在遭受损失且该损失可以当地货币和外币计算时，津巴布韦法院有权自由决定以哪种货币作出判决，以便能对遭受的损失提供救济，使原告得到充分赔偿。这样，在当地货币因通胀而大幅贬值，且原告不能充分获得赔偿时，津巴布韦法院就可能以外币作出判决。⑥

　　当裁决是以外币作出时，利息也应根据该货币的适当利率计算。⑦ 在这方面，津巴布韦法院对记账货币⑧和支付货币⑨进行了区分。如果记账货币和支付货币是一样的，利率取决于记账货币。但如果支付货币不同于记账

---

① *Echodelta Ltd v. Kerr and Downey Safaris Ltd* 2004（1）SA 508；*Zimbabwe Development Bank v. Zambezi Safari Lodges（Pvt）Ltd*，HC 703/2003（High Court，Zimbabwe，2006）；*Lowveld Leather Products（Pvt）Ltd v. International Finance Corporation Ltd* 2003（1）ZLR 78. 不过，法院可通过在平行市场上获得外币使合同得以履行。*Meristem Investment Ltd v. NMB Bank* 2002（2）ZLR 729.

② *Chiraga v. Msimuko* 2002（2）ZLR 368，2004（1）SA 98.

③ *Lowveld Leather Products（Pvt）Ltd v. International Finance Corporation Ltd* 2003（1）ZLR 78.

④ *Makwindi Oil Procurement Ltd v. National Oil Company of Zimbabwe* 1988（2）ZLR 482 at 494，1989（3）SA 191 at 199；*Muzeya v. Marais* 2004（1）ZLR 326.

⑤ *Watergate（Pvt）Ltd v. Commercial Bank of Zimbabwe*，Judgment No. SC 78/05（Supreme Court，Zimbabwe，2006）.

⑥ *Fabiola v. Louis*，HC 6487/07（High Court，Zimbabwe，2009）.

⑦ *PTC v. Xan Zhong* 1999（1）ZLR 525 at 527；*Industrial Equity Ltd v. Walker* 1996（1）ZLR 85 at 108 – 109；*AMI Zimbabwe Ltd v. Casalee Hldgs（Successors）Ltd* 1997（2）ZLR 77 at 86 – 87；*Nicholas v. Pearl General Insurance Co.* 1994（1）ZLR 193 at 211；*Mawere v. Mukuna* 1997（2）ZLR 361.

⑧ 记账货币是债务予以计算的货币。它可指明债务人应付债务的数额。

⑨ 支付货币是履行债务的货币。它指明债务人通过何种方式进行支付。

货币，并且除非约定了明确的利率，所使用的利率应是适用于支付货币的法定利率。[①] 因此，如果记账货币是英镑，而支付货币是津巴布韦元，利率就应适用津巴布韦元的法定利率。[②]

九 评论

非洲经济经常面临高通胀和汇率贬值。这样，涉及外币的请求就会引起相关当事人的关注。在此类请求中，法院判决的经济影响对于当事人来说可能非常巨大。这可以在津巴布韦法院审理的 *Echodelta Ltd. v. Kerr and Downey Safaris* 案[③]中反映出来。该案中原告是一家外国公司，试图追偿与津巴布韦元等值的 90385.06 美元的债务。被告同意法院的判决，并按照 55∶1 的官方汇率支付了相应的津巴布韦元。原告拒绝接受这一支付，要求按照平行市场 300~350∶1 的汇率进行支付。原告认为，出于公正考虑，他不应因津巴布韦元的贬值而遭受损失。被告主张，根据津巴布韦成文法，从未经授权的交易者手中获取外币或以高于官方汇率的方式进行支付是非法的。法院在承认在适当情况下它有权作出外币判决后，认为它不能下令按官方汇率以外的其他汇率进行支付，即使存在外汇平行市场。法院最终命令被告按照官方汇率 55∶1 支付了等值的津巴布韦元。[④] 这样做的后果是，原告只是追回最初 90385.06 美元债务中约 18000 美元的债务！

在涉及外币的诉讼中，诸如法院能否作出外币判决、应使用哪种汇率和利率、外汇管制法会产生哪些影响等问题以及其他问题就变得至关重要了。本章分析了在所研究的国家内的法院是如何解决这些问题的。在执行外国判决、扶养令以及仲裁裁决中所产生的外币请求将分别在第十七、十八和十九章中进行讨论。

[①] *Mawere v. Mukuna* 1997（2）ZLR 361.

[②] *Chisese v. Garamukanwa* 2002（2）ZLR 392.

[③] 2004（1）SA 508.

[④] But see *Meristem Investment（Pvt）Ltd v. NMB Bank Ltd* 2002（2）ZLR 729，法院在该案中指出，如果被告从平行市场上为原告购买了外币，以便原告能够支付他之前的合同债务，被告就有权从原告的账户上扣除这笔款项。

在所研究的国家内，货币唯名主义原则①似乎根深蒂固。但已决案例——可追溯至 1897 年——大部分是在国内语境中作出的。② 采用这一原则有实用主义的理由——如果在提供救济时，法院不得不对货币的实际价值或购买力进行评估，就会带来极大困难和不确定性。由于非洲国家长期存在较高水平的通胀和货币贬值，构成这一原则基础的哲学是否仍坚如磐石，还令人怀疑。在国内语境中，有人认为坚持货币唯名主义原则会阻碍当事人通过司法机构寻求救济，从而可能会破坏一国的法律制度。③ 在国际语境中，坚持货币唯名主义原则则会鼓励当事人在交易中使用更为稳定的货币，这就会为此类货币的需求带来更多压力。实际上，在所研究的一些国家内——津巴布韦是最好的、最近的例子——在国内交易中使用外币是一种常见的现象。这种现象因外汇管制制度的消除而得到强化。但是，由于这一原则已牢固确立，除非当事人在交易中采取自我保护措施，否则法院不可能通过克服国内货币价值的负面变化而对其提供帮助。

从历史上看，所研究的大多数国家的法院都不愿作出外币判决。这么做的理由不难发现。正如奥莫洛（Omolo）法官一语中的指出的，"我能想出来的唯一理由是，英国法就是这样规定的，因此，肯尼亚法律也必须如此"。④ 不过，在南非，经过审慎的历史考察后，斯特格曼（Stegmann）法官的结论是，法院不能作出外币判决的英国立场"与我们的法律是完全格格不入的"。⑤ 当英国的立场改变时，⑥ 所研究的一些国家的法院并没有追随

---

① 法院判定，一项以外币表示的债务涉及根据该外币所属国的法律，在支付之日以法定货币支付该债务票面价值的义务。

② M. Greig，'Foreign Currency and Interest Awards in the context of fluctuating Inflation and Currency rates'（2009）126 *South African Law Journal* 124；H. J. A. N. Mensa - Bonsu，'The Ghana Legal System in an Inflationary Economy'（1996 - 2000）20 *Review of Ghana Law* 115；J. W. G. Van de Walt，'Currency Fluctuations，Inflation and the Date with Regard to which Delictual Damage must be Assessed：Towards a clearer Understanding of the Issues Involved'（2002）119 *South African Law Journal* 649.

③ H. J. A. N. Mensa-Bonsu，'The Ghana Legal System in an Inflationary Economy'（1996 - 2000）20 *Review of Ghana Law* 115 at 117 - 118.

④ *Beluf Establishment v. AG*［1993］eKLR.

⑤ *Barclays Bank of Swaziland v. Mnyeketi* 1992（3）SA 425 at 435.

⑥ *Miliangos v. George Frank（Textiles）Ltd*［1976］AC 443. 对于该案在其他法域被接受情况的比较全面和比较性的分析，see Vaughan Black，*Foreign Currency Claims in the Conflict of Laws*（Oxford：Hart Publishing，2010）.

其脚步。这些国家不愿改变其立场的原因包括国内外汇管制立法的存在、保留外汇的需求、国内货币的持续通胀以及国内的发展水平等。

不过，现在可以非常确定的是，所研究的许多国家的法院都可以作出外币判决了。法院作出外币判决的管辖权在很大程度上仍是法官造法的结果，它们并没有明确规定在成文法中，① 但这种管辖权的范围十分广泛。换句话说，法院能否作出外币判决这一问题在很大程度上都留待法院决定了。在过去，一些法院试图将它们的管辖权仅仅限制于追索外币债务的请求，或约定以外币支付的合同的实际履行的请求。但现在情况完全不同了。目前，也可在因违约和侵权追索债务或赔偿的诉讼中，以及在执行外国判决或仲裁裁决的诉讼中行使此类管辖权。

是否存在作出外币判决的管辖权这一问题，不同于根据某一特定案件的事实是否应行使此类管辖权这一问题。即使普遍承认存在这种管辖权，在一些已决案例中应行使此类管辖权的理由仍一直有争议。总的来看，法院强调的是，当事人是以外币进行交易的，或他们的损失可在外币中感受出来。例如，法院曾指出，如果当事人"彼此没有以外币进行交易"，法院作出外币判决就是错误的。② 这种作出外币判决的方法应受到欢迎——不应援引或行使作出外币判决的管辖权以便使一方当事人能够规避因持有一国国内货币而产生的风险。

除作出外币判决的管辖权外，所研究的一些国家的法院也曾指出，判决的执行也可以外币进行。在尼日利亚，成文法在海事事项中规定了这一立场。③ 如果允许以外币执行判决，就"不会产生转换为当地货币的问题"，④ 也不会产生因此种转换而带来的外币损失问题，即使转换是在支付之日进行的。这对于判决债权人来说是一个极大的好处。

法院一贯坚持在对货币进行转换时，应适用官方汇率。在所研究的许多国家内，官方汇率可能低于非官方汇率。在南非和津巴布韦，法院曾经

---

① 有一些成文法明确授权法院可以作出外币判决。See Nigeria – Admiralty Jurisdiction Decree 1991, s. 17; South Africa – Admiralty Jurisdiction Regulation Act 1983, s. 5 (2) (g).

② *Mensah* v. *National Savings and Credit Bank* [1989 – 1990] 1 GLR 620 at 625.

③ Admiralty Jurisdiction Decree 1991, s. 17 (2)，该法规定，尼日利亚联邦高等法院以外币作出的判决可以得到执行，就如同法院以奈拉作出的判决一样。

④ *Salzgitter Stahl GmbH* v. *Aridi Industries (Nigeria) Ltd* [1996] 7 NWLR 192 at 202.

判定，法院不会对汇率或外汇短缺情况进行司法认知。① 一般而言，即使在所研究的国家内，外汇管制法都已取消，在将外汇转移到国外时，仍然会受到一些限制——主要是程序性的。② 这样，即使判决债权人能够以外币执行判决，其在将外币转移至境外时仍可能遇到障碍。

在任何外币请求中，一个重要的问题就是外币的转换日期问题。③ 如果判决以外币作出而执行应以国内货币进行，或如果要求赔偿损失或追索债务的请求是以国内货币提出的，而遭受的损失或债务是以外币表示的，在这些情况下进行货币转换，无论货币转换的需要因何而起，在转换中可能损失或赚取的货币数额通常非常可观。在所研究的一些国家内，通过立法对某些特定事项中的这一问题做了规定，如汇票以及执行外国判决特别是通过登记方式执行外国判决的诉讼等事项。例如，根据南非 1964 年《汇票法》第 70 条（d）项，如果一项汇票在南非国外签发但在南非境内支付，而且支付的数额是以外币表示的，在缺乏明确的相反约定时，这一数额应根据汇票支付之日支付地的即期汇票的汇率进行转换。④

除了成文法对货币转换日期作出规定外，所研究的国家内的一些既决案例也反映出对支付之日进行转换这一规则的广泛认可。换言之，在需要对货币进行转换时，将外国货币转换为国内货币应根据实际支付之日的汇率进行。应严格坚守这一规则还是可以偏离这一规则，还值得探讨。概而

---

① *Chiraga v. Msimuko* 2002（2）ZLR 368，2004（1）SA 98.

② 例如，根据加纳 2006 年《外汇管制法》第 15 条，加纳居民和非居民之间或非居民之间向加纳国内或从加纳国内向外作出的外币支付必须通过银行作出。See also Nigeria – Foreign Exchange（Monitoring and Miscellaneous Provisions）Act 1995.

③ A. V. Wyk,‘Judgments in a Foreign Currency’（1991）3 *South African Mercantile Law Journal* 197.

④ See also Botswana – Bills of Exchange Act 1964，s. 71（d）；Ghana – Bills of Exchange Act 1961，s. 71（d）；Kenya – Bills of Exchange Act 1927，s. 72（d）；Malawi – Bills of Exchange Act 1967，s. 72（d）；Namibia – Bills of Exchange Act 2003，s. 66（e）；Nigeria – Bills of Exchange Act 1917，s. 72（d）；Tanzania – Bills of Exchange Act 1931，s. 72（d）；Uganda – Bills of Exchange Act 1933，s. 71（d）；Zimbabwe – Bills of Exchange Act 1895，s. 71（d）. 这些规定都是依据现在已废除的英国 1882 年《汇票法》第 72 条第 4 款制定的。1882 年《汇票法》目前在冈比亚和赞比亚仍然适用，但不清楚已废除的第 72 条第 4 款规定是否在这两个国家适用。同样可参见尼日利亚阿南布拉州《合同法》第 442 条，该条规定，如果违约赔偿请求是以外币作出的，这一请求应根据违约之日的汇率转换成尼日利亚货币。

观之，考虑到作出外币判决的管辖权的自由裁量性质，国内法院很可能在适当情况下偏离这一规则。的确，在南非，对于海事事项，法院有权就货币转换日期作出它认为"公正的"裁决。[1]

所研究的一些国家的法院还深受外币判决的利息这一问题的困扰。总的来看，这些国家的利率比大多数发达国家的利率要高出很多。因此，如果判决以外币作出而使用的是国内利率，判决债权人就会获得过多赔偿。加纳和津巴布韦法院曾指出，如果判决以外币作出，所使用的利率应是外币所属国的利率。这种方法比较公正，而且具有商业意义。[2]

---

[1]　Admiralty Jurisdiction Regulations Act 1983, s. 5（2）（g）.

[2]　南非法院的相反观点受到批评，See M. Greig, 'Foreign Currency and Interest Awards in the context of fluctuating Inflation and Currency rates'（2009）126 *South African Law Journal* 124。

第十章
汇票

汇票可能在一国签发，在第二个国家承兑，在第三个国家议付。从国际私法的角度看，这会产生适用哪一个国家的法律来确定持票人和汇票其他当事人如出票人、受票人和背书人相互间的权利的问题。除了与汇票权利转让有关的问题外，还有其他与汇票有关的合同事项会涉及国际私法问题，包括汇票的形式和实质有效性、汇票的解释、当事人的义务以及支付的货币。这些问题是本章的重点。

一　博茨瓦纳

如果在某一国家签发的汇票要在另一国家进行议付、承兑或支付，汇票当事人的权利、义务和责任就应按下列方式确定：有关该汇票形式要件的有效性应根据出票地法律确定；每一随后合同如承兑、背书或已拒付汇票的参加承兑（acceptance for honour supra protest）的形式要件有效性应根据此类合同的缔结地法确定。但是，如果一项汇票是在博茨瓦纳之外签发的，它不会仅仅因为没有根据出票地法律加盖印章就被认为是无效的。此外，如果在博茨瓦纳以外签发的汇票在形式要件方面符合博茨瓦纳法律规定，为执行支付目的，在博茨瓦纳议付、持有该汇票的所有当事人之间，或在博茨瓦纳成为该汇票的当事人的所有当事人之间，该汇票就应被视为是有效的。[①]

对于汇票出票人、背书人、承兑人或已拒付汇票的参加承兑人的合同

[①]　Bills of Exchange Act 1964, s. 71（a）.

的解释，应根据此类合同的缔结地法确定。不过，如果一项在博茨瓦纳签发和支付的汇票在其他地方被背书，则就支付人而言，该背书应根据博茨瓦纳法律进行解释。①② 持票人有关承兑或支付的提示义务，以及汇票异议或拒付通知（或其他）的必要性或充分性，应根据此类行为实施地法律或汇票被拒付地法律确定。如果一项汇票在博茨瓦纳之外签发，但在博茨瓦纳支付，而且支付的金额不是用博茨瓦纳货币表示的，在缺乏明确的相反约定时，该金额应根据汇票支付之日支付地的即期汇票的汇率进行转换。③ 如果一项汇票在一国签发而在另一国支付，汇票金额转换日期应根据支付地法律确定。④

二 冈比亚

根据冈比亚 1953 年《英国法（适用）法》第 2 条，英国 1882 年《汇票法》在冈比亚仍然有效。⑤ 该法第 72 条涉及汇票的冲突法问题。第 72 条第 4 款涉及以外币表示的汇票的汇率问题，除这一款规定已被废除外，第 72 条与下面其他国家报告分析的规定是一样的。实际上，在所研究的国家内，所有涉及汇票的成文法都是根据英国 1882 年《汇票法》制定的。此处就不再分析该法第 72 条的规定。

三 加纳

如果在某一国家签发的汇票要在另一国家进行议付、承兑或支付，汇票当事人的权利、义务和责任就应按下列方式确定：有关该汇票形式要件的有效性应根据出票地法律确定；每一随后合同如承兑、背书或荣誉承兑（acceptance supra protest）的形式要件有效性应根据此类合同的缔结地法确

---

① Bills of Exchange Act 1964, s. 71 (b).
② Bills of Exchange Act 1964, s. 71 (c).
③ Bills of Exchange Act 1964, s. 71 (d).
④ Bills of Exchange Act 1964, s. 71 (e).
⑤ 该法规定，根据本法及其他法律的规定，在 1888 年 11 月 1 日在英国施行的普通法、衡平原则和普遍适用的成文法，应在冈比亚施行。

定。但是，如果一项汇票是在加纳之外签发的，它不会仅仅因为没有根据出票地法律加盖印章就被认为是无效的。此外，如果在加纳以外签发的汇票在形式要件方面符合加纳法律规定，为执行支付目的，在加纳议付、持有该汇票的所有当事人之间，或在加纳成为该汇票当事人的所有当事人之间，该汇票就应被视为是有效的。①

对于汇票出票、背书、承兑或荣誉承兑的解释，应根据此类合同的缔结地法确定。不过，如果一项在加纳签发和支付的汇票在其他国家被背书，则就支付人而言，该背书应根据加纳法律进行解释。② 持票人有关承兑或支付的提示义务，以及汇票异议或拒付通知（或其他）的必要性或充分性，应根据此类行为实施地法律或汇票被拒付地法律确定。③ 如果一项汇票在加纳之外签发，但在加纳支付，而且支付的金额不是用加纳货币表示的，在缺乏明确的相反约定时，该金额应根据汇票支付之日支付地的即期汇票的汇率进行转换。④ 如果一项汇票在一国签发而在另一国支付，汇票金额转换日期应根据支付地法律确定。⑤

四　肯尼亚

根据肯尼亚法律，如果在某一国家签发的汇票要在另一国家进行议付、承兑或支付，汇票当事人的权利、义务和责任就应按下列方式确定：有关该汇票形式要件的有效性应根据出票地法律确定；每一随后合同如承兑、背书或荣誉承兑的形式要件有效性应根据此类合同的缔结地法确定。但是，如果一项汇票是在肯尼亚之外签发的，它不会仅仅因为没有根据出票地法律加盖印章，就被认为是无效的。此外，如果在肯尼亚以外签发的汇票在形式要件方面符合肯尼亚法律规定，为执行支付目的，在肯尼亚议付、持有该汇票的所有当事人之间，或在肯尼亚成为该汇票当事人的所有当事人

---

① Bills of Exchange Act 1961, s. 71 (a).
② Bills of Exchange Act 1961, s. 71 (b).
③ Bills of Exchange Act 1961, s. 71 (c).
④ Bills of Exchange Act 1961, s. 71 (d).
⑤ Bills of Exchange Act 1961, s. 71 (e).

之间，该汇票就应被视为是有效的。①

对于汇票出票、背书、承兑或荣誉承兑的解释，应根据此类合同的缔结地法确定。不过，如果一项在肯尼亚签发和支付的汇票在其他国家被背书，则就支付人而言，该背书应根据肯尼亚法律进行解释。② 持票人有关承兑或支付的提示义务，以及汇票异议或拒付通知（或其他）的必要性或充分性，应根据此类行为实施地法律或汇票被拒付地法律确定。③ 如果一项汇票在肯尼亚之外签发，但在肯尼亚支付，而且支付的金额是以外币表示的，在缺乏明确的相反约定时，该金额应根据汇票支付之日支付地的即期汇票的汇率进行转换。④ 如果一项汇票在一国签发而在另一国支付，汇票金额转换日期应根据支付地法律确定。⑤

五 马拉维

如果在某一国家签发的汇票要在另一国家进行议付、承兑或支付，汇票当事人的权利、义务和责任就应按下列方式确定：有关该汇票形式要件的有效性应根据出票地法律确定；每一随后合同如承兑、背书或荣誉承兑的形式要件有效性应根据此类合同的缔结地法确定。但是，如果一项汇票是在马拉维之外签发的，它不会仅仅因为没有根据出票地法律加盖印章就被认为是无效的。此外，如果在马拉维以外签发的汇票在形式要件方面符合马拉维法律规定，为执行支付目的，在马拉维议付、持有该汇票的所有当事人之间，或在马拉维成为该汇票当事人的所有当事人之间，该汇票就应被视为是有效的。⑥

对于汇票出票、背书、承兑或荣誉承兑的解释，应根据此类合同的缔结地法确定。不过，如果一项在马拉维签发和支付的汇票在其他国家被背

---

① Bills of Exchange Act 1927, s. 72 (a).
② Bills of Exchange Act 1961, s. 72 (b).
③ Bills of Exchange Act 1961, s. 72 (c).
④ Bills of Exchange Act 1961, s. 72 (d).
⑤ Bills of Exchange Act 1961, s. 72 (e).
⑥ Bills of Exchange Act 1967, s. 72 (a).

书，则就支付人而言，该背书应根据马拉维法律进行解释。① 持票人有关承兑或支付的提示义务，以及汇票异议或拒付通知（或其他）的必要性或充分性，应根据此类行为实施地法律或汇票被拒付地法律确定。② 如果一项汇票在马拉维之外签发，但在马拉维支付，而且支付的金额是以外币表示的，在缺乏明确的相反约定时，该金额应根据汇票支付之日支付地的即期汇票的汇率进行转换。③ 如果一项汇票在一国签发而在另一国支付，汇票金额转换日期应根据支付地法律确定。④

六　纳米比亚

如果在某一国家签发的汇票要在另一国家进行议付、承兑或支付，汇票当事人的权利、义务和责任就应按下列方式确定：有关该汇票形式要件的有效性应根据出票地法律确定；每一随后合同如承兑、背书或荣誉承兑的形式要件有效性应根据此类合同的缔结地法确定。但是，如果一项汇票是在纳米比亚之外签发的，它不会仅仅因为没有根据出票地法律加盖印章就被认为是无效的。此外，如果在纳米比亚以外签发的汇票在形式要件方面符合纳米比亚法律规定，为执行支付目的，在纳米比亚议付、持有该汇票的所有当事人之间，或在纳米比亚成为该汇票当事人的所有当事人之间，该汇票就应被视为是有效的。⑤

对于汇票出票、背书、承兑或荣誉承兑的解释，应根据此类合同的缔结地法确定。不过，如果一项在纳米比亚签发和支付的汇票在其他国家被背书，则就支付人而言，该背书应根据纳米比亚法律进行解释。⑥ 持票人有关承兑或支付的提示义务，以及汇票异议或拒付通知（或其他）的必要性或充分性，应根据此类行为实施地法律或汇票被拒付地法律确定。⑦ 如果一

---

① Bills of Exchange Act 1967, s. 72 (b).
② Bills of Exchange Act 1967, s. 72 (c).
③ Bills of Exchange Act 1967, s. 72 (d).
④ Bills of Exchange Act 1967, s. 72 (e).
⑤ Bills of Exchange Act 2003, s. 66 (a) (b).
⑥ Bills of Exchange Act 2003, s. 66 (c).
⑦ Bills of Exchange Act 2003, s. 66 (d).

项汇票在纳米比亚之外签发，但在纳米比亚支付，而且支付的金额是以外币表示的，在缺乏明确的相反约定时，该金额应根据汇票支付之日支付地的即期汇票的汇率进行转换。[①] 如果一项汇票在一国签发而在另一国支付，汇票金额转换日期应根据支付地法律确定。[②]

七 尼日利亚

如果在某一国家签发的汇票要在另一国家进行议付、承兑或支付，汇票当事人的权利、义务和责任就应按下列方式确定：有关该汇票形式要件的有效性应根据出票地法律确定；每一随后合同如承兑、背书或荣誉承兑的形式要件有效性应根据此类合同的缔结地法确定。但是，如果一项汇票是在尼日利亚之外签发的，它不会仅仅因为没有根据出票地法律加盖印章就被认为是无效的。此外，如果在尼日利亚以外签发的汇票在形式要件方面符合尼日利亚法律规定，为执行支付目的，在尼日利亚议付、持有该汇票的所有当事人之间，或在尼日利亚成为该汇票当事人的所有当事人之间，该汇票就应被视为是有效的。[③]

对于汇票出票、背书、承兑或荣誉承兑的解释，应根据此类合同的缔结地法确定。不过，如果一项在尼日利亚签发和支付的汇票在其他国家被背书，则就支付人而言，该背书应根据尼日利亚法律进行解释。[④] 持票人有关承兑或支付的提示义务，以及汇票异议或拒付通知（或其他）的必要性或充分性，应根据此类行为实施地法律或汇票被拒付地法律确定。[⑤] 如果一项汇票在尼日利亚之外签发，但在尼日利亚支付，而且支付的金额不是以尼日利亚货币表示的，在缺乏明确的相反约定时，该金额应根据汇票支付之日支付地的即期汇票的汇率进行转换。[⑥] 如果一项汇票在一国签发而在另

---

① Bills of Exchange Act 2003, s. 66 (e).
② Bills of Exchange Act 2003, s. 66 (f).
③ Bills of Exchange Act 1917, s. 72 (a).
④ Bills of Exchange Act 1917, s. 72 (b).
⑤ Bills of Exchange Act 1917, s. 72 (c).
⑥ Bills of Exchange Act 1917, s. 72 (d).

一国支付，汇票金额转换日期应根据支付地法律确定。①

八　南非

如果在某一国家签发的汇票要在另一国家进行议付、承兑或支付，汇票当事人的权利、义务和责任就应按下列方式确定：有关该汇票形式要件的有效性应根据出票地法律确定；每一随后合同如承兑、背书或已拒付汇票的参加承兑的形式要件有效性应根据此类合同的缔结地法确定。但是，如果一项汇票是在南非之外签发的，它不会仅仅因为没有根据出票地法律加盖印章就被认为是无效的。在南非以外签发的汇票在形式要件方面只要符合南非法律规定，为执行支付目的，在南非议付、持有该汇票的所有当事人之间，或在南非成为该汇票当事人的所有当事人之间，该汇票就应被视为是有效的。②

对于汇票出票、背书、承兑或荣誉承兑的解释，应根据此类合同的缔结地法确定。不过，如果一项在南非支付的汇票在其他地方被背书，则就支付人而言，该背书应根据南非法律进行解释。③ 持票人有关承兑或支付的提示义务，以及汇票异议或拒付通知（或其他）的必要性或充分性，应根据此类行为实施地法律或汇票被拒付地法律确定。④ 如果一项汇票在南非之外签发，但在南非支付，而且支付的金额不是以南非货币表示的，在缺乏明确的相反约定时，该金额应根据汇票支付之日支付地的即期汇票的汇率进行转换。⑤ 如果一项汇票在一国签发而在另一国支付，汇票金额转换日期应根据支付地法律确定。⑥

九　坦桑尼亚

如果在某一国家签发的汇票要在另一国家进行议付、承兑或支付，汇

---

① Bills of Exchange Act 1917, s. 72 (e).

② Bills of Exchange Act 1964, s. 70 (a) (b).

③ Bills of Exchange Act 1964, s. 70 (c).

④ Bills of Exchange Act 1964, s. 70 (c).

⑤ Bills of Exchange Act 1964, s. 70 (d). See *Tropic Plastic and Packaging* v. *Standard Bank of South Africa* 1969 (4) SA 108.

⑥ Bills of Exchange Act 1964, s. 70 (e).

票当事人的权利、义务和责任就应按下列方式确定：有关该汇票形式要件的有效性应根据出票地法律确定；每一随后合同如承兑、背书或已拒付汇票的参加承兑的形式要件有效性应根据此类合同的缔结地法确定。但是，如果一项汇票是在坦桑尼亚之外签发的，它不会仅仅因为没有根据出票地法律加盖印章就被认为是无效的。此外，如果在坦桑尼亚以外签发的汇票在形式要件方面符合坦桑尼亚法律规定，为执行支付目的，在坦桑尼亚议付、持有该汇票的所有当事人之间，或在坦桑尼亚成为该汇票当事人的所有当事人之间，该汇票就应被视为是有效的。①

对于汇票的出票、背书、承兑或已拒付汇票的参加承兑的解释，应根据此类合同的缔结地法确定。② 不过，如果一项坦桑尼亚的国内汇票在其他国家被背书，则就支付人而言，该背书应根据坦桑尼亚法律进行解释。③

持票人有关承兑或支付的提示义务，以及汇票异议或拒付通知（或其他）的必要性或充分性，应根据此类行为实施地法律或汇票被拒付地法律确定。④ 如果一项汇票在坦桑尼亚之外签发，但在坦桑尼亚支付，而且支付的金额不是以坦桑尼亚货币表示的，在缺乏明确的相反约定时，该金额应根据汇票支付之日支付地的即期汇票的汇率进行转换。⑤ 如果一项汇票在一国签发而在另一国支付，汇票金额转换日期应根据支付地法律确定。⑥

十　乌干达

如果在某一国家签发的汇票要在另一国家进行议付、承兑或支付，汇票当事人的权利、义务和责任就应按下列方式确定：有关该汇票形式要件的有效性应根据出票地法律确定；每一随后合同如承兑、背书或荣誉承兑的形式要件有效性应根据此类合同的缔结地法确定。但是，如果一项汇票是在乌干达之外签发的，它不会仅仅因为没有根据出票地法律加盖印章就

---

① Bills of Exchange Act 1931, s. 72 (1) (a).

② Bills of Exchange Act 1931, s. 72 (1) (b).

③ Bills of Exchange Act 1931, s. 72 (2).

④ Bills of Exchange Act 1931, s. 72 (1) (c).

⑤ Bills of Exchange Act 1931, s. 72 (1) (d).

⑥ Bills of Exchange Act 1931, s. 72 (1) (e).

被认为是无效的。此外，如果在乌干达以外签发的汇票在形式要件方面符合乌干达法律规定，为执行支付目的，在乌干达议付、持有该汇票的所有当事人之间，或在乌干达成为该汇票当事人的所有当事人之间，该汇票就应被视为是有效的。①

对于汇票的出票、背书、承兑或已拒付汇票的参加承兑的解释，应根据此类合同的缔结地法确定。不过，如果一项乌干达的国内汇票在其他国家被背书，则就支付人而言，该背书应根据乌干达法律进行解释。②

持票人有关承兑或支付的提示义务，以及汇票异议或拒付通知（或其他）的必要性或充分性，应根据此类行为实施地法律或汇票被拒付地法律确定。③ 如果一项汇票在乌干达之外签发，但在乌干达支付，而且支付的金额不是以乌干达货币表示的，在缺乏明确的相反约定时，该金额应根据汇票支付之日支付地的即期汇票的汇率进行转换。④ 如果一项汇票在一国签发而在另一国支付，汇票金额转换日期应根据支付地法律确定。⑤

十一　赞比亚

英国 1882 年《汇票法》在赞比亚仍然有效。该法第 72 条涉及汇票的冲突法问题。⑥ 第 72 条第 4 款涉及以外币表示的汇票的汇率问题，除这一款规定已被废除外，第 72 条与前面十个国家的报告分析的规定是一样的。

十二　津巴布韦

如果在某一国家签发的汇票要在另一国家进行议付、承兑或支付，汇票当事人的权利、义务和责任就应按下列方式确定：有关该汇票形式要件的有效性应根据出票地法律确定；每一随后合同如承兑、背书或荣誉承兑

---

① Bills of Exchange Act 1933, s. 71 (a).
② Bills of Exchange Act 1933, s. 71 (b).
③ Bills of Exchange Act 1933, s. 71 (c).
④ Bills of Exchange Act 1933, s. 71 (d).
⑤ Bills of Exchange Act 1933, s. 71 (e).
⑥ See British Acts Extension Act 1923 and English Law (Extent of Application) Act 1963.

的形式要件有效性应根据此类合同的缔结地法确定。但是，如果一项汇票是在津巴布韦之外签发的，它不会仅仅因为没有根据出票地法律加盖印章就被认为是无效的。此外，如果在津巴布韦以外签发的汇票在形式要件方面符合津巴布韦法律规定，为执行支付目的，在津巴布韦议付、持有该汇票的所有当事人之间，或在津巴布韦成为该汇票当事人的所有当事人之间，该汇票就应被视为是有效的。[①]

对于汇票出票、背书、承兑或荣誉承兑的解释，应根据此类合同的缔结地法确定。不过，如果一项在津巴布韦签发和支付的汇票在其他国家被背书，则就支付人而言，该背书应根据津巴布韦法律进行解释。[②] 持票人有关承兑或支付的提示义务，以及汇票异议或拒付通知（或其他）的必要性或充分性，应根据此类行为实施地法律或汇票被拒付地法律确定。[③] 如果一项汇票在津巴布韦之外签发，但在津巴布韦支付，而且支付的金额是以外币表示的，在缺乏明确的相反约定时，该金额应根据汇票支付之日支付地的即期汇票的汇率进行转换。[④] 如果一项汇票在一国签发而在另一国支付，汇票金额转换日期应根据支付地法律确定。[⑤]

十三　评论

汇票的性质导致它容易产生法律冲突问题。一项汇票可能在一国签发，而在另一国进行承兑或议付。在所研究的国家内，有关解决汇票法律冲突问题的规则大多在成文法中作出了规定。此类立法都受到英国 1882 年《汇票法》的启发。实际上，冈比亚和赞比亚对于这一事项没有独立的立法——英国 1882 年《汇票法》仍在这两个国家适用！不过，还不清楚英国后来对这一法律所做的修正——对于该法已经有了一次修正——是否也对这两个国家具有约束力。这两个国家最好能制定自己的法律。

---

① Bills of Exchange Act 1895, s. 72 (a).
② Bills of Exchange Act 1895, s. 72 (b).
③ Bills of Exchange Act 1895, s. 72 (c).
④ Bills of Exchange Act 1895, s. 72 (e).
⑤ Bills of Exchange Act 1895, s. 72 (f).

所研究的每一国家的法律并不旨在处理在交易中可能产生的涉及汇票的所有法律冲突问题。这些法律主要解决五方面的问题，即汇票的形式有效性、解释、汇票持有人的义务、以外币签发的汇票的汇率以及转换日期。除了一些例外，在所研究的全部国家内，汇票的形式有效性都适用出票地法律或合同缔结地法律；汇票的解释都适用合同缔结地法律；汇票持有人的义务都适用行为实施地法律或汇票被拒付地的法律；汇率使用的是汇票支付之日付款地即期汇票的汇率；货币转换日期应根据付款地法律确定。从以上的分析来看，很明显没有单一的法律如汇票的自体法来调整与汇票相关的所有合同事项。

　　这些法律也没有涉及诸如能力、实质有效性、责任解除以及汇票转让的所有权问题。这些问题很可能适用合同①以及动产转让②的法律选择规则。除了南非有一些比较陈旧的案例外，③ 很少有案例涉及这些成文法规则或立法调整的事项范围以外的其他问题所适用的规则。

　　不同法律调整汇票不同方面的事实表明，法律未能提供一个有关汇票法律选择规范的综合性法典，而已决案例的匮乏又使得这一领域存在很多不确定性。这一具有重要商业意义的领域需要有更大的确定性，特别是对于法律尚未涉及的事项。

---

① See Chapter 7.

② See Chapter 14.

③ Forsyth, pp. 380 – 388.

第四部分　家庭法

第十一章
婚姻

　　婚姻制度——从设立至解散——就是产生国际私法问题的沃壤。具有不同住所、惯常居所或国籍的人可能彼此相爱，并在他们碰巧所在的或选择的国家结婚。除了异性之间的婚姻关系外，同性关系在非洲也越来越多。媒体上充满了此类关系的报道，政客和宗教领袖也对这一问题各抒己见，还有一些国家试图对这一问题进行立法。无论婚姻的性质如何，有关婚姻形式有效性、当事人缔结婚姻的能力、婚姻对当事人财产权利的影响以及对国外缔结的婚姻的承认等问题总有可能出现。本章就要分析这些问题。

第一节　婚姻性质

　　虽然"何谓婚姻"这一问题不是纯粹的国际私法事项，但它常会引起重要的国际私法问题。婚姻关涉一个人的身份；许多国际私法问题会因此产生。在所研究的一些国家内，婚姻被依法界定为"希望白头偕老的一男一女的自愿结合"。[①] 而在所研究的另外一些国家内，法律并没有对婚姻进行明确的界定。不过，通过对这些国家其他相关法律的真正、适当的解读，可以认为，在这些国家，婚姻也只是指一男一女之间的关系。[②] 在所研究的

[①] Kenya – Matrimonial Causes Act 1941, s. 2 (See also Marriage Bill 2007, s. 3)；Sierra Leone – Matrimonial Causes Act 1950, s. 2；Tanzania – Law of Marriage Act 1971, s. 9 (1).

[②] See e. g. Botswana – Marriage Act 2001；Gambia – Civil Marriage Act 1938, Christian Marriage Act 1862 and Muslim Marriage and Divorce Act 1941；Ghana – Marriages Act 1884；Kenya – Marriage Act 1902；Malawi – Marriage Act 1903；Nigeria – Marriage Act 1990；Uganda – Marriage Act 1904；Zambia – Marriage Act 1918；Zimbabwe – Marriage Act 1964. 当根据这些（转下页注）

国家内，它们都认可一夫一妻制婚姻以及潜在的、通常被称为"非洲习惯法婚姻"的多配偶婚姻①（包括在国外缔结的此类婚姻）。②

在所研究的大部分国家内，同性人士之间的结合③是否应被认可为婚姻，还存在很大争议。在赞比亚，同性人士之间的婚姻是无效的。④ 只有在南非才认可作为婚姻或民事伙伴而成立的民事伴侣。⑤ 南非 2006 年《民事伴侣法》以及此前的司法判例⑥的宪法根源在所研究的全部国家的宪法中也能找到。这些宪法根源包括结社自由以及不被歧视的权利。所研究的其他国家的法院和立法是否会遵循南非的做法，尚需观察。虽然这些国家面临

(接上页注②)法律缔结婚姻时，主持结婚仪式的官员一般会宣称当事人为"男人和女人"。这也可以解释为婚姻只意味着男人和女人之间的结合。

① See e. g. Botswana – Marriage Act 2001, ss. 22 – 27；Kenya – Marriage Act 1902, s. 37；Malawi – Marriage Act 1903, s. 36；Nigeria – Marriage Act 1990, s. 35；South Africa – Marriage Act 1961, s. 28；Tanzania – Law of Marriage Act 1971, s. 25；Uganda – Marriage Act 1904, s. 36；Zambia – Marriage Act 1918, s. 34；Zimbabwe – Customary Marriages Act, 1917. See also Gambia – Muslim Marriage and Divorce Act 1941. 在其他一些国家，要求习惯法婚姻也必须进行登记。

② See generally *Adegbola* v. *Johnson* [1921] 3 NLR 89；*Onikepe* v. *Goncallo* [1900] 1 NLR 41 and Zimbabwe – Customary Marriages Act 1917, s. 3 (1) (d).

③ 在所研究的一些国家，似乎存在允许女人之间相互结婚的习惯法传统。这在一些文献和判例法中被描述为"女人之间的婚姻"。考特兰（Cotran）对这种婚姻进行了描述："一个过了生育年龄［在南迪人（Nandi）和吉伯赛吉斯人（Kipsigis）中间］且没有儿子的女人就可和另一个女人缔结这种形式的婚姻。她在丈夫生存期间就可这样做，但更为常见的是在丈夫死后才缔结此类婚姻。这个女人应向迎娶的女孩支付彩礼，就像正常的婚姻一样。来自该女人丈夫部族的一名男士会和这名通过支付彩礼而娶回来的女孩发生关系。这名迎娶过来的女孩所生的子女就被看作支付彩礼的女人和她丈夫的孩子。"Eugene Cotran, *The Law of Marriage and Divorce*, Vol. 1（London：Sweet & Maxwell, 1968）p. 117. 通过彩礼迎娶女孩的那个女人就成了男人而且（除了不能和她妻子过性生活外）在社会生活中像任何一个普通男人一样。这种婚姻的唯一目的是使女性"丈夫"能够得到一名男性继承人以继承其遗产。Regine Smith Oboler, 'Is the Female Husband a Man? Woman/Woman Marriage among the Nandi of Kenya' （1980）19 *Ethnology* 69 – 88. 为继承目的，肯尼亚认可此类婚姻。eg. in *the Matter of the Estate of Cherotich Kimong'ony Kibserea* （Deceased）, Succession Cause No. 212 of 2010 （High Court, Kenya, 2011）. 不过，在尼日利亚，在 *Eugene Meribe* v. *Joshua C Egwu* （ [1976] 1 All NR [Part 1] 266）案中，法院指出，允许一个女人迎娶另一个女人的风俗违反了公共政策，不应得到法院的支持。

④ Matrimonial Causes Act 2007, s. 27 (1) (c).

⑤ Civil Union Act 2006.

⑥ *Minister of Home Affairs* v. *Fourie* 2006 (1) SA 524；*National Coalition for Gay and Lesbian Equality* v. *The Minister of Justice* 1999 (1) SA 6；*National Coalition for Gay and Lesbian Equality* v. *Minister of Home Affairs* 2000 (2) SA 1.

来自国际和国内的认可同性关系的压力，但对此类关系的认可仍然前景渺茫。实际上，一些国家如尼日利亚、乌干达、马拉维和津巴布韦曾经试图通过立法对同性婚姻予以刑事制裁——但常常遭到人权组织的反对。①

第二节　婚姻的形式有效性和实质有效性

一　加纳

婚姻的实质有效性由双方当事人的婚前住所地法确定。因此，在一个案件中，一个住所在塞拉利昂的男人在加纳迎娶了一个住所在加纳的女人，加纳法院认为，婚姻的有效性不仅要根据加纳的法律，也要根据塞拉利昂的法律判断。② 不过，在另外一个案件中，加纳法院以公共政策为由维持了一项婚姻的效力，虽然该婚姻根据其中一方当事人的住所地法明显无效。③

二　肯尼亚

婚姻的形式有效性应根据婚姻缔结地法（lex loci celebrationis）确定，而婚姻的实质有效性应根据当事人的住所地法或他们的婚姻住所地法确定。④ 对婚姻的同意是一个形式问题，应根据婚姻缔结地法确定。⑤

三　莱索托

婚姻缔结地法决定一项在国外缔结的婚姻是否有效。⑥ 根据婚姻缔结地

---

① 2011 年 12 月，尼日利亚议会投票通过了《同性婚姻（禁止）议案》。该议案禁止同性婚姻协议，并禁止在尼日利亚认可在国外达成的此类协议。在所研究的大部分国家内，同性之间的性行为构成犯罪。

② *Davis v. Randall* ［1962］1 GLR 1.

③ *In re Kariyavoulas*（*Deceased*）; *Donkor v. Greek Consul – General* ［1973］2 GLR 52.

④ *In re Kariyavoulas*（*Deceased*）; *Donkor v. Greek Consul – General* ［1973］2 GLR 52.

⑤ *In re an Application by Barbara Simpson Howison* ［1959］EA 568 at 573.

⑥ *Mohapi v. Motleleng*（1985 – 1989）LAC 316. 从案件事实来看，法院似乎处理的是婚姻的形式有效性问题。

法有效的婚姻在莱索托也会被认为有效。[1]

四　马拉维

婚姻的有效性，就形式要件而言，应由婚姻缔结地法确定。

在确定婚姻的实质有效性时，当事人意图中的婚后家庭所在地的法律应优先于当事人的住所地法而适用。[2]

五　尼日利亚

一项婚姻如果因为没有遵守婚姻缔结地法的形式要求，而根据婚姻缔结地法被认为无效，则它在尼日利亚也是无效的。[3]

六　南非

婚姻的有效性应根据婚姻缔结地法确定。[4] 这一规则适用于在国外缔结的同性关系。[5]

七　坦桑尼亚

在坦桑尼亚境外缔结的一项婚姻会被认为有效，如果：该婚姻是根据婚姻缔结地法所要求的形式而缔结的；在缔结婚姻时，每一方当事人根据

---

[1]　*Liaquat Anwary v. Geeti Ayub Saifee*，CIV/APN/172/90（High Court，Lesotho，1990）.

[2]　*Mndolo v. Mndolo*［1978－1980］9 MLR 101.

[3]　Matrimonial Causes Act 1990，s. 3（1）（c）.

[4]　Forsyth，p. 280. *Pretorius v. Pretorius* 1948（4）SA 144；*Santos v. Santos* 1987（4）SA 150；*Chitima v. RAF*［2012］2 All SA 632. 不过，这种观点仍存疑，因为有些案件似乎表明婚姻的实质有效性应根据住所地法判定。*Ex parte Cathrall* 1965（2）SA 505（decided under a repealed legislation）. See generally *Guggenheim v. Guggenheim*（2）1961（4）SA 21，在该案中，法院指出，合同的自体法调整有关违反婚约的诉讼。

[5]　*AC v. CS* 2011 2 SA 360.

各自的住所地法具有缔结婚姻的能力;① 双方当事人自由、自愿地同意该婚姻,或在一方当事人没有自由、自愿地同意该婚姻时,双方当事人都自由、自愿地圆房。② 父母对婚姻的同意被认为是一个形式问题,应由婚姻缔结地法确定。③

八 津巴布韦

缔结婚姻合同的形式和仪式由合同缔结地法（lex loci contractus）支配,婚姻合同的实质要件由住所地法支配。④ 根据婚姻缔结地法有效的婚姻在津巴布韦会被认为有效,而不再要求它符合津巴布韦法律。⑤ 但此类婚姻不应违反津巴布韦的公共政策,不得与津巴布韦的道德原则冲突,或有损津巴布韦的法律和制度。⑥

九 评论

所研究的大部分国家都对婚姻的实质有效性和形式有效性进行了区分。南非似乎是一个主要的例外,在南非判定婚姻有效性的唯一标准是婚姻缔结地法。⑦ 婚姻的形式有效性也由婚姻缔结地法支配,这一规则看来也已牢固确立。在肯尼亚和坦桑尼亚,法院曾经判定对婚姻的同意是一个形式问题。从这些案例中还可推断出,诸如谁有权缔结婚姻、在何处缔结婚姻以及如何缔结婚姻等问题也被定性为形式问题。

---

① 如果有一方当事人是坦桑尼亚人,或在坦桑尼亚有住所,则他们两个应根据坦桑尼亚法律具有缔结婚姻的能力。
② Law of Marriage Act 1971, s. 36. Section 37, 该条规定对在外国大使馆缔结的婚姻含有同样的要求。
③ *Hasumati Chhaganlal v. Gulamali* ［1983］ TLR 320.
④ *Mandimika v. Mandimika* 1997 (2) ZLR 352 at 355 But see *Chikosi v. Chikosi* 1975 (2) SA 644. 法院在该案中指出,缔结一项有效婚姻的能力应根据婚姻缔结地法判定。
⑤ *Bennett v. Master of the High Court* 1986 (1) ZLR 127.
⑥ *Kassim v. Ghumran* 1981 ZLR 227, 1981 (4) SA 79; *Noratam v. Noratam* 1970 (1) RLR 84.
⑦ 津巴布韦法院审理的 *Kassim v. Ghumran* 案 ［1981 ZLR 227, 1981 (4) SA 79］ 的附带理由支持这一观点。

确定婚姻实质有效性的法律在所研究的国家内有所不同。双方当事人的共同住所地法、婚姻住所地法、意图中的婚姻住所地法都曾被认定为支配婚姻实质有效性的法律的候选项。[1] 在加纳有案例表明，当适用双重住所地法来确定婚姻的实质有效性会带来不公正时，可以援引公共政策克服这一难题。

婚姻实质有效性和形式有效性的区分有时很难作出。在南非，二者的区分并不存在，这样做被认为可以减少跛脚婚姻（limping marriage）的数量，从而避免此类婚姻所带来的不便和社会不公正。婚姻有效性由婚姻缔结地法支配这一规则同样简单、清晰、易于适用——婚姻缔结地总能被容易确定。[2] 对于这样一个简单的规则，也是众说纷纭。[3] 这一规则可能要受制于这样一个附属规则，即在适当情况下（例如当事人故意在国外缔结婚姻以规避他们住所地法中的实质性要求），需要援引公共政策来拒绝承认在国外有效缔结的婚姻。[4]

第三节　婚姻和配偶的财产权利

一　博茨瓦纳

在没有专门协议的情况下，配偶的财产权利由结婚时丈夫的住所地法支配。[5] 博茨瓦纳存在这样一种推定，即对于婚姻住所在博茨瓦纳的配偶之间的婚姻，不会产生共同财产、共同的利润和损失以及产生于婚姻的婚姻权力或任何责任或特权，除非这对配偶在书面文件中作出相反的意思表示。[6]

---

① 对于这些有关婚姻实质有效性的方法的优缺点分析，see Cheshire, North & Fawcett, pp. 896 - 899。

② Forsyth, p. 281.

③ 实际上，这似乎是 1861 年以前的普通法规则，在这 1 年英国上议院在 *Brook v. Brook* 案（(1861) 9 HL Cas. 193）中引进了形式有效性和实质有效性的区别。

④ *Kassim v. Ghumran* 1981 ZLR 227, 1981 (4) SA 79.

⑤ *Thebe v. Kemodisa* 2001 (2) BLR 263. See also *Mtui v. Mtui* 2001 (2) BLR 333 *Ljubica v. Dizdarevic*, MAHLB - 000650 - 07 (High Court, Botswana, 2008).

⑥ Married Persons Property Act 1970, s. 1.

二 莱索托

支配婚姻财产后果的法律是结婚时丈夫的住所地法。①

三 马拉维

如果马拉维人在国外结婚，并希望遵守婚姻缔结地的婚姻财产法律制度，如果他们后来在马拉维离婚，当事人就需要提供证据证明支配婚姻财产的法律制度，这样法院才能对其财产进行分割。如果当事人不能提供此类证据，法院就会适用作为法院地法（lex fori）的马拉维法律。②

四 南非

在没有婚前协议时，③ 配偶的财产权利由结婚时丈夫的住所地法支配——任何意图中的婚姻住所地法都无关紧要。④ 这一规则是否以及如何适用于在国外缔结的同性关系，还是未决事项。⑤ 丈夫住所的随后变更（即使变更为南非住所）并不能影响支配婚姻财产后果的法律。⑥ 同样，南非1984年的《婚姻财产法》和1988年的《婚姻和婚姻财产法修正案》都无意取代这一久已确立的规则，即结婚时的婚姻住所地法决定婚姻的财产后果。⑦ 当南非国际

---

① Married Persons Property Act 1970, s. 1. *Mohapi v. Motleleng*（1985 – 1989）LAC 316；*Lepelesana v. Lepelesana*［1977］LLR 190.

② *Maseko v. Maseko*［1973 – 1974］7 MLR 310. See also *Gouveia v. Gouveia*［1923 – 1960］ALR Mal. 239.

③ 关于婚前合同的构成和其适用的法律，see *Lagesse v. Lagesse* 1992（1）SA 173；*Ex parte Spinazze* 1983（4）SA 751；*Ex parte Spinazze* 1985（3）SA 650。

④ *Sperling v. Sperling* 1975（3）SA 707；*Frankel's Estate v. The Master* 1950（1）SA 220；*Estate of Frankel v. The Master* 1949（2）SA 287；*Bell v. Bell* 1991（4）SA 195；*Pitluk v. Gavendo* 1955（2）SA 573；*Ex parte Wolfenden et Uxor* 1959（2）SA 53.

⑤ *AC v. CS* 2011 2 SA 360.

⑥ *Anderson v. The Master* 1949（4）SA 660；*Bell v. Bell* 1991（4）SA 195.

⑦ *Esterhuizen v. Esterhuizen* 1999（1）SA 492.

私法规则规定一项外国婚姻的财产后果必须根据婚姻住所地法确定时，所适用的法律通常是指准据法的全部法律，包括它的过渡法（transitional law）。①

五　乌干达

住所不在乌干达的人和一个住所在乌干达的人在乌干达结婚，任一方当事人都不能根据婚姻获得针对属于另一方当事人的财产的权利，如果双方没有在婚前对此类财产作出安排，而且如果结婚时双方的住所都在乌干达，他或她也不能根据婚姻获得此类财产权利。②

六　津巴布韦

婚姻的财产后果由结婚时丈夫的住所地法支配。③ 婚姻随后由多配偶婚姻转变为一夫一妻制婚姻——即使是在国外完成的——也不能改变这一规则的适用。因此，住所在津巴布韦并根据津巴布韦习惯法缔结婚姻的当事人，当在美国的纳什维尔将他们的婚姻转变为一夫一妻制婚姻后，法院判定，根据丈夫的住所地法，由有效的习惯法婚姻所确定的婚姻财产权利保持不变，仍然适用于他们的婚姻财产关系，第二个婚姻不能改变这一点。④

七　评论

博茨瓦纳、莱索托、南非和津巴布韦的法律看来是一致的，即婚姻的财产后果由结婚时丈夫的住所地法支配。⑤ 南非和津巴布韦的判例都牢固坚

---

① *Sperling* v. *Sperling* 1975（3）SA 707.
② Succession Act 1906，s. 34. 根据该法第 3 条，任何人不得通过婚姻获得配偶另一方的财产的利益，也不得因婚姻而失去他/她未结婚时所具有的处理自己财产的行为能力。
③ *Lafontant* v. *Kennedy* 2000（2）ZLR 280；G v. G 2003（5）SA 396，2002（2）ZLR 408. *Beckford* v. *Beckford*，HC 3480/2003（High Court, Zimbabwe, 2006）.
④ *Chikosi* v. *Chikosi* 1975（2）SA 644.
⑤ 婚姻财产后果涉及诸如婚姻是共同财产制还是非共同财产制婚姻以及扶养等此类问题。*Hassan* v. *Hassan* 1998（2）SA 589. 关于向配偶另一方赠送财产或禁止此类赠送（转下页注）

持丈夫住所的随后变更以及婚姻的转化，并不能影响支配婚姻财产后果的法律，这一法律在结婚时就已确定。换句话说，就支配婚姻财产后果的法律而言，不变性原则（the principle of immutability）已在南非和津巴布韦被牢固确立。实际上，莱索托、斯威士兰和纳米比亚也可能接受这一立场——它们的法律都深受南非法律影响。

就人权义务而言，考虑到这一事实，即目前在所研究的一些国家内的法律都允许已婚妇女获得独立的住所，婚姻财产后果由结婚时丈夫的住所地法支配的这一原则是否仍然有效，受到人们的质疑。这一原则因其僵硬性而广受批评，① 而它的有效性在"性别平等的社会"里饱受质疑。② 此外，这一规则也无法适用于同性婚姻的情况。对丈夫住所地法存在的一个可能的替代，是意图中的婚姻住所地法，但它的适用也会带来不确定性。

在普通法国家，这一领域的法律适用更为含糊，虽然它们很可能适用丈夫的住所地法来确定婚姻的财产后果。③

（接上页注⑤）的权利是不是婚姻财产权利，see *Powell* v. *Powell* 1953 （4）SA 380。在所研究的一些国家，一项重要的婚姻财产后果是允许通过婚姻撤销婚前遗嘱这一规则，当然这要取决于是否接受这样的识别。See e. g. Gambia – Wills Act 1992，s. 8 （1）（a）；Kenya – Law of Succession Act 1981，s. 19；Malawi – Deceased Estates （Wills，Inheritance and Protection）Act 2011，s. 10 （1）；Zimbabwe – Wills Act 1987，s. 16. 肯尼亚目前正在讨论 2011 年的《婚姻财产议案》。该议案没有直接的有关国际私法的规定。（该议案已在 2013 年 12 月 31 日被肯尼亚议会通过，成为肯尼亚 2013 年第 49 号法律。该法中仍无国际私法规定。——译者注）

① Forsyth，pp. 295 – 302.

② *Sadiku* v. *Sadiku*，Case No. 30498/06 （High Court，South Africa，2007）.

③ 坦桑尼亚法院审理的 *Juma* v. *Mlinga* 案 （Civil Appeal No. 10 of 2001 （Court of Appeal，Tanzania，2002））暗示了这种方法。

第十二章
婚姻诉因

人们常说，万物有始有终。当然，在事物发展的过程中，许多问题相伴而生。婚姻制度同样如此。当人们在处理有关离婚、婚姻无效、司法别居、推定死亡和解除婚姻的请求时，就会产生一些棘手的问题，如管辖权、法律选择以及对外国离婚判决的承认与执行。本章将考察这些问题。

第一节　婚姻诉因的管辖权

一　博茨瓦纳

博茨瓦纳法院有权审理配偶一方针对另一方提出的要求离婚或司法别居的诉讼，如果在提起此类诉讼时，配偶一方的住所在博茨瓦纳，[①] 或在妻子提起此类诉讼时，妻子在提起此类诉讼前已在博茨瓦纳连续居住 3 年。[②]

博茨瓦纳高等法院对死亡推定、解除婚姻或宣布婚姻无效的诉讼具有

[①] Matrimonial Causes Act 1973，s. 7（1）（a）. 法院曾经判定，这一规定并未改变妻子结婚时获得丈夫的住所这一普通法规则。*Nku v. Nku* 1998 BLR 187；*Egner v. Egner* 1974（2）BLR 5. 关于住所作为管辖权的依据，see generally *Dance v. Dance*（2）1976 BLR 43；*Dance v. Dance* 1975（2）BLR 39；*Scarr v. Scarr* 1971（2）BLR 44；*Jeffreys v. Jeffreys* 1973（1）BLR 42；*Sergeant v. Sergeant* 1983 BLR 61；*Naude v. Naude* 2002（1）BLR 30；*Ucanda v. Ucanda* 1989 BLR 21；*Kenyon v. Kenyon* 1974（1）BLR 2.

[②] Matrimonial Causes Act 1973，s. 7（1）（b）. 根据该法第 9 条，具有此种管辖权的法院有权审理妻子提出的要求下令支付诉讼期间扶养费的申请。根据该法第 10 条，有权受理司法别居诉讼的法院也有权撤销司法别居命令，只要在新的诉讼提起前或作出离婚判决前，有必要撤销此类命令。

管辖权，如果在提起此类诉讼时，原告的住所在博茨瓦纳，或在妻子提起此类诉讼时，在提起诉讼之日，妻子居住在博茨瓦纳且在提起诉讼之日前已通常居住在博茨瓦纳达 3 年时间。①

二　冈比亚

对于一夫一妻制婚姻，② 如果婚姻的一方当事人是冈比亚公民、在提起诉讼前已在冈比亚通常居住至少 3 年时间或其住所在冈比亚，冈比亚法院就对婚姻诉因具有管辖权。③ 因此，在 *Siwingwa v. Siwingwa* 案④中，法院查明原告的住所在坦桑尼亚，冈比亚法院就判定它对该案没有管辖权。为确定婚姻诉因中管辖权这一唯一目的，对已婚妇女的住所的确定，就如同根据她已年满 21 岁且未婚时的情形一样。⑤

三　加纳

加纳法院对一项婚姻诉因具有管辖权，如果婚姻的一方当事人是加纳公民、住所在加纳或在提起诉讼前已在加纳通常居住至少 3 年时间。⑥ 如果可能被命令提供金钱的一方当事人在加纳拥有财产，具有上述管辖权的加纳法院也有权下令该当事人提供不超过这些财产价值的金钱，⑦ 或有权对儿童监护作出安排，只要该儿童出现在加纳。⑧ 为确定婚姻诉因的管辖权这一唯一目的，对已婚妇女的住所的确定，就如同根据她已年满 21 岁且未婚时的情形一样。⑨

---

① Matrimonial Causes Act 1973, s. 8.
② See Muslim Marriage and Divorce Act 1941.
③ Matrimonial Causes Act 1986, s. 34.
④ [1994] GR 276.
⑤ Matrimonial Causes Act 1986, s. 35.
⑥ Matrimonial Causes Act 1971, s. 31. *Abu – Jaudeh* v. *Abu – Jaudeh* [1972] 2 GLR 444; *Amponsah* v. *Amponsah* [1997 – 998] 1 GLR 43; *Simpson* v. *Simpson* [1960] GLR 105.
⑦ Matrimonial Causes Act 1971, s. 33.
⑧ Matrimonial Causes Act 1971, s. 34.
⑨ Matrimonial Causes Act 1971, s. 32.

四 肯尼亚

根据肯尼亚1941年《婚姻诉因法》，除遵守一些确定的限制外，该法中的管辖权应根据英国高等法院婚姻诉讼程序所适用的法律来行使。[①] 虽然有这样的一般性规定，肯尼亚法院无权作出婚姻解除判决或婚姻无效判决，除非诉讼提起时原告的住所在肯尼亚。[②] 肯尼亚法院也无权作出任何救济，除非诉讼的一方当事人在诉讼提起时在肯尼亚有通常居所，或除非婚姻是在肯尼亚缔结的。[③]

即使丈夫的住所不在肯尼亚，肯尼亚法院仍可对妻子提起的离婚诉讼行使管辖权，如果她的居所在肯尼亚，且在诉讼提起前已在肯尼亚通常居住满3年。[④] 在推定死亡和解除婚姻的程序中，如果申请人的住所在肯尼亚，或在妻子提起此类程序时，她在肯尼亚有居所且在提起此类程序前已在肯尼亚通常居住满3年，肯尼亚法院就可对此类程序行使管辖权。[⑤]

五 莱索托

莱索托高等法院有权审理妻子针对丈夫提起的离婚、恢复同居权利或司法别居的诉讼，如果妻子在此类程序提起之日前已在莱索托通常居住满1年。[⑥] 这一规则仅在下列情况下适用：丈夫遗弃妻子并且离开莱索托或被驱

---

① Matrimonial Causes Act 1941, s. 3. 该法目前正考虑予以修订。See Marriage Bill 2007.

② Matrimonial Causes Act 1941, s. 4 (a); *Schiratti* v. *Schiratti* [1976 – 1980] 1 KLR 870; *Mageean* v. *Mageean* [1919] 8 EAP LR 154; *K* v. *K* [1917 – 1918] 7 EAP LR 9; *Gulam Fatuma* v. *Gulam Mahomed* [1917 – 1918] KLR 30.

③ Matrimonial Causes Act 1941, s. 4 (b). 在妻子遭丈夫遗弃，或在丈夫已被驱逐出肯尼亚，且在遗弃或驱逐发生前丈夫在肯尼亚有住所的情况下，肯尼亚法院有权受理根据该法提起的诉讼，即使丈夫在遗弃或驱逐行为发生后已经改变了自己的住所。

④ Matrimonial Causes Act 1941, s. 5 (1). 这同样适用于婚姻无效诉讼。*Krishna Pyari* v. *Surjit Singh* [1964] EA 278.

⑤ Matrimonial Causes Act 1941, s. 5 (3). 在确定一位女士的住所是否在肯尼亚时，她的丈夫应被视为在她最后一次知道或有理由相信他还活着后死亡的。

⑥ Matrimonial Cause Jurisdiction Act 1978, s. 2 (1) (a); *Lotan* v. *Lotan* (1980 – 1984) LAC 118.

逐出莱索托，并且他在遗弃妻子或被驱逐前在莱索托有住所；或在司法别居的诉讼中，在诉讼提起之日丈夫的居所在莱索托。① 莱索托高等法院也有权审理妻子针对丈夫（住所未在莱索托）提起的离婚诉讼或恢复同居权利的诉讼，如果在结婚前妻子的住所在莱索托，而且在提起诉讼之日前她在莱索托已通常居住满1年。②

六　马拉维

马拉维法院无权作出婚姻解除判决，除非在此类诉讼提起时原告的住所在马拉维。③ 不过，在解除婚姻或司法别居的程序中，如果妻子被丈夫遗弃或丈夫被驱逐出马拉维，且在遗弃或驱逐发生前丈夫的住所在马拉维，马拉维法院就有权作出离婚或司法别居判决，即使丈夫在遗弃或驱逐发生后改变了自己的住所。④

马拉维法院无权作出婚姻无效判决，除非此类请求提起时申请人的住所在马拉维，或婚姻是在马拉维缔结的。⑤

一般而言，马拉维法院在《离婚法》项下的管辖权应根据适用于英国高等法院婚姻程序的法律来行使。⑥ 法院曾经判定，这一规定仅涉及英国法中的程序方面，并不涉及实体的离婚法律。⑦ 管辖权一旦确立，外国婚姻的性质就无关紧要。因此，马拉维法院有权解除一项根据外国的习惯法缔结的婚姻。⑧

---

① Matrimonial Cause Jurisdiction Act 1978, s. 2 (1) (a) (i) (ii).

② Matrimonial Cause Jurisdiction Act 1978, s. 2 (1) (b); *Greenock v. Greenock*, CIV/APN/26/1985 (High Court, Lesotho, 1985); *Binns v. Binns* 1980 (1) LLR 18; (1980 – 1984) LAC 14.

③ Divorce Act 1905, s. 2 (a). *Brown v. Brown*, Matrimonial Cause No. 9 of 2002 (High Court, Malawi, 2002); *Msindo v. Msindo*, Civil Cause No. 67 of 2006 (High Court, Malawi, 2006) （法院可主动提出住所问题，即使当事人未能提出这一问题）; *Kaunda v. Kaunda* [1993] 16 (2) MLR 545; *Dorrington v. Dorrington* [1993] 16 (1) MLR 73; *Whitelock v. Whitelock* [1978 – 1980] 9 MLR 43; *Bond v. Bond* [1984 – 1986] 11 MLR 87.

④ Divorce Act 1905, s. 2 (a).

⑤ Divorce Act 1905, s. 2 (b).

⑥ Divorce Act 1905, s. 4.

⑦ *Chidzero v. Chidzero* [1978 – 1980] 9 MLR 22.

⑧ *Kalilombe v. Kalilombe* [1987 – 1989] 12 MLR 170.

七 纳米比亚

纳米比亚法院对离婚诉讼具有管辖权，如果在诉讼提起之日双方当事人或任何一方当事人的住所在法院辖区内，[①] 或在上述日期在法院辖区内有通常居所且在该日期前[②]已在纳米比亚通常居住 1 年以上。[③] 这一管辖权并不减损法院根据其他法律包括普通法所享有的管辖权。[④]

八 尼日利亚

解除婚姻、婚姻无效、司法别居、恢复同居权利以及诈婚等诉讼只能由住所在尼日利亚的人提起。[⑤] 在尼日利亚联邦任何州有住所的人，其住所也在尼日利亚，可在尼日利亚任何州的高等法院提起婚姻诉讼，无论其住所是否在该特定的州内。[⑥] 为《婚姻诉因法》的目的，结婚前或遗弃发生前在尼日利亚有住所的被遗弃的妻子，应被视为在尼日利亚有住所。此外，在根据该法提起婚姻诉讼之日在尼日利亚有居所且在该日期前已在尼日利亚居住满 3 年的妻子，应被视为在诉讼提起之日在尼日利亚有住所。[⑦]

九 塞拉利昂

即使丈夫的住所不在塞拉利昂，塞拉利昂法院仍有权审理妻子提起的离婚诉讼或婚姻无效诉讼，如果妻子在塞拉利昂有居所且在该诉讼提起前

① *Sauber* v. *Sauber* 1949 (2) SA 769.
② Matrimonial Causes Jurisdiction Act 1939, s. 1.
③ *Roeder* v. *Roeder* 1947 (2) SA 651.
④ *Roeder* v. *Roeder* 1947 (2) SA 651, s. 1 (4).
⑤ Matrimonial Causes Act 1990, s. 2 (2). *Odiase* v. *Odiase* [1965] 2 All NLR 91; *Adeoye* v. *Adeoye* (1961) All NLR 821; *Jones* v. *Jones* [1938] 14 NLR 12; *Shyngle* v. *Shyngle* [1923] NLR 94; *Bhojwani* v. *Bhojwani* [1995] 7 NWLR 349; *Bhojwani* v. *Bhojwani* [1996] 6 NWLR 661; *Osibamowo* v. *Osibamowo* [1991] 3 NWLR 85; *Omotunde* v. *Omotunde* [2001] 9 NWLR 252; *Koku* v. *Koku* [1999] 8 NWLR 672.
⑥ Matrimonial Causes Act 1990, s. 2 (3); *Odiase* v. *Odiase* [1965] 2 All NLR 91.
⑦ Matrimonial Causes Act 1990, s. 7; *Mason* v. *Mason* [1979] 1 FNLR 148.

已在塞拉利昂通常居住满 3 年。① 在要求法院作出推定死亡或宣告婚姻无效的程序中，如果申请人的住所在塞拉利昂，或在由妻子提起此类程序时，妻子的居所在塞拉利昂且在提起此类程序前已在塞拉里昂通常居住满 3 年，塞拉利昂法院就对此类程序具有管辖权。②

十　南非

南非法院在下列情况下对离婚诉讼具有管辖权：在诉讼提起之日，双方或任一方在法院辖区内有住所，或在上述日期在法院辖区内有通常居所③且在上述日期前已在该地通常居住至少 1 年时间。④ 这一管辖权并不影响法院根据任何其他法律包括普通法所具有的管辖权。⑤ 在这一领域，住所提供了一个基本的管辖依据。⑥ 如果一项协议放弃了建立在上述管辖权基础上的提起诉讼的权利，该协议就不能执行，并且会被认为违反了公共政策。⑦

十一　斯威士兰

在婚姻诉因中，住所为斯威士兰法院提供了一个管辖依据。⑧ 虽然妻子在结婚时获得丈夫的住所，但如果坚持这一规则会带来严重不公正，法院就可偏离这一规则。这样，在斯威士兰法院审理的一个案件中，一个住所

---

① Matrimonial Causes Act 1950，s. 30（1）（2）. 丈夫在遗弃或驱逐行为发生后改变住所并不影响法院对妻子提起的婚姻诉讼的管辖权。See *Asiegbu* v. *Asiegbu*［1972 - 1973］ALR SL 270，在该案中，法院判定，如果法院根据妻子在塞拉利昂的通常居所对妻子提起的诉讼具有管辖权，那么在此类程序中，法院可基于住所不在塞拉利昂的丈夫的反诉（cross - petition）作出离婚判决。
② Matrimonial Causes Act 1950，s. 30（3）. 在确定一位女士的住所是否在塞拉利昂时，她的丈夫应被视为在她最后一次知道或有理由相信他还活着后死亡的。
③ *Eilon* v. *Eilon* 1965（1）SA 703；*Massey* v. *Massey* 1968（1）SA 199；*Hoosein* v. *Dangor*［2010］2 All SA 55.
④ Divorce Act 1979，s. 2（1）.
⑤ Divorce Act 1979，s. 2（4）.
⑥ *Ex parte Oxton* 1948（1）SA 1011；*Locke* v. *Locke* 1950（4）SA 240；*Locke* v. *Locke* 1951（1）SA 132；*Sowry* v. *Sowry* 1953（4）SA 629；*Holland* v. *Holland* 1973（1）SA 897；*Rousalis* v. *Rousalis* 1980（3）SA 446；*Ex parte Cathrall* 1965（2）SA 505. 原告有责任证明法院有管辖权。*Danks* v. *Danks* 1948（4）SA 492.
⑦ *Granoth* v. *Granoth* 1983（4）SA 50.
⑧ *Bigalke* v. *Bigalke*［1970 - 1976］Sw. LR 48.

在斯威士兰的女士和一个住所在南非的男士结婚，他们的婚姻根据南非法律是无效的，因为该婚姻违反了南非 1949 年《禁止混合婚姻法》，但斯威士兰法院在要求恢复同居权利的诉讼中对该案行使了管辖权。①

十二　坦桑尼亚

任何一个人都可请求坦桑尼亚法院作出宣告性判决（declaratory decree），②如果该人的住所或居所在坦桑尼亚，或其请求的判决涉及在坦桑尼亚进行的、被声称是一项婚姻的仪式的有效性。③任何人可请求坦桑尼亚法院作出分居判决，如果该人在提起该请求前已在坦桑尼亚居住至少 1 年时间而且在提起该请求时其就在坦桑尼亚。④任何人都可请求坦桑尼亚法院作出婚姻无效判决或离婚判决，如果该人的住所在坦桑尼亚，⑤在提起此类请求前已在坦噶尼喀⑥居住至少 1 年时间。⑦任何人可请求坦桑尼亚法院就未成年人的扶养、监护或任何其他婚姻救济作出判决，如果该人的住所或居所在坦桑尼亚，或在提起该请求时婚姻双方当事人都在坦桑尼亚。

十三　乌干达

乌干达法院无权作出解除婚姻或宣告婚姻无效的判决，除非在提起此类请求时申请人的住所在乌干达。⑧如果婚姻是在乌干达缔结的，乌干达法

①　*Winters* v. *Winters* ［1970 – 1976］Sw. LR 49.

②　Law of Marriage Act 1971, s. 91. 此类裁决可能涉及婚姻有效性、无效、婚生以及推定配偶一方死亡等事项。

③　Law of Marriage Act 1971, s. 77 (1).

④　Law of Marriage Act 1971, s. 77 (2).

⑤　*Abdalla Hamid Mohamed* v. *Jasnena Zaludova* ［1983］TLR 314; *Everard* v. *Everard* ［1953 – 1957］2 TLR 375.

⑥　*Partington* v. *Partington* ［1962］EA 582; *Partington* v. *Partington* ［1963］EA 77. 坦噶尼喀是坦桑尼亚的大陆部分，在非洲东部，濒临印度洋。坦噶尼喀原是德国和英国的殖民地，1961 年 5 月开始实行自治，同年 12 月 9 日宣布独立。1964 年 4 月，坦噶尼喀和桑给尔两国组成坦噶尼喀和桑给巴尔联合共和国，同年 10 月改国名为坦桑尼亚联合共和国。——译者注

⑦　Law of Marriage Act 1971, s. 77 (3).

⑧　Divorce Act 1904, s. 1 (a); *Joy Kiggundu* v. *Horace Awori* ［2001］Kam. LR 374; *Satvinder Singh* v. *Saridner Kaur* ［2002］Kam. LR 616; *Nawangwe Marina* v. *Nawangwe Barnabas* ［2004］Kam. LR 495.

院可作出婚姻无效判决。① 乌干达法院的管辖权应根据适用于英国高等法院婚姻程序的法律来行使。②

十四　赞比亚

赞比亚高等法院有权审理离婚诉讼或婚姻无效诉讼，如果在提起此类诉讼之日婚姻任一方当事人的住所在赞比亚，③ 或在提起此类诉讼之日其居所在赞比亚且在该日期前已在赞比亚通常居住不少于 12 个月的时间。④ 如果婚姻的一方当事人死亡，赞比亚法院就无权作出离婚判决。⑤

十五　津巴布韦

在妻子是原告或申请人的情况下，津巴布韦高等法院有权审理离婚、司法别居或婚姻无效诉讼，如果：妻子已被丈夫遗弃且在遗弃前丈夫的住所在津巴布韦，不论他在遗弃后是否改变了自己的住所；或婚姻是在津巴布韦缔结的且妻子在提起诉讼之日前已在津巴布韦居住至少两年时间，并且仍然居住在津巴布韦，即使丈夫的住所从未在津巴布韦；或在提起诉讼之日，妻子是津巴布韦公民且在提起诉讼之日前她已在津巴布韦通常居住至少两年时间，并且仍然居住在津巴布韦。⑥ 这一管辖权不影响法院依据其他法律具有的管辖权。因此，津巴布韦法院曾判定，法院在离婚事项中的管辖权取决于诉讼提起时丈夫的住所。⑦

---

① Divorce Act 1904, s. 1 (b).

② Divorce Act 1904, s. 3 (3).

③ *Tully v. Tully* (1965) ZR 165; *Dingle v. Dingle* [1949 - 1954] NRLR 783.

④ Matrimonial Causes Act 2007, s. 4 (3).

⑤ *Gumbo v. Land and Agricultural Bank of Zambia* (1968) ZR 50.

⑥ Matrimonial Causes Act 1986, s. 3 (1) (a) (b) (c). *Braimah v. Braimah* 1996 (1) ZLR 571; *Mandlbaur v. Mandlbaur* 1983 (1) ZLR 26, 1983 (2) SA 213; *Kennedy v. Kennedy* 1978 (2) SA 698. See generally *Ex parte Pyke* 1948 (1) SA 526.

⑦ *De Jager v. De Jager* 1998 (2) ZLR 419; *Boswinkel v. Boswinkel* 1995 (2) ZLR 58; *Latif v. Latif* 2004 (2) ZLR 102; *Latif v. Latif* 2002 (2) ZLR 466; *Juliet Chikwenengere v. George Chikwenengere*, HH 103 - 2005/HC 747/05 (High Court, Zimbabwe, 2005); *Howard v. Howard* [1966] RLR 182, 1966 (2) SA 718; *Nunes v. Nunes* 2003 (1) ZLR 14.

十六　评论

在所研究的国家内，婚姻诉因的管辖权问题主要受成文法调整。[①] 在这些国家内，住所是一种管辖权依据。尼日利亚在这方面稍微不同，因为它坚持住所是唯一的管辖权依据。不过，尼日利亚通过将被遗弃的妻子婚前在尼日利亚的住所或她在提起诉讼前已连续居住3年的居所视为住所，就可以缓解住所作为唯一的管辖权依据可能带来的困境。所研究的其他国家都提供了更多的管辖权依据，或偏离了确定妻子住所的普通法规则，以便克服将妻子的住所与其丈夫的住所绑定在一起所带来的不公正。例如，在冈比亚和加纳，为婚姻的管辖权这唯一目的，妻子住所的确定就如同她已年满21岁且未婚时确定的方式一样。在肯尼亚，丈夫在遗弃妻子或被驱逐出境之后改变住所的，并不会影响妻子的住所。在莱索托，妻子婚前在莱索托的住所也构成一种管辖权依据。

在所研究的许多国家内，居所也是一种管辖权依据。在一些国家如博茨瓦纳和莱索托，这一规则仅适用于妻子，而在其他一些国家如冈比亚、加纳、纳米比亚、坦桑尼亚和赞比亚，任一方当事人的居所都可作为管辖权依据。居住的时间从1年（如莱索托和纳米比亚）到3年不等。

除居所和住所外，国籍在冈比亚、加纳和津巴布韦也是一种管辖权依据。此外，在肯尼亚和坦桑尼亚，婚姻在其国内缔结的事实也构成一种管辖权依据。

在所研究的大部分国家内，法院在婚姻诉因中的管辖权都可扩及多配偶婚姻和一夫一妻制婚姻，而且在南非还扩及民事伴侣。从历史上看——在博茨瓦纳现在仍是如此[②]——一些国家的法院拒绝对多配偶婚姻的婚姻诉

---

① 所研究的国家的冲突法在很多方面也是如此，有关婚姻诉因管辖权的法律主要受英国法律的影响。实际上，在肯尼亚、马拉维和乌干达，成文法规定法院的管辖权应根据英国高等法院在婚姻诉讼程序中所适用的法律来行使。

② Matrimonial Causes Act 1973, s. 4. 该条规定，除下令驳回诉讼外，本法中的规定绝不应授权法院作出离婚判决、婚姻无效、司法别居或推定死亡和解除婚姻的裁定，除非与该判决或裁定有关的婚姻是一夫一妻制婚姻。

讼行使管辖权。①

第二节 婚姻诉因中的法律选择

婚姻诉因会带来许多法律选择问题，如离婚理由、扶养及婚姻财产的分割。所研究的大部分国家所采用的立场是，此类问题应根据如果此类诉讼提起时双方当事人的住所都在法院地的情况下本应适用的法律来确定。②对于产生于婚姻诉因的、除宣告婚姻无效以外的所有法律选择问题都适用法院地法，可能是出于实用的考虑——适用法院地法更为容易、花费更少、更为节约时间。实际上，这种倾向法院地法的规则（pro‑lex fori rule）可能反映了这些国家对它们的婚姻法的重视——它们将这些法律视为强制性规范，无论住所在哪儿，它们都必须予以适用。历史上，这一规则的存在不会带来太多或根本不会带来实际困难，因为婚姻案件的唯一管辖权依据就是住所。

如上所述，婚姻事项的管辖权依据逐步扩大。此外，许多问题可能会产生于婚姻程序。人们质疑根据法院地法确定所有婚姻问题是否总是适当。允许当事人以居所或通常居所启动法院的管辖权，然后依据他们实际的住所地

---

① *Anyaegbunam v. Anyaegbunam* [1973] All NLR (Part 1) 385; *Fatuma Binti Athuma v. Ali Baka* [1917‑1918] KLR 171; *Gulam Mahomed v. Gulam Fatima* [1917‑1918] KLR 102; *Sithole v. Sithole* (1969) ZR 92; *Mwiba v. Mwiba* (1980) ZR 175. 不过，对于管辖权以外的事项，多配偶婚姻制得到认可，如对于继承和扶养等事项。*Kader v. Kader* 1972 (3) SA 203; *Estate of Mehta v. The Master of the High Court* 1958 R & N 570; *Coleman v. Shang* [1959] GLR 390. 当事人也可将多配偶婚姻制转换为一夫一妻制婚姻。*Chikosi v. Chikosi* 1975 (2) SA 644. 此外，如果试图将一夫一妻制婚姻转换为多配偶婚姻，则被认为是无效的。*Oshodi v. Oshodi* [1963] 2 All NLR 214.
② Gambia – Matrimonial Causes Act 1986, s. 38; Ghana – Matrimonial Causes Act 1971, s. 35 (在诉讼中排除了无效婚姻的无效判决); Kenya – Matrimonial Causes Act 1941, s. 5 (4); Lesotho – Matrimonial Cause Jurisdiction Act 1978, s. 2 (2); Namibia – Matrimonial Causes Jurisdiction Act 1939, s. 1 (3); Sierra Leone – Matrimonial Causes Act 1950, s. 30 (5); South Africa – Divorce Act 1979, s. 2 (3); Zimbabwe – Matrimonial Causes Act 1985, s. 3 (3). 在英国，在 1973 年的《婚姻诉因法》第 46 条第 1 款中存在一个相似的规则，该规则后被 1973 年的《住所和婚姻程序法》所废除。See generally *Mtui v. Mtui* 2001 (2) BLR 333, 该案涉及婚姻财产分割所适用的法律。

法中不存在的理由获得一个离婚判决，这看来并非恰当。① 确实，国内法律在诸如金钱救济以及婚姻财产分割等问题上的差异，也可能会鼓励挑选法院。

第三节　外国判决的承认

一　博茨瓦纳

结婚时当事人的住所地法院作出的离婚判决可在博茨瓦纳得到承认。② 同样，如果外国法院行使管辖权的依据和在同样情况下博茨瓦纳法院行使管辖权的依据相同，博茨瓦纳法院也会认可该外国法院作出的离婚判决。③

二　冈比亚

冈比亚法院会承认外国的离婚、婚姻无效、死亡推定以及婚姻解除判决，如果此类判决不违反自然公正，而且是由与婚姻当事人有重要和实质联系的法院作出的，或对于婚姻解除或婚姻无效判决，此类判决是根据此类诉讼提起时双方当事人的通常居所地法律作出的。④ 此类判决或命令可能来自司法程序或其他程序。

三　加纳

加纳法院会承认通过司法程序或其他程序获得的离婚、婚姻无效、死亡

---

① See e. g. *Weng* v. *Weng*，CIV/T/351/99（High Court，Lesotho，1999），在该案中法院似乎忽略了 1978 年《婚姻诉因管辖权法》第 2 条第 2 款的规定，判定离婚请求所适用的法律是丈夫的住所地法（在本案中是中国台湾地区的法律）。See also *Holland* v. *Holland* 1973（1）SA 897；*Bassi* v. *Bassi* 1958（1）SA 637；*Yanni Krithary* v. *Dasta*［1900 – 1931］1 SLR 91.

② *Mtui* v. *Mtui* 2000（1）BLR 406，affirmed in *Mtui* v. *Mtui* 2001（2）BLR 333. See also *Mthethwa* v. *Lebang*（Practice Note）1990 BLR 615；E. K. Quansah，'Recognition of Foreign Divorce Decrees in Botswana'（1991）23 *Botswana Notes and Records* 107 – 113.

③ *Makgekgnene* v. *Makgekgnene*［2007］BLR 621.

④ Matrimonial Causes Act 1986，s. 39.

推定或婚姻解除的判决或命令，如果此类判决或命令不违反自然公正，而且是由与婚姻当事人具有重要或实质联系的机构作出的，或是根据婚姻解除或无效时婚姻当事人的通常居所地法律作出的。① 加纳法院也会承认当事人住所地法院作出的司法别居，并且会拒绝受理就同一事项提起的新的请求。②

四 尼日利亚

根据外国法律作出的婚姻解除或婚姻无效判决会在尼日利亚得到承认，如果在作出此类判决的程序提起时，此类判决所针对的当事人（或如果针对的是双方当事人，则双方当事人中的任一方当事人），在婚姻解除或可撤销婚姻被宣告无效的情况下，其住所在该外国；不过，在无效婚姻被宣告无效的情况下，提起诉讼的一方或双方当事人必须在该外国有住所或居所。③ 在前述范围以外的、根据外国法律作出的婚姻解除或婚姻无效判决，在尼日利亚将被认为有效，如果其有效性根据该外国的法律也会得到承认：在婚姻解除的情况下，在婚姻解除时当事人的住所位于该外国，或在婚姻无效的情况下，在婚姻无效时任一方当事人的住所位于该外国。④ 此外，根据国际私法规则被认为有效的婚姻解除或婚姻无效判决，在尼日利亚也会被承认有效。⑤

如果根据国际私法规则，外国离婚判决或婚姻无效判决因婚姻当事人被剥夺自然公正或此类判决是通过欺诈方式获得的而被拒绝承认，则它们也不能在尼日利亚得到承认。⑥

五 肯尼亚

司法别居判决仅在作出该判决的法院的辖区内有效。因此，它不能构

---

① Matrimonial Causes Act 1971, s. 36.
② *Khoury v. Khoury* (1958) 3 WALR 52.
③ Matrimonial Causes Act 1990, s. 81 (2).
④ Matrimonial Causes Act 1990, s. 81 (4).
⑤ Matrimonial Causes Act 1990, s. 81 (5).
⑥ Matrimonial Causes Act 1990, s. 81 (6).

成既判力抗辩的依据。① 不过，由申请人住所地法院（并不必然是双方当事
人的住所地或丈夫的住所地）作出的婚姻无效判决会在肯尼亚得到承认。②

六　莱索托

莱索托法院会承认诉讼提起时当事人的住所地法院作出的离婚判决。③

七　南非

南非法院会承认某一外国或某一地地区的法院作出的离婚、婚姻无效
或司法别居判决，如果在此类判决作出之日，婚姻任一方当事人的住所位
于该国或该地区（无论是根据南非法律还是根据该国或该地区的法律），④
在该国或该地区有通常居所，或是该国或该地区的公民。⑤

八　斯威士兰

斯威士兰法院不承认外国法院就住所在斯威士兰的当事人作出的离婚
判决。因此，当一家美国法院以居所作为管辖权依据，针对一对住所在斯
威士兰的夫妇作出离婚判决后，斯威士兰法院认为该离婚判决不能在斯威
士兰被承认具有既判力。⑥

九　坦桑尼亚

当外国具有管辖权的法院在任何婚姻程序中作出判决后，无论该程序

---

① *De Souza v. De Souza* ［1936 – 1937］17 KLR 78.

② *In re a Notice of Marriage given by Sansone Banin* ［1960］EA 532.

③ *Adam v. Adam*，CIV/APN/327/94（High Court，Lesotho，1994）.

④ *De Bono v. De Bono* 1948（2）SA 802；*Pink v. Pink* 1957（4）SA 41；*Ex parte Stern* 1976（2）SA 273.

⑤ Divorce Act 1979，s. 13. See generally *Guggenheim v. Rosenbaum*（2）1961（4）SA 22；*De Sa Pessoa v. De Sa. Pessoa* 1967（4）SA 629；*Phelan v. Phelan* 2007（1）SA 483.

⑥ *Mamba v. Mamba*，Case No. 1451/09（High Court，Swaziland，2011）.

是产生于在坦桑尼亚还是在其他地方缔结的婚姻，如果提出此类请求的当事人的住所在该外国，或在提起此类请求前已在该外国居住至少 2 年时间；或如果外国判决是婚姻无效或离婚判决，婚姻任一方当事人或双方当事人住所地国有管辖权的法院在其宣告性判决中已承认此类判决有效，则此类外国判决就坦桑尼亚法律所有目的而言也将被承认为有效。①

对于司法外离婚，坦桑尼亚法律规定，此类离婚命令如果根据离婚时每一方当事人的住所地法是有效的，或任一方当事人或双方当事人的住所地国内有管辖权的法院其宣告性判决中已承认此类离婚命令的效力，则此类离婚命令就坦桑尼亚法律所有目的而言也将被承认为有效。②

十　赞比亚

根据外国法律作出的婚姻解除或婚姻无效的判决在赞比亚会被认为有效，如果在此类程序提起时，针对其作出此类判决的当事人，或如果是针对双方当事人作出的此类判决，在婚姻解除或可撤销婚姻被撤销的情况下，该当事人或双方当事人中任一方在该外国有住所。在无效婚姻被宣布为无效的情况下，该当事人或双方当事人的住所或居所在该外国。③

根据外国法律作出的婚姻解除或婚姻无效判决在赞比亚将被认为有效，如果其有效性根据该外国法律会被认为有效：在婚姻解除的情况下，在婚姻解除时双方当事人的住所在该外国，或在婚姻无效的情况下，在婚姻无效之日任一方当事人的住所在该外国。此外，上述范围以外的、根据国际私法的普通法规则被认为有效的婚姻解除或婚姻无效判决，也会在赞比亚被认为有效。④

如果婚姻一方当事人在程序中没有获得自然公正，赞比亚就不会承认

---

① Law of Marriage Act 1971, s. 91.
② Law of Marriage Act 1971, s. 92.
③ *Ex Parte Pels* 1957 (1) SA 632; *Ex parte Pels* 1958 (1) SA 196. 关于撤销外国司法别居判决的管辖权，see *Ex parte Worth* 1951 (3) SA 230。
④ Matrimonial Causes Act 1986, s. 12 (1) (a) (b). 该法第 3 条允许被遗弃丈夫的住所、居所和国籍被用作管辖权依据。

此类婚姻解除或婚姻无效判决。①

十一　津巴布韦

如果丈夫的住所没有在某一外国，只有在津巴布韦法院确信该国法律含有与津巴布韦 1986 年《婚姻诉因法》第 3 条规定基本一致的规定时，它才会认可该国作出的离婚、司法别居②或婚姻无效的判决或命令的有效性。此外，总统可在法定文件中宣布某一外国的法律含有与《婚姻诉因法》第 3 条规定基本一致的规定。③ 此种宣告是在互惠基础上作出的，④ 并且可随时予以撤销。⑤ 外国的住所地法院基于在该国的住所而提起的无争议的诉讼中作出离婚判决的事实，不能阻止当事人在津巴布韦提起新的离婚诉讼。⑥

十二　评论

在所研究的大部分国家内，对外国婚姻程序中作出的裁决的承认和执行是由成文法调整的。这些成文法并没有必然地对这一领域的普通法进行法典化，⑦ 有关解释或适用此类成文法的报道案例还鲜有所闻。所研究的国家中没有一个是 1970 年 6 月 1 日《承认离婚和司法别居的海牙公约》的成员国。⑧

除了冈比亚和加纳立法规定有关婚姻事项的判决或命令可以来自司法程序或其他程序外，大部分成文法对这一问题没有规定。但即使在这些国家，司法判决和司法外的命令都可能得到承认和执行。

---

① Matrimonial Causes Act 1986, s. 12 (2).
② Matrimonial Causes Act 1986, s. 12 (3).
③ *Moresby – White* v. *Moresby – White* 1972 (3) SA 222.
④ Matrimonial Causes Act 2007, s. 86 (1). 该条规定为被遗弃的或已在外国至少居住 3 年的妻子放松了有关住所的规则。
⑤ Matrimonial Causes Act 2007, s. 86 (3).
⑥ Matrimonial Causes Act 2007, s. 86 (6).
⑦ 尼日利亚和赞比亚的成文法规定明确保留了承认外国裁决的普通法规则。
⑧ 埃及是非洲国家中唯一一个加入该公约的国家。

在执行外国判决的诉讼中，外国法院的管辖权依据十分重要。正如在金钱判决的执行中一样，执行法院会对外国法院的管辖权进行审查。所研究的国家对于管辖权依据做法不一：住所、重要和实质联系、居所和互惠都在不同程度上接受为管辖权依据。此外，在赞比亚和坦桑尼亚，对婚姻解除或婚姻无效的判决会得到承认，如果其有效性根据双方当事人的住所地法也会得到承认。①

这些承认外国判决或命令的依据是否足以防止跛脚婚姻现象还令人怀疑。虽然所研究的大部分国家都不再坚持住所作为承认外国判决或命令的唯一依据，但有充分理由认为，一种更为灵活的方法——公共政策考虑所一直追求的——在这一领域的法律中更为可取。

所研究的国家内的法院都被授权拒绝承认某一外国的判决或命令，如果此类程序中的一方当事人没有获得自然公正，以及像在尼日利亚的情况那样，此类判决或命令是基于欺诈作出的。虽然这些国家的成文法都没有明确规定法院可基于公共政策拒绝承认外国判决或命令，但无疑公共政策总是一个随时可用的抗辩。

第四节　外国扶养令的执行

在所研究的许多国家内，外国扶养令通常都从执行外国金钱判决的成文法制度中被明确排除出去。② 利用执行外国判决的普通法制度来执行此类扶养令也存在很多难题，因为扶养令经常变更，这样可能就无法满足普通法中判决终局性的要求。③ 因此，在所研究的许多国家内，一些专门立法被制定出来以调整扶养令的执行——无论是终局的还是临时的——以及国内

---

① 在坦桑尼亚还必须有来自住所地法院的承认外国判决的判决。仅有外国判决会得到承认这一事实还不行。

② 参见第十八章中有关这些制度的讨论。

③ *Webb v. Murray*, *Ex parte Murray* ［1961 – 1963］ALR Mal. 205 at 207；*Knight v. Baldi* 1966 (3) SA 19. See generally *Walls v. Walls* 1996 (2) ZLR 117，该案涉及一项当事人居所都在国外的情况下变更扶养判决的申请。

扶养令在国外的执行。①

一　博茨瓦纳

博茨瓦纳1981年《判决（国际执行）法》② 允许对来自英格兰、威尔士、爱尔兰、泽西岛和来自总统在互惠基础上指定的其他国家的扶养令进行登记。③ 在上述国家和地区作出的扶养令可在博茨瓦纳法院予以登记，并自登记之日具有和博茨瓦纳法院作出的扶养令同样的效力，而且可以同样方式得到执行。经过认证的外国扶养令的副本应首先递交博茨瓦纳司法部部长，由其转交给适当的法院予以登记。④ 该法还授权博茨瓦纳法院在经过审理后对外国的临时扶养令进行确认。⑤ 在审理期间，被告可以提出其在作为当事人一方的最初的诉讼中所能提出的任何抗辩，但不得提出其他抗辩。作出临时扶养令的法院所开具的、载明该扶养令所针对的人员在当初的程序中可针对该扶养令提出的反对理由的证明，就可作为决定性证据证明，这些理由构成反对执行该扶养令的理由。⑥

二　冈比亚

在冈比亚，外国扶养令的执行由1921年《扶养令（执行条件）法》调

① Botswana – Judgments（International Enforcement）Act 1961, ss. 17 – 18；Ghana – Courts Act 1993, ss. 92 and 93；Kenya – Maintenance Orders Enforcement Act 1964, ss. 4 and 5；Lesotho – Maintenance Orders Proclamation 1921, ss. 4 and 5；Zimbabwe – Maintenance Orders（Facilities for Enforcement）Act 1921, ss. 4 and 5.

② See also Judgments（Maintenance Orders（Facilities for Enforcement））Rules 1923. *Mthethwa v. Lebang*（Practice Note）1990 BLR 615.

③ Judgments（International Enforcement）Act 1981, s. 14. 根据1922年《判决（互惠执行扶养）令》，该法已被扩展适用于莱索托、斯威士兰、赞比亚、津巴布韦、南非共和国、桑给巴尔、新南威尔士、马拉维、西澳大利亚、乌干达、昆士兰、肯尼亚、新西兰、塔斯马尼亚、南澳大利亚、维多利亚、英联邦澳大利亚、库克群岛、印度（印控克什米尔除外）、格恩西岛和曼恩岛。

④ Judgments（International Enforcement）Act 1981, s. 15.

⑤ Judgments（International Enforcement）Act 1981, s. 16.

⑥ Judgments（International Enforcement）Act 1981, s. 16（4）.

整。^① 该法规定，如果英国或爱尔兰的法院针对某人士作出扶养令，^② 而且该扶养令经认证的副本已被移交给冈比亚的外交部部长，他就会把该副本转交给冈比亚法院负责登记的官员。一旦收到该认证的副本后，冈比亚法院就会对扶养令进行登记，自登记之日，该扶养令就具有与登记法院作出的扶养令同样的效力。^③ 冈比亚法院可对其实施一些程序，就如同该扶养令是由登记法院作出的那样，并且该法院有权执行这一扶养令。冈比亚法院也有权执行临时扶养令，但此类扶养令只有经法院确认后才具有效力。临时扶养令的执行必须先经过审理程序。在审理时，被告可提出其作为当事人一方在最初的诉讼中所能提出的任何抗辩。被告不得提出其他抗辩。作出临时扶养令的法院所开具的、载明该扶养令所针对的人员在当初的程序中可针对该扶养令提出的反对理由的证明，就可作为决定性证据证明，这些理由构成反对执行该扶养令的理由。^④ 该法还对冈比亚法院作出的终局或临时扶养令在英国和爱尔兰的执行做了规定。^⑤

三　加纳

在加纳，外国扶养令的执行要根据 1993 年《法院法》特别是第 89 ~ 97 条的规定。根据该法，在指定国家作出的扶养令可在加纳法院予以登记，^⑥ 自登记之日具有和加纳法院作出的扶养令同样的效力，并可得到执行。^⑦ 经认证的外国扶养令副本应首先递交加纳司法部部长，由其转交给适当的登记法院。^⑧ 加纳法院还可对根据外国法律是临时性质的扶

---

① 该法应与《扶养令（执行程序）临时规则》一起解读。
② 该法授权总统在互惠基础上将该法的规定扩展适用于其他英联邦国家。该法已扩展适用于塞拉利昂、尼日利亚、新南威尔士、英联邦澳大利亚、泽西岛、格恩西岛和曼恩岛。
③ Maintenance Orders（Facilities for Enforcement）Act 1921, s. 3.
④ Maintenance Orders（Facilities for Enforcement）Act 1921, s. 6.
⑤ Maintenance Orders（Facilities for Enforcement）Act 1921, ss. 4 – 5.
⑥ 根据 1993 年《外国判决和扶养令（互惠执行）文件》，下列国家已被指定：瑞士、英国、澳大利亚（昆士兰、塔斯马尼亚、西澳大利亚）、加拿大（阿伯特、不列颠哥伦比亚、纽芬兰、西北省、新斯科舍、安大略、爱德华王子岛）。
⑦ Courts Act 1993, s. 90（1）.
⑧ Courts Act 1993, s. 90（3）.

养令进行确认。① 在经过审理后,加纳法院可对该扶养令进行修正或不予修正。在审理时,被告可向法院声明,其不是外国程序中的当事人。其可提出作为当事人一方在最初的诉讼中所能提出的任何抗辩,但不得提出其他抗辩。作出临时扶养令的法院所开具的、载明该扶养令所针对的人员在当初的程序中可针对该扶养令提出的反对理由的证明,就可作为决定性证据证明,这些理由构成反对执行该扶养令的理由。② 确认后的外国扶养令具有同样的效力,就如同是由确认法院作出的扶养令一样。③

四 肯尼亚

在肯尼亚,如果英国或爱尔兰的法院④针对某位人士作出扶养令,⑤ 而且该扶养令经认证的副本已由国务秘书转交给司法部部长,司法部部长就会把该副本转交给肯尼亚法院负责登记的官员。一旦收到该认证的副本,肯尼亚法院就会对扶养令进行登记,自登记之日,该扶养令就具有同样的效力。肯尼亚法院可对其实施一些程序,就如同该扶养令是由登记法院作出的那样,并且该法院有权执行这一扶养令。⑥ 肯尼亚法院还有权执行纯粹临时性质的扶养令,但此类扶养令须经肯尼亚法院确认才具有效力。此类临时扶养令的执行需要经过审理程序。在审理时,可提出他作为当事人一方在最初的诉讼中所能提出的任何抗辩,但不得提出其他抗辩。作出临时扶养令的法院所开具的、载明该扶养令所针对的人员在当初的程序中可针对该扶养令提出的反对理由的证明,就可作为决定性证据证明,这些理由构成反对执行该扶养令的理由。⑦

---

① Courts Act 1993, s. 91.

② Courts Act 1993, s. 91 (4).

③ Courts Act 1993, s. 91 (8).

④ 《扶养令执行法》授权司法部部长在互惠基础上将该法的规定扩展适用于其他国家。

⑤ 法院指出,此类命令并不限于在分居和扶养程序中作出的命令,还包括附带于离婚判决的命令。*In re the Maintenance Orders Enforcement Ordinance* (1954) 27 KLR 94.

⑥ Maintenance Orders Enforcement Act 1964, s. 3. See *In re Ian Douglas Hunter* [1955] 28 KLR 120.

⑦ Maintenance Orders Enforcement Act 1964, s. 6.

五　莱索托

莱索托 1921 年《扶养令公告》允许对来自英国或爱尔兰以及其他莱索托国王在互惠基础上指定的国家的扶养令进行登记。① 在此类国家作出的扶养令可在莱索托法院得到登记，自登记之日具有和莱索托法院作出的扶养令同样的效力，并可予以执行。② 经认证的外国扶养令副本应首先递交莱索托司法部部长，由其转交适当的登记法院。该法还授权法院在经过审理后对临时扶养令进行确认。在审理时，被告可提出其作为当事人一方在最初的诉讼中所能提出的任何抗辩，但不得提出其他抗辩。作出临时扶养令的法院所开具的、载明该扶养令所针对的人员在当初的程序中可针对该扶养令提出的反对理由的证明，就可作为决定性证据证明，这些理由构成反对执行该扶养令的理由。③

六　马拉维

马拉维对外国扶养令的执行由 1921 年《扶养令（执行）法》调整。④根据该法，如果英国或爱尔兰的法院针对某人作出了扶养令，⑤ 并且经认证的该扶养令副本已送交马拉维，马拉维高等法院的书记官就会把该扶养令副本转交给法院的负责官员予以登记。在收到扶养令副本后，法院负责官

---

① Maintenance Orders Proclamation 1921, s.12. 1922 年的《扶养令申请公告》已指定了下列国家和地区：博茨瓦纳、斯威士兰、赞比亚、津巴布韦、南非、新南威尔士、桑给巴尔、马拉维、西澳大利亚、乌干达、昆士兰、肯尼亚、新西兰、塔斯马尼亚、南澳大利亚、维多利亚、英联邦澳大利亚、库克群岛、泽西岛、印度（印控克什米尔除外）、格恩西岛和巴基斯坦。
② Maintenance Orders Proclamation 1921, s. 3.
③ Maintenance Orders Proclamation 1921, s. 6.
④ 该法应与 1922 年《扶养令（执行）规则》一起解读。
⑤ 总统被授权在互惠基础上将该法的规定拓展适用于任何国家。该法已扩展适用于塞舌尔、新南威尔士、乌干达、赞比亚、莱索托、博茨瓦纳、斯威士兰、南罗德西亚（现在的津巴布韦）、肯尼亚、维多利亚、南澳大利亚、昆士兰、塔斯马尼亚和西澳大利亚、英联邦澳大利亚政府所在地区、印度（印控克什米尔除外）、格恩西岛、泽西岛、曼恩岛、新加坡、澳大利亚北部地区、南非以及坦桑尼亚。

员应按照规定方式予以登记，自登记之日起，该扶养令就具有同样效力，可像登记法院作出的扶养令一样得到执行。① 马拉维法院曾经判定，对于登记后的来自外国法院的"终局"扶养令（相对于临时扶养令），马拉维法院无权进行更改——只有外国法院有权对它进行更改。②

该法规定了马拉维作出的扶养令在英国和爱尔兰或互惠国家的执行。③ 它还对外国临时扶养令在马拉维的执行做了规定。④ 在基于临时扶养令而进行的审理中，受该扶养令影响的人员可提出其作为最初诉讼中一方当事人所能提出的任何抗辩，但不得提出其他抗辩。作出临时扶养令的法院所开具的、载明该扶养令所针对的人员在当初的程序中可针对该扶养令提出的反对理由的证明，就可作为决定性证据证明，这些理由构成反对执行该扶养令的理由。⑤ 马拉维法院有权变更或修正一项经确认的临时扶养令。⑥

七　纳米比亚

在纳米比亚，外国扶养令的执行根据 1995 年《互惠执行扶养令法》进行。⑦ 该法授权司法部部长指定哪些国家可以利用该法所规定的制度。⑧ 该法还规定了纳米比亚扶养令在所指定的国家内的执行。⑨ 该法第 4 条规定，如果经认证的、来自指定国家法院针对居所在纳米比亚的人员作出的扶养令副本，经指定国家司法部的行政首长递交纳米比亚司法部的常务秘书后，常务秘书会将该扶养令副本转交给该扶养令所针对的人员的居所地的扶养法院。该扶养法院在收到扶养令后会按照规定方式对它进行登记。该法还

---

① Maintenance Orders (Enforcement) Act 1921, s. 3.
② *Webb* v. *Murray*, *Ex parte Murray* [1961–1963] ALR Mal. 205.
③ Maintenance Orders (Enforcement) Act 1921, s. 4. *McCall* v. *McCall* [1961–1963] ALR Mal. 170.
④ Maintenance Orders (Enforcement) Act 1921, s. 6.
⑤ Maintenance Orders (Enforcement) Act 1921, s. 6 (3).
⑥ Maintenance Orders (Enforcement) Act 1921, s. 6 (6).
⑦ 该法应与 2003 年《扶养法》一起解读。
⑧ Reciprocal Enforcement of Maintenance Orders Act 1995, s. 2.
⑨ Reciprocal Enforcement of Maintenance Orders Act 1995, s. 3.

规定了经调查后对外国临时扶养令的登记。① 如果指定国家作出一项命令，授权纳米比亚的雇主根据扶养令的要求，代表该命令中所提到的人员就该人的工资、薪酬或任何其他形式的收入或津贴支付扶养费，则此类命令也可根据该法在纳米比亚予以登记。②

八　尼日利亚

尼日利亚对外国扶养令的执行要遵守 1921 年《扶养令法》的规定。该法旨在推动来自英国和爱尔兰的扶养令在尼日利亚的执行。尼日利亚总统已根据该法第 11 条的授权将该法扩展适用于许多互惠国家。③ 该法第 3 条规定，如果英国或爱尔兰的法院针对某一人员作出了扶养令，且该扶养令的副本已递交尼日利亚总统，尼日利亚总统就会将该副本转交给尼日利亚法院负责登记的官员。负责登记的官员随后对该扶养令进行登记。登记后，该扶养令就具有和尼日利亚法院作出的扶养令同样的效力。该法还规定了尼日利亚法院作出的扶养令在英国、爱尔兰和其他互惠国家的执行。④ 尼日利亚法院在经过审理后，也可对外国的临时扶养令进行登记。在审理时，被告可提出其作为当事人一方在最初的诉讼中所能提出的任何抗辩，但不得提出其他抗辩。⑤

九　塞拉利昂

塞拉利昂 1921 年《扶养令（执行条件）法》调整外国扶养令在该国的执行。该法第 3 条规定，如果英国或爱尔兰的法院针对某人士作出扶养令，而且该扶养令经认证的副本已被移交给塞拉利昂总统，其就会把该副本转交给塞拉利昂法院负责登记的官员。该官员随后就会对扶养令进行登记，

---

① Reciprocal Enforcement of Maintenance Orders Act 1995，s. 6.
② Reciprocal Enforcement of Maintenance Orders Act 1995，s. 9.
③ 它们是：冈比亚、加纳、塞拉利昂、新南威尔士、圣文森特、格林纳达、英属圭亚那、维多利亚、英联邦澳大利亚、北罗德西亚（现在的赞比亚）、西澳大利亚、南非、新西兰、泽西岛。Maintenance Orders Proclamation 1954.
④ Maintenance Orders Act 1921，s. 4.
⑤ Maintenance Orders Act 1921，s. 6.

自登记之日，该扶养令就具有同样的效力，就像塞拉利昂登记法院作出的扶养令一样。该法还规定了塞拉利昂扶养令在英国、爱尔兰和其他互惠国家的执行。[①] 塞拉利昂法院也有权执行英国或爱尔兰法院在简易程序中作出的临时扶养令。但此类扶养令只有经审理后才会被法院确认。在审理时，被告可提出其作为当事人一方在最初的诉讼中所能提出的任何抗辩，但不得提出其他抗辩。[②] 塞拉利昂法院可变更或撤销已被确认的临时扶养令。[③] 塞拉利昂总统被授权将该法扩展适用于其他英联邦国家。[④]

十　南非

在南非，1989 年《互惠执行扶养令（非洲国家）法》[⑤] 专门用来调整来自非洲国家的扶养令在南非的执行，而 1963 年《互惠执行扶养令法》则调整来自非洲以外的国家的扶养令在南非的执行。[⑥] 南非司法部部长被授权指定可以享有 1963 年《互惠执行扶养令法》规定的互惠待遇的国家。[⑦] 经认证的、由指定国家法院针对任何人士作出的扶养令副本，应首先由南非司法部部长认可的该外国的某一机构通过外交途径递交南非司法部部长。南非司法部部长随后将扶养令副本转交给扶养法院，该法院在收到扶养令后，就会对它进行登记。[⑧]

---

① Maintenance Orders（Facilities for Enforcement）Act 1921, s. 4.

② Maintenance Orders（Facilities for Enforcement）Act 1921, s. 6 (2).

③ Maintenance Orders（Facilities for Enforcement）Act 1921, s. 6 (5).

④ Maintenance Orders（Facilities for Enforcement）Act 1921, s. 12. 该法已扩展适用于冈比亚殖民地（现在的冈比亚），黄金海岸、阿散蒂和黄金海岸北部地区殖民地（现在的加纳），尼日利亚，英联邦澳大利亚政府所在地区以及直布罗陀。

⑤ 该法的规定，尤其是有关登记程序的规定在很大程度上与 1963 年《互惠执行扶养令法》相似。因此，本处没有对它进行分析。

⑥ 在南非，普通法对外国扶养令的执行规定了非常有限的范围，特别是考虑到判决终局性的要求。See e. g. *Estate Himovich v. Estate Himovich* 1951 (2) SA 156；*Estate H v. Estate H* 1952 (4) SA 168；*Hirschowitz v. Hirschowitz* 1965 (3) SA 407.

⑦ Reciprocal Enforcement of Maintenance Orders Act 1963, s. 2. See generally *Smit v. Smit* 1989 (3) SA 454. 法院判定，南非最高法院作出的扶养令不能在博普塔茨瓦纳得到执行，因为南非 1963 年《互惠执行扶养令法》没有将博普塔茨瓦纳共和国指定为受惠国。

⑧ Reciprocal Enforcement of Maintenance Orders Act 1963, s. 3. 法院有权中止登记外国扶养令判决的执行程序。*Marendaz v. Marendaz* 1953 (4) SA 218. See also *Severin v. Severin* 1951 (1) SA 225. 该案判决认为，登记只是一种行政性行为，不是一项司法的或准司法的行为，或一项民事诉讼或程序。

该法还授权南非法院在经过调查后对外国的临时扶养令进行确认。①

十一　坦桑尼亚

根据坦桑尼亚 1971 年《婚姻法》，当该法所适用的某一国家的法院针对任何人员作出扶养令，且该扶养令经认证的副本已递交给坦桑尼亚的外交部部长后，该部长就会把扶养令副本转交坦桑尼亚的法院，以便予以登记。随后，该法院就会按照规定方式对扶养令进行登记。② 登记后的扶养令自登记之日起就可被执行，就如同是登记法院作出的扶养令一样。③ 坦桑尼亚法院及法院职员有义务采取措施来执行扶养令。当坦桑尼亚法院针对某一居所在该法所适用的某一国家内的人员作出扶养令时，该法院就会把经认证的扶养令副本递交坦桑尼亚外交部部长，以便转交给该外国。④

十二　乌干达

外国扶养令在乌干达的执行由 1921 年《扶养令执行法》调整。⑤ 该法规定，如果英国、北爱尔兰或爱尔兰共和国的法院针对任何人员作出扶养令，⑥ 且该扶养令经认证的副本已递交乌干达的司法部部长，其就会将该副本转交给乌干达法院负责登记的官员。在收到该副本后，负责登记的官员就会对它进行登记，自登记之日起，该扶养令就具有和该登记法院作出的扶养令同样的效力。登记法院可采取措施，以执行这一扶养令。⑦ 乌干达法

---

① Reciprocal Enforcement of Maintenance Orders Act 1963, s. 4. 这一立场应与 1998 年《扶养法》一起解读。
② Law of Marriage Act 1971, s. 142（1）.
③ Law of Marriage Act 1971, s. 143.
④ Law of Marriage Act 1971, s. 144.
⑤ 该法应与《扶养令执行规则》一起解读。
⑥ 该法授权部长将该法的规定扩展适用于任何英联邦国家。该法已扩展适用于塞舌尔、斯里兰卡、毛里求斯、马拉维、赞比亚、莱索托、博茨瓦纳、斯威士兰、新南威尔士以及英联邦澳大利亚的附属地区、英联邦澳大利亚政府所在地区、肯尼亚、桑给巴尔、泽西岛、印度（印控克什米尔除外）、南澳大利亚、格恩西岛、塔斯马尼亚、曼恩岛以及新西兰。
⑦ Maintenance Orders Enforcement Act 1921, s. 2.

院还有权执行纯粹临时性质的扶养令，但此类扶养令须经乌干达法院确认后才具有效力。① 临时扶养令的执行必须经过审理。在审理时，被告可提出其作为最初诉讼中一方当事人所能提出的任何抗辩，但不得提出其他抗辩。作出临时扶养令的法院所开具的、载明该扶养令所针对的人员在当初的程序中可针对该扶养令提出的反对理由的证明，就可作为决定性证据证明，这些理由构成反对执行该扶养令的理由。②

十三　赞比亚

在赞比亚，外国扶养令的执行要遵守 1921 年《扶养令（执行）法》的规定。③ 根据该法，如果英国或爱尔兰的法院针对任何人员作出扶养令，④ 且该扶养令经认证的副本已由国务秘书转交总统，总统就会将该副本转交给赞比亚法院负责登记的官员。在收到该副本后，负责登记的官员就会按照规定方式对它进行登记，自登记之日起，该扶养令就具有和该登记法院作出的扶养令同样的效力。登记法院随后有权执行这一扶养令。⑤ 该法还对赞比亚作出的扶养令在英国和爱尔兰的执行⑥以及赞比亚对外国临时扶养令的执行作出了规定。⑦ 在基于临时扶养令而进行的审理中，被告可提出其作为最初诉讼中一方当事人所能提出的任何抗辩，但不得提出其他抗辩。作出临时扶养令的法院所开具的、载明该扶养令所针对的人员在当初的程序中可针对该扶养令提出的反对理由的证明，就可作为决定性证据证明，这些理由构成反对执行该扶养令的理由。⑧ 赞比亚法院有权变更或修正经过确

---

① Maintenance Orders Enforcement Act 1921, s. 5 (1).

② Maintenance Orders Enforcement Act 1921, s. 5 (3).

③ 该法应与 1954 年《扶养令（执行）规则》和 1995 年《儿童归属和扶养法》一起解读。虽然后者规定《扶养令（执行）法》"应不再适用于儿童的扶养或就儿童法院作出的命令"，但它并没有为外国儿童扶养令的执行规定单独的法律制度。因此，可以说，《扶养令（执行）法》继续适用于外国扶养令。

④ 该法第 11 条授权总统在互惠的基础上将该法的规定扩展适用于其他英联邦国家。该法已被扩展适用于澳大利亚北部地区、昆士兰、南澳大利亚和塔斯马尼亚。

⑤ Maintenance Orders (Enforcement) Act, 1921, s. 3 (1).

⑥ Maintenance Orders (Enforcement) Act, 1921, s. 4.

⑦ Maintenance Orders (Enforcement) Act, 1921, s. 6.

⑧ Maintenance Orders (Enforcement) Act, 1921 s. 6 (3).

认的外国临时扶养令。

十四　津巴布韦

在津巴布韦，如果互惠国家的法院针对任何人员作出了扶养令，[①] 且该扶养令经认证的副本已由该国的适当机构递交津巴布韦司法、法律和议会事务部部长，该部长就会把扶养令副本转交给扶养令所针对的人员的居所所在地区或所在省份的扶养法院的书记员。[②] 收到扶养令副本后，该书记员就会予以登记。[③] 如果有申请要求变更或撤销已经登记的扶养令，并且登记法院确信有必要将该申请提交最初作出扶养令的法院，登记法院就会提交此类申请，并且为这一目的中止扶养令执行程序。[④] 津巴布韦法院有权确认并执行互惠国家法院作出的临时扶养令，此类扶养令只有经过津巴布韦法院确认才具有效力。[⑤] 在有关确认或驳回扶养令的审理中，被告可提出其作为最初诉讼中一方当事人所能提出的任何抗辩，但不得提出其他抗辩。作出临时扶养令的法院所开具的、载明该扶养令所针对的人员在当初的程序中可针对该扶养令提出的反对理由的证明，就可作为决定性证据证明，这些理由构成反对执行该扶养令的理由。[⑥]

十五　评论

在所研究的每一个国家内都存在有关外国扶养令登记的成文法制度。[⑦] 和执行外国金钱判决的成文法制度不同，[⑧] 执行外国扶养令的成文法制度没有被明确规定为是排他性的。这样，无论是此类成文法制度范围内还是范

[①]　Maintenance Orders（Facilities for Enforcement）Act 1921, s. 10.

[②]　Maintenance Orders（Facilities for Enforcement）Act 1921, s. 3（1）.

[③]　Maintenance Orders（Facilities for Enforcement）Act 1921, s. 3（2）.

[④]　Maintenance Orders（Facilities for Enforcement）Act 1921, s. 3（3）.

[⑤]　Maintenance Orders（Facilities for Enforcement）Act 1921, s. 6（1）.

[⑥]　Maintenance Orders（Facilities for Enforcement）Act 1921, s. 6（3）.

[⑦]　这些成文法大多是在 1921 年制定的，模仿了英国 1920 年《扶养令（执行程序）法》。

[⑧]　参见第十八章。

围外的扶养令，都可能利用执行外国判决的普通法制度得到执行。① 不过，由于外国法院可能变更扶养令——它们不是终局的和确定性的，利用普通法执行它们会面临难题。

在所研究的国家中，没有一个国家是 1956 年《联合国跨国追索扶养费公约》、② 1973 年《扶养义务判决承认和执行的海牙公约》或 2007 年《国际追索儿童扶养费和其他形式家庭扶养费的海牙公约》的成员国。③

这些成文法制度在互惠基础上运作。总统或司法部部长有权指定这些制度的受益国。有些国家将可指定的国家仅限于英联邦国家。这是对成文法制度范围和适用性的不当限制。

除纳米比亚、南非、津巴布韦外，所研究的其他所有国家都明确将私生子扶养令（order of affiliation）排除在各自的成文法制度范围外。根据私生子扶养令，非婚生子应得到父亲的扶养。将这一命令排除在外会带来问题。这是因为根据所研究的一些国家的宪法和法律，每一个未成年人，无论是否婚生，都有权从父母的财产中获得合理的扶养费。④ 如果针对一个非婚生子（也许正与祖父母生活在一个排除私生子扶养令的国家内）的父亲而作出的外国扶养令不能针对该父亲予以执行，这就很难令人信服。

所研究的每一个国家都规定了两类不同的执行外国扶养令的程序。对于临时的且只有经过国内法院确认才有效力的扶养令，只有经过审理或调查后才能得到登记。在将有关程序的通知送达被告后所举行的审理中，被告可提出其作为最初诉讼的一方当事人所能提出的任何抗辩。所研究的大部分国家都不允许被告提出其他抗辩。⑤ 外国法院所开具的、载明该扶养令所针对的人员在当初的程序中可针对该扶养令提出的反对理由的证明，就

---

① 参见第十七章。

② 布基纳法索、佛得角、中非共和国、利比里亚、尼日尔、塞舌尔和突尼斯。

③ 在非洲，只有布基纳法索签署了该公约。

④ See e. g. Constitution of the Republic of Ghana, Art. 28 （2）; Namibia – Children's Status Act 2006, s. 16 （2）; *Frans v. Paschke* 2007 （2） NR 520.

⑤ 纳米比亚法律制度通常不对抗辩问题作出规定。不过，根据 1995 年《互惠执行扶养令法》第 6 条第 6 款以及 2003 年《扶养法》第 13 条第 3 款，"主持扶养法庭的法官必须进行扶养调查，以确保在当事人之间以及扶养请求的受益人之间实现实质公正"。

可作为决定性证据证明，这些理由构成反对执行该扶养令的理由。换句话说，虽然被告可以提出抗辩，但其提出的抗辩仅限于其在外国法院程序中所能提出的抗辩。

上述对被告抗辩的限制是有问题的。例如，可以据此主张被告不能辩称扶养令的执行会违反执行国的公共政策。许多非洲人移居到具有不同价值观和法律制度的国家和地区，这些人有可能成为其依据可能被认为违反其本国国内公共政策的扶养令的对象。这些人不能在执行法院提起此类抗辩的事实（因为他们不可能在外国法院提起此类抗辩）是很难令人接受的。实际上，在不影响先前作出的判断的情况下，私生子扶养令被排除在大部分扶养令执行制度范围以外的事实表明，在所研究的国家内，并非所有的外国扶养令都是得到认可的。重要的是，有关执行外国扶养令的国际公约也认可公共政策是拒绝承认和执行外国扶养令的理由之一。① 如果被告在此类程序中能够提出的抗辩只是外国法院缺乏管辖权，这还值得探讨。

对于外国的临时扶养令，执行法院有权确认或拒绝登记。而对于非临时性质的外国扶养令的执行是自动的和强制性的。在所研究的许多国家内，扶养令副本是通过行政机构的人员如司法部部长或总统转交的，法院负责登记的官员在收到扶养令副本后有义务——"应"——对扶养令进行登记。换句话说，对扶养令的登记是强制性的。登记使得扶养令可在国内得到执行。和临时扶养令不同，适用于非临时扶养令的规定都认定外国法院具有管辖权——没有规定对外国法院的管辖权进行调查或提出异议。② 实际上，在对此类扶养令进行登记前，不需进行审理。不过，考虑到可以针对登记外国扶养令的命令采取相应程序，这就有可能对登记后的扶养令提起上诉。但在马拉维和肯尼亚，这种解释没有得到法院的支持。这两个国家的法院都曾判定，在外国的非临时扶养令登记后，它成为登记法院的一项命令的事实，并不能给予被告提起上诉的权利，无论是针对外国扶养令本身，还是针对登记外国扶养令的命令，法院都无权撤销或变更。变更此类扶养令

---

① Hague Convention on the International Recovery of Child Support and Other Forms of Family Mainte-
nance 2007, Art. 22 (a); Hague Convention on the Recognition and Enforcement of Decisions Re-
lating to Maintenance Obligations 1973, Art. 5 (1).

② 这也可与登记外国金钱判决的制度相比较，该制度允许对外国法院的国际管辖权进行调查。

的申请必须向作出该扶养令的外国法院提出。①

　　当与执行外国金钱判决的制度比较时，外国扶养令所享有的"特权"地位很难予以合理解释。例如，在 *Re. Ian Douglas Hunter* 案②中，法院解释这一立场的理由是，婚姻管辖权建立在住所之上，"由于在离婚情况下婚姻状态终止，就需要使消失的婚姻住所永远固定在作出判决的法院之内"。但有关婚姻诉因管辖权的法律现状使这一立场面临过时或无法得到支持。目前，在所研究的大部分国家内，住所并不是婚姻事项的唯一管辖权依据。③此外，扶养诉讼并不必然是在离婚判决作出后提起的——它可能在婚内就针对未成年人提起。再者，在外国法院提起变更或撤销扶养令的诉讼可能会带来不便和花费。实际上，在津巴布韦，法院就有权变更或撤销外国的非临时扶养令，但它们也有自由裁量权将该事项提交给外国法院。④

---

① *Webb* v. *Murray*, *Ex parte Murray* [1961 – 63] ALR Mal. 205; *In re Ian Douglas Hunter* [1955] 28 KLR 120.

② [1955] 28 KLR 120 at 127.

③ 参见第十二章。

④ Maintenance Orders (Facilities for Enforcement) Act 1921, s. 3 (3).

第十三章
儿童

本章探讨涉及儿童及其身份的法院命令的国际私法问题。[①] 具体而言，本章将关注诸如跨国收养、代孕、监护、国际儿童诱拐、儿童的婚生与非婚生等问题。本章不探讨有关此类问题的国内实体法规定。这一领域的问题有许多成文法和判例法，而且国际法特别是国际人权法的影响也显而易见。

第一节　收养

一　冈比亚

冈比亚儿童法院有权作出收养令。被收养的儿童不必是冈比亚公民。[②] 冈比亚法律允许在例外情况下进行跨国收养。[③] 此外，冈比亚法律还对外国人进行的收养施加了条件，包括外国人在冈比亚有至少 6 个月以上的居所、在监督下扶养儿童至少 36 个月、没有犯罪记录以及使冈比亚法院确信收养人本国会尊重和认可冈比亚法院作出的收养令。[④] 如果冈比亚法院作出收养令，被收养儿童原父母或监护人有关该儿童未来监护、扶养和对婚姻的同意的所有权利、责任、义务和职责都不再存在。根据收养令，此类权利、责任、义务和职责将转移至养父母，就如同他们就是该儿童的亲

---

① 本书第三章分析了儿童的住所问题。
② Children's Act 2005, s. 109.
③ Children's Act 2005, s. 111 (1).
④ Children's Act 2005, s. 111.

生父母。① 冈比亚 2005 年《儿童法》没有对冈比亚法院是否可以以及依据何种条件承认外国的收养令作出规定。

二　加纳

在加纳，作出儿童收养令的管辖权被授予高等法院、巡回法院或家事法庭，其他机构不得作出此类扶养令。只能针对居所在加纳的儿童作出此类扶养令。② 住所和国籍都不能构成法院作出儿童扶养令的管辖权依据。对于国籍不是加纳的儿童，只要其在加纳有居所，加纳法院就可作出扶养令。③ 加纳没有明确的成文法对外国收养令的承认作出规定。

加纳法律允许外国人收养居所在加纳的儿童。此类收养有两类，即希望和儿童一起居住在加纳的外国人进行的收养，以及跨国收养。跨国收养是指一个不具有加纳国籍、居所在加纳以外且希望将被收养儿童带离加纳的外国人所进行的收养。④ 加纳法律对外国收养人施加了许多限制。对于外国人，应由夫妻双方共同提出收养申请。⑤ 在加纳法院作出收养令之日前，申请人和儿童必须居住在加纳，而且该儿童必须连续 3 个月不间断地处在申请人的看护和监管之下。⑥ 如果请求法院作出收养令的申请人不是加纳人，或在夫妻双方联合提出申请的情况下其中一个申请人不是加纳人，加纳法院应作出一个为期不少于 2 年的临时收养令，并推迟对申请作出最终决定。⑦

三　肯尼亚

肯尼亚有权作出收养令的法院是高等法院。⑧ 高等法院可针对居所在肯

---

① Children's Act 2005, s. 115.

② Children's Act 2001, ss. 65 and 67 (3). 该法应与 2003 年《收养规则》一起解读。

③ Children's Act 2001, s. 80. See generally *in Re RF*（*An Infant*）［1972］2 GLR 61; *Bulley – Neequaye v. Bulley – Neequaye*［1992］1 GLR 165.

④ Children's Act 2001, ss. 85 and 124.

⑤ Children's Act 2001, s. 66.

⑥ Children's Act 2001, s. 67 (3).

⑦ Children's Act 2001, s. 73.

⑧ Children Act 2001, s. 154. See generally *In re Baby PA*（*Infant*）［2005］eKLR; *In re AW*（*a Child*）［2006］eKLR; *In re EC*（*an Infant*）［2006］eKLR; *In re AARE*（*a Child*）［2005］eKLR; *In re EJ*（*an Infant*）［2004］eKLR; *In re Baby Wayne Bakaria*［2004］eKLR.

尼亚境内的儿童作出收养令，而不问其国籍或出生地。[1] 肯尼亚 2001 年《儿童法》允许不具有肯尼亚国籍或在肯尼亚没有居所的夫妇双方，联合申请收养居所在肯尼亚的儿童。在此情况下，申请人必须获得必要的同意，使法院确信他们的通常居住的以及获得收养令后希望和被收养儿童一起居住的那个国家会尊重并承认该收养令，会给予该儿童以居留身份，而且该国的主管政府部门或法院授权申请人或推荐他们作为收养外国儿童的合适人选（包括神智健全、有经济能力）。[2]

肯尼亚法院会承认英联邦国家法院或其他国家有管辖权的法院作出的扶养令。得到承认的扶养令具有和根据 2001 年《儿童法》作出的扶养令同样的效力。[3]

四 马拉维

马拉维高等法院有权作出收养令。[4] 在遵守成文法规定的条件下，[5] 任何人都可申请获得授权以收养儿童，[6] 包括不具有马拉维国籍的人。[7] 对于居所不在马拉维的申请人或针对居所不在马拉维的儿童，马拉维法院不会作出扶养令。[8] 为此目的，一个长期有目的出现在马拉维而不只是短期逗留者的人，如定期访问和投资，将被视为在马拉维有居所。[9] 收养令可以排除被收养儿童父母或监护人就该儿童的未来监护、扶养和教育相关的所有权

---

[1] Children Act 2001, s. 157.

[2] Children Act 2001, s. 162.

[3] Children Act 2001, s. 176.

[4] Adoption Act 1949, s. 9. 有关涉及儿童的事项，see generally the Child Care, Protection and Justice Act 2010。

[5] Adoption Act 1949, s. 3.

[6] Adoption Act 1949, s. 2 (1).

[7] *In the Matter of CJ* (*A Female Infant*), Adoption Cause No. 28 of 2009 (Supreme Court of Appeal, Malawi, 2009), on appeal from *In the Matter of CJ* (*A Female Infant*) of C/O Mr. Peter Baneti, Zomba, Adoption Case No. 1 of 2009 (High Court, Malawi, 2009). See generally *In re David Banda* (*A Male Infant*), Adoption Cause No. 2 of 2006 (High Court, Malawi, 2008).

[8] Adoption Act 1949, s. 3 (5).

[9] *In the Matter of CJ* (*A Female Infant*), Adoption Cause No. 28 of 2009 (Supreme Court of Appeal, Malawi, 2009).

利、义务、责任和职责。此类权利、责任、义务和职责将由收养人承受。①

五　塞拉利昂

在塞拉利昂，收养根据 1989 年《收养法》进行。该法授权高等法院作出未成年人收养令。② 该法并不排除外国人对儿童的收养，但收养人不是塞拉利昂公民时，塞拉利昂法院必须作出一个为期不少于 6 个月的临时收养令。③ 法院可对此类收养令附加一些条件，收养令中规定的期限一般作为观察期。④ 只有在收养申请人和未成年人都居住在塞拉利昂时，法院才可作出收养令。如果法院作出收养令，未成年人父母或其他人就该未成年人的未来监护、扶养和教育等相关的所有权利、义务、责任和职责都不再存在。这些权利、义务、责任和职责会转让给收养人，就如同该未成年人是收养人合法婚生子女一样。⑤

六　南非

在历史上，南非曾绝对禁止外国人收养南非的儿童。⑥ 在 2000 年，这一禁令被宣布为违宪——这就为南非的跨国收养打开了大门。⑦ 南非法院强调要严格遵守成文法规定的收养程序，包括如何选择适当的法院及寻求适当的救济。法院警告不得偏离这些程序，除非存在例外情况。⑧ 南非法院曾经判定，辅助性原则（subsidiarity principle）即跨国收养应被认为是"最后手段"的原则，并不是跨国收养的最终决定因素。因此，辅助性原则本身

---

① Adoption Act 1949, s. 6 (1).
② Adoption Act 1989, s. 2 (1). 青少年被界定为 17 岁以下的人。
③ Adoption Act 1989, s. 8.
④ Adoption Act 1989, s. 7.
⑤ Adoption Act 1989, s. 12.
⑥ Child Care Act 1983, s. 18 (4).
⑦ *Minister of Welfare and Population Development v. Fitzpatrick* 2000 (3) SA 422; *Fitzpatrick v. Minister of Social Welfare and Pensions* 2000 (3) SA 139.
⑧ *AD v. DW* 2008 (3) SA 183; *De Gree v. Webb* 2007 (5) SA 184; *De Gree v. Webb* 2006 (6) SA 51.

被视为附属于至上原则（paramountcy principle），这就意味着在涉及收养时，每一个儿童应被作为个体看待。① 法院指出，收养的效力及其产生的权利与身份密切相关，因此，它们应由儿童被收养地法律（lex adoptionis）支配。②

南非是 1993 年《跨国收养方面儿童保护和合作的海牙公约》的成员国。南非 2005 年《儿童法》给予该公约以法律效力。该公约与南非现有的有关收养的法律互为补充，并在冲突时优先适用。③ 根据该公约，该法为跨国收养目的，指定南非社会发展部部长为中央机构。④ 社会发展部部长负责指定可以提供跨国收养服务的组织。⑤ 该法还为来自公约国⑥和非公约国⑦的人士进行的收养提供了基本一致的规定。两种规定都要求在外国中央机构、南非中央机构和南非的儿童法院之间建立一种三方关系。⑧ 南非法院在作出收养令前需要考虑的因素包括：儿童的最佳利益；儿童在南非出现；对儿童收养的安排符合《跨国收养方面儿童保护和合作的海牙公约》的要求或其他规定的要求；外国的中央机构同意对儿童进行的收养；南非的中央机构也同意对儿童的收养；而且该儿童已被列入《被收养儿童及未来养父母登记公告》中已至少有 60 天时间，且南非没有收养该儿童的合适的养父母。⑨

南非还为来自公约和非公约国的跨国收养的承认规定了不同的制度。惯常居所在南非（或另一公约国）的人士如果收养了惯常居所在某一公约国的儿童，且该国签发的收养合规证明仍然有效，南非就会承认该收养。如果相关公约国没有签发收养合规证明，南非中央机构可以签发声明承认

---

① *AD* v. *DW* 2008 （3） SA 183.

② *Board of Executors* v. *Vitt* 1989 （4） SA 480.

③ Children's Act 2005，s. 256.

④ Children's Act 2005，s. 257.

⑤ Children's Act 2005，s. 259.

⑥ Children's Act 2005，s. 261.

⑦ Children's Act 2005，s. 262. 该法还规定了相关规则，以调整惯常居所在南非的人士所进行的跨国收养。See sections 264 and 265.

⑧ Children's Act 2005，ss. 261 and 261.

⑨ Children's Act 2005，ss. 261 （5） and 262 （5）.

这一收养。① 对于来自非公约国的收养，如果收养符合收养令作出地国的法律且未被撤销，而且该收养令具有和南非作出的收养令同样的效力，南非中央机构就可签发声明承认该收养。②

收养令可以终止任何人包括父母、继父母或具有同居关系的伴侣就儿童被收养前所存在的父母职责和权利。收养令将有关被收养儿童的全部的父母职责和权利都授予养父母。不过，收养不会影响儿童在收养前所获得的任何财产权利。③

七　坦桑尼亚

坦桑尼亚 2009 年《儿童法律法》授予高等法院作出收养令的权力。④ 将被收养的儿童应居住在坦桑尼亚。⑤ 该法允许非坦桑尼亚公民收养坦桑尼亚儿童，但对外国人收养坦桑尼亚儿童施加了多种限制，包括至少连续 3 年居住在坦桑尼亚、在其本国没有犯罪记录、需要使法院确信未来的养父母本国会尊重和认可收养令。⑥ 在遵守上述限制的前提下，法院如果认为收养符合儿童的最佳利益，就可作出收养令。⑦

法院作出收养令后，被收养儿童的父母或与该儿童有关系的任何其他人员的就该儿童所产生的权利、义务、责任和职责，包括根据习惯法所产生的权利、义务、责任和职责都不复存在。此类权利、义务、责任和职责都转移给该儿童的养父母并由他们承担。⑧

八　乌干达

在乌干达，如果将被收养的儿童和收养申请人都是乌干达公民，收养

---

① Children's Act 2005, s. 266.
② Children's Act 2005, s. 268.
③ Children's Act 2005, s. 242.
④ Law of the Child Act 2009, s. 54.
⑤ Law of the Child Act 2009, s. 56 (3) (a).
⑥ Law of the Child Act 2009, s. 74 (1).
⑦ Law of the Child Act 2009, s. 74 (2).
⑧ Law of the Child Act 2009, s. 64.

申请就可向申请人或该儿童居所地的治安法院提出。① 如果将被收养的儿童或收养申请人不是乌干达公民，则收养申请应向乌干达高等法院提出。② 将被收养的儿童不必是乌干达人。③ 如果申请人和儿童没有一个是乌干达公民，乌干达高等法院就无权受理收养申请。④

在例外情况下，外国人可以收养乌干达儿童，如果其在乌干达已停留至少 3 年时间，已扶养该儿童至少 36 个月，⑤ 没有犯罪记录，能够提供其适合收养儿童的适当的推荐信，⑥ 而且乌干达法院确信收养人本国会尊重并承认乌干达法院作出的收养令。⑦

收养令可以排除被收养儿童的父母或监护人就被收养儿童未来的监护、扶养和教育等相关的所有权利、责任、义务，此类权利、责任和义务将由收养人承担。⑧

九　赞比亚

只有在收养申请人和儿童的居所都在赞比亚时，赞比亚法院才会作出收养令。⑨ 不过，对于外国儿童，该儿童应居住在赞比亚，且申请人必须在赞比亚有通常居所。此外，外国儿童不应是根据《移民和驱逐法》所签发

---

① 关于居所的含义，see *Re M*（*An Infant*）［1995 – 1998］2 EA 174；［1995］Kam. LR 450。

② Children Act 1997，s. 44（1）. See generally *In the matter of Deborah Joyce Alitubeera & Richard Masaba*（*infants*），Civil Appeal No. 70 of 2011（Court of Appeal，Uganda，2012）；*In re Edith Nassaazi*［1997］6 Kam. LR 42；*In re Moses Kirabo Clay*，Adoption Cause No. 30 of 2004（High Court，Uganda，2004）；*In re Nsamba Isaac Dominic*，Adoption Petition No. 44 of 2006（High Court，Uganda，2005）.

③ Children Act 1997，s. 44（2）.

④ *Ayat Joy v. Jeneve Chenekan Obonyo*，Adoption Cause No. 52 of 2005（High Court，Uganda，2005）.

⑤ *In re Cynthia June Robertson*（*An Infant*）［2004］Kam. LR 641. 法院判定这一要求不是强制性的。

⑥ *In re Gorretti Nakasagga*（*An Infant*）［2002］Kam. LR 535. 在该案中，法院接受了一名美国牧师的推荐信。

⑦ Children Act 1997，s. 46.

⑧ Children Act 1997，s. 51.

⑨ Adoption Act 1956，s. 4（5）.

的临时或旅游签证而停留在赞比亚的。① 如果赞比亚法院作出收养令，被收养儿童的父母或监护人就该儿童的未来监护、扶养和教育等相关的所有权利、责任、义务和职责，包括指定监护人以及同意或不同意婚姻的权利，都不复存在。它们都由收养人承担并行使，就如同被收养儿童是其婚生子女一样。②

十　津巴布韦

在津巴布韦，有权作出收养令的法院是收养申请提出之日申请人或儿童居所地的法院。③ 即使儿童的住所不在津巴布韦，津巴布韦法院也对收养程序具有管辖权。④

如果申请人的住所或居所不在津巴布韦，或儿童的居所不在津巴布韦，津巴布韦法院就不会作出收养令。不过，如果申请人和儿童在禁止的亲等关系内，津巴布韦法院也可能针对居所和住所都不在津巴布韦的申请人作出收养令。⑤ 除申请人和儿童在禁止的亲等关系范围内的情况外，津巴布韦法院未经公共服务、劳工和社会福利部部长的同意，不得针对作为非津巴布韦公民的申请人作出收养令。⑥

津巴布韦1971年《儿童法》调整对外国收养令的承认，但该法的适用并不限制津巴布韦法院承认或实施在津巴布韦之外依据其他法律作出的收养令。⑦ 该法对来自指定国家和非指定国家的收养令进行了区分。⑧ 津巴布韦高等法院有权承认在指定国家作出的收养令，如果它确信该收养令是该

---

①　Adoption Act 1956, s. 4 (6).

②　Adoption Act 1956, s. 14 (1).

③　Children's Act 1971, s. 57 (1).

④　*Ex Parte Egan* [1965] RLR 518, 1966 (1) SA 379.

⑤　Children's Act 1971, s. 59 (5).

⑥　Children's Act 1971, s. 59 (7). 该法没有界定哪些关系属于"禁止的亲等关系"，但这一规定以及第59条第5款的规定似乎旨在推动家庭成员的收养。其中一个例子就是一名已放弃津巴布韦国籍、现在住所在南非而且也加入南非国籍的叔叔，想收养居住在津巴布韦的侄子或侄女。

⑦　Children's Act 1971, s. 75G.

⑧　部长被授权指定国家。See Children's Act 1971, s. 75B.

国有权机构针对不在津巴布韦出生的儿童作出的，而且承认该收养令不会违反津巴布韦的公共政策。① 对于来自非指定的国家的收养令，津巴布韦法院还要确信被收养人和收养人在收养令作出时在该外国有住所或永久居所。② 已被承认的收养令在所有方面具有和津巴布韦作出的收养令同样的效力。③

十一　评论

众所周知，在某些情况下，儿童获得稳定家庭生活的唯一方式就是通过收养。所研究的所有国家都认可跨国收养，只是南非和纳米比亚④最近才允许外国人收养其本国儿童。不过，在一些国家如乌干达和冈比亚，只有在"例外情况下"才允许外国人收养本国儿童，在津巴布韦此类收养必须获得公共服务、劳工和社会福利部部长的同意。

跨国收养主要由成文法调整。⑤ 在所研究的一些国家内，习惯法提供了另一种收养制度。这种制度仅限于遵守习惯法的人员——它不可能适用于跨国收养。一些国家的国内立法明确保留了习惯法收养制度。⑥

只有肯尼亚、莱索托和南非⑦是1993年《关于跨国收养方面儿童保护和合作的海牙公约》⑧ 的成员国。对于跨国收养，可以说所研究的国家基本上都是"来源国"（states of origin），即居住在这些国家的儿童更可能被外国人收养，并被带至国外。该公约有70多个成员国，包括收养人通常来自的所有主要发达国家。这样，所研究的国家通过加入该公约可以利用公约

①　See Children's Act 1971, s. 75C.
②　See Children's Act 1971, s. 75D.
③　See Children's Act 1971, s. 75F.
④　*Detmold v. Minister of Health and Social Services* 2004 NR 174; *NS v. RH* 2011 (2) NR 486.
⑤　上面的国家报告主要集中在冲突法问题上。当然，根据每一国家的国内收养立法，还需要满足其他许多要求。
⑥　See e. g. Botswana – Adoption of Children Act 1952, s. 16.
⑦　布基纳法索、布隆迪、几内亚、马达加斯加、马里、毛里求斯和塞舌尔也都是该公约的成员国。
⑧　In *NS v. RH* 2011 (2) NR 486, 法院建议纳米比亚加入海牙收养公约。《非洲儿童权利和福利宪章》第24条以及《联合国儿童权利公约》第20~21条涉及收养问题。

规定的收养途径。

在所研究的国家内，只有经过司法调查才能作出收养令，因此，只有法院有权作出收养令。在所研究的全部国家内，儿童的居所构成一种管辖依据——儿童的住所或国籍不是管辖依据。一些已决案例表明对居所存在一种宽松解释的倾向。实际上，和其他涉及儿童的事项一样，马拉维和南非的法院曾经判定，儿童的最佳利益是最重要的考虑因素，这一考虑因素优先于辅助性原则。①

没有一个国家的立法对收养程序中可能出现的法律选择问题作出规定。所研究的国家内的法院是否会关注收养程序中的外国法律，还令人怀疑。如上所述，儿童的住所不是法院作出收养令的管辖权依据——在大部分案件中，只需考虑在申请提出地国的居所。不过，根据普通法，身份问题由一个人的住所地法支配。收养会导致儿童身份的巨大改变：旧的家庭关系被切断，新的家庭关系开始建立，新的权利包括可能获得公民身份的权利由此产生。如果这一改变可以无须考虑被收养儿童的住所地法就能形成，它就不但有违原则，而且可能带来问题。实际上，无视儿童住所地法所作出的收养令，可能不会在儿童的住所地国或养父母带儿童所去的国家得到承认。虽然国内立法没有对收养程序的法律选择问题作出规定，但笔者认为，考虑到如果无视儿童住所地法，"儿童的最佳利益"可能受到影响，法院应尽可能关注此类法律。如果法院在评估所有相关事实，包括儿童的住所地法和他们意图居留地的法律后，发现收养并不符合儿童的最佳利益，该法院就应拒绝作出收养令。

确实，在涉及住所在外国的儿童或非本国儿童的收养程序时，允许外国使馆或总检察长介入此类程序，以确保儿童的最佳利益得到保护，不失为一种适当手段。此外，法院要求律师提供有关养父母住所地国法律或其本国法律或意图和儿童共同居住地国的法律的意见，同样非常重要。法院必须确信，根据其国内法作出的收养令会在上述国家得到承认。它们还必须确信此类收养令获得承认后，儿童会享有相应的权利。儿童能否获得公民身份、能否得到平等对待、能否享有该国的社会福利以及是否有权继承

① 这是跨国收养代替国内收养时必须认真考虑的一个原则。

养父母的财产，都是值得考虑的因素。在任何跨国收养程序中，这些事项应被法律确定为实质性的考虑因素。[①]

除肯尼亚、南非和津巴布韦外，其他国家的成文法没有对外国收养令的承认作出规定。这是一个值得关注的问题，因为法院在决定是否承认外国的收养令时，有许多需要考虑的事项，包括公民权的确定、养父母遗产的继承以及被收养儿童的住所等。在没有成文法对外国收养令的承认作出规定时，人们可能不得不借助英国普通法。但普通法中的立场仍未得到确定，这一领域存在的一个著名案例[②]也饱受批评。[③] 总而言之，在儿童居所地国、国籍国或住所地国作出的收养令应得到承认。在这么做时，法院应再度考虑儿童的最佳利益；如果拒绝承认一项收养令会严重损害儿童的利益，法院就应毫不犹豫地承认该项收养令。

在南非，法院曾指出，收养的效力以及收养所产生的与身份有关的权利应由儿童被收养地法（lex adoptionis）[④] 支配。在所研究的国家内，收养的效力都很相似。收养令可以排除儿童的父母或其他监护人有关该儿童的所有权利、义务、责任和职责，并将它们授予收养人。[⑤]

第二节　代孕协议

代孕母亲是为取得报酬或在不要报酬的情况下，为其他人生育孩子的女士——要么通过人工授精方式，要么通过手术将另一女人的受精卵移植到代孕母亲的子宫进行孕育，直至出生。因此，代孕暗示着一项基本的协议—— 一项合同。简单来讲，代孕就是这样一种安排，在这种安排中，一个女人为另一对夫妇或个人代孕并生育子女。代孕是一种生育安排。代孕在所研究的国家内的接受程度还需调查，但无疑为此目的而作的非正式安

---

① 在一些国内立法中，法院必须确信收养令会在外国得到承认。

② *Re Valentine's Settlement* ［1965］Ch. 831.

③ *Cheshire*，*North & Fawcett*，pp. 1174 – 1175；*Dicey*，*Morris & Collins*，para 20 – 128.

④ *Board of Executors v. Vitt* 1989（4）SA 480.

⑤ Adoption Act 1956, s. 14（1）.

排在一些国家存在。实际上，在彼此熟悉的家庭成员或人们之间通过私下协议所达成的非正式代孕的安排在许多社会都存在。

国际上日益发展的趋势看来是通过制定充分的立法，为代孕提供正式的依据。在最近就代孕问题所做的一个司法实践的比较考察中，南非北豪登高等法院①注意到，大多数国家都禁止商业代孕，印度却是一个显著例外，而其他国家对这一问题反应不一，有的国家武断禁止利他性代孕和商业代孕，而其他一些国家承认利他性代孕并通过立法予以规制。

在非洲，代孕作为一种国家正式调整的制度，只是在近来才进入法律视野。在所研究的国家内，似乎只有南非通过成文法对代孕协议进行正式规制。这一问题规定在南非 2005 年《儿童法》第 292~303 条中。虽然该法的规定在国际代孕协议的情况下可能具有重要意义，但这些规定主要还是用于国内的代孕协议。它们的目的不是解决代孕协议可能产生的许多国际私法问题。换句话说，虽然代孕协议在南非法律中得到规制，但这一问题所涉及的国际私法事项，无论在司法实践中②还是在学术著作中，③ 在很大程度上还没有得到探讨。

代孕协议可能产生的国际私法事项没有得到关注的事实，并不意味着非洲法院不会遇到此类问题。在世界范围内的一些国家中，代孕被接受为成为父亲或母亲的一种合法方式。这样，加纳夫妇在国外达成代孕协议，并根据加纳法律请求承认根据代孕协议所生子女是其"子女"，这样的情形并非不可想象。

根据南非法律，代孕母亲协议④只有满足下列条件才有效：该协议是在南非共和国达成的；委托父母中至少有一方，或委托父（母）是单个人士

---

① *Ex parte WH* 2011 (6) SA 514; [2011] 4 All SA 630.

② *See generally Ex parte WH* 2011 (6) SA 514; [2011] 4 All SA 630; *Ex Parte Applications for the Confirmation of three Surrogate Motherhood Agreements* 2011 (6) SA 22.

③ M. Slabbert, 'Legal Regulation of Surrogate Motherhood: South Africa', in Katarina Trimmings and Paul Beaumont (eds.), *International Surrogacy Arrangements Legal Regulation at the International Level* (Hart Publishing, forthcoming, 2013).

④ 代孕母亲协议是指代孕母亲与委托父母之间达成的协议，双方在协议中同意，代孕母亲将通过人工授精方式为委托父母生育小孩，代孕母亲承诺在孩子出生时或随后的一段合理时间内将其交给委托父母，以使该孩子成为委托父母的合法的孩子。

时，在达成协议时，一方或该人的住所在南非共和国内；以及代孕母亲和其丈夫或伴侣，如果有的话，在达成此类协议时，他们的住所在南非共和国内。[1] 正如斯莱博特（Slabbert）教授所评论的，这一条规定具有单边冲突规范的全部特征。[2] 这一规定指明了南非法律适用于代孕母亲协议的情形，而不是为代孕母亲协议的有效性这一范围确定一个单一连结点，以便指向所适用的法律（例如，代孕协议适用当事人选择的法律）。根据这一规定，南非法院是否会承认一项不符合南非《儿童法》的要求，但根据协议作成地法律有效的代孕协议，还令人怀疑。

在没有成文法对代孕协议的国际私法事项作出规定的国家，适用于合同的国际私法规则是否可以适用于代孕协议，还值得探讨。正如本书第七章所谈论的，合同法律适用的立场是，合同首先适用当事人选择的法律，在无此种选择时，合同适用与该合同有最真实、最重要联系的法律。

另一个重要的问题是根据代孕协议所生的儿童的法律身份问题，以及这一身份能否在国外得到承认。根据南非法律，根据代孕协议由代孕母亲所生的任何子女，就所有目的而言，从其出生时刻起，就是委托父母或委托父（母）的子女。该儿童不得针对其代孕母亲、其丈夫或伴侣或他们亲属中的任何人主张扶养或继承。在纳米比亚，通过人工授精或体外授精所生儿童的身份也由成文法调整。[3] 纳米比亚2006年《儿童身份法》第24条第1款规定，无论何时，如果已婚妇女或其丈夫以外的任何人的配子，在经过该妇女及其丈夫的共同同意后，被用于人工授精或体外授精，则作为此种技术结果所生的任何儿童，将就所有目的而言被视为该妇女及其丈夫的生物学上的子女。

在所研究的其他国家内，对于委托父母，根据代孕协议所生儿童是否应被承认为他们的子女的问题，应取决于代孕协议所适用的法律是否可以授予儿童此种身份，以及法院地法是否承认代孕是一种生育方式。无疑，

---

① Children's Act 2005，s. 292.

② Forsyth，pp. 7 – 10. 当适用于争议的事实时，多边冲突规范指明适用某一法律体系，它并不优先适用任何法律体系（合同适用当事人选择的法律）。单边冲突规范并不指明适用哪一法律体系，相反它下令适用它所属的法律体系。

③ Children's Act 2005，s. 297.

公共政策考虑在此类情况下就显得十分重要。有趣的是，虽然在所研究的一些国家内，对于确定儿童是否婚生存在相应的国际私法规则，但似乎还没有已决案例来确定某人是否为另一人子女这一问题所适用的法律。

第三节　监护、保佐和诱拐

一　博茨瓦纳

博茨瓦纳法院有权审理有关监护申请的案件，并可下令将被带离法院辖区前惯常居所在博茨瓦纳的博茨瓦纳公民返还至博茨瓦纳。[①] 在此类案件中，儿童的最佳利益原则提供了法院行使管辖权的重要考虑因素。[②] 不过，如果法院的命令在实践中不能得到有效实施，法院可能就不会作出这样的命令。因此，在一个案件中，母亲和其子女在莫桑比克，博茨瓦纳法院就不愿下令，要求该母亲将子女的监护权移交给子女的父亲，该父亲是住所在博茨瓦纳的外国人。[③]

二　冈比亚

冈比亚法院除了可对婚姻事项行使管辖权外，还有权对儿童监护作出安排，只要儿童出现在冈比亚。[④] 儿童父母也可请求儿童法院作出监护令。在这种情况下，不要求儿童出现在冈比亚。[⑤]

三　加纳

除了有关婚姻事项的管辖权外，加纳高等法院还有权对儿童监护作出

---

① *Sello* v. *Sello*（*No. 2*）1999 BLR（2）104（on appeal from *Sello* v. *Sello* 1998 BLR 502）. 有关监护的申请也可能和离婚、婚姻无效或司法别居的程序相同。See Matrimonial Causes Act 1973，s. 28 and，generally the Children Act 1981.

② *Sello* v. *Sello*（*No. 2*）1999 BLR（2）104.

③ *Verona* v. *Verona* 1983 BLR 9.

④ Matrimonial Causes Act 1986，s. 37.

⑤ Children's Act 2005，s. 146.

安排，只要监护存在争议的儿童出现在加纳。[①] 监护申请也可根据 1998 年《儿童法》第 43 条提出，该条规定没有明确要求儿童出现在加纳。

对于监护问题，包括涉及儿童"诱拐"的问题，儿童的幸福和福利是至关重要的考虑。法院会从各个角度审查事实，并适当考虑所有相关因素。这样，法院已授予一方当事人监护权这一事实，并不是决定性的因素。[②] 在 *Fink v. Coelho* 案[③]中，法院指出，即使在有关儿童监护的诉讼中，外国的监护令——在本案中是由一家德国法院作出的——不能在加纳得到执行，法院为决定可能影响儿童福利和幸福的关键问题这一目的，有权受理并考虑这一诉讼。

四　马拉维

马拉维法院对未成年人的管辖权并不限于具有马拉维国籍或住所的未成年人。法院有权依据未成年人在马拉维的居所对该未成年人行使管辖权，在行使此类管辖权后，法院可下令对在国外的儿童进行探望。[④] 同样，马拉维法院，作为住所地法院，有权针对住所在马拉维的儿童作出监护令，即使儿童居住在国外，就像在 *Van Genderen v. Van Genderen* 案中一样居住在荷兰，马拉维法院也可作出监护令。[⑤]

马拉维法院没有义务承认或执行外国就儿童监护作出的裁决。外国法院的监护裁决对于谁有权获得儿童的监护权并不是终局性的。儿童的福利才是最重要的考虑。[⑥]

五　南非

南非法院是所有出现在或居住在其属地管辖范围内的所有未成年人的

---

① Matrimonial Causes Act 1971, s. 34.

② *Braun v. Mallet* ［1975］1 GLR 81.

③ ［1999 – 2000］2 GLR 166.

④ *Pentony v. Rennie* ［1975 – 1977］8 MLR 149. See also the Divorce Act 1905, s. 31. 该条规定是有关在婚姻解除、无效或司法别居程序中作出监护令的管辖权的。

⑤ *Van Genderen v. Van Genderen* ［1968 – 1970］ALR Mal. 170.

⑥ *In re Chitaukire* ［1975 – 1977］8 MLR 38.

更高一级的保佐人。① 因此，它有权决定此类未成年人的监护问题。对于监护事项，儿童的住所地法院的管辖权并非排他性的。② 不过，南非法院曾指出，对于南非法院来说，对于涉及仅仅暂时出现在南非境内的未成年人的监护案件行使管辖权，还不太普遍，特别是在外国有管辖权的法院已对监护问题作出裁决的情况下。③ 一般规则是，对此类事项的首要管辖权（pre-eminent jurisdiction）应由儿童的住所地法院或永久居所地法院行使，而且有关儿童的长久监护的问题也通常由这些法院决定。但这种首要管辖权并非必然是专属管辖权——在此类事项中最重要的考虑是有关儿童的最佳利益。④ 这样，南非法院有时也可对仅仅暂时出现在南非境内的未成年人行使管辖权。如果被告受其管辖，南非法院也可对涉及居住在国外的儿童的监护申请行使管辖权。⑤ 在适当情况下且在考虑到儿童的最佳利益后，南非法院也可将监护权授予某人士，以使其可以将儿童带离法院辖区。⑥

南非法院不会受外国法院监护令的约束。法院的职能是确定儿童的最佳利益，并因此作出监护令。法院必须根据证据形成自己独立的判断，在这一过程中，只有存在合理情形时，它才会考虑外国的监护令。⑦

六　坦桑尼亚

坦桑尼亚高等法院有权在收到儿童的父母、监护人或亲属的申请后，就儿

---

① *Eilon* v. *Eilon* 1965 (1) SA 703; *Hubert* v. *Hubert* 1960 (3) SA 181; *Birkett* v. *Birkett* 1953 (4) SA 445; *Abrahams* v. *Abrahams* 1981 (3) SA 593, 1980–1981 (2) BSC 97; *Ex parte Sakota* 1964 (3) SA 8; *Pretorius* v. *Pretorius* 1954 (4) SA 210.

② *Hubert* v. *Hubert* 1960 (3) SA 181.

③ 其他情形可以说明将监护问题留待外国法院解决的合理性。See *Zorbas* v. *Zorbas* 1987 (3) SA 436.

④ *Littauer* v. *Littauer* 1973 (4) SA 290.

⑤ *Homan* v. *Bird* 1976 (2) SA 741. But see *Vandermaelen* v. *Vandermaelen* 1973 (4) SA 584; *Mashaoane* v. *Mashaoane* 1963 (3) SA 604 (on appeal from *Mashaoane* v. *Mashaoane* 1962 (1) SA 628). See generally *Martine* v. *Large* 1952 (4) SA 31; *Angelai* v. *Padayachee* 1948 (4) SA 718.

⑥ *Godbeer* v. *Godbeer* 2000 (3) SA 976; *Van Rooyen* v. *Van Rooyen* 1999 (4) SA 435; *H* v. *R* 2001 (3) SA 623; *F* v. *F* 2006 (3) SA 42.

⑦ *Martens* v. *Martens* 1991 (4) SA 287; *Riddle* v. *Riddle* 1956 (2) SA 739; *Abrahams* v. *Abrahams* 1981 (3) SA 593, 1980–1981 (2) BSC 97; *Righetti* v. *Pinchen* 1955 (3) SA 338.

童的监护作出裁决。① 在作出此类决定时，法院的主要考虑是儿童的最佳利益。②

外国法院作出的儿童监护令对坦桑尼亚法院没有约束力，但可能具有高度的说服性价值。这样，在一个案件中，一家德国法院下令将儿童的监护权授予母亲，但儿童的父亲将该儿童带到坦桑尼亚，儿童的母亲请求坦桑尼亚法院下令返还该儿童，坦桑尼亚法院判定，虽然德国法院的决定不具有约束力，但它具有高度的说服性效力，该法院最终将儿童的监护权授予其母亲。③

七　津巴布韦

如果儿童出现在津巴布韦，津巴布韦法院就有权作出有关该儿童的监护的决定。④ 对于监护，住所地法院并不是唯一具有管辖权的法院。⑤ 如果津巴布韦法院依据儿童的居所地在津巴布韦境内行使了管辖权，法院就会一直具有管辖权直到最后或程序终结——即使儿童被带离津巴布韦也没关系。⑥ 津巴布韦法院有权下令居所在国外的人士返还其已带离出法院辖区的儿童，⑦有权下令将儿童立即返还至外国法院的辖区，⑧ 有权下令将国外的儿童置于国外的某一指定人士的监护下，⑨ 或有权限制某人士将儿童带出其辖区。⑩

在处理监护申请中，法院最重要的考虑是儿童的福利。⑪ 法院必须根据证据就何谓最佳利益形成自己的判断，但在这么做时，它应考虑具有合理

---

① Law of Children Act 2009, s. 37 (1). See also Law of Marriage Act 1971, s. 125 (1).

② Law of Children Act 2009, s. 37 (4).

③ *In re Hofmann*; *Hofmann v. Hofmann* [1972] EA 100.

④ *Dickinson v. Dickinson* 1971 (2) SA 507; *Dube v. Dube* 1969 (2) RLR 410, 1970 (1) SA 331; *McConnell v. McConnell* 1981 ZLR 12, 1981 (4) SA 300; *Ferrers v. Ferrers* 1954 (1) SA 514.

⑤ *McConnell v. McConnell* 1981 ZLR 12, 1981 (4) SA 300.

⑥ *McConnell v. McConnell* 1981 ZLR 12, 1981 (4) SA 300.

⑦ *G v. G* 2003 (5) SA 396, 2002 (2) ZLR 408, but see *Handford v. Handford* 1958 (3) SA 378.

⑧ *Ambala v. Ambala* 1981 ZLR 29.

⑨ *Allan v. Allan* 1959 (3) SA 473.

⑩ *Taylor v. Taylor* 1952 (4) SA 279.

⑪ 在这方面，法院可能会考虑申请人的先前行为，如以前将儿童带离法院辖区或在法院作出命令后拒绝将儿童返还。*Kuperman v. Posen* 2001 (1) ZLR 208.

理由的外国监护令。① 在决定是否考虑外国的监护令时，一个主要的考虑因素是外国法院是否进行过全面调查，外国法院将监护权授予父母一方的理由，外国监护令是否认可津巴布韦法律中的同样原则，外国的判决是不是合理的判决，以及外国判决作出后情况是否发生了巨大变化。②

八　评论

在所研究的国家内，监护申请可分为两类，即一类是附属于婚姻事项提出来的，③ 一类是作为单独诉讼提出来的。对于与婚姻诉讼无关的监护申请，一些法域，如冈比亚和加纳，要求儿童应出现在本国境内。不过，所研究的大部分国家都没有施加此种限制。此外，就居所在国外的儿童所作出的监护令可能会产生一些问题。因此，对于此种情形应谨慎行使管辖权，因为它可能涉及影响外国境内儿童的主动行为。根据法院的监护令将儿童带离该外国不可能不被该外国的有关机构注意到，这些机构包括法院，它们作为其辖区内儿童的监护人，会禁止将儿童带离本国。上述情况不但不利于消除国际监护战争给儿童带来的负面影响，而且还会让带走儿童的父母陷入难以摆脱的法律困境中——其作出的每一种选择都可能被认为是对法庭程序的蔑视。这是国际司法冲突的结果。因此，此处的建议是，在处理涉及儿童的案件时，应时刻牢记的是，在就外国境内的行为或事件提供域外救济时，应考虑到一些限制因素。

儿童的最佳利益——福利原则——仍然是所有监护案件中最重要、最基本的考虑因素。这一考虑因素包含在所研究的国家内的宪法、成文法和司法判例之中。所研究的大部分国家的司法判例都确认，适用该原则所产生的一个效力是，法院不受外国法院监护令的约束。④ 外国法院的监护令不是终局性的，而且不产生既判力的效果。法院会重新考虑监护申请，但会

---

① *Dube v. Dube* 1969（2）RLR 410，1970（1）S. A. 331；*Ferrers v. Ferrers* 1954（1）SA 514.

② *Jagoe v. Jagoe* 1969（2）RLR 266，1969（4）SA 59.

③ 法院在 *Mehrunnissa v. Parvez* 案（［1979］LLR 15）中指出，请求法院下令允许早已离婚的申请人将其子女带离法院辖区，并没有提出冲突法问题。

④ As regards Swaziland, see *Marques v. Marques*［1979–1981］Sw. LR 200.

给予外国监护令以说服性效力。

第四节 监护与诱拐——海牙公约案例

目前，在所研究的国家中只有三个——莱索托、南非和津巴布韦——是1980年《国际儿童诱拐民事事项海牙公约》的成员国。[①] 在不是该公约成员的国家内，对于请求它们"实施"该公约原则和精神的主张，这些国家的司法机构反应不一。加纳不是该公约的成员，但加纳法院曾指出，加纳法院在考虑影响儿童的福利和幸福的案件时，特别是在儿童的惯常居所在公约的成员国（在一个案例中，儿童的居所在德国）国内时，加纳法院会参考公约的规定。[②] 在南非，南非法院在实施该公约的国内立法尚未生效时，曾援用该公约的规定。[③] 相比之下，肯尼亚曾拒绝过同样的请求，[④] 赞比亚认为这样的情况不值得考虑——基于此类案件特殊的程序理由。[⑤]

在南非实施《国际儿童诱拐民事事项海牙公约》的早期，该公约的合宪性曾受到挑战，但没有成功。在 *Sonderup v. Tondelli* 案[⑥]中，被告声称，南非实施该公约的国内立法即1996年的《国际儿童诱拐民事事项的海牙公约法》要求法院行事的方式，与南非宪法第28条第2款不符。该款规定，儿童的最佳利益是处理涉及儿童事项的最重要考虑。法院驳回了这一主张。法院的理由是，该公约明确认可并保障儿童的最佳利益。法院认为，即使存在不一致，这样的不一致根据宪法第36条也是合理的——该条要求在决定对某一项基本权利适用

---

① 南非2005年《儿童法》第274～280条以及津巴布韦1996年《儿童诱拐法》实施了该公约。莱索托还没有制定立法实施该公约。

② *Fink v. Coelho*［1999－2000］2 GLR 166.

③ *K v. K* 1999（4）SA 691.

④ *AOG v. SAJ*［2011］eKLR. 法院判定，援引未经批准的条约在肯尼亚法律中并不会得到宪法的认可，而且与有约束力的司法先例相冲突。更早的时候，初审法院指出，根据儿童最佳利益原则，它愿意尊重英国法院作出的要求将从英国被拐出去的儿童返还至英国并下令将儿童返还的判决。*Shabbir Ali Jusab v. Anaar Osman Gamrai*［2009］eKLR.

⑤ *Zanetta Nyendwa v. Kenneth Paul Spooner*, Judgment No. 20 of 2010（Supreme Court, Zambia, 2010）.

⑥ 2001（1）SA 1171.

合法的限制时，要进行比例分析并衡量各种相关因素。对于可能成为该公约成员国的其他非洲国家，这一判决具有重要意义，因为与南非宪法第 28 条第 2 款和第 36 条相似的规定，在其他非洲国家的宪法和成文法中也能找到。

Sonderup 案的判决并不意味着对于根据该公约提出的申请，不需考虑儿童的最佳利益。在 Senior Family Advocate, Cape Town v. Houtman 案①中，法院考虑到南非宪法的特殊指令，对盲目跟从外国案例的做法提出警告。但是法院强调，在根据公约提出的申请中，儿童的最佳利益分析不应和监护申请中对该原则的考虑一样。② 法院的理由是，《国际儿童诱拐民事事项海牙公约》是在这样的推定基础上运作的，即通过下令将被错误带走的儿童返还至其惯常居所地，有利于保护儿童的最佳利益。③ 总体上看，有很多援引该公约的案例——并不总是成功——以确保将被非法带走的儿童立即返还至他们的惯常居所地。④ 津巴布韦报道的案例相对较少，⑤ 在莱索托还没有此类案例。

这些案件中一个有争议的问题是，对希望援引公约第 13 条抗辩以反对儿童返还的当事人所要求的证明程度问题。⑥ 在 WS v. LS 案⑦中，法院判定，

---

① 2004（6）SA 274.

② In *Kuperman v. Posen* 2001（1）ZLR 208，法院在该案中判定，要求获得儿童监护权的申请人的行为，是对现在居住在津巴布韦的儿童的监护申请作出决定的一个重要考虑因素，申请人以前曾将儿童从津巴布韦带到以色列，随后以色列法院命令他将儿童返还至津巴布韦。

③ *Sonderup v. Tondelli* 2001（1）SA 1171.

④ *Pennello v. Pennello* 2004（3）SA 100；*Central Authority v. H* 2008（1）SA 49；*Central Authority v. B* 2009（1）SA 624；*WS v. LS* 2000（4）SA 104；*Smith v. Smith* 2001（3）SA 845，[2001] 3 All SA 146；*Chief Family Advocate v. G* 2003（2）SA 599；*Pennello v. Pennello* 2004（3）SA 117；*Senior Family Advocate, Cape Town v. Houtman* 2004（6）SA 274；*B v. S* 2006（5）SA 540；*S v. H* 2007（3）SA 330；*Central Authority（South Africa）v. A* 2007（5）SA 501；*Central Authority v. Reynders（born Jones）（LS intervening）* [2011] 2 All SA 438；*Central Authority for the Republic of South Africa v. B* [2012] 3 All SA 95；*KG v. CB* [2012] 2 All SA 366；*B v. G* 2012（2）SA 329；*Central Authority of the Republic of South Africa v. LG* 2011（2）SA 386.

⑤ *Secretary of Justice v. Parker* 1999（2）ZLR 400；*G v. G* 2003（5）SA 396，2002（2）ZLR 408；*Kuperman v. Posen* 2001（1）ZLR 208；*Harris v. Harris*，HC 3110/08（High Court, Zimbabwe, 2009）；*Kumalo v. Kumalo* 2004（1）ZLR 248.

⑥ 根据第 13 条，被请求国家的司法或行政机构没有义务下令返还儿童，如果反对返还儿童的人、机构或其他团体能够证明：（a）对儿童具有监护权的个人、机构或团体在儿童转移或滞留期间并没有确实行使监护权，或已同意或事后许可儿童的转移或滞留；或（b）儿童的返还存在极大风险，可能使儿童面临身体或心理上的伤害或使儿童被置于不可容忍的情形。

⑦ 2000（4）SA 104.

根据该条规定对返还儿童申请提出反对的当事人所承担的证明责任，不会比民事案件通常适用的证明责任更为严苛。公约第 13 条所适用的"严重危险"（grave risk）这一短语并没有引进比通常适用的证明标准更为严厉的标准，但这一短语意味着必须存在需要认真对待的或充分的理由说明，如果准许返还儿童的申请，将会使儿童陷于难以忍受的境地。对于南非法院来说，考虑到南非的权利法案，南非法律并没有要求英国法院所设定的很高的不可忍受标准（test of intolerability）。①

该公约会对一国法院的固有管辖权带来何种影响，还值得分析。如上所述，在所研究的国家内的法院对监护申请有管辖权，一些法院在行使该管辖权时愿意下令将被带至国外的儿童返还国内。问题是，当它们根据国内法有管辖权时，它们能否针对将儿童非法带至另一公约国家的人员作出属人命令，要求该人返还儿童，或它们是否必须遵守公约的规定，留待儿童所在地法院作出返还命令？在 B v. S 案②中，南非法院判定，它无权下令居所在美国的人士将从南非被带至美国的儿童返还至南非。在法院看来，这样的命令将不能得到执行，因为南非法院不能实施这一命令，而且根据公约，应下令返还儿童的法院是某一适当的美国法院。可以认为这是对法院管辖权的一种不当限制。实际上，《国际儿童诱拐民事事项海牙公约》第 18 条规定，它并不"限制司法或行政机构随时下令返还儿童的权力"。可以说，这一规定暗示着国内法院根据国内法有权下令将儿童从国外返还至国内，即使在该儿童已被带至某一公约成员国的情况下，也是如此。G v. G 案③提供了另一案例。在该案中，虽然美国是该公约的成员国，津巴布韦高等法院在离婚诉讼中，仍然下令被告将她非法带至美国加利福尼亚的婚生子女返还至津巴布韦。

当然，如果这是对公约第 18 条规定的正确解读，④ 它就可能造成公约

---

① Compare *Secretary of State* v. *Parker* 1999（2）ZLR 400.

② 2006（5）SA 540.

③ *G* v. *G* 2003（5）SA 396，2002（2）ZLR 408.

④ 参见 2003 年 11 月 27 日欧盟理事会第 2201/2003 号规则，该规则废除了欧盟理事会第 1347/2000 号规则第 10 条。该规则是关于婚姻事项和父母责任的管辖权和判决的承认和执行的，它也支持这样的解释。同样，对伊莉莎（Elisa Perez – Vera）对该公约所做的解释性报告解读表明也没有采用相反的解释。

成员国法院的判决相互冲突，而且会严重影响公约的运行。在外国法院拒绝下令返还儿童，但国内法院对将儿童带至国外的人员具有属人管辖权的情况下，此类管辖权的行使就变得尤为重要了。

公约与国内民事程序规则之间的互动，① 特别是后者对被错误带走的儿童的快速返还所产生的影响同样值得分析。在 *Secretary for Justice v. Parker* 案②中，津巴布韦司法部部长主张，在涉及儿童的申请中，津巴布韦《法院规则》第 249 条要求任命一个诉讼保佐人（curator ad litem）进行调查，并提交审议报告，但这一主张没有成功。③ 作出这样的安排会延误法院程序，这会导致公约的主要目的落空。人们可以对下令返还儿童的裁决提起上诉，或对中央机构作出的要求返还儿童的决定请求进行司法审查，是需要考虑的另外一些情形。④ 无疑，公约无意推翻国内有关上诉权利和司法审查的民事程序规则，这些规则一般都有宪法依据。在 *Central Authority v. H* 案⑤中，南非法院深受自非法扣留儿童以来已过去 3 年半时间的困扰。这一延误部分是由南非国内程序规则造成的。⑥ 遵守此类规则可能在很大程度上是不得已而为之的。不过，如果在实施此类规则时存在自由裁量权，就应行使此类自由裁量权以推动实现公约所致力于的儿童的尽快返还这一目的。

---

① See generally *GS v. AH*, Case No. 11592/05（High Court, South Africa, 2006），该案涉及公约和国内法之间的关系。

② 1999（2）ZLR 400.

③ Ibid., at 403. 不过，法院承认对于公约申请，在某些情况下它们可能需要专家报告的协助，例如关于未成年人的健康等问题。

④ 这方面一个有趣的比较案例是 *Kolbatschenko v. King* 案［No. 2001（4）SA 336］。该申请中的基础诉因在刑法中，但法院的裁决对国际民事程序特别是在国家或其机构不得对其辖区范围外的事情进行干预的情况下具有一定的意义。本案中的主要争议是，由于国际协助请求是直接向外国国家提出的，此类请求的提出在国际关系语境中在本质上是一种政治行为，并因此构成不可审判的外交事务。在该案中法院判定请求书的签发是一种行政行为，法院只有在极其例外的情况下才会撒手不管。这就表明中央机构作出的返还儿童的请求有可能受到司法审查。

⑤ Case No. 262/06（Supreme Court of Appeal, South Africa, 2007），［2007］SCA 88.

⑥ 法院还发现在南非中央机构内还存在管理、培训和人力资源的不足问题。法院指示将其判决副本交送司法和宪法发展部部长以及总检察长，以提请他们关注。

第五节 婚生与准正

一 博茨瓦纳

任何一个人,如果其博茨瓦纳国籍,或其被认为是博茨瓦纳公民的权利,要全部或部分取决于其是否婚生或任何婚姻的有效性,如果其住所在博茨瓦纳或对位于博茨瓦纳的财产主张权利,其就可请求博茨瓦纳高等法院下令宣称其是其父母的婚生子女,或其父母或其祖父母或其本人的婚姻是有效的婚姻。[①] 同样,任何一个人如果主张其自身或其父母或任何远代祖先是合法准正人士,其就可请求博茨瓦纳高等法院根据情况,下令宣告其自身或其父母或任何远代祖先是合法准正人士。[②]

二 加纳

一个人是否婚生被认为是一个身份问题,应由其原始住所地法确定。原始住所就是其出生时其父母的住所,如果父母双方有不同的住所,其原始住所就是其父亲的住所。因此,当住所在德国的女士和住所在加纳的男士在德国生养一个儿童后,加纳法院认为,作为该儿童的住所地法即加纳法律应确定该儿童是否婚生。[③] 根据出生时其父母住所地法是婚生的儿童,就是婚生的,无论根据加纳法律其是否会被认为婚生。加纳法律承认住所地法所宣告的身份。[④]

三 肯尼亚

如果非婚生子的父母随后结婚,只要在结婚时非婚生子的父亲的住所

---

① Matrimonial Causes Act 1973, s. 26 (1).

② Matrimonial Causes Act 1973, s. 26 (2).

③ *Republic v. Mallet, Ex parte Braun* [1975] 1 GLR 68.

④ *Coleman v. Shang* [1959] GLR 390 at 406.

在肯尼亚，该婚姻就可使该子女自其父母结婚之日起获得婚生地位。[1] 如果非婚生子的父母随后结婚，而且非婚生子的父亲在结婚时其住所位于某一外国，只要该外国法律认可后来的婚姻可使子女准正，肯尼亚也会承认该子女自其父母结婚之日起具有婚生地位。即使父亲的住所在子女出生时并不位于一个其法律允许后来婚姻可使非婚生子女获得准正地位的国家，该规则仍然适用。[2]

任何人士可请求肯尼亚高等法院作出婚生宣告。此类人士不必在肯尼亚拥有住所或具有肯尼亚国籍。[3]

四　纳米比亚

如果父母双方在孩子出生后结婚，该子女自其出生之日起，在所有方面就应作为在婚姻期间所生子女对待，即使父母在怀孕或孩子出生时还不能合法缔结婚姻。[4] 在可撤销婚姻期间怀孕或所生的任何子女的身份，不会因有管辖权的法院解除该婚姻而受到影响。[5]

五　尼日利亚

儿童是否婚生，要根据儿童出生时其父母的住所地法确定。[6]

六　塞拉利昂

如果非婚生子女的父母后来结婚，只要其父亲或母亲在结婚时在塞拉

---

[1]　Legitimacy Act s. 3（1）.

[2]　Legitimacy Act s. 9（1）.

[3]　Legitimacy Act s. 4（1）.

[4]　*Bamgbose* v. *Daniel*（1952 – 1955）14 WACA 111；*Bamgbose* v. *Daniel*（1952 – 1955）14 WACA 116.

[5]　Children's Status Act 2006，s. 19.

[6]　Children's Status Act 2006，s. 22.

利昂有居所，该婚姻就可使非婚生子女自其父母结婚之日起获得婚生地位。① 如果非婚生子女的父母后来结婚，而且非婚生子女的父亲在结婚时其住所位于某一外国，只要该外国的法律认可后来的婚姻可使非婚生子女获得准正，塞拉利昂也会承认该非婚生子女自其父母结婚之日获得准正。即使在非婚生子女出生时，其父亲的住所并不位于一个其法律允许任何后来的婚姻可使子女获得准正地位的国家，该规则仍然适用。②

无论住所位于何处，任何一个人只要认为其自身或其父母或任何远代祖先已获得合法准正地位，其就可请求塞拉利昂高等法院下令宣告申请人是其父母的婚生子女。③

七　南非

婚外所生子女可通过其父母的随后婚姻得到准正。④ 儿童的住所地法院⑤或申请人的住所地法院⑥有权宣告儿童是否婚生。

八　坦桑尼亚

任何人都可请求坦桑尼亚高等法院作出宣告令，如果该人的住所在坦桑尼亚，或其居所在坦桑尼亚，或所请求的宣告令涉及在坦桑尼亚进行的、被声称是婚姻的仪式的有效性。⑦ 宣告令具有宣告申请人或其父母是婚生的或其父母或祖父母的婚姻是合法的效力。⑧

九　赞比亚

如果非婚生子女的父母后来结婚，只要非婚生子女的父亲在结婚时的

---

① Legitimacy Act 1989, s. 2 (1).
② Legitimacy Act 1989, s. 8 (1).
③ Legitimacy Act 1989, s. 3 (1).
④ *Ex parte J* 1951 (1) SA 665.
⑤ *Von Wintzingerode v. Von Wintzingerode* 1964 (2) SA 618.
⑥ *Ex parte Anastasio* 1969 (1) SA 36.
⑦ Law of Marriage Act 1971, s. 77 (1).
⑧ Law of Marriage Act 1971, s. 94 (2) (b).

住所位于赞比亚，该后来的婚姻就可使非婚生子女准正。① 如果父亲的住所在赞比亚（或如果死者在其死亡前的住所在赞比亚），只要导致该子女出生的结合行为发生时，其父母双方或一方有理由相信他们的婚姻是有效的，则无效婚姻所生子女就应作为婚生子女对待。② 如果法院就一项可撤销婚姻作出了解除令，只要在该婚姻被解散而不是被解除时可以获得婚生地位的任何子女，在婚姻解除令作出之日都将被视为婚生子女，即使存在该婚姻解除令。③

赞比亚高等法院有权宣告申请人是其父母的婚生子女，而无论申请人的住所是否在赞比亚。④ 如果非婚生子女的父亲在缔结婚姻时的住所位于一个其法律认可后来的婚姻可使非婚生子女获得准正的国家内，赞比亚法院也会承认该婚姻所赋予的婚生地位，即使非婚生子女出生时父亲的住所地法不认可后来的婚姻可使非婚生子女获得准正。⑤

十 评论

从历史上看，婚生对于继承等事项具有重要意义。可以说，目前在所研究的国家内，婚生子女与非婚生子女之间的区别已微不足道——司法判例、宪法和法律规定都已淡化了这种区别的法律意义。⑥ 实际上，考虑到所研究的所有国家的宪法都含有人权条款，婚生子女与非婚生子女之间的区分是否还有效，令人怀疑。⑦ 例如，根据马拉维共和国宪法第 23 条，"所有儿童，无论其出生状况如何，都有权在法律面前获得平等对待"。同样，根

---

① Legitimacy Act 1924，s. 3.
② Legitimacy Act 1924，s. 4.
③ Legitimacy Act 1924，s. 5.
④ Legitimacy Act 1924，s. 6.
⑤ Legitimacy Act 1924，s. 12.
⑥ See e. g. Constitution of the Republic of Ghana 1992，art. 28 (1) (b)；and the Children's Act 1998，s. 7. 这两者都规定 "每个儿童，无论是否婚生，都有权从父母的财产中获得合理的供应"。Tanzania – Law of the Child Act 2009，ss. 5 and 10；*Frans* v. *Paschke*，2007 (2) NR 520；*Bhe* v. *Khayelitsha Magistrate* 2005 (1) SA 580；*In re Asante* (*Decd.*)，*Asante* v. *Owusu* [1992] 1 GLR 119 at 126.
⑦ 在这方面，所研究的一些国家内的习惯法似乎远远超过了现代的人权制度，因为这些习惯法不承认这种区分。

据尼日利亚共和国宪法第 42 条第 2 款，"尼日利亚任何公民不得仅仅因为出生状况的原因而被置于不利条件或被剥夺权利"。① 虽然有上述规定，这一区分对于诸如儿童的住所等某些问题仍必不可少。②

在所研究的国家内，法院受理婚生宣告令的管辖权依据，在有些国家看来并没有在立法或判例法中被明确提及。在提及这一问题的一些国家，如博茨瓦纳、肯尼亚、南非、塞拉利昂、坦桑尼亚和赞比亚，这一问题的管辖权依据似乎吸取了婚姻诉因的管辖权依据。在博茨瓦纳、南非和坦桑尼亚，住所是法院宣告婚生地位的一种管辖权依据，但在肯尼亚、塞拉利昂和赞比亚没有这种要求。

儿童是否婚生是一个身份问题，在所研究的大部分国家内，这一问题看来是由子女出生时其父亲的住所地法确定的。在所研究的大部分国家内，法律都认可通过事后婚姻的准正。③ 通过事后婚姻准正涉及两方面的问题，对于这两方面的问题在法律中似乎存在不同。首先，要想在国内获得准正，肯尼亚和赞比亚要求父亲——子女从其住所获得住所——在结婚时在该国拥有住所。在塞拉利昂，在结婚时，父亲的居所应在该国。南非和纳米比亚没有此类要求——父母的事后婚姻足以将父母的住所授予子女，但还不清楚子女获得的是母亲的住所还是父亲的住所，特别是在妻子在结婚后仍保留其独立住所的情况下。

其次，在肯尼亚、塞拉利昂和赞比亚，结婚时父亲的住所地法所认可的通过事后婚姻获得的准正会在这些国家得到承认，即使在子女出生时父亲的住所地法并不允许通过事后婚姻进行准正。换句话说，并不要求子女出生时父亲的住所地法和后来结婚时父亲的住所地法都认可通过事后婚姻进行的准正——结婚时父亲的住所是唯一的标准。

非婚生子女可通过父母的事后婚姻获得准正，这是一种值得称道的做法。所施加的一些要求看来并不过分严苛。不过，纳米比亚和南非更为宽松的制度更为可取。正如和已婚妇女获得住所的情况一样，这一领域的规则也主要倚重于父亲的住所——它们并不涉及性别敏感性。和第三章分析

---

① See also Tanzania – Law of the Child Act 2009, s. 10.

② 参见第三章。

③ 在一些国家的习惯法中，也是如此。see e. g. *Mthembu v. Letsela* 2000（3）SA 867.

的一样，许多国家对有关已婚妇女和儿童的住所的法律进行了改革，以便更加平衡。这是一个亟须改革的领域。儿童不应总是在出生时获得其父亲的住所。在有些情况下，儿童获得其母亲的住所可能更为适当——当然，这要以母亲拥有独立住所且并未在结婚时获得其丈夫的住所为前提。所研究的一些国家并没有支持这一观点。

还有一些国家的法律防止儿童在其父母的婚姻被宣告为无效后变为非婚生子女。为此目的，所研究的大部分国家都对无效婚姻和可撤销婚姻进行了区分，并将婚生持续的特权（privilege of continuing legitimacy）仅适用于可撤销婚姻中的子女，即使该婚姻被宣告解除。[1] 实际上，在马拉维和乌干达，仅为继承目的才授予这一特权，并且仅适用于两种或三种法律规定的婚姻解除的情况。[2] 不过，在冈比亚和加纳，无效婚姻和可撤销婚姻的子女都可从这一特权中受益。[3] 还不清楚，在那些将这一特权仅适用于可撤销婚姻子女的国家，当宣告婚姻无效后，会发生何种情况。在纳米比亚，对此类子女做了特别规定。根据纳米比亚2006年《儿童法》第23条第2款，在涉及儿童的无效婚姻的案件中，法院必须考虑儿童的最佳利益，并作出安排以保护该婚姻所生子女的利益。总体来看，可以主张无效婚姻所生子女取得其母亲的住所，因为那是确定非婚生子女住所的一种方式。[4]

---

[1] See Botswana – Matrimonial Causes Act 1973, s. 22 (6)；Kenya – Matrimonial Causes Act 1941, s. 14 (2)；Namibia – Children's Status Act 2006, s. 22；Nigeria – Matrimonial Causes Act 1970, s. 38 (2)；Tanzania – Law of Marriage Act 1971, s. 98 (1) (a)；Zambia – Matrimonial Causes Act 2007, s. 33 (2)，Legitimacy Act 1924, s. 5；Zimbabwe – Matrimonial Causes Act 1986, s. 14.

[2] 乌干达1904年《离婚法》第13条允许被解除婚姻中的儿童保留合法身份（只为继承目的），如果此类婚姻是因精神病或因错误认为之前配偶一方已死亡而善意缔结新的婚姻等理由被解除的。马拉维1905年《离婚法》第13条增加了一条理由，即被告在结婚时患有可传播的性病。

[3] Gambia – Matrimonial Causes Act 1986, s. 16；Ghana – Matrimonial Causes Act 1971, s. 14.

[4] 但在纳米比亚，婚姻外所生子女的住所被认为在与其有最密切联系的地方或国家。Children's Status Act 2006, s. 18.

第五部分　财产、继承和遗产管理

财产会产生一些最为复杂、最难解决的国际私法问题。这些问题范围广泛，包括财产的构成、财产的类型、财产及相关权利转让适用的规则等。除了这些问题的一般性探讨外，在一些特定情况下如婚姻①和清偿不能（in-solvency），通常需要专门处理财产问题。本章内容涉及财产的性质、法院对外国财产可能行使管辖权的条件和情形、有关动产和不动产的所有权和转让以及清偿不能和破产的法律适用问题。

第一节　财产的性质和法律上的所在地

一　纳米比亚

无形权利（在一个案例中是针对纳米比亚的判决和有关费用命令所享有的权利）的所在地并不仅仅存在于债务人的所在地、居所地或住所地，如果该权利可以在其他地方得到有效实现，同样可以认为权利的所在地在该地。换句话说，无形权利跟随权利行使人的这一通常规则，并不意味着权利只能在一个地方得到实现。② 法院也接受这样的观点，即专利是一项位于发明人住所地的无形权利。③

---

① 本书第十一章对婚姻对配偶财产权利的影响做了分析。

② *Bourgwells Ltd v. Shepavolov* 1999 NR 410 ［on appeal from *Bourgwells Ltd（Owners of MFV Ofe-lia）v. Shepalov* 1998 NR 307］.

③ *Gemfarm Investments（Pty）Ltd v. Trans Hex Group Ltd* 2009（2）NR 477.

二　尼日利亚

简单的合同债务位于债务人的居所地或其被发现地，因为在该地可以通过法律程序针对债务人实现这项权利。这一规则并不会被在其他地方支付债务的约定所取代。①

三　南非

无形财产（在一个案例中是要求支付费用的一项诉求）的所在地在债务人的居所地，因为在该地可以起诉债务人以获得清偿。南非法院曾判定，无形财产的所在地可以比照有形财产的所在地来确定。② 有形财产只有一个所在地，通过对比，无形财产也应只有一个所在地。③ 因此，法院指出，期租人的合同权利并没有位于船舶碰巧出现的地方，而是位于租船船东的居所地，即船舶被租借的地方。④ 同样，股票的所在地显然是在股票的登记地。⑤

四　评论

对于这一问题，案例相对较少。不过，可以肯定的是，所研究的国家都对动产和不动产进行区分，以便适用它们的国际私法规则。在所研究的国家内，对于由哪一法律确定某物是动产还是不动产这一问题，还没有直接权威的司法判例。⑥ 为了实现普通法国家判决的一致性以及方法的连贯

---

① *Aluminum Industries Aktien Gesellschaft* v. *Federal Board of Inland Revenue* 1971 （2） ALR Comm. 121，［1971］2 NCLR 121.

② *Nahrungsmittel GmbH* v. *Otto* 1993 （1） SA 639 ［*Nahrungsmittel GmbH* v. *Otto* 1992 （2） SA 748；*Nahrungsmittel GmbH* v. *Otto* 1991 （4） SA 414］；*MV Snow Delta Serva Ship Ltd* v. *Discount Tonnage Ltd* 2000 （4） SA 746.

③ *MV Snow Delta Serva Ship Ltd* v. *Discount Tonnage Ltd* 2000 （4） SA 746.

④ *MV Snow Delta Serva Ship Ltd* v. *Discount Tonnage Ltd* 2000 （4） SA 746.

⑤ *Uniroyal Incorporated* v. *Thor Chemical SA* （*Pty*） *Ltd* 1984 （1） SA 381.

⑥ 这一问题虽然不在本研究的范围内，但值得提及的是，苏丹法院曾经判定区分动产和不动产的权利专属苏丹法院，苏丹法院将租赁权判定为不动产。*Hanna Kattan* v. *John Y. Kattan* ［1957］ SLJR 35.

性，建议适用物之所在地法来确定某物是动产还是不动产。^①

无形权利的法律上的所在地在何处这一问题，就法律选择和管辖权目的而言，都十分重要。纳米比亚、尼日利亚和南非的案例表明，诸如债务此类的无形权利位于债务人的居所地。债务位于债务人的居所地国这一规则通常是适当的，因为在大部分情况下，该地是权利能够实现的地方。不过，这一规则也可能带来问题。在管辖权是依据相关财产位于其辖区内而行使的情况下，这一规则的后果有时可能导致无法在债务人的居所地以外针对其提起诉讼。^② 此外，纳米比亚法院已准备允许该规则存在"例外"——它们曾判定如果权利可在其他地方得到有效实现，则该权利也位于该地。用蒂克（Teek）法官的话来说，"如果法院因为坚守僵化的法律形式主义，在本可以有效行使管辖权时却拒绝行使管辖权，这就等同于一种极端的'象牙塔'式的和学究的方法"。^③ 这种探究能否在债务人居所地以外的地方实现权利的方法值得赞赏。债务人不应通过改变居所或通过使债权人追债变得困难和烦琐的方式逃避自己的债务。

第二节　对财产的管辖权

一　博茨瓦纳

儿童住所地国的法院有权审理有关该儿童所有的且位于博茨瓦纳的不动产的转让问题。在 *In re. Estate Swart* 案^④中，未成年人的监护人向博茨瓦纳法院申请许可，以便使她能够代表该未成年人出售位于博茨瓦纳的、属于该未成年人的不动产。未成年人及其监护人的住所都在南非。博茨瓦纳法院认为，

---

① Forsyth，p. 369.

② In *MV Snow Delta Serva Ship Ltd* v. *Discount Tonnage Ltd* 2000 （4） SA 746 at 755，在该案中法院拒绝修改这一规则。法院的理由是，这一规则与这一领域的"国际立场一致"，而且如果不坚持这一规则的话，可能鼓励当事人在南非就"与南非无关且当事人也与南非没有关系"的争议提起诉讼。

③ *Bourgwells Ltd* v. *Shepavolov* 1999 NR 410 at 422.

④ 1974 （1） BLR 88.

南非法院作为未成年人的住所地法院，是对该案行使管辖权的适当法院。

二　加纳

加纳法院无权受理位于其辖区范围外的、主要涉及不动产的所有权或占有权问题的诉讼，但如果有证据表明当事人以极不公正的方式处理了位于国外的不动产，加纳法院可以行使衡平管辖权。①

三　肯尼亚

肯尼亚法院不会对位于国外的土地发布命令。② 不过，如果一份与位于国外的不动产有关的合同是在肯尼亚缔结的，而且如果所寻求的救济不是就该不动产的所有权作出特别宣告，不涉及对该不动产的侵权的赔偿，也不是任何其他救济，如果此类救济一旦作出，需要不动产所在地的外国法院予以执行，那么，除非存在某些特定理由，这些理由将使得肯尼亚法院行使管辖权以审理该诉讼变得极为困难或不切实际，否则，肯尼亚法院就可行使管辖权。即使为解决该诉讼的目的，需要对该不动产的所有权作出裁决，情况也是如此。③ 因此，一项要求追索位于坦桑尼亚的土地的购买款项的诉讼得到肯尼亚法院的支持。④

四　马拉维

对于根据马拉维1882年《已婚妇女财产法》第17条提起的诉讼，马拉维法院有权处理位于其辖区范围外的财产。⑤ 在一个案件中，不动产（房子）位于南非，当事人的住所在马拉维，当传票送达时，被告在马拉维有

---

①　*Akoto* v. *Akoto* ［2011］1 SCGLR 533.

②　*Papco Industries Limited* v. *Eastern and Southern African Trade and Development Bank* ［2006］eKLR.

③　*Singh* v. *Singh* ［1955］28 KLR 50.

④　*Ladha* v. *Benbros Motors Ltd* ［1975］1 EA 1.

⑤　This Act applies in Malawi by virtue of Section 4 of the Divorce Act 1905.

居所，马拉维法院确信，它作出的命令在南非可以得到有效执行。①

五 尼日利亚②

尼日利亚法院可以依据合同或衡平理由，受理就位于法院辖区外的不动产提起的对人诉讼。不过，它无权受理确定位于其辖区范围外的任何不动产的所有权、权利或占有的诉讼，或因对此类不动产的侵犯而提起的赔偿诉讼。③ 因此，要求实际履行一项涉及位于法院辖区外的土地的合同的诉讼，就会被尼日利亚法院受理，如果合同当事人的居所都在法院辖区内。④ 同样，在一项诉讼中，原告请求尼日利亚法院宣告一份涉及位于法院辖区外的不动产的抵押证书无效，这份抵押证书将在法院辖区内由居所在该地的当事人执行，而且原告还请求法院宣告抵押权人销售抵押财产的行为无效。受理案件的尼日利亚高等法院认为该诉讼是对人诉讼，法院有管辖权。⑤ 不过，一项就位于尼日利亚国外的土地侵权寻求损害赔偿的诉讼，没有被尼日利亚法院受理。⑥

六 南非

对于直接涉及财产所有权的物权诉讼，物之所在地法院（forum rei sitae）是唯一具有管辖权的法院。⑦ 因此，在一个案件中，位于斯威士兰的土地面临被出售，南非法院对于该土地的转让无权给予任何指示。⑧ 南非法院

---

① *Cromar v. Cromar* ［1991］14 MLR 60.

② 此处报道的案例涉及尼日利亚联邦内州际法律冲突问题，但所发展而来的原则同样适用于国际私法案件。

③ *Nigerian Port Authority v. Panalpina World Transport（Nigeria）Ltd* 1973（1）ALR Comm. 146，［1973］NCLR 146.

④ *British Bata Shoe Co. Ltd v. Melikian* ［1956］1 FSC 100.

⑤ *Ashiru v. Barclays Bank of Nigeria* ［1975］NCLR 233.

⑥ *Lanleyin v. Rufai* ［1959］4 FSC 184.

⑦ *Eilon v. Eilon* 1965（1）SA 703 at 726 – 727.

⑧ *Ex parte Erasmus* 1950（3）SA 59. But see *Ex parte Barham* 1951（2）SA 221，在该案中法院为一名在南罗德西亚拥有土地、动产和不动产的病人指定了保佐人，而且就此类财产作出了命令，但此类命令应得到南罗德西亚高等法院的确认或认可。See generally *Ex parte Maschwitz* 1965（4）SA 356.

也不会发布禁令限制人员在外国的水域如特里斯坦达库尼亚的水域捕鱼。[1]
但南非法院可以发布命令确认遗产管理人在国外购买财产的行为。[2]

七　津巴布韦

津巴布韦法院无权发布命令，宣告位于其辖区外的财产应以某种特殊
方式被执行。[3]

八　评论

法院无权审理外国土地中的财产权利，包括就土地侵权提起的赔偿诉
讼这一规则，得到肯尼亚、尼日利亚、南非和津巴布韦法院判例的支持。
这就是所谓的莫桑比克规则，[4] 而且确立该规则的案例也被肯尼亚、尼日利
亚和南非法院肯定性地援引。这条规则有比较实际的正当理由——物之所
在地法院才是最可能作出有效判决的法院。确实，即使国内法院行使管辖
权审理了涉及外国土地所有权的诉讼，它的判决还不得不到国外执行。法
院对原告具有管辖权，仅仅这一事实不能确保它作出的判决是有效的。此
外，可以说礼让也要求法院不要干预影响外国土地所有权的问题。实际上，
影响土地所有权的问题通常与一个社会的历史、文化和社会——经济与政治
形势有极其复杂的联系，非洲当然也是这种情况，一个国家的法院如果认
为自己有资格处理此类问题，几乎总是不合时宜的。

法院都承认，如果诉讼并不直接涉及所有权问题，而只是产生于合同或
衡平的对人诉讼，它们都可以行使管辖权。换句话说，法院可以审理产生于
合同或衡平的私人债务问题（personal obligation），即使此类债务可能间接影
响外国的土地。成文法——就像马拉维 1905 年《离婚法》的情况——也可

---

① *South Atlantic Islands Development Corporation v. Buchan* 1971（1）SA 234.

② *Ex parte Southwood* 1948（4）SA 785.

③ *First National Bank of Namibia v. Kaure* 1999（2）ZLR 269；*Johnston v. Cohen* 1957 R & N 185，
1957（2）SA 277.

④ *British South Africa Co. v. Companhia de Mocambique*〔1893〕AC 602.

以为该规则即法院不会对外国土地的所有权问题行使管辖权提供一个例外。

有关土地所有权的外国判决是否会得到承认和执行，还有待法院决定。建议英联邦非洲国家的法院不要执行此类判决。在所研究的国家内，支配土地所有权的法律制度通常多样而复杂，土地和土地所有权问题有深厚的历史和殖民渊源，而且土地在这些国家都具有普遍重要性，这一切都表明影响土地所有权的问题只能由物之所在地法院审理。

对于来自合法成立的地区性或国际性法院的判决，建议采用不同的方法。因此，如果一个合法成立的地区性法院判定，某一成员国政府应采取所有措施保护原告对土地的占有、控制和所有，① 该成员国政府拒绝承认该判决就显得很不恰当了。②

第三节　动产和不动产的所有权和转让

一　加纳

涉及土地或不动产的争议所适用的法律是物之所在地法律（lex situs），该法应优先于任何其他法律。因此，根据英国法，一个未清偿债务的破产人不能以自己的名义提起诉讼的事实，不能阻止该人在加纳就其所有的、位于该地的不动产提起诉讼。③ 在 *Davies v. Randall* 案④中，戴维斯（Davies）未留遗嘱在加纳死亡，死亡时他的住所在塞拉利昂。加纳法院向他妻子和分区法院的书记官塞孔迪（Sekondi）联合签发了对其遗产进行管理的信件。

---

① *Mike Campbell（Pvt）Ltd v. Republic of Zimbabwe*，Case no. SADC（T）02/07（South African Development Community Tribunal，2007）.

② *Gramara（Private）Ltd v. Government of the Republic of Zimbabwe*，Case No. X – ref. HC 5483/09（High Court of Zimbabwe，January 26，2010）. 该判决是基于公共政策而不是基于法院无权审理与外国土地所有权有关的争议而作出的——实际上这一观点既未在南共体法院提出，也未在国内法院提出。

③ *Garrett v. Garrett*［1991］1 GLR 32. 这是因为加纳法律中没有有关未清偿债务破产人的地位问题的规定。

④ ［1964］GLR 671.

他妻子作为遗产管理人在没有共同管理人参与的情况下，将不动产卖给第一被告，第一被告将它出租给第二被告。在本案的诉讼中，原告作为死者的嗣子和继承人并作为死者其他子女的代表，请求法院宣告死者妻子将不动产出售给第一被告的行为无效，而且不会发生任何权利的转让，第一被告无权将该不动产出租给第二被告。法院判定，虽然戴维斯死亡时的住所在塞拉利昂，但不动产位于加纳，而且不动产的所有附带事项都取决于加纳法律。因此，不动产交易所适用的法律是物之所在地法；根据加纳法律，死者妻子作为管理人在未经共同体管理人同意的情况下，不得出售该不动产。[①]

二　肯尼亚

在转让肯尼亚土地的情况下，应根据肯尼亚法律解释授权书的效力。[②]

三　南非

涉及动产所有权包括转让的争议，通常由交易时的物之所在地法调整。[③] 因此，在一个案件中，货物集装箱位于南非，案件争议涉及一个所有权保留条款，法院判定，南非法律应调整所有权保留条款是否有效这一问题。[④] 同样，在一个类似于就位于法院辖区内的财产（股票）提起的返还请求权的诉讼中，应适用的法律是物之所在地法。[⑤]

四　坦桑尼亚

根据坦桑尼亚法律，土地和其他不动产财产，由物之所在地法即土地

---

① See generally *Youhana v. Abboud* ［1974］2 GLR 201.

② *Mayfair Holdings Ltd v. Ahmed* ［1990 – 1994］1 EA 340.

③ See generally *Antares International Ltd v. Louw Coetzee & Malan Incorporated*, Case No. 11529/11 (High Court, South Africa, 2011).

④ *Bominflot Ltd v. Kien Hung Shipping Co. Ltd* 2004（2）SA 556; *Marcard Stein & Co. v. Port Marine Contractors（Pty）Ltd* 1995（3）SA 663; *Ultisol Transport Contractors Ltd v. Bouygues Offshore* 1996（1）SA 487.

⑤ *Standard Bank of South Africa Ltd v. Ocean Commodities Inc.* 1983（1）SA 276.

所在地的法律支配。①

五　评论

加纳和南非法律所共有的一条原则是，无论当事人的性质如何，涉及动产和不动产财产转让的问题应由物之所在地法调整。② 当处理土地问题时，这条规则的适用不会遇到任何困难。物之所在地法决定着不动产转让的形式和实质要件。换句话说，诸如谁有权转让不动产财产，转让是否应采用书面形式，可转让的权益的性质、范围和期限如何等这些问题，以及涉及不动产财产转让的其他问题，都应由物之所在地法调整。就本书所研究的发展中国家而言，物之所在地法这条符合久已确立的、虽然也遭受批判的普通法原则的规则，③ 可以服务于实际的目的。它可以确保不动产财产的处理方式不会损害国家的法律或利益。

对于动产适用物之所在地法也有一定的理由。用考伯特（Corbert）法官的话来说：

> ……看来，选择适用物之所在地法来调整动产财产所有权的转让的主要理由可简括如下：（i）该规则指引所有权转让适用能对涉案财产实施有效控制的那个管辖区域的法律；（ii）该规则适用简单，而且能带来确定性，因为在某一时间，财产只能位于一个地方，该规则不会导致多种解决方案；（iii）该规则可以满足一个通情达理人士的期望，就财产转让的一方当事人而言，其会理所当然地认为转让交易应遵守财产当时所在的那个国家的法律；（iv）财产在货物本身所在地发生转移；以及（v）商业便利强制性地要求动产的财产权利一般应由物之所在地法决定。④

虽然如此，当将物之所在地法这一规则适用于动产时，仍可能带来难

---

①　*Juma v. Mlinga*，Civil Appeal No. 10 of 2001（Court of Appeal，Tanzania，2002）.

②　乌干达法院审理的 *F. L. Kaderbhai v. Shamsherali Zaver Virji* 案（Civil Appeal No. 10 of 2008（Supreme Court，Uganda，2010））默示地接受了这一立场。

③　*Cheshire，North & Fawcett*，p. 1210.

④　*Marcard Stein & Co. v. Port Marine Contractors（Pty）Ltd* 1995（3）SA 663 at 670.

以解决的问题。适用这一规则就会带来这样的可能，即动产财产的所有权可能会基于该动产当时所在法域的不同而发生变化，而且对于运输中的货物或公海上的货物还会带来额外的问题。作为选择，人们还建议采用其他法律，包括"转让的自体法"（proper law）以及"当事人的住所地法"。但没有一种方法是十全十美的。

在所研究的许多国家内，物之所在地法在这种情况下是指什么——是仅指法院地的内国法，还是也包括它的国际私法规则？这一问题还没有确定的结论。这儿有几个案例也许有助于确定物之所在地法的含义。当涉及生前（inter vivos）转让的形式时，认为物之所在地法就是指内国法是合适的；如果涉及的是遗产的转移，对物之所在地法做这样严格的限制就完全不适当了。实际上，加纳法院曾审理过一个涉及位于加纳的土地继承案件，该土地此前由死者即一位尼日利亚人所有。法院指出，"物之所在地法并不仅仅意味着所在地的内国法，也包括可能指向其他内国法的冲突法规则"。①

第四节　清偿不能和破产

一　博茨瓦纳

如果在向博茨瓦纳的某一高等法院提交扣押某一债务人的申请时，该债务人占有法院辖区内的财产或对财产享有权利，或其在法院辖区内有住所、居所、住宅、营业地或从事营业活动；其在该申请提起之前的 12 个月内的任何时间在该法院辖区内拥有通常居所、住宅、营业地或从事营业活动，或对其在法院辖区内的财产进行了分配，则该高等法院就对该债务人及其财产拥有管辖权。不过，如果法院认为住所不在博茨瓦纳的人员的财产在其他地方扣押更为公平或便利，法院就可能拒绝或推迟在博茨瓦纳的

---

① *Youhana* v. *Abboud* ［1974］ 2 GLR 201 at 206. See also *Weytingh* v. *Bessaburo* （1906） 2 Ren. 427，本案所产生的一个需要决定的问题涉及继承一位荷兰死者在加纳海岸角拥有的土地的诉讼请求。法院认为原告只有根据荷兰法而不是当地的习惯法才能提出这一请求。

财产扣押程序。

博茨瓦纳法院除有权为外国公司（external company）① 任命清算人外，它还会认可外国清算人的身份，以便其能占有或分配破产人的财产。因此，在 *Ex p. Trakman* 案②中，根据南非最高法院的命令，申请人被任命为一家处于清算中的公司的联合清算人。这些申请人请求博茨瓦纳法院承认他们各自的任命，以便他们能够占有并分配破产公司位于博茨瓦纳的财产。博茨瓦纳法院认为，公平和便利的考虑要求承认外国清算人的地位，只要当地债权人的权利和当地法律的实施不会受到损害。

二 加纳

在加纳以外注册成立的团体法人可以根据加纳 1963 年《团体法人（正式清算）法》予以清算，即使它根据注册地法律已被解散或不复存在。③ 如果针对在加纳以外注册成立的团体法人已作出正式清算的命令，加纳的高等法院可在清算命令中或根据清算人随后提起的申请，指示将该团体法人在加纳的分支机构作为单独的团体法人对待；为清算目的将加纳的财产和债务作为该团体法人的财产和债务对待；以及由分支机构或与分支机构作出的交易应被视为有效，即使它们发生在该团体法人根据注册地法律被解散或不再存在之日以后。④

三 肯尼亚

肯尼亚高等法院可以对破产案件行使管辖权。⑤ 在所有破产事项中，肯

---

① Companies Act 2007，s. 352.

② 1983 BLR 176. 博茨瓦纳 2007 年《公司法》第 352 条第 2 款 （b） 项规定，当外国公司进入清算或在注册地或成立地被解散时，外国法院所任命的清算人在博茨瓦纳仍可行使清算人的权力和职责，直到博茨瓦纳法院任命一个博茨瓦纳的清算人。

③ Bodies Corporate （Official Liquidations） Act 1963，s. 62 （1）. 2006 年《破产法》（Insolvency Act 2006） 涉及自然人破产。

④ Bodies Corporate （Official Liquidations） Act 1963，s. 62 （2）.

⑤ Bankruptcy Act 1930，s. 97.

尼亚高等法院应"采取行动以支持或协助"其他地方的对破产案件具有管辖权的"英联邦法院"（Commonwealth court）。肯尼亚 1930 年《破产法》第 151 ～ 164 条规定了更为详尽的跨境破产程序中的司法合作制度。① 这一制度以互惠为基础——司法部部长被授权指定该制度的受益国②——而且涉及"在肯尼亚有财产"的债务人。③ 对于互惠国家或地区，在其针对在肯尼亚拥有财产的债务人提起的破产程序中作出的接管令、破产宣告令、任命特殊管理人员或临时接管人的命令，在肯尼亚具有和在肯尼亚针对该债务人提起的破产程序中作出的此类命令同样的效力。④ 同样，如果破产宣告令是由某一具有互惠关系的外国法院作出的，肯尼亚法院就应根据该命令，将位于肯尼亚的破产财产授予来自互惠国家或地区行使破产财产托管职责的人员，就如同该命令和托管人的任命是在肯尼亚作出的一样。⑤ 此外，互惠法院所签发或作出的任何命令、委任状或搜查证也会在肯尼亚法院得到执行，就像它们是由肯尼亚法院签发或作出的那样。该法还对并行破产程序进行调整。⑥ 除一些有限的例外外，互惠法院对产生于它所受理的、针对在肯尼亚拥有财产的债务人所提起的任何破产程序的所有事项，具有唯一管辖权——肯尼亚法院不会受理产生于此类程序的任何诉讼。⑦

如果一家在肯尼亚以外注册成立且一直在肯尼亚从事营业活动的公司，终止在肯尼亚的营业活动，它就可以根据肯尼亚 1965 年《公司法》，作为未登记公司予以清算，即使它根据注册地法律已被解散或不复存在。⑧

四 马拉维

在所有破产事项中，马拉维高等法院有义务根据法律"采取行动以支

---

① Bankruptcy Act 1930, s. 115. *In re Plantaniotis* [1958] EA 217.
② Bankruptcy Act 1930, s. 151.
③ Bankruptcy Act 1930, s. 151.
④ Bankruptcy Act 1930, s. 152.
⑤ Bankruptcy Act 1930, s. 153.
⑥ Bankruptcy Act 1930, s. 160.
⑦ Bankruptcy Act 1930, ss. 161 – 162.
⑧ Companies Act 1965, s. 359.

持或协助"对破产案件具有管辖权的"英国法院"（British court）。① 马拉维1928年《破产法》第148～160条对跨境破产程序中的司法合作做了更为详尽的规定。这一制度以互惠为基础——总统被授权指定该制度的受益国，而且涉及"在马拉维有财产"的债务人。② 对于互惠国家或地区，在其针对在马拉维拥有财产的债务人提起的破产程序中作出的接管令、破产宣告令、任命特殊管理人员或临时接管人的命令，在马拉维具有同样效力，就如同它们是在马拉维针对该债务人提起的破产程序中作出的一样。③ 同样，如果破产宣告令是由某一具有互惠关系的外国法院作出的，马拉维法院就应根据该命令，将位于马拉维的破产财产授予来自互惠国家或地区行使破产财产托管职责的人员，就如同该命令和托管人的任命是在马拉维作出的一样。④ 此外，互惠法院所签发或作出的任何命令、委任状或搜查证也会在马拉维法院得到执行，就像它们是由马拉维法院签发或作出的那样。⑤ 该法还对并行破产程序进行调整。除一些指明的例外外，互惠法院对产生于它所受理的、针对在马拉维拥有财产的债务人所提起的任何破产程序的所有事项，具有唯一管辖权——马拉维法院不会受理产生于此类程序的任何诉讼。⑥

在马拉维拥有财产的团体法人可以根据马拉维1984年《公司法》予以清算。⑦ 对于外国公司，即在马拉维以外的国家注册成立但在马拉维设立或维持一个固定营业地的公司，马拉维有一些特殊的法律规定。⑧ 无论外国公司根据注册成立地法律是否已被解散或不复存在，它都可以根据马拉维法律予以清算。⑨ 如果法院针对外国公司作出了清算令，就清算程序的所有目的而言，该公司应被视为在马拉维成立的公司，而且只有位于马拉维的财产和债务才能被认为是该公司的财产和债务。⑩ 外国公司在马拉维实施的交

---

① Bankruptcy Act 1928, s. 113.
② Bankruptcy Act 1928, s. 148.
③ Bankruptcy Act 1928, s. 149.
④ Bankruptcy Act 1928, s. 150.
⑤ Bankruptcy Act 1928, s. 157.
⑥ Bankruptcy Act 1928, s. 158.
⑦ Companies Act 1984, s. 305.
⑧ Companies Act 1984, ss. 306 and 319.
⑨ Companies Act 1984, s. 319 (1).
⑩ Companies Act 1984, s. 319 (5).

易行为必须被认为是有效的，即使这些交易行为发生在该外国公司根据注册成立地法律被解散或不复存在之后。①

五　纳米比亚

如果债务人在纳米比亚某一高等法院辖区内拥有住所、持有位于法院辖区内的财产，或对这些财产享有权利；或在向法院提出请求前的 12 个月内的任何时间在该法院辖区内有通常居所或从事营业活动，纳米比亚高等法院对债务人及其财产就可行使管辖权。②

自当事人向法院提出请求要求接收移交的财产或扣押财产之日起，法院就可有效行使这种管辖权。法院曾经判定，针对位于外国的不动产作出的财产扣押令，其本身是没有效力的。此类财产仍为外国的破产人所有。但对于动产，情况就不一样了。债务人住所地法院签发的财产扣押令，事实上剥夺了破产人的所有财产，无论它们位于何地。但任何其他国家的法院签发的财产扣押令，对于位于该法院辖区外的债务人的财产，无论是动产还是不动产，其本身却没有效力。因此，如果破产人的不动产位于某一外国法院辖区，承认破产财产托管人的必要性就总是存在，但如果破产人在某一外国法院辖区内拥有动产，只有在财产扣押令是由破产人住所地以外的法院作出时，才有必要承认破产财产托管人。③ 在纳米比亚法院审理的一个案件中，财产扣押令是由被申请人住所地法院作出的，法院裁定，该扣押令将被申请人的财产授予托管人，所以，法院没必要再作出一个承认托管人任命的裁定。④

---

① Companies Act 1984, s. 319 (6).

② Insolvency Act 1936, s. 149. 这是南非的立法，在 1979 年进行过修订。See generally the Insolvency Amendment Act 2005.

③ *Bekker No v. Kotze* 1994 NR 373, 1996 (4) SA 1293.

④ *Bekker No v. Kotze* 1994 NR 373, 1996 (4) SA 1293. *Bekker No v. Kotze* 1994 NR 345, 1996 (4) SA 1287; *Oliver No v. Insolvent Estate D Lidchi* 1998 NR 22 at 38, 法院在该案中判定，虽然托管人并不必然需要向获得财产扣押令的破产人住所地国以外的其他国家寻求承认，但现在他们一般都会作出此类申请，而且需要请求获得正式承认，这已上升为一项原则。See also *Ex parte Lawton, No and Ruskin* 1950 (3) SA 129，该案涉及对一名被指定为处于司法管理下的公司的司法管理人的承认。

六　尼日利亚

债权人不得对债务人提起破产请求，除非债权人能够证明：债务人在尼日利亚有通常居所；或在提起破产请求之日前的 1 年内，债务人在尼日利亚有通常居所、住宅或营业地，或在尼日利亚从事营业活动，无论是亲自还是通过代理人或经理进行，或在上述期间内是某家公司或合伙的成员，而该家公司或合伙在尼日利亚通过合伙、代理人或经理从事营业活动。①

七　南非

如果在向南非高等法院的书记官提起接收或扣押债务人财产的请求之日，债务人在该法院辖区内拥有住所，持有位于法院辖区内的财产或对这些财产享有权利，或在提起此类请求前的 12 个月内的任何时间，在法院辖区内拥有通常居所或从事营业活动，南非高等法院就可对债务人及其财产行使管辖权。② 但是，如果该法院认为，对于住所不在南非 2000 年《跨国破产法》第 2 条所指定的某一外国内的人员的财产，由南非以外的法院进行扣押更为合适和便利，或该法院对其有管辖权的人员的财产由南非的另一法院进行扣押更为合适和便利，该法院就可以拒绝或推迟接收或扣押财产。③

如果某一破产人的财产根据扣押财产时破产人住所地法院作出的命令被扣押，那么在南非被查明的属于该破产人的任何动产都应移交给根据法院命令被任命的托管人。④ 南非当地法院对外国托管人予以正式承认，以便其能够处理破产人位于南非的动产，这并非必需（因为此类财产受住所地

---

① Bankruptcy Act 1979, s. 4 (1) (d). 根据尼日利亚 1990 年《公司和附属事项法》第 58 条，被免除债务的外国公司 (an exempted foreign company) 被视为没有根据该法予以登记的公司，本法适用于未经登记的公司的规定也适用于此类外国公司。该法第 532 ~ 536 条规定了未登记公司的清算程序。

② Insolvency Act 1936, s. 149 (1) (a) (b).

③ Insolvency Act 1936, s. 149 (1).

④ *Viljoen v. Venter No* 1981 (2) SA 152.

法调整）。但作为实践事项，提出此类请求并需要得到正式承认已上升为一项原则。此外，外国托管人必须得到正式承认才能处理位于南非的不动产，因为此类财产由物之所在地法调整。此外，此类承认对于证明外国法院已基于破产人在法院辖区内的住所行使了管辖权，也是必要的。① 在承认外国托管人时，如果在南非的破产程序中，法院不能作出承认的裁定，那么南非法院就不会作出承认的裁定。②

和自然人清算的情况一样，外国公司的清算人只有在南非得到承认才有权处理或管理位于南非的财产。③ 对外国托管人承认的法律许可并不取决于立法授权的存在——这种自由裁量权的依据来自国家间的礼让。④

南非法院可以签发请求书，请求外国法院承认在南非当地任命的清算人，使其可在外国法院提起必要的程序，以能够履行公司清算的职务。⑤

南非2000年《跨国破产法》为根据联合国国际贸易法委员会《跨国破产示范法》处理跨国破产提供了一套机制。该法仅适用于南非司法部部长指定的国家。该法还确立了一套制度，专门调整南非法院和外国法院以及代表之间的合作⑥并对平行程序予以规制。⑦ 该法允许外国代表和债权人参与根据该法具有管辖权的南非法院的程序。⑧ 外国代表可请求该法院承认外国的破产程序。⑨ 要

---

① *Ex parte Palmer NO：In re Hahn* 1993（3）SA 359，本案的法官评论道，英国和英联邦国家法院可能已不再严格坚持将住所作为唯一的连结点；不过，研究发现，在我们的法律中并没有同样的趋势。

② *Chaplin* v. *Gregory* 1950（3）SA 555.

③ *Liquidator Rhodesian Plastic（Pvt）Ltd* v. *Elvinco Plastic products（Pty）Ltd* 1959（1）SA 868；*Ex parte Gettliffe：In re Dominion Reefs（Klerksdorp）Ltd* 1965（4）SA 75；*Ward* v. *Smit* 1998（3）SA 175；*Moolman* v. *Builders & Developers（Pty）Ltd* 1990（1）SA 954（on appeal from *Ex parte Moolman No：In re Builders and Developers（Pty）Ltd* 1989（4）SA 253）；*Ex parte Meinke* 1954（4）SA 391.

④ *Ex parte Steyn* 1979（2）SA 309；*Ward* v. *Smit* 1998（3）SA 175；*Moolman* v. *Builders & Developers（Pty）Ltd* 1990（1）SA 954.

⑤ *Gardener* v. *Walters* 2002（5）SA 796.

⑥ *Gardener* v. *Walters* 2002（5）SA 796, s. 25 – 27.

⑦ *Gardener* v. *Walters* 2002（5）SA 796, ss. 28 – 32.

⑧ *Gardener* v. *Walters* 2002（5）SA 796, ss. 9 – 14.

⑨ *Gardener* v. *Walters* 2002（5）SA 796, s. 15（1）.

获得承认，需要满足一些程序性①和实体性②的要求。此外，如果对外国破产程序的承认明显违反南非的公共政策，南非法院就会拒绝承认。③

八　坦桑尼亚

坦桑尼亚高等法院可以对破产案件行使管辖权。④ 该法院被要求"采取行动以支持或协助"其他地方的对破产案件具有管辖权的每一互惠法院。⑤ 坦桑尼亚1930年《破产法》第150～163条规定了更为详尽的跨境破产程序中的司法合作合作制度。这一制度以互惠为基础——负责法律事务的部长被授权指定该制度的受益国，而且涉及"在坦桑尼亚有财产"的债务人。⑥ 对于互惠国家或地区，在其针对在坦桑尼亚拥有财产的债务人提起的破产程序中作出的接管令、破产宣告令、任命特殊管理人员或临时接管人的命令，在坦桑尼亚具有和在坦桑尼亚针对该债务人提起的破产程序中作出的此类命令同样的效力。⑦ 同样，如果破产宣告令是由某一具有互惠关系的外国法院作出的，坦桑尼亚法院就应根据该命令，将位于坦桑尼亚的破产财产授予来自互惠国家或地区行使破产财产托管职责的人员，就如同该命令和托管人的任命是在坦桑尼亚作出的一样。⑧ 此外，互惠法院所签发或作出的任何命令、委任状或搜查证也会在坦桑尼亚法院得到执行，就像它们是由坦桑尼亚法院签发或作出的那样。⑨ 该法还对并行破产程序进行调整。除一些指明的例外外，互惠法院对产生于它所受理的、针对在坦桑尼亚拥有财产的债务人所提起的任何破产程序的所有事项，具有唯一管辖权——坦桑尼亚法院不会受理产生于此类程序的任何诉讼。⑩

---

① *Gardener v. Walters* 2002 (5) SA 796, s. 15 (2) (3) (4).
② *Gardener v. Walters* 2002 (5) SA 796, s. 17.
③ *Gardener v. Walters* 2002 (5) SA 796, s. 6.
④ Bankruptcy Act 1930, s. 97.
⑤ Bankruptcy Act 1930, s. 115.
⑥ Bankruptcy Act 1930, s. 150.
⑦ Bankruptcy Act 1930, s. 151.
⑧ Bankruptcy Act 1930, s. 152.
⑨ Bankruptcy Act 1930, s. 159.
⑩ Bankruptcy Act 1930, s. 160.

如果一家在坦桑尼亚以外注册成立且一直在坦桑尼亚从事营业活动的公司终止在坦桑尼亚的营业活动，它就可以作为未登记公司予以清算，即使它根据注册地法律已被解散或不复存在。①

九 赞比亚

赞比亚高等法院对破产案件具有管辖权。② 在所有破产事项中，赞比亚高等法院有义务根据法律"采取行动以支持或协助"对破产案件具有管辖权的英联邦法院。③ 赞比亚 1967 年《破产法》第 149~162 条对跨境破产程序中的司法合作合作做了更为详尽的规定。这一制度以互惠为基础——总检察长被授权指定该制度的受益国，而且涉及"在赞比亚有财产"的债务人。④ 对于互惠国家或地区，在其针对在赞比亚拥有财产的债务人提起的破产程序中作出的接管令、破产宣告令、任命特殊管理人员或临时接管人的命令，在赞比亚具有同样效力，就如同它们是在赞比亚针对该债务人提起的破产程序中作出的一样。⑤ 同样，如果破产宣告令是由某一具有互惠关系的外国法院作出的，赞比亚法院就应根据该命令，将位于赞比亚的破产财产授予来自互惠国家或地区行使破产财产托管职责的人员，就如同该命令和托管人的任命是在赞比亚作出的一样。⑥ 此外，互惠法院所签发或作出的任何命令、委任状或搜查证也会在赞比亚法院得到执行，就像它们是由赞比亚法院签发或作出的那样。⑦ 该法还对并行破产程序进行调整。除一些指明的例外外，互惠法院对产生于它所受理的、针对在赞比亚拥有财产的债务人所提起的任何破产程序的所有事项，具有唯一管辖权——赞比亚法院不会受理产生于此类程序的任何诉讼。⑧

---

① Companies Act 2002, s. 427.

② Bankruptcy Act 1967, s. 95 (1). See generally the Preferential Claims in Bankruptcy Act 1995, 该法实施了 1992 年《保护工人债权（雇主无清偿能力）公约》。

③ Bankruptcy Act 1967, s. 112.

④ Bankruptcy Act 1967, s. 149.

⑤ Bankruptcy Act 1967, s. 150.

⑥ Bankruptcy Act 1967, s. 151.

⑦ Bankruptcy Act 1967, s. 158.

⑧ Bankruptcy Act 1967, s. 159.

外国公司①可根据赞比亚法律被清算，无论它根据注册成立地法律是否已被解散或不复存在。② 外国公司可被清算的理由包括：如果它在注册成立国内正处于清算程序中，无论是自愿的还是其他；如果它在注册成立国已被解散，或在赞比亚停止经营活动，或从事营业活动仅仅是为了清算目的，而且如果法院也认为该公司是为非法目的在赞比亚从事运营活动。③ 法院可在清算令中，或根据清算人随后提出的请求，指示由或与外国公司进行的所有交易都应被视为有效，即使这些交易行为发生在该外国公司根据注册成立地法律被解散或不复存在之后。④

十　津巴布韦

如果在向津巴布韦的某一高等法院提交扣押某一债务人⑤的申请时，该债务人占有法院辖区内的财产或对财产享有权利，或其在法院辖区内有住所、居所、住宅、营业地或从事营业活动；其在该申请提起之前的 12 个月内的任何时间在该法院辖区内拥有通常居所、住宅、营业地或从事营业活动，或对其在法院辖区内的财产进行了分配，则该高等法院就对该债务人及其财产拥有管辖权。⑥ 不过，如果法院认为住所不在津巴布韦的人员的财产在其他地方扣押更为公平或便利，法院就可能拒绝或推迟在津巴布韦的财产扣押程序。⑦

十一　评论

在所研究的国家内，它们的法律都对自然人和法人之间的破产程序进

---

① 指在某一外国注册的团体法人，不是在赞比亚拥有财产或从事营业活动的外国公司。
② Companies Act 1994, s. 365（3）.
③ Companies Act 1994, s. 365（4）.
④ Companies Act 1994, s. 365（5）.
⑤ 有关外国公司（即在津巴布韦以外注册成立但在津巴布韦有固定营业地的公司或其他社团）的清算，see section 337 of the Companies Act 1952。
⑥ Insolvency Act 1975, s. 190（1）.
⑦ Insolvency Act 1975, s. 190.

行了区分。但总体而言，它们大多没有涉及破产程序中的跨境事项及国际私法问题。① 只有南非根据 1997 年联合国国际贸易法委员会《跨国破产示范法》制定了自己的法律。

在所研究的国家内，破产案件都由高等法院管辖。不过，在冈比亚、加纳、肯尼亚、马拉维、坦桑尼亚和赞比亚等国，行使该管辖权的依据并没有被明确界定。在博茨瓦纳、纳米比亚、南非和津巴布韦，管辖权的确立显然取决于债务人在法院辖区内的住所、财产，或者请求提出前 12 个月内的任何时间在法院辖区拥有通常居所或从事营业活动。在这些国家，如果法院认为住所在某一外国的债务人的财产应在国外予以扣押，法院就会行使自由裁量权拒绝或中止在本国对财产进行扣押的程序。债务人单纯在法院辖区内出现的事实，不是这些国家的法院对破产案件行使管辖权的依据。

在研究的所有国家内，从国内法的角度看，当债务人被宣布为破产或对财产作出扣押令后——无论是动产还是不动产，破产财产就应交付托管人。② 从国际私法的角度看，这还不足以使托管人有权处理国外的破产财产。例如，纳米比亚和南非的判例法表明，外国托管人应首先获得正式承认，才能处理破产人位于南非或纳米比亚的不动产。就动产而言，如果作出破产宣告的外国法院不是债务人住所地法院，托管人也需获得正式承认，才能处理位于南非或纳米比亚的动产。在肯尼亚、马拉维、坦桑尼亚和赞比亚，如果破产宣告令是具有互惠关系的某一外国法院作出的，位于这些国家当地的破产财产就可根据该命令移交给该国所任命的托管人，就如同破产宣告令和对托管人的任命在当地作出的一样。

在所研究的大部分国家内，③ 还存在对外国公司进行清算的管辖

---

① See e. g. Gambia – Insolvency Act 1992；Ghana – Insolvency Act 2006 and Bodies Corporate（Official Liquidations）Act 1963；Nigeria – Bankruptcy Act 1979.

② Botswana – Insolvency Act 1929，s. 20（1）（a）；Ghana – Insolvency Act 2006，s. 37；Kenya – Bankruptcy Act 1930，ss. 20（1）and 57；Malawi – Bankruptcy Act 1928，ss. 20（1）and 54；Nigeria – Bankruptcy Act 1979，ss. 20（1）and 55；South Africa – Insolvency Act 1936，s. 20（1）（a）；Tanzania – Bankruptcy Act 1930，ss. 20（1）and 57；Zambia – Bankruptcy Act 1967，ss. 20（4）and 55；Zimbabwe – Insolvency Act 1975，s. 23（1）（a）.

③ 莱索托已被废除的 1967 年《公司法》第 292 条允许对外国公司进行清算。这一规定在 2011 年新的《公司法》中不复存在。

权，① 但在冈比亚②和塞拉利昂，③ 有关法律规定还不清楚。实际上，外国公司根据注册地法律已被解散或不再存在的事实，并不能阻止当地法院对该公司进行清算。这就表明，至少就公司而言，当地法院对公司进行清算的管辖权，不会被该公司已被外国法院清算的事实所排除。就涉及个人的破产程序而言，对于所指定的、具有互惠关系的国家，除一些确定的例外外，马拉维、肯尼亚、坦桑尼亚和赞比亚的立法授予这些国家的法院受理在此类法院提起的，针对在肯尼亚、马拉维、坦桑尼亚和赞比亚拥有财产的债务人，有关破产程序或产生于破产程序的所有事项的唯一管辖权。

肯尼亚、马拉维、南非、坦桑尼亚和赞比亚的立法对破产程序中的国际司法合作做了制度安排。④ 这一制度建立在互惠基础之上，并且规定了对来自破产程序的非金钱判决的执行——这些判决根据普通法就不能得到执行。

法院可以承认外国的破产程序以及在这些程序中指定的破产人财产的代表。给予外国代表以承认，就表明确认了其在外国被指定为此类代表的事实。它也构成一种宣告，使得此类代表有权处理破产人在该法院辖区内的财产，但其需要遵守该法院为保护当地债权人或为了当地法律的实施所施加的某些条件。在南非，对于不在《跨国破产法》范围内的案件，需要证明外国法院是基于破产人的住所地行使管辖权的。换句话说，住所构成外国法院国际管辖权的唯一依据。

---

① 在所研究的国家内，无清偿能力是公司被清算的众多原因中的一个。此处的关注点是依据公司可被清算的理由以外的理由进行清算的管辖权。

② 1955 年《公司法》第 213 条授予高等法院"对在冈比亚注册的公司进行清算的管辖权"，但该法对高等法院能否对外国公司的清算行使管辖权没有作出规定。

③ 塞拉利昂 2009 年《公司法》第 349 条授予高等法院对在塞拉利昂注册或登记的公司进行清算的管辖权，但该法没有明确规定授予高等法院对外国公司进行清算的管辖权。不过，该法要求正被清算或已被清算的外国公司的当地经理和代理人必须将此情况报告给塞拉利昂的公司事务委员会，并将此种事实记录在公司所有的票据、文件和信函中。当公司已在注册地被解散或终止存在时，如果有人仍以公司的名义从事营业活动，就构成一种犯罪行为。参见塞拉利昂《公司法》第 490 条。

④ DA Ailola, 'Recognition of Foreign Proceedings, Orders and Officials in Insolvency in Southern Africa：A Call for a Regional Convention' (1999) 32 *Comparative and International Law Journal of Southern Africa* 54.

第五节 信托

在所研究的国家内，涉及信托国际私法问题的资料很少。① 这些国家没有一个是 1985 年《关于信托的法律适用及其承认的海牙公约》的成员国。在津巴布韦法院审理的 *In re. Golding Trust* 案②中，当事人向法院提出申请，代表一个未成年的受益人同意对在南罗德西亚（1980 年 4 月 18 日更名为津巴布韦——译者注）作成的一份信托合同所作的变更。该信托合同涉及位于南罗德西亚的不动产。捐赠人和所有受益人的住所都在英国。对于法院受理该申请的管辖权，津巴布韦法院认为，根据未成年受益人的住所，英国高等法院有管辖权。在缺乏特殊情形时，作为信托标的物的不动产位于南罗德西亚以及所有相关当事人都同意南罗德西亚法院管辖权的事实，并不能使该法院可以对该案行使管辖权。在该案中，津巴布韦法院认为下列事实，即更改信托合同条款的协议需要获得该法院的批准，而且该信托合同是在南罗德西亚作成的，构成了特殊情形，这足以使它可以行使管辖权。

法院还曾经判定，设立信托的合同应由其自体法调整。信托合同的条款可以选择它所适用的法律。在没有明确的法律选择条款时，所适用的法律是信托管理地的法律。③

第六节 知识产权

对于涉及外国知识产权如专利和著作权的诉讼，可能会产生有趣的国

---

① See generally, Forsyth, pp. 388 – 392. 在普通法国家，只有在诉讼是为了执行（有关位于法院辖区内的财产）任何文件的信托，且受托人就是被送达人时，才允许进行域外送达。参见第四章。

② 1964 RLR 249.

③ *Mnopf Trustees Ltd* v. *SA Marine Corporation（Pty）Ltd*，Case No. 9085/2008（High Court, South Africa, 2010）. See generally *Fattorini* v. *Johannesburg Board of Executors and Trustees* 1948 (4) SA 806.

际私法问题。所研究的大部分国家都有调整知识产权的专门立法，但此类立法都没有直接涉及国际私法问题。

　　除南非法院审理的 *Gallo Africa Ltd v. Sting Music（Pty）Ltd* 案①外，在所研究的其他国家还没有案例涉及这一主题。*Gallo* 案提出了这样的问题，即南非法院是否有权审理涉及外国著作权侵权的案件。法院认为，它无权处理此类侵权案件。法院的理由是，从原则上讲，知识产权是地域性的，需要在其所在地得到保护。虽然法院承认，如果它不行使管辖权，可能导致诉讼在许多法院提起，案件可能会持续 1 年的时间，但它指出，这一问题最好通过国际条约解决。

---

① 2010（6）SA 329，［2011］1 All SA 449. See generally *Microsoft Corporation v. Franike Associates Ltd*［2012］3 NWLR 301.

第十五章
继承

　　无论人死亡时是否留有遗嘱，就其遗产而言都可能会产生许多国际私法问题。如果一个人死亡时留有遗嘱，就会产生其遗嘱是否有效、立遗嘱人是否有立遗嘱能力、遗嘱中对财产的处分是否有效、遗嘱如何解释、被指定的受益人能否根据遗嘱接收遗产等问题，而且在遗嘱变更时，还可能产生有关遗嘱变更的法律选择问题。如果死者未留遗嘱，就会产生由哪一法律调整动产继承和不动产继承的问题，而且在确定继承所适用的法律后，还会产生准据法的范围问题。这些问题都是本章所要讨论的内容。

第一节　遗嘱继承

一　遗嘱形式有效性和实质有效性

（一）博茨瓦纳

　　如果一项遗嘱的作成符合立遗嘱地法律，或符合立遗嘱时或立遗嘱人死亡时立遗嘱人的住所地法、惯常居所地法或立遗嘱人的本国法，则该遗嘱就是适当作成的。[①]

　　如果一项遗嘱是在船上或飞机上作成的，只要遗嘱的作成符合与船舶或飞机有最密切联系地的法律，该遗嘱就是适当作成的。[②] 一项处置不动产

[①]　Wills Act 1957, s. 10.

[②]　Wills Act 1957, s. 11（a）.

的遗嘱，只要其作成符合不动产所在地法，它就是适当作成的。① 在确定遗嘱的作成是否符合某一特定法律时，需要考虑遗嘱作出时该法律的正式要求，但同时需要考虑可能影响到遗嘱的有关法律的变更，如果此类变更能够使遗嘱得到有效对待。②

（二）冈比亚

如果一项遗嘱的作成符合立遗嘱地法律，或符合立遗嘱时或立遗嘱人死亡时立遗嘱人的住所地法、惯常居所地法或其本国法，该遗嘱就是有效的。③

动产遗嘱的作成如果符合立遗嘱人的住所地法或该住所所指向的任何国内法所规定的要件，该遗嘱就是有效的。④ 对于处置土地或土地权益的遗嘱，如果其作成符合物之所在地法的要求，该遗嘱就是有效的。⑤ 对于在船上或飞机上作成的遗嘱，只要其作成符合与船舶或飞机有最密切联系地的法律，该遗嘱就是有效的。⑥

如果对于遗嘱应予适用的某一外国法要求立遗嘱人必须遵守特殊的条件，或遗嘱的见证人必须具有某种资格，此类要求应仅仅作为形式要求对待，即使该法律有其他相反规定。⑦ 在确定遗嘱的作成是否有效时，法院会考虑遗嘱作成时的形式要求。不过，法院也会考虑外国法随后发生的变更，如果此类变更会使遗嘱有效。⑧

对于遗嘱的实质有效性，冈比亚 1992 年《遗嘱法》规定，如果遗嘱涉及土地，它就应由物之所在地法调整；如果涉及其他财产，则应适用立遗嘱人意图适用的法律。⑨

---

① Wills Act 1957, s. 11 (b).
② Wills Act 1957, s. 8 (2).
③ Wills Act 1992, s. 24 (1).
④ Wills Act 1992, s. 24 (2).
⑤ Wills Act 1992, s. 24 (3).
⑥ Wills Act 1992, s. 24 (4).
⑦ Wills Act 1992, s. 25.
⑧ Wills Act 1992, s. 26.
⑨ Wills Act 1992, s. 27. 这偏离了 *Theresa Saidie v. Saika Saidy* 案的判决，该案判决认为遗嘱的实质有效性——在本案中处置遗产的有效性——由住所地法支配。See (1974) 18 *Journal of African Law* 190.

（三） 加纳

如果遗嘱的作成符合立遗嘱地法，或符合立遗嘱时或立遗嘱人死亡时立遗嘱人的住所地法、惯常居所地法或其本国法，该遗嘱就是有效的。[①]

在不影响上述规定的前提下，下列情形下作成的遗嘱也是有效的：在船上或飞机上作成的遗嘱，在考虑到船舶或飞机的登记地或其他相关情形后，只要遗嘱的作成符合与船舶或飞机有最密切联系地的法律；[②] 对于处置不动产的遗嘱，只要其作成符合财产所在地法。[③]

即使所适用的外国法中有其他相反规定——该法中要求立遗嘱人遵守某些特定要求的规定，或要求遗嘱的见证人应具有某些资格的规定，此类规定应被视为只是形式要求。[④]

（四） 肯尼亚

一项遗嘱，无论处置的是动产还是不动产，只要其作成符合立遗嘱时或立遗嘱人死亡时的立遗嘱地法、财产所在地法，或符合立遗嘱时或遗嘱人死亡时立遗嘱人的住所地法或其本国法，就是有效的。[⑤]

（五） 马拉维

针对位于马拉维境内的任何财产，可在马拉维之外作成一项遗嘱。该遗嘱的作成只要符合马拉维 2011 年《死者遗产（遗嘱、继承和保护）法》的规定，或立遗嘱地法，或立遗嘱时立遗嘱人的住所地法，该遗嘱就是有效的。[⑥] 法院曾经判定，该法的规定适用于位于马拉维的动产和不动产，该规定不会减损这样的普通法规则，即在国内作成的一项遗嘱，只要其符合

---

① Wills Act 1971, s. 15 (1); *In re Lartey (Deceased)*; *Lartey v. Affutu – Nartey* ［1972］2 GLR 488; *Kells v. Ako Adjei* ［2001 – 2002］1 GLR 617.

② Wills Act 1971, s. 15 (2) (a).

③ Wills Act 1971, s. 15 (2) (b).

④ Wills Act 1971, s. 15 (4).

⑤ Law of Succession Act 1981, s. 16.

⑥ Deceased Estates (Wills, Inheritance and Protection) Act 2011, s. 6 (3); *In re Osman Hussein*; *Ali v. Osman* ［1923 – 1960］ALR Mal. 276.

立遗嘱人死亡时的住所地法所规定的形式，它在形式上就是有效的。①

（六）　纳米比亚

纳米比亚适用的是在 1979 年 11 月经过修订的南非 1953 年《遗嘱法》（参见下文有关南非的报告）。一项遗嘱不会仅仅因为形式而是无效的，只要该形式符合立遗嘱地法、立遗嘱时或立遗嘱人死亡时立遗嘱人的住所地法、惯常居所地法或其本国法。② 这些都是独立的要求，需分开解读。因此，一名德国公民在纳米比亚作成的遗嘱根据纳米比亚法律是无效的，但根据德国法律是有效的，纳米比亚法院判定该遗嘱在形式上是有效的。③

（七）　南非

一项遗嘱不会仅仅因为形式而是无效的，只要该形式符合立遗嘱地法、④ 立遗嘱时或立遗嘱人死亡时立遗嘱人的住所地法、惯常居所地法或其本国法。⑤

如果一项遗嘱处置的是不动产，只要其形式符合财产所在地法，它在形式上就是有效的。⑥ 对于在船上或飞机上作成的遗嘱，只要其形式符合立遗嘱时船舶或飞机的登记地法或符合立遗嘱时与船舶或飞机有最密切联系地的法律，就是有效的。⑦

如果一国法律要求某一特定年龄或国籍或具有其他个人特征的立遗嘱人，在立遗嘱时需要遵守特定的形式，或要求遗嘱的见证人具有某种资格，此类规定应被解读为形式要件。⑧

（八）　赞比亚

如果一项遗嘱的作成符合立遗嘱地法律，或符合立遗嘱时或立遗嘱人

---

① *In the Estate of Barretta*［1984 – 1986］11 MLR 110.

② Wills Act 1953，s. 3bis（1）（a）.

③ *Kalomo v. Master of the High Court* 2008（2）NR 693.

④ 即使遗嘱处置了位于南非的不动产，这一规则仍适用。*Tomlinson v. Zwirchmayr* 1998（2）SA 840.

⑤ Wills Act 1953，s. 3bis（1）（a）. *Ex parte Estate Abbott* 1950（3）SA 325.

⑥ Wills Act 1953，s. 3bis（1）（b）.

⑦ Wills Act 1953，s. 3bis（1）（e）.

⑧ Wills Act 1953，s. 3bis（2）.

死亡时立遗嘱人的住所地法、惯常居所地法或立遗嘱人的本国法，则该遗嘱就是有效的。①

如果一项遗嘱是在船上或飞机上作成的，在考虑到船舶或飞机的登记地及其他相关情形后，只要遗嘱的作成符合与船舶或飞机有最密切联系地的法律，该遗嘱就是有效的。② 一项处置不动产的遗嘱，只要其作成符合财产所在地法，它就是有效的。③

如果对于遗嘱应予适用的某一外国法要求立遗嘱人必须遵守特殊的条件，或遗嘱的见证人必须具有某种资格，此类要求应仅仅作为形式要求对待，即使该法律有其他相反规定。在确定遗嘱的作成是否有效时，法院会考虑遗嘱作成时的形式要求。不过，法院也会考虑外国法随后发生的变更，如果此类变更会使遗嘱有效。④ 在确定遗嘱的作成是否符合某一特定法律时，需要考虑遗嘱作出时该法律的形式要求，但同时需要考虑可能影响到遗嘱的有关法律的变更，如果此类变更能够使遗嘱得到有效对待。⑤

（九）津巴布韦

一项遗嘱只要符合下列法律，在形式上就是有效的：立遗嘱地法律、立遗嘱时或立遗嘱人死亡时立遗嘱人的住所地法或通常居所地法或其本国法。⑥

一项处置动产的遗嘱如果其形式符合立遗嘱时或立遗嘱人死亡时的物之所在地法，即为有效。⑦ 一项处置不动产的遗嘱如果其形式符合不动产所在地法，即为有效。⑧ 对于在船上或飞机上所立的遗嘱，在考虑到相关情形后，如果其形式符合立遗嘱时与船舶或飞机有最密切联系地的法律，即为

---

① Wills and Administration of Testate Estates Act 1989, s. 7 (1).
② Wills and Administration of Testate Estates Act 1989, s. 7 (2) (a).
③ Wills and Administration of Testate Estates Act 1989, s. 7 (2) (b).
④ Wills and Administration of Testate Estates Act 1989, s. 7 (4).
⑤ Wills and Administration of Testate Estates Act 1989, s. 7 (6).
⑥ Wills Act 1987, s. 22 (4) (a). *Ex Parte Judd*; *In Estate Norhadian* 1963 R & N 667.
⑦ Wills Act 1987, s. 22 (4) (b).
⑧ Wills Act 1987, s. 22 (4) (c).

有效。①

在确定遗嘱的形式有效性时，如果一国法律要求具有某一特定年龄或国籍或具有其他个人特征的立遗嘱人在立遗嘱时需要遵守特定的形式，或要求遗嘱的见证人具有某种资格，此类规定应被解读为形式要件。② 在确定一项遗嘱的形式是否符合某一特定法律时，应考虑到立遗嘱时该法的要求，但同时需要考虑可能影响到遗嘱的有关法律的变更，如果此类变更能够使遗嘱得到有效对待。③

立遗嘱人是否具有订立动产遗嘱的能力，要根据立遗嘱时其住所地法来确定，对于订立不动产遗嘱的能力，要根据立遗嘱时不动产所在地法确定。④

要确定某一人士是否具有根据一项动产遗嘱获得利益的能力，要根据立遗嘱人死亡之日受益人的住所地法确定。当某一人士因其是未成年人、已婚人士、团体法人或因其他相似的个人或固有的特征，而产生其是否能够获得遗嘱项下的利益的问题时，就要适用该规则。在任何其他情况下，立遗嘱人死亡之日的住所地法具有决定性意义。⑤ 就不动产遗嘱而言，某一人士是否有能力获取遗嘱项下的利益，要根据不动产所在地法确定，如果受益人是一个团体法人，还应考虑该团体法人的成立地法。对于不动产遗嘱，上述法律仍然指的是立遗嘱人死亡时的法律。⑥

对于遗嘱所产生的权利、利益和义务的有效性和效力以及遗嘱中没有指明的人士获得遗嘱项下利益的权利，如果该遗嘱处置的是动产，则此类问题由立遗嘱人死亡时其住所地法确定；如果遗嘱处置的是不动产，则此类问题由立遗嘱人死亡时的不动产所在地法支配。但是，已接受遗嘱项下利益的人士是否应分割根据同一遗嘱已被处置给另一人士的属于其自有财产的任何部分这一问题，应根据他们根据该遗嘱所接受的财产的性质来确

① Wills Act 1987, s. 4 (f).
② Wills Act 1987, s. 5 (a).
③ Wills Act 1987, s. 5 (b).
④ Wills Act 1987, s. 2.
⑤ Wills Act 1987, s. 22 (3) (a).
⑥ Wills Act 1987, s. 22 (3) (b).

定，而无须考虑根据该遗嘱被处置的其自有财产的性质。^①

（十）评论

所研究的许多国家通过成文法提供了很多解决遗嘱国际私法问题的规则。在很大程度上，这些立法受到《海牙遗嘱处分方式法律冲突公约》的规定的影响，或反映了这些规定。^② 实际上，即使不是该公约成员的国家，如加纳、赞比亚和津巴布韦，它们的法律规定显然也受到公约的启发。

所研究的国家都规定了判断遗嘱形式有效性的多重依据。住所、国籍、惯常居所地和立遗嘱地都可被用来判断遗嘱的形式有效性。在上述国家的立法中，都没有对这些连结点作出界定。这可能产生问题，例如，在一个人具有双重国籍的情况下，从现有的立法规定来看，还不能确定哪一国籍会优先，但如果考虑到这些立法的基本政策——是为了防止遗嘱因其形式而无效——就可主张只要遗嘱根据其中一个国籍国法有效就行了。确实，考虑到所研究的国家内的法律现状，遗嘱因其形式而无效的情况将非常罕见。除了成文法规则的适用范围外，南非和津巴布韦还为通过普通法规则检验遗嘱的形式有效性留下了可能性，^③ 不过考虑到成文法规则的宽泛性，是否还有必要求助于普通法还令人怀疑。这些立法都没有规定准据法的适用是否应按照某一特定的顺序。实际上，纳米比亚法院曾判定这些连结点都是独立的，这就意味着只要遗嘱根据一个准据法是有效的，就足以认定它的形式有效性。

所研究的大部分国家对于遗嘱的形式有效性问题都设法排除反致的适用。内国法被界定为在不会产生适用任何其他地区或国家的法律的这一问题的案件中将要适用的法律，^④ 或排除该地区或该国法律选择规范后所适用的法律。^⑤ 不过，反致在有些情况下仍可能适用。例如，在冈比亚，一项动

---

① Wills Act 1987, s. 22 (7).

② 博茨瓦纳、莱索托、南非和斯威士兰都是该公约的成员国。所研究的国家没有一个批准1973年《国际遗嘱形式统一法公约》。塞拉利昂在1973年签署了该公约，但一直没有批准它。

③ South Africa – Wills Act 1953, s. 3bis (5); Zimbabwe – Wills Act 1987, s. 22 (9).

④ Botswana – Wills Act 1957, s. 8 (1); Ghana – Wills Act 1971, s. 18; Zambia – Wills and Administration of Testate Estates Act 1989, s. 3; Zimbabwe – Wills Act 1987, s. 22 (1).

⑤ Gambia – Wills Act 1992, s. 2; South Africa – Wills Act 1953, s. 1.

产遗嘱的订立，如果符合立遗嘱人住所地法，或根据由住所所指引的其他法律所规定的形式，它就是有效的。① 在排除反致适用的努力中，一个没有清楚解决的问题是内国法中属人法的地位问题。世界上有许多法律体系是多元的，因此，对某一国家内国法的指引通常需要再次分析内国法的哪些法律应适用于某一特定问题。可以认为，这些排除反致的努力并不扩及于内国法中的属人法。②

与形式有效性相比，遗嘱的能力和实质有效性问题看来没有在所研究的国家内得到法院和立法者的关注。③ 只有在冈比亚和津巴布韦，这些问题才得到立法关注。津巴布韦的成文法对于遗嘱的实质有效性问题规定得更为宽泛。但冈比亚的法律有点独树一帜，因为它允许对涉及土地以外财产的遗嘱的实质有效性问题由"立遗嘱人意图适用的法律"来支配。这似乎是允许立遗嘱人选择法律，来支配他们遗嘱的实质有效性，这样，就可能使他们避免根据他们的住所地法他们可能无立遗嘱能力的困境。该法在所研究的国家内是对继承法律选择中当事人意思自治的一种特殊默许。④ 不过，对于当事人意思自治，该法仍有许多问题没有明确，包括对当事人选择法律自由的限制。

在津巴布韦，订立动产遗嘱和不动产遗嘱的能力，分别由立遗嘱人住所地法和不动产所在地法支配。不过，在两种情况下只有立遗嘱时的法律才是关键的。立遗嘱人的住所地或不动产所在地法随后发生的变更，无关紧要。这样的观点被认为是合适的。在立遗嘱时无效的遗嘱，不应因随后

---

① Wills Act 1992，s. 24（2）.

② 实际上，津巴布韦 1987 年《遗嘱法》第 22 条明确规定，如果在任一国家内存在有效的基于立遗嘱人的种族、部族、宗教、世袭等级或其他个人特征，而适用于该人所立遗嘱的属人法制度，该属人法制度就应被视为该国有关特定立遗嘱人及其所立遗嘱的内国法。

③ See generally *Hanna Kattan v. John Y. Kattan*［1957］SLJR 35，法院在该案中指出，对于动产，立遗嘱能力由立遗嘱时立遗嘱人的住所地法支配；对于不动产，立遗嘱能力由物之所在地法支配——它所指向的是内国法。处置财产的能力，即立遗嘱人所拥有的无限的或有限的处置财产的能力，在本案中是指处置动产的能力，应由立遗嘱人死亡时的住所地法支配；对于不动产，处置财产的能力由物之所在地法支配。在 *Evelyn - Wright v. Pierrepoint* 案［1987（2）SA 111］中，法官似乎表示出了对最终住所地法（lex ultimi domicilii）的偏好。

④ 冈比亚法律还进一步允许遗嘱的解释，适用立遗嘱人意图适用的法律，该法应被推定为立遗嘱时他的住所地法，参见 1992 年《遗嘱法》第 28 条。

住所或法律的变更而变得有效。

二　撤销、指定和解释

（一）博茨瓦纳

根据博茨瓦纳 1957 年《遗嘱法》撤销一项遗嘱的遗嘱，或撤销一项有效订立的遗嘱中所包含的某项条款的遗嘱，如果它的作成符合任一法律，根据这一法律被撤销的遗嘱或遗嘱中的某一条款可被视为已被适当撤销，则后一遗嘱就是有效的。①

（二）冈比亚

根据冈比亚 1992 年《遗嘱法》撤销一项遗嘱的遗嘱，或撤销一项有效订立的遗嘱中所包含的某项条款的遗嘱，如果它的作成符合任一法律，根据这一法律被撤销的遗嘱或遗嘱中的某一条款可被视为已被适当撤销，则后一遗嘱就是有效的。②

如果一项遗嘱行使了指定权力（power of appointment），只要该遗嘱的订立符合支配该指定权力的实质有效性的法律，它就是有效的，不应仅仅因为该遗嘱的订立不符合创设该权力的文件中所包含的任何形式要求而被认为不当订立。

遗嘱的解释受立遗嘱人意图适用的法律支配，该法律应被推定为立遗嘱之日立遗嘱人的住所地法。③

（三）加纳

根据加纳 1971 年《遗嘱法》撤销一项遗嘱的遗嘱，或撤销根据该法被认为包含在一项有效订立的遗嘱中的某项条款的遗嘱，如果它的作成符合任一法律，根据这一法律被撤销的遗嘱或遗嘱中的某一条款可被视为已被

---

① Wills Act 1957, s. 11（c）.
② Wills Act 1992, s. 24（5）.
③ Wills Act 1992, s. 28.

适当撤销，则后一遗嘱就是有效的。① 一项遗嘱不能仅仅因为随后立遗嘱人住所的变更而被认为被撤销或变得无效，而且对它的解释也不应改变。②

如果一项遗嘱行使了指定权力，只要该遗嘱的订立符合支配该指定权力的实质有效性的法律，它就是有效的。③ 一项行使指定权力的遗嘱不应仅仅因为它的订立不符合创设该权力的文件中所包含的任何形式要求而被认为不当订立。④

（四）马拉维

除受成文法中的一些限制外，法院在解释遗嘱时的义务，是使立遗嘱人的意图有效，只要从遗嘱的措辞中可以推断出此类意图，而且法院在这么做时不应受任何其他成文法规定、普通法规则或衡平原则的束缚。⑤

（五）南非

如果一项遗嘱撤销了根据 1953 年《遗嘱法》有效的遗嘱或该遗嘱的部分内容，只要后一遗嘱的形式符合某一内国法，而且根据该内国法被撤销的遗嘱或遗嘱的部分内容是有效的，则后一遗嘱在形式上就是有效的。⑥

如果一项遗嘱行使了某一文件所授予的权力，或履行了某一文件所施加的义务，只要该遗嘱的形式符合该文件作成地的内国法，该遗嘱在形式上就是有效的。⑦ 如果住所在南非的立遗嘱人，在其遗嘱中将指定权力授予某一人员，这就包含着这样的暗示条件，即该人应根据南非法律行使权力，即使行使该权力的人的住所并不在南非。⑧

---

① Wills Act 1971, s. 15 (2) (c).

② Wills Act 1971, s. 16.

③ Wills Act 1971, s. 15 (2) (d).

④ Wills Act 1971, s. 15 (3).

⑤ Deceased Estates (Wills, Inheritance and Protection) Act 2011, s. 11 (1).

⑥ Wills Act 1953, s. 3bis (1) (d).

⑦ Wills Act 1953, s. 3bis (1) (c).

⑧ *Ex parte Reay No*; *In re McGregor's Estate* 1982 (4) SA 27.

（六） 赞比亚

如果一项遗嘱撤销了一项根据赞比亚 1989 年《遗嘱和遗产管理法》有效订立的遗嘱或该遗嘱的部分内容，只要后一遗嘱的作成符合任一法律，而且根据该法被撤销的遗嘱或遗嘱的部分内容已被认为适当作出，则后一遗嘱在形式上就是有效的。①

一些行使指定权力的遗嘱，只要其订立符合支配该权力实质有效性的法律，该遗嘱就是有效的。② 一项行使指定权力的遗嘱，不应仅仅因为它的订立不符合创设该权力的文件中所包含的任何形式要求，而被认为不当订立。③

（七） 津巴布韦

如果一项遗嘱明示或默示地撤销了另一项根据津巴布韦 1987 年《遗嘱法》有效的遗嘱或该遗嘱的部分内容，只要后一遗嘱的作成符合任一法律，而且根据该法被撤销的遗嘱或遗嘱的部分内容已被认为适当作出，则后一遗嘱在形式上就是有效的。④

一项遗嘱是否因立遗嘱人婚姻的解除或撤销或因立遗嘱人后来的婚姻，而被全部或部分撤销或被视为无效这一问题，应视情况根据婚姻被撤销或解除或随后婚姻成立后的立遗嘱人的住所地法确定。一项遗嘱是否因该遗嘱被毁坏或部分被毁坏，或因订立新的遗嘱，而被全部或部分撤销或认为无效这一问题，应根据该遗嘱被声称无效或被认为无效时立遗嘱人的住所地法确定——只要该遗嘱处置的是动产；如果该遗嘱处置的是不动产，则应根据不动产所在地法确定。上述两种情况中的法律指的是被认为撤销遗嘱或使其无效的行为或事件发生时的内国法。⑤

如果立遗嘱人在一项遗嘱中行使了指定权力，或由某一文件授予其其

---

① Wills and Administration of Testate Estates Act 1989, s. 7 (2) (c).
② Wills and Administration of Testate Estates Act 1989, s. 7 (2) (d).
③ Wills and Administration of Testate Estates Act 1989, s. 7 (3).
④ Wills Act 1987, s. 22 (4) (e).
⑤ Wills Act 1987, s. 22 (8).

他职能，只要该遗嘱的形式符合支配该文件实质有效性的法律，该遗嘱就是有效的。[①]

遗嘱中任何词语、短语或条款的含义，应根据立遗嘱时立遗嘱人的住所地法确定，除非从遗嘱的条款或任何可接受的外部证据来看，存在相反的意图。[②]

（八）评论

所研究的国家对下列事项基本上都作出了一致性的规定，即一项旨在撤销另一项遗嘱的遗嘱，只要其订立符合被撤销的遗嘱据以被认为有效的法律，它就是有效的。一项遗嘱可以利用另一遗嘱以外的其他方式被撤销，例如，通过撕毁、其他形式的物理性毁坏，或通过法律的运作（如通过缔结婚姻）的方式。不过，除津巴布韦外，所研究的国家没有一个对此类行为是否有效撤销遗嘱规定所适用的法律。有主张认为，应由立遗嘱人的住所地法来确定此类行为是否有效撤销了遗嘱。[③] 但是，对于是适用遗嘱毁坏时的住所地法还是立遗嘱人死亡时的住所地法，还存在争议。津巴布韦法律选择适用遗嘱毁坏时的住所地法（涉及不动产时是物之所在地法）。当然，无论采用哪种选择，在某些情况下仍可能产生问题。但遗嘱毁坏时立遗嘱人的住所地应是一种更好的选择——只是因为立遗嘱人更可能合法地期望，毁坏遗嘱的行为是否有效将根据此类行为实施时其住所地法确定。

冈比亚、马拉维和津巴布韦还直接对遗嘱的解释所适用的法律[④]作出了规定。根据冈比亚和津巴布韦的法律，遗嘱的解释由立遗嘱时立遗嘱人的住所地法支配，但这两国的法律都允许在有证据证明立遗嘱人有相反的意图时，可以忽略该条规则。在马拉维，立遗嘱人的意图优先于任何普通法规则和衡平原则。或许，它也拒绝诉诸国际私法规范。其他国家如加纳

[①]　Wills Act 1987, s. 22（4）（d）.

[②]　Wills Act 1987, s. 22（6）. *Kalshoven v. Kalshoven* 1966（3）SA 466; *Ex Parte the Courteney Selous* 1956 R & N 14.

[③]　*Cheshire, North & Fawcett*, pp. 1275 - 1276.

[④]　See generally *Kershaw's Estate v. Commissioner of Inland Revenue* 1952（2）SA 700，该案判定，有利于遗嘱受益人的权利应根据调整遗嘱解释的法律来确定。

也间接对遗嘱解释所适用的法律做了规定。加纳的法律规定，遗嘱的解释不会因立遗嘱人后来住所的变更而发生变化。与遗嘱的形式有效性和实质有效性相比，对于遗嘱解释所适用的法律，不存在动产和不动产的区分。

<h1 style="text-align:center">第二节　无遗嘱继承</h1>

一　加纳

在加纳，无遗嘱继承受 1981 年《无遗嘱继承法》调整。该法适用于"任何未立遗嘱而死亡的人员"的遗产的分割，但该法的适用要受到国际私法规则的限制。① 该法并没有区分动产和不动产，它平等适用于所有的无遗嘱遗产。

根据加纳法律，未立遗嘱人动产遗产的继承要适用未立遗嘱人死亡时的住所地法。② 该法将确定谁有权继承动产以及应继承的份额等此类问题。如果死者是住所在加纳的加纳人，《无遗嘱继承法》和并入该法中的习惯法将被用来确定此类问题。如果死者是在加纳获得住所的外国人，除非能够证明其应遵守某一特定习惯法，否则其动产遗产的继承将适用不包含习惯法部分的《无遗嘱继承法》。③ 如果死者在国外有住所，但在加纳有动产，其住所地法将适用于这些动产的分割。④

---

① Intestate Succession Act 1985，s. 1（1）. See *Amerley* v. *Otinkorang* ［1965］ GLR 656. 法院指出，当一个住所在加纳的人未留遗嘱而死亡时，对其财产的继承必须根据他的属人法确定，英国的国际私法规则并不适用于在加纳死亡的、未留遗嘱的加纳人的遗产的分配。See also *Ghamson* v. *Wobill*（1947）12 WACA 181；*In re Larbi*（*Deceased*）；*Larbi* v. *Larbi* ［1977］2 GLR 506.《无遗嘱继承法》已缩小了属人法（如人们所遵守的习惯法）对住所在加纳的人的无遗嘱继承的适用范围。

② *Thompson* v. *Thompson*（1921 – 1925）Div. Ct. 155；*Whittaker* v. *Choiteram* ［1971］2 GLR 267，*Ekem* v. *Nerba*（1948 – 1951）Ghana DC（Land）40.

③ 可以认为，已与其生来就所属的习惯法团体失去联系或切断联系的加纳人也可归于这一类，此处的原则加以必要的变动也可适用于他们。

④ *Thompson* v. *Thompson*（1921 – 1925）Div. Ct. 155；*Whittaker* v. *Choiteram* ［1971］2 GLR 267.

对于不动产的无遗嘱继承，加纳遵守的是物之所在地法原则。在 *Youhana v. Abboud* 案①中，法院强调指出，如果一个人未立遗嘱死亡而留下不动产，对不动产继承的启动和过程应全部根据物之所在地法确定。*Youhana v. Abboud* 案②是一个将未立遗嘱人的住所地法适用于他在加纳的不动产财产分割的典型案例。该案的中心问题是，对两个死亡时住所在黎巴嫩的黎巴嫩人在加纳不同地区留下的不动产的继承，是应适用不动产所在地的习惯法，还是黎巴嫩法。法院驳回了这样的主张，即物之所在地法仅仅指加纳的内国法而不包括它的冲突规范。法院指出，这一主张"过于简单……物之所在地法并不仅仅意味着物之所在地的内国法，还包括它的冲突规范，而冲突规范可能指引适用另一法律"。③ 在该案中，法院判定应适用的法律是黎巴嫩法律。将未立遗嘱人的住所地法适用于他在加纳的不动产的分割应受制于土地所在地的法律中的强制性规定。④ 在遵守"土地所在地的法律"时，土地所在地的社区的习惯法和加纳法律都必须予以考虑。⑤

二　肯尼亚

对死者在肯尼亚的不动产的继承应适用肯尼亚法律，而无论其死亡时的住所位于何处。⑥ 对于死者动产的继承应适用其死亡时的住所地法。⑦ 死亡前在肯尼亚拥有通常居所的人，会被推定为在死亡之日在肯尼亚有住所，

① [1974] 2 GLR 201（on appeal from *Youhana v. Abboud* [1973] 1 GLR 258）. See also *Davies v. Randall* [1964] GLR 671, *Davies v. Randall* [1963] GLR 382, Gordon Woodman, 'Youhana v. Abboud: Choice of Law for Inheritance on Intestacy, and the Application of the Common Law' (1974) 11 *University of Ghana Law Journal* 97. But see *King v. Elliot* [1972] 1 GLR 54, *Elliot v. King* [1966] GLR 654.

② [1974] 2 GLR 201. See also *Thompson v. Thompson* [1981] GLR 537.

③ [1974] 2 GLR 201, at 205 – 206.

④ Courts Act 1993, s. 54 r. 4. 对于未留遗嘱而死亡的住所在加纳的人的不动产继承也不适用物之所在地法。*Yirenkyi v. Sakyi* [1991] 1 GLR 217.

⑤ See *Garrett v. Garrett* [1991] 1 GLR 32 at 36.

⑥ Law of Succession Act 1981, s. 4 (1) (a).

⑦ Law of Succession Act 1981, s. 4 (1) (b). *In re Estate of Naftali (Deceased)* [2002] 2 KLR 684.

除非有证据证明其在其他地方拥有住所。①

三　莱索托

不动产继承适用物之所在地法，而动产继承适用死者的住所地法。②

四　马拉维

在历史上，谁有权继承死亡时住所不在马拉维的人员的动产遗产，应根据死者的住所地法确定。③ 马拉维 2011 年《死者遗产（遗嘱、继承和保护）法》没有对这一问题作出规定。

五　尼日利亚

物之所在地法——即尼日利亚法律包括它的冲突规范——将支配位于尼日利亚的不动产的继承。在一个案例中涉及一项租赁财产，这样，当已在黎巴嫩获得住所的未立遗嘱人在尼日利亚留有不动产时，尼日利亚法院最终根据尼日利亚的冲突规范判定，对其遗产的继承应适用黎巴嫩法律。④

六　南非

物之所在地法是确定所有涉及不动产继承问题的准据法。⑤

七　坦桑尼亚

对死亡时住所在桑给巴尔的未立遗嘱人的遗产的继承，适用桑给巴尔

---

① Law of Succession Act 1981, s. 4 (2).

② *Mohapi v. Motleleng* (1985 – 1989) LAC 316; *Maphathe v. Maphathe*, CIV/APN/479/02 (High Court, Lesotho, 2004).

③ Wills and Inheritance Act 1967, s. 19; *In re Osman Hussein; Ali v. Osman* [1923 – 1960] ALR Mal. 276.

④ *Kharie Zaidan v. Fatima Khalil Mohssen* [1973] 1 All NLR (Part II) 86.

⑤ *Dhansay v. Davids* 1991 (4) SA 200.

法律。根据该法，如果未立遗嘱人死亡时没有任何直系亲属，而且对于死者的遗产也没有其他合法的主张者，死者的遗产就应作为无主财物（bona vacantia）归政府所有。①

八　乌干达

对于死者在乌干达的不动产的继承应适用乌干达法律，无论该人死亡时的住所位于何地。② 对于死者动产的继承适用该人死亡时的住所地法。③ 为其动产财产的继承目的，一个人只能拥有一个住所。④ 如果一个人死亡时在乌干达留有动产，在无证据证明其在其他地方拥有住所时，对于其动产的继承应适用乌干达法律。⑤

九　评论

所研究的国家似乎普遍接受动产继承适用被继承人死亡时的住所地法，⑥ 而对于不动产的继承，则适用物之所在地法。前一规则反映了同一制原则，这可以很便利地使死者的所有动产都适用同一个法律——住所地法。后一规则反映了分割制原则，这就会必然导致不同法律适用于位于不同国家的不动产的情形。当然，肯尼亚和乌干达的法律规定还存在含糊之处，它们似乎仅仅涉及位于肯尼亚和乌干达境内的不动产，对于位于肯尼亚或乌干达之外的不动产应适用何种法律，它们都没有明确规定。

在加纳和尼日利亚，法院曾判定物之所在地法包括它们的冲突规范，

---

① *In re Yusuf Bin Simbani（Deceased）*［1962］EA 623.

② Succession Act 1906，s. 4（1）.

③ Succession Act 1906，s. 4（2）. 为此目的，一个未留遗嘱而死亡的人将被视为在乌干达有住所，如果：在其死亡前不少于两年时间内其经常在乌干达居住；而且在其死亡时，其配偶或子女在乌干达有通常居所。*Suman Naresh Kara v. Bhatia*［1997］4 Kam. LR 1.

④ Succession Act 1906，s. 5.

⑤ Succession Act 1906，s. 8.

⑥ See generally *In re Estate of Jacques Maqridis*［1932－1940］2 SLR 1；*Official Administrator v. Anba Bola Convent*［1900－1931］1 SLR 521，这两个案件都支持将住所地法作为动产继承的准据法。

而根据这些冲突规范，住所地法会适用于不动产的继承。因此，在这两个国家，通过一种迂回的路径，似乎死者的全部遗产（动产和不动产）都由住所地法调整——这一立场也得到这一领域权威人士的支持。①

① See *Dicey*, *Morris & Collins*, para 27 – 018.

第十六章
遗产管理

　　一个人死亡后会产生这样的问题：谁有权来处理死者的财产？正如下面将要讨论的，在所研究的国家内，获得司法机构所签发的遗产管理委任证书（letter of administration）或遗嘱查讫证（probate）的人员被授权行使这一职责。遗嘱执行人或遗产管理人有责任清偿遗产的债务，并在清偿债务后接收剩余遗产，根据遗嘱或无遗嘱继承规则在遗产受益人中间分割剩余遗产。本章将分析法院签发遗嘱查讫证和遗产管理委任证书以及对外国签发的此类文件进行再次盖印的管辖权，对外国遗产管理人或遗嘱执行官的认可，以及在申请许可或遗产管理过程中可能产生的法律选择问题。

一　博茨瓦纳

　　任何人，无论其死亡时是否立有遗嘱，其遗产都应在高等法院的主事官（Master）签发遗产管理委任证书后依法予以管理和分割。① 遗产管理委任证书应签发给死者在遗嘱中指定的或由法院指定给死者的遗产执行人。② 遗产管理委任证书授权执行人管理死者的遗产，无论它位于何处。③

　　主事官有权对来自指定国家的遗产管理委任证书进行再次盖印。④ 国外的遗产管理委任证书经重新盖印后，对死者位于博茨瓦纳的全部遗产具有

---

① Administration of Estates Act 1972, s. 28 (1).
② Administration of Estates Act 1972, s. 28 (2).
③ Administration of Estates Act 1972, s. 28 (3).
④ Administration of Estates Act 1972, s. 36.

同样的效力，并可得到全面执行，就如同博茨瓦纳高等法院主事官签发的遗产管理委任证书一样。①

二　冈比亚

冈比亚高等法院有权签发命令授权对死者的遗产进行管理。无遗嘱遗产的管理人②或其他任何人③都可请求法院行使这一管辖权。根据《无遗嘱遗产法》第 5 条第 3 款，法院签发的、授权对死者遗产进行管理的命令"对位于任何地方的遗产都给予了管理权"，这就意味着这一管辖权并不仅仅局限于位于冈比亚境内的遗产。④

冈比亚 1940 年《领事官员遗产管理法》授权外国领事官员向冈比亚法院申请遗产管理委任证书，对死者遗产进行管理。⑤ 这种权力仅仅用于来自指定国家的国民或公民，⑥ 他们在冈比亚死亡或者冈比亚境外死亡但在冈比亚境内留有遗产，而且没有任何人有权管理他们的遗产。⑦

在冈比亚以外签发的遗产管理委任证书和遗嘱查讫证，可以在冈比亚重新进行盖印。如果任何英联邦国家的遗嘱认证法院或在某一国外殖民地的英国法院就死者遗产签发了遗嘱查讫证或遗产管理委任证书，此类遗嘱查讫证或遗产管理委任证书可在冈比亚高等法院得到重新盖印。盖印后，此类遗嘱查讫证或遗产管理委任证书具有同样的效力，就如同它们是由冈比亚高等法院签发的一样。⑧ 在进行重新盖印前，冈比亚法院可能要求提供有关死者住所的证明。

---

① Administration of Estates Act 1972, s. 37. 该规定也适用于外国的授权证明。s. 70.

② Intestate Estates Act 1909, s. 4.

③ Intestate Estates Act 1909, s. 7.

④ 这一立场也被这一事实所强化，即对于欧洲官员——在冈比亚公共机构任职而不具有西非国家国籍的人——的遗产，管理被明确限制于"位于法院辖区内"的财产、花费和债务。Intestate Estates Act 1909, s. 21（2）.

⑤ Administration of Estates by Consular Officers Act 1940, s. 2.

⑥ 即芬兰、希腊、匈牙利、日本、泰国、土耳其和原南斯拉夫。

⑦ Administration of Estates by Consular Officers Act 1940, s. 2（1）.

⑧ Probate（Re - sealing）Act 1935, s. 3.

三 加纳

一个人死亡后,无论其住所、国籍或与某一外国法律体系的联系如何,其位于加纳的动产和不动产都会移交给其个人代表①即执行人或管理人,这要视情况而定。② 遗嘱查讫证对于执行人管理立遗嘱人的遗产是非常必要的,但仅在遗嘱中任命执行人还不够。③ 加纳的巡回法院、地区法院和高等法院有权受理签发遗嘱查讫证或遗产管理委任证书的申请,或受理有关死者遗产继承的诉因和事项,如果死者死亡时在法院辖区内有固定的居留地。对于巡回法院和地区法院,涉案遗产的价值不应超过确定的数量;④ 如果遗产的价值超过这一数量,相关申请必须向加纳高等法院提出——该院对所有民事事项具有管辖权。这些规定表明,只要死者的遗产在加纳,法院就有权签发遗嘱查讫证或遗产管理委任证书,而不管死者的住所位于何处。加纳法院有权分别针对动产和不动产签发遗嘱查讫证或遗产管理委任证书。⑤

加纳 1961 年《遗产管理法》规定,外国的遗嘱查讫证或遗产管理委任证书需要盖印才能在加纳生效。根据该法第 84 条,如果英联邦国家的遗嘱法院或本条所适用的任何国家的遗嘱法院,已就死者的遗产签发了遗嘱查讫证或遗产管理委任证书,此类文件在提交给加纳法院并由加纳法院留存一份后,加纳法院在此类文件上盖上加纳法院的印章。⑥ 盖印后,外国的遗嘱查讫证或遗产管理委任证书就在加纳具有同样的效力,就如同是由加纳法院签发的遗嘱查讫证或遗产管理委任证书一样。在 *Gordon* v. *Essien* 案⑦

① Administration of Estates Act 1961, s. 1 (1).

② 2006 年《破产法》第 66~73 条为死亡的破产人的遗产管理提供了专门的制度。

③ Administration of Estates Act 1961, s. 61.

④ Courts Act 1993, ss. 42 (1) (a) (vii) and 47 (1) (g). See also High Court (Civil Procedure) Rules 2004, Ord. 66 r. 1.

⑤ Administration of Estates Act 1961, s. 75.

⑥ 加纳 1961 年《遗产管理法》第 84 条第 4 款授权加纳总统在立法性文件中明确该法可适用的国家。See also *In re Lartey* (*Deceased*); *Lartey* v. *Affutu - Lartey* [1972] 2 GLR 488,在该案中,试图对利比里亚签发的遗嘱查讫证进行重新盖印,但未能成功,因为加纳和利比里亚之间没有协议。

⑦ [1992] 1 GLR 232.

中，死者（住所在尼日利亚的尼日利亚人）在加纳拥有不动产。尼日利亚法院对其在尼日利亚的遗产签发了遗产管理委任证书。该证书随后在加纳被重新盖印。当事人主张加纳法院的盖印并不能授权管理位于加纳的财产，因为尼日利亚的遗产管理委任证书并没有涵盖位于加纳的财产。加纳法院驳回了这一主张，法院判定如果将《遗产管理法》第84条第1款解释为限制了加纳法院的盖印对于位于加纳的遗产的效力，这无疑会使盖印成为有名无实的行为。在法院看来，加纳盖印程序的目的是利用盖印后的遗产管理委任证书，来管理死者位于加纳的部分遗产，这样管理人就不需要在加纳获得新的许可。

四　肯尼亚

肯尼亚1981年《继承法》授予高等法院和治安法院签发遗嘱查讫证和遗产管理委任证书的权力。① 法院曾判定遗产管理委任证书应由死者死亡时的住所地法院签发。因此，如果死者是在刚果民主共和国境内死亡的，而且在肯尼亚没有住所（证据表明其住所可能在刚果民主共和国或卢旺达），法院认为，肯尼亚法院无权对其在肯尼亚的动产签发遗产管理委任证书。②

如果死者死亡时的住所在肯尼亚境外，肯尼亚法院可以向由死者死亡时的住所地有管辖权的法院委托管理遗产的人员，或根据死者死亡时的住所地法律被授权管理遗产的人员，或法院指示的其他人员，签发许可证书。③

如果任何英联邦国家或由肯尼亚部长通过政府公报指定的任何外国的、对遗嘱检验和遗产管理具有管辖权的法院或机构，已就死者的遗产签发遗嘱查讫证或遗产管理委任证书，此类文件在向肯尼亚高等法院提交时，可盖上法院的印章。此后，此类文件在肯尼亚就具有同等效力，就如同是由肯尼亚法院签发和确认的文件一样。④ 在对此类文件进行盖印前，肯尼亚高

---

① Law of Succession Act 1981, ss. 47 – 50B and 53.

② *In re Estate of Naftali（Deceased）*［2002］2 KLR 684.

③ Law of Succession Act 1981, s. 28

④ Law of Succession Act 1981, s. 77（1）.

等法院可能要求提供证据证明死者的住所位于何处。①

肯尼亚法院曾指出，不得对履职的遗产管理人提起任何诉讼，除非此类诉讼是在其根据向其签发的遗产管理委任证书获得授权行事的国家内的法院提出的。②

五　莱索托

死者的所有遗产都可在莱索托高等法院的主事官签发遗产管理委任证书后，依法得到管理和分割。此类证书应签发给遗嘱执行人或法院指定的执行人。③ 遗产管理委任证书授权执行人管理遗产，无论它们位于何处。④

高等法院主事官被授权对来自指定国家的遗产管理委任证书进行盖印。⑤ 经过盖印的委任证书对于位于莱索托的遗产具有同样的效力，就如同莱索托法院签发的证书一样。⑥

六　马拉维

马拉维高等法院对所有涉及遗嘱查讫证和遗产管理委任证书的事项具有管辖权，它有权签发或撤销遗嘱查讫证和遗产管理委任证书。⑦

马拉维高等法院还有权对任何遗嘱检验法院签发的遗嘱查讫证和遗产管理委任证书进行重新盖印。⑧ 如果外国遗嘱检验法院对于死者的遗产签发了遗嘱查讫证或遗产管理委任证书，马拉维法院可在此类文书上盖上马拉维法院的印章，此类文书就具有同样的效力，就如同是马拉维法院签发的

① Law of Succession Act 1981, s. 77 (2).

② *National Bank of India Ltd* v. *The Administrator General of Zanzibar* [1924 – 1926] 10 KLR 88

③ Administration of Estates Proclamation 1935, s. 31 (1).

④ Administration of Estates Proclamation 1935, s. 31 (2).

⑤ Administration of Estates Proclamation 1935, ss. 40 – 41. See generally *Maphathe* v. *Maphathe*, CIV/APN/479/02 (High Court, Lesotho, 2004).

⑥ Administration of Estates Proclamation 1935, s. 41.

⑦ Deceased Estates (Wills, Inheritance and Protection) Act 2011, s. 20 (1). 治安法院也对一定价值的遗产具有管辖权。s. 20 (3).

⑧ Deceased Estates (Wills, Inheritance and Protection) Act 2011, s. 20 (3).

文书一样。① 在对外国的此类文书进行盖印前，马拉维法院可能要求提供有关死者的住所的证明。

对于在马拉维境内死亡，或在马拉维境外死亡但在马拉维境内留有遗产的外国国民，如果在其死亡后，在马拉维没有任何人可以合法有权管理其遗产，马拉维法律就授权该外国在马拉维的领事官员接收死者的遗产，并从马拉维法院获得遗产管理委任证书，以便对死者的遗产进行管理。②

七　纳米比亚

在 1979 年经过修订的 1965 年南非《遗产管理法》（参见下文的南非报告）也在纳米比亚适用。根据纳米比亚 2005 年的《遗产和继承修正法》，1965 年的《遗产管理法》适用于在 2005 年 12 月 23 日或之后死亡的所有死者遗产的管理，无论他们是否留有遗嘱。③

八　塞拉利昂

未留遗嘱而死亡的任何人员的遗产，都应移交给管理人和总登记官（Administrator and Registrar – General）。不过，在签发遗产管理委任证书后，遗产就由获得遗产管理委任证书的人员进行管理。④

塞拉利昂法院曾经判定，对于同一份遗嘱不可能有两份正本的遗嘱查讫证，因此，虽然黄金海岸（加纳）签发的遗产查讫证不能在塞拉利昂立即生效，但塞拉利昂不会就同一份遗嘱项下的、位于塞拉利昂的遗产再次签发一份遗嘱查讫证——它可通过重新盖印授予正本遗嘱查讫证以效力。重新盖印适用于动产和不动产遗产。⑤

① Deceased Estates（Wills, Inheritance and Protection）Act 2011, s. 58.
② Deceased Estates（Wills, Inheritance and Protection）Act 2011, s. 21.
③ Estates and Succession Amendment Act 2005, s. 3（1）. 历史上，1941 年的《遗产管理（雷霍博特地区）公告》曾适用于雷霍伯特巴斯特社区成员的遗产的管理。
④ Administration of Estates Act 1946, s. 9（1）.
⑤ *In re O'Reilly*（*Deceased*）；*Williams v. McCormack*［1950 – 1956］ALR SL 58. 这一判决是基于《遗嘱查讫证（英国和殖民地）承认条例》第 3 条作出的。

如果一个来自指定国家的公民①在塞拉利昂境内死亡，或在塞拉利昂境外死亡但在塞拉利昂境内留有遗产，而且在其死亡时，在塞拉利昂除管理人和总登记官外，没有任何其他人可以合法有权管理其遗产，该外国位于塞拉利昂境内的总领事、副总领事或领事官员就可接收并管理死者的遗产，并可申请支付其债务及丧葬费用，还可保留剩余的遗产。总领事、副总领事或领事官员必须向塞拉利昂法院申请并有权获得法院签发的遗产管理委任证书，以便对死者的遗产进行管理。②

九　南非

　　南非高等法院主事官有权授权对死者的遗产进行分割。③ 在高等法院辖区内拥有通常居所——而不是财产的存在——才是法院行使此类管辖权的最重要的依据。④

　　外国的遗产管理人需要获得南非法院对其任命的承认。⑤ 对于来自南非司法部部长所指定的国家所签发的遗产执行人委任证，⑥ 南非法院的主事官有权对其进行签署并盖印。此类文书经盖印后，执行人就有权对位于南非境内的死者的所有遗产进行管理，就如同其是根据南非法院主事官签发的遗产执行委任证所指定的执行人一样。⑦

十　坦桑尼亚

　　坦桑尼亚高等法院对所有涉及死者遗产的管理和遗嘱验证的事项具有

---

① 芬兰、爱沙尼亚、匈牙利、原南斯拉夫、土耳其、罗马尼亚、泰国、挪威、美国、法国、瑞典、希腊、墨西哥、意大利和德国。

② Administration of Estates by Consular Officers Act 1940, s. 2.

③ Administration of Estates Act 1965, ss. 4 and 13.

④ 法院对于是否有权对位于南非之外的财产任命一个管理人表示怀疑。See *Ex parte Barclays Bank* 1951（3）SA 727. 此外，管理人接收或追回财产的权力并不扩展于南非以外的财产。管理财产的权力仅适用于位于南非的财产以及位于外国但实际上由南非执行人占有的财产。执行人没有义务采取措施以尽力追回死者位于本国以外的财产。*Segal v. Segal* 1979（1）SA 503.

⑤ *Smith and Gilks v. The Master* 1957（4）SA 582；*In re National Bank of Scotland Ltd* 1956（3）SA 92；*Ex parte Nupen* 1957（2）SA 450.

⑥ Administration of Estates Act 1965, s. 20.

⑦ Administration of Estates Act 1965, s. 21.

管辖权。① 它有权签发遗嘱查讫证和遗产管理委任证书，并有权变更或撤销此类许可，② 还可对来自任何英联邦国家遗嘱检验法院签发的遗嘱查讫证和遗产管理委任证书进行再次盖印。③ 对于指定国家④以及在一定条件下，坦桑尼亚法院可以授权该国领事官员对其国民的遗产进行管理。⑤ 此外，如果遗产管理委任证书所指定的任何人不在坦桑尼亚境内，坦桑尼亚法院也可将附有遗嘱的遗产管理委任证书授予该人合法指定的、通常居所位于坦桑尼亚的律师。⑥

如果英联邦国家的遗嘱检验法院已就死者的遗产签发了遗嘱查讫证或遗产管理委任证书，坦桑尼亚高等法院就可对此类文书盖上法院的印章。此后，此类文书就具体同样的效力，就如同坦桑尼亚法院签发的文书一样。⑦ 在对此类文书盖印前，坦桑尼亚法院可能要求提供它认为合适的有关死者住所的证明。⑧ 如果此类文书在坦桑尼亚没有被重新盖印，外国法院授予遗产管理人或执行人的权限就无法在坦桑尼亚得到实施。在 *Bolton v. Salimkhambi* 案⑨中，原告的儿子在坦噶尼喀发生的一场摩托车事故中丧生。住在英国的原告被授予遗产管理委任证书，以对其儿子的遗产进行管理。随后，在坦噶尼喀法院没有对该证书盖印的情况下，原告提起损害赔偿程序。坦噶尼喀法院认为，英国签发的遗产管理委任证书并不能授权管理人在坦噶尼喀提起此类诉讼。

十一　乌干达

乌干达高等法院和治安法院有权根据《遗产（小额遗产）管理（特殊

---

① 遗嘱查讫证和遗产管理委任证书对死者位于坦桑尼亚的所有财产包括动产和不动产具有效力。Probate and Administration of Estates Act 1963, s. 70 (a).

② Probate and Administration of Estates Act 1963, s. 3. 对于小额遗产，当地的治安法院和地区法院也有管辖权。

③ Probate and Administration of Estates Act 1963, s. 4.

④ Probate and Administration of Estates Act 1963, s. 7 (6). 这些国家是：美国、法国、德国、希腊、意大利、墨西哥、挪威和瑞典。

⑤ Probate and Administration of Estates Act 1963, s. 7.

⑥ Probate and Administration of Estates Act 1963, ss. 30 – 31; *Rajabali Mawji v. Remat Alibhai* [1921 – 1952] 1 TLR 422.

⑦ Probate and Administration of Estates Act 1963, s. 95.

⑧ Probate and Administration of Estates Act 1963, s. 96.

⑨ [1958] EA 360.

规定）法》签发遗嘱查讫证和遗产管理委任证书。①

如果死者在乌干达留有遗产，遗产管理委任证书应根据乌干达1906年《继承法》签发，即使死者住所地国家有关遗嘱和无遗嘱继承的法律与乌干达的法律不同。② 如果向乌干达高等法院申请签发遗嘱查讫证或遗产管理委任证书的人员，相信死者在坦桑尼亚或肯尼亚留有遗产，其就要遵守有关国际司法合作的特殊程序。③

不在乌干达的遗产管理人或执行人，也可将遗嘱查讫证或遗产管理委任证书授予其律师。④ 在某些情况下，乌干达法院可以任命它认为适当的人员来管理死者的遗产。⑤

遗嘱查讫证或遗产管理委任证书对死者位于乌干达境内的所有财产，无论是动产还是不动产，都具有效力。⑥ 如果死者的住所没有在乌干达，如果申请利用其在乌干达的动产来支付死者的债务，就要根据乌干达法律进行。⑦

十二 赞比亚

赞比亚高等法院对所有涉及遗嘱的事项具有初审的和无限的管辖权。⑧

---

① Succession Act 1906, s. 235.

② Succession Act 1906, s. 207. 在一个似乎与该规定相冲突的判决中，法院指出，乌干达高等法院无权受理一项要求签发遗嘱查讫证的申请，该遗嘱是由死亡时住所在乌干达以外的人所立，而且该遗嘱涉及位于乌干达的动产。*Suman Naresh Kara v. Bhatia* ［1997］4 Kam. LR 1.

③ Succession Act 1906, s. 331.

④ Succession Act 1906, ss. 212 – 214.

⑤ Succession Act 1906, s. 224.

⑥ Succession Act 1906, s. 242. See *generally Keshavlal Bhoja v. Tejalal Bhoja* ［1967］1 EA 217. 在该案中，原告是一名乌干达居民，他在乌干达高等法院针对居所也在乌干达的被告提起诉讼，要求说明他作为他们已过世的父亲的遗产的管理人的理由。被告曾被肯尼亚法院授予遗产管理委任证书，而且遗产全部是位于肯尼亚的动产。被告提出反对，认为乌干达法院没有管辖权。法院判定，该诉讼不能在乌干达提起，因为被告只对肯尼亚法院负责。

⑦ Succession Act 1906, s. 284.

⑧ 赞比亚1989年《遗嘱和遗产管理法》第66条。此外，赞比亚还有1989年《无遗嘱继承法》，根据该法第2条第1款，该法适用于"死亡时住所在赞比亚的所有人员，而且应适用于在本法没有被制定的情况下习惯法应予适用的某一团体的成员"。《无遗嘱继承法》对于未立遗嘱人员的遗产的管理有自己的制度。这一制度在许多方面与《遗嘱和遗产管理法》中的规定相似。

除了一些例外，法院可只向遗嘱指定的执行人签发遗嘱查讫证。① 如果任何执行人或遗产管理委任证书所指定的任何人员不在赞比亚境内，而且在赞比亚没有其他执行人愿意对遗产进行管理，赞比亚法院就可把遗产管理委任证书授予执行人或管理人合法指定的、通常居住在赞比亚的律师。② 授予遗嘱查讫证或遗产管理委任证书可以使执行人或管理人获得属于死者的所有权利，就如同自死亡时起，对遗产的管理权已转让给执行人或管理人。遗嘱查讫证和遗产管理委任证书对死者位于赞比亚境内的所有遗产具有效力。③

如果赞比亚境外的遗嘱检验法院对死者的遗产签发了遗嘱查讫证或遗产管理委任证书，赞比亚法院可对此类文书盖上法院的印章。此后，此类文书就具有同样的效力，就如同赞比亚法院签发的文书一样。在申请法院盖印时，赞比亚法院可能要求提供有关死者住所的证明。④

十三　津巴布韦

所有死者的遗产，无论其死亡时是否留有遗嘱，都可在津巴布韦高等法院主事官签发遗产管理委任证书后依法予以管理和分割。此类委任证书一般由法院签发给死者合法指定的遗嘱执行人，或没有遗嘱执行人时，签发给法院为死者指定的人员。⑤

法院主事官有权对来自总统所指定的国家签发的遗产管理委任证书进行签署并盖上法院的印章。⑥ 盖印后，此类文书就在津巴布韦具有同样的效力，就如同津巴布韦法院签发的文书一样。⑦

如果一个人死亡时在津巴布韦境内没有通常居所，而且除了在公司、建房协会（building society）中的股份、投资于参与分利债券（participation

---

①　Wills and Administration of Testate Estates Act 1989, s. 29（1）.

②　Wills and Administration of Testate Estates Act 1989, ss. 37 and 38.

③　Wills and Administration of Testate Estates Act 1989, s. 44.

④　Wills and Administration of Testate Estates Act 1989, s. 54.

⑤　Administration of Estates Act 1907, s. 23.

⑥　Administration of Estates Act 1907, s. 34.

⑦　Administration of Estates Act 1907, s. 35.

bonds）的股份和金钱以及保存在银行、建房协会或贷款公司的金钱或对前述财产的利益享有的权利外，没有其他任何财产，津巴布韦法院的主事官就可通过简易程序，在不遵守通常的形式，也不要求提供担保的情况下，对提交给他的、指定根据《遗产管理法》予以登记的人员作为遗产执行人的遗产管理委任证书进行签署并盖印。主事官也可忽视该指定，自己指定遗产的管理方式。①

此外，如果住所在英国的任何人士死亡，而且其在津巴布韦仅有的遗产是股票，津巴布韦法院的主事官或由津巴布韦司法部部长为该目的而指定的任何其他人，在收到该人的死亡证明，或经正式认证的遗嘱查讫证或遗产管理委任证书，以及一份表明死者在津巴布韦的遗产只是股票的清单后，就可授权将该股票转让给有权获得这些股票的人。②

十四　评论

死亡及随之而来的管理并分割死者遗产的需要，会产生复杂的国际私法问题。在所研究的国家中，没有一个是1973年《死者遗产国际管理公约》的成员。

在所研究的全部国家内，签发遗嘱查讫证或遗产管理委任证书的管辖权被授予高等法院或高等法院的主事官，对于后者还可上诉至高等法院。在所研究的大部分国家内，财产位于法院辖区内是法院行使管辖权的一种依据。财产应位于法院辖区内以确立法院的管辖权，在某些情况下可能会带来不便。如果一个人死亡时的住所在一个国家，财产位于另一国家，财产所在地法院因为死者的住所在其他地方不愿签发遗嘱查讫证或遗产管理委任证书，而且如果死者的住所地法院以其财产没有位于法院辖区内也不愿签发此类证书，这就会陷入僵局。不过，造成这种僵局的可能性很小，因为如果一个人在某一法院辖区内没有任何财产的话，他的住所也不太可能被认为位于该法院辖区内。

---

①　Administration of Estates Act 1907, s. 67（2）.

②　Administration of Estates Act 1907, s. 67（3）.

肯尼亚和乌干达法院都曾判定遗产管理委任证书应从死者住所地法院获得，即使其在肯尼亚或乌干达境内拥有动产。此类裁决似乎将遗产管理问题与遗产的分割问题混为一谈。两国的成文法都明确规定，动产继承即无遗嘱动产的分割应适用住所地法。但这一规定并没有表明，对于住所在国外的死者的遗产，法院无权签发遗产管理委任证书。

对所研究的国家内的立法进行精心解读可以发现，并没有成文法禁止仅仅依据死者的住所在法院辖区内就可签发遗嘱查讫证或遗产管理委任证书。不过，因为相关立法明确规定只有在财产位于法院辖区内时，此类许可才能得到有效执行，因此，获得此类文书的人员将不得不在财产所在地法院申请对此类文书进行盖印，以便其能够管理这些财产。

在所研究的国家内，立法都规定了对外国法院签发的文书进行重新盖印的程序。① 只要此类文书没有被质疑，就可以认为盖印程序在很大程度上就是一种行政手续，只需法院或主事官对此类文书进行签署并盖上印章即可。在所研究的大部分国家内，除了要求提供认证属实的文书副本、对遗产管理提供担保②以及对文书盖印外，法院还会要求提供有关死者住所的证明。

除马拉维外，重新盖印的程序仅仅适用于来自指定国家的文书。③ 对国

---

① 博茨瓦纳、莱索托和津巴布韦的立法只是提到"管理委任证书"，而且不清楚重新盖印的要求是否也适用于外国的遗嘱查讫证。不过，管理委任证书似乎含义广泛，包含了一些法域中的遗嘱查讫证。这是因为成文法规定，无论死亡时立有遗嘱还是未立遗嘱的所有人员的遗产，都应依法根据法院主事官签发的管理委任证书进行管理和分配。Botswana – Administration of Estates Act 1972, s. 28; Lesotho – Administration of Estates Proclamation 1935 s. 31; Zimbabwe – Administration of Estates Act 1907, s. 23. 此外，根据莱索托 1935 年《遗产管理公告》，管理委任证书被界定为包含了一些法域中的遗嘱查讫证。

② See *Ex parte Estate of Hayes – O'Sullivan* 1952 (2) SA 499; *Ex parte Barclays Bank* 1952 (4) SA 662. 有关外国遗嘱登记的形式要求的分析，包括复印件是否可被接受、认证要求以及登记的效力等问题，see Namibia – *Ex parte Gertenbach, No; In re Estate Weigel* 1957 (1) SA 159; South Africa – *Ex parte Strydom* 1947 (3) SA 589; *In re Estate Warren* 1948 (2) SA 461; *In re Estate Van Eijken* 1948 (1) SA 1237; *Ex parte Patel* 1948 (2) SA 902; *Ex parte Estate Adams* 1953 (4) SA 305; *Ex parte Campbell* 1953 (4) SA 70; *Ex parte Bond* 1955 (2) SA 98; *In re Estate Ram* 1955 (4) SA 334; *The Master v. Gray* 1958 (3) SA 524; Zimbabwe – *Ex Parte Judd; In Estate Norhadian* 1963 R & N 667; *Ex parte Bonakis* 1950 (1) SA 838。

③ 在过去，马拉维 2011 年《死者遗产（遗嘱、继承和保护）法》此前的立法将重新盖印的要求仅限于英联邦任何部分、南非或马拉维司法部长指定的其他国家的遗嘱法院签发的遗嘱查讫证或管理委任证书。目前似乎只有丹麦和爱尔兰根据该法得到指定。See Wills and Inheritance Act 1967, s. 21 (2) and 58.

家的指定以互惠为基础。和执行外国判决的成文法制度一样，① 在所研究的国家的法律制度中，只有极少数的非洲国家被指定。在加纳法院审理的 *In re. Lartey*（*Deceased*）；*Lartey* v. *Affutu – Lartey* 案②中，法院对指定国家的权力没被行使和扩大的事实提出批评，特别是针对非洲国家作出的指定。该案涉及一项请求对利比里亚签发的遗嘱查讫证进行重新盖印的申请。这一申请未能成功，因为加纳和利比里亚之间没有相应的协议。法院评论道：

> 1961 年《遗产管理法》第 84 条第 1 款可以使在英联邦国家和该条所适用的其他国家签发的文书在本国得到重新盖印。我们希望相关部门考虑这一问题，并与其他国家特别是非洲国家达成协议，以便使国外签发的文书可在加纳得到重新盖印，而加纳签发的文书也可在国外得到重新盖印。在这一领域，可以通过行动和现实态度实现非洲团结这一目标和宗旨。③

所研究的全部国家都应关注这一司法呼吁。实际上，乌干达 1906 年《继承法》第 331 条所确立的有关遗产管理的国际司法合作制度，为所研究的国家内遗产管理的合作提供了一个模板。

除在肯尼亚外，成文法和判例法没有直接涉及的另一个重要的问题是，法院在选择个人代表（personal representative，执行人或管理人）时，是否应考虑死者的住所地法。根据现有的法律，可以认为法律的立场是，无论遗产的构成——动产、不动产或二者的混合，法院没有义务选择一个根据死者的住所地法有权作为死者个人代表的人士来作为此类代表。法院也没有义务选择一个根据死者的住所地法对遗产享有权益的人士作为此类代表。对个人代表的选择是法院自由裁量的事项，但所研究的每一国家的成文法都对有权获得遗嘱查讫证或遗产管理委任证书的人员规定了顺序。④ 例如，在加纳，在选择遗产管理人时，法院"应考虑对遗产有利益的所有人员的

---

① See Chapter 18.

② ［1972］2 GLR 488.

③ ［1972］2 GLR 488 at 501.

④ Ghana – Administration of Estates Act 1961, s. 79. See also Botswana – Administration of Estates Act 1972, s. 32; Kenya – Law of Succession Act 1981, ss. 56 – 66.

权利"，① 而且在做此种考虑时，应关注那些根据死者住所地法享有此类权利的人士。②

　　除了可以被选择为个人代表的个体人员外，所研究的许多国家还明确允许领事官员申请并被指定为死者遗产的个人代表。

　　在所研究的全部国家内，遗嘱查讫证或遗产管理委任证书对死者位于此类文书签发国的全部遗产——无论是动产还是不动产——都具有效力。此类文书对于位于国外的遗产没有效力——个人代表必须在外国法院获得另外的许可，或将已签发的文书申请在国外获得重新盖印，以便其能够有权处置位于该国的遗产。法律对个人代表处置位于文书签发地法院内的遗产的职责做了明确界定。所研究的国家内的成文法对于个人代表处置位于国外的遗产的职责基本上都没有作出规定。③ 不过，南非有判例表明，执行人没有义务采取措施以设法追回死者位于国外的财产。④

---

① Administration of Estates Act 1961, s. 79 (2). See generally *In re Kariyavoulas (Deceased)*; *Donkor v. Greek Consul - General* [1973] 2 GLR 52; *Whittaker v. Choiteram* [1971] 2 GLR 267; Gordon Woodman, 'Whittaker v. Choiteram: Choice of Law in Cases Concerning the Rights of Children to Be Maintained from the Estate of Their Deceased Fathers' (1972) 9 *University of Ghana Law Journal* 195.

② 《高等法院（民事程序）规则》规定了一份有权获得遗嘱查讫证或管理委任证书的人员"优先清单"。See Ord. 66 rr. 12 and 13. 阿彻尔法官（Justice Archer）曾做过如下评论："我在阿克拉、海岸角和塞康第高等法院任职的个人经验表明，如果外国人如穆希人、万加腊人、约鲁巴人或伊博人在加纳死亡而留有不动产，为支持管理委任证书申请而作出的证词就可以表明，申请人根据他们各自国家的法律有权继承这些遗产。在这种情况下，法院毫无疑问就会同意该申请。" *Youhana v. Abboud* [1974] 2 GLR 201 at 219.

③ 还有一些专门的成文法规定来调整作为管理程序一部分的将遗产转让给国外受益人的行为。

④ *Segal v. Segal* 1979 (1) SA 503.

第六部分　外国判决与仲裁裁决

第十七章
执行外国判决的普通法制度

法院判决的效力受地域限制。国家主权阻止一个国家的判决在另一个国家具有直接执行的效力。此类判决要在国外获得效力，必须获得判决请求执行地的公共机构——通常是法院——的批准。基于此，外国判决的承认和执行制度才得以成为大多数法律体系中的基本组成部分。

本书所研究的国家的外国判决承认和执行制度有两类，即普通法制度和成文法制度。目前，这些国家还都不是有关外国判决承认和执行的国际公约的成员国。一些地区性条约中的规定可以为缔结此类多边公约提供法律基础，① 但迄今尚未进行此类多边公约的谈判。本章将主要关注执行外国判决的普通法制度。

第一节　何谓外国判决？

执行外国判决的成文法制度通常会指定来自某些特定国家法院的判决可以执行。普通法制度中的情况不是这样。普通法没有明确界定外国判决应来自何处：它是否应是纯粹的国内法院判决？抑或包括来自某一外国非司法、准司法和行政机关的判决？来自地区性或国际性法院的判决又该如何？在 *Gathuna* v. *African Orthodox Church of Kenyan* 案②中，法院指出位于亚

---

① Revised Treaty Establishing the Economic Community of West African States, 24 July 1993, 35 ILM 660, Art. 57 (1); Treaty for the Establishment of the East African Community, 30 November 1999, 2144 UNTS I – 37437, Art. 126.

② [1982] KLR 1, [1982] LLR 1205.

历山大的希腊亚历山大东正主教区使徒和主教王座神圣会议（Holy Synod of the Apostolic and Partriarchal Throne of Greek Orthodox Patriarchate of Alexandria）作出的判决并非外国判决，不能在肯尼亚得到执行。直到最近，似乎法院还在进行自我约束，或被要求执行只是来自外国法院的判决。这也得到国内成文法的确认。例如，根据肯尼亚 1924 年《民事诉讼法》，外国判决是指"外国法院的判决"，而外国法院是指"位于肯尼亚之外在肯尼亚并无权威的法院"。①

将来可能出现的一个重要问题涉及国际或地区性法院判决的执行（简称"国际判决"）。② 一些地区性经济一体化条约设立了地区性法院，③ 并允许个人在此类法院直接提起诉讼。这些条约规定可以援用国内民事诉讼法的规定来执行此类法院的判决。《东共体条约》④ 第 44 条规定，东共体法院作出的金钱判决的执行，应由执行地成员国国内有效的民事程序规则调整。《东南非共同市场法院议定书》和《南共体法院议定书》等条约中也有类似规定。⑤

目前，除津巴布韦外，⑥ 还没有其他国家的国内法对国际判决的执行作出规定。有关执行外国判决的成文法规定并没有被扩展适用于国际判决。⑦ 因此，国际判决如果可以执行也只能依据普通法制度。在最近的一个案例

---

① Kenya – Civil Procedure Act 1924，s. 1. See also Tanzania – Civil Procedure Code 1966，s. 1；Uganda – Civil Procedure Act 1929，s. 2.

② 作者目前正承担一项加拿大社科人文委员会资助的名为"国际争议解决的后审判阶段的国际公正的实现：国内法院的作用"的研究项目，其中就涉及这一主题。

③ 例如，东非司法法院、东南非共同市场法院以及西非国家经济共同体司法法院。这些法院都已运作。

④ 东非共同体由布隆迪、肯尼亚、坦桑尼亚、乌干达、卢旺达组成。南苏丹已加入东非共同体。——译者注

⑤ Treaty Establishing the Common Market for Eastern and Southern Africa，5 November 1993，33 ILM 1067，Art. 40；Protocol to the Southern African Development Community Tribunal and Rules of Procedure Thereof，7 August 2000，online：SADC ＜http：//www. sadc. int/index/browse/page/163＞Art. 32（1）（2）（3）.

⑥ Civil Matters（Mutual Assistance）Act 1995，s. 3（2）（b），该法允许司法、法律和议会事务部部长将该法的规定扩展适用于根据国际协议或联合国大会决议设立的国际法庭。

⑦ 纳米比亚 1994 年《外国民事判决执行法》和南非 1988 年《外国民事判决执行法》将"法院"界定为包括了"该国加入的地区性法院"。这一界定表明，所提到的地区性法院不是国际性法院。

中，津巴布韦法院就碰到一项要求登记并执行南共体法院判决的请求。① 法院一如寻常适用了普通法制度，而没有分析此类制度是否与国际判决的执行相关。同样，南非宪法法院和南非上诉法院也依惯例，适用普通法制度同意执行南共体法院针对津巴布韦政府作出的相关费用的判决。② 其他国家法院是会仿效南非和津巴布韦，还是只会将普通法制度适用于来自国家法院的判决，还需观察。如果采用后一观点，就必须发展出其他替代制度以执行国际判决。

将普通法制度扩展适用于国际判决的努力会带来许多难题：国内法院和国际法院之间的关系应该如何——垂直的还是平行的？此类关系会如何影响有关执行国际判决的诉讼的抗辩类型？考虑到执行国际判决会比执行外国国内法院判决带来更多对外政策影响，在此类诉讼中应在多大程度上考虑政策因素？有关主权和外交豁免的原则足以解决执行国际判决的政治方面问题吗？无疑，对于这一问题，授予国内法院执行国际判决管辖权并处理与管辖权行使相伴而生的其他问题的立法，就显得尤为重要和必要。③

第二节　外国判决执行的性质和理论基础

一国法院并无义务执行外国判决，但在普通法中，法院却有执行外国判决的长期实践。在所考察的判决中，执行外国判决的理论基础并没有得到详细探讨。④ 不过，这些判决提及执行外国判决的许多依据。肯尼亚一家法院曾经指出，执行外国判决的基本原则是"互惠以及从判决执行中获得

---

① *Gramara (Private) Ltd* v. *Government of the Republic of Zimbabwe*, Case No. X - ref. HC 5483/09 (High Court, Zimbabwe, 2010).

② *Government of the Republic of Zimbabwe* v. *Louis Karel Fick*, Case No. 657/11 (Supreme Court of Appeal, South Africa, 2012).

③ See e. g. United Kingdom – European Communities (Enforcement of Community Judgments) Order 1972, SI 1972/1590; Ireland – European Communities (Enforcement of Community Judgments, Orders and Decisions) Order 2007, S. I. No. 121 of 2007; Malta – European Communities (Enforcement of Community Judgments) Order 2007, LN 387 of 2007.

④ See generally *Laconian Maritime Enterprises Ltd* v. *Agromar Lineas Ltd* 1986 (3) SA 509 at 513 – 516，该案分析了一国法院适用另一国法律的理论依据。

的好处"。① 马拉维、坦桑尼亚和赞比亚的法院曾经认为，外国判决的执行是基于债务说（doctrine of obligation）。② 南非法院曾经提到礼让和既得权。③ 其他法院也找到了执行外国法院判决更为实用的依据，强调这么做有助于促进国际贸易和商业。④

执行外国判决的依据会影响可被执行的判决的范围。可以说，建立在礼让和促进国际贸易和商业需要基础上的判决执行制度，比建立在互惠基础上的判决执行制度更有利于外国判决的执行。⑤ 在对待外国判决上，建议非洲国家法院也采用这些更为包容的依据。虽然判决债务人的权益应该得到保护（例如，通过答辩），但最终目标应该是，不应通过限制国际私法，例如，通过限制国际管辖权依据⑥和将可执行的判决仅限于货币判决的方式，而将外国有管辖权的法院创设的有利于判决债权人的合法权利轻易剥夺。

在所研究的国家中，外国判决构成一项债务。⑦ 判决债务人的责任源自支付外国判决数额的默示承诺。⑧ 曾有判决指出，债务是否到期以及是否应予支付这一问题，应由判决作出地的法律确定。⑨ 判决债权人不能到另一主

① *Italframe Ltd v. Mediterranean Shipping Company* ［1986］KLR 54 at 62. 这一评论是在根据 1984 年《外国判决（互惠执行）法》申请对外国判决登记的情况下作出的。

② *Heyns v. Demetriou*，Civil Cause No. of 2001（High Court，Malawi，2001）（"这一权力依赖的不是礼让或互惠，而是被告对作出判决的法院以及合同所负的义务"）；*Willow Investment v. Mbomba Ntumba* ［1996］TLR 377；*Mileta Pakou v. Rudnap Zambia Ltd*（1998）ZR 233.

③ *Duarte v. Lissack* 1973（3）SA 615 at 621；*Commissioner of Taxes，Federation of Rhodesia v. McFarland* 1965（1）SA 470 at 471；*Laconian Maritime Enterprises Ltd v. Agromar Lineas Ltd* 1986（3）SA 509 at 513 – 516.

④ *Barclays Bank of Swaziland v. Koch* 1997 BLR 1294 at 1297；*Westdeutsche Landesbank Girozentrale （Landesbausparkasse) v. Horsch* 1992 NR 313，1993（2）SA 342.

⑤ "互惠"一词有时过于模糊。它可能指的是两国都有相同的管辖依据这一事实（管辖互惠），或两国实际上会执行彼此的判决，或实际上在过去已相互执行过判决。

⑥ *Grosvenor Casinos Ltd v. Ghassan Halaoui* ［2009］10 NWLR 309 at 338.

⑦ 一旦国内法中有关外国证据可接受性的标准得到满足，例如有关翻译或认证的法律，外国判决就被视为债务存在的充分证据。See *T Schouten's Imports（Pty）Ltd v. Wintercom Botswana（Pty）Ltd* 1984 BLR 111.

⑧ *National Milling Co. Ltd v. Mohamed* 1966 RLR 279，1966（3）SA 22. *DTH Jethwa v. Mulji Bhanji* ［1939］6 EACA 28 at 33；*Heyns v. Demetriou*，Civil Cause No. of 2001（High Court，Malawi，2001）；*Willow Investment v. Mbomba Ntumba* ［1996］TLR 377；*Wide Seas Shipping Ltd v. Wale Sea Foods Ltd* ［1983］1 FNLR 530.

⑨ *Premier Woodworking（Rhodesia）Ltd v. Hultman* 1960 R & N 275，1960（3）SA 174.

权和独立国家直接予以执行；只有在判决被该国法院认可后，其才能这样做。① 此外，外国判决可通过对判决提起诉讼的方式得到执行。在博茨瓦纳、莱索托、纳米比亚、南非、斯威士兰和津巴布韦，外国判决可通过临时判决令（provisional sentence summons）（外国判决被作为流通票据对待）的方式得到执行。② 在冈比亚、加纳、肯尼亚、马拉维、尼日利亚、塞拉利昂、坦桑尼亚、乌干达和赞比亚，判决债权人必须就外国判决提起债务诉讼。外国判决创设一项新的诉因，判决债权人有权以此起诉。在肯尼亚和坦桑尼亚，就外国判决提起的诉讼不会产生新的诉因。③

　　将外国判决定性为一项债务会限制可执行的判决的类型。④ 这种定性将非货币判决排除在外国判决执行制度之外。如果认为强制一个人向另一个人转让财产的判决构成一项债务，就显得牵强附会。将外国判决定性为一项债务是一种并不恰当的法律拟定。外国判决应被视为其所是——一项判决！⑤

<hr />

① *Ex parte the Registrar of the Supreme Court of Bophuthatswana* ［1977 – 1979］ BSC 213，1980 (1) SA 572.

② 法院将临时判决定性为一种"不寻常的救济"，因此，它们强调需要严格遵守程序。*Westdeutsche Landesbank Girozentrale（Landesbausparkasse）* v. *Horsch* 1992 NR 313，1993 (2) SA 342；*Barclays Bank of Swaziland* v. *Koch* 1997 BLR 1294. 对临时判决也可提起上诉。*Jordaan* v. *Dijkhof*，Case No. 9967/2003（High Court，South Africa，2004）. 也可通过诉讼或动议通知申请（application on notice of motion）的方式执行外国判决。See *Cosmopolitan National Bank of Chicago* v. *Steinberg* 1973 (4) SA 579.

③ Kenya – Limitations of Actions Act 1967，s. 40 (2)；Tanzania – Law of Limitations Act 1971，s. 42 (2). 此处需要注意的是，根据肯尼亚 1967 年《诉讼时效法》第 40 条第 1 款和坦桑尼亚 1971 年《时效法》第 42 条第 1 款，如果外国法排除就发生在肯尼亚/坦桑尼亚以外且在肯尼亚/坦桑尼亚法院正被起诉的一项诉因有关的权利或救济，肯尼亚/坦桑尼亚法院就不会受理该诉讼。在肯尼亚或坦桑尼亚有关外国判决的诉讼不会产生新的诉因这一规定，似乎是为了防止有人主张在肯尼亚/坦桑尼亚产生了新的诉因，从而规避禁止该判决执行的外国法规定。

④ 正如下文所分析的，它对于提起诉讼执行外国判决的时效期间也有意义。

⑤ 一些加拿大法院就采取了这种观点。*Girsberger* v. *Kresz* ［2000］47 OR (3d) 145；*Banque Nationale de Paris（Canada）* v. *Opiola* ［2000］78 Alta. LR (3rd Ed) 92，but see also *Lax* v. *Lax* ［2004］70 OR (3d) 520；*Canadian Mortgage & Housing Corp.* v. *Horsfall* ［2004］185 Man. R (2d) 151；*Pollier* v. *Laushway* ［2006］NSSC 165.

第三节　执行外国判决的管辖权

　　和其他具有涉外因素的诉讼一样，为执行一项外国判决，法院必须有权受理诉讼。希望执行外国判决的当事人必须满足执行法院有关涉外案件的管辖权规则的要求。在许多情况下，这一要求不难满足——被告在法院管辖权范围内有财产，或在法院管辖权范围内出现或居住。正如第四章分析的，这些因素都在不同程度上被所研究的国家接受为管辖权依据，但在一些案例中，法院执行外国判决的管辖权被质疑。①

一　博茨瓦纳

　　博茨瓦纳法院在执行外国判决诉讼中所适用的管辖权规则，和在涉外诉讼中所适用的管辖权规则一样。在 *Cloete v. Brink* 案②中，原告根据在南非获得的一项针对被告的判决，要求被告支付一笔到期的金钱债务。被告对博茨瓦纳高等法院受理该案的管辖权提出异议。当事人都是外地人，诉因发生在南非，并且被告的确切居所位于何处尚不清楚。原告声称，被告通过请求原告提供担保已接受了该法院的管辖，法院驳回了这一主张。被告在那项请求中明确表示，他对法院的管辖权存在异议。因此，博茨瓦纳高等法院裁定，它无权受理这一诉讼，以执行南非判决。

二　尼日利亚

　　尼日利亚法院受理外国判决执行的诉讼的管辖权，不会受在外国法院提起的诉因性质的影响。尼日利亚法院对最初诉因不具有管辖权的事实，并不影响它执行基于该诉因作出的外国判决的管辖权。在 *Wide Seas Shipping*

---

　　①　有关国家执行外国判决的诉讼中的管辖权问题，会在后面进行详细分析。

　　②　1995 BLR 275（also reported in 1996 BLR 224）. See also *Pretorius v. Sweiger* 1979 – 1980 BLR 124；*Pretorius v. Sweiger II* 1979 – 1980 BLR 129.

Ltd. v. Wale Sea Foods Ltd 案①中，原告请求根据 1961 年《外国判决（互惠执行）法》对一项英国判决进行登记。被告对拉各斯州高等法院受理这一申请的管辖权提出反对，理由是该判决据以作出的诉讼是一项海事诉讼，根据尼日利亚法律，②受理这一申请的适当法院应是联邦高等法院。拉各斯州高等法院驳回了这一主张。法院指出，外国判决应作为普通债务对待，《外国判决（互惠执行）法》给予州高等法院登记此类判决的管辖权。最初诉因的性质并不能限制高等法院在债务诉讼中的不受限制的管辖权。

三 南非

如果被告的居所位于南非，南非法院就有权审理针对其作出的外国判决的执行的诉讼。*Zwyssig v. Zwyssig* 案③涉及一项执行佛罗里达法院判决的诉讼。被告以其住所和居所没有在南非为由，对南非法院的管辖权提出异议。法院查明被告的居所在南非，就驳回了这一主张。被告在南非拥有住房，每年在南非待 6 个月，在住房里安装有电话，而且他还是当地一所健康俱乐部的成员。

四 评论

宣称为执行外国判决而必须满足法院受理涉外诉讼的管辖权规则，这样的陈述有点陈词滥调。在很多情况下，这不会成为问题。在博茨瓦纳、莱索托、纳米比亚、南非、斯威士兰和津巴布韦，法院管辖权范围内的财产（诉讼的对象）可被扣押。在冈比亚、加纳、肯尼亚、马拉维、尼日利亚、塞拉利昂、坦桑尼亚、乌干达和赞比亚，被告在该国的居所和出现可作为管辖权的依据。

不过，对于在博茨瓦纳、莱索托、纳米比亚、南非和斯威士兰提起诉讼的外地人（peregrinus）原告来说，如果被告即判决债务人也是外地人，

---

① ［1983］1 FNLR 530.

② Admiralty Jurisdiction Decree 1991, ss. 1 and 19.

③ 1997（2）SA 467.

要满足管辖权要求可能会有点困难。正如第四章指出的，在这些国家，对于两个外地人之间的诉讼，除非存在当地的管辖理由（ratio jurisdictionis，在外国判决的情况下，这不太可能），不能通过扣押被告的财产确立管辖权，法院因此就无权执行外国判决。此外，除了博茨瓦纳，① 除非在两个外地人之间的诉讼中存在当地的管辖理由，被告接受管辖——这种情形在任何情况下不可能出现在针对其而执行外国判决的诉讼中——还不足以授予纳米比亚、② 南非以及也许莱索托和斯威士兰的法院以管辖权。正如一家博茨瓦纳法院曾经评论的，"法院的时间不应消耗在在博茨瓦纳没有住所和居所的当事人之间以及与博茨瓦纳没有任何关系的争议上"。③

上述情况不合时宜。对此应再度审视——至少从执行外国判决的诉讼的角度而言，此类诉讼从性质上说通常是以与被请求执行地国无关的诉因为基础的。福赛斯教授曾敏锐地指出，"任何一个国家都不应成为判决债务人的天堂，只要此类判决是由具有管辖权的法院作出的，即使他们和他们的债权人都是外地人"。④

在冈比亚、加纳、肯尼亚、马拉维、尼日利亚、塞拉利昂、坦桑尼亚、乌干达和赞比亚，在执行外国判决的诉讼中是否允许向管辖权范围以外进行送达，还不确定。目前，还没有明确的成文法依据允许基于执行外国判决的诉讼而进行域外送达。⑤ 在加纳，2004 年《高等法院（民事程序）规则》允许根据成文法规定，向法院管辖权范围以外送达有关外国判决登记的通知，无须得到法院许可。⑥ 这一规则还不可能扩展适用于根据普通法签发的执行外国判决的命令，因为两类法律制度十分不同。不过，可以主张基于诉讼与管辖权范围内的财产有关而应允许进行此类

---

① *MAK（Pty）Ltd v. St Paul Insurance Co. SA Ltd* 2007（1）BLR 210.

② *Argos Fishing Co. Ltd v. Friopesca SA* 1991 NR 106 at 111 – 112, 1991（3）SA 255 at 260 – 261.

③ *Pretorius v. Sweiger II* 1979 – 1980 BLR 129 at 130. See also *Willow Investment v. Ntumba*［1997］TLR 47 at 49，该案涉及一项对执行扎伊尔（现在的刚果民主共和国）判决的裁定进行审查的诉讼，法院指出："当然，坦桑尼亚高等法院不可能是而且不应该是一个所有外国当事人都可求助的国际司法法庭。"

④ Forsyth, p. 474.

⑤ Compare United Kingdom – Civil Procedure Rules, para. 3.1（10）of Practice Direction 6B; *Tasarruf Mevduati Sigorta Fonu v. Demirel*［2007］1 WLR 2508,［2007］4 All ER 1014.

⑥ High Court（Civil Procedure）Rules 2004, Ord. 71 r. 7（2）.

送达。

如果判决债权人不能满足管辖权要求，他就很可能基于最初诉因提起新的诉讼。这一立场建立在这样的理论基础之上，即外国判决并不能合并最初的诉因。有判决理由认可这样的观点，并暗示原告保留就最初诉因提起诉讼的权利。①

第四节　执行外国判决的条件

一　国际管辖权

在普通法中，执行外国判决的一项根本要求是，根据执行地国的国际私法，外国法院对案件具有管辖权。此种管辖权通常被称为"国际管辖权"（international competence）。

（一）　加纳

在加纳，接受法院管辖构成一项国际管辖权依据。如果被告没有在外国的法院出庭，法院针对其作出一项缺席判决，随后其对该判决提起上诉，即使上诉没有成功，在加纳提起的执行该判决的诉讼中，其也将被认为已接受了外国法院的管辖。② 同样，如果被告已被送达一项为域外送达而签发的令状，其在英国法院无条件出庭并提出了答辩，但随后在诉讼中放弃了进一步的程序，也会被认为已接受了英国法院的管辖。③

---

① *Mileta Pakou v. Rudnap Zambia Ltd*（1998）ZR 233 at 236. 法院指出："在任何情况下，外国判决只是构成一项简单的合同债务，它并不与最初的诉因融合在一起。（如果判决得不到承认，判决债权人）将不得不就最初的诉因提起诉讼，如果他希望这么做的话。"*Willow Investment v. Mbomba Ntumba*［1996］TLR 377 at 380；*Steinberg v. Cosmopolitan National Bank of Chicago* 1973（4）SA 564 at 577；But see also *Gabelsberger v. Babl* 1994（2）SA 677 at 679，在该案中，法院认为在具有国际管辖权的外国法院作出判决后，"这一事项就构成了已决事项，而且债务就被外国判决取代了"。

② *John Holt & Co. Ltd v. Christoph Nutsugah*（1929－1931）Div. Ct. 75.

③ *Ashurst Morris Crisp v. Peter Awoonor Renner*（1931－1937）Div. Ct. 107.

（二）肯尼亚

在肯尼亚，居所和接受管辖构成国际管辖权的依据。不过，只是从外国购买商品，并不等同于接受该国法院的管辖，不会导致肯尼亚法院执行该国法院作出的判决。即使在被告居所在肯尼亚并被送达令状但未出庭的情况下，也是如此。在这种情况下，被告不会被认为已接受了外国法院的管辖。①

（三）纳米比亚

在纳米比亚执行外国判决的诉讼的一项基本要求是，需要证明判决是由有管辖权的法院作出的。② 接受管辖构成纳米比亚法律中的国际管辖权依据。通过合同接受外国法院管辖，给予外国法院国际意义上的管辖权，当事人是否与被选择的法院有任何其他联系，无关紧要。③

（四）南非

在南非执行外国判决的诉讼中，外国法院根据本国法律具有管辖权还不够——它必须根据南非国际私法也具有管辖权。④ 外国法院是否具有国际管辖权是一个应根据南非国内法认可的原则来确定的问题。⑤ 原告有责任证明，根据南非国内法认可的有关外国判决的原则，外国法院具有管辖权。⑥ 南非法院不会审查外国判决的实体问题，但它有权审理得以确立国际管辖权的任何管辖权事实。因此，它可调查包含似乎是法院选择条款的文件，是否构成当事人合同的一部分。⑦ 南非法院并不必然承认适用与其管辖权规则极其相似的外国法院作出的判决。例如，它拒绝执行美国佛罗里达一家法院作出的判决，该法院基于诉因发生在该地即侵权行为发生在该地对案

① *Ebramji v. Jivanji* ［1917 – 1918］ KLR 89.
② *Westdeutsche Landesbank Girozentrale（Landesbausparkasse）v. Horsch* 1992 NR 313 at 314，1993（2）SA 342 at 344.
③ *Argos Fishing Co. Ltd v. Friopesca SA* 1991 NR 106，1991（3）SA 255.
④ *De Naamloze Vennootschap Alintex v. Von Gerlach* 1958（1）SA 13.
⑤ *Jones v. Krok* 1995（1）SA 677 at 685.
⑥ *Reiss Engineering Co. Ltd v. Insamcor（Pty）Ltd* 1983（1）SA 1033.
⑦ *Maschinen Frommer GmbH v. Trisave Engineering & Machinery Supplies（Pty）Ltd* 2003（6）SA 69.

件进行了管辖。在南非法律中，这不是国际管辖权的依据。①

接受管辖构成国际管辖权依据。接受管辖可以明示或默示方式作出，但必须明确。② 接受管辖必须明确这一事实，并不意味着必须证明它是"法律上确定无疑的事项"，所要求的只是一种高度盖然性证明标准。对此，合同中的规定是否构成接受外国法院的管辖，只是一个解释问题，必须按照合同准据法中的通常解释标准来确定。③ 当从被告的行为中推断其是否接受法院的管辖时，需慎之又慎。④ 不过，如果被告全面参与了外国的程序，对外国法院的管辖权没有提出异议，并且没有请求法院驳回针对其提起的诉讼，其就接受了该法院的管辖。⑤ 在外国只是选择一个接受传票和执行的地点，⑥ 或合同中纳入法律选择条款，都不构成接受外国法院的管辖。⑦ 然而，南非法院曾经判定，合同中规定合同应根据加利福尼亚法律解释和调整以及因合同产生的争议应援引加利福尼亚民事诉讼法审理的条款，等同于接受加利福尼亚法院的管辖。⑧ 同样，在外国法院提起诉讼的当事人，如果针对该诉讼提起反诉，就会被认为接受了该法院的管辖，其不能随后以撤回最初的诉讼而剥夺该外国法院的管辖权。⑨ 在外国管辖权范围内有居所、⑩ 暂时出现⑪和住所⑫也构成国际管辖权依据。

① *Supercat Incorporated* v. *Two Oceans Marine CC* 2001（4）SA 27.
② *Purser* v. *Sales* 2001（3）SA 445；*Reiss Engineering Co. Ltd* v. *Insamcor（Pty）Ltd* 1983（1）SA 1033；*Maschinen Frommer GmbH* v. *Trisave Engineering & Machinery Supplies（Pty）Ltd* 2003（6）SA 69；*Standard Bank* v. *Butlin* 1981（4）SA 158.
③ In *Blanchard*，*Krasner & French* v. *Evans* 2002（4）SA 144 at 148，法院认为合同的准据法应调整这一问题。
④ *Supercat Incorporated* v. *Two Oceans Marine CC* 2001（4）SA 27.
⑤ *Purser* v. *Sales* 2001（3）SA 445.
⑥ *Standard Bank Ltd* v. *Butlin* 1981（4）SA 158.
⑦ *Reiss Engineering Co. Ltd* v. *Insamcor（Pty）Ltd* 1983（1）SA 1033.
⑧ *Blanchard*，*Krasner & French* v. *Evans* 2002（4）SA 144（reversing *Blanchard*，*Krasner & French* v. *Evans* 2001（4）SA 86）.
⑨ *Zwyssig* v. *Zwyssig* 1997（2）SA 467.
⑩ *Zwyssig* v. *Zwyssig* 1997（2）SA 467.
⑪ *Richman* v. *Ben – Tovim* 2007（2）SA 283（reversing *Richman* v. *Ben – Tovim* 2006（2）SA 591）.
⑫ *Erskine* v. *Chinatex Oriental Trading Co.* 2001（1）SA 817. 法院判定——推翻了 *Chinatex Oriental Trading Co.* v. *Erskine* 案 [1998（4）SA 1087] 的判决——被告未能证明，在英国的诉讼中，当传票签发时原告的住所在英国。

（五） 乌干达

在乌干达，接受管辖也构成国际管辖权依据。尽管可从被告的行为中进行推断，但判决作出后判决债务人的行为，并不能等同于接受外国法院的管辖。*Transroad Ltd v. Bank of Uganda* 案①是针对一项在乌干达作出的对英国判决进行登记的裁定提出的上诉。虽然上诉人被送达了有关英国诉讼程序的传票，但他并未出庭提出抗辩。法院针对他作出缺席判决。上诉人未能成功请求英国法院撤销该判决。不过，上诉人收到一份双方当事人都同意的法庭命令，以解除针对其在英国一家银行的到期债务而在执行中签发的暂时债权扣押令（garnishee order nisi）。上诉人还与被上诉人进行谈判以偿还债务。在这一上诉中，上诉人声称他并没有接受英国法院的管辖。乌干达法院多数法官裁定，上诉人在英国判决作出后的行为并不能被解释为对英国法院管辖权的接受。

（六） 赞比亚

赞比亚法院不会执行外国法院的判决，除非该法院具有国际管辖权。居所（或也许出现）以及接受管辖构成国际管辖权依据。*Mileta Pakou v. Rudnap Zambia Ltd* 案②是为执行原南斯拉夫贝尔格莱德一家法院的判决而提起的诉讼，赞比亚法院判定，贝尔格莱德这家法院对该案没有管辖权，因为被告在原南斯拉夫没有居所，而且没有接受该法院的管辖。

（七） 津巴布韦

只有在外国法院根据津巴布韦国际私法具有管辖权时，津巴布韦法院才会执行外国法院的判决。通过管辖权协议而作出的接受管辖，是一种得到认可的管辖权依据。③ 同样，出庭对外国诉讼进行抗辩的被告，也会被认为接受了外国法院的管辖。④ 津巴布韦法院可以审理国际管辖权据以确立的

① ［1998］UGA J No. 12（on appeal from *Transroad Ltd v. Bank of Uganda* ［1996］6 Kam. LR 42）.

② （1998）ZR 233.

③ *Coluflandres Ltd v. Scandia Industrial Product Ltd* 1969（2）RLR 431，1969（3）SA 551.

④ *Grauman v. Pers* 1970（1）RLR 130.

任何管辖权事实。①

在确定国际管辖权要求是否得到满足时，可能需要考虑公共政策和自然公正等因素。在 *Steinberg v. Cosmopolitan National Bank of Chicago* 案②中，伊利诺伊斯一家法院以诉因发生在本地以及被告在本地有财产（虽然并不充足）为由行使了管辖权。不过，被告是一个美国人，他在当时的罗德西亚收到传票。美国法院不能在美国对他进行送达，因为他因一项刑事程序指控逃到了罗德西亚。美国法院的民事诉因也是基于他的刑事行为的。津巴布韦法院判定，即使伊利诺伊斯的诉讼提起时，被告的住所和居所都没有在美国，也应执行该项判决，因为如果允许被告从自己的刑事行为中获利的话就与公共政策相悖，而且如果让原告在罗德西亚再次提起诉讼也会违反自然公正。③

（八）评论

在所研究的国家内，看来都很好地纳入了这样的原则，即外国法院只有具有了国际管辖权，它的判决才能得到执行。④ 现在，出现、居所和接受管辖都被认可为国际管辖权依据。⑤ 接受管辖可以是明示的，例如通过管辖权协议，或从行为中推论出来。因此，出庭对案件实体问题提出答辩，对一审法院判决提起上诉，都被认为等同于接受了法院管辖。从已有案例中还不能明确肯定的是，有哪些特定行为显然不构成接受法院的管辖。在这方面尤其需要关注的是判决作出后当事人的行为，当事人的这种行为已在

---

① *Coluflandres Ltd v. Scandia Industrial Product Ltd* 1969（2）RLR 431，1969（3）SA 551.

② 1973（4）SA 564.

③ 由于该案的情况，其中一位法官准备采用这样的法律推定，即在罗德西亚被送达的通知实际上在美国也被送达。

④ *Transvaal Lewendehawe Kooperasie Bpk v. Van Wyk* 案（［1984 - 1987］4 BSC 228 at 232 - 233）中的附带意见表明，在确定是否执行一项外国判决时，外国法院的国内管辖权也可能是一个相关因素。

⑤ 一些法院援引英国 *Emanuel v. Symon* 案（［1908］1 KB 302）的判决，认为"作为外国的国民"是一种国际管辖权依据。考虑到这一依据在英国法中并不明确，还需要观察在对国际管辖权进行确定时，这一依据能否被接受。See e. g. *John Holt & Co. Ltd v. Christoph Nutsugah* (1929 - 1931) Div. Ct. 75 at 76；*Heyns v. Demetriou*，Civil Cause No. of 2001（High Court, Malawi, 2001). See also *Transvaal Lewendehawe Kooperasie Bpk. v. Van Wyk* ［1984 - 1987］4 BSC 228 at 230（"本法院可能不会基于国籍原则承认一项外国判决"）.

乌干达被判定为不构成对外国法院管辖权的接受。① 不过，在南非存在相反的观点。② 一般而言，相关案例表明，判断判决债务人是否已接受外国法院的管辖，是一种高度的事实查明行为。法院在得出结论前会考虑所有相关事实。对于通过行为接受管辖的情形尤其如此。

南非将单纯的出现（mere presence）认可为国际管辖权依据还面临问题。③ 普通法法域如澳大利亚、加拿大和英国的学者对将出现作为国际管辖权的依据持批判态度，而且有一些案例质疑了其适当性。④ 基于单纯出现而行使管辖权，会使当事人的合理期望落空，而且易导致滥用。这一连结点不能充分证明被告和外国存在联系，以至于外国法院可以对涉及被告的案件行使管辖权。它甚至构成对人权的侵犯。确实，对非洲法院来说，基于一项未被世界上许多国家认可的依据执行外国判决，有失恰当。其他非洲国家法院是否会跟随南非法院的做法，还需观察。

现有的公认的国际管辖权依据，是否足以应对目前日益频繁的国际贸易和跨国关系的需要，还存疑。加拿大法院已尝试运用其他国际管辖权依据，即真正和实质联系标准（real and substantial connection）。⑤ 在南非法院审理的 *Supercat Inc. v. Two Oceans Marine* 案⑥中，这一理由没能得到成功援引。在该案中，律师提到几个加拿大的案例，并声称有关执行外国判决的传统方法已经过时，国际贸易的迫切需要，要求采用新的方法。法官认为

---

① *Transroad Ltd v. Bank of Uganda* ［1998］ UGA J No. 12，［1998］ Kam. LR 106
② *Standard Bank Ltd v. Butlin* 1981（4）SA 158 at 166，法院在该案中认为："十分清楚的是，虽然法院通常在诉讼开始时必须具有管辖权，但如果在随后的程序中当事人接受了法院管辖，这和传票启动程序前接受管辖是一样的。也许，这也可以说明判决作出后的情况，至少在判决还未被执行而且其效力未被质疑的情况下，接受管辖也是可以的。我个人认为如此。"
③ *Steinberg v. Cosmopolitan National Bank of Chicago* 1973（4）SA 564 at 574，法院判定，当事人在法院辖区内的出现以及诉因发生在法院辖区内的事实，构成一种国际管辖权依据。
④ 对于这些观点和案例的汇总分析，see Richard F. Oppong，'Mere Presence and International Competence in Private International Law'（2007）3 *Journal of Private International Law* 321。
⑤ *Morguard Investments Ltd v. De Savoye* ［1990］ 3 SCR 1077；*Beals v. Saldanha* ［2003］ 3 SCR 416，*Club Resorts Ltd v. Van Breda* 2012 SCC 17. See generally，Joost Blom & Elizabeth Edinger，'The Chimera of the Real and Substantial Connection Test'（2005）38 *University of British Columbia Law Review* 373.
⑥ 2001（4）SA 27.

加拿大的案例"有启发意义"，但感到"不愿或作为独任法官无权忽视本国具有相当分量的司法权威判例"。①

除真正和实质联系标准外，还有一种替代方法可以扩大国际管辖权依据，即采用管辖权相似性标准（test of jurisdictional equivalence）——如果外国法院对同样案件行使管辖的依据和执行法院国的依据相似，该标准就允许执行该外国法院的判决。这一标准可以在目前存在的涉外案件管辖权规则（直接管辖权）和国际管辖权（间接管辖权）规则之间的鸿沟上架起一座桥梁。一些案例谈及或暗示了这种可能性。② 实际上，正如第十八章谈到的，执行外国判决的成文法制度就认可管辖权相似性标准。但目前的观点仍然是，国际管辖权依据和涉外案件管辖权依据二者不能混为一谈。

在许多案例中出现的一个有趣问题是，公共政策考虑在多大程度上能够决定外国法院是否具有国际管辖权。现在既有的国际管辖权依据关注的是事实联系，而被告可能会通过自己的行为改变这些事实，例如他们逃出法院管辖范围。公共政策考虑是否应忽视此种行为，还存在争议。在两个案件中，法院指出，如果当事人带有规避意图而改变住所和居所，其就不能主张其不在该国，因此该国法院对其没有国际管辖权。③ 在确定国际管辖权时纳入公共政策考虑因素，会起到限制或扩张的效果。不过，此种方法建议不要采用，它可能会给国际管辖权的确定带来很大的不确定性。

当对外国法院的管辖权产生争议时，谁应承担举证责任，还众说纷纭。在南非，举证责任"完全由原告承担"。④ 在坦桑尼亚和乌干达，举证责任似乎由被告承担，这是因为存在这样一条可反驳的法律推定，即当提供了经认证的判决书副本时，外国法院就具有国际管辖权。⑤

---

① *Supercat Incorporated v. Two Oceans Marine CC* 2001（4）SA 27 at 31. 福赛斯教授（Forsyth）对它作为一种国际管辖权依据也提出了批评。Forsyth, pp. 437 – 438.

② *Supercat Incorporated v. Two Oceans Marine CC* 2001（4）SA 27；*Grauman v. Pers* 1970（1）RLR 130.

③ *Steinberg v. Cosmopolitan National Bank of Chicago* 1973（4）SA 564；*Chinatex Oriental Trading Co. v. Erskine* 1998（4）SA 1087 at 1095. *Erskine v. Chinatex Oriental Trading Co.* 2001（1）SA 817，上诉法院在该案中推翻了初审法院的判决，但未对这一问题作出评论。

④ *Reiss Engineering Co. Ltd v. Insamcor（Pty）Ltd* 1983（1）SA 1033 at 1037；*Erskine v. Chinatex Oriental Trading Co.* 2001（1）SA 817 at 820.

⑤ Tanzania – Civil Procedure Code 1966, s. 12；Uganda – Civil Procedure Act 1929, s. 10.

二 确定数额的判决

在所研究的国家内，还没有这样的直接权威判例，即外国判决中的金钱数额必须是确定的，它才能得到执行。实际上，在南非、博茨瓦纳，以及广而言之，莱索托、纳米比亚、斯威士兰和津巴布韦等国近来有关判决执行制度的评论中，还没有分别讨论这一问题。但在这些国家，此种要求可被认为暗含在通过临时判决令（provisional sentence summons）执行外国判决的程序中，① 临时判决令程序是有关偿付文件的程序。②

有关该问题的唯一重要司法意见出现在 *Gramara（Private）Ltd* v. *Government of the Republic of Zimbabwe* 案③中。该案是为执行一家地区性法院即南共体法院的判决而提起的诉讼。被告声称判决的许多内容涉及行政行为，而且判决要求支付的金钱数额并不确定。④ 津巴布韦高等法院裁定，"如果根据特定外国判决所命令的具体救济来限制判决承认和执行程序的范围，就会违反原则"。换言之，判决没有命令支付金钱的单纯事实，不应自动导致法院驳回执行该判决的申请。这一原则是仅限于地区性法院判决的执行，还是可扩展适用于外国法院的判决，还有待确定。

第十八章谈到，几乎所有执行外国判决的成文法制度都仅限于货币判决。这也可被看作普通法制度的反映——成文法制度在很大程度上是普通法的法典化。只有外国法院的货币判决才能得到执行，这一原则广受批评。它对法院提供的不同救济方式采用了十分狭义的观点。外国判决可能要求支付金钱，也可能要求履行某一行为，例如转让股份、交付财产或实际履

① See *Westdeutsche Landesbank Girozentrale（Landesbausparkasse）* v. *Horsch* 1992 NR 313，1993（2）SA 342，在该案中，临时判决被描述为一种"不同寻常的救济"，它使得判决债权人可以快速获得一个临时判决，不需要再诉诸昂贵、低效的清偿诉讼机制。

② In *Jones* v. *Krok* 1995（1）SA 677 at 685，在该案中，偿付文件被界定为由被告或其代理人签署的、以证明无条件承认一笔确定数额金钱的债务的书面文件。

③ *Gramara（Private）Ltd* v. *Government of the Republic of Zimbabwe*，Case No. X - ref. HC 5483/09（High Court，Zimbabwe，2010）。

④ 被告被指令通过其代理人采取所有必要措施以保护原告对土地的占有、使用和所有，而且采取所有适当措施以确保不会通过其代理人或其他人直接或间接提起任何诉讼，以将原告从农场上驱离或干扰原告在农场上的和平居住。

行合同。产生于此类司法救济的权利同样值得法律保护，即使超越了作出判决的法院的管辖权范围。实际上，判决支付确定数额的金钱这一原则，将国际商事诉讼中一些十分重要的救济排除在执行外国判决范围之外，例如安东－皮勒令（Anton Piuer order）、禁诉令以及广为采用的马利华禁令（Mareva injunction）。

比较而言，一些国家已经意识到这一原则的限制性，已通过立法①或判例法对它进行改革。加拿大最高法院在 Pro Swing Inc. v. Elta Golf Inc. 案②中首开先河。在该案中，法院一致裁定应改变这一原则。泽西和开曼群岛的法院已经放弃了这一原则。③ 在 Pro Swing 案中，法院指出，对判决支付确定数额金钱这一原则的变革应谨慎、逐步进行。应给予法院一定的司法自由裁量权，以便执行法院可以考虑所有相关因素，以确保它们法律体系的结构和完整不会因执行非货币判决而受到干扰。对本案中的法院来说，承认与执行非货币判决的条件被抽象表述如下：判决必须由有管辖权的法院作出；判决必须是终局的；而且判决具有这样的性质，即礼让原则要求国内法院执行这一判决。④

英联邦非洲国家在将来对它们的普通法制度进行改革时，建议它们考虑到上述的发展。南非法律改革委员会实际上已经建议，"只有支付确定数额金钱的外国判决才可执行这样的规则来自英国制度中的相关规定，南非法院没有理由不去自由执行更宽泛范围的外国判决，包括那些有关实际履行（或根据情况非实际履行）的判决"。⑤

---

① See, e.g., New Zealand – Reciprocal Enforcement of Judgments Act 1934, s. 3B; Australia – Foreign Judgments Act 1991, s. 5 (6).

② [2007] 273 DLR (4th) 663.

③ *Brunei Investment Agency v. Fidelis Nominees Ltd* [2008] Jersey Law Reports 337; *Miller v. Gianne* [2007] Cayman Islands Law Reports 18. See also *Davis v. Turning Properties Pty Ltd* [2006 b] 222 ALR 267; *Pattni v. Ali* [2006] UKPC 51 at [27].

④ *Pro Swing Inc. v. Elta Golf Inc.* [2007] 273 DLR (4th) 663 at [31], [88] – [99]. See Vaughan Black, 'Enforcement of Foreign Non – Money Judgments: *Pro Swing v. ELTA*' (2005) 42 *Canadian Business Law Journal* 81; Richard F. Oppong, 'Enforcing Foreign Non – Money Judgments: An Examination of Some Recent Developments in Canada and Beyond' (2005) 39 *UBC Law Review* 257.

⑤ South African Law Reform Commission *Consolidated Legislation Pertaining to International Co-operation in Civil Matters* (SALRC, 2004), p. 57.

三　外国判决的终局性

（一）博茨瓦纳

在执行外国判决的诉讼中，有必要主张和证明判决并未过时而且是终局的。已过时的外国判决不能在博茨瓦纳得到执行。①

（二）肯尼亚

外国判决必须是终局的，才能在肯尼亚得到执行。由于外国的扶养判决——在一个案例中是来自当时的南罗德西亚的扶养判决——可能会被作出判决的法院更改，它就不是终局判决。因此，它不能通过普通法诉讼得到执行，除非可以证明它是外国法院的终局判决。② 为能针对被告使判决得到执行，原告还应证明外国判决对实体问题作出了处理。③

（三）马拉维

附带于离婚判决的外国扶养令是一个属人命令，它不是终局的，因此不能根据普通法在马拉维得到执行。④ 此外，即使外国的缺席判决可能被外国法院撤销，它在马拉维仍可被视为终局的和确定性的。⑤

（四）纳米比亚

纳米比亚法院不会执行一项外国判决，除非它是终局的，这是因为临时命令或判决可被外国法院随后确认或撤销。⑥ 当法院被请求执行外国判决

---

① *Accurist（SA）（Pty）Ltd v. Jan Jacob Van Zyl* 1982（1）BLR 1. See generally *Design Unit（Pty）Ltd v. Tuli Lodge（Pty）Ltd* 1979 – 1980 BLR 136，涉及外国诉讼中当事人的确定性。

② *In re the Maintenance Orders Enforcement Ordinance*［1954］27 KLR 94.

③ *Singh v. Singh*［1936 – 1937］17 KLR 82（该判决还建议"缺席判决就建立在该判决基础上的诉讼的目的而言，不是一个就实体问题作出的判决"）；Civil Procedure Act 1924, s. 9（b）.

④ *Webb v. Murray, Ex parte Murray*［1961 – 1963］ALR Mal. 205. 不过，它可根据 1920 年的《扶养令（执行程序）法》以及后来的《扶养令（执行）条例》得到执行。

⑤ *Heyns v. Demetriou*, Civil Cause No. of 2001（High Court, Malawi, 2001）.

⑥ *Bekker No v. Kotze* 1994 NR 345, 1996（4）SA 1287；*Olympic Fruit v. Nagrapex Holdings*, Case No. A 278/2011（High Court, Namibia, 2011）.

时，它应仔细审查外国判决是不是终局的，特别是当双方当事人都不是执行法院管辖权范围内的本地人（incola）时。如果没有充分证据证明判决是终局的，法院就会驳回执行申请。① 原告除了要证明外国判决是终局的，还要证明根据相关外国法，该判决是可执行的。②

（五）南非

南非法院不会仅仅因为外国判决不是经过全程审理作出的，就忽视这一外国判决。在 *Gabelsberger v. Babl* 案③中，当事人之间达成和解，随后法院记录在案。根据德国法，这一和解如同它是法院经过全程审理作出的判决一样，这使得原告有权要求以判决的同样方式有效执行这一和解。在执行德国法院的判决时，南非法院指出，没有理由不执行外国有管辖权的法院未经实体审理而作出的命令，如缺席判决、协议判决或以法院登记在案的和解形式作出的和解令。执行外国判决的申请应主张判决是终局的。④ 只有终局的判决才能得到执行。⑤ 判决终局性与支付的义务相关。这样，如果支付的义务是最终的，它就不会受到一方当事人随意请求调整法院执行令这样的事实的影响。⑥

如果外国判决在其他所有方面是终局的、确定性的，即使它可被上诉或正在上诉中，它仍是终局的。但如果有情况表明，外国判决可被上诉或正在上诉中，执行法院就有权自由裁量在外国的上诉作出最终决定前，中止执行程序，而不是作出有利于原告的裁决。这样做可以避免出现判决在一个国家被撤销而在另一个国家被执行的"极不正常现象"。⑦ 请求执行外国判决的当事人应举证证明外国判决是终局的、确定性的。⑧ 这一举证一旦

---

① *Argos Fishing Co. Ltd v. Friopesca SA* 1991 NR 106，1991（3）SA 255.

② *Westdeutsche Landesbank Girozentrale（Landesbausparkasse）v. Horsch* 1992 NR 313，1993（2）SA 342.

③ 1994（2）SA 677. But see *Holz v. Harksen* 1995（3）SA 521 disapproving *Gabelsberger*.

④ *Dale v. Dale* 1948（4）SA 741.

⑤ *Transvaal Lewendehawe Kooperasie Bpk v. Van Wyk*［1984–1987］4 BSC 228.

⑥ *C Hoare & Co. v. Runewitsch* 1997（1）SA 338.

⑦ *Dale v. Dale* 1948（4）SA 741 at 744.

⑧ *C Hoare & Co. v. Runewitsch* 1997（1）SA 338.

完成，被告应举证证明外国判决还在上诉中，或者存在其他可以说服执行法院中止执行程序的事实。执行法院在行使自由裁量权决定是否中止执行程序时，考虑的因素包括：上诉是否确实提起；如果作出有利于原告的裁决以及外国的上诉成功后（也可能判决已被执行后），会给被告带来什么后果；被告是否真正勤勉地行使上诉权利。但执行法院不得对上诉的实体问题及其成功的可能性进行评估。① 同样，缺席判决被撤销的可能性，也不会防止其成为终局判决，无论被撤销的可能性有多大。在确定缺席判决是不是终局判决时，更多需要的是常识方法而不是坚守僵硬的规则。②

（六）津巴布韦

外国判决只有是终局判决，才可得到执行。③ 原告必须主张和证明，根据判决来源地国法律，判决是终局的。④

（七）评论

法院只执行外国法院的终局判决，具有实际意义。如果在一个国家被执行的外国判决随后在其本国又被重新提起诉讼或甚至被撤销，确保案终事了的公共政策就会被破坏。但对于何为终局判决还有争议。即使对此没有直接的权威判例，从已决案件中也能明显看出，外国判决是否终局应由外国的法律确定。总体上看，终局判决就是作出判决的法院无法对其进行变更的判决。可能会有人辩称，任何判决都无法取得这样的地位——判决总可能被变更，即使可能性很小，例如，根据发现的新证据。不过，这种理论上的可能性不应损害现实及对正义的需要。这已得到法院的认可。

除了需要向被告提供庭审（违反这一点会使被告获得一种抗辩）外，被请求执行法院并没有规定外国法院在作出自己的判决时应遵守特定的程序。因此，在南非的一个案件中，法院执行了一项对案件实体问题未经全

---

① *Jones v. Krok* 1995（1）SA 677.

② *Blanchard, Krasner & French v. Evans* 2004（4）SA 427.

③ *Coluflandres Ltd v. Scandia Industrial Product Ltd* 1969（2）RLR 431, 1969（3）SA 551; *Knight v. Baldi* 1966（3）SA 19.

④ *Grauman v. Pers* 1970（1）RLR 130.

程审理而作出的外国判决。另外，法院不应匆忙执行没有对当事人诉求的是非曲直作出处理的外国判决。实际上，肯尼亚、坦桑尼亚和乌干达的法律都要求，法院只承认对"案件是非曲直"作出处理的判决。①

缺席判决在终局性方面会带来特殊问题。在一些国家，针对其作出缺席判决的被告有权自动地或经法院许可（但通常在确定的期间）申请撤销该缺席判决。所以，在一些案件中，还存在缺席判决是不是终局判决的讨论。在南非，有人建议在作出此类判定时，应采用常识方法（common - sense approach）。在纳米比亚采用了一种不同的观点。在 *Argos Fishing Co. Ltd v. Friopesca* 案②中，法院认为由于一项英国缺席判决可被英国法院撤销，因此它缺乏终局性。对于这个问题，建议不应设定僵硬的规则，南非采用的常识方法更为可取。如果被告并无真心实意申请撤销裁决，或申请撤销缺席判决没有确定的期限，那么不将缺席判决作为终局判决看待就会违反公正利益。但执行法院不应主动调查撤销缺席判决的申请是否可能成功。

第五节　外国判决的确定性和既判力

除申请执行外国判决外，当事人还可主张判决具有既判力（res judica-ta）。此类主张可能涉及全部诉因，或由外国法院处理的某一具体问题。在这两种情况下，当事人的主张可能是，这些诉因或问题已被外国法院处理过。

一　博茨瓦纳

既判力主张应以同一诉因为基础。因此，在外国的诉讼是由所声称

---

①　Kenya – Civil Procedure Act 1924，s. 9（b）；Tanzania – Civil Procedure Code 1966，s. 11（b）；Uganda – Civil Procedure Act 1929，s. 9（b）. 这些成文法并没有对何谓"对是非曲直作出处理的判决"（a judgment on merit）作出界定。在 *Singh v. Singh* 案（［1936 – 1937］17 KLR 82 at 83）中，法院指出，如果多数人之间争议的事项是"直接审理的内容"，则作出的判决就是对是非曲直作出处理的判决。

②　*Argos Fishing Co. Ltd v. Friopesca SA* 1991 NR 106，1991（3）SA 255.

的债务诉请构成，而国内的诉讼是要求赔偿因不履行转包合同所造成的损失的情况下，法院判定，提起这两个诉讼的请求是不一样的，有关诉因禁止反言（cause of action estoppel）的辩解是得不到支持的。① 在诉因禁止反言的主张得不到支持的情况下，某一具体问题禁止反言的主张（a plea of issue estoppel）可能会得到支持。这样，在外国法院已经判定正当理由信件（due cause letter）可以作为履约保证书的情况下，这一裁决就禁止当事人重新就履约保证书和正当理由信件之间关系的争议问题提起诉讼。②

二 冈比亚

在冈比亚，当外国法院已对案件实体问题进行审理后，对该判决不满的当事人应采取的适当做法是在该外国提起上诉。在相同当事人就相同诉因产生的新的诉讼中，如果提出既判力禁止反言主张（a plea of estoppel per rem judicatam）的当事人能够向法院证明，就案件实体问题作出处理的外国判决在当事人之间是终局的、确定性的，而且是由有管辖权的法院作出的，外国判决就可以支持当事人的这一主张。这样，在鹿特丹法院已经判定被告有权中止合同项下的交付义务而原告请求在冈比亚执行这一合同时，冈比亚法院裁决这一诉讼不能得到支持。③

三 肯尼亚

根据肯尼亚法律，法院不会受理已被另一有管辖权的法院审理并作出最终裁决的诉讼或问题。这一规则适用于相同当事人之间、代表相同当事人或他们中的一些人提起诉讼的当事人之间，以及以相同名义进行诉讼的当事人之间的诉讼。④ 除一些确定的例外，外国判决对相同当事人之间，或代表他们提起诉讼的当事人之间，或以相同名义起诉的当事人之间的已被

① *MAK（Pty）Ltd v. St Paul Insurance Co. SA Ltd* 2007（1）BLR 210.

② *MAK（Pty）Ltd v. St Paul Insurance Co. SA Ltd* 2007（1）BLR 210.

③ *Bourgi Company Ltd v. Withams H/V* ［2002 – 2008］2 GR 38.

④ Civil Procedure Act 1924, s. 7.

直接审理过的任何问题具有确定性。①

四　尼日利亚

根据尼日利亚法律，外国法院的终局的和确定性的判决可作为禁止反言的主张提出。禁止反言被视为"一种证据规则"。② 法院曾经指出，基于外国判决的禁止反言应谨慎对待，因为外国的程序差异会带来不确定性。③ 在 *Teleglobe America Inc. v. 21ˢᵗ Century Technologies Ltd* 案④中，要确定的一个问题是，外国法院对判决债务人送达程序的有效性（在外国法院已被提起并得到处理）是否可在尼日利亚法院重新提起。法院认为，考虑这一问题不妥，因为外国法院已对它进行审理并作出裁决。

五　南非

南非法院不会对外国法院审理过的案件的实体问题进行调查，也不会审查或撤销它的事实认定或法律问题。⑤ 法院在 *Gabelsberger v. Babl* 案⑥中做了这样的推理："之所以不对外国判决的基础诉因进行调查，是因为这一问题是既决事项，而且判决对债务进行了变更。"债务的变更终止了诉讼。在南非，既判力规则是程序性事项。因此，外国判决是否构成既决事项是南非法律确定的问题。⑦

根据南非 1978 年《商业保护法》，如果能向法院证明，在南非法院据以提起诉讼的诉因是外国法院判决已经处理过的事项，这就对在南非法院

---

①　Civil Procedure Act 1924，s. 9.

②　*Teleglobe America Inc. v. 21st Century Technologies Ltd*〔2008〕17 NWLR 108 at 133；*Master of MV "Delos" v. Ocean Steamship Nigeria Ltd*〔2004〕17 NWLR 88 at 104，〔2005〕9 WRN 155 at 170.

③　*Master of MV "Delos" v. Ocean Steamship Nigeria Ltd*〔2004〕17 NWLR 88 at 106，〔2005〕9 WRN 155 at 173.

④　〔2008〕17 NWLR 108.

⑤　*Jones v. Krok* 1995（1）SA 677 at 685.

⑥　1994（2）SA 677 at 679.

⑦　*Laconian Maritime Enterprises Ltd v. Agromar Lineas Ltd* 1986（3）SA 509.

的诉讼构成一种抗辩。外国判决应符合下列条件：（a）根据该外国法律，作出该判决的法院对案件有管辖权；（b）根据该外国法律，外国判决是终局的和确定的；① 以及（c）外国诉讼程序中的当事人或他们的权利继承人与南非法院程序中的当事人相同。② 法院认为，"诉因"（the cause of action）这一短语不应被理解为严格意义上的诉因，而是指"争议的相同事项"。③

六　坦桑尼亚

坦桑尼亚法律规定，任何法院不应受理已被另一具有管辖权的法院审理和最终处理过的诉讼或问题。这一规则也适用于相同当事人之间、代表相同当事人或他们中的一些人提起诉讼的当事人之间和以相同名义进行诉讼的当事人之间的诉讼。④ 除一些确定的例外，外国判决对相同当事人之间，或代表他们提起诉讼的当事人之间，或以相同名义起诉的当事人之间的已被直接审理过的任何问题具有确定性。⑤

七　乌干达

根据乌干达法律，任何法院不应受理已被另一具有管辖权的法院审理和最终处理过的诉讼或问题。这一规则也适用于相同当事人之间、代表相

---

① *MV Silvergate*；*Tradax Ocean Transport* v. *MV Silvergate Properly Described as MV Astyanax* 1999 (4) SA 405 at 417 – 421.

② Protection of Businesses Act 1978，s. 1F. In *MV Silvergate*；*Tradax Ocean Transport* v. *MV Silvergate Properly Described as MV Astyanax* 1999（4）SA 405 at 418，在该案中，法院没有回答这一问题，即结合该法第 1 条第 3 款的规定，该条规定是否适用于不在第 1 条第 1 款（a）项规定范围外的案件。可以说，第 1F 条规定的内容过于宽泛，使得法院不能接受对其适用范围作出的任何此类限制。

③ *MV Silvergate*；*Tradax Ocean Transport* v. *MV Silvergate Properly Described as MV Astyanax* 1999 （4）SA 405 at 417；*Laconian Maritime Enterprises Ltd* v. *Agromar Lineas Ltd* 1986（3）SA 509，法院在该案中作出了有争议的裁定，即一项在美国亚拉巴马州执行仲裁裁决的诉讼和在南非执行同一仲裁裁决的诉讼处理的不是同样的事项，因为两国有关仲裁裁决执行的实体法（特别是有关时效的规定）是不同的。

④ Civil Procedure Code 1966，s. 9.

⑤ Civil Procedure Code 1966，s. 11.

同当事人或他们中的一些人提起诉讼的当事人之间和以相同名义进行诉讼的当事人之间的诉讼。[①] 除一些确定的例外，外国判决对相同当事人之间或代表他们提起诉讼的当事人之间，或以相同名义起诉的当事人之间的已被直接审理过的任何问题具有确定性。[②]

八 评论

在所研究的国家内，具有有效管辖权（competent jurisdiction）的外国法院作出的判决可以构成既判力抗辩，这是一条基本的原则，但对于由何国法律决定外国法院的管辖权（competency）还存在一定程度的不确定性。如上所述，在执行外国判决的诉讼中，所研究的国家普遍认可由执行法院根据其本国国际私法规则确定外国法院的管辖权。如果外国判决作为既判力抗辩提出，是否要适用不同的规则？除南非外，还没有判例法或成文法对这一问题提出明确的肯定性回应。根据南非《商业保护法》，外国法院"根据外国法律"应具有管辖权。[③] 在坦桑尼亚和乌干达，在提交经认证的判决书副本后，法院应推定该判决是由具有有效管辖权的外国法院作出的，除非文件中有相反证据。如果能够证明缺乏管辖权，这种推定就不复存在。[④]此外，还不清楚"缺乏管辖权"是应根据坦桑尼亚和乌干达的国际私法判定，还是根据外国法律判定。有关规定的措辞和宽泛用语似乎表明，应根据外国法律判断是否存在管辖权。

如果说外国法院的国内管辖权（internal competence）就可以支持既判力抗辩，似乎有点站不住脚。这一主张与执行外国判决的诉讼所采纳的原则不符，在此类诉讼中，外国法院的管辖权必须根据执行法院地国的国际私法来判定。这两种方法都不能给争议当事人带来平等保护。国际管辖权的依据非常有限——通常在国际管辖权依据和国内涉外案件管辖权依据之

---

① Civil Procedure Act 1929, s. 7.

② Civil Procedure Act 1929, s. 9.

③ Protection of Businesses Act 1978, s. 1F.

④ Tanzania – Civil Procedure Code 1966, s. 12；Uganda – Civil Procedure Act 1929, s. 10. 肯尼亚《民事程序法》中的一个相似规定被 1963 年的《证据法》废除了。

间存在不对称性。当然，在外国判决作为既判力抗辩被提起的情况下，国内的原告通常也是外国诉讼程序中的原告，虽然这种抗辩有时并不成功。原告接受管辖（通过在外国法院提起诉讼）的行为，在所研究的国家内，都构成国际管辖权的依据。只有在不属于此类的案件中，不对称性问题才真正显露出来。希望利用外国判决作为既判力抗辩的当事人，不应比申请执行外国判决的当事人处于更好的地位——他们应得到平等对待。提起既判力抗辩的当事人和希望通过诉讼执行外国判决的当事人，在本质上追求的是法律中的同样事情：给予外国判决以效力。

有管辖权的法院作出的终局的外国判决，被认为是确定性的。对外国判决给予确定性效力的一种情况就是，执行法院不会对判决的实体问题进行审查，它也不会审查外国法院作出判决所依据的证据，或对证据的查明进行评估。不过，在确定外国法院是否具有管辖权时，执行法院可能不得不审查外国法院也可能审查过的问题或证据。在这种情况下，执行法院不受外国法院裁决的约束。一家津巴布韦法院曾作出这样的评论："有大量权威案例表明，在执行外国判决的程序中，被告不能攻击判决的实体问题。此外，被请求执行外国判决的法院应有权自己决定外国法院据以行使管辖权的事实是否确实存在，从原则上讲，这也是正确的。"①

这是应采取的正确立场。执行法院不应仅仅只是给外国判决盖印。为了迫使判决债务人履行判决所施加的义务，执行法院的适当做法是要确信外国法院行使管辖权的决定具有合法依据，这样才使得该外国法院获得审理案件的权力。这不应仅仅根据外国法院的一面之词或根据外国法律来确定。

第六节　反对承认和执行外国判决的抗辩

一　肯尼亚

根据肯尼亚法律，外国判决如果就相同当事人之间，或代表他们提起

---

① *Coluflandres Ltd* v. *Scandia Industrial Products Ltd* 1969（2）RLR 431 at 443，1969（3）SA 551 at 560；*Maschinen Frommer GmbH* v. *Trisave Engineering & Machinery Supplies*（*Pty*）*Ltd* 2003（6）SA 69.

诉讼的当事人之间，或以相同名义进行诉讼的当事人之间的任何争议进行过直接审理，该判决应是确定性的，除非：它不是由具有有效管辖权的法院作出的；它没对案件的实体问题作出处理；或从程序表面来看，它建立在对国际法的不正确理解基础之上，或在应适用肯尼亚法律的情况下，它拒绝适用肯尼亚法律；作出判决的程序违反自然公正；它是通过欺诈取得的；或它支持了违反肯尼亚法律的请求。①

二 南非

南非法院不会执行违反南非公共政策的外国判决。外国判决是否违反南非公共政策，主要取决于每一案件的事实。这样，外国判决是基于不为南非所知的诉因作出的，以及外国判决要求被告支付额外金钱以弥补汇率下降的损失，并不导致此类判决的执行违反南非的公共政策。② 同样，如果仅仅因为南非不存在惩罚性判决，就拒绝执行外国的惩罚性判决，从原则上讲也是错误的。③ 但在一个案件中，外国判决作出的惩罚性赔偿相当于原告所要求赔偿损失的两倍数额，法院认为这样的判决太过分，它违反了南非的公共政策，因此，南非法院没有执行这个外国判决。④

南非法院也不会执行违反自然公正的外国判决——被告在这种情况下负有举证责任。⑤ 外国判决是因理解法律错误作出或外国判决是明显不公正的事实，并不必然就等同于违反自然公正。⑥ "自然公正"这一短语是指程序事项而不是特定案件的实体问题。如果具有管辖权的法院的程序规则以善意方式得到遵守，该法院的判决通常就会得到支持，除非这些程序规则如此不堪，以至于与南非的自然公正观念相悖。法院关注的是，被告没有

---

① Civil Procedure Act 1924, s. 9.

② *Eden* v. *Pienaar* 2001（1）SA 158.

③ *Jones* v. *Krok* 1996（1）SA 504.

④ *Jones* v. *Krok* 1996（1）SA 504.

⑤ *Rubie* v. *Haines* 1948（4）SA 998.

⑥ *Lissack* v. *Duarte* 1974（4）SA 560（on appeal from *Duarte* v. *Lissack* 1973（3）SA 615）. 不过，*Jones* v. *Krok* 案［1996（1）SA 504 at 510 – 515］判决的附带意见表明，一项"不合理的"外国判决（例如完全不是基于证据作出的判决）可因违反了自然公正而被拒绝执行。

英联邦非洲国际私法

被不公正地剥夺陈述自己案情的机会。因此，如果外国判决是针对缺席被告作出的，有关可能违反自然公正的调查，就必须考虑到案件的所有情形。被告在外国未能及时寻求法律建议，只是其中一个相关考虑因素。^① 所要适用的自然公正标准是南非——也就是外国判决被请求执行地国家——的自然公正标准。^② 外国法院不愿延期审理^③或不允许判决债务人提出特定抗辩，^④ 这些事实并不必然等同于违反自然公正。但在一个案件中，当事人针对一个被告获得了判决，然后又基于同一案由针对另一个被告获得了相同数额的判决，法院认为这违反了自然公正——第二个判决不会在南非得到承认。^⑤

除了上述普通法抗辩，被告还可利用南非《商业保护法》的规定，阻碍执行涉及某些特定诉讼的外国判决。迄今，该法几乎没被主张过，也从来没有被成功援引过。^⑥ 根据该法，因与任何物质或材料的开采、生产、进口、出口、精炼、占有、使用、销售或所有有关的任何行为或交易所产生的外国判决，无论这些物质或材料是在南非国内或国外，也无论它们是进入或输出南非，以及要求支付多重或惩罚性赔偿的外国判决，^⑦ 都不应在南非得到承认和执行。^⑧

三 坦桑尼亚

根据坦桑尼亚法律，外国判决如果就相同当事人之间，或代表他们提起诉讼的当事人之间，或以相同名义进行诉讼的当事人之间的任何争议进

---

① *Lissack* v. *Duarte* 1974 (4) SA 560 [on appeal from *Duarte* v. *Lissack* 1973 (3) SA 615].
② *Corona* v. *Zimbabwe Iron & Steel Co. Ltd* 1985 (2) SA 423 at 426.
③ *Rubie* v. *Haines* 1948 (4) SA 998.
④ *Society of Lloyd's* v. *Romahn* 2006 (4) SA 23.
⑤ *Corona* v. *Zimbabwe Iron & Steel Co. Ltd* 1985 (2) SA 423.
⑥ *Jones* v. *Krok* 1996 (1) SA 504. See also *Chinatex Oriental Trading Co.* v. *Erskine* 1998 (4) SA 1087 (reversed on appeal – *Erskine* v. *Chinatex Oriental Trading Co.* 2001 (1) SA 817 – but the issue relating to the defence under the Act was not discussed); *Tradex Ocean Transportation SA* v. *MV Silvergate* 1994 (4) SA 119 at 121.
⑦ 这是指"作为赔偿金而被判决支付的数额超过了法院为那些已获得赔偿金的人所实际遭受的损害或损失而确定的赔偿数额"。Protection of Businesses Act 1978, s. 1A (2).
⑧ Protection of Businesses Act 1978, s. 1A.

行过直接审理，该判决应是确定性的，除非：它不是由具有有效管辖权的法院作出的；它没对案件的实体问题作出处理；或从程序表面来看，它建立在对国际法的不正确理解基础之上，或在应适用坦桑尼亚法律的情况下，它拒绝适用坦桑尼亚法律；作出判决的程序违反自然公正；它是通过欺诈取得的；或它支持了违反坦桑尼亚法律的请求。①

四　乌干达

根据乌干达法律，外国判决如果就相同当事人之间，或代表他们提起诉讼的当事人之间，或以相同名义进行诉讼的当事人之间的任何争议进行过直接审理，该判决应是确定性的，除非：它不是由具有有效管辖权的法院作出的；它没对案件的实体问题作出处理；或从程序表面来看，它建立在对国际法的不正确理解基础之上，或在应适用乌干达法律的情况下，它拒绝适用乌干达法律；作出判决的程序违反自然公正；它是通过欺诈取得的；或它支持了违反乌干达法律的请求。②

五　津巴布韦

声称没有收到外国法院审判通知的被告，有责任证明外国判决因违反自然公正而无效。③ 所适用的自然公正标准是津巴布韦现行有效的标准，而不是作出判决的外国的标准。④ 在 *Coluflandres Ltd* v. *Scandia Industrial Products Ltd* 案⑤中，被告收到比利时法院的程序通知，该通知给予他有关案件的充分信息。被告选择通过向公证员和比利时法院执达员写信的方式，对法院的管辖权提出异议，希望该信能被转交给法院。在执行比利时法院作出的缺席判决的诉讼中，津巴布韦法院认为，被告未能证明该判决因违反自

---

① Civil Procedure Code 1966, s. 11.
② Civil Procedure Act 1929, s. 9.
③ *Coluflandres Ltd* v. *Scandia Industrial Product Ltd* 1969（2）RLR 431 at 439, 1969（3）SA 551 at 557.
④ *Steinberg* v. *Cosmopolitan National Bank of Chicago* 1973（3）SA 885.
⑤ 1969（2）RLR 431, 1969（3）SA 551.

然公正而无效。但如果外国判决的作出没有给予判决债务人有关诉讼程序的通知，没有给他们提供听审的机会，也没有给予他们有关上诉期间的通知，这样的程序就会被认为违反了自然公正。①

六 评论

被告可对承认和执行外国判决的诉讼提出抗辩。法院并没有确定提出此类抗辩的理由。在一些国家，成文法规定了理由——通常涂上了民族主义或保护主义的色彩，其他国家可能并没有这些理由。南非《商业保护法》规定的抗辩理由可谓典型例子。同样，在肯尼亚、坦桑尼亚和乌干达，如果外国法院拒绝认可作为准据法的肯尼亚、坦桑尼亚和乌干达法律，它们就会拒绝承认和执行外国法院判决。

总之，拒绝承认和执行作为准据法的一国法律，可能构成对该国公共政策的违反，特别是当这些法律在该国是强制性规范时。不过，根据肯尼亚、坦桑尼亚和乌干达法律，还不清楚准据法是根据作出判决的外国法院地国的国际私法，还是根据判决执行国的国际私法确定。也许，根据前者确定更为可取。后一做法只不过相当于对案件进行了重新审理。这可能要求外国法院的法律选择规则与被请求执行国如肯尼亚、坦桑尼亚和乌干达的法律选择规则保持一致。虽然法律选择规范的国际协调是一个值得追求的目标，但这种做法显然不是追求这种目标的合法方式。实际上，这些拒绝承认和执行外国判决的理由过于宽泛，应予废除。特定的案件可以根据公共政策抗辩作出处理。

以外国判决是建立在对国际法的错误理解基础之上来拒绝承认和执行该判决，是另一个难以操作的理由。国际法所指为何还不清楚。如果外国判决是基于对某一条约的错误理解作出的，而肯尼亚、坦桑尼亚和乌干达又不是该条约的成员国，那么肯尼亚、坦桑尼亚和乌干达法院能否拒绝承认和执行该外国判决？能否以违反国际法为由拒绝承认和执行与《非洲人权与民族权利宪章》相冲突的外国判决，特别是考虑到所研究的国家都是

---

① *Steinberg v. Cosmopolitan National Bank of Chicago* 1973 (3) SA 885.

该公约的成员国?[1] 要确定外国判决是否基于对国际法的错误理解作出，可能需要对案件的实体进行调查。这会潜在地损害确保执行外国判决的程序不应被拖延这一目标。但随着国际人权规范的传播以及它们被纳入许多非洲国家的宪法中，这些理由可能会日益重要。

法院通常将自然公正抗辩限制于程序不公正。不过一些判决表明，法院会突破严格的程序事项。因此，在一个案件中，当事人成功运用这一抗辩避免了一项外国判决的执行。在该案中，判决债权人基于同一诉因在津巴布韦两家不同法院起诉了两个不同的人，并申请在南非执行其中一个判决。在另一个案件中，法院的推理隐含了这种可能性，即不合理的判决可能与自然公正相冲突。不过，将自然公正抗辩扩展适用于外国判决实体正义的情况可能会带来问题。不应对外国判决进行实体审查这一原则，需要将自然公正的范围限制于程序不公正的情形，至少这么做也是适当的。除例外情形外，执行外国判决的诉讼不应该作为重新审理案件的机制。

缺席判决在自然公正抗辩下广受攻击。马拉维的一个案件提出了这样的建议，通过接受外国法院的管辖——在本案中通过管辖权协议，一个人就应受该法院的程序和判决约束，即使"其可能没有收到诉讼程序的通知"。[2] 当然，这样的建议是不恰当的。管辖权协议反映了当事人将争议提交指定法院解决的愿望，它在任何意义上都不涉及审判程序相关问题。虽然管辖权问题和民事程序在许多方面有联系，但它们又是独立的，管辖权协议关注的仅是前者。

虽然公共政策抗辩在许多案件中被援用，但少有成功。在 *Gramara* (*Private*) *Ltd* v. *Government of the Republic of Zimbabwe* 案中，该抗辩取得成功，帕特尔（Patel）法官作出了一针见血的评论：

> ……任一特定国家公共政策的构成都无法详细予以解释。这一观念显然不是一成不变的，它必然因时、因地、因势、因变化的社会道德而变。先前的案件权威判例具有明显的说服力，但不可能一成不变……公共政策的考虑不应仅局限于国内范围的狭小圈子，还必须在地区和国际

---

[1]　African Charter on Human and Peoples Rights, 27 June 1981, (1982) 21 ILM 58.

[2]　*Heyns v. Demetriou*, Civil Cause No. of 2001 (High Court, Malawi, 2001).

这一更大范围内予以考虑。①

总而言之，特别是在商事案件中，非常有必要高度限制公共政策的适用范围。与其他事项如家庭和财产事项相比，国内价值观不应贸然支配商事事项。

当外国判决是因违反管辖权协议而作出时，援引公共政策抗辩有可能取得成功。加纳法院（或任何其他非洲国家的法院）会执行因违反选择加纳法院的管辖权协议而作出的外国判决吗？由于对非洲法律和司法体制抱有负面看法以及谈判中的不平等地位，国际合同当事人几乎不会选择非洲国家的法院作为解决争议的优先法院。即使在很少的情况下作出了这样的选择，在出现争议时，它们也经常会在外国法院被质疑。当事人遵守自己的约定很重要。非洲法院应拒绝执行违反管辖权协议而作出的外国判决，如果该协议选择了被请求执行法院作为争议解决法院。②

在将来，宪法很可能对执行外国判决的抗辩作出规定，或影响到对现有抗辩的解释。自然公正抗辩无疑就涉及宪法所保护的获得公正审判的权利。③ 同样，宪法规定可能会形塑公共政策的内容。

第七节　针对国家执行判决

针对国家或政府执行外国判决会引发两个主要问题，即管辖豁免和执行或执行措施豁免。本书第六章讨论了前一问题。在所研究的国家内，这

---

① *Gramara（Private）Ltd* v. *Government of the Republic of Zimbabwe*, Case No. X – ref. HC 5483/09（High Court, Zimbabwe, 2010）.

② 英国法中也存在同样的抗辩。see Civil Jurisdiction and Judgments Act 1982, s. 32.

③ See e. g. Kenyan Constitution 2010, s. 50（1）; South African Constitution 1996, s. 34. *Society of Lloyd's* v. *Romahn* 2006（4）SA 23, 在该案中一项英国判决的执行被质疑，理由是它违反了"获得公正审理"的宪法权利，但该异议未能成功。正如第五章已分析的，当事人利用宪法规定来对法院选择和仲裁选择协议提出异议，但没有成功。See *Raytheon Aircraft Credit Corporation* v. *Air Al – Faraj Limited* [2005] 2 KLR 47; *Lerr Group Ltd* v. *Ballast Nedam Africa*, Civil Suit No: HC/269/09/CO/082/D2（High Court, Gambia, 2010）.

两个问题都主要由成文法调整。① 这些成文法在不同程度上实施了《维也纳外交关系公约》② 和《维也纳领事关系公约》。③ 此处不再重复这些公约的规定，许多国内实施立法都将它们作为附件列出。下面的国家报告仅分析已决案例。

一　博茨瓦纳

博茨瓦纳法院不会下令扣押对维护外国政府外交功能是必需的财产。在 *Republic of Angola* v. *Springbok Investments（Pty）Ltd* 案④中，申请人提出紧急申请，要求撤销根据被申请人的单方扣押令对申请人银行账户资金的扣押。申请人声称银行账户资金是用于其在博茨瓦纳的大使馆的运营的。所以，根据主权或外交豁免，该账户资金免于被执行。法院认为，账户资金是维护申请人外交功能和尊严所必需的，它因此根据国际法免于被扣押。

二　南非

南非法院不会强迫政府向判决债权人提供外交协助，以确保判决的执行。在 *Roothman* v. *President of the Republic of South Africa* 案⑤中，原告在南非的一项诉讼中获得了一份针对刚果民主共和国的判决，刚果民主共和国在诉讼中接受了南非法院的管辖。无论是在南非国内还是国外，原告都无法获得全部的判决债务。在该案的诉讼中，原告请求获得南非政府的协助，以代表他执行这一判决。原告提出了多种宪法观点，包括获得司法的权利、

---

① Botswana – Diplomatic Immunities and Privileges Act 1969；Ghana – Diplomatic Immunities Act 1962；Kenya – Privileges and Immunities Act 1970；Namibia – Diplomatic Privileges Act 1951；Nigeria – Diplomatic Immunities and Privileges Act 1990；South Africa – Diplomatic Immunities and Privileges Act 2001，Foreign States Immunities Act 1981；Tanzania – Diplomatic and Consular Immunities and Privileges Act 1986；Uganda – Diplomatic Privileges Act 1965；Zambia – Diplomatic Immunities and Privileges Act 1965；Zimbabwe – Privileges and Immunities Act 1972.

② 18 April 1961（1961），500 UNTS 95.

③ 24 April 1963（1963），596 UNTS 261.

④ 2005（2）BLR 159.

⑤ ［2006］South African Supreme Court of Appeal 80.

法治以及国家确保其法院效力和协助其公民实施其权利的义务。原告请求南非法院作出宣告性裁决，① 即国家应采取合理措施协助他以确保判决得到执行。被告辩称，这是应由有关执行外国判决的国际私法制度调整的事项，原告应从这一制度中寻求救济。南非法院指出，国家已创建了针对商业债权人的判决执行机制，在涉及公民和外国国家之间商事合同的案件中，国家没有理由采取额外措施，因此，国家没有义务代表原告进行干预。

三 乌干达

乌干达法院不会下令扣押外国政府的外交房产。在 *Emmanuel Bitwire v. Representative of Zaire* 案②中，原告在一项追索房租、利息、中间收益和花费的诉讼中获得了一份针对刚果民主共和国大使馆的判决。原告试图针对以大使馆名义占有并由其会计及其家人居住的房产来执行该判决。法院认为，该房产如果要根据1961年《维也纳外交关系公约》第30条第1款的规定免于被执行扣押，被告就必须证明它是外交人员的私人寓所。像会计这样的职员不是外交人员，因此该房产可被扣押。

四 评论

判决债权人在寻求针对国家执行外国判决时，面临至少两大法律挑战：管辖豁免和执行豁免。目前，所研究的国家还没有一个批准《联合国国家及其财产管辖豁免公约》。③ 该公约尚未生效。④ 塞拉利昂是所研究的国家内

---

① 在初审法院，申请人请求法院作出结构性禁令（structural interdict）以指令国家确保遵守法院的判决。

② ［1998］Kam. LR 21.

③ 3 June 2004，44 ILM 803（2005）.

④ See also United Nations Convention on the Law of the Sea, 10 December 1982, 1833 UNTS 3. 该公约第32条规定，"本公约的规定不影响军舰和其他用于非商业目的的政府船只所享有的豁免"。除斯威士兰外，本研究范围内的所有国家都是该公约的成员国。*NML Capital Ltd v. The Republic of Ghana*，Suit No. RPC/343/12（High Court, Ghana, 2012），该案涉及管辖豁免和一艘阿根廷军舰。

唯一签署该公约的国家。①

正如第六章所分析的，所研究的几乎所有国家都接受了限制性豁免原则。即使不是这样，在执行外国判决的诉讼中，如果没有明确的法定免除——目前还不存在此类明确的法定免除——国家不应在执行外国判决的诉讼中享有管辖豁免。外国判决吸收了最初的诉因。这就使得构成外国法院内诉因的交易或行为的性质变得无关紧要了。所以，将外国判决定性为作为国家的判决债务人（state judgment–debtor）的"政府的"或"商业的"行为或交易，是难以令人信服的（而且因此可能是虚构的）。如果要进行定性的话，它也只是判决作出地国的国家行为；但在执行外国判决的诉讼中，该国却没有受到审理。

当然，主张外国判决不是作为国家的判决债务人的政府或商务的行为或交易，会有问题。它会成为一个现有的有关豁免的法律制度没有明确涵盖的问题。这样，国内法院就可自由地作出自己的决定。此外，似乎在一些普通法法域，当国家管辖豁免问题出现时，法院就会对构成判决基础的交易进行调查，以确定它们是否属于商业交易例外。这被认为与前面提到的原则不一致，即外国判决吸收了最初的诉因，而且法院不应对外国判决的实体进行调查。在针对国家执行外国判决的诉讼中，国内法院不给予执行豁免应该是错误的。如果国家要享有管辖豁免，成文法应对此作出明确规定。在执行外国判决的诉讼中，应该在执行阶段而不是在管辖阶段给予国家保护，特别是在国家已接受外国法院管辖的情况下。

管辖豁免和执行豁免不同。执行豁免不是绝对的。执行豁免不予支持的具体情形还有待讨论。财产适用的目的而不是构成外国诉讼基础的交易的性质，才是重要的考虑。现有案例和立法表明，政府的外交房产或财产、维护政府主权或外交功能所需要的财产都享有执行豁免。② 除此以外，所研究的这些国家都没有明确规定还有哪些外国国家财产享有执行豁免。也许

---

① 马达加斯加、摩洛哥和塞内加尔也签署了该公约。

② The foundation for this are Articles 22 and 30 of the Vienna Convention on Diplomatic Relations, 18 April 1961, 500 UNTS 95 and the Vienna Convention on Consular Relations, 24 April 1963, 596 UNTS 261.

应该与有关管辖豁免的法律保持一致——这也是南非法律的立场①：服务于商业目的的财产可予扣押以供执行。

因此，用于商业和公务目的的财产之间的区分，对于执行豁免的请求至关重要。从已决案例来看，还不清楚由谁承担举证责任。博茨瓦纳和乌干达法院似乎要求判决债权人举证证明所扣押的财产是用于商业目的而不是外交目的。它们看来也十分看重相关政府签发的有关被扣押财产使用目的的声明或证明。这种财产区分存在的一个重要的灰色区域涉及由一国中央银行所持有的货币的性质。目前，在一些国家，② 这些货币享有执行豁免——这是 2004 年《联合国国家及其财产管辖豁免公约》第 21 条第 1 款（c）项所肯定的观点。

第八节　外币判决

正如第九章所讨论的，法院有权作出外币判决。这也扩展适用于根据普通法执行外国判决的诉讼。③ 在判决债权人要求以外币执行判决的案件中，法院都作出了这样的判决。在 *Barclays Bank of Swaziland v. Mnyeket* 案④ 中，法院裁决，当原告要求就外国判决作出临时裁决以支付一定量的外币时，法院只需将外国判决看作支付相应数量所指定的外币的一种债务即可。⑤ 法院应作出支付外币债务的临时裁决。不过，被告应被允许以执行法院所在地的法定货币进行支付，在该案中执行法院地的法定货币是南非兰特。

---

① Foreign States Immunities Act 1981, s. 14 (3) (b).

② United Kingdom – State Immunity Act 1978, s. 14 (4); United States of America – Foreign Sovereign Immunity Act 1976, s. 1611 (b) (1); Australia – Foreign States Immunities Act 1985; Canada – State Immunity Act 1982.

③ 正如第十八章所分析的，外国判决登记的成文法制度有自己的外币债务的规则。实际上，它们都要求将外币转化为当地货币，但对于转换日期规定不同。

④ 1992 (3) SA 425.

⑤ 这么做的理由是，没有必要调查外国判决是否取代了诉因，以及在没有取代的情况下，诉因是一项以外币支付的合同，还是一项需要根据对侵权损害赔偿合适的日期的汇率将债务转化为南非兰特的侵权。

执行一项外币判决并不意味着该判决在域外得到执行。当判决债务人寻求按照当地货币支付其债务时，会产生这样一个有趣的问题：应以哪个日期确定这笔债务。此处存在许多选项，包括外国判决作出之日、执行外国判决的判决作出之日以及支付之日或执行之日。考虑到汇率每天都在波动，无论作何选择都会给一方当事人带来某些金钱损失。在津巴布韦，法院指出确定判决债务人债务的日期是外国判决作出之日。[1] 有人认为，支付或执行之日更为可取，它可以确保判决债权人得到他们实际上应得到的货币数额。

第九节　时效与外国判决

　　在所研究的国家内，外国判决被定性为债务。在根据普通法执行外国判决的诉讼中，[2] 当判决债务人声称外国判决的执行超过时效时，这一定性就变得尤为重要。在时效被定性为程序事项的国家内，这是应由法院地法决定的问题。在所研究的国家内，有关时效的法律并没有对外国判决作出明确的规定。这些国家的法院在执行外国判决的诉讼中都乐意适用有关债务的时效规定。[3] 在肯尼亚和坦桑尼亚，当有关外国判决的诉讼在外国超过时效而不被准许时，这两个国家的法律也同样禁止这样的诉讼。[4]

---

[1]　*Cosmopolitan National Bank of Chicago v. Steinberg* 1973（4）SA 579；*Cosmopolitan National Bank of Chicago v. Steinberg* 1973（2）SA 279.

[2]　正如第十八章所分析的，根据成文法制度，外国判决的登记有指定的期间。

[3]　*Jethwa v. Bhanji*［1938 – 1939］18 KLR 11；*DTH Jethwa v. Mulji Bhanji*［1939］6 EACA 28；*Society of Lloyd's v. Romahn* 2006（4）SA 23.

[4]　Kenya – Limitation of Actions Act 1967，s. 40；Tanzania – Law of Limitations Act 1971，s. 42.

第十八章

执行外国判决的成文法制度

英联邦非洲执行外国判决的成文法制度[1]历史悠久。[2] 目前,在所研究的国家内都存在此类成文法制度。[3] 即使它们的适用范围有限,它们仍构成普通法制度的重要补充。从普通法制度中,这些成文法获得许多重要的原则。实际上,作为本章研究内容的成文法制度,可以在今后成为制定地区性或大陆性范围内外国判决执行公约的起点。

第一节　成文法制度的排他性

在所研究的许多国家内,成文法制度的适用具有排他性。根据成文法制度可以执行的判决,不得根据普通法制度申请执行;[4] 但不能根据成文法制度执行的判决可以根据普通法制度得到执行。对于不在成文法制度适用范围内的外国判决,成文法中对判决"禁止适用其他程序"的规定并不适

---

① 第十二章分析了外国扶养令和离婚判决。

② K. W. Patchett, *Recognition of Commercial Judgments and Awards in the Commonwealth* (London: Butterworths, 1984) pp. 18 – 21.

③ 我未能找到马拉维 1922 年《英国和英联邦判决法》、1922 年《判决扩展条例》以及 1957 年《文书送达和判决执行法》,它们都与本主题相关。See also *Heyns v. Demetriou* Civil Cause No. of 2001 (High Court, Malawi, 2001), 该案涉及一项撤销对南非判决登记的诉讼。

④ *NML Capital Ltd* v. *The Republic of Ghana*, Suit No. RPC/343/12 (High Court, Ghana, 2012). But see *Rosemond Salemi Akil* v. *Aristotle Kotey*, HI/82/2007 (Court of Appeal, Ghana, 2008), 该案建议,不能根据成文法制度执行的判决也不能根据普通法得到执行,因为那将等同于对成文法的规避。不过,这一观点可以说是错误的。

用于此类判决。① 博茨瓦纳 1981 年《判决（国际执行）法》第 9 条的规定就是这样一个例子。该条规定："除判决登记程序外，博茨瓦纳任何法院不得受理本法所调整的有关外国判决债务清偿的任何其他程序。"②

其他国家所存在的类似规定意味着，判决债权人不得根据普通法制度寻求执行一项外国判决，如果该判决应根据成文法制度通过登记方式执行。正如一家坦桑尼亚法院所作的评论，"条例第 8 条规定的效力……仅仅在于，当判决根据本条例应通过登记方式执行时，判决债权人就不得提起任何其他程序来执行该判决，例如通过对判决提起诉讼或就最初的诉因提起诉讼的方式"。③ 用加纳伊杜塞（Eduseei）法官的话来说，对于 1993 年《法院法》所调整的外国判决，签发令状以执行该判决的程序"对于原告并不适用"。④ 在 Yankson 案中，原告在加纳登记了一项英国判决，但登记随后被撤销了一段时间。后来，原告通过对该判决提起诉讼希望追回判决债务。法院裁定这一诉讼必须败诉。法院的理由是，根据 1971 年《法院法》，判决债权人唯一可利用的方式是将判决进行登记——在本案中，提起诉讼的方式对他不是一种选择。

很难理解为什么成文法制度对判决债权人如此不近人情——对于成文法制度调整的判决，除了利用成文法制度外，当事人别无选择。这种立场有时会带来不公正。判决债权人可能有充足理由不利用成文法制度，即使其判决属于成文法调整的范围。判决可能包含成文法制度并不适用的内容，而且判决债权人可能希望合并而不是分开执行其判决。⑤ 其也可能希望利用

---

① *Shah Devsi Vardhaman v. TCN Haridas* ［1958］ EA 527.

② Botswana – Judgments （International Enforcement） Act 1981, s. 9. See also Ghana – Courts Act 1993, s. 85; Kenya – Foreign Judgment （Reciprocal Enforcement） Act 1984, s. 17 （1）; Tanzania – Foreign Judgments （Reciprocal Enforcement） Ordinance 1935, s. 8; Uganda – the Foreign Judgments （Reciprocal Enforcement） Act 1961, s. 7; Zambia – Foreign Judgments （Reciprocal Enforcement） Act 1937, s. 8. 纳米比亚、南非、斯威士兰和津巴布韦的成文法制度中没有此类规定。

③ *Willow Investment v. Mbomba Ntumba* ［1996］ TLR 377 at 380.

④ *Yankson v. Mensah* ［1976］ 1 GLR 355 at 357.

⑤ Botswana – Judgments （International Enforcement） Act 1981, s. 5 （7）; Ghana – Courts Act 1993, s. 82 （9）; Kenya – Foreign Judgment （Reciprocal Enforcement） Act 1984, s. 6 （5）; Tanzania – Foreign Judgments （Reciprocal Enforcement） Ordinance 1935, s. 4 （5）; Uganda – the Foreign Judgments （Reciprocal Enforcement） Act 1961, s. 3 （4）; Zambia – Foreign Judgments （Reciprocal Enforcement） Act 1937, s. 4 （5）.

简易判决程序，这同样是一种快速的债务清偿程序。他们也许希望规避成文法制度中强制性的外汇兑换规则，并尽可能说服法官按照普通法方式执行一项外币判决。他们也许超过了申请登记判决的 6 年时效期限，并因此希望能利用普通法制度有关时效和判决的不确定性来获得好处。在国际商事诉讼中，各种选择的存在和利用的可能性都可能是巨大的财富。成文法规定的排他性关闭了这些选择的大门。

这些排他性规定看来是借用了英国 1933 年《外国判决（互惠执行）法》第 6 条。此处不妨简单回顾一下英国这条规定的由来。在格里尔（Greer）法官看来，"对那些信奉外国判决创设了可在本国（英国）执行的债务的人来说"，该条规定"首次施加了限制"。① 他指出，这条规定"之所以被引进，是因为与我们谈判的外国要求作出这样的规定，这样我们就能获得外国的同意与我国达成有关判决互惠执行的公约"。② 从这些话中可以推断，该条规定的引进是以当时的需要为条件的。在所研究的国家内，这些需要在今天并非必然存在。实际上，加拿大一些省份就允许判决债权人选择通过对外国判决进行登记或对外国判决提起诉讼的方式来执行外国判决。③

如果对该条规定进行严格解释，就最初诉因提起诉讼仍可能是一种选择。这一规定适用于"根据外国判决可支付的一笔债务的追偿"，它并没有明确禁止就最初诉因提起诉讼。④ 当然，这么做可能会给判决债权人带来巨大损失。在此类诉讼中，还必须满足有关涉外案件的管辖权规则，这也可能会面临既判力抗辩。此外，成文法规定的排他性，并不禁止请求法院为其他目的承认一项外国判决，例如利用判决支持既判力抗辩，或作为未支付债务的证据以抵销判决债务人的金钱请求。

---

① *Yukon Consolidated Gold Corp. Ltd* v. *Clark* ［1938］2 KB 241 at 253 - 254. 1920 年的《司法管理法》中没有此类规定，该法也涉及同样主题。

② *Yukon Consolidated Gold Corp. Ltd* v. *Clark* ［1938］2 KB 241 at 253.

③ Ontario - Reciprocal Enforcement of Judgment Act 1990，s. 8；Alberta - Reciprocal Enforcement of Judgment Act 2000，s. 7（该条规定授予判决债权人就"最初诉因"提起诉讼的权利）；Saskatchewan - Reciprocal Enforcement of Judgment Act 1996，s. 10.

④ *Cheshire*，*North & Fawcett*，p. 585；K. W. Patchett，*Recognition of Commercial Judgments and Awards in the Commonwealth*（London：Butterworths，1984）p. 173. 在采取外国判决融合了最初诉因这一立场的国家内，不存在这种选择。

第二节　不执行外国判决的权力

在所研究的国家内，行政机关所拥有的涉及国际私法问题的一个最显著的权力，是使外国判决不可执行的权力。在所研究的许多国家的成文法中都存在这种权力。博茨瓦纳 1981 年《判决（国际执行）法》第 11 条就是一个例子。该条规定：

> 如果在总统看来，任何国家的法院在承认和执行方面给予博茨瓦纳高等法院判决的待遇，明显低于博茨瓦纳法院给予该国高等法院判决的待遇，总统就可通过法定文件，命令博茨瓦纳的任何法院不得受理根据该国法院判决要求支付任何债务的程序，除非总统有其他指示。①

截至目前，还没有有关此类权力被行使的记录。但这种权力范围很大，需要仔细研究。实际上，如果对这些规定进行严格解释，就可发现这种权力只适用于根据普通法可以执行的判决。这些规定指示任何法院"不得受理任何程序"。因此，也可以认为成文法和普通法制度都会受到影响。

这种权力的行使只是指导法院如何行事，这很重要。它命令和指示法院可以受理哪些民事诉讼。所研究的国家的宪法都将司法权力授予法院。因此，这些规定的合宪性就被质疑。② 执行判决的权力是"司法权力"，所以它不应受到行政控制或指导。此外，这种权力十分广泛，它直接针对外国判决，对判决债权人视而不见。有可能——即使不常发生——获得外国判决的

---

① See also Ghana – Courts Act 1993, s. 87; Nigeria – Foreign Judgments (Reciprocal Enforcement) Act 1990, s. 12; Tanzania – Foreign Judgment (Reciprocal Enforcement) Ordinance 1935, s. 11; Uganda – the Foreign Judgments (Reciprocal Enforcement) Act 1961, s. 10; Zambia – Foreign Judgments (Reciprocal Enforcement) Act 1937, s. 12. 在肯尼亚、莱索托、纳米比亚、南非、斯威士兰和津巴布韦的成文法中不存在此种权力。尼日利亚 1961 年《互惠执行判决法》中也没有此类规定。

② See Rosemond Salemi Akil v. Aristotle Kotey, HI/82/2007 (Court of Appeal, Ghana, 2008)，在该案中提出了这一问题，但没有进行分析。

本国国民也会受到这种权力行使的影响。可以认为，这种权力的行使导致其判决不被执行的判决债权人的财产权受到侵犯。命令支付金钱的判决是"财产"——这是诉讼中的一种选择。国际人权和国内宪法承认个人的财产权。国家不应使判决债权人权利的行使，取决于判决债权人所不能控制的国家事务，如给予外国判决以更差的待遇。澳大利亚的一条类似成文法规定就被人批评为"过于狭隘"。① 建议存在此类规定的国家都废除这些规定。

第三节　国内成文法的规定

在所研究的每一国家内，都有执行外国判决的成文法规定。这些规定对于许多问题有相似的安排，甚至是在它们的措辞方面。但这些规定也存在显著差异。这些成文法通常涉及国际私法和国内民事程序问题。② 在下面的报告中，我将主要关注国际私法方面。

一　博茨瓦纳

博茨瓦纳执行外国判决的成文法制度包含在 1981 年的《判决（国际执行）法》中。该制度仅适用于来自博茨瓦纳总统所指定的国家的判决。③ 来自指定国家的判决必须是终局的和确定性的。④ 根据判决，必须存在可支付的一笔金钱，而不是税收、罚款或其他惩罚性质的款项。此外，来自外国的判决必须是在指定将该法适用于该国的命令生效后作出的。⑤

① Australia – Foreign Judgment Act 1991, s. 13; M. Tilbury et al., *Conflict of Laws in Australia* (Oxford: Oxford University Press, 2002) p. 178 n. 25.

② 这些问题包括登记申请应单方提出还是通过传票或动议提出、外国判决的登记应如何通知判决债务人。有关程序的规则中通常会对此类问题作出安排。

③ Judgments (International Enforcement) Act 1981, s. 3.

④ 一项判决的上诉正在进行中或可对该判决提起上诉，不影响判决被视为终局的和决定性的。但法院可撤销登记，或中止撤销登记的申请。Judgments (International Enforcement) Act 1981, ss. 8 and 3 (3).

⑤ Judgments (International Enforcement) Act 1981, s. 3 (2).

该法所调整的判决的判决债权人应在 6 年内申请博茨瓦纳高等法院对判决进行登记。计时自外国判决作出之日起起算，或当对判决提起上诉程序时，自最终判决作出之日起起算。① 博茨瓦纳高等法院没有义务对外国判决进行登记，虽然它"可以根据规定的方式下令对判决进行登记"。② 如果判决已被全部执行，③ 或如果判决不能在判决作出地得到执行，④ 博茨瓦纳法院就不会对判决进行登记。经过登记的判决会和作出登记的博茨瓦纳法院作出的判决得到一样的对待，登记后的判决自登记之日起生效。⑤ 如果根据外国判决应予支付的金钱是以外币作出的，该判决就应登记为以博茨瓦纳货币普拉支付的相同数额的金钱判决，汇率以最初法院判决作出之日的汇率为准。⑥

　　判决债务人可申请撤销对判决的登记。撤销外国判决登记有强制性和自由裁量性的理由。如果法院确信存在下列情形，判决登记就会被撤销：判决不在该法的调整范围或因违反该法而被登记；外国法院对案件没有管辖权；作为外国法院程序中的被告的判决债务人没有（即使有关传票已根据外国的法律对其进行了适当送达）在充分时间内，收到有关程序的通知以便其能够对此类程序提出抗辩，以至于其未能出庭；判决是通过欺诈方式获得的；执行该判决会违反博茨瓦纳的公共政策，或根据判决产生的权利并没有被授予申请登记的人员。⑦ 还有自由裁量性的理由可以撤销对判决的登记。例如，如果法院确信，外国法院程序中所争议的事项，在外国法院判决作出前已被其他有管辖权的法院作出终局的、确定性的判决。⑧

　　外国法院的管辖权被限定于三类不同的诉因：属人诉讼、⑨ 属物诉讼

---

① Judgments （International Enforcement） Act 1981，s. 5 （1）.

② Judgments （International Enforcement） Act 1981，s. 5 （1）.

③ 根据外国判决支付的金钱数额包括依据判决作出地国法律应予支付的、到登记日期已到期的任何利息。登记后，利息可像博茨瓦纳法律中有关判决利息计算方式一样进行累计。Judgments （International Enforcement） Act 1981，ss. 5 （3）（a） and （8）.

④ Judgments （International Enforcement） Act 1981，s. 5 （2）.

⑤ Judgments （International Enforcement） Act 1981，s. 5 （3）.

⑥ Judgments （International Enforcement） Act 1981，s. 5 （5）.

⑦ Judgments （International Enforcement） Act 1981，s. 7 （1）（a）.

⑧ Judgments （International Enforcement） Act 1981，s. 7 （1）（b）.

⑨ 对人诉讼并不包括与婚姻事项、死者遗产管理、破产、公司清算、精神病人或未成年人监护相关的任何婚姻诉因或程序。Judgments （International Enforcement） Act 1981，s. 2 （2）.

（或诉讼标的是不动产）以及其他类的诉讼。对于在属人诉讼中作出的判决的情况，外国法院在下列情况下被认为具有管辖权：作为外国法院中被告的判决债务人，通过自愿出庭而不是为了保护或申请解除对财产的扣押，或对该法院的管辖权提出异议的方式，接受该法院的管辖；判决债务人是外国法院程序中的原告或提出反诉；作为外国法院中的被告的判决债务人在程序开始前已同意就相关事项接受该法院的管辖；作为外国法院中被告的判决债务人在程序提起时，其居所（或如果是法人，其主要营业地）在法院所在地国，或其办公室或营业地在法院所在地国，而且法院程序是因该办公室或营业地的有关交易而引起的。在诉讼标的是不动产的诉讼中所作出的判决的情况下，如果在诉讼提起时争议财产位于法院所在地国，该法院就具有管辖权。在其他种类的诉讼中，如果博茨瓦纳法律认可其管辖权，该外国法院就会被认为具有管辖权。①

外国法院在下列情况下将不会被认为具有管辖权：诉讼标的是位于法院所在地以外的不动产；外国法院诉讼程序的提起违反了管辖权或仲裁协议（除非存在接受法院管辖的情况）；或作为外国法院程序中的被告的判决债务人根据国际公法有权获得管辖豁免，而且其没有接受外国法院的管辖。②

二　冈比亚

在冈比亚，外国判决的承认和执行受 1922 年《互惠执行判决法》和 1936 年《外国判决互惠执行法》的调整。③

根据 1922 年的法律，对在英格兰或北爱尔兰高等法院或苏格兰最高民事法院获得的判决，判决债权人可在判决作出之日起 12 个月内的任何时间，

---

① Judgments（International Enforcement）Act 1981, s. 7（2）.

② Judgments（International Enforcement）Act 1981, s. 7（3）.

③ 目前，1936 年《外国判决互惠执行法》仅被扩展适用于尼日利亚联邦，而且为本法第一部分目的，下列法院被视为尼日利亚的高级法院：尼日利亚最高法院、东尼日利亚高等法院、西尼日利亚高等法院、北尼日利亚高等法院以及拉各斯高等法院。参见 1956 年《外国判决互惠执行（尼日利亚）令》。本报告没有分析 1936 年《外国判决互惠执行法》，但在评论中提及该法的相关规定。

或经冈比亚高等法院许可的更长时间，向冈比亚高等法院申请登记该判决。在收到此类申请后，冈比亚高等法院如果认为根据案件的所有情况，在冈比亚执行该判决是合理的和便利的，冈比亚高等法院就会下令对该判决进行登记。① 如果存在下列情况，则外国判决不得登记：作出判决的法院没有管辖权；判决债务人既没有在作出判决的法院管辖权范围内从事营业活动，也没有惯常居所，也没有自愿出庭，或接受或同意该法院的管辖；作为外国法院程序中的被告的判决债务人没有被适当送达法院的程序通知，而且没有出庭——即使其在该法院管辖权范围内从事营业活动或有惯常居所——或同意接受该法院的管辖；判决是通过欺诈获得的；判决债务人使冈比亚高等法院确信上诉正在进行，或其有权或正准备针对判决提起上诉，或据以作出外国判决的诉因由于公共政策或其他类似理由不能在冈比亚高等法院得到受理。②

外国判决一旦登记，它就自登记之日起具有和冈比亚高等法院作出的判决一样的效力，可以针对它采取相应的程序。③ 冈比亚高等法院也可以像自己作出的判决那样对它施加控制和管辖，但仅限于判决的执行事项。④

该法授权司法部部长将该法的规定扩展适用于其他英联邦国家。⑤

三　加纳

加纳执行外国判决的成文法制度规定在 1993 年《法院法》、作为第 71 号条例的 2004 年《高等法院民事程序规则》以及 1993 年《外国判决和扶

---

① Reciprocal Enforcement of Judgments Act 1922, s. 3 (1).
② Reciprocal Enforcement of Judgments Act 1922, s. 3 (2) (a) – (f).
③ Reciprocal Enforcement of Judgments Act 1922, s. 3 (3) (a).
④ Reciprocal Enforcement of Judgments Act 1922, s. 3 (3) (b).
⑤ 塞拉利昂最高法院、新南威尔士最高法院、英联邦澳大利亚的塔斯马尼亚及其附属地区以及塔斯马尼亚及附属地区的高等法院和上诉法院作出的判决，澳大利亚首都区以及英联邦澳大利亚北部地区及附属地区。Orders of Extension 1924/1926 Reciprocal Enforcement of Judgments (State of Tasmania) Order 1975; Reciprocal Enforcement of Judgments (Australia Capital Territory and Northern Territory) Order 1975.

养令（互惠执行）文件》中。

加纳总统有权指定这些成文法制度可以适用于哪些国家的判决。总统如果确信某一外国会给予加纳判决同样的实质性互惠待遇，就可指定该国作为成文法制度的受益国。① 迄今，只有少数国家被指定。② 来自未指定国家的判决不能根据这些成文法制度得到登记。③ 这些制度仅适用于终局的、确定性判决④而且根据判决所支付的金钱不是来自税收、罚款或其他惩罚性款项。该判决也必须是相关国家被指定后作出的。⑤

成文法调整的判决的判决债权人可以向加纳高等法院申请对判决进行登记。申请应在判决作出之日的 6 年内提出，或在提起上诉情况下，自最终判决作出之日的 6 年内提出。⑥ 加纳法院曾判定，这一 6 年的期限不得延长。⑦ 此外，加纳高等法院可自由裁量⑧是否对判决进行登记。如果在申请提起之日，该判决已被全部执行或该判决不能在外国被执行，加纳高等法院就不会登记该判决。⑨ 判决一旦登记，它就享有和加纳高等法院判决同样的待遇。这样，自登记之日，它就可起算利息，而且登记法院对判决的执行保留有权力。⑩

如果根据外国判决支付的金钱是以外币作出，该判决应登记为以加纳货币塞地支付的判决，以外国判决作出之日的汇率为准。⑪ 在 *Broderick*

---

① Courts Act 1993, s. 81 (1).
② 在 1993 年《外国判决和扶养令（互惠执行）文件》附件一中，下列国家和法院被指定：巴西（联邦最高法院、联邦上诉法院、州高等法院）、以色列（最高法院）、意大利（最高法院、上诉法院）、法国（最高法院、上诉法院）、日本（最高法院）、黎巴嫩（上诉法院、高等法院）、塞内加尔（最高法院、上诉法院）、西班牙（最高法院）、阿联酋（最高法院、上诉法院）、英国（英格兰高等法院、北爱尔兰高等法院、苏格兰最高法院），以及可受理上述法院上诉的其他法院。
③ *Republic* v. *Mallet*, *Ex parte Braun* ［1975］1 GLR 68.
④ 即使针对一项判决上诉正在进行或在判决作出地国对判决提起上诉，一项判决仍可被视为终局的和决定性的。Courts Act 1993, s. 81 (3).
⑤ Courts Act 1993, s. 81 (2).
⑥ Courts Act 1993, s. 82 (2).
⑦ *Yankson* v. *Mensah* ［1976］1 GLR 355.
⑧ Courts Act 1993, s. 82 (3).
⑨ Courts Act 1993, s. 82 (4).
⑩ Courts Act 1993, s. 82 (5).
⑪ Courts Act 1993, s. 82 (7).

v. *Northern Engineering Product* 案①中，原告根据 1971 年《法院法》（1993 年《法院法》的前身）登记了一项英国判决，进入执行程序并获得部分清偿。当原告请求进一步执行时，被告要求对账目进行审核。法院要确定的问题是，如何确定将塞地转化为英镑的汇率以计算被告的负债情况。可供选择的汇率包括英国判决作出之日的汇率和执行时的汇率。② 原告主张适用执行时的汇率，当时塞地针对英镑大幅贬值。法院认为，考虑到加纳汇率的震荡，适用执行时的汇率有利于确保原告获得他实际上应该得到款项。不过，根据 1971 年《法院法》第 77 条第 5 款（现在的第 82 条第 7 款），在确定所登记的判决的价值时应适用外国判决作出时的汇率。法院因此适用了该汇率，但法院认识到该条规定带来的不公正，呼吁对这一法律规定进行改革。

对于外国判决登记的撤销，也存在强制性和自由裁量性的理由。对于强制性理由，如果存在下列情况，判决登记就会被撤销：法院确信该判决不在成文法调整范围内；外国法院没有管辖权；作为外国法院程序中的被告的判决债务人没有在充分时间内收到有关程序的通知以便其能对程序提出抗辩，而且其没有出庭；判决通过欺诈方式取得；或判决的执行会违反加纳的公共政策。③ 如果法院确信，在外国判决作出之前，外国法院程序中争议的事项已被其他有管辖权的法院作出最终的、确定性的判决，加纳法院也可撤销对判决的登记。④ 如果法院确信针对外国判决的上诉正在进行或如果判决债务人有权并且打算提起上诉，对外国判决的登记也可撤销。⑤

外国法院的管辖权被限定于三类不同的诉因：属人诉讼、属物诉讼（或诉讼标的是不动产）以及其他类的诉讼。对于在属人诉讼中作出的判决的情况，外国法院在下列情况下被认为具有管辖权：作为外国法院中被告的判决债务人，通过自愿出庭而不是为了保护或申请解除对财产的扣押，或对该法院的管辖权提出异议的方式，接受该法院的管辖；判决债务人是

---

① ［1991］2 GLR 88.
② 其他选择如登记日期或最初诉因发生日期没有被分析。
③ Courts Act 1993, s. 83（1）（a）.
④ Courts Act 1993, s. 83（1）（b）.
⑤ Courts Act 1993, s. 84（1）.

外国法院程序中的原告或提出反诉；作为外国法院中的被告的判决债务人在程序开始前已同意就相关事项接受该法院的管辖；作为外国法院中被告的判决债务人在程序提起时，其居所（或如果是法人，其主要营业地）在法院所在地国，或其办公室或营业地在法院所在地国，而且法院程序是因该办公室或营业地的有关交易而引起的。① 在诉讼标的是不动产时，如果在诉讼提起时争议财产位于法院所在地国，该法院就具有管辖权。② 在其他种类的诉讼中，如果加纳法律认可其管辖权，该外国法院就会被认为具有管辖权。③

外国法院在下列情况下将不会被认为具有管辖权：诉讼标的是位于法院所在地国以外的不动产；外国法院诉讼程序的提起违反了管辖权或仲裁协议（除非存在接受法院管辖的情况）；或作为外国法院程序中的被告的判决债务人根据国际公法有权获得管辖豁免，而且没有接受外国法院的管辖。

Ashurst Morris Crisp v. *Peter Awoonor Renner* 案④是一个当事人试图以外国法院没有管辖权为由申请撤销对判决的登记而没有成功的案例。原告请求获得英国法院送达传票的许可，将传票适当送达给在黄金海岸（现在的加纳）的被告。根据被告的指示，被告律师无条件出庭，并提出答辩，但随后在诉讼中放弃了进一步的诉讼程序。英国法院针对被告作出判决，该判决在黄金海岸得到登记。在申请撤销判决的登记时，申请人（英国案件中的被告）主张，他在英国没有从事营业活动，也不拥有惯常居所，他没有接受英国法院的管辖。法院驳回了他的主张并指出，被告通过其律师已接受了英国法院的管辖。

四　肯尼亚

肯尼亚执行外国判决的成文法规定主要包含在 1984 年《外国判决（互

---

① Courts Act 1993, s. 83 (2) (a).
② Courts Act 1993, s. 83 (2) (b).
③ Courts Act 1993, s. 83 (2) (c).
④ (1931 – 1937) Div. Ct. 107.

惠执行）法》、1984 年《外国判决（互惠执行）（法案扩展）令》以及 1984 年《外国判决（互惠执行）规则》中。①

成文法制度只适用于来自指定国家的判决。司法部部长有权将该法适用于任何国家，如果该国制定的法律规定对肯尼亚法院作出的判决的执行给予实质性的互惠，②或该国制定的法律旨在实施肯尼亚和另一国家之间的协议。③

可以适用这些成文法规定的判决的范围十分广泛，包括金钱判决和非金钱判决。因此，根据这些成文法的规定，下列判决都可得到执行：要求支付一笔金钱的判决；下令转让动产的判决；刑事程序中要求向受害人支付赔偿的判决；或通过返还请求权方式向受害方交付动产的判决；以及仲裁裁决等。④

某些判决——包括金钱判决和非金钱判决——基于判决据以作出的程序或它们的性质，而被排除在《外国判决（互惠执行）法》以外。⑤例如，该法不适用于惩罚性或多重赔偿判决，也不适用于破产程序、清算程序或重整程序的判决以及司法安排、和解或相似事项程序的判决。同样，在因违反管辖权协议提起的程序中所作出的判决（除非判决债务人接受了法院的管辖），以及基于另一外国判决或为执行另一国判决而提起的程序中所作出的外国判决——针对判决的判决——也都排除在该法调整范围之外。⑥

肯尼亚有关国际管辖权的规范同样十分广泛。⑦接受管辖（例如通过判决债务人的自愿出庭或通过管辖权协议⑧）、惯常居所（或在法人的情况下的注册地、营业地和总部所在地）以及在特定情况下拥有分支机构或代表

---

①　根据 1984 年《外国判决（互惠执行）（法律扩展）令》，下列国家被指定：澳大利亚、马拉维、塞舌尔、坦桑尼亚、乌干达、赞比亚、英国和卢旺达。See *In re Lowenthal and Air France* 1966（2）ALR Comm. 301，［1967］EA 75；*Italframe Ltd v. Mediterranean Shipping Company*［1986］KLR 54，［1985］LLR 236.

②　Foreign Judgments（Reciprocal Enforcement）Act 1984, s. 13.

③　Foreign Judgments（Reciprocal Enforcement）Act 1984, s. 14.

④　Foreign Judgments（Reciprocal Enforcement）Act 1984, s. 3（1）.

⑤　Foreign Judgments（Reciprocal Enforcement）Act 1984, s. 3（3）（a）-（j）.

⑥　Foreign Judgments（Reciprocal Enforcement）Act 1984, s. 3（3）（k）and（m）.

⑦　Foreign Judgments（Reciprocal Enforcement）Act 1984, s. 4（1）（a）-（i）.

⑧　根据强制要求达成的管辖权协议是无效的。

处都可以作为国际管辖权的依据。① 对于合同请求，如果合同债务的全部或主要部分在或将在某一国家履行，则该国法院也具有国际管辖权。② 在人身伤害或死亡赔偿诉讼中，或有形财产损失赔偿诉讼中，如果导致伤害、死亡或损失的情形主要发生在某一国家，或伤害或损失是在该国遭受的，该国法院就具有国际管辖权。③ 对于在属物诉讼中所作出的判决，或任何其他确定不动产或有形动产所有权、占有或使用权的诉讼，程序提起时的物之所在地法院就具有国际管辖权。④

如果根据肯尼亚的国际私法，诉讼的标的在另一国家的专属管辖权范围内，则肯尼亚的法院对此类诉讼不具有国际管辖权。⑤ 作为最初法院程序中被告的判决债务人如果在程序中出庭（有条件地或其他）是为了对该法院的管辖权提出异议，或请求法院裁量不要行使管辖权，或请求保护或解除对其财产的扣押，则最初受理案件的外国法院也不具有国际管辖权。⑥ 此外，如果判决债务人根据国际公法在外国法院享有管辖豁免，而且除抗议法院的管辖权外，其没有在法院出庭，则该法院也不具有国际管辖权。⑦

在判断外国法院是否具有国际管辖权时，关键要看事实调查（findings of fact）。因此，如果判决债务人在程序中出庭而且没有对法院的管辖权提出异议，法院的事实调查，无论是明示的还是默示的，就应构成所发现的事实的决定性证据，而且在任何其他情况下，可以构成该事实的充分证明，除非有其他证据。⑧

受该法调整的判决的判决债权人，可在外国判决作出之日 6 年内，或在提起上诉时在最终判决作出之日起 6 年内，向肯尼亚高等法院申请对判决进行登记。⑨ 只要登记申请是在 6 年期限内提出即可，即使登记在 6 年过后仍

---

① *In re Lowenthal and Air France* 1966 (2) ALR Comm. 301, [1967] EA 75.
② Foreign Judgments (Reciprocal Enforcement) Act 1984, s. 4 (1) (g).
③ Foreign Judgments (Reciprocal Enforcement) Act 1984, s. 4 (1) (i).
④ Foreign Judgments (Reciprocal Enforcement) Act 1984, s. 4 (1) (h).
⑤ Foreign Judgments (Reciprocal Enforcement) Act 1984, s. 4 (2) (a).
⑥ Foreign Judgments (Reciprocal Enforcement) Act 1984, s. 4 (2) (b).
⑦ Foreign Judgments (Reciprocal Enforcement) Act 1984, s. 4 (2) (c).
⑧ Foreign Judgments (Reciprocal Enforcement) Act 1984, s. 4 (3).
⑨ Foreign Judgments (Reciprocal Enforcement) Act 1984, s. 5 (1).

没完成也没关系。用勒诺拉（Lenaola）法官的话来说，"当程序提起时而不是程序完成时或程序正在进行时，时效停止运行"。① 如果肯尼亚高等法院确信根据该法所提交的证据可靠，它就会下令对判决进行登记。但是，如果判决已被全部执行，或判决不能在判决作出地国通过执行方式实施，肯尼亚高等法院就不会登记该判决。② 经登记的判决为执行目的，自登记之日起具有和肯尼亚高等法院作出的判决同样的效力。③

如果根据该法将要登记的判决所支付的金钱是以外币作出的，该判决将被登记成以肯尼亚先令支付的判决，以登记时的汇率为准。④

外国判决的登记可因多种理由被撤销。⑤ 例如，这些理由包括：外国法院没有国际管辖权；判决债务人没有在外国法院出庭，而且该法院的管辖权是以判决债务人同意接受该法院的管辖为依据，而这种管辖权协议根据肯尼亚国际私法是无效的；判决的作出违反了自然公正，或是通过欺诈方式获得的，或判决的执行明显违反肯尼亚的公共政策。⑥ 如果肯尼亚法院在外国法院的程序提起前，已对案件作出了有约束力的、终局的、与外国判决不一致的判决，则外国判决的登记也会被撤销。⑦ 此外，如果案件在肯尼亚法院审理，根据肯尼亚的国际私法，案件应该适用肯尼亚法律，即使判决债务人和判决债权人选择适用了其他法律，如果外国法院在某些重要方面忽视了肯尼亚法律，该外国判决的登记也会

---

① *Society of Lloyd's* v. *Larby* ［2004］LLR 5919.

② Foreign Judgments（Reciprocal Enforcement）Act 1984, s. 6. *Herman Phillip Steyn* v. *Charles Thys* ［2011］eKLR.

③ Foreign Judgments（Reciprocal Enforcement）Act 1984, s. 8. *A Dewhurst* v. *GT Wilson*（1954）27 KLR 42；*Pioneer General Assurance Society Ltd* v. *Zulfikarali Nimji Javer* ［2006］eKLR.

④ Foreign Judgments（Reciprocal Enforcement）Act 1984, s. 7. *Ssebaggala* v. *Kenya National Shipping Line Ltd* ［2000］LLR 931（兑换日期是判决登记之日而不是判决执行之日）.

⑤ Foreign Judgments（Reciprocal Enforcement）Act 1984, s. 10. 可对不撤销登记的裁决提起上诉。*Patel* v. *Bank of Baroda* ［2000］LLR 3413. See also *Board of Governors of St. Johns College* v. *John Nganyi Lugoyi* ［2008］eKLR.

⑥ *Patel* v. *Bank of Baroda* ［2001］EA 189, ［2000］LLR 3491（公共政策抗辩不能基于已被废除的法律提出）. 缺席判决也可予以登记。*Northern Executive Aviation Limited* v. *Ibis Aviation Limited*, Civil Suit No. 1088 of 1998（High Court, Kenya, 2001）.

⑦ Foreign Judgments（Reciprocal Enforcement）Act 1984, s. 10（f）. 根据该法第 10 条（e）项，如果外国法院已就同一诉因作出了终局的、决定性的判决，这也可以构成撤销登记的依据。

被撤销。①

如果判决的执行要求支付高于根据肯尼亚国际私法所应适用的任何肯尼亚法律所施加的责任限额，《外国判决（互惠执行）法》就允许判决债务人请求撤销该判决超过限额的部分。② 此外，如果肯尼亚高等法院确信，在判决债务人提交的申请中，根据登记的判决所支付的金钱数额，包括各类花费，极大超过肯尼亚高等法院根据外国法院查明的法律和事实可能判决支付的数额（如果在肯尼亚高等法院的程序中对这些数额进行了评估），肯尼亚高等法院就会撤销判决中的超出部分。

肯尼亚法院不会受理判决债务人提起的要求根据外国判决支付金钱的诉讼，如果此类判决是惩罚性或多重赔偿判决。③

五 莱索托

莱索托执行外国判决的成文法包括 1922 年《互惠执行判决法》和 1923 年《互惠执行判决法院规则》。《互惠执行判决法》适用于来自英格兰或爱尔兰高等法院或苏格兰最高民事法院的金钱判决以及仲裁裁决。④ 该法授权莱索托国王将其规定扩展适用于其他英联邦国家。⑤

判决债务人应在 12 个月内，或在法院可能许可的更长时间内，向莱索托高等法院申请对判决进行登记。在收到此类申请后，如果法院认为在所有情况下，在莱索托对判决进行登记是"公正的和便利的"，它就会下令登记判决。⑥

---

① Foreign Judgments（Reciprocal Enforcement）Act 1984, s. 10（i）. 根据该法第 10 条（j）项，已经登记的判决也可被撤销，如果在外国的诉讼中，法院有必要（为作出判决）就某些专门问题作出决定，而且如果外国法院的决定与肯尼亚高等法院通过对问题适用肯尼亚国际私法作出的决定不同。

② Foreign Judgments（Reciprocal Enforcement）Act 1984, s. 10（3）.

③ Foreign Judgments（Reciprocal Enforcement）Act 1984, s. 17（2）.

④ Reciprocal Enforcement of Judgments Act 1922, s. 2.

⑤ Reciprocal Enforcement of Judgments Act 1922, s. 6（1）. 该法已被扩展适用于下列国家：斯威士兰、南罗德西亚（津巴布韦）、北罗德西亚（赞比亚）、桑给巴尔保护地（坦桑尼亚）、尼亚萨兰保护地（马拉维）、肯尼亚殖民地和肯尼亚保护地以及新西兰。See Extension of Reciprocity, High Commissioner's Notice 96 of 1922.

⑥ Reciprocal Enforcement of Judgments Act 1922, s. 3（1）.

在存在下列情形时，外国判决不得登记：最初的法院没有管辖权；判决债务人没有接受法院的管辖，没有收到法院的适当程序通知而且没有出庭，或判决债务人说服莱索托高等法院上诉正在进行，或其打算对判决提起上诉；判决是通过欺诈方式取得，或就诉因而言，由于公共政策或其他相似理由，莱索托高等法院不会受理此类诉因。① 如果判决债务人能够证明"判决在莱索托执行既不公正也不便利"，判决的登记也会被撤销。② 登记后的判决具有和登记法院作出的判决同样的效力。③

在法院下令根据该法对判决进行登记前，它必须确信申请完全符合该法的规定。因此，申请人需要在其登记申请中证明，该判决是在女王陛下某一自治领的高等法院作出的，该自治领具有相似的立法规定，对来自莱索托高等法院的判决给予互惠待遇。④

六　纳米比亚

纳米比亚执行外国判决的成文法制度包含在 1994 年《执行外国民事判决法》中。该法仅适用于来自指定国家的判决。该法授权纳米比亚司法部部长指定那些与纳米比亚达成协议给予判决互惠执行的国家作为该法的受益国。⑤ 该法仅适用于外国法院在民事程序中作出的支付金钱的判决或裁定。⑥ 此类判决必须是在判决作出地国可以执行的判决。该法不适用于支付税收、罚金或其他具有罚款性质款项的判决，也不适用于分期付款的扶养裁决等。⑦

判决债务人应向纳米比亚治安法院的书记官提交经认证的判决书副

---

① Reciprocal Enforcement of Judgments Act 1922, s. 3 (2).

② Reciprocal Enforcement of Judgments Rules of Court 1923, s. 12.

③ Reciprocal Enforcement of Judgments Act 1922, s. 3 (3).

④ *ABSA Bank Limited* v. *Latela*, CIV/APN/466/01 (High Court, Lesotho, 2004).

⑤ Enforcement of Foreign Civil Judgments Act 1994, s. 2. 目前，南非是唯一被指定的国家。See Government Gazette of the Republic of Namibia, No. 1095 of 15 June 1995.

⑥ 2000 年的《刑事事项国际合作法》为来自指定国家的、产生于刑事程序判决的执行设立了不同的制度。

⑦ Enforcement of Foreign Civil Judgments Act 1994, s. 1.

本，以便进行登记。① 书记官有义务对判决进行登记，并将登记情况通知判决债务人。② 经登记后的判决具有和登记法院作出的民事判决同样的效力。③

如果根据将要登记的判决所支付的金钱是以外币作出的，该判决就应登记为以纳米比亚元支付的判决，在进行货币兑换时应按照纳米比亚银行的建议，采用登记之日的开盘汇率。④

判决登记可因下列理由被撤销：⑤ 外国法院没有管辖权；判决是通过违反自然公正或通过欺诈方式取得的，或判决的执行会违反纳米比亚的公共政策。如果法院确信，在外国判决作出前，另一具有管辖权的法院已对案件作出终局判决，或根据纳米比亚法律⑥或所指定的相关国家的法律，判决执行已过时效，则判决登记也会被撤销。

外国法院在下列情况下被认为具有管辖权：判决债务人已接受该法院的管辖（通过提起程序、自愿出庭或管辖权协议），或判决债务人是外国程序中的被告，而且在诉讼提起时在所指定的国家内有居所，或作为法人在该国拥有注册的办公室或主要营业地，或在指定的国家内拥有办公室或营业地，而且与外国程序相关的交易就是通过这些办公室或营业地进行的。在涉及不动产的诉讼中，如果诉讼提起时不动产位于法院地国，则该法院也有管辖权。在任何其他诉讼中，如果纳米比亚法律认可外国法院的管辖权，则该法院就对案件具有管辖权。⑦

外国法院在下列情况下被认为不具有管辖权：不动产位于法院地国以

---

① 和高等法院不同，治安法院的管辖权受到金钱和地域方面的限制。根据《执行外国民事判决法》，还不清楚超过治安法院管辖范围的外国金钱判决是否仍能被该法院执行。

② Enforcement of Foreign Civil Judgments Act 1994, s. 3 (1) - (3). 根据该法第 8 条，登记情况通知可以针对判决债务人或任何知悉该通知的人发挥禁令的作用，禁止他们转移或处置判决债务人的任何财产，以阻止判决的执行。

③ Enforcement of Foreign Civil Judgments Act 1994, s. 4 (1).

④ Enforcement of Foreign Civil Judgments Act 1994, s. 3 (4). Section 31 (ii) of the International Co - operation in Criminal Matters Act 2000，也采用了外国判决登记之日的汇率。

⑤ Enforcement of Foreign Civil Judgments Act 1994, s. 5.

⑥ 1969 年《时效法》没有专门规定外国判决的时效。它只是规定："判决债务"的时效是 30 年，"其他任何债务"的时效是 3 年。Prescription Act 1969, s. 11 (a) (ii) and (d).

⑦ Enforcement of Foreign Civil Judgments Act 1994, s. 7 (4) (a) - (c).

外的涉及不动产的诉讼，但接受管辖的情况除外；违反管辖权协议所提起的诉讼；针对有权享有管辖豁免而且没有接受法院管辖的人提起的诉讼。①

七 尼日利亚

尼日利亚执行外国判决的成文法制度包含在 1922 年《互惠执行外国判决条例》（下文简称《条例》）和 1961 年《外国判决（互惠执行外）法》（下文简称《外国判决法》）中。②《条例》和《外国判决法》之间的关系长期模糊不清，特别是涉及英国判决的执行时。通过尼日利亚最高法院的一系列判例，现在可以确定的是，《条例》没有被《外国判决法》废除。《条例》仍然适用于英国以及女王陛下的部分自治领，如果在《外国判决法》生效前，根据《条例》第 5 条通过公告的形式已将《条例》扩展适用于这些自治领。《外国判决法》仅适用于尼日利亚司法部部长根据该法所指定的国家。③ 但目前，司法部部长还没有指定此类国家。然而，即使根据该法没有指定相应的国家，但尼日利亚法院已在一些案件中援引了该法的规定，或根据该法对外国判决进行了登记。④ 正如尼日利亚最高法院作出的言简意赅的评论，这是"一个错误"。⑤

---

① Enforcement of Foreign Civil Judgments Act 1994，s. 7 (5).

② 本部分的内容主要集中在条例上。目前，还没有一个国家根据该法被指定，但一些法院已根据该法错误登记了外国判决。See e. g. *Teleglobe America Inc.* v. *21st Century Technologies Ltd* [2008] 17 NWLR 108（对来自美国弗吉尼亚州费尔法克斯县巡回法院的判决进行了登记）；*Hyppolite* v. *Egharevba* [1998] 11 NWLR 598（法院撤销了对美国马萨诸塞州萨福克县高级法院作出的判决的登记，理由是该法院没有国际管辖权，但并没有指出马萨诸塞州没有根据该法被指定）.

③ *Macaulay* v. *RZB of Austria* [2003] 18 NWLR 282，[2004] 4 WRN 1（reversing *Macaulay* v. *RZB of Austria* [1999] 4 NWLR 599）；*Witt & Busch Ltd* v. *Dale Power System Plc* [2007] 17 NWLR 1；*Grosvenor Casinos Ltd* v. *Ghassan Halaoui* [2009] 10 NWLR 309（on appeal from *Halaoui* v. *Grosvenor Casinos Ltd* [2002] 17 NWLR 28）；*Conoil Plc* v. *Vitol SA* [2012] 2 NWLR 50.

④ See e. g. *Teleglobe America Inc.* v. *21st Century Technologies Ltd* [2008] 17 NWLR 108；*Hyppolite* v. *Egharevba* [1998] 11 NWLR 598；*Momah* v. *VAB Petroleum Inc.* [2000] 2 SC 142，[2000] 4 NWLR 534；*Halaoui* v. *Grosvenor Casinos Ltd* [2002] 17 NWLR 28；*Macaulay* v. *RZB of Austria* [1999] 4 NWLR 599.

⑤ *Grosvenor Casinos Ltd* v. *Ghassan Halaoui* [2009] 10 NWLR 309 at 334.

《条例》适用于从英格兰或爱尔兰高等法院或苏格兰最高民事法院获得的金钱判决。① 《外国判决法》授权总督（现在的总统）将该法的规定扩展适用于英国以外的女王自治领。② 判决债权人应在 12 个月内，或法院许可的更长时间内，申请对判决进行登记。③ 在 *Alhaji Rsikatu Ramon v. Jinadu* 案④中，一份英国判决在其作出之日的 3 年后在尼日利亚登记，但后被撤销，因为该判决的登记超过了 12 个月登记期限，而且没有获得法院的许可。

在收到外国判决登记的申请后，尼日利亚法院⑤如果认为考虑到所有情况，在尼日利亚执行判决是"公正的和便利的"，它就会下令对判决进行登记。⑥ 在 *International Finance Corp. v. DSNL Offshore Ltd* 案⑦中，当事人针对撤销一份英国判决登记的判决提起上诉，法院撤销判决登记的理由是，对该判决进行登记不是"公正的和便利的"，因为在尼日利亚法院存在未决诉讼。但显然尼日利亚的未决诉讼涉及的是一个不同的问题。在许可当事人提起上诉时，法院指出，在撤销对外国判决的登记时，法院必须考虑提交给它的所有相关材料，只考虑尼日利亚的未决诉讼而忽视摆在法院面前的其他事实或材料，如在外国法院不存在针对判决的上诉的事实，以及当事人在合同中约定的任何法院就合同争议所作出的判决都是终局判决的事实，十分不妥。

根据《条例》第 32 条第 2 款，外国判决在下列情况下不得登记：外国法院没有管辖权；判决债务人没有接受法院的管辖，⑧ 或没有收到有关法院程序的

---

① Reciprocal Enforcement of Judgments Ordinance 1922, s. 3 (1).

② Reciprocal Enforcement of Judgments Ordinance 1922, s. 5 (1).

③ *Marine & General Assurance Company Plc v. Overseas Union Insurance Ltd* [2006] 4 NWLR 622 (reversing *Overseas Union Insurance Ltd v. Marine & General Assurance Company Plc* [2001] 9 NWLR 92); *Macaulay v. RZB of Austria* [2003] 18 NWLR 282, [2004] 4 WRN 1.

④ [1986] 5 NWLR 100.

⑤ 尼日利亚任何高等法院都有权对外国判决进行登记——登记并不专属于联邦高等法院。*Wide Seas Shipping Ltd v. Wale Sea Foods Ltd* [1983] 1 FNLR 530.

⑥ Reciprocal Enforcement of Judgments Ordinance 1922, s. 3 (1).

⑦ [2008] 9 NWLR 606.

⑧ *Grosvenor Casinos Ltd v. Ghassan Halaoui* [2009] 10 NWLR 309 (on appeal from *Halaoui v. Grosvenor Casinos Ltd* [2002] 17 NWLR 28); *Witt & Busch Ltd v. Dale Power System Plc* [2007] 17 NWLR 1 (on appeal from *Dale Power Systems Plc v. Witts & Busch Ltd* (转下页注)

适当通知而且没有出庭，① 或已向法院证明针对判决的上诉正在进行或其打算针对判决提起上诉；判决是通过欺诈方式取得的，或判决涉及的诉因由于公共政策或其他相似理由不可能在尼日利亚法院获得受理。② 即使《条例》没有明确规定，也存在其他撤销判决登记的理由。③ 无论对外国判决的登记是根据单方申请作出还是根据通知作出的，判决债务人都可以提出撤销申请。即使登记判决的申请是基于通知作出而且判决债务人没有提出异议，也是如此。④

登记后的判决具有和登记法院的判决同样的效力。⑤ 在尼日利亚法院对外国判决进行登记的效力是，为所有目的使其成为尼日利亚法院的判决。登记法院有权撤销登记，这么做并不会影响外国判决的有效性。⑥ 判决一旦登记，它就可在尼日利亚联邦的任何州得到执行，没有必要根据《条例》第3条在尼日利亚另一州的高等法院重新提出登记申请。⑦ 登记法院对登记后的判决具有同样的控制和管辖权，如同它是该法院作出的判决，但这仅涉及根据《条例》对判决的执行。⑧

(接上页注⑧)［2001］8 NWLR 699，［2001］33 WRN 62）.

① *Shona-Jason Nigeria Ltd v. Omegar Air Ltd*［2005］WRN 123，［2006］1 NWLR 1.

② *Conoil Plc v. Vitol SA*［2012］2 NWLR 50 at 92 – 93，该案涉及"其他相似理由"的含义。法院指出，该短语应仅限于违反公共利益的事项，即它们对公共福利或公共道德带来危害。

③ 即使条例没有明确如此规定，它们也构成申请撤销登记的理由。此类申请应通过请求而不是动议通知方式提出。*International Finance Corporation v. DSNL Offshore Ltd*［2008］9 NWLR 606.

④ *Shona-Jason Nigeria Ltd v. Omegar Air Ltd*［2005］WRN 123，［2006］1 NWLR 1. *Consolidated Contractors（Oil and Gas）Company SAL v. Masiri*［2011］3 NWLR 283. 法院指出唯一可依法接受的撤销一项已登记外国判决的方式是通过请求而不是动议通知。*Mudasiru v. Abdulahi*［2009］17 NWLR 547.

⑤ Reciprocal Enforcement of Judgments Ordinance 1922，s. 3（a）.

⑥ *Shona-Jason Nigeria Ltd v. Omegar Air Ltd*［2005］WRN 123 at 153，［2006］1 NWLR 1 at 28.

⑦ *Goodchild v. Onwuka*［1961］1 All NLR 163.

⑧ Reciprocal Enforcement of Judgments Ordinance 1922，s. 3（b）. See generally *Adwork Ltd v. Nigeria Airways Ltd*［2000］2 NWLR 415，法院指出，当一项判决已在外国登记后，最初作出判决的法院不会仅仅因为该判决已在外国登记，就失去对有关执行程序事项的管辖权。但一旦认可登记法院和最初的法院具有同样的执行权力，密切关注登记法院对已登记的判决所采取的相关执行措施就非常重要了，这样可以确保在行使执行权力时不会发生冲突。

八 南非

南非执行外国判决的成文法制度包含在 1988 年的《执行外国民事判决法》中。该法授权司法部部长指定该制度的受益国。[①] 该法没有明确要求基于互惠作出此类指定。该法仅适用于在民事程序中由法院作出的[②]并可在法院作出地国执行的有关支付金钱的终局判决或裁定。该法不适用于支付税收、罚金或其他惩罚性质款项或分期支付扶养费的判决或裁定。[③]

判决债权人应向南非适当的治安法院的书记官申请登记判决。在收到经认证的裁决书副本后，书记官有义务进行登记，并向判决债务人签发和送达登记通知。[④] 登记后的判决具有和登记法院作出的判决同样的效力。[⑤]

如果根据外国判决支付的金钱是以外币作出的，该判决应登记为以南非兰特支付的判决，汇率以判决作出之日的汇率为准。[⑥]

如果判决债务人提出请求，判决登记可因下列理由被撤销：[⑦] 外国法院没有管辖权；判决是通过违反自然公正或通过欺诈方式取得的；判决的执行会违反南非的公共政策。如果法院确信，另一具有管辖权的法院在外国诉讼程序提起前已就争议事项作出终局的判决，或判决根据南非法律或被指定国家的法律已经超过执行时效，南非法院也会撤销判决登记。

如果判决债务人接受法院管辖（通过提起诉讼、自愿出庭或管辖权协议），外国法院就被视为具有管辖权。如果作为外国程序中被告的判决债务人在诉讼提起时，在所指定的国家内具有居所，或作为法人时，在该国拥

---

① Enforcement of Foreign Civil Judgments Act 1988. 目前，只有纳米比亚被指定。

② 1996 年《刑事事项国际合作法》为产生于刑事程序的判决的执行规定了不同的制度。

③ Enforcement of Foreign Civil Judgments Act 1988, s. 1.

④ Enforcement of Foreign Civil Judgments Act 1988, s. 3 (1)–(3). 根据该法第 8 条，登记通知可以发挥禁令的作用，禁止判决债务人以及执行该通知的任何人转移或处置判决债务人的任何财产，如果此类转移或处置会影响判决的执行。

⑤ Enforcement of Foreign Civil Judgments Act 1988, s. 4 (1).

⑥ Enforcement of Foreign Civil Judgments Act 1988, s. 3 (4). 1996 年《刑事事项国际合作法》第 32 条 (b) 项规定采用了外国判决登记之日的汇率。

⑦ Enforcement of Foreign Civil Judgments Act 1988, s. 5 (1). See also the Protection of Businesses Act 1978.

有注册办公室或主要营业地，或在任何时间在该国拥有办公室或营业地，而且与诉讼有关的交易就是通过或在该办公室或营业地进行的，该外国法院也具有管辖权。在涉及不动产的诉讼中，如果在诉讼提起时，不动产位于外国法院的管辖范围内，则该外国法院也具有管辖权。在任何其他诉讼中，如果南非法律承认外国法院的管辖权，则该外国法院对案件具有管辖权。①

外国法院在下列情况下对案件不具有管辖权：涉及位于法院管辖权范围以外的不动产的诉讼，除非当事人接受法院管辖；因违反管辖权协议提起的诉讼；针对根据国际公法享有管辖豁免②而且没有接受法院管辖的人提起的诉讼。

九 斯威士兰

斯威士兰执行外国判决的成文法制度包含在 1922 年《互惠执行判决法》和 1923 年《互惠执行判决规则》中。《互惠执行判决法》适用于来自英格兰或爱尔兰高等法院或苏格兰最高民事法院作出的金钱判决以及仲裁裁决。③ 该法授权总理将其规定扩展适用于其他英联邦国家。④ 在 *Mamba v. Mamba* 案中，斯威士兰法院拒绝对来自美国马里兰州的判决进行登记，理由是美国并不在与斯威士兰具有互惠执行判决安排的国家名单上。⑤

判决债权人应在 12 个月内，或法院许可的更长时间内，向斯威士兰高等法院申请登记判决。在收到申请后，法院如果认为考虑到案件的所有情况，在斯威士兰执行判决是"公正的和便利的"，它就会下令对判决进行登记。⑥

---

① Enforcement of Foreign Civil Judgments Act 1988, s. 7 (4).
② Enforcement of Foreign Civil Judgments Act 1988, s. 7 (5).
③ Reciprocal Enforcement of Judgments Act 1922, ss. 2 and 3 (1).
④ 该法已扩展适用于下列国家或地区的特定法院：莱索托、博茨瓦纳、南罗德西亚（津巴布韦）、赞比亚、桑给巴尔、马拉维、肯尼亚、新西兰、西澳大利亚、坦桑尼亚（桑给巴尔除外）、乌干达、新南威尔士、维多利亚、澳大利亚北部和中部地区。See Notice No. 97 of 1992 reproduced in Christian Schulze, *On Jurisdiction and the Recognition and Enforcement of Foreign Money Judgments* (Pretoria: UNISA Press, 2005) p. 277.
⑤ *Mamba v. Mamba*, Case No. 1451/09 (High Court, Swaziland, 2011). 法院还驳回一项根据普通法执行判决的请求。法院的理由是，这么做将与该法相冲突。
⑥ Reciprocal Enforcement of Judgments Act 1922, s. 3 (1).

根据规定，外国判决在下列情况下不得被登记：外国法院没有管辖权；判决债务人没有接受法院的管辖，没有收到法院程序的适当通知而且没有出庭，或判决债务人使法院确信，上诉正在进行或其打算对判决提起上诉；判决是通过欺诈方式取得的，或相关诉因基于公共政策或其他类似理由不能在斯威士兰法院得到受理。① 如果判决债务人能够证明，"在斯威士兰执行判决是不公正的或便利的"或有其他充分理由，判决登记也可被撤销。② 登记的判决具有和登记法院作出的判决同样的效力。

十　坦桑尼亚

坦桑尼亚执行外国判决的成文法制度③包含在 1935 年《外国判决（互惠执行）条例》和 1936 年《判决扩展条例》④ 以及《外国判决（互惠执行）规则》之中。

后一条例授权委员会总督（现在的总统）基于互惠指定其判决可以根据成文法制度执行的国家,⑤ 或指令将该法的具体规定适用于来自英国和女王陛下的自治领。⑥ 条例仅适用于支付金钱的终局判决，但不包括支付税

---

① Reciprocal Enforcement of Judgments Act 1922, s. 3 (2).

② See Reciprocal Enforcement of Judgments Rules 1923, s. 15.

③ 在桑给巴尔，对外国判决的执行适用了不同的制度。桑给巴尔是坦桑尼亚联合共和国的一个半自治地区。该制度由《英国判决令》和《判决扩展令》调整。See Wilbert B. Kapinga, 'Tanzania' in Lawrence W. Newman (Ed.) *Enforcement of Money Judgments* (Juris Net LLC, Vol. 3, 2006) p. 1.

④ 该条例为来自肯尼亚、乌干达、马拉维和桑给巴尔的高等法院判决的执行作了规定。

⑤ Foreign Judgments (Reciprocal Enforcement) Ordinance 1935, s. 3 (1); *Willow Investment v. Mbomba Ntumba* [1996] TLR 377.

⑥ Foreign Judgments (Reciprocal Enforcement) Ordinance 1935, s. 9. See Foreign Judgments (Reciprocal Enforcement) (General Application) Order 1936 (将条例第一部分扩展适用于英国及女王自治领); Foreign Judgments (Reciprocal Enforcement) (Extension of Part I) Order 1936 [将条例第一部分的适用扩展到下列国家的指定的高级法院：巴苏陀兰（现在的莱索托）、锡兰（现在的斯里兰卡）、毛里求斯、新南威尔士、北罗德西亚（现在的赞比亚）、塞舌尔、索马里、南罗德西亚（现在的津巴布韦）、斯威士兰以及英国]. 法院在 *Shah Devsi Vardhaman v. TCN Haridas* 案（[1958] EA 527）中指出，《外国判决（互惠执行）（普遍适用）令》的作用只是为了将女王自治领纳入第 3 条的范围中，这样，在根据条例对来自某一特定地区的法院的判决进行登记前，需要根据第 3 条专门作出命令，将条例的第一部分适用于该地区。

收、罚金或其他惩罚性质款项的判决。①

判决债权人可在判决作出之日起 6 年内，或在提起上诉时自最终判决作出之日起 6 年内，向坦桑尼亚高等法院申请对判决进行登记。如果在申请提起之日，判决已全部执行或判决不能在外国被执行，坦桑尼亚法院就不会对判决进行登记。② 在 *FX Oliso - Emosingoit v. East African Community* 案中，法院认为，"东共体在坦桑尼亚没有财产"的事实就足以构成拒绝登记的"唯一理由"。③ 登记后的判决具有和登记法院作出的判决同样的效力，该效力自登记之日起存在。④

如果根据外国判决应予支付的金钱是以外币作出的，该判决就应登记为以坦桑尼亚先令支付的判决，汇率以外国判决作出之日的汇率为准。⑤

在收到判决债务人的请求后，法院有权基于确定的理由撤销对判决的登记。⑥ 这些理由包括：外国法院没有管辖权；外国判决是通过欺诈方式取得的；违反了自然公正；判决的执行会违反坦桑尼亚的公共政策。⑦ 对于自然公正，法院曾经指出，仅仅根据外国法律进行送达或送达合同约定的地点是不够的，必须实际送达给判决债务人。⑧ 如果法院确信，在外国判决作出前，另一具有管辖权的法院已对争议作出终局的、确定的判决，该外国判决的登记也会被撤销。⑨

在对人诉讼中，外国法院可基于判决债务人接受法院管辖，或其居所

---

① Foreign Judgments（Reciprocal Enforcement）Ordinance 1935，s. 3（2）.

② Foreign Judgments（Reciprocal Enforcement）Ordinance 1935，s. 4（1）.

③ ［1982］TLR 155 at 166. 这一评论可被认为是对这一规定的错误解释。虽然还不清楚这一规定是指法律上不可能执行还是事实上不可能执行，但前者是更为可取的解释。在外国登记判决的想法在很多情况下受到事实方面困难的影响，例如，判决债务人在法院辖区内没有财产或他不在法院辖区内。See Keith W. Patchett, *Recognition of Commercial Judgments and Awards in the Commonwealth*（London：Butterworths，1984）pp. 110 – 111.

④ Foreign Judgments（Reciprocal Enforcement）Ordinance 1935，s. 4（2）.

⑤ Foreign Judgments（Reciprocal Enforcement）Ordinance 1935，s. 4（3）.

⑥ 如果存在撤销登记的理由，法院也可能拒绝对外国判决进行登记。See *FX Oliso - Emosingoit v. East African Community*［1982］TLR 155.

⑦ Foreign Judgments（Reciprocal Enforcement）Ordinance 1935，s. 6（1）（a）；*FX Oliso - Emosingoit v. East African Community*［1982］TLR 155.

⑧ *Ramus v. Donaldson*［1959］EA 355.

⑨ Foreign Judgments（Reciprocal Enforcement）Ordinance 1935，s. 6（1）（b）.

在法院管辖范围内，对案件进行管辖。在判决债务人是法人的情况下，只要它的主要营业地、办公室或营业地在外国法院管辖范围内，该法院就具有国际管辖权。① 对于涉及不动产的诉讼，如果在诉讼提起之日，不动产位于法院管辖范围内，则该法院具有管辖权。② 对于其他诉讼，如果坦桑尼亚法律认可外国法院的管辖权，则该法院对案件具有管辖权。③

外国法院对下列诉讼不具有管辖权：不动产位于法院管辖权范围以外的涉及不动产的诉讼；诉讼是因违反管辖权协议提起的；诉讼是针对根据国际公法享有管辖豁免而且没有接受法院管辖的人提起的。④

十一 乌干达

乌干达执行外国判决的成文法制度包含在 1961 年《外国判决（互惠执行）法》、1922 年《互惠执行判决法》、⑤ 1908 年《判决扩展法》⑥ 和《外国判决（互惠执行）规则》中。

《外国判决（互惠执行）法》授权司法和宪法事务部部长基于互惠指定一些可以从这些成文法制度中受益的国家，⑦ 或指令将该法第二部分适用于

---

① Foreign Judgments（Reciprocal Enforcement）Ordinance 1935，s. 6（2）（a）.

② Foreign Judgments（Reciprocal Enforcement）Ordinance 1935，s. 6（2）（b）.

③ Foreign Judgments（Reciprocal Enforcement）Ordinance 1935，s. 6（2）（c）.

④ Foreign Judgments（Reciprocal Enforcement）Ordinance 1935，s. 6（3）.

⑤ 该法为来自英国和爱尔兰共和国的判决的执行做了规定。它授权司法和宪法事务部部长在互惠基础上将其规定扩展适用于英联邦国家的判决。《互惠执行外国判决（扩展）令》将该法扩展适用于博茨瓦纳、莱索托、毛里求斯、新南威尔士、塞舌尔、斯里兰卡、斯威士兰。该法的规定与本部分所分析的 1961 年《外国判决（互惠执行）法》的规定十分相似。一个显著的区别是，根据该法，判决债权人应自外国法院作出判决之日 12 个月内申请对该判决进行登记，除非法院行使自由裁量权允许一段更长的时间。*In re Sir John Bagaire*［1995］Kam. LR 681（因超过时效，一项登记英国判决的申请被驳回）；*Transroad Ltd v. Bank of Uganda*［1996］6 Kam. LR 42（法院同意延长对英国判决进行登记的申请时间）.

⑥ 该法对肯尼亚、马拉维和坦桑尼亚法院作出的判决的转让和执行作出了规定。在 *In re Michael Ndichu Mburu* 案（Miscellaneous Cause 09 of 2008（High Court, Uganda, 2008））中，法院援引 1961 年《外国判决（互惠执行）法》的规定登记了一项肯尼亚判决。法院在该案中没有提到 1908 年的《判决扩展法》.

⑦ Foreign Judgments（Reciprocal Enforcement）Act 1961，s. 2.

来自英联邦境内的判决。①

　　判决债权人应在判决作出之日起 6 年内，或在提起上诉时在最终判决作出之日起 6 年内，向乌干达高等法院申请对判决进行登记。但如果法院确信，外国判决已在申请之日得到全部执行，或外国判决不能在该外国通过执行的方式实施，乌干达法院就不会登记该判决。② 登记后的判决具有和登记法院作出的判决同样的效力，该效力自登记之日起存在。③

　　如果根据外国判决应予支付的金钱是以外币作出的，该判决应登记为根据乌干达先令支付的判决，汇率以外国判决作出之日的汇率为准。④

　　在收到判决债务人的请求后，法院有权撤销对外国判决的登记。如果能够证明存在下列情形，外国判决登记就可被撤销：外国法院没有管辖权；判决是通过欺诈方式取得的，或违反了自然公正，或判决的执行会违反乌干达的公共政策。⑤ 如果法院确信，在外国判决作出前，另一具有管辖权的法院已对争议作出了终局的、确定的判决，法院也可自由裁量撤销对外国判决的登记。⑥

　　在对人诉讼中，⑦ 外国法院可基于判决债务人接受法院管辖⑧或其居所在法院管辖范围内，对案件进行管辖。在判决债务人是法人的情况下，只要它的主要营业地、办公室或营业地在外国法院管辖范围内，则该法院就具有国际管辖权。⑨ 对于涉及不动产的诉讼，如果在诉讼提起之日，不动产位于法院管辖范围内，则该法院具有管辖权。⑩ 对于其他诉讼，如果乌干达

---

① Foreign Judgments（Reciprocal Enforcement）Act 1961，s. 8. See Foreign Judgments（Reciprocal Enforcement）（General Application）Order 2002（指令将该法第二部分适用于来自所有英联邦地区的判决）and the Foreign Judgments（Reciprocal Enforcement）（Grenada）Order 2002. 针对特定国家作出的命令的好处是，它可以使在特定国家可被执行的仲裁裁决得到执行。

② Foreign Judgments（Reciprocal Enforcement）Act 1961，s. 3（1）.

③ Foreign Judgments（Reciprocal Enforcement）Act 1961，s. 3（2）.

④ Foreign Judgments（Reciprocal Enforcement）Act 1961，s. 3（3）.

⑤ Foreign Judgments（Reciprocal Enforcement）Act 1961，s. 5（1）（a）.

⑥ Foreign Judgments（Reciprocal Enforcement）Act 1961，s. 5（1）（b）.

⑦ 根据该法，对人诉讼不应被视为包括了与婚姻事项、死者遗产管理、破产、公司清算、精神病人或未成年人监护有关的任何婚姻诉因或程序。

⑧ *Transroad Ltd v. Bank of Uganda*［1998］UGA J No. 12，［1998］Kam. LR 106；*Transroad Ltd v. Bank of Uganda*［1996］Kam. LR 697.

⑨ Foreign Judgments（Reciprocal Enforcement）Act 1961，s. 5（2）（a）.

⑩ Foreign Judgments（Reciprocal Enforcement）Act 1961，s. 5（2）（b）.

法律认可外国法院的管辖权，则该法院对案件具有管辖权。①

外国法院对下列诉讼不具有管辖权：不动产位于法院管辖范围以外的涉及该不动产的诉讼；诉讼是因违反管辖权协议提起的；诉讼是针对根据国际公法享有管辖豁免而且没有接受法院管辖的人提起的。②

十二　赞比亚

赞比亚执行外国判决的成文法制度包含在 1937 年《外国判决（互惠执行）法》、1958 年《外国判决（互惠执行）规则》中。对于来自马拉维和津巴布韦的判决，需要适用 1957 年《传票送达和判决执行法》③ 以及 1957 年《传票送达和判决执行条例》。④

《外国判决（互惠执行）法》授权总统在互惠基础上指定可以从该法中受益的国家。⑤ 总统也可指令将该法的具体规定适用于"女王陛下的自治领以及来自这些自治领的判决"。⑥ 赞比亚法院曾经指出，《外国判决（互惠执行）条例》——现在的《外国判决（互惠执行）法》——第 9 条是为英国以外的女王自治领而设的。因此，在 1958 年的《判决（互惠执行）令》中，

---

① Foreign Judgments（Reciprocal Enforcement）Act 1961, s. 5（2）（c）.

② Foreign Judgments（Reciprocal Enforcement）Act 1961, s. 5（3）.

③ Service of Process and Execution of Judgments Act 1957, ss. 10 – 15. 此处没有对该法进行分析。但需要注意的是，该法为马拉维和津巴布韦的判决规定了几乎自动执行的程序。根据情况，判决债务人被允许请求中止程序，以使他能够在马拉维和津巴布韦继续申请撤销对判决的登记。过去，这三个国家组成了一个联邦——罗德西亚和尼亚萨兰联邦。

④ Service of Process and Execution of Judgments Regulations 1957, ss. 13 – 14.

⑤ Foreign Judgments（Reciprocal Enforcement）Act 1937, s. 3（1）；*Mileta Pakou v. Rudnap Zambia Ltd*（1998）ZR 233.

⑥ Foreign Judgments（Reciprocal Enforcement）Act 1937, s. 9（1）. See Judgments（Reciprocal Enforcement）（Gilbert and Ellice Islands Colony）Order 1958；Judgments（Reciprocal Enforcement）（British Solomon Islands Protectorate）Order 1958 and Judgments（Reciprocal Enforcement）Order 1958. 最后一个法令将该法第二部分扩展适用于女王自治领以及在这些自治领法院作出的判决。还不清楚法院是否会将这些法令适用于来自继承了前殖民地的独立国家的判决（如基里巴斯、图瓦卢、所罗门群岛）。该法第二部分中的制度在一个实体性方面存在很大不同：对外国判决的界定包括了"在仲裁程序中作出的仲裁裁决，如果该仲裁裁决根据裁决作出地现行有效的法律可以和该地法院作出的判决以同样的方式得到执行"。换句话说，来自这些法令所指定的国家的仲裁裁决可以根据该法予以登记。

《外国判决（互惠执行）条例》第二部分被指令适用于没有被包括在英国之内的女王自治领。所以，在目前，来自英国的判决不能根据该法得到执行。①

该法仅适用于支付金钱的终局判决，②但不包括支付税收、罚金或其他惩罚性质款项的判决。③因此，一项来自英国法院的要求将一名儿童返还给英国的判决不能根据该法得到执行。④

判决债权人应在判决作出之日起6年内，或在提起上诉时在最终判决作出之日起6年内，向赞比亚高等法院申请对判决进行登记。但如果法院确信，外国判决已在申请之日得到全部执行或外国判决不能在该外国得到执行，赞比亚法院就不会登记该判决。⑤登记后的判决具有和登记法院作出的判决同样的效力，该效力自登记之日起存在。⑥

如果根据外国判决应予支付的金钱是以外币作出的，该判决应登记为根据赞比亚克瓦查支付的判决，汇率以外国判决作出之日的汇率为准。⑦

在收到判决债务人的请求后，法院有权撤销对外国判决的登记。如果能够证明存在下列情形，外国判决登记就可被撤销：外国法院没有管辖权；判决是通过欺诈方式取得的，或违反了自然公正，或执行判决会违反赞比亚的公共政策。⑧如果法院确信，在外国判决作出前，另一具有管辖权的法院已对争议作出了终局的、确定的判决，法院也可自由裁量撤销对外国判决的登记。⑨

在对人诉讼中，⑩外国法院可基于判决债务人接受法院管辖，或其居所在法院管辖范围内，对案件进行管辖。在判决债务人是法人的情况下，只要它的主要营业地、办公室或营业地在外国法院管辖范围内，则该法院就

---

① *Attorney General v. Frederick Chiluba*, Case No. 2007/HP/FJ/004（High Court, Zambia, 2010）.

② *Claudio Ricagno v. Mario Rapetti*［1949 – 1954］LRNR 735.

③ Foreign Judgments（Reciprocal Enforcement）Act 1937, s. 3（2）.

④ *Zanetta Nyendwa v. Kenneth Paul Spooner*, Judgment No. 20 of 2010（Supreme Court, Zambia, 2010）.

⑤ Foreign Judgments（Reciprocal Enforcement）Act 1937, s. 4（1）.

⑥ Foreign Judgments（Reciprocal Enforcement）Act 1937, s. 4（2）.

⑦ Foreign Judgments（Reciprocal Enforcement）Act 1937, s. 4（3）.

⑧ Foreign Judgments（Reciprocal Enforcement）Act 1937, s. 6（1）.

⑨ Foreign Judgments（Reciprocal Enforcement）Act 1937, s. 6（1）（b）.

⑩ 根据该法，对人诉讼不应被认为包括了与婚姻事项、死者遗产管理、破产、公司清算、精神病人或未成年人监护相关的任何婚姻诉因或程序。

具有国际管辖权。① 对于涉及不动产的诉讼，如果在诉讼提起之日，不动产位于法院管辖范围内，则该法院具有管辖权。② 对于其他诉讼，如果赞比亚法律认可外国法院的管辖权，则该法院对案件具有管辖权。③

外国法院对下列诉讼不具有管辖权：不动产位于法院管辖范围以外的涉及不动产的诉讼；诉讼是因违反管辖权协议提起的；诉讼是针对根据国际公法享有管辖豁免而且没有接受法院管辖的人提起的。④

十三　津巴布韦

津巴布韦执行外国判决的成文法制度包含在 1995 年《民事事项（双边协助）法》中。该法适用于来自指定国家的法院或指定的国际性法院的判决，只要此类判决是要求支付金钱，包括在刑事程序中对受害人作出赔偿损失的判决。⑤ 该法授权司法、法律和议会事务部部长指定一些国家和国际性法院作为该法的受益者。该法没有明确要求应基于互惠作出此类指定。不过，在作出指定时，可以施加一定的限制或条件，包括有关根据该法可以执行的判决的类型。⑥

来自指定国家的判决的判决债权人可以向津巴布韦高等法院或适当的治安法院申请对判决进行登记。判决登记申请可在判决作出之日起或在提起上诉时在最终判决作出之日起 6 年内的任何时间提出。⑦

收到申请的法院如果确信，"判决在津巴布韦执行是公正的和便利的"，它就会命令对判决进行登记。⑧ 法院可基于许多确定的理由拒绝对判决进行登记。⑨ 这些理由包括：外国法院没有管辖权；执行判决会违反津巴布韦的

---

① Foreign Judgments (Reciprocal Enforcement) Act 1937, s. 6 (2).
② Foreign Judgments (Reciprocal Enforcement) Act 1937, s. 6 (2) (b).
③ Foreign Judgments (Reciprocal Enforcement) Act 1937, s. 6 (2) (c).
④ Foreign Judgments (Reciprocal Enforcement) Act 1937, s. 6 (3).
⑤ Civil Matters (Mutual Assistance) Act 1995, s. 2 and s. 3 (4) (a).
⑥ Civil Matters (Mutual Assistance) Act 1995, s. 3 (2) (3).
⑦ Civil Matters (Mutual Assistance) Act 1995, s. 5. See generally *Harman* v. *Leaf* 1954 (2) SA 270.
⑧ Civil Matters (Mutual Assistance) Act 1995, s. 6 (1).
⑨ 需要提及的是，在此阶段，判决债务人不会被告知判决登记申请已作出。因此，法院是在主动行事。

法律或公共政策；判决是通过欺诈或违反自然公正的方式获得的。同样，如果外国判决不是终局的、确定的判决；外国判决不能在判决作出地国家被全部或部分执行；外国判决已被有管辖权的法院撤销；外国判决已被全部执行；判决根据判决作出地国法律已过时效；外国判决是要求支付税收、关税、罚金或其他惩罚性质的款项或要求支付扶养费等，则此类判决也不会在津巴布韦得到登记。①

判决登记后，就具有和登记法院作出的判决同样的效力。② 当允许申请撤销判决登记的时间过后，判决债权人就可要求执行该判决。③ 判决债权人可申请扣押判决债务人的财产，即使外国法院已命令判决债务人分期支付判决款项，或针对外国判决的上诉还在进行中。④

在对外国判决进行登记后，登记法院会向判决债务人送达登记通知及法院作出的⑤其他附带命令。⑥ 判决债务人可申请撤销对判决的登记。⑦ 除经法院许可外，判决债务人不得基于法院在登记申请程序中已经确定的理由，来请求撤销对判决的登记。⑧ 但是，如果法院确信存在上述拒绝对外国判决进行登记的理由，它就应撤销对判决的登记。⑨

外国法院在很多情况下可以被认为具有管辖权，⑩ 包括当事人接受管辖、在外国拥有居所、主要营业地，或在外国拥有办公室或营业地而且与诉讼有关的交易就是在这些地点或通过这些地点达成的。对于涉及不动产的诉讼，如果诉讼提起时不动产位于法院管辖范围内，则该法院具有管辖权。对于其他诉讼，如果津巴布韦法律认可外国法院的管辖权，则外国法

① Civil Matters (Mutual Assistance) Act 1995, s. 6 (2).
② Civil Matters (Mutual Assistance) Act 1995, s. 7 (1).
③ Civil Matters (Mutual Assistance) Act 1995, s. 7 (4).
④ *Siwela Holdings (Pvt) Ltd v. Nyirongo* 1985 (1) ZLR 58. 该法第 6 条第 4 款和第 8 条第 5 款 (b) 项规定授权法院对未清偿部分的判决进行登记。
⑤ 这可能包括禁止对判决债务人的财产进行转移或处置的命令。Civil Matters (Mutual Assistance) Act 1995, s. 6 (3).
⑥ Civil Matters (Mutual Assistance) Act 1995, s. 7 (2).
⑦ Civil Matters (Mutual Assistance) Act 1995, s. 8 (1) *Vehicle Delivery Services (Zimbabwe) (Private) Ltd v. Galaun Holdings Ltd*, HC 8191/2002 (High Court, Zimbabwe, 2003).
⑧ Civil Matters (Mutual Assistance) Act 1995, s. 8 (3).
⑨ Civil Matters (Mutual Assistance) Act 1995, s. 8 (4).
⑩ Civil Matters (Mutual Assistance) Act 1995, s. 9 (4).

院对案件具有管辖权。

第四节 对国内成文法制度的评论

一 范围和适用

总体来看，执行外国判决的成文法制度是为了提供更为简单和快速的外国判决执行程序。判决债权人可以不用对判决提起新的诉讼，而是直接申请对判决进行登记，在很多情况下这可以根据单方申请进行。在实践中，登记程序可能会和就判决提起诉讼的程序一样复杂。撤销外国判决登记的申请可能会导致漫长的诉讼。

适用成文法制度的判决的范围极为有限。此类制度只适用于来自指定国家特定法院的特定判决。

除南非和津巴布韦外，其他国家的成文法制度都十分重视互惠要求。虽然并不要求有正式的条约，但在指定某一国家时，很可能要求有互惠待遇的证据。在所研究的国家内，判断是否存在互惠待遇应由行政机构确定，司法部门无法作出此类判断。作出此类判断后，被指定为成文法制度受益国的国家的判决才能根据这些制度执行。显然，只有极少数国家——包括非洲国家——被所研究的国家指定为成文法制度的受益国。实际上，对于一些国家来说，所指定的国家的名单已经过时，一些被指定的国家已不复存在或已换了新的名字。

来自前宗主国英国的判决比来自其他非洲国家的判决更可能在所研究的国家内得到登记，这一事实会对非洲的团结和经济一体化带来极大危害。① 多年来，非洲一直在推动团结和经济一体化，但这种状况令人担忧。人们期望非洲国家政府基于"推动非洲国家和人民的团结、统一、联系和合作的决心"，让判决登记程序也能适用于广大非洲国家的判决。在非洲地

---

① Constitutive Act of the African Union, 11 July 2000, (2005) 13 *African Journal of International and Comparative Law* 25, at Preamble.

区性经济共同体中，只有东共体的创始成员国之间——肯尼亚、坦桑尼亚和乌干达——实现了判决可在彼此国家进行登记。需要说明的是，本书并不是主张来自非洲国家的判决应该自动地在另一非洲国家内得到登记，因为还存在对非洲国家判决不予登记的合法理由。本书所主张的是，为了推动非洲经济一体化，判决应该能够在非洲国家间更容易地执行。当然，从目前所报道的案例来看，非洲其他国家的判决在所研究的国家内申请登记（或根据普通法执行）的情况还非常少。不过，在不远的将来，这一情况会大为改变。非洲国家的判决需要更为自由地流通。为实现这一目的，本书建议每一非洲国家应该指定更多的其他非洲国家作为它们成文法制度的受益国。也许更为宏伟和长远的计划是缔结一项非洲的外国判决执行公约。

即使对于所指定的国家来说，成文法制度也不是适用于来自所有法院的判决。在所研究的许多国家内，成文法制度被明确限制于来自指定国家的高级法院的判决。这些法院通常在指定相关国家的立法中被列举出来。对于被指定的法院，在一些国家还存在一些限制。例如，冈比亚、[1] 博茨瓦纳、加纳、尼日利亚、[2] 坦桑尼亚、乌干达和赞比亚的立法规定，"只有那些就来自非指定的法院的上诉所作出的法院判决以外"的判决，才可适用成文法规定。换句话说，如果一个被指定的法院行使上诉管辖权审理了来自非指定的法院的案件，它作出的上诉判决就不在成文法范围内，因此不能根据成文法执行。这可以利用加纳的制度和英国的判决来予以说明：一项来自英国高等法院（所指定的法院）判决确认了一项来自英国县法院（不是所指定的法院）的判决，则英国高等法院的判决不能根据加纳的成文法规定得到登记。不过，它可以根据普通法得到执行。同时，被英国上诉法院或最高法院（以前的上议院）维持的一项英国高等法院判决，就可根据加纳的成文法得到登记。

对成文法的适用施加这种限制很难站得住脚或找到合法理由。它对来自同一国家的不同法院造成歧视。可以确定的是，这些成文法规定借用了英国1933年《外国判决（互惠执行）法》第1条第2A款（a）项的内容。一些普

---

① 　Foreign Judgments Reciprocal Enforcement Act 1936, s 3 (2).

② 　Foreign Judgments (Reciprocal Enforcement) Act 1961, s. 3 (2).

通法国家的成文法允许将它们的成文法规定扩展适用于外国的低级法院或附属法院。① 这一方法可以克服对成文法制度适用范围所施加的限制。实际上，肯尼亚 1984 年《外国判决（互惠执行）法》第 13 条第 3 款授权司法部部长指定外国的"附属法院"作为成文法制度的受益法院。因此，目前的这种对同一国家不同法院和司法体系造成歧视的做法是不恰当的，应予以重新评估。

除肯尼亚的成文法制度外，对成文法制度的适用和范围所施加的另一个限制是，它们只适用于金钱判决。② 第十七章有关根据普通法执行非金钱判决的评论，同样可适用于此处。其他类型的判决以及有关特定事项的判决，也被排除在成文法制度之外。例如，要求支付税收、罚金或其他惩罚性质款项的判决都被排除之外。肯尼亚的成文法制度还专门排除了下列判决：要求支付惩罚性或多重赔偿的判决；执行另一外国判决的判决；以及因核物质或电离辐射造成的损失、伤亡案件的赔偿所作出的判决。通常，在冈比亚、③ 博茨瓦纳、加纳、肯尼亚、尼日利亚、④ 坦桑尼亚、乌干达和赞比亚，有关婚姻事项、遗产管理、破产、公司清算、精神病人禁治产以及未成年人监护和保佐的案件也被排除之外。在许多成文法制度中，受其调整的判决可能来自民事或刑事程序。纳米比亚和南非有单独的执行来自刑事程序的判决的规定。

通过上面的分析可以清楚地看出，在英联邦非洲，大部分判决的执行将不得不通过普通法制度进行。

二 国际管辖权

所有的成文法制度都规定，如果外国法院没有管辖权，则对该外国法

---

① Australia – Foreign Judgment Act 1991, s. 5 (3)；New Zealand – Reciprocal Enforcement of Judgments Act 1934, s. 3A.

② 有一些制度可被用来执行在被指定国家已可被执行的仲裁裁决。See e. g. Gambia – Reciprocal Enforcement of Judgments Act1922, s. 2；Kenya – Foreign Judgments（Reciprocal Enforcement）Act 1984, s. 3 (1)（f）；Lesotho – Reciprocal Enforcement of Judgments Act 1922, s. 2；Nigeria – Foreign Judgments（Reciprocal Enforcement）Act 1961, s. 2 (1) and Reciprocal Enforcement of Judgments Ordinance 1922, s. 2；Swaziland – Reciprocal Enforcement of Judgments Act 1922, s. 2；Uganda – Foreign Judgment（Reciprocal Enforcement）Act 1961, s. 8 (2)；Zambia – Foreign Judgment（Reciprocal Enforcement）Act 1937, s. 10 (a).

③ Foreign Judgments Reciprocal Enforcement Act 1936, s. 2 (2).

④ Foreign Judgments（Reciprocal Enforcement）Act 1961, s. 2.

院判决的登记可被撤销。[1] 相关的成文法制度都对外国法院的管辖权依据做了规定，这些规定存在很大相似性。在所研究的国家内，接受管辖、在外国拥有居所、营业地或从事商业活动都被接受为国际管辖权依据。和普通法不同的是，暂时出现（temporary presence）似乎不是成文法中的国际管辖权依据。但对于法院如何解释这些国际管辖权依据存在很少的甚至不存在指导依据，例如，多长时间的居住才能构成居所。除这些管辖权依据外，肯尼亚1984年《外国判决（互惠执行）法》规定，合同履行地（在合同争议中）、侵权行为地或损害发生地（在因人身伤害、死亡或财产损失要求赔偿的诉讼中）也是国际管辖权的依据。[2]

对于这些成文法没有明确规定的诉因，冈比亚、[3] 博茨瓦纳、加纳、纳米比亚、尼日利亚、[4] 南非、坦桑尼亚、乌干达、津巴布韦和赞比亚还认可管辖权互惠。换句话说，在审理案件时，外国法院行使管辖权的依据和登记法院在同样情形下行使管辖权的依据相同，这样的事实也可被认为构成国际管辖权依据。

上述分析揭示了成文法的一个重要特征，即它们旨在接受比普通法更多的国际管辖权依据。正如第十七章所提到的，扩大管辖权依据应该得到鼓励。但此种扩展应该和旨在确保判决债务人免受管辖权依据被滥用之害的抗辩或法律互为补充。例如，肯尼亚成文法中包含了两种其他国家不存在的国际管辖权依据，但它同时也规定了更多的抗辩。虽然正如下文将要分析的，其中一些抗辩遭到批评。

冈比亚、[5] 博茨瓦纳、加纳、肯尼亚、纳米比亚、尼日利亚、[6] 南非、坦桑尼亚、乌干达和赞比亚的成文法明确规定，对于涉及不动产的诉讼，如果不动产位于法院管辖权范围之外，对于违反管辖权协议或仲裁协议提起的诉讼，对于针对根据国际公法享有管辖豁免的人提起的诉讼，外国法

[1]　See generally *Zakia Hanna Ibrahim* v. *Tawfik Ibrahim Mikael*［1932 – 1940］2 SLR 98；*Cairo Bank* v. *Mohamed Ali Bahaydar* 1966（1）ALR Comm. 33.

[2]　Foreign Judgment（Reciprocal Enforcement）Act 1984, s. 4（1）（g）（i）.

[3]　Foreign Judgments Reciprocal Enforcement Act 1936, s. 5（2）（c）.

[4]　Foreign Judgments（Reciprocal Enforcement）Act 1961, s. 6（2）（c）.

[5]　Foreign Judgments Reciprocal Enforcement Act 1936, s. 5（3）.

[6]　Foreign Judgments（Reciprocal Enforcement）Act 1961, s. 6（3）.

院不具有国际管辖权。但不清楚有关不动产诉讼规定的范围是什么。这一规定很可能只是限制于有关不动产所有权问题或占有权问题的案件。

三　自动性、登记期限和诉讼时效

在所研究的国家内，对判决的登记是判决债权人依法当然取得的还是法院自由裁量的事情，还存在不一致意见。博茨瓦纳和冈比亚的法律规定，在判决债权人证明所要求的事项后，法院"可以"（may）下令对判决进行登记。肯尼亚、纳米比亚、南非、坦桑尼亚、乌干达和赞比亚的法律规定，在判决债权人证明所要求的事项后，法院"应"（shall）下令对外国判决进行登记。在莱索托、尼日利亚、① 斯威士兰和津巴布韦，如果法院确信判决在它们各自国内执行是"公正的和便利的"，它们的法院就"可以"（或在津巴布韦是"应"）下令对判决进行登记。

初看起来，对判决的登记似乎不是判决债权人依法当然取得的权利，至少在博茨瓦纳、加纳、莱索托、尼日利亚、斯威士兰和津巴布韦不是。不过，通过对这些相关成文法规定进行目的性解读，可以认为登记是一种依法取得的权利。换句话说，判决债权人一旦满足了既有的形式和受理要求——诸如判决是来自指定国家和法院的，且经过了认证和翻译——其就有权使判决得到登记。这样的解释也符合成文法的目的，即推动判决的执行。判决债务人收到判决登记的通知后，可以申请撤销对判决的登记。在这一阶段，程序就变成了一种全面的法律较量。法院就应最好考虑一些实质性问题，例如，外国法院是否具有管辖权，判决的作出是否违反自然公正或是否通过欺诈方式取得，或判决的执行是否违反公共政策。判决登记申请阶段不应被用作考虑这些实质性问题的场合，除非申请通知送达给了判决债务人。在此阶段，法院"看穿"（look beyond）外国判决（文件）是不合适的。在津巴布韦，法院被明确允许在登记申请阶段考虑实质性问题。实际上，一旦这么考虑的话，就应允许判决债务人重新提起此类问题供法院考虑。②

---

①　Reciprocal Enforcement of Judgments Ordinance 1922, s. 3 (1).

②　See also *FX Oliso – Emosingoit v. East African Community* [1982] TLR 155.

大部分成文法都允许判决债权人在 6 年内申请对判决进行登记。① 在纳米比亚和南非，没有对申请登记规定期限。但如果判决根据纳米比亚或南非法律或判决作出地法律已过时效，则对判决的登记会被撤销。6 年的期限是指必须在这一段时间内提出判决登记的申请。这一规定被认为应独立于判决的执行是否已过法定时效这一问题。这些成文法没有对后一问题作出规定。② 试举一例：根据南非法律，在判决作出之日起 30 年后，判决的执行将被禁止。一项南非判决在作出的 7 年后，申请在加纳登记该判决，该申请应被驳回（或如果已被登记，应被撤销），因为它不是在 6 年内提出来的。即使该判决根据南非法律仍然有效，也是如此。同样，根据乌托邦的法律，乌托邦判决在作出之日起 3 年后将不得被执行。如果一项乌托邦判决在作出之日起 4 年后在加纳申请登记，该申请仍会被驳回（或如果已被登记，应被撤销），即使它是在 6 年期限内提出来的。这是因为在加纳和所研究的国家内，如果外国判决在申请登记之日不能在该外国被执行，法院也不会对它进行登记。判决债权人不能仅仅利用另一国家提供更长的判决登记时间规避本国有关判决执行的法定限制。

四　外币判决

除莱索托、尼日利亚、③ 斯威士兰和津巴布韦外，在所有本书所报告的成文法制度中都有这样的要求，即如果（情况通常如此）外国判决是以外

---

① 一些成文法规定了 12 个月期间，经法院许可后可续展。See e. g. Gambia – Reciprocal Enforcement of Judgments Act 1922, s. 3 (1); Lesotho – Reciprocal Enforcement of Judgments Act 1922, s. 3 (1); Nigeria – Reciprocal Enforcement of Judgments 1922, s. 3 (1); Swaziland – Reciprocal Enforcement of Judgments Act 1922, s. 3 (1); Uganda – Reciprocal Enforcement of Judgments Act 1922, s. 2 (1). 对于在法院许可判决债权人在 12 个月以外的时间申请对判决进行登记前，法院应该考虑哪些因素，这些成文法没有提供任何指导。

② 参见第十七章有关诉讼时效和外国判决的分析。

③ Reciprocal Enforcement of Judgments Ordinance 1922. 1990 年《外国判决（互惠执行）法》第 4 条第 3 款要求在对判决进行登记前进行货币转换，该法还没有被扩展适用于任何国家。See Witt & Busch Ltd v. Dale Power System Plc [2007] 17 NWLR 1 at 19 – 20，法院在该案中指出，直到 1990 年《外国判决（互惠执行）法》生效后，"对于尼日利亚的高级法院以外币登记外国判决，没有一点限制"。Momah v. VAB Petroleum Inc. [2000] 2 SC 142 at 156 – 157，[2000] 4 NWLR 534 at 552.

国货币作出的，它就应登记为登记法院的货币。肯尼亚的成文法对于这一问题给予法院自由裁量权。考虑到某些货币的不可兑换性以及汇率波动问题，这一问题非常重要。正如第九章讨论的，在所研究的国家中，许多国家都持有这样的立场，即法院可以作出外币判决。在没有其他外汇管制措施时，法院如果有权作出外币判决，这对于提起普通法诉讼以执行外国判决或追偿以外币计值的债务的判决债权人有利。但奇怪的是，如果判决债权人寻求对外国判决进行登记，大部分成文法制度都强制要求将判决转换为本国货币判决。这种强制性的货币转换规定有点不合时宜——它们都是在法院无权作出外币判决的时候通过的。

强制性的货币兑换规定可能会给判决债权人和债务人带来严重的经济影响，特别是在汇率大幅波动期间，这种情况总会不幸地损害一方当事人的利益。一些普通法国家已经意识到可能产生的这种困境和不公正，特别是对于判决债务人来说。澳大利亚和新西兰的成文法让判决债权人在他们的登记申请中，选择他们是否希望将判决登记为最初判决中的货币。① 这种选择可能会缓和可能因汇率波动带来的困境——至少从判决债权人的角度来看是如此。肯尼亚法律所使用的自由裁量性的语言，也使外国判决债权人可以获得这种选择。当在将来对成文法进行改革时，建议它们都采用与新西兰和澳大利亚同样的规定。实际上，考虑到法院现在可以作出外币判决，就完全没有理由不允许它们将外国判决登记为最初的货币。

虽然所研究的国家的成文法制度几乎一致要求对外国判决要进行货币转换，但它们对于转换的时间这一同样重要的问题却有分歧。冈比亚、博茨瓦纳、加纳、尼日利亚、南非、坦桑尼亚、乌干达和赞比亚选择适用的是外国判决作出之日的汇率。肯尼亚和纳米比亚选择的是判决登记之日的汇率。对于这一问题，存在许多可供选择的转换日期，如最初判决作出之日、判决登记之日、判决执行之日以及最初诉因发生之日。对于这一问题，也不可能只存在一个正确答案。实际上，对于如何解决这一问题，国际上

---

① Australia – Foreign Judgments Act 1991, s. 6 (11) (a); New Zealand – Reciprocal Enforcement of Judgments Act 1934, s. 4 (3).

也没有一致意见。① 无论做哪一种选择，都可能给一方当事人带来"无言的伤害"。如果必须进行转换——正如上面所分析的，也不应由法律对转换日期作出强制性规定——对于判决债权人来说，最有利的转换日期也是应该采用的日期，应该是尽可能接近判决执行或判决债务支付的日期。

五 撤销登记与"民族主义的"规定

所有成文法制度的一个特征是，判决债务人可以请求撤销对判决的登记。对于撤销判决登记存在许多相同的理由。这些理由包括：缺乏国际管辖权；违反自然公正；判决是通过欺诈取得的；判决的执行会违反公共政策；以及存在一个早已作出的相冲突的判决。

有些规定很独特，可以说表现出了民族主义的色彩，值得进行讨论。在冈比亚、莱索托、尼日利亚和斯威士兰，如果判决所涉及的诉因基于"公共政策或其他类似理由"不能在登记法院得到受理，登记法院就会撤销对判决的登记。肯尼亚和南非的登记规定在这方面可谓引人注目——也许是独树一帜。在第十七章我们分析了南非《商业保护法》的规定，这些规定禁止执行就某些特定交易作出的惩罚性或多重赔偿判决，或将取得南非经济事务部部长的预先许可，作为执行某些外国判决的先决条件。该法案同样适用于根据成文法制度可以执行的判决。②

这些民族主义立法规定中最为严苛的当数肯尼亚立法中授权肯尼亚高等法院执行少于外国法院所判决的数额的规定。如果外国法院判决要求支付的数额包括花费极度超过肯尼亚高等法院根据案件事实和法律所可能判决的数额，在肯尼亚高等法院进行过此类评估后，肯尼亚高等法院就可以这么做。此外，在肯尼亚的判决债务人可以请求撤销对判决的登记，如果判决的执行要求支付的数额超过根据肯尼亚国际私法所适用的某一肯尼亚法律所施加的责任限额。此外，即使判决债权人和判决债务人已经选择适

---

① Vaughan Black, *Foreign Currency Claims in the Conflict of Laws* (Oxford: Hart Publishing, 2010), pp. 193 – 198.

② See Enforcement of Foreign Civil Judgments Act 1988, s. 5 (1) (i)，该法允许基于外国判决根据"任一法律"不能在南非得到承认或执行来撤销对外国判决的登记。

用其他法律，但如果诉讼在肯尼亚法院提起，根据肯尼亚国际私法应适用肯尼亚某一法律的规定，但外国判决显然在某些实质性方面忽视了肯尼亚法律规定的话，肯尼亚法院也会撤销对外国判决的登记。如果在外国的诉讼程序中，外国法院必须对涉及某一特定事项的问题作出决定①以便作出判决，而如果它作出的决定，与肯尼亚高等法院就该问题适用肯尼亚国际私法后可能作出的决定不同，肯尼亚法院也有权撤销外国判决。在所研究的任何其他国家的成文法中，都没有发现法院具有这样的权力。

考虑到成文法制度是在互惠基础上运行，这些规定的出现令人担忧。它会潜在地阻止具有此类立法的国家指定那些不具有此类立法的国家，作为成文法制度的受益国。这些规定也可能会传播到其他国家，从而会限制成文法制度的适用。

这些规定可能会对判决执行产生的限制作用还很难判断。在法律报告中还没有见到引用肯尼亚规定的案例。一些报道的、未能成功援引南非《商业保护法》的案例，都根据普通法得到了执行。法院如何解释这些立法规定，对于界定这些立法规定的作用十分重要。法院在解释这些立法规定时，应确保在不损害个案公正的情况下，实现便利判决执行这一更为宏大的目的。

---

① 它们包括婚姻诉因、产生于婚姻关系的财产权利、儿童的监护或保佐，对无行为能力的人的事务或财产的管理、死者遗产的继承或管理、社会保障或公共协助以及破产、公司清算或重整，以及与因核材料或放射性物质泄漏事件造成的损害、死亡或伤害相关的程序。

第十九章
外国仲裁裁决的承认和执行

在所研究的国家内，存在两种主要的执行外国仲裁裁决的制度，即普通法制度和成文法制度。① 成文法制度主要有三种，即根据 1958 年《承认与执行外国仲裁裁决的纽约公约》（以下简称《纽约公约》）② 承认与执行的仲裁裁决、根据《解决国家与他国国民间投资争议公约》（以下简称《ICSID 公约》）③ 承认与执行的仲裁裁决以及来自成文法制度被拓展适用的国家的仲裁裁决。

第一节　国际仲裁公约的地位

所研究的大多数国家是《纽约公约》的成员国。冈比亚、④ 马拉维、纳米比亚、塞拉利昂和斯威士兰不是该公约的成员国，但博茨瓦纳、加纳、肯尼亚、莱索托、尼日利亚、南非、坦桑尼亚、乌干达、赞比亚和津巴布

---

① 一方当事人可能只是寻求承认一项外国仲裁裁决，这可以根据普通法予以承认。See *Re Ghelani Impex Ltd* ［1975］1 EA 197（reversing *Re Ghelani Impex Ltd* ［1974］1 EA 532），在该案中，法院指出，虽然外国仲裁裁决只能根据《仲裁法》得到执行，但当事人可援引仲裁裁决以证明因清算目的公司负有债务。*M Hamburger & Sons Ltd* v. *Nyanza Impex Ltd* 1975（1）ALR Comm. 90.

② United Nations Convention on the Recognition and Enforcement of Foreign Arbitral Awards, 10 June 1958, 330 UNTS 3.

③ Convention on the Settlement of Investment Disputes between States and Nationals of Other States, 18 March 1965, 575 UNTS 159. 南非高等法院已对南非不是该公约的成员国进行过批评。*Von Abo* v. *The Government of the Republic of South Africa* 2009（2）SA 526 at 535 – 540.

④ 联合国国际贸易法委员会网站没有将冈比亚列为该公约的成员国，但冈比亚 2005 年《选择性争议解决法》实施了该公约，并将其作为附件纳入该法中。

韦都是该公约的成员国。博茨瓦纳、肯尼亚、尼日利亚、坦桑尼亚和乌干达作出了一个保留，即它们只将公约适用于另一缔约国领土内作出的仲裁裁决的承认和执行。博茨瓦纳和尼日利亚还作出了另外一个保留，即它们只将公约适用于产生于根据其国内法不论是否为契约性质的法律关系的争议。对于所研究的一些国家，① 1923 年的《仲裁条款议定书》（以下简称《日内瓦议定书》）② 和 1927 年的《外国仲裁裁决执行公约》（以下简称《日内瓦公约》）③ 仍有重要意义。联合国国际贸易法委员会的 1985 年《国际商事仲裁示范法》（以下简称《示范法》）④ 对所研究的一些国家的仲裁立法带来重要影响。根据来自联合国国际贸易法委员会的信息，肯尼亚、尼日利亚、乌干达、赞比亚和津巴布韦都是根据《示范法》制定了本国的仲裁法。⑤ 非洲商法协调组织（OHADA）在 1999 年通过了《仲裁统一法》。但所研究的国家没有一个是该组织的成员国。⑥ 除南非外，所研究的所有国家都是《ICSID 公约》的成员国。

第二节　根据普通法或法院的许可对仲裁裁决的执行

一　加纳

加纳法院有权根据普通法执行外国仲裁裁决。*Grinaker – LTA Ltd* v. *Stype*

---

① 加纳《选择性争议解决法》第 59 条第 3 款就是依据《日内瓦公约》第 2 条制定的。马拉维在 1967 年的《仲裁法》中实施了《日内瓦议定书》和《日内瓦公约》。坦桑尼亚将《日内瓦公约》作为附件纳入其 1931 年《仲裁法》中。赞比亚 2000 年的《仲裁法》保留了根据《日内瓦议定书》和《日内瓦公约》对外国仲裁裁决进行的法律上的承认和执行（前言和第 33 条第 4 款）。See generally *Kassamali Gulamhusein v. Kyrtatas Brothers Ltd* [1968] 1 EA 542.

② 26 September 1927, 92 LNTS 301（1929 – 30）.

③ 24 September 1923, 27 LNTS 157（1924）.

④ UNCITRAL Model Law on International Commercial Arbitration, 21 June 1985, 24 ILM 1302.

⑤ http://www. uncitral. org/uncitral/en/uncitral_ texts/arbitration/1985Model_ arbitration_ status. html.

⑥ 该组织的成员国有：贝宁、布基纳法索、喀麦隆、中非共和国、科摩罗、刚果（布）、科特迪瓦、加蓬、几内亚、几内亚比绍、赤道几内亚、马里、尼日尔、塞内加尔、乍得、多哥。[刚果（金）也已加入该组织。——译者注] See generally, Boris Martor et al., *Business Law in Africa: OHADA and the Harmonization Process*, 2nd rev. ed.（London: Kogan Page, 2007）.

Investment Ltd 案①就涉及一项执行南非仲裁裁决的诉讼。被告的律师对法院的管辖权提出异议，理由是南非不是加纳 1963 年《仲裁（外国裁决）文件》指定的互惠国家。法院很快就驳回了异议，指出在没有互惠时，仲裁裁决可以通过普通法诉讼得到执行。此类裁决应该在当事人之间是终局的、具有效力的。上诉正在进行或存在上诉的权利的事实，不能阻止仲裁裁决的执行。但是，如果外国法院在上诉程序终结前下令"完全中止执行"，它就会阻碍该仲裁裁决的执行。

二　尼日利亚

尼日利亚法院长期以来都认可外国仲裁裁决可以和外国判决一样，通过普通法诉讼的方式得到执行，即使不存在保证仲裁裁决互惠待遇的条约或立法。②没有必要在尼日利亚就最初诉因或基础诉因重开诉讼。如果能够证明仲裁裁决是根据仲裁协议的规定，而且是在与仲裁协议一致的仲裁程序中作出的，仲裁裁决根据仲裁地和裁决作出地法律是完全的、终局的、有效的，它就可以根据普通法得到执行。③

三　南非

南非法院有权根据普通法执行一项外国仲裁裁决。在 *Benidai Trading Co. Ltd v. Gouws & Gouws（Pty）Ltd* 案④中，法院以缺乏管辖权为由驳回了一项请求执行伦敦仲裁裁决的诉讼。在上诉时，法院指出，由于被申请人没有对仲裁裁决提出上诉，该裁决对被申请人就是终局的，因此该裁决应

① *Grinaker – LTA Ltd* v. *Stype Investment Ltd*, Suit No. 34/2006（High Court, Ghana, 2006）.

② *Alfred C Toepfer* v. *Edokpolor* 1965 ALR Comm. 505（reversing *Edokpolor* v. *Alfred C Toepfer* 1964（1）ALR Comm. 322）.

③ *Murmansk State Steamship Line* v. *Kano Oil Millers Ltd* 1974（3）ALR Comm. 192 at 197（the decision was reversed in Murmansk State SS Line v. Kano Oil Millers Ltd 1974（1）ALR Comm. 1,［1974］NCLR 1,［1974］1 All NLR 402 but the court did not over – rule this aspect）.

④ 1977（3）SA 1020; *Laconian Maritime Enterprises Ltd* v. *Agromar Lineas Ltd* 1986（3）SA 509 at 516 – 517.

该得到承认和执行。

四 评论

外国仲裁裁决可以根据普通法得到执行。这可以像执行外国判决一样，通过就仲裁裁决提起诉讼的方式进行。此外，在所研究的一些国家内，立法允许仲裁裁决债权人在"获得法院许可后"，[①] 像执行判决的方式一样执行仲裁裁决。这是一种自由裁量的程序。[②] 虽然这样的规定通常包含在有关国内仲裁的立法中，但它们可以作为执行外国仲裁裁决的依据。

"获得法院的许可"这一规定可从英国一个相似的立法中找到根源，这一立法被解释为给了法院这样的授权。[③] 在一项执行俄罗斯仲裁裁决的诉讼中，尼日利亚最高法院注意到，在提起执行仲裁裁决的诉讼前，裁决债权人无法获得法院或法官的许可，导致他无法提起诉讼。[④] 实际上，法院很可能行使自由裁量权，允许仲裁裁决像判决一样得到执行，至少不是因为只是根据司法解释这一程序可以扩展适用于外国仲裁裁决的执行。

外国仲裁裁决要想根据普通法得到执行，必须存在仲裁协议、仲裁的事项在仲裁协议的范围内以及仲裁裁决是终局的和确定的。在所研究的案例中，仲裁协议都是明示的书面协议。但是，如果在争议发生前或争议发生后，当事人有约定仲裁的口头协议，这也可以使仲裁裁决得到执行。对

---

① See e. g. Botswana – Arbitration Act 1959, s. 20; Ghana – Alternative Dispute Resolution Act 2010, s. 57; Malawi – Arbitration Act 1967, s. 27 and 37 (1); Nigeria – Arbitration and Conciliation Act 1998, s. 31 (3); South Africa – Arbitration Act 1965, s. 31.

② *Mauritius Steam Navigation Company Ltd* v. *International Shipping Lines Ltd* 1969 (3) ALR Comm. 34, [1969] NCLR 174，法院指出这一程序的适用可通过传唤令 (originating summons) 作出。

③ Arbitration Act 1996, s. 66 (previously Arbitration Act 1950, s. 26, Arbitration Act 1889, s. 12). *Dalmia Cement Ltd* v. *National Bank of Pakistan* [1975] QB 9.

④ *Murmansk State SS Line* v. *Kano Oil Millers Ltd* 1974 (1) ALR Comm. 1, 1974 NCLR 1, [1974] 1 All NLR 402.

于根据普通法执行仲裁裁决的诉讼存在哪些抗辩，还不清楚。① 在加纳的一个案例中，法院援引了《纽约公约》第 5 条。② 考虑到公约规定的国际认可程度，其他法院在根据普通法执行外国仲裁裁决的诉讼中，很可能会高度认可公约中规定的抗辩。

执行外国仲裁裁决的普通法制度与下文将要分析的其他制度共同存在，这就产生了这样的问题，即它们之间的关系如何。③ 普通法制度被认为只适用于下文将要分析的那些制度调整范围以外的仲裁裁决的承认与执行。不过，如果一项仲裁裁决属于这些制度中某一制度的调整范围，则它就应根据该制度而不是普通法制度得到执行。不像在其他法域，④ 在所研究的国家内的成文法都没有明确授予或保留利用普通法执行《纽约公约》裁决的权力，⑤ 或让裁决债权人利用国内法中提供的其他救济而不是执行仲裁裁决。⑥总之，如下所述，《纽约公约》和《ICSID 公约》为仲裁裁决提供了比普通法制度更好的保护。另外，如果仲裁裁决和外国判决一样得到执行，情况就不是这样。

对于执行来自非《纽约公约》成员国的判决以及来自所研究的国家中少数几个没有将执行外国判决的成文法制度扩展适用于仲裁裁决的国家的判决，普通法制度可能更为重要。普通法制度与其他制度互为补充——它不应该被用作一种替代或被允许取代它们。

---

① *Alfred C Toepfer* v. *Edokpolor* 1965 ALR Comm. 505 at 511，［1965］1 All NLR 292.

② *Grinaker – LTA Ltd* v. *Stype Investment Ltd*，Suit No. 34/2006（High Court，Ghana，2006）.

③ *Benidai Trading Co. Ltd* v. *Gouws & Gouws*（*Pty*）*Ltd* 1977（3）SA 1020 at 1040. 律师主张，援引 1965 年《仲裁法》第 31 条以许可执行一项外国仲裁裁决，将会使为实施《纽约公约》而制定的 1977 年《承认与执行外国仲裁裁决法》成为"冗余"。法院认为没必要就此作出裁决。

④ See e. g. United Kingdom – Arbitration Act 1996，s. 104.

⑤ But see Uganda – Arbitration and Conciliation Act 2000，s. 44，该条规定："本部分（涉及《纽约公约》裁决的执行）的任何规定，不应妨碍任何人在本部分没有被制定为立法时所享有的在乌干达执行任何仲裁裁决，或在乌干达获得任何仲裁裁决的权利"；Zambia – Arbitration Act 2000，s. 33（4），该条规定保留了根据"任何其他成文法或法治"使仲裁裁决得到承认和执行的权利。

⑥ See also *Re Ghelani Impex Ltd*［1975］1 EA 197（reversing *Re Ghelani Impex Ltd*［1974］1 EA 532），法院指出，除了执行仲裁裁决外，此类仲裁裁决还可被用来证明公司负债等。

第三节　执行仲裁裁决的成文法制度

一　作为"外国判决"被执行的仲裁裁决

在所研究的一些国家内，在第十八章中所讨论的执行外国判决的成文法制度可以被用来执行外国仲裁裁决。① 此类仲裁裁决被作为外国判决对待。这些成文法规定，仲裁裁决根据裁决作出地国法律必须是可以和该国法院作出的判决一样的方式得到执行的［以下简称"仲裁裁决外国判决规定"（arbitral award foreign judgment provisions）］。② 在解释马拉维的相似规定时，法院指出，如果仲裁裁决已到了裁决作出地国法院可以执行的阶段，就足够满足这一条件了。没有必要为了对裁决进行登记，裁决债权人应先在裁决作出地国提起执行裁决的程序，或在该国获得一个执行裁决的判决。③ 尼日利亚最近也采用了相似的解释。④ 确实，如果裁决债权人已经在裁决作出地国获得了一项执行裁决的判决，那么该判决本身就可被执行——和根据第十七、十八章讨论的制度执行外国判决一样。

仲裁裁决外国判决的规定先于《纽约公约》而出现。制定此类规定似

---

① See generally Keith W. Patchett, *Recognition of Commercial Judgments and Awards in the Commonwealth* (London: Butterworths, 1984) pp. 210 – 235.

② Botswana – Judgments (International Enforcement) Act 1981, s. 2; Gambia – Reciprocal Enforcement of Judgments Act 1922, s. 2; Kenya – Foreign Judgments (Reciprocal Enforcement) Act 1984, s. 3 (1) (f); Lesotho – Reciprocal Enforcement of Judgments Act 1922, s. 2; Malawi – British and Commonwealth Judgments Act 1922, s. 2; Nigeria – Reciprocal Enforcement of Judgments Act 1958, s. 2 and Foreign Judgments (Reciprocal Enforcement) Act 1990, s. 2; Swaziland – Reciprocal Enforcement of Judgments Act 1922, s. 2; Uganda – Foreign Judgment (Reciprocal Enforcement) Act 1961, s. 8 (2); Zambia – Foreign Judgment (Reciprocal Enforcement) Act 1937, s. 10 (a). 这些规定都是根据英国 1920 年《司法管理法》第 12 条第 1 款制定的。目前，加纳、纳米比亚、坦桑尼亚、南非和津巴布韦在它们的外国判决执行制度中都没有涉及仲裁裁决—外国判决的规定。

③ *Bauman*, *Hinde & Co. Ltd v. David Whitehead & Son Ltd*, Civil Cause No. 2107 of 1996 (High Court, Malawi, 1998).

④ *Tulip Nigeria Ltd. v. Noleggioe Transport Maritime SAS* [2011] 4 NWLR 254.

乎是为外国仲裁裁决的执行创建一套和在英国殖民地执行外国判决一样的制度。不过，仲裁裁决在许多方面有时并不能很好地融入为"外国判决"所起草的法律中，正如帕切特（Patchett）所评论的，"毫无疑问，立法中的标准必须就仲裁裁决作出适当的变动，以便登记能够最终完成"。① 换句话说，对于登记外国仲裁裁决的申请应像执行外国判决的申请一样对待。

仲裁裁决外国判决规定似乎很少被援用。在 *Bauman，Hinde & Co. Ltd v. David Whitehead & Son Ltd* 案中，法院援引 1922 年《英国和英联邦判决法》第 2 条和第 3 条，对一项来自英国的仲裁裁决进行了登记。②

在那些拥有仲裁裁决外国判决规定的国家——博茨瓦纳、冈比亚、肯尼亚、莱索托、马拉维、尼日利亚、斯威士兰、乌干达和赞比亚，这一制度与普通法制度共存，而且对于《纽约公约》成员国的国家来说，还存在《纽约公约》制度。在冈比亚、莱索托、尼日利亚和斯威士兰，裁决债权人可以根据普通法就裁决提起诉讼，而不用寻求根据各自的法律对裁决进行登记。③ 换句话说，即使在这些国家仲裁裁决可以像外国判决一样得到登记，裁决债权人仍可选择就裁决提起普通法诉讼。不过，如果对一项本来可以登记的仲裁裁决选择提起普通法诉讼，就会带来这样一个不利之处，即原告将无法获得诉讼的费用，除非其已经无法成功地申请对裁决进行登记，或者法院作出了其他决定。

在博茨瓦纳、肯尼亚、尼日利亚、乌干达和赞比亚，也许不能利用普通法制度和《纽约公约》来执行属于各自立法调整范围内的仲裁裁决。情况就是这样，因为它们的法律规定："如果根据本法所调整的仲裁裁决要求

---

① Keith W. Patchett, *Recognition of Commercial Judgments and Awards in the Commonwealth* (London: Butterworths, 1984) p. 210.

② MSCA Civil Appeal No. 17 of 1998 (Supreme Court, Malawi, 2000). The Supreme Court affirmed the High Court Decision, *Bauman，Hinde & Co. Ltd v. David Whitehead & Son Ltd*, Civil Cause No. 2107 of 1996 (High Court, Malawi, 1998). See also *Mauritius Steam Navigation Company Ltd v. International Shipping Lines Ltd* 1969 (3) ALR Comm. 34, [1969] NCLR 174, 在该案中法院注意到这样一种可能性，即外国仲裁裁决可利用 1958 年《互惠执行外国判决法》进行登记。

③ Gambia – Reciprocal Enforcement of Judgments Act 1922, s. 3 (4); Lesotho – Reciprocal Enforcement of Judgments Act 1922, s. 3 (5); Nigeria – Reciprocal Enforcement of Judgments Act 1958, s. 3 (4); Swaziland – Reciprocal Enforcement of Judgments Act 1922, s. 3 (5).

支付一笔金钱，除通过对裁决进行登记的程序外，不得在任何法院提起任何其他程序。"① 这就产生了一个难题，特别是对于那些既是《纽约公约》的成员国，也被指定为仲裁裁决外国判决规定的受益国的国家来说：这两种制度之间的关系如何界定？

这一问题具有实际意义。所讨论的立法都包含有关抗辩详尽清单和强制性货币转换的规则，与《纽约公约》的规定相比，它们可能对仲裁裁决的一方当事人不利。例如，针对其在肯尼亚提出仲裁裁决执行请求的判决债务人，就可以援引肯尼亚1984年《外国判决（互惠执行）法》第10条第3款的规定，请求"撤销一项仲裁裁决，如果该裁决的执行要求支付超过根据肯尼亚国际私法规则所适用的肯尼亚任何法律所施加的责任限额"。在《纽约公约》中，裁决债务人就不能援引这种抗辩。同样，仲裁裁决债权人不得不将仲裁裁决转换为当地货币进行登记。但《纽约公约》没有这种强制要求。

仲裁裁决外国判决的规定是在还不存在执行外国仲裁裁决的国际制度的时候制定的。这一制度被认为仅对英国殖民地是合适的——它推动了仲裁裁决在殖民地的执行。随着英帝国的消亡和《纽约公约》的采纳以及在国际上的广泛接受，这些规定已无用武之地，应予废除，特别是在那些《纽约公约》的成员国内。适用执行外国判决的成文法制度来执行外国仲裁裁决，在某些情况下（如上面提到的肯尼亚的例子）可能会违反该国的国际义务。在拥有仲裁裁决外国判决规定的国家内，建议根据这些规定所设立的制度仅适用于来自不是《纽约公约》成员国的国家的仲裁裁决，或就博茨瓦纳、肯尼亚、尼日利亚和乌干达的情况而言，仅适用于根据该公约不存在互惠的国家的仲裁裁决。如果援引《纽约公约》第3条的规定，就可以说，将仲裁裁决外国判决规定所设立的制度适用于《纽约公约》的裁决，就会施加"比承认和执行国内仲裁裁决所施加的实质性条件更为严苛的条件"。

---

① Botswana – Judgments (International Enforcement) Act 1981, s. 9; Kenya – Foreign Judgments (Reciprocal Enforcement) Act 1984, s. 17 (1); Nigeria – Foreign Judgments (Reciprocal Enforcement) Act 1990, s. 8; Uganda – Foreign Judgment (Reciprocal Enforcement) Act 1961, s. 7; Zambia – Foreign Judgment (Reciprocal Enforcement) Act 1937, s. 8.

二 《纽约公约》和其他外国仲裁裁决

(一) 博茨瓦纳

在博茨瓦纳,外国仲裁裁决的执行受 1971 年《承认和执行外国仲裁裁决法》调整,该法是为实施《纽约公约》而制定的。在《纽约公约》任一成员国内作出的仲裁裁决具有约束力,可在博茨瓦纳得到执行。该法仅适用于根据博茨瓦纳法律是商事法律关系的争议的裁决,无论是否具有契约性质。此外,来自《纽约公约》任一成员国的仲裁裁决不会在博茨瓦纳得到执行,除非在博茨瓦纳作出的仲裁裁决也能在该国得到执行。这一规定反映了博茨瓦纳在加入《纽约公约》时所做的互惠保留。

(二) 冈比亚

在冈比亚,外国仲裁裁决的执行受 2005 年《ADR 法》调整。该法设立了两种不同的制度,即适用于"国际商事仲裁裁决"的制度[1]和适用于其他仲裁裁决的制度。

对于"国际商事仲裁裁决",执行应根据《纽约公约》进行。[2] 此类仲裁裁决可以是在冈比亚作出的,或是在根据《纽约公约》的规定、具有执行冈比亚仲裁裁决的互惠立法的缔约国内作出的。构成仲裁裁决基础的争议必须产生于一项合法的契约关系。[3]

对于其他仲裁裁决,该法规定,一项仲裁裁决无论其作出地国为何,应被认为具有约束力,在向冈比亚高等法院提出书面申请后,该仲裁裁决可以通过登记或通过诉讼的方式得到执行,但要受该法所规定的相关抗辩的约束。[4] 援引仲裁裁决或申请执行仲裁裁决的当事人,必须提供经适当认证的裁决书正本或副本,以及必要时经过认证的裁决书英文译件。[5] 如果另

---

[1] 该法没有对"国际商事仲裁"进行界定。

[2] Alternative Dispute Resolution Act 2005, s. 56.

[3] Alternative Dispute Resolution Act 2005, s. 56 (a) (b).

[4] Alternative Dispute Resolution Act 2005, s. 52 (1).

[5] Alternative Dispute Resolution Act 2005, s. 52 (2).

一方当事人能够向法院证明存在下列情形，法院就可拒绝承认或执行该仲裁裁决：仲裁协议的当事人缺乏某种行为能力；或仲裁协议根据当事人所选择的法律，或在没有作出法律选择时，根据裁决作出地法律，是无效的；仲裁裁决所针对的一方当事人没有被给予指定仲裁员或仲裁程序的适当通知，或因其他情况未能陈述案情；仲裁裁决处理了仲裁协议中没有约定的或不在仲裁协议范围内的事项，除非提交仲裁的事项可以从未提交仲裁的事项中分离出来，这样，提交仲裁的事项的部分裁决可以得到承认和执行；仲裁庭的组成或仲裁程序违反了当事人的协议，或在没有此种协议时，违反了仲裁地法律；或仲裁裁决尚未对当事人发生约束力，或仲裁裁决已被裁决作出地法院或根据其法律作出裁决的法院撤销或中止。① 如果法院查明，争议的事项根据冈比亚法律不能通过仲裁方式解决，或仲裁裁决的承认和执行会违反冈比亚的公共政策，法院也会拒绝承认该仲裁裁决。②

（三） 加纳

在加纳，外国仲裁裁决的执行由 2010 年《ADR 法》第 59 条调整。加纳高等法院对外国判决的执行具有管辖权。法院必须确信：仲裁裁决是根据裁决作出地法律有资格的机构作出的；加纳和裁决作出地国存在互惠安排；③ 或仲裁裁决是根据《纽约公约》或加纳加入的某一仲裁国际公约作出的。④ 希望执行外国仲裁裁决的当事人必须提交仲裁裁决书以及裁决书据以作出的仲裁协议的正本或经认证的裁决书副本。⑤ 根据仲裁所适用的法律，在任何法院不存在针对仲裁裁决而正在进行的

---

① Alternative Dispute Resolution Act 2005, s. 52 (1) (a).

② Alternative Dispute Resolution Act 2005, s. 52 (1) (b). 根据第 52 条第 3 款，如果一项仲裁裁决是在欺诈、贪污，或严重不公正，或违反自然公正等诱导或影响下作出的，它就会被认为违反了公共政策。

③ 参见 1963 年《仲裁（外国裁决）文件》。下列国家为执行《纽约公约》裁决目的被列举为互惠国家：奥地利、保加利亚、白俄罗斯、柬埔寨、中非共和国、锡兰（现在的斯里兰卡）、捷克斯洛伐克、厄瓜多尔、德国、芬兰、法国、希腊、匈牙利、印度、以色列、日本、马达加斯加、摩洛哥、挪威、波兰、罗马尼亚、叙利亚、泰国、乌克兰、苏联（现在是俄罗斯）以及阿联酋。

④ Alternative Dispute Resolution Act 2010, s. 59 (1).

⑤ Alternative Dispute Resolution Act 2010, s. 59 (1) (d).

上诉。① 对于互惠国家，必须在执行仲裁裁决的申请提起时而不是仲裁裁决作出时存在互惠的安排。②

如果存在下列情形，加纳高等法院就不会执行外国仲裁裁决：仲裁裁决已在裁决作出地国被撤销；仲裁裁决债务人没有被给予使其能够陈述案情的充分通知；缺乏行为能力的当事人没有被适当代理；仲裁裁决处理了没有提交仲裁的事项，或裁决的事项超越了仲裁协议的范围。③ 根据《纽约公约》，如果仲裁协议的当事人根据适用于他们的法律没有行为能力，仲裁裁决也可被拒绝承认和执行。*Jadranska Slobodana Plovidaba v. Oysa Ltd* 案④就涉及一项请求获得法院许可以执行一项伦敦的仲裁裁决的申请。仲裁裁决是根据租船合同中的仲裁协议作出的。申请人和被申请人分别是原南斯拉夫和加纳的公司。包含伦敦仲裁协议的租船合同是在被申请人公司成立前达成的。法院在驳回申请时指出，根据英国法律——支配被申请人缔结租船合同的能力的法律，在租船合同签署之日，被申请人不具备缔结该合同的能力。

（四）肯尼亚

在肯尼亚，外国仲裁裁决的执行受 1995 年《仲裁法》和 1984 年《外国判决（互惠执行）法》的调整。⑤ 根据《仲裁法》，一项仲裁将被认为是国际性的，如果：仲裁协议的当事人在达成仲裁协议时在不同国家具有营业地；当事人明确约定仲裁协议的事项涉及一个以上的国家；或下列地点位于当事人营业地所在国以外⑥——由仲裁协议或根据仲裁协议确定的仲裁

---

① Alternative Dispute Resolution Act 2010, s. 59 (1) (e).

② *Strojexport* v. *Edward Nassar* [1965] GLR 591.

③ Alternative Dispute Resolution Act 2010, s. 59 (3). 该规定看来是几乎完全模仿了《日内瓦公约》第 2 条。这些规定在多大程度上与《纽约公约》一致，还令人怀疑。加纳是《纽约公约》的成员国。例如，该法第 59 条第 3 款（c）项规定，法院不应执行一项外国仲裁裁决，如果"缺乏法律行为能力的一方当事人没有被适当代理"，这一规定就来自《日内瓦公约》第 2 条第 1 款（b）项的规定。这与《纽约公约》第 5 条第 1 款（a）项规定有很大不同。

④ [1979] GLR 129, 1978 (2) ALR Comm. 108.

⑤ Foreign Judgments (Reciprocal Enforcement) Act 1984, s. 3 (1) (f).

⑥ 如果一方当事人有不止一个营业地，与仲裁协议有密切联系的营业地将被视为营业地。如果当事人没有营业地，就应以其惯常居所地为营业地。

地，或商事关系主要义务将要被履行的地点，或争议事项的最密切联系地。

一项国际仲裁裁决将被认为具有约束力，并可根据《纽约公约》或肯尼亚加入的有关仲裁裁决的任何国际公约的规定在肯尼亚得到执行。① 除仲裁裁决债务人根据《纽约公约》第 5 条可利用的抗辩外，② 如果仲裁裁决是因受到欺诈、行贿、贪污或不当影响的引导或干扰作出的，该仲裁裁决的承认和执行也会被拒绝。③ 肯尼亚法院不能被用来执行基于非法、无效或不道德的合同作出的仲裁裁决。执行国际仲裁条约是肯尼亚的公共政策，但法院必须平衡有利于执行国际仲裁裁决的政策和保护肯尼亚人的福利的政策之间的冲突利益。因此，执行一项有关合同赔偿的仲裁裁决，被法院认定为违反了肯尼亚的公共政策，因为该合同如果被履行，将会向肯尼亚市场输入被官方认定为不适合人类消费的玉米。④

（五）马拉维

对于根据适用 1923 年《仲裁条款议定书》的仲裁协议，在 1924 年 7 月 28 日之后作出的而且其中一方当事人是在马拉维司法部部长在互惠基础上指定的作为 1927 年《外国仲裁裁决执行公约》成员国的国家管辖权范围内的当事人之间的仲裁裁决的执行，马拉维创建了一套专门的制度。⑤ 外国仲裁裁决可以通过诉讼，或经法院许可后在马拉维得到执行。⑥ 可以通过此类方式执行的外国仲裁裁决应为所有目的被视为在当事人之间具有约束力，并因此可以被任一方当事人在抗辩、抵销时或在马拉维的任何其他法律程

---

① Arbitration Act 1995, s. 36 (2).

② 该法第 37 条几乎复制了这些抗辩。

③ Arbitration Act 1995, s. 37 (1) (a) (vii).

④ *Glencore Grain Ltd v. TSS Grain Millers Ltd* ［2002］KLR 1. 关于公共政策的界定，see generally *Christ for All Nations v. Apollo Insurance Co. Ltd* ［1999］LLR 1635，法院在一项要求撤销当地仲裁裁决的申请中指出，公共政策是一个宽泛的概念，不能被精确界定。但一项仲裁裁决可因违反肯尼亚的公共政策被撤销，如果能够证明该裁决：（a）与肯尼亚宪法或法律相冲突，无论是成文法还是不成文法；（b）损害肯尼亚的国家利益；或（c）违反公正或道德。这些规定并非详尽无遗，第二类范围中的事项还包括国防和安全利益、与友好国家的良好外交关系以及肯尼亚的经济主权等。第三类事项主要考虑的是仲裁裁决是否因贪污或欺诈作出，或是否建立在违反公共道德的合同之上。

⑤ Arbitration Act 1967, s. 36. 马拉维不是《纽约公约》的成员。

⑥ Arbitration Act 1967, s. 37 (1) and 27.

序中援引。①

寻求执行外国仲裁裁决的当事人必须提供仲裁裁决书正本，或根据裁决作出地法律所要求的方式经过适当认证的裁决书副本，证明裁决是终局裁决的证据，以及证明裁决是外国仲裁裁决和所要求的执行条件已得到满足的证据。② 如果所要求的文件是以外文作出，申请执行仲裁裁决的当事人还有义务提供经该国外交或领事人员或根据马拉维法律所要求的方式被认证为无误的译文。③

外国仲裁裁决要在马拉维得到执行，必须满足下列条件：它是根据有效的仲裁协议作出的；它是由仲裁协议中约定的仲裁庭，或根据当事人约定的方式组成的仲裁庭作出的；它是在遵守仲裁地法律的基础上作出的；它在裁决作出地具有终局效力；④ 它处理的事项可以根据马拉维法律通过仲裁方式解决；以及对它的执行不得违反马拉维法律或公共政策。⑤ 如果法院确信存在下列情形，外国仲裁裁决就不能在马拉维得到执行：裁决已在裁决作出地国被撤销；或裁决针对其执行的一方当事人没有在充分时间内获得仲裁程序的通知，以便其能够陈述案情，或其缺乏某种行为能力而没有被适当代理；或裁决没有对所有提交的事项作出处理，或对不属于仲裁协议范围内的事项作出了处理。⑥

（六）尼日利亚

在尼日利亚，外国仲裁裁决的执行受 1988 年《仲裁与调解法》、1990 年《外国判决（互惠执行）法》和 1922 年《互惠执行判决条例》的调整。根据《仲裁与调解法》第 57 条，一项仲裁是国际性的，如果：仲裁协议的当事人在缔结仲裁协议时他们的营业地位于不同的国家；⑦ 或下列地点之一位于当事人营业地国之外——（1）仲裁地，如果该地点是由或根据仲裁协

---

① Arbitration Act 1967, s. 37 (2).

② Arbitration Act 1967, s. 39 (1).

③ Arbitration Act 1967, s. 39 (2).

④ 如果为质疑裁决有效性目的而提起的任何程序正在裁决作出地国进行，该项仲裁裁决就不应被视为最终仲裁裁决。

⑤ Arbitration Act 1967, s. 38 (1).

⑥ Arbitration Act 1967, s. 38 (2).

⑦ 如果一方当事人有不止一个营业地，应以与仲裁协议有最密切联系的营业地为营业地；如果当事人没有任何营业地，应以其惯常居所地为营业地。

议确定的；（2）商事关系主要义务将要被履行的任何地点，或与争议事项有最密切联系的地点；或如果仲裁协议当事人明确约定仲裁协议事项涉及一个以上国家；或如果当事人不管合同性质如何，明确约定产生于商事交易的任何争议应被作为国际仲裁看待。

一项仲裁裁决，无论其裁决作出地在哪一国家，应被视为具有约束力，并在向法院提出书面申请后，得被法院执行。① 仲裁协议的任一方当事人可请求法院拒绝承认和执行一项仲裁裁决。② 换句话说，请求拒绝承认和执行仲裁裁决的当事人不必是裁决债务人；实际上其甚至不需要是仲裁程序的当事人。尼日利亚法院会基于与《纽约公约》第 5 条几乎完全相似的理由，拒绝承认与执行或撤销一项仲裁裁决。③

上述分析是一般性概括。当寻求承认和执行产生于国际商事仲裁的任何裁决时，《纽约公约》会适用于在尼日利亚或任何缔约国作出的任何仲裁裁决，只要该缔约国具有根据该公约的规定承认和执行尼日利亚作出的仲裁裁决的互惠立法。此外，该公约仅适用于产生于契约性质的法律关系的争议。④ 尼日利亚法院曾经指出，仲裁程序和任何法院程序一样，应遵守自然公正、公正审理规则，并遵守听取双方之词这一原则（the principle of audi alteram partem）。但是，如果被申请人已被适当送达仲裁程序通知，而且有充分时间采取措施陈述案情或提出抗辩，却没有这样做，其就不能随后以缺乏适当通知为由提出抗辩。⑤

（七）南非⑥

在南非，外国仲裁裁决的执行受 1977 年《承认与执行外国仲裁裁决

---

① Arbitration and Conciliation Act 1990, s. 51 (1).
② Arbitration and Conciliation Act 1990, s. 52 (1).
③ Arbitration and Conciliation Act 1990, ss. 48 and 52 (2).
④ Arbitration and Conciliation Act 1990, s. 54.
⑤ *Michado & Company Incorporated v. Modak* (*Nigeria*) *Enterprises Ltd* ［2002］12 WRN 49.
⑥ 南非总统在 2017 年 12 月 20 日公布了《国际仲裁法》，该法将联合国国际贸易法委员会《国际商事仲裁示范法》（经 2006 年修订）、《调解规则》和 1958 年《纽约公约》作为附件纳入其中，并废除了 1977 年的《承认与执行外国仲裁裁决法》。该法将适用于国际仲裁包括对外国仲裁裁决的承认和执行，而 1965 年《仲裁法》将只适用于国内仲裁。该法具体内容参见 https：//www. gov. za/sites/default/files/gcis_ document/201712/41347（转下页注）

法》的调整。① "外国仲裁裁决" 是指在南非境外作出的仲裁裁决，或不能根据 1965 年《仲裁法》得到执行的仲裁裁决。② 该法允许南非任何法院将外国仲裁裁决转化为法院的命令，从而可以像南非法院作出的判决或命令一样得到执行。③ 南非法院曾经指出，该法授予南非任何省级法院或最高法院省级分庭承认任何外国仲裁裁决的管辖权，包括外地人（peregrini）之间的仲裁裁决，但要遵守有效原则这一要求，这可以通过扣押财产实现。诉因或基础交易与南非没有关系无足轻重。④

　　南非法院可以基于与《纽约公约》第 5 条基本上相似的理由，拒绝根据一项申请将外国仲裁裁决转化为法院的命令。⑤ 南非法院只是在例外情况下，才不会给予仲裁裁决以效力。⑥ 违反南非的公共政策就构成一种例外情况。例如，在 *Seton Co. v. Silveroak Industries Ltd* 案⑦中，被告以公共政策为由对执行一项法国仲裁裁决提出异议。被告声称承认一项通过欺诈方式获得的仲裁裁决，会违反南非的公共政策。法院驳回了被告的异议，认为只有从仲裁裁决和仲裁协议表面能清楚看出仲裁裁决违反了公共政策，南非法院才会拒绝承认该仲裁裁决。不需要任何外部证据（extraneous evidence）来说服法院有关仲裁协议存在的非法性问题。如果外部证据是必需的，就像存在欺诈的情况一样，法院必须首先考虑在裁决作出地的辖区内是否存在相应的救济。如果存在此类救济，通常就应由被告在该辖区内寻求救济。不过，如果被告在外国法院内没有用尽可利用的救济，南非法院也不会基

（接上页注⑥）internationalarbitrationact15of2017. pdf。——译者注

① 在 1998 年，南非法律改革委员会建议废除该法，并用新的法律取代它；新的法律应明确规定外国仲裁裁决的承认与执行，并修正旧法中所存在的其他缺陷。这一建议没有得到实施。South African Law Reform Commission，*Arbitration*：*An International Arbitration Act for South Africa*（Pretoria：SALRC，Project 94，1998）.

② Recognition and Enforcement of Foreign Arbitral Awards Act 1977，s. 1.

③ Recognition and Enforcement of Foreign Arbitral Awards Act 1977，s. 2.

④ *Laconian Maritime Enterprises Ltd* v. *Agromar Lineas Ltd* 1984（3）SA 233.

⑤ Recognition and Enforcement of Foreign Arbitral Awards Act 1977，s. 4.

⑥ *Seton Co. v. Silveroak Industries Ltd* 2000（2）SA 215 at 229. See also *Telcordia Technologies Inc. v. Telkom SA Ltd* 2007（3）SA 266，该案涉及一项以在程序中存在严重不公正或越权为由撤销仲裁裁决的申请，但未能成功。

⑦ 2000（2）SA 215.

于欺诈的理由拒绝承认一项仲裁裁决。① 如果外国仲裁裁决据以作出的仲裁协议是无效的，南非法院就不会执行该裁决。②

外国仲裁裁决的执行也可能被 1978 年《商业保护法》排除。根据该法第 1 条，在南非之外作出的任何判决或仲裁裁决，在没有得到南非贸工部部长允许的情况下，将不会在南非境内得到执行，如果该判决或仲裁裁决是产生于与任何物质或材料的采矿、生产、进口、出口、冶炼、占有、使用、销售或所有有关的行为或交易，无论其性质如何，也无论此类行为或交易是在南非之内、之外还是进入或离开南非。③

（八）坦桑尼亚

在坦桑尼亚，外国仲裁裁决的承认和执行受 1931 年《仲裁法》的调整。该法将 1927 年《执行外国仲裁裁决的日内瓦公约》作为附件纳入。不过，考虑到坦桑尼亚已批准《纽约公约》，根据《纽约公约》第 7 条第 2 款，《日内瓦公约》在坦桑尼亚和其他缔约国之间"已不再具有效力"。外国仲裁裁决可在坦桑尼亚高等法院得到执行。④ 此类仲裁裁决就所有目的而言，应被视为在裁决的当事人之间具有约束力。任何当事人都可在任何法律程序中通过抗辩、抵销或其他方式援引此类仲裁裁决。⑤ 为使外国仲裁裁决得到执行，它必须是根据有效仲裁协议作出的；它必须是由仲裁协议约定的仲裁庭，或根据当事人约定的方式组成的仲裁庭作出的；它的作出必须符合仲裁程序的准据法；⑥ 它必须在裁决作出地国是终局的；⑦ 它所涉及

---

① 与在执行外国判决的诉讼中对待欺诈抗辩的方式相比，这是一个有趣的但也许并不合理的方法。

② *Phoenix Shipping Corporation v. DHL Global Forwarding SA（Pty）Ltd* 2012（3）SA 381.

③ In *Seton Co. v. Silveroak Industries Ltd* 2000（2）SA 215 at 226，该案寻求部长许可执行一项仲裁裁决，得到批准。

④ 在 *Tanzania Cotton Marketing Board v. Cogecot Cotton Company* 案（［1997］TLR 165）中，法院指出，根据《仲裁条例》第 11 条第 2 款，仲裁裁决不必由仲裁员自己提交给法院，他指示其他人代表他提交就行了。

⑤ Arbitration Act 1931，s. 29.

⑥ In *WJ Tame Ltd v. Zagoritis Estate Ltd*［1960］EA 370，法院指出，被提交仲裁的争议所适用的属地法律错误，就是一种法律上的错误，可使法院有理由撤销一项仲裁裁决。

⑦ 如果为质疑一项仲裁裁决的有效性而提起的程序正在裁决作出地国进行，该仲裁裁决就不应被视为终局的。见 1931 年《仲裁法》第 32 条。

的事项必须是根据坦桑尼亚法律可通过仲裁方式解决的；而且它的执行不得违反坦桑尼亚的公共政策或法律。①

（九）　乌干达

乌干达2000年《仲裁和调解法》规定了对《纽约公约》仲裁裁决的执行。② 此类仲裁裁决应被视为具有约束力，并向法院提出书面申请后，可得到执行。③ 如果法院确信仲裁裁决是可执行的，它就会被视为法院的命令。④ 一项可被执行的仲裁裁决就所有目的而言，应被视为在裁决当事人之间具有约束力。因此，任何当事人可在乌干达的诉讼程序中通过抗辩、抵销等方式援引此类仲裁裁决。⑤ 虽然该法含有仲裁裁决可被撤销的理由，⑥ 但它没有包含可以拒绝承认和执行外国仲裁裁决的理由。

（十）　赞比亚

在赞比亚，外国仲裁裁决的承认和执行受2000年《仲裁法》调整。根据该法，一项《纽约公约》仲裁裁决被视为在裁决当事人之间具有约束力，并可根据联合国国际贸易法委员会《国际商事仲裁示范法》（简称《示范法》）第35条和第36条得到执行。⑦

（十一）　津巴布韦

津巴布韦1996年《仲裁法》实施了联合国国际贸易法委员会《示范法》。《示范法》第35条和第36条涉及仲裁裁决的承认和执行。虽然有关承认和执行外国仲裁裁决的法律是根据《示范法》制定的，但津巴布韦法院曾判定，有关《纽约公约》公共政策抗辩的判决，为解释《示范法》提

---

① Arbitration Act 1931, s. 30.
② 2000年《仲裁和调解法》将其界定为根据仲裁协议在《纽约公约》成员国（乌干达以外的）的地域内作出的仲裁裁决。
③ Arbitration Act 1931, ss. 35 and 42.
④ Arbitration Act 1931, s. 43.
⑤ Arbitration Act 1931, s. 41.
⑥ Arbitration Act 1931, s. 34. 该条所规定的理由和《纽约公约》第5条非常相似。
⑦ Arbitration Act 2000, s. 31. 《纽约公约》被列为该法的第二个附件。

供了具有说服力的指导意见。但在发生直接冲突时，津巴布韦的公共政策将占主导地位。① 此外，法院还指出，一项仲裁裁决如果受到欺诈或贪污的影响，或发生了违反自然公正的情形，或裁决的实质影响使其与公共政策相悖，该裁决就会被判定违反了公共政策。对公共政策的解释是限制性的，只有在违反了法律的某些根本原则、道德或公正时，才会适用公共政策。一项仲裁裁决不会仅仅因为仲裁员在法律或事实方面的推理或结论是错误的，就被认为违反了公共政策。但是，如果仲裁裁决中的推理或结论完全超越了一般的过失或不正确，构成了明显的、影响深远的且令人难以忍受的不公正，违反了逻辑的或可容忍的道德标准，以至于一个明智的、正直的人都会认为津巴布韦的公正观念会被该裁决损害到无以复加的地步，该仲裁裁决就违反了公共政策，不会得到法院的支持。如果仲裁员对相关问题敷衍了事或颠倒黑白，以至于导致的不公正达到了上面提到的地步，也会产生同样的后果。② 如果合同一方当事人未能履行自己的全部义务，仲裁裁决却给予其全部赔偿，这样的裁决也会被法院裁定违反了基本公正，与公共政策相冲突。③

（十二）评论

下列所有国家都是《纽约公约》的成员国——博茨瓦纳、加纳、肯尼亚、莱索托、尼日利亚、南非、坦桑尼亚、乌干达、赞比亚和津巴布韦，它们都制定了立法以实施该公约。④ 就国际法和国内法关系而言，考虑到它们都是持二元论的国家，这种立法是非常重要的。如果在国内层面没有此类实施立法，《纽约公约》就不可能在它们的各自法律体系内生效。⑤

不过，当对这些实施《纽约公约》的立法进行考察时，人们可能就会怀疑它们能否完全满足《纽约公约》规定的义务。这可以通过一些立法规定看出来。根据尼日利亚1988年《仲裁与调解法》，仲裁协议的任一方当事人都

---

① *Zimbabwe Electricity Supply Authority v. Maposa* 1999（2）ZLR 452.

② *Zimbabwe Electricity Supply Authority v. Maposa* 1999（2）ZLR 452.

③ *Pamire v. Dumbutshena* 2001（1）ZLR 123.

④ 冈比亚通过2005年《选择性争议解决法》实施了该公约。

⑤ *Transvaal Alloys（Pty）Ltd v. Polysius（Pty）Ltd* 1983（2）SA 630 at 647.

可请求尼日利亚法院拒绝承认与执行一项仲裁裁决。但根据《纽约公约》，提出此类请求的应是"裁决所针对的一方当事人"。同样，根据该公约，在裁决作出地国或根据其法律作出裁决的国家提起撤销裁决申请的事实，并不能自动阻止裁决的承认与执行——被请求执行的法院有权自由裁量是否中止执行程序。不过，在加纳 2010 年的《ADR 法》中，"根据适用于仲裁的法律，在任何法院针对裁决提起的上诉"的事实，应阻止被请求法院执行该裁决。南非 1977 年《承认与执行外国仲裁裁决法》第 2 条所使用的"可以"（may）可能给人留下这样的印象，即承认和执行仲裁裁决是一种可自由裁量的事项。这同样引起人们的关注。根据《纽约公约》第 3 条，承认与执行不是可以自由裁量的——除受制于有限的抗辩理由外，承认与执行仲裁裁决是一种义务。肯尼亚 1995 年《仲裁法》受《示范法》第 19 条第 1 款（b）（iii）项规定的启发，允许基于仲裁裁决是"受贪污、受贿、不当影响或腐败的影响"而作出的为由，拒绝承认和执行一项仲裁裁决。《纽约公约》第 5 条所使用的"仅在下列情形下"（only if）表明该公约所提供的抗辩是穷尽的。只要欺诈、受贿、不当影响或腐败并没有达到违反公共政策的程度——公共政策是《纽约公约》规定的一种抗辩，它就不是该公约所认可的抗辩理由。

这些实施立法所存在的明显的瑕疵问题给《纽约公约》的实施所带来的挑战，在所研究的国家内并不十分突出。这部分可能归因于在这些国家有关承认和执行仲裁裁决的案例还十分稀少。

根据《纽约公约》所处理的一些案例的核心问题涉及该公约所提供的抗辩的范围，[①] 缺乏行为能力、违反自然公正和公共政策这些抗辩都已讨论过。要对相对灵活的公共政策概念的范围和内容作出界定，还十分具有挑战性。但肯尼亚、南非和津巴布韦法院的判例和国内立法可以在这方面提供一些指导。津巴布韦《仲裁法》特别宣布，"如果仲裁裁决的作出受到欺诈或腐败的影响，或在裁决作出过程中违反了自然公正规则，该裁决就违反了津巴布韦的公共政策"。[②] 法院还强调需要对公共政策进行狭义解释，

---

① 除这些抗辩外，还有其他程序性抗辩，如既判力和诉讼时效等。See *Laconian Maritime Enterprises Ltd v. Agromar Lineas Ltd* 1986（3）SA 509.
② 这是对《示范法》第 36 条（b）（ii）项规定的解读，1996 年《仲裁法》就是以《示范法》为模板制定的。

并使用了诸如"明显不能接受""冒犯性的"① "只有法律的根本原则或道德或公正受到侵犯时"② 等词语和短语。

另外,从已判决的案例来看,法院明显更为关注国内公共政策而不是"国际公共政策"。用津巴布韦最高法院的话来讲,"需要关注的是,一项仲裁裁决,无论是外国的还是国内的,是否违反了津巴布韦的公共政策。如果是,它就不能得到支持,不论任何外国法院是否乐意承认和执行它"。③ 这一观点被认为与《纽约公约》第 5 条第 2 款(b)项规定是一致的,该项规定提到"该国的公共政策"。

三 《ICSID 公约》裁决

截至 2013 年 4 月 10 日,博茨瓦纳、冈比亚、加纳、肯尼亚、莱索托、马拉维、纳米比亚、④ 尼日利亚、塞拉利昂、斯威士兰、坦桑尼亚、乌干达、赞比亚和津巴布韦都是 1965 年《ICSID 公约》的成员国。⑤ 南非是所研究的国家中唯一没有签署该公约的国家。⑥ 该公约授权每一成员国采取必要的立法或其他措施,以使公约的规定在其境内得到实施,⑦ 而且许多国家已立法以在国内实施该公约。⑧

---

① *Glencore Grain Ltd* v. *TSS Grain Millers Ltd* 〔2002〕 KLR 1 at 21.

② *Zimbabwe Electricity Supply Authority* v. *Maposa* 1999 (2) ZLR 452 at 465.

③ *Zimbabwe Electricity Supply Authority* v. *Maposa* 1999 (2) ZLR 452 at 465.

④ 纳米比亚在 1998 年 10 月 26 日签署了该公约。不过,纳米比亚还没有缴存批准书,该公约尚未对其生效。

⑤ Convention on the Settlement of Investment Disputes between States and Nationals of Other States 1965, 575 UNTS 159.

⑥ 南非高等法院对南非没有加入该公约提出批评。*Von Abo* v. *The Government of the Republic of South Africa* 2009 (2) SA 526 at 535 – 540. 在 1998 年,南非法律改革委员会建议南非批准该公约。这一建议没有得到实施。South African Law Reform Commission, *Arbitration: An International Arbitration Act for South Africa* (Pretoria: SALRC, Project 94, 1998).

⑦ ICSID Convention, Art. 69.

⑧ See, e. g., Botswana – Settlement of Investment Disputes (Convention) Act 1970; Kenya – Investment Disputes Convention Act 1966; Lesotho – Arbitration International Investment (Disputes) Act 1974; Malawi – Investment Disputes (Enforcement of Awards) Act 1966; Nigeria – International Centre for Settlement of Investment Disputes (Enforcement of Awards) Decree 1967; Swaziland – Arbitration (International Investment Disputes) Act 1966; Uganda – Arbitration (转下页注)

《ICSID 公约》对于根据该公约作出的仲裁裁决的执行，规定了一套独特的制度。① 该公约第 53 条禁止国内法院修改或撤销 ICSID 仲裁裁决。换句话说，对 ICSID 仲裁裁决不存在外部审查机制。该公约有自己的裁决审查机制。ICSID 仲裁裁决的当事方不能在该公约的某一成员国国内法院提起撤销或审查该裁决的诉讼：该国法院必须驳回此类诉讼。公约的这一明显特征对于维持 ICSID 仲裁裁决的终局性十分重要。它提供了一种相对于其他国际仲裁公约或国际仲裁机构的明显优势。② 与其他执行外国仲裁裁决的立法相比，所研究的成员国国内有关实施《ICSID 公约》的立法没有一部含有这样的规定，即允许执行 ICSID 仲裁裁决的法院以任何理由可以拒绝执行裁决。这些国内立法与该公约的规定一致，它们只是规定，在存在抗辩理由时，执行法院应中止执行程序，让当事方重返解决投资争端国际中心（ICSID），以解决它们有关仲裁裁决的争议。

　　截至目前，在所研究的国家内，还没有任何一个涉及 ICSID 仲裁裁决执行的报道案例。阿绍祖（Asouzu）教授曾作出这样的预言："在不远的将来，ICSID 仲裁裁决还不可能到非洲地区寻求得到承认和执行。"③ 作出这一预言的理由包括对非洲法院质量的负面看法、许多非洲国家在非洲大陆以外拥有大量财产的事实以及当事方通常会遵守裁决而无须诉诸诉讼。

第四节　以外币作出的仲裁裁决

　　外国仲裁裁决通常以外币作出。和外国判决一样，它们也面临两个重

（接上页注⑧）and Conciliation Act 2000, ss. 45 – 47; Zambia – Investment Disputes Convention Act 1970; Zimbabwe – Arbitration (International Investment) Act 1995. See generally Amazu A. Asouzu, *International Commercial Arbitration and African States: Practice, Participation and Institutional Development* (Cambridge: Cambridge University Press, 2001), pp. 368 – 408.

①　ICSID Convention, Arts. 53 – 55.

②　See C. H. Schreuer, *The ICSID Convention: A Commentary* (Cambridge: Cambridge University Press, 2001), pp. 1082 – 1084.

③　Amazu A. Asouzu, *International Commercial Arbitration and African States – Practice, Participation and Institutional Development* (Cambridge: Cambridge University Press, 2001), p. 367.

要问题：外国仲裁裁决应以何种货币执行；以及如果需要货币转换，适用何时的汇率。① 如上所述，在博茨瓦纳、冈比亚、肯尼亚、莱索托、尼日利亚、斯威士兰、乌干达和赞比亚，有关执行外国判决的立法可扩展适用于来自指定国家的仲裁裁决的执行。根据博茨瓦纳、肯尼亚、乌干达和赞比亚法律，执行仲裁裁决时，要遵守它们法律中的货币转换规定。② 将法律中有关货币转换的规定适用于仲裁裁决，特别是根据《纽约公约》作出的仲裁裁决，并不会与该公约发生冲突，因为该公约并没有对此问题作出规定。

除在博茨瓦纳、肯尼亚、尼日利亚、乌干达和赞比亚外，只有南非才通过仲裁立法对这一问题作出了明确和直接的规定。根据南非 1977 年《承认与执行外国仲裁裁决法》，如果根据仲裁裁决所支付的金钱是以外币表示的，该仲裁裁决应转化为以等值南非货币兰特表示的法院的命令，以仲裁裁决作出之日的汇率为准。③ 南非法律改革委员会已建议废除该条规定。该委员会的理由是，如果在仲裁裁决作出之日和支付之日间有较长时间，它就会损害以外币作出的仲裁裁决的效力。此外，以仲裁裁决作出之日而不是支付之日的汇率将外国货币转换为南非兰特，可能会间接影响仲裁庭裁决的利益，导致对一方当事人有利而对另一方当事人不利。④ 许多国家都没有类似的立法规定，即使有些国家有这样的规定，外国仲裁裁决也可能在这些规定的调整范围之外。在这种情况下，也许比较好的办法是将法院以外币作出判决的普通法管辖权扩展适用于仲裁裁决的执行。⑤

---

① See *Universal TPT Co. Ltd* v. *Tzortzis* ［1973］EA 310，1973（2）ALR Comm. 323，法院在一项要求对英国仲裁裁决进行登记的申请中指出，货币兑换的正确日期应是裁决作出之日。

② Botswana – Judgments（International Enforcement）Act 1981；Kenya – Foreign Judgments（Reciprocal Enforcement）Act 1984，ss. 3（1）（f）and 7（1）；Nigeria – Foreign Judgments（Reciprocal Enforcement）Act 1961，s. 4（3）；Uganda – Foreign Judgment（Reciprocal Enforcement）Act 1961，ss. 8（2）and 3（3）；Zambia – Foreign Judgment（Reciprocal Enforcement）Act 1937，ss. 10（a）and 4（3）. 冈比亚、莱索托和斯威士兰的立法没有包含有关汇率的规定。

③ Recognition and Enforcement of Foreign Arbitral Awards Act 1977，s. 2（2）.

④ South African Law Reform Commission，*Arbitration*：*An International Arbitration Act for South Africa*（Pretoria：SALRC，Project 94，1998）at 151.

⑤ 过去，禁止法院作出外币判决的规则也扩展适用于仲裁裁决的执行。*Universal TPT Co. Ltd* v. *Tzortzis* ［1973］EA 310.

第五节　诉讼时效和仲裁裁决

在加纳、肯尼亚、坦桑尼亚和乌干达，执行仲裁裁决的诉讼应在诉因发生之日起 6 年内提出。① 这一规则适用于国内和外国仲裁裁决。② 在肯尼亚，法院曾判定，在申请人执行仲裁裁决的漫长诉讼因程序原因被驳回而重新申请承认和执行裁决时，该申请可以被接受，即使自仲裁裁决作出之日已超过 6 年时间。③

在肯尼亚，"如果仲裁协议含有这样的条款，即对于某一事项不会产生任何诉因，则为该法及任何其他有关时效的成文法（无论它们适用于仲裁或其他程序）的目的，有关任何此类事项的诉因自它本应产生的时间产生，就像仲裁协议中没有这样的条款"。④ 加纳、坦桑尼亚和乌干达也有类似的规定。⑤ 这些规定似乎是针对这样的情况作出的，即当事人约定仲裁应该成为任何法律诉讼的前提条件——通常所谓的 *Scott* v. *Avery* 条款。⑥ 实际上，乌干达 1959 年《时效法》第 26 条第 2 款通过纳入"直到仲裁裁决根据仲裁协议作出"这一条件，使其更为明确。这些规定的作用是为时效目的将

---

① Ghana – Limitation Decree 1972, s. 4 (1) (e); Kenya – Limitations of Actions Act 1967, s. 4 (1) (c); Tanzania – Law of Limitations Act 1971, s. 3 (1); Uganda – Limitations Act 1959, s. 3 (1) (c). 尼日利亚也采用了 6 年的期间，在尼日利亚每一州都有自己的有关诉讼时效的立法。和这些国家执行外国判决的成文法一样，如果在有关仲裁裁决执行的成文法中对诉讼时效作出规定，就会更好。可以说，在采纳了仲裁裁决—外国判决规定的国家，这一问题通过这样的方式得以解决，即适用于外国判决登记的诉讼时效也适用于登记仲裁裁决的诉讼。See generally Adebayo Adaralegbe, 'Limitation period for the enforcement of arbitral awards in Nigeria' (2006) 22 *Arbitration International* 613; *Tulip Nigeria Ltd.* v. *Noleggioe Transport Maritime SAS* [2011] 4 NWLR 254.

② Ghana – Limitation Decree 1972, s. 34; Kenya – Limitations of Actions Act 1967, s. 2 (1); Tanzania – Law of Limitations Act 1971, s. 3 (1); Uganda – Limitations Act 1959, s. 1 (1) (b).

③ *Glencore Grain Ltd* v. *TSS Grain Millers Ltd* [2012] eKLR.

④ Kenya – Limitations of Actions Act 1967, s. 34 (2).

⑤ Ghana – Limitation Decree 1972, s. 28; Tanzania – Law of Limitations Act 1971, s. 40 (2); Uganda – Limitations Act 1959, s. 26 (2).

⑥ 这一名称来源于 *Scott* v. *Avery* 案（(1856) 5 HLC 809）。

所有仲裁协议都同样看待。这些规定改变了 *Murmansk State S. S. Line v. Kano Oil Millers Ltd* 案①的判决。法院在该案中指出，如果原告明确放弃了诉因一发生就起诉的权利，就像约定仲裁或裁决应是提起任何诉讼的前提条件，时效就应从裁决作出之日起算，除非被告就其个人而言放弃了坚持这一前提条件的权利。这些规定保留了上述判决所暗含的内容，即时效自基础诉因发生之日而不是裁决作出之日起算。②

这些规定似乎建立在这一观点之上，即执行仲裁裁决的诉讼"确实是一个有关合同的诉讼"。③ 执行仲裁裁决的诉讼不是一个独立的诉因，对于这一诉因，时效自受仲裁约束的合同最初被违反之日起开始起算。④ 这些规定的实际意义在于，如果在加纳、肯尼亚、坦桑尼亚和乌干达执行仲裁裁决，*Scott v. Avery* 条款的当事人最好忽略仲裁作为提起诉讼的前提条件这一要求，在存在违约时立即提起诉讼。这是因为时效自违约之日而不是提起仲裁或裁决作出之日起算。从这个意义上讲，这些法律规定似乎是鼓励违反仲裁协议。

另外，仲裁协议的当事人在违约发生时，最好立即提起仲裁，这也许可以确保程序不会拖延过长——在任何情况下，仲裁的一个好处就是确保快速解决争议。在这些国家，如果启动或终止仲裁程序过于拖延，就可能导致作出的仲裁裁决无法得到执行。不过，这可能违反常识和公正——仲裁程序的当事人无法单独控制程序的期限。允许当事人通过拖延程序来逃避仲裁裁决的执行，会为当事人提供拖延程序的"激励"（incentive），这是极不恰当的。这种方式也不符合对待外国判决的方式——执行外国判决的诉讼是一项针对判决的诉讼，而不是针对最初诉因的诉讼。当然，外国判

---

① *Murmansk State SS Line v. Kano Oil Millers Ltd* 1974 （1） ALR Comm. 1，［1974］NCLR 1，［1974］1 All NLR 402（affirming *Murmansk State Steamship Line v. Kano Oil Millers Ltd* 1974 （3） ALR Comm. 192）.

② *City Engineering Nigeria Ltd v. Federal Housing Authority*［1997］9 NWLR 224，（1997）All NLR 1.

③ *Murmansk State SS Line v. Kano Oil Millers Ltd* 1974 （1） ALR Comm. 1 at 8，［1974］NCLR 1 at 8，［1974］1 All NLR 402 at 410.

④ 在南非法院审理的 *Laconian Maritime Enterprises Ltd v. Agromar Lineas Ltd* 案（1986 （3） SA 509 at 525）中，法院表达了一种不同的观点。

决的审理依据和外国仲裁裁决的审理依据是不同的。前者是建立在外国法院的管辖权基础之上，而后者是建立在仲裁程序当事人同意的基础之上。但如上所述，在所研究的一些国家内，议会已认为，为执行目的将外国仲裁裁决视为外国判决是正确的。因此可以说，执行外国仲裁裁决诉讼中的时效问题就表明了外国仲裁裁决应和外国判决得到同样对待。

博茨瓦纳、莱索托、南非和津巴布韦的时效法都没有明确规定执行外国仲裁裁决诉讼中的时效问题。[①] 不过，法院曾判定南非 1969 年的《时效法》具有实体法的性质。所以，在执行外国仲裁裁决的诉讼中，仲裁裁决的执行是否超过时效应根据基础合同的准据法来确定。[②]

---

① Botswana – Prescription Act 1959；Lesotho – Prescription Act 1861；Namibia – Prescription Act 1969；South Africa – Prescription Act 1969；Zimbabwe – Prescription Act 1975.

② *Laconian Maritime Enterprises Ltd* v. *Agromar Lineas Ltd* 1986（3）SA 509.

第七部分　国际民事程序

第二十章
支持或反对外国司法和仲裁程序的救济

跨国诉讼十分复杂。当在乌托邦起诉时，一方当事人可能希望从另一国法院获得救济以支持在乌托邦的程序。他们也许希望从外国法院获得命令，以冻结被告在法院辖区内或以外的财产，或希望作出其他命令以迫使被告提交或披露某些文件。这同样适用于仲裁程序。一方当事人也可能希望从乌托邦法院获得禁令，以禁止另一方当事人在其他国家提起诉讼或仲裁程序。在提供救济以支持或反对国外进行的程序中所涉及的问题，对于司法程序的有效进行非常必要。本章将主要探讨这些问题。

一 博茨瓦纳

在外国法院的诉讼还在进行时，博茨瓦纳法院有权下令扣押被告的财产。这样，当一个当事人针对在南非正在进行的诉讼，而在博茨瓦纳法院提起扣押一个平路机的申请时，博茨瓦纳法院认为自己有权签发这样的临时命令，于是它就签发了该命令。[①]

法院有权签发多种形式的临时救济令以支持仲裁程序。因此，法院有权下令由专门的检查员在博茨瓦纳或其他地方对证人进行检查；披露文件或进行询问；要求另一方当事人像诉讼当事人那样提供费用担保，以及签发临时禁令或其他类似救济。[②]

[①] *Concorde Leasing Corporation Ltd* v. *TPR（Pty）Ltd* 1979–1980 BLR 122.

[②] Arbitration Act 1959，s. 16. See generally *Cerimele Construction Company（Botswana）（Pty）Ltd v. Joint Venture Morteo – Condotee SCRL* 1995 BLR 399. 从判决中还不清楚仲裁是否在博茨瓦纳以外进行。

二 加纳

加纳法院有权发布禁令，限制当事人在国外进行仲裁。因此，在 *Attor-ney General v. Balkan Energy Co. LLC* 案①中，法院发布禁令，禁止被告继续在常设仲裁院提起仲裁程序或采取进一步措施。

三 尼日利亚

在适当的情况下，尼日利亚法院有权限制一方当事人在国外提起诉讼。但此类权力必须谨慎、少量行使。只有存在充分理由和特殊情形时，尼日利亚法院才会发布此类救济。② 在一个案件中，尼日利亚法院变更了拉各斯高等法院此前作出的决定，在被告针对上诉人的诉讼还在尼日利亚进行时，禁止上诉人在美国继续提起案件。③

对于海事诉讼，当某一诉讼程序还在尼日利亚进行时，如果尼日利亚法院认为，由于相关诉请应通过仲裁（无论是在尼日利亚还是其他地方）解决或由外国法院解决，该诉讼应被中止或驳回，而且如果船舶或其他财产已在此类程序中被扣押，尼日利亚法院就可能下令中止此类程序，条件是对船舶或财产的扣押应继续，或为船舶或财产的扣押的解除提供了令人满意的担保，以作为履行仲裁程序或外国诉讼程序作出的仲裁裁决或判决的担保。④ 在中止尼日利亚的诉讼程序时，尼日利亚法院有权就仲裁程序的提起或外国诉讼程序的进行施加一些条件。它也可以要求提供同样的担保，以履行仲裁程序或外国诉讼中可能作出的仲裁裁决或判决。⑤

对于支持外国仲裁程序的相关救济，尼日利亚法院曾经指出，如果在尼日利亚法院提起的诉讼的目的只是就外国的仲裁程序提供担保——本案

---

① Suit No. BDC/32/20 (High Court, Ghana, 2010).

② *United Bank of Africa Plc v. Ade Coker* [1996] 4 NWLR 239.

③ *United Bank of Africa Plc v. Ade Coker* [1996] 4 NWLR 239.

④ Admiralty Jurisdiction Decree 1991, s. 10 (1).

⑤ Admiralty Jurisdiction Decree 1991, s. 10 (2).

中的仲裁程序在伦敦，尼日利亚法院就不能对该案件的实体问题进行审理。法院的理由是，考虑到产生担保需求的实际争议并没有在尼日利亚法院提起，法院就无权处理这些附属问题。因此，如果只是为了对伦敦进行的仲裁程序的裁决提供担保，尼日利亚联邦高等法院就无权下令对船舶进行扣押。①

四　南非

南非法院在行使海事管辖权的过程中，可以命令任何人为花费或任何诉求提供担保。② 此类诉求包括在外国仲裁机构或司法机构正在进行的诉求。在此种情况下，下令提供担保的权力必须谨慎行使。不应随意签发此类命令，除非此类命令是为了帮助一位针对不可能履行判决的被告而提起有力诉讼的当事人。③ 此外，法院在行使海事管辖权时，可以下令扣押任何财产，以便为正在进行的或将来的仲裁或法院程序提供担保，如果请求扣押财产的当事人，通过针对该财产所有人而提起的对人诉讼或针对此类财产而提起的对物诉讼，拥有可以执行的诉求，或即使没有此类仲裁或诉讼程序，仍拥有可执行的诉求。④

根据南非1983年《海事管辖权监管法》第5条第3款（a）项的规定请求下令扣押船舶以便为外国法院的诉讼程序提供担保的原告，必须使法院确信，其通过对涉案船舶或对涉案船舶相关联的船舶提起对物诉讼拥有可执行的诉求，或针对此类诉求拥有表面上证据确凿的案件（prima facie case），此类诉求从表面证据上来看可在指定法院或他们选择的法院内得到执行，而且其有确实、合理的为此类诉求提供担保的需要。如果原告满足

---

① *NV Scheep v. The MV S Araz*［2000］15 NWLR 622，［2001］4 WRN 105.

② Admiralty Jurisdiction Regulation Act 1983, s. 5（2）（a）.

③ *The MV Leresti*：*Afris Shipping International Corp. v. MV Leresti* 1997（2）SA 681. See also *The MV Zlatni Piasatzi*：*Frozen Foods International Ltd v. Kudu Holdings*（*Pty*）*Ltd* 1997（2）SA 569；*The Yu Long Shan Guangzhou Maritime Group Co. v. Dry Bulk SA* 1997（2）SA 454；*Devonia Shipping Ltd v. MV Luis*（*Yeoman Shipping Co. Ltd Intervening*）1994（2）SA 363.

④ Admiralty Jurisdiction Regulation Act 1983, s. 5（3）（a）. See *Katagum Wholesale Commodities Co. Ltd v. The MV Paz* 1984（3）SA 261；*Babel Shipping Co. Ltd v. Grapsas t/a Nuova* 1995（1）SA 716.

了上述要求，其就有权根据该条规定从法院获得扣押令，除非被告船东向法院提供了充分的对抗性材料，通过这些材料可以证明有充分理由使法院不签发此类命令。例如，被告可以证明，外国法院虽然对诉求具有管辖权，但基于某些特殊理由，它不会行使管辖权，或被告在外国法院的诉讼程序中不会得到公正的审理。这样的证明责任十分繁重，法院会要求被告通过肯定性的、强有说服力的证据，以客观方式证明和确定其主张。①

五　津巴布韦

津巴布韦法院可以下令禁止在其管辖范围内的一方当事人，在法院辖区以外从事一定的行为，但在签发此类命令前，法院必须确信它发出的命令将会被有效执行。法院在这方面考虑的因素包括被告是本地人（incola）还是外地人（peregrinus）。如果申请人使法院确信，发布临时禁令的所有要求都已满足，即使相关财产在津巴布韦之外，它仍不构成津巴布韦法院发布禁止高消费令（anti‐dissipation interdict）的障碍。在这种情况下，无须证明被告在法院管辖范围内拥有财产。如果禁令所针对的人员在法院的管辖范围内，该法院就总能通过利用蔑视法院程序的措施使禁令得到遵守。② 在 *Bozimo Trade and Development Co. Ltd* v. *First Merchant Bank of Zimbabwe Ltd* 案③中，原告公司请求法院针对位于津巴布韦以外的财产发布禁止高消费令，原告声称，它打算在美国针对第一被告提起诉讼程序，这一禁令十分必要，它可以阻止被告通过消费这些财产使原告可能获得的判决无法得到执行。虽然原告的申请没有成功，但法院指出，如果相关条件得到证实，法院有权签发此类命令。

六　评论

国际诉讼如此复杂，以至于当在一国提起诉讼或仲裁程序或为了维护

---

① *Cargo Laden and Lately Laden on Board the MV Thalassini Avgi* v. *MV Dimitris* 1989（3）SA 820. See *Imperial Marine Company* v. *MV Pasquale Della Gatta*［2012］1 All SA 491，提出了关于表面案件（prima facie case）的要求。

② *Bozimo Trade and Development Co. Ltd* v. *First Merchant Bank of Zimbabwe Ltd* 2000（1）ZLR 1.

③ 2000（1）ZLR 1.

此类程序，一方当事人可能需要另一国法院的协助，以在某一方面支持此类程序。在所研究的国家内的法院都有权采取救济措施，以便协助外国程序中的一方当事人。这些救济措施包括禁令，如禁诉令、禁止仲裁令、马利华禁令或禁止高消费令、① 费用担保令以及拘押涉嫌逃债人员令（order arrest suspectus de fuga）。② 虽然这些救济措施经常在国内诉讼中使用，但在所研究的国家内，法院很少将它们扩展适用于协助外国的程序，特别是在没有直接的行使此类权力的成文法依据时。

实际上，在所研究的国家内，法院一般不愿行使"域外管辖权"（extra-territorial jurisdiction），也就是说它们不愿提供具有域外效力的救济，而且不愿对发生在域外的行为行使管辖权。南非法院审理的 *Ex p. Hay Management Consultants（Pty）Ltd* 案③涉及一项针对外地人被告的禁止性禁令的申请。指控的所有行为都发生在南非之外。南非法院指出，由于它无法对被告或涉案行为实施控制，它不能支持该申请。同样，在 *B* v. *S* 案④中，南非法院认为，它无权下令居住在美国的人向南非返还一名从南非被转移至美国的儿童。法院的理由是，由于它们无法执行此类命令，此类命令将归于无效。⑤ 在 *First National Bank of Namibia v. Kaure* 案⑥中，原告银行提起诉讼，请求津巴布韦法院就一项不动产抵押债券作出判决，该抵押债券是为了向购买纳米比亚房产的贷款提供担保。原告还请求法院作出命令，宣布纳米

---

① See e. g. Kenya – *Central Bank of Kenya v. Giro Commercial Bank Ltd*〔2007〕2 EA 93；Malawi – *Investment and Development Bank of Malawi v. Gredean Africa（Pvt）Ltd*〔1993〕16（2）MLR 531；South Africa – *Knox D'Arcy Ltd v. Jamieson* 1994（3）SA 700.

② 对涉嫌逃债人员进行拘押是为了防止债务人逃离法院辖区以躲避债务。在南非，*Amrich v. Van Wesembeeck* 案〔2010（1）SA 117〕的判决认为，对涉嫌逃债人员进行拘押是违宪的，因为它侵犯了债务人的人身自由权。这一权利规定在南非 1996 年宪法第 12 条中。不过，在一些国家，这一程序仍在适用。See e. g. Botswana – Rules of the High Court，Ord. 15；Lesotho – High Court Rules 1980，s. 7；Namibia – Rules of the High Court 1990，s. 9；Swaziland – High Court Rules 2010，s. 11；Zimbabwe – High Court Act 1981，s. 16.

③ 2000（3）SA 501.

④ 2006（5）SA 540.

⑤ See also *Julie Brown v. Malcolm Clive Stone*，Case No. 489/05（Supreme Court of Appeal，South Africa，2005）；*Di Bona* v. *Di Bona* 1993（2）SA 682 and *South Atlantic Islands Development Corporation v. Buchan* 1971（1）SA 234，在这些案件中，法院拒绝下令禁止被告在南大西洋的特里斯坦达库尼亚群岛附近海域捕鱼，这一区域不在法院行使管辖权的范围内。

⑥ 1999（2）ZLR 269.

比亚的房产可以得到特殊执行。津巴布韦法院判定它无权作出此类命令。同样，纳米比亚最高法院也指出，"一国法院可能对被告有一定的控制权，但无权作出有效的判决，因为原告所请求的命令是一个要在该国之外执行的命令。在这种情况下，该国法院一般而言无权签发此类命令"。①

南非法院审理的 *Metlika Trading Ltd v. Commissioner*, *South African Revenue Service* 案②涉及一项针对法院命令的上诉。该法院命令要求上诉人采取所有必要措施确保将一架飞机返还南非。上诉人对该命令提出异议，理由是该架飞机在外国，法院无权下令使其返还至南非。上诉人声称，此类命令会侵犯外国的主权，而且南非法院也无法使该命令得到执行。南非法院驳回了上诉人的主张。法院认为，对于本地人被告（incola respondents），它可以行使管辖权以签发对人禁令（in personam interdict，无论是强制性还是禁止性的），无论相关行为是否在法院所在国领域外被实施或被禁止。法院的理由是，此类命令没有侵犯外国法院的主权；它是针对法院管辖权范围内的被告作出的对人命令，而且该命令没有针对第三人。如果该命令没有得到遵守，它可以通过蔑视法院程序针对被告在南非国内得到实施。我们已经在 *Bozimo Trade and Development Co. Ltd v. First Merchant Bank of Zimbabwe Ltd* 案③中注意到，在原告就位于津巴布韦以外的财产申请禁止高消费令，以应对可能在美国提起的诉讼时，津巴布韦法院指出，它可以签发命令禁止在其管辖权范围内的人员在其管辖权范围外从事某些行为，但在签发此类命令前，它必须确信法院的命令会得到执行。

上述大多数案件都不涉及启用法院地的法院的裁判管辖权（jurisdiction）以支持国外的程序，但它们能使我们意识到法院对行使域外裁判管辖权的态度。法院所一直关注的是外国的主权和判决的有效性，特别是判决能否得到执行的问题。在法院行使在表面上看来具有域外性质的裁判管辖权时，它们总是会要求案件与法院有某种联系。

除上面提到的南非和尼日利亚有关仲裁和海事程序的立法外，在所研

---

① *Parents Committee of Namibia v. Nujoma* 1990（1）SA 873 at 889.

② 2005（3）SA 1.

③ 2000（1）ZLR 1.

究的许多国家内的仲裁立法都允许法院提供救济，或作出命令以支持仲裁程序。① 此类命令包括询问证人令，文件开示和调查令，要求另一方当事人提供担保的命令，对构成仲裁程序标的的货物或财产进行查验、临时保存或销售的命令，任命破产管理人的命令，临时禁令，以及对争议款项提供担保的命令。就像在第五章讨论的那样，法院除了在有仲裁协议的情况下有权中止诉讼程序以支持仲裁程序外，对于所研究的法院在多大程度上愿意提供救济以支持国外的仲裁程序，只有寥寥无几的案例。不过，对这些国家的成文法规定进行目的性解读可以发现，发布临时命令以支持仲裁程序的管辖权并不仅限于国内仲裁。② 在加纳，当事人似乎可以通过协议排除高等法院通过签发临时命令以支持仲裁程序的管辖权。③

---

① See e. g. Botswana – Arbitration Act 1959, s. 16; Gambia – Alternative Dispute Resolution Act 2005, s. 13; Ghana – Alternative Dispute Resolution Act 2010, s. 39; Kenya – Arbitration Act 1995, s. 7, *Midland Finance & Securities Globetel Inc* v. *Attorney General* [2008] KLR 650 at 680 where the court described its role as 'supportive'. *Nedermar Technology BV Ltd* v. *Kenya Anti – corruption Commission* [2008] KLR 476; *Nedermar Technology BV Ltd* v. *Kenya Anti – corruption Commission* [2006] 2 KLR 678; South Africa – Arbitration Act 1965, s. 21 (该法第 20 条允许仲裁庭在作出最终仲裁裁决前的任何阶段，以特殊案件的形式向法院陈述在仲裁过程中出现的任何法律问题，以听取法院的观点); Uganda – Arbitration and Conciliation Act 2000, s. 6; Zambia – Arbitration Act 2000, s. 11; Zimbabwe – Arbitration Act 1996, First Sch. s 9.
② 实际上，乌干达 2000 年《仲裁和调解法》将仲裁界定为 "在存在仲裁协议的情况下，由国内或国际仲裁机构所管理的任何仲裁"。
③ Alternative Dispute Resolution Act 2010, s. 39 (1).

第二十一章
国际司法协助

为在某一法院适当提起诉讼，原告可能需要向国外的被告送达司法文书和文件，并且在诉讼已经被适当提起时，原告可能发现需要向国外的证人收集证据。原告如何进行域外送达？它如何证明被告已被送达？诉讼的一方当事人如何向国外的而且不能亲自到法院作证的证人收集证据？这些问题是本章关注的焦点，它们通常不在传统的国际私法课程的范围内。不过，这些问题的重要性正日益得到认可。

第一节　国内法律文书的域外送达

为向法院辖区外进行送达所签发的令状，必须被送达法院辖区之外。普通法国家的民事程序规则含有很多涉及向法院辖区外送达令状的程序的规定。在某些情况下，将令状通知（notice of the writ）而不是令状本身送达的要求起源于英国。根据英国的程序，令状是来自主权者的命令。当令状要送达给既不是应该服从该命令的英国臣民，也不是居住在令状可以在其内被执行的国家内的人员时，送达令状通知而不是令状本身就被认为更多是出于一种礼让。① 目前，在一些普通法国家，是否送达令状通知而不是令状本身的决定，要看被告是签发国②的国民还是英联邦国家的公民。③

---

① *Gohoho v. Guinea Press Ltd* [1962] 3 All ER 785. See also *Singh v. Singh* [1954] 27 KLR 62; *Leslie and Anderson v. Hoima Ginners Ltd* [1967] EA 44; *Nanjibhai Prabhudas Ltd v. Standard Bank Ltd* [1968] EA 670; *Aboud v. Mandi* [1920 – 1936] ALR SL 240.

② See e. g. Sierra Leone – High Court Rules 2007, Ord. 11 r. 5; Zambia – High Court Rules, Ord. X r. 18.

③ See e. g. Kenya – Civil Procedure Rules 2010, Ord. 5 r. 28; Uganda – Civil Procedure Rules Ord. V r. 27.

有关应向国外的被告送达令状还是令状通知的规则，是一个技术性规则，其依据很难查明。一个主权国家，在面临许多紧迫性社会—经济和政治问题时，不太可能过多关注这样的事实，即是令状本身而不是令状通知一直在其辖区内被送达。这并不是否认，无论国内面临怎样的压力，各国都会认真对待外交礼让。但在本书作者看来，重要的是相关国家应利用适当制度有效完成送达；外国所关注的可能只是本国的相关机构能否通过送达对本国国民行使裁判管辖权，而不是所送达的文件的性质。因此，如果在外国送达的是令状而不是令状通知，这应被认为只是一种偏差，而不应认为它会导致其后的程序无效。

每一个普通法国家的民事程序规则都规定了令状（以及其他司法文件）的域外送达方式。① 总体来看，在大多数普通法国家内，所送达的文件由法院铅封，送交行政机构（通常是司法部或外交部），通过外交途径转送外国政府，或直接交给外国法院。② 在外国谁能进行送达以及送达如何进行这些问题，应由该国法律和其法院决定。例如，在加纳，《高等法院（民事程序）规则》规定了令状通知进行域外送达的方式。③ 在和加纳缔结有民事程序条约的国家，如果该条约规定了加纳法院文书在该国的送达，令状通知就可以通过该国的司法部门或通过加纳在当地的领事进行送达。在和加纳

---

① The Gambia – Rules of the High Court, Ord. Ⅷ r. 10; *Joseph Sarjuka Jobe v. Jack Alderlifste* (2002 – 2008) 2 GR 535; Ghana – High Court (Civil Procedure Rules), Ord. 8 rr. 5 – 11; Kenya – Civil Procedure Rules 2010, Ord. 5 r. 27 – 30; Nigeria – Federal High Court (Civil Procedure Rules) 2000, Ord. 13 rr. 18 – 22; *Eimskip Ltd v. Exquisite Industries (Nigeria) Ltd* [2003] 4 NWLR 88, [2003] 14 WRN 77. Tanzania – Civil Procedure Code, Ord. Ⅴ rr. 28 – 33; Uganda – Civil Procedure Rules, Ord. Ⅴ r. 28.

　　马拉维是 1965 年《海牙民商事事项司法与司法外文书域外送达公约》的成员国；*Atupele Haulage Ltd v. Carbomoc* [1991] 14 MLR 18. 坦桑尼亚部分地放弃了由政府行政部门担任文书域外送达的中介的做法。根据其《民事程序法》命令五第 29 条规则，当被告居住在国外时，法院可应原告的申请，下令通过邮寄（由原告或其代理人进行）或通过被告居住地国的法院进行传票送达。See *Willow Investment v. Mbomba Ntumba* [1997] TLR 47，在该案中，坦桑尼亚高等法院指令通过敦豪快递对在扎伊尔 [现（刚果（金）] 的申请人进行送达。根据《民事程序法》命令五第 33 条规则，在通过外国的法院进行送达时，需要有行政机构的介入。

② 对塞拉利昂 2007 年《高等法院规则》命令五和命令十一第 6 条规则的综合解读表明，在对域外送达传票时，不要求采用这种方法。

③ High Court (Civil Procedure) Rules, Ord. 8 r. 5 and 6.

没有缔结此类条约的国家，令状通知可通过该国政府或通过加纳在该国的领事进行送达。同样，在肯尼亚，送达的令状通知应盖有高等法院的印章。该通知随后被转交给肯尼亚外交部的登记官员，同时转交的文件还包括该通知被译成被送达国文字的译件副本，以及通过外交途径请求外国政府送达这些文件的请求书。①

需要注意的是，除坦桑尼亚外，在所研究的国家内，没有一个国家的立法明确授权原告可以直接向国外的被告进行直接送达。② 在很大程度上，这种情况令人沮丧，而且考虑到现有的司法—行政领导的域外送达机制的潜在的官僚性质，这会拖延争议解决程序。在肯尼亚法院审理的 *Fonville v. Kelly Ⅲ* 案③中，在向域外被告进行送达时，当事人所面临的困境以及设法规避现有运转缓慢的域外送达程序所产生的后果，引起人们广泛关注。该案涉及一项在美国执行的股份购买协议。该协议旨在销售一家根据得克萨斯法律注册成立的公司即 Fonville 公司以及它的两家肯尼亚子公司的股份。其中三名被告的住所在美国。肯尼亚的原告通过一家私人邮政公司即敦豪公司（DHL）向被告送达了传票。他们对此提出异议，特别声称传票没有经过适当和合法方式送达给他们。肯尼亚法院判定，一审法院作出的许可通过敦豪公司向域外送达传票的命令是无效的。根据肯尼亚的法院规则，正确程序应该是，原告首先利用规定的格式提出正式请求。法院院长随后将令状通知以规定的格式送交肯尼亚外交部，肯尼亚外交部再通过外交途径将相关文件转交美国政府，请求予以送达。美国政府再进行送达或根据外交途径作出其他行为。

在案件中所讨论的一个有趣的问题是，如果原告不能对域外的被告本身进行直接送达，是否可以进行替代送达（substituted service）。④ 在 *Bruce v. Barrett* 案⑤中，当诉讼提起时，被告在域外。法院签发了域外送达的令状，而且下令进行此类送达，但原告未能对在伦敦的被告进行送达。法院

① Civil Procedure Rules 2010, Ord. 5 r. 29（a）.

② Civil Procedure Code, Ord. V r. 29（b）.

③ ［2002］1 EA 71.

④ See also Zambia – High Court Rules, Ord. X r. 17.

⑤ （1931）1 WACA 116.

下令对在伦敦的被告的妻子进行替代送达。在 *Bawa v. Oyegoke* 案①中，原告针对第一被告以通常形式签发了令状，第一被告以前居住在加纳。当令状签发时，他居住在尼日利亚。原告没有陈明被告可被送达的地址。随后，原告提出单方申请，请求法院下令对居住在加纳的被告妻子进行替代送达。法院认为，在以通常形式签发令状以在域内进行送达时，如果被送达人在该令状签发前已离开该国，一直待在国外，而且如果被告似乎不是为了躲避令状的送达而到国外的，法院就不能下令进行替代送达。如果令状不能直接送达给某人，也不能通过替代送达方式对其进行送达。冈比亚、尼日利亚和乌干达的法院也同样认为，如果签发令状时被告在国外而且不能被依法直接送达，法院就不能下令对其进行替代送达。②

正如第四章所讨论的，在罗马—荷兰法国家，送达不是裁判管辖权的依据。不过，它们的国内法都明确认可需要对域外被告进行文书送达的情形。因此，它们的法律也都对文书和文件的域外送达做了规定。纳米比亚1990 年《高等法院规则》的规定具有代表性。③ 在纳米比亚，在某一外国送达法院文书或任何文件，应由根据被指定官员证明书（大部分是外交和领事官员）由该国法律授权可以进行此类送达的人员实施；或由纳米比亚外交或领事官员进行送达，如果该国法律允许此类人员进行此类送达，或该国没有法律禁止此类送达而且该国相关部门也没有反对此类送达。④ 该法为在南非和其他指定国家的送达规定了专门的规则。在南非，可由被授权送达相关法院文书的司法执达员实施送达。在澳大利亚、博茨瓦纳、芬兰、

---

① ［1977］2 GLR 412.

② *Christel Brokmann v. Adama Saidy*，HC 596/09/CL/126 AO（High Court，Gambia，2010）；*Kida v. Ogunmola*［2006］13 NWLR 377；*Ssesanga v. Greenland Bank Ltd*（*In Liquidation*），Misc. App. No. 406 of 2010（High Court，Uganda，2010）. See generally *Saihou O. Jim Drameh v. Alan Hayden*，Civil Suit NO. HC/475/09/127/D2）（High Court，Gambia，2010）.

③ See also Botswana – Rules of the High Court 1970，Ord. 8 r. 4 – 6；Lesotho – High Court Rules 1980，s. 5（6）–（9）；South Africa – Uniform Rules of Court，s. 4（3）–（5），*Meyer v. Meyer* 1951（4）SA 1，*Morcom v. Wagoner* 1948（4）SA 542，*Newmarch v. Newmarch* 1950（3）SA 591，*Star Shirt and Clothing Factory v. Kyoei Bussan Co. Ltd* 1958（1）SA 717；Swaziland – High Court Rules 2010，s. 6（7）–（9）；Zimbabwe – Civil Matters（Mutual Assistance）Act 1996，s. 17 – 18，*Riseley v. Watt* 1965（2）SA 664，［1965］RLR 82.

④ Rules of the High Court 1990，s. 4（3）.

法国、中国香港、莱索托、马拉维、新西兰、西班牙、斯威士兰、英国、北爱尔兰和津巴布韦等地，可由根据当地法律被授权送达的人员如律师、公证员或其他法律执业人员进行送达。① 送达法院文书或文件时，应附有此类文书或文件经过宣誓的被请求送达国语文的译件副本。② 送达的法院文书或文件必须送交登记官员，由其转交给外交部的常务秘书或外交部常务秘书指定的地点，以便向有关外国进行送达。③ 总体来看，法院似乎愿意让当事人不遵守有关域外送达的程序规则。虽然此类法律规定通常被认为是强制性的，但当不涉及法院的裁判管辖权时，它们可能会让那些它们希望保护的当事人绕过这些规定，除非公共政策要求必须遵守相关规定。④

调整司法文书送达的主要国际文件是 1965 年《海牙民商事事项司法与司法外文书域外送达公约》（以下简称《海牙送达公约》）。在所研究的国家中，目前只有博茨瓦纳、马拉维是该公约的成员国。⑤ 非洲还没有涉及这一事项的国际公约。

第二节　外国法律文书的送达

一　冈比亚

对于外国法律文书的送达，冈比亚法律对来自公约成员国文书的送达和来自非公约成员国的文书的送达进行了区分。对于来自非公约成员国的文书的送达，此类文书必须转交给冈比亚外交部部长，外交部部长再将它转交给冈比亚法院。需要提供请求书和文书的两份英文译件副本。送达由法院官员完成，除非法院有其他指令。此类送达根据冈比亚高等法院有关送达的规则和实践，把其中一份文书及其译件送交或留置被送达人即算完

---

① Rules of the High Court 1990, s. 4（4）.

② See the South African case of *Brumloop v. Brumloop*（2）1972（1）SA 503，该案涉及不能找到翻译人员或翻译人员被质疑的情况。

③ Rules of the High Court 1990, s. 4（5）. *Hockeman v. Hockeman* 1954（1）SA 37.

④ *Van Zyl v. Van Zyl* 1961（3）SA 472. But see *Walster v. Walster* 1971（4）SA 442.

⑤ 该公约目前的成员国有摩洛哥、埃及、塞舌尔、博茨瓦纳和马拉维。——译者注

成。在送达完成后，冈比亚高等法院书记官员会将收到的另一份请求书及送达证明交给外交部部长。①

如果某一外国与冈比亚缔结有有关送达的公约，除该公约有专门要求外，来自该国的法律文书必须提交给冈比亚的首席大法官。送达程序同样由法院官员完成，或根据法院指定的方式完成。首席大法官随后将送达证明或未能完成送达的原因说明的证明书，转交给提出送达请求的领事或其他机构。②

二　加纳

外国文书在加纳的送达受 2004 年《高等法院（民事程序）规则》第 69 号令的调整。第 69 号令适用于与外国民商事事项有关的任何文书的送达。该法也对来自公约成员国和非公约成员国的文书的送达进行了区分。对于来自非公约成员国的文书，外国法院请求对在加纳的人员进行送达的信件必须寄送加纳外交部，由加纳外交部转交加纳司法部部长。总体来看，送达通过将文书交给受送达人而完成。加纳总检察长也可请求采用替代送达程序。在送达完成后，或送达无法完成时，执行送达任务的法院书记官必须将送达情况证明书交给外交部。

公约成员国是指与加纳缔结有有关文书送达公约的国家。对于此类国家，来自该国领事或其他机构的送达请求必须交送加纳司法部部长。对于来自公约成员国的文书，无须外交部的介入。送交司法部部长的文件包括请求书及两份被送达的文书，同时应附上此类文件的英文译件。送达程序完成后，或不能完成时，法院书记官必须将有关送达情况的证明书交送请求送达的领事或其他机构。

三　肯尼亚

在肯尼亚，外国文书的送达由 2010 年《民事程序规则》第 5 号令第 32

---

① Rules of the High Court, Ord. Ⅷ r. 13.
② Rules of the High Court, Ord. Ⅷ r. 15.

至第 34 条规则调整。根据第 32 条规则，在外国法院进行的任何民商事程序，如果来自该国法院要求送达的请求书被寄送给肯尼亚高等法院，且该请求书暗示该国法院也会同样执行肯尼亚法院的送达请求，肯尼亚法院就会要求该国法院提供一份请求书及两份被送达文书，并且都应附上英文译件。根据肯尼亚高等法院有关送达的规则和实践，送达将通过将一份文书以及一份该文书的英文译件寄送或留置被送达人而完成。在送达完成后，送达服务人员应将一份附有经送达执行人员宣誓作出而经治安法官证实的证明文书以及有关执行此次送达的详细费用清单送交高等法院书记官。书记官随后将收到的请求书、送达证据及相应的证明书返还外国法院，这些文件要经肯尼亚高等法院专门印章的适当铅封，以便送交国外。①

四　纳米比亚

外国法律文书在纳米比亚的送达受 1994 年《民事文书互惠送达法》调整。该法在互惠基础上运行，它授权司法部部长指定哪些国家可以受惠于该法的规定。② 对于所指定的国家，如果纳米比亚的治安法官收到来自该国除有关执行民事判决以外的任何文书（一般由指定国家有管辖权的法院的官员签发），且该文书将在该治安法官的辖区内进行送达，如果其确信该文书是经合法签发的——不管有关外国文书送达的任何其他法律的规定，其就可批准此类送达，随后该文书就可以向该治安法官所在法院签发的文书一样得到送达。不是以英文作成的法律文书还必须附有经过宣誓的英文译件。③

五　尼日利亚

在尼日利亚法律中，对于在外国法院进行的任何民事诉因或事项，如

---

① Civil Procedure Rules 2010，Ord. 5 r. 34.

② Reciprocal Service of Civil Process Act 1994，s. 2. 南非已根据该法被指定。但还可参见 1990 年《高等法院法》第 29 条第 2 款和 1990 年《高等法院规则》第 4 条第 11 ~ 15 款，这些规定允许对外国传票进行送达，而不要求该外国被部长指定为受惠国。

③ Reciprocal Service of Civil Process Act 1994，s. 3.

果该国和尼日利亚存在有关送达的公约，当尼日利亚的首席大法官收到来自该国领事或其他机构在尼日利亚送达文书的请求后，除该公约中有任何专门规定外，其就会要求下令由法院官员将文书原件或副本（根据请求书的说明）以及相应的英文译件亲自交送被送达人，以完成送达，除非法院有其他指令。首席大法官随后将有关送达事实和送达日期的证明书或不能完成送达的原因的证明书，转交给提出送达请求的领事或其他机构。①

六　南非

在南非，外国文书的送达受1990年《民事文书互惠送达法》调整。该法以互惠为基础，授权司法部部长指定该法的受益国。② 对于指定国家，如果南非的治安法官收到来自该国除有关执行民事判决以外的任何文书（一般由指定国家有管辖权的法院的官员签发），且该文书将在该治安法官的辖区内进行送达，如果其确信该文书是经合法签发的——不管有关外国文书送达的任何其他法律的规定，其就可批准此类送达，随后该文书就可以向该治安法官所在法院签发的文书一样得到送达。不是以英文或阿非利卡语作成的法律文书，还必须附有经过宣誓的英文或阿非利卡语译件。③

七　乌干达

在外国法院进行的任何民商事程序，如果来自该国法院要求向在乌干达的任何人进行送达的请求书，由乌干达外交部部长转交给乌干达高等法院，且表明可以执行该请求书时，乌干达法院就会要求该国法院提供一份请求书及两份被送达文书，并且都应附上英文译件。根据乌干达高等法院有关送达的规则和实践，送达将通过将一份文书以及一份该文书的英文译件寄送或留置被送达人而完成。在送达完成后，送达服务人员应将一份附

---

① Federal High Court（Civil Procedure）Rules 2000，Ord. 13 r. 23.
② Reciprocal Service of Civil Process Act 1990，s. 2，but see Supreme Court Act 1959，s. 33（2）.
　该法没有要求指定。
③ Reciprocal Service of Civil Process Act 1990，s. 3.

有经送达执行人员宣誓作出且经治安法官证实的送达证明文书以及有关执行此次送达的详细费用清单送交高等法院书记官。书记官随后将用乌干达高等法院印章适当铅封的收自外国的请求书、送达证据及相应的证明书返还外国法院。①

八　赞比亚

在外国法院进行的任何民商事程序，如果来自该国法院要求向在赞比亚的任何人进行送达的请求书转交给赞比亚外交部部长，且部长认为可以执行该请求书时，赞比亚法院就会要求该国法院提供一份请求书及两份被送达文书，并且都应附上英文译件。这些文件应由赞比亚外交部的常务秘书转交给法院。根据法院有关送达的规则和实践，送达将通过将一份文书以及一份该文书的英文译件寄送或留置被送达人而完成。在送达完成后，送达服务人员应将一份附有经送达执行人员宣誓作出且经被授权接受宣誓的人员证实的送达证明文书送交高等法院书记官。书记官随后将收自外国的请求书和送达证明送交外交部的常务秘书，由其转交相关国家。②

对于与赞比亚存在送达公约的国家，当赞比亚法院收到该国领事或其他机构要求对在赞比亚的人员进行送达的请求书后，该法院的官员就会将文书的正本或副本以及相应的译件亲自交送被送达人，以完成送达。书记官随后将有关送达事实和送达日期的证明书或不能进行送达的原因的证明书转交提起送达请求的领事或相关机构。③

九　津巴布韦

如果津巴布韦的治安法官收到来自指定国家的法院官员签发的、希望在该治安法院辖区内送达文书的请求书，且确信该送达文书是合法签发的，

---

① Civil Procedure Rules, Ord. V r. 30.
② High Court Rules, Ord. X r. 23. 这些规则应与 1964 年《传票送达和判决执行法》一起解读，它们对来自津巴布韦和马拉维的传票的送达做了规定。
③ High Court Rules, Ord X r. 24.

其就会批准送达文书。经过批准的文书就可像该治安法院签发的文书一样
得到送达。如果文书不是用英文或将被送达区域内的通用语言作成的，它
就不会得到批准，除非该文书附有经宣誓的英文或其他适当语文的
译件。①

十　评论

国际司法管理面临的难以克服的挑战是，如何使司法的轮子运转起来。
法律文书或文件的送达就是其中一个。所研究的大部分国家都有成文法制
度，允许向本国的人员送达外国的文书。上面所讨论的成文法制度涉及外
国的民商事事项程序，刑事事项由其他单独立法调整。②

只有屈指可数的非洲国家是有关这一问题的国际公约的成员国。在所
研究的国家内，只有博茨瓦纳和马拉维（还有摩洛哥和埃及——译者注）
是《海牙送达公约》的成员国。③ 所研究的大部分国家的成文法制度都适用
于所有外国，但纳米比亚、南非和津巴布韦的制度仅适用于与它们有互惠
关系的国家。其他国家如冈比亚、加纳和赞比亚对于来自公约成员国和非
公约成员国的文书适用不同的规则（但差异并不大），但不清楚的是，这些
国家与哪些国家之间存在此类公约。

在所研究的全部国家内，外国文书的送达程序由法院地法支配，送达
请求国的法律却无用武之地。在缺乏国际公约的强制规定时，从这些国家
的成文法规定中还不能确定，国内法院是否应遵守有关送达性质或模式的
特殊指令。在所研究的全部国家内，它们都要求以外语作成的文件应翻译

---

① Civil Matters（Mutual Assistance）Act 1996，s 13.

② Botswana – Mutual Assistance in Criminal Matters Act 1990；Ghana – Mutual Legal Assistance Act 2010；Kenya – Mutual Legal Assistance Act 2011；Namibia – International Co – operation in Criminal Matters Act 2000；South Africa – International Co – operation in Criminal Matters 1996. *Falk v. NDPP* [2011] 1 All SA 354；*Thatcher v. Minister of Justice and Constitutional Development* 2005 (4) SA 543，*Kolbatschenko v. King No* 2001 (4) SA 336；Zambia – Mutual Legal Assistance in Criminal Matters Act 1993.

③ 博茨瓦纳、莱索托、马拉维、纳米比亚、南非和斯威士兰还是《对外国公文文书放弃认证要求的海牙公约》的成员国。这一公约与纳米比亚法律之间的互动曾是 *S v. Koch* 案（2006 (2) NR 513）中的一个问题。

成英语（或在南非翻译成阿非利卡语），这样它才能对在本国的人员进行送达。

这些成文法也没有明确禁止外国的人员，在不遵守这些成文法制度的情况下直接向位于这些国家的被告进行送达。因此，只要这些国家承认此类送达是有效的，外国原告就可直接向被告送达。实际上，在存在着可以利用的简单易行的送达方式时，如通过邮件或 Email 进行送达，个人就应被允许利用这些方式进行域外送达，而无须求助国家机构进行中转。虽然这么说，但从这些成文法制度中可以明显看出，外国文书的送达被认为是由国家机构（行政机构和法院）代表请求送达的外国法院作出的一种官方行为。

第三节　为外国法院取证①

一　博茨瓦纳

如果博茨瓦纳高等法院收到正在审理民商事案件的外国有管辖权的法

---

① 本节主要关注的是为外国法院进行民商事程序取证的问题。其他在国内程序中出现的具有涉外因素的、与证据相关的问题，如域外取证用于国内程序、认证、公证、文件翻译、参与外国程序的传票等，本部分将不予分析。对于这些问题，see generally：

博茨瓦纳 - Evidence（Commonwealth and Foreign Acts of State and Judgments）Act 1910, Evidence（Commonwealth Statutes）Act 1923；Foreign Documents Evidence Act 1934, Authentication of Documents Act 1967, Compulsion of Witnesses Act 1898, *Rakodu v. Attorney General of Botswana* 2007（1）BLR 649.

冈比亚 - Foreign Affidavits Act 1915.

加纳 - High Court（Civil Procedure）Rules 2004, Ord. 39；*Kells v. Ako Adjei*［2001 - 2002］1 GLR 617.

肯尼亚 - Civil Procedure Act 1924, s. 52 - 54, Civil Procedure Rules 2010, Ord. 28, *Microsoft Corporation v. Mitsumi Computer Garage Ltd*［2001］KLR 470；*Pastificio Lucio Garofalo SPA v. Security & Fire Equipment Co.*［2001］KLR 483；*Premchand Raichand Ltd v. Quarry Services of East Africa Ltd*［1969］EA 514；*Batten v. Kampala African Bus Company*［1959］EA 328；*O'swald v. Hussein Suleman*［1906 - 1908］EAP LR 94；*Jaffer M Harji v. Dalgety & Co. Ltd*［1954］KLR 11.

纳米比亚 - High Court Act 1990, s. 28；Foreign Courts Evidence Act 1995, s. 7；（转下页注）

院提起的申请，请求向在博茨瓦纳的证人收集有关此类案件的证词，该高等法院就可下令证人在该命令所指定的任何人面前，通过宣誓、询问或其他方式作证。该法院也可就作证的时间、地点和方式以及其他它认为合适的事项作出指示，下令任何人出席作证或提交指定的书面证词或其他文件。法院作出的任何命令都可像法院在其审理的诉讼中作出的任何命令一样得到执行。① 通过法院命令被授权对证人进行调查取证的人员可以收集所有此

（接上页注①）S v. *Lofty - Eaton*（2）1993 NR 405；*Zhou v. Hong* 2006（1）NR 85；*S v. Koch* 2006（2）NR 513；*Sauber v. Sauber* 1949（2）SA 769.

尼日利亚 – Federal High Court（Civil Procedure）Rules 2000，Ord. 41 r. 12 – 13；*Melwani v. Five Star Industries Ltd*［2002］3 NWLR 217，［2002］10 WRN 1.

塞拉利昂 – High Court Rules 2007，Ord. 32.

南非 – Foreign Courts Evidence Act 1962 s. 7，*Minister of Water Affairs and Forestry v. Swissborough Diamond Mines（Pty）Ltd* 1999（2）SA 345；Uniform Court Rules 1965，r. 38；*Fernandes v. Fittinghoff & Fihrer CC* 1993（2）SA 704；*Jokl v. Alexander* 1947（3）SA 542；*Alexander v. Jokl* 1947（3）SA 550；*Hespel v. Hespel* 1948（3）SA 257；*Princess Eugenie of Greece v. Prince Dominique Radziwill* 1949（2）SA 259；*Grant v. Grant* 1949（1）SA 22；*Segal v. Segal* 1949（4）SA 86；*Storr v. Storr* 1950（3）SA 331；*Hind v. Boswell Brothers Circus（Pty）Ltd* 1952（2）SA 158；*Scott v. Scott* 1955（4）SA 153；*Guggenheim v. Rosenbaum（1）* 1961（4）SA 15；*Hurwitz v. Southern Insurance Association Ltd* 1970（3）SA 80；*Ex parte Wessels and Venter NNO：In re Pyke – Nott's Insolvent Estate* 1996（2）SA 677；*Ex parte Neubauer* 1947（3）SA 736；*Ex parte Melcer* 1948（4）SA 395；*Stift v. Stift* 1952（4）SA 215；*Ex parte Heinmann* 1952（3）SA 149；*McLeod v. Gesade Holdings（Pty）Ltd* 1958（3）SA 672；*Friend v. Friend* 1962（4）SA 115；*Caldwell v. Chelcourt Ltd* 1965（2）SA 270；*Chopra v. Sparks Cinemas（Pty）Ltd* 1973（2）SA 352；*Mountain View Hotel（Pty）Ltd v. Rossouw* 1985（2）SA 73；*Maschinen Frommer GmbH v. Trisave Engineering & Machinery Supplies（Pty）Ltd* 2003（6）SA 69；*Ex parte Wismer et Uxor* 1950（2）SA 195.

坦桑尼亚 – Civil Procedure Code 1966，ss. 56 – 58；Civil Procedure Rules，Ord. XXVI.

乌干达 – Civil Procedure Act 1929，ss. 53 – 55，Civil Procedure Rules，Ord XXVIII；*Uganda Revenue Authority v. Toro & Mityana Tea Co. Ltd*，HCT – 00 – CC – CA – 0004 – 2006（High Court，Uganda，2007）；*Caspair Ltd v. Harry Gandy*［1962］1 EA 414.

赞比亚 – *Banda v. Zambia Newspapers Limited*（1968）ZR 1，*Re Margaret Mary Rowler，Deceased*［1949 – 1954］NRLR 751，*Pietzsch v. Pietzsch* 1963 R & N 413.

津巴布韦 – Civil Matters（Mutual Assistance）Act 1996，s. 13；*Prosper Tawanda v. Tholakele Ndebele*，Case No 1826/05（High Court，Zimbabwe，2006），*Electrical & Furniture Trading Co. Ltd v. M & N Technical Services（Zimbabwe）Ltd* 1988（2）ZLR 265；*Pedregal v. Pedregal* 1958（1）SA 436.

① Foreign Tribunal Evidence Act 1910，s. 2. See also Compulsion of Witnesses Act 1898，ss. 7 – 9，该法仅适用于所指定的国家。

类宣誓证词。① 每一个通过此种方式被取证的人员有权拒绝回答可能使其获罪的问题以及其他问题，就像一个证人在坦桑尼亚高等法院的任何诉讼中所享有的权利一样，并且任何人不得被强制提交任何书面证词或其他文件，如果其在坦桑尼亚法院的同样诉讼中也不能被强制提交此类文件。

二 冈比亚

冈比亚法律对外国法院在冈比亚的取证做了规定。② 如果正在审理民商事案件的外国法院通过委托调查书、请求书或其他方式向冈比亚法院提出请求，希望向在冈比亚的证人收集案件的有关证据，冈比亚法院在收到单方申请后，就可下令对证人进行取证。③ 法院可下令由提出请求的人所指定的人或法院所指定的人进行取证。在完成取证后，取证人应将证词转交冈比亚高等法院的书记官，由其铅封后转交外国法院。④

三 加纳

加纳 2004 年《高等法院（民事程序）规则》第 70 号命令以及 1993 年《法院法》第 75~79 条规定了向居所在加纳的人员进行取证，以便用于国外的诉讼的程序。根据《法院法》第 75 条第 1 款，当外国法院就该法院内进行的刑事、民事或商事诉讼向加纳高等法院提出向证人取证的请求后，加纳高等法院就可以它认为必要的条件，下令向其管辖权范围内的证人取证。加纳高等法院可命令证人到该命令所指定的任何人面前作证。它可通过宣誓、询问、提交具体文件的方式对证人取证。法院的命令可像加纳高等法院在它审理的诉讼中作出的命令一样得到执行。⑤

请求获得加纳法院的命令以便对加纳的证人进行取证的申请，应由被

---

① Foreign Tribunal Evidence Act 1910, s. 4.
② Rules of the High Court, Ord. VII r. 32 – 37.
③ Rules of the High Court, Ord. VII r. 32.
④ Rules of the High Court, Ord. VII r. 34.
⑤ Courts Act 1993, s. 75 (2) (3).

合法授权可以代表外国法院提出该申请的人士单方提出。此类申请必须附有相应的宣誓证明。[①] 证明中应包含表明外国法院希望向证人取证以便用于该法院内的诉讼的证明书。[②] 大使、部长、外交人员或领事官员可以签发此类证明书。在没有此类证明书时，其他表明要求进行此类取证的诉讼正在外国法院进行的证明也可接受。[③] 根据《法院法》第 75 条，每一个根据法院命令被取证的人员有权拒绝回答可能使其获罪的问题以及其他问题，就像一个证人在加纳高等法院的任何诉讼中所享有的权利一样，并且任何人不得被强制提交任何书面证词或其他文件，如果其在加纳法院的同样诉讼中也不能被强制提交此类文件。[④]

四　肯尼亚

外国法院签发的请求对在肯尼亚的人员进行取证的委托书，应根据肯尼亚高等法院授权的方式得到执行并予以返回。[⑤] 肯尼亚法院曾指出，在没有来自该外国外交人员的证明时，请求方足以证明正在审理民商事案件的外国法院希望从肯尼亚法院辖区内的被指明人员取证的宣誓证书，也可以被肯尼亚法院接受。[⑥]

五　纳米比亚

如果纳米比亚高等法院收到具有管辖权的外国法院发来的请求，以便对在纳米比亚境内的证人进行取证，用于该国法院正在审理的民商事案件，纳米比亚法院就可下令由该命令指定的人员对证人取证。[⑦] 此外，纳米比亚的任何治安法官在收到来自任何指定国家行使治安法官职能的司法官员发

[①] High Court（Civil Procedure）Rules 2004，Ord. 70 r. 1.

[②] High Court（Civil Procedure）Rules 2004，Ord. 70 r. 2.

[③] Courts Act，s. 76（2）.

[④] Courts Act，s. 79（1）（2）.

[⑤] Civil Procedure Act 1924，s. 55；Civil Procedure Rules 2010，Order 28 r. 17.

[⑥] *Air Import* v. *The Newson Aeronautical Corporation* ［1955］KLR 2.

[⑦] Foreign Courts Evidence Act 1995，s 2（1）. See also High Court Act 1990，s. 29（1）.

来的请求后，可以对其辖区内的任何证人进行取证，以用于国外法院相关的民事程序。①

治安法官或被请求取证的人员应命令证人出席作证，或提交任何账簿、文件或物品。在证人出现后，他们还应主持证人的宣誓或公开陈述（除非其他国家要求不采取宣誓和公开陈述仪式），并根据命令或请求在采取询问或其他方式后，对证人进行取证，就像治安法院对证人取证的方式一样。②在完成取证后，取证人员应将经其核实的证据转交给下令取证的法院的书记官或请求取证的司法官员。③ 在此种取证程序中涉及作证，或提交任何账簿、文件或物品时，有关治安法院内的证人在此种程序中享有的特权的法律同样适用。④

六 尼日利亚

如果正在审理民商事案件的外国法院通过委托调查书、请求书或其他方式向尼日利亚法院提出请求，希望向在尼日利亚的证人收集案件的有关证据，尼日利亚法院在收到经证明已被合法授权可代表外国法院提出申请的任何人的单方申请，且该人在提交委托书、请求书或法院要求提交的其他证明后，就可根据请求作出充分或必要的命令，以执行该委托书或请求书。⑤

七 塞拉利昂

如果正在审理民商事案件的外国法院通过委托调查书、请求书或其他方式，向塞拉利昂的法官提出请求，希望向在塞拉利昂的证人收集案件的有关证据，该法官在收到经证明已被合法授权可代表外国法院提出申请的任何人的单方申请，且该人在提交委托书、请求书或法院要求提交的其他证明后，

---

① Foreign Courts Evidence Act 1995, s. 3. 南非已根据该法被指定。
② Foreign Courts Evidence Act 1995, s. 4.
③ Foreign Courts Evidence Act 1995, s. 4 (4).
④ Foreign Courts Evidence Act 1995, s. 5 (2).
⑤ Federal High Court (Civil Procedure) Rules 2000, Ord. 41 r. 39.

就可作出必要的命令以执行此类请求。① 法院作出的对证人进行取证的命令，可以由申请该命令的人所指定的任何合适人员或法院的取证人员或法院认为适当的其他合格人员执行。② 取证人员完成取证后，应将证据交给塞拉利昂高等法院的书记官。收到该证据后，法院院长应将该证据附在以适当形式作成并经法院用于域外的印章铅封后，再连同委托书或请求书一起转交给外交与国际合作部部长，由其转寄给提出取证请求的外国法院。③

八　南非

如果南非最高法院省级或地方分庭收到具有管辖权的外国法院发来的请求，以便对该分庭辖区内的证人进行取证，用于该国法院正在审理的民商事案件，受理该申请的法院或法官就可下令由该命令指定的人员对证人取证。④ 此外，治安法官在收到来自任何指定国家行使治安法官职能的司法官员发来的请求后，可以对其辖区内的任何证人进行取证，以用于国外法院相关的民事程序。⑤

被请求取证的人员应命令证人出席作证，或提交任何账簿、文件或物品。在证人出现后，他们还应主持证人的宣誓或公开陈述，并根据命令或请求在采取询问或其他方式后对证人进行取证，就像治安法院对证人取证的方式一样。被传唤人员应和在同样程序中被传唤到治安法院出庭的人员经历同样的传唤方式。⑥ 在完成取证后，取证人员应将经其核实为准的证据

---

① High Court Rules 2007，Ord. 32 r. 1. 根据《高等法院规则》命令三十二第 4 条规则，委托书或请求书可由外交和国际合作部部长转交给法院，并指示法院实施，无须要求外国诉讼程序的当事人在塞拉利昂的代理人向法院提出申请。在这种情况下，法院院长应将委托书或请求书转交给总检察长，他在经外交和国际合作部部长同意后，可作出此类申请，并采取必要措施以实施该委托书或请求书。

② High Court Rules 2007，Ord. 32 r. 2.

③ High Court Rules 2007，Ord. 32 r. 3.

④ Foreign Courts Evidence Act 1962，s. 2（1）. See also Supreme Court Act 1959，s. 33（1），and generally *Saunders* v. *Minister of Justice* 1997（3）SA 1090.

⑤ Foreign Courts Evidence Act 1962，s. 3. 下列国家已被指定：莱索托、博茨瓦纳、斯威士兰、马拉维、纳米比亚和津巴布韦。

⑥ Foreign Courts Evidence Act 1962，s. 4.

转交给下令取证的法院的书记官或请求取证的司法官员。① 在此种取证程序中涉及作证，或提交任何账簿、文件或物品时，有关治安法院内的证人在此种程序中享有的特权的法律同样适用。②

九　坦桑尼亚

坦桑尼亚1966年《民事程序法典》③ 有关对证人取证的委托书的执行和返回的规定，也适用于外国法院签发的、要求对在坦桑尼亚的证人进行取证的委托书。④

十　乌干达

外国法院签发的、要求对在乌干达的证人进行取证的委托书，应根据最新规定的方式执行和返回。⑤

十一　津巴布韦

当津巴布韦高等法院或治安法院收到外国法院要求该法院作出命令以便在津巴布韦进行取证的申请后，如果该法院确信，该申请是根据由或代表指定国家内有管辖权的法院或法庭的请求书提出的，而且该申请所涉及的证据是用于在该法院或法庭审理的民事案件，且对于向治安法院提出的申请，相关证据位于该法院所在的区域内，法院就可下令进行取证，以执行外国法院的请求。⑥

法院的命令可规定下令事项，如对证人进行取证（无论是口头的还是

---

① Foreign Courts Evidence Act 1962, s. 4 (4).

② Foreign Courts Evidence Act 1962, s. 5 (2); *Cline* v. *Magistrate*, *Witbank* 1985 (4) SA 605.

③ Civil Procedure Code 1966, ss. 56 – 58; Civil Procedure Rules, Ord. XXVI.

④ Civil Procedure Code 1966, s. 59.

⑤ Civil Procedure Act 1929, s. 56, Civil Procedure Rules, Ord. XXVIII r. 19.

⑥ Civil Matters (Mutual Assistance) Act 1996, s. 20 (1). 此类申请可由相关民事案件的当事人、请求法院的官员或司法部部长提出或代表他们提出。

书面的），提交文件，查验，拍照，对任何财产（无论是动产还是不动产）进行查验、保全、留置或扣押，提请任何财产的样品（无论是动产还是不动产），对此类财产进行查验以及对人员进行医疗体检包括提取和检测血液样品。① 法院命令不应要求有关人员陈述哪些文件与案件有关，以及申请中提到的文件是否在他们的占有、控制和掌握之中。② 不应强制任何人提交那些不能强迫其在津巴布韦的民事程序中或在请求法院所在国的民事程序中提交的证据。③

十二　评论

跨国诉讼的一个重要挑战，是如何确保当事人获取国内外的证据以便很好地支持自己的诉求。国际司法协助在这个领域发挥着巨大作用，它能够使当事人获取域外证据。所研究的每一国家都有成文法制度，使得本国法院可以对国外的人员进行取证，而且也可以使本国法院协助外国法院向自己辖区内的证人取证。

大多数法律都提到"法院或法庭"，但它们能否扩展适用于国际仲裁庭（以及如后面提到的国际性或地区性法院），还令人怀疑。④ 换句话说，来自外国仲裁庭要求向位于所研究的某一国家内的证人进行取证的直接请求，是否属于这些成文法制度的（调整）范围，还不确定。⑤ 另外，对于来自某一国际仲裁庭的请求，如果是通过外国法院途径提出的，却可能根据这些成文法制度得到执行。

---

① Civil Matters（Mutual Assistance）Act 1996，s. 21（2）.
② Civil Matters（Mutual Assistance）Act 1996，s. 21（3）.
③ Civil Matters（Mutual Assistance）Act 1996，s. 22（1）.
④ 参见第二十章有关支持仲裁程序的临时措施。
⑤ In the Canadian case of *B. F. Jones Logistics Inc. v. Rolko*（2004）72 OR（3d）355，安大略高级法院裁定，无论根据普通法还是成文法，它无权执行一项来自私人仲裁员的、要求对居住在安大略的证人进行调查的请求书。在 *Viking Insurance Co. v. Rossdale*（［2002］1 Lloyd's Rep. 219）案中，法院指出，根据1975年《证据（其他法域中的程序）法》，它无权执行一项私人仲裁庭签发的请求书。See generally M. Penny，'Letters of Request：Will a Canadian Court Enforce a Letter of Request from an International Arbitral Tribunal?'（2001）12 *American Review of International Arbitration* 249.

虽然域外取证能力在所研究的国家内是国际司法管理的一个重要方面，但只有南非是1970年《民商事事项域外取证海牙公约》的成员国。目前，非洲还不存在地区性或大陆性的司法合作公约。

　　所研究的大部分国家的成文法制度都向任何申请人开放，无论请求来自哪一国家。不过，纳米比亚、南非和津巴布韦的成文法制度是以互惠为基础的——能够受惠于这些制度的国家必须是根据这些法律专门指定的。这就产生了这样的问题，即如何对待来自非指定国家的请求？基于礼让以及确保司法的适当管理的需要，法院被认为应有权协助外国法院对其辖区内的证人进行取证。此类司法协助与执行外国判决十分相似。根据普通法，法院是可以执行外国判决的。

　　在所研究的大部分国家内，对法院辖区内的证人进行取证的申请，必须是由经证明被合法授权代表外国法院提出申请的人员作出的。但塞拉利昂的法律规定允许总检察长提出申请。和向本辖区内的人员送达外国法律文书或文件的制度不同，为外国法院取证的制度并没有规定相关请求应通过外交或行政途径转交给法院。在大部分情况下，必须提交委托书、请求书或其他证明，而且必须证明外国法院希望向被请求法院辖区内的证人取证，以用于该法院正在审理的民商事案件。对于后者，在所研究的一些国家领事官员被委以重任。例如，在加纳，大使、部长、外交人员或领事官员可以签发这样的证明，即申请的事项是民事或商事事项，而且外国法院要求为该院审理的民商事案件提供证据。

　　当法院作出命令对其辖区内的证人进行取证时，取证主要根据其国内程序规则进行。但一些国家的制度，如冈比亚和塞拉利昂，还特别允许国内法院指示根据外国法院或请求方所指定的人员要求的方式进行取证。总之，现有的成文法制度对于根据法院命令对证人取证可以或不可以采取哪些措施，并没有作出事无巨细的安排。津巴布韦的制度也许在这方面是最为完备的。

　　取证完成后，大部分成文法制度中的程序是将证据及相关文件转交行政部门（外交部或司法部），再由其转递外国法院。

第四节　司法协助与非洲地区性经济共同体法院

目前，在非洲有许多地区性法院（以下简称"共同体法院"）。① 这些法院是根据不同的地区性经济共同体条约而成立的，并且对一些可以被定性为民事或商事的案件行使裁判管辖权。个人在这些共同体法院也有出庭资格。如上所述，调整与外国法院在民事或商事领域进行司法协助的制度被规定在不同的国内法中。但与行使民事管辖权的共同体法院之间的合作却不是这样。② 当然，在大部分国内立法最初制定时，共同体法院如凤毛麟角，在非洲更是如此。随着共同体法院的出现，提供一种法律框架以调整共同体法院和国内法院之间以及也许共同体法院之间的司法合作，就显得日益重要。

共同体法院和国内法院之间的司法合作可能会产生许多问题，对于这些问题，目前还没有明确的答案。比如，国内法院有协助共同体法院在成员国内取证的管辖权吗？国内法院有权协助共同体法院向本辖区内的人员送达文件吗？此类司法合作的法律依据和程序是什么？这些法律依据和程序能否提供充分的制度以确保共同体层面有效的司法管理？如果同样的案件在国内法院审理时，共同体法院会中止自己的程序吗？③ 国内法院采用的与共同体法院合作的程序是否有助于共同体法律的有效性？

除了津巴布韦1995年《民事事项（双边协助）法》外，在所研究的国家内似乎没有任何法律明确规定与共同体法院的司法合作。津巴布韦《民事事项（双边协助）法》第3条第2款授权司法部部长将该法的规定扩展适用于"任何国际性法院"。国际性法院被界定为任何法院或法庭，即它根据任何国际协议或联合国大会决议，（i）能够行使任何裁判管辖权或履行任

---

① 这些包括东南非共同市场司法法院、东非司法法院、西非国家经济共同体司法法院以及南部非洲发展共同体法院。

② 博茨瓦纳、加纳、肯尼亚、纳米比亚、南非和赞比亚等国有关刑事事项司法协助的制度规定了与国际刑事法院的合作事项。

③ *Richard Thomas Etheredge v. Minister of State for National Security Responsible for Lands*, *Land Reform and Resettlement*, Suit No. 3295/08（High Court, Zimbabwe, 2008）.

何司法性质的或仲裁、调解或调查职能；或（ii）为行使任何裁判管辖权或履行任何此类职能而被任命的，无论是常设的还是临时的。这一定义足够宽泛，可以涵盖非洲的共同体法院。① 但是，津巴布韦司法部部长还未就任何国际性法院或共同体法院行使过该权力。

随着共同体法院的出现，共同体法院与国内法院进行合作以促进有效的司法管理的重要性，不容低估。但调整共同体法院的法律也没有为共同体法院与国内法院在诸如取证、传唤证人和文书送达等领域的司法合作提供明确的法律框架。看来唯一可明确预期且规定有法律框架的领域，是共同体法院判决的执行。② 当然司法合作不限于判决的执行。共同体法院与国内法院之间的合作十分必要，特别是因为共同体法院允许个人直接在其内提起诉讼，而且共同体法院可以仲裁个人之间的争议。

共同体条约中调整国内法院与共同体法院之间司法合作的法律框架的缺失，在一定程度上可通过共同体法院的程序规则得到补救。根据《东南非共同市场法院规则》第74条第1款（a）项，③ 如果该法院和国内法院同时受理了寻求同样救济的，或提出同样解释问题的，或涉及同一行为有效性的案件，该法院就可主动或应当事方的申请，中止自己的程序。正如第五章所讨论的，从国内法院的角度来看，未决诉讼（lis pendens）的存在是决定它们中止程序的重要考虑因素，但根据普通法和成文法，它们仍有自由裁量权决定不这么做。

根据2008年《东共体法院程序规则》第27条，④ 该法院可以请求国内

---

① 这一规定似乎移植于其他国家。United Kingdom：Evidence（Proceedings in Other Jurisdictions）Act 1975，sec. 6（1）；United States Code，chapter 28，sec. 1782（a）.

② See e. g. Treaty establishing the East African Community，30 November 1999，2144 U. N. T. S. I – 37437；Protocol to the Southern African Development Community Tribunal and Rules of Procedure Thereof，7 August 2000，online：SADC ＜http：//www. sadc. int/index/browse/page/163 ＞，art. 32（1）（2）（3）；Treaty on the Harmonization of Business Law in Africa，1 November 1997，Official Journal of OHADA No. 4，p. 1，art. 25；Treaty Establishing the Common Market for Eastern and Southern Africa，5 November 1993，33 I. L. M. 1067，art. 40；Protocol A/P. 1/7/91 on the Community Court of Justice of the High Contracting Parties as amended by Supplementary Protocol A/SP/. 1/01/05 Amending the Protocol Relating to the Community Court of Justice，art. 24.

③ COMESA Legal Notice No. 6 of 2003，8 April 2003，online：COMESA ＜http：//www. comesa. int/institutions/ court_ of_ justice/rules/view ＞.

④ Available at http：//www. eac. int/rules – applicable. html.

法院对某一人员送达通知。向其提出送达通知请求的国内法院可（may）在收到请求后，着手进行送达，就如同该通知是由它签发的，然后再将通知和送达程序记录（如果有的话）返回东共体法院。换句话说，国内法院对于通知送达有自由裁量权。国内法院如果行使自由裁量权反对送达通知，会发生何种后果，规则语焉不详。《西共体法院规则》第 74 条第 1 款似乎没有考虑利用国内法院送达文书的必要性。① 该款规定，如果需要向某一人员送达文书，西共体法院的首席书记官就应确保通过采用附回执的挂号信或附有收据的直接送达的方式，将有关文书送至受送达人的地址。这种送达程序很可能会被认为违反了国家主权。② 为对一国的国民行使管辖权而绕过该国的机构包括法院，可能会引起该国的强烈关注。此外，在不利用国内法律程序的情况下，对不认可共同体法院送达程序的人员不可能施加惩罚。

根据《东南非共同市场法院规则》第 41 条第 6、第 7 款，法院可下令由证人或专家长期居住地的司法机构对他们进行取证。该命令应交送有管辖权的司法机构根据它的程序规则所设定的条件予以执行。③ 根据《东南非共同市场法院规则》第 41 条第 8 款，对于证人或专家任何违反宣誓或公开陈述的行为，成员国应以此类行为发生在其国内法院的同样对待方式予以对待。如果此类行为发生在法院审理过程中，相关成员国应（shall）向其有管辖权的法院指控这些违法行为。这一规定不可能与成员国的宪法规定很好地衔接。根据成员国的宪法，指控刑事违法行为的权力只是被授予总检察长。在没有这样的立法时，在共同体法院内发生的蔑视法庭或做假证的行为不可能在国内法院受到同样的对待和惩罚。④

上述分析表明共同体法院需要和国内法院进行合作。不过，对于现有国内法是否已作出调整以推动这种合作这一问题，似乎还缺乏深谋远虑。为确保开展有效合作，成员国制定规范共同体法院和国内法院之间合作的

---

① Available at < http：//www. ecowascourt. org/site2. html >. 规则第 43 条第 5 款规定，传唤证人的命令应送达给当事人和证人，但它没有规定如何进行送达。
② 《西非国家经济共同体法院规则》第 99 条（a）项规定，该法院将通过有关请求书的补充规则。
③ COMESA Court Rules，r. 41（7）（a）.
④ See e. g. South Africa – Rome Statute of the International Criminal Court Act 2002，s. 37.

法律，实属必要。在此类立法制定前，建议国内法院将共同体法院作为外国法院对待，以利用其国内的民事程序规则。不过，必须承认的是，在目前的形势下，国内立法中的外国法院的定义显然是指外国的国内法院（foreign national court）。①

---

① 例如，肯尼亚、坦桑尼亚和乌干达的民事程序法将外国法院界定为位于肯尼亚、坦桑尼亚和乌干达以外，在肯尼亚、坦桑尼亚和乌干达没有任何权威的法院。还不清楚，是否可以认为，在地理上既不位于坦桑尼亚也不位于乌干达的东南非共同市场法院和东非共同体法院是否可被认为在上述国家都没有权威。东非共同体法院和东南非共同市场法院在地理上分别位于坦桑尼亚和赞比亚。See generally *Joseph Kimani Gathungu v. Attorney General*［2010］eKLR，该案分析了国际刑事法院在肯尼亚法律体系中的地位。

第二十二章
费用担保

在所研究的国家内，原告包括主权国家，① 在提起它们的诉讼时，可能会被要求提供费用担保，② 对于没有通常居住在法院辖区内的原告如外国原

---

① *State of Israel* v. *Somen* ［2001］LLR 5932.

② See generally：

博茨瓦纳 – Rules of the High Court，Ord. 57；*Gaborone* v. *Lowrenco* 1999（1）BLR 11；*Botswana Insurance Co. Ltd* v. *Matan Trucking Co. Ltd* 2003（2）BLR 380；*Misroame* v. *Motsisi* 1994 BLR 313；*West* v. *Joubert* 2002（1）BLR 329；*Sanders* v. *Hunt* 1976 BLR 19；*First National Bank of Botswana Ltd* v. *Buberwa* 2001（2）BLR 34；*Worldview Botswana* v. *World University Services of Canada* 1996 BLR 527.

加纳 – High Court（Civil Procedure）Rules 2004，Ord. 24；*Mallet* v. *Braun* ［1975］1 GLR 78；*Gatco Chempharam* v. *Pharmdex*（*GH*）*Ltd* ［1999 – 200］2 GLR 262.

肯尼亚 – Civil Procedure Rules 2009，Ord. XXV；*State of Israel* v. *Somen* ［2001］LLR 5932；*Parmex Limited* v. *Austin & Partners Ltd* ［2006］eKLR，*Fasco Trading Co. Ltd* v. *Goodearth Ltd* ［2000］LLR 1236，*Healthwise Pharmaceuticals Ltd* v. *Smithkline Beecham Consumer Healthcare Ltd* ［2001］LLR 1279，*Shah* v. *Shah* ［1981］LLR 1206，*Indemnity Insurance Company of North America* v. *Kenya Airfreight Handling Ltd*，Civil Case No. 531 of 1999（High Court，Kenya，2001），*Farrab Incorporated* v. *Brian John Robson* ［1957］EA 441，*Vallabhdas Hirji Kapadia* v. *Thakersey Laxmidas* ［1960］EA 852.

莱索托 – High Court Rules 1980，s. 48.

马拉维 – *Oliver* v. *Cadle* ［1961 – 1963］ALR Mal. 456.

纳米比亚 – Rules of the High Court 1990，s. 47.

南非 – Uniform Court Rules，s. 47；*Vanda* v. *Mbuqe* 1993（4）SA 93；*Alexander* v. *Jokl* 1948（3）SA 269；*Francis & Graham Ltd* v. *East African Disposal Co. Ltd* 1950（3）SA 502；*Rapanos* v. *Rapanos* 1958（2）SA 705；*Santam Insurance Co. Ltd* v. *Korste* 1962（4）SA 53；*Banks* v. *Henshaw* 1962（3）SA 464；*Drakensbergpers BPK* v. *Sharpe* 1963（4）SA 615；*Sandock Austral Ltd* v. *Exploitation Industrielle et Commerciale – Bretic* 1974（2）SA 280；*Seboko* v. *Moaki* 1978（3）SA 639；*South African Television Manufacturing Co.*（*Pty*）*Ltd* v. *Jubati* 1983（2）SA 14；*Minister of Police* v. *Madiga* 1984（3）SA 129；*Madiga* v. *Minster of Police* 1987（1）SA 1；*Protea Assurance Co. Ltd* v. *Januszkiewicz* 1989（4）SA 292；（转下页注）

435

告，更是如此。对于原告提起的诉讼，法院一般不会要求被告提供费用担保，① 但在被告提起反诉（而不是仅仅就诉讼提起抗辩②）时，法院就可能要求针对原告提供费用担保。③ 被告可以请求法院让通常居住在法院辖区外的原告，就被告参加诉讼可能产生的花费提供担保。④ 这么做的理由是，如果原告的诉讼不能成功，可以确保被告在法院辖区内获得诉讼费用的补偿。

（接上页注②）*South African Iron and Steel Corporation Ltd* v. *Abdulnabi* 1989（2）SA 224；*The Catamaran TNT Dean Catamarans CC* v. *Slupinski*（*No 1*）1997（2）SA 383；*Davies* v. *Starlauro Spa* 1997（4）SA 779；*Majunga Food Processes Sarl* v. *South African Dried Fruit Co - operative Ltd* 2000（2）SA 94；*MV Guzin S*（*No 2*）*Hamburgische Landesbank - Girozentrale* v. *Allied Sales Corporation* 2002（6）SA 127；*Exploitatie - en Beleggingsmaatschappij Argonauten 11 BV* v. *Honig* [2012] 2 All SA 22.

斯威士兰 - High Court Rules 2010，s. 51；*Allison* v. *Swaziland Royal Insurance Corp.*（*Pty*）*Ltd* [1979 - 1981] Sw. LR 4.

坦桑尼亚 - Civil Procedure Rules，Order XXV；*Uniliver Plc* v. *Hangaya* [1990 - 1994] 1 EA 598.

乌干达 - Civil Procedure Rules，Ord. XXVI；*Noble Builders Ltd* v. *Sandhu* [2004] EA 228，[2004] Kam. LR 253；*Rohini Damji Sidra* v. *Frenzy Damji Sidra*，Civil Appeal No. 60 of 1995（Supreme Court, Uganda, 1997）；*Serefaco Consultants Ltd* v. *Euro Consult BV*，Civil Appeal No. 16 of 2007（Court of Appeal, Uganda, 2007）；*Red Pepper Newspaper* v. *Chris Cotton & Karatis Karisimbi* [2004] Kam. LR 626；*Rohini Sidipra* v. *Freny Sidipra* [1995] Kam. LR 721；*Jubilee Insurance Co.* v. *Krediet Geneve Inc.* [2002] Kam. LR 560；*M/S Untorom Ltd* v. *M/S Kawsi & Co.* [1992] Kam. LR 109；*Shah* v. *Manurama Ltd* [2003] 1 EA 294.

赞比亚 - High Court Rules，Ord. XL r. 7；*Darlington* v. *Mitchell Construction Company Ltd*（1966）ZR 10；*Arthur Levinson* v. *Goodman Glasser* [1949 - 54] LRNR 381.

津巴布韦 - High Court Act 1981，s. 52；*Zendera* v. *McDade* 1985（2）ZLR 18；*Africair*（*Rhodesia*）*Ltd* v. *Interocean Airways SA* 1964 R & N 61，1964（3）SA 114；*Graham* v. *Phillips* [1965] RLR 673，1966（1）SA 556；*Plagis* v. *Hubbard* 1975（1）SA 469；*Gre Insurance Ltd* v. *Chisnall* 1982（1）SA 387.

① *Botswana Insurance Co. Ltd* v. *Matan Trucking Co. Ltd* 2003（2）BLR 380；*Sandock Austral Ltd* v. *Exploitation Industrielle et Commerciale - Bretic* 1974（2）SA 280.

② *First National Bank of Botswana Ltd* v. *Buberwa* 2001（2）BLR 34.

③ *West* v. *Joubert* 2002（1）BLR 329. 在南非，可命令外地人原告为本地人被告反诉的费用提供担保。See *Silvercraft Helicopters*（*Switzerland*）v. *Zonnekus Mansions* 2009（5）SA 602；*B & W Industrial Technology*（*Pty*）*Ltd* v. *Baroutsos* 2006（5）SA 135；*South African Iron and Steel Corporation* v. *Abdulnabi* 1989（2）SA 224；Christian Schulze 'Should a Peregrine Plaintiff Furnish Security for Costs for the Counterclaim of an Incola'（2007）19 *South African Mercantile Law Journal* 393.

④ 在坦桑尼亚，法院可主动命令原告为被告支付的或可能支付的费用提供担保。See Civil Procedure Rules，Ord. XXV r. 1.

正如弗朗索瓦（Francois）法官在 *Edusei v. Diners Club Suisse SA* 案①中所说的，"对于随时可能消失的人，法院行使自由裁量权所能施加的只能是要求其就费用提供担保。这是唯一公平的。这样，当被诉的人在赢得诉讼后，就不会因为原告在外国诉讼中的不切实际的诉求而无法得到救济"。

被告并无权获得费用的担保，而是法院在适当情况下可以自由裁量给予其费用担保。申请人必须提供充分的理由证明，为什么被申请人应提供担保。法院在决定是否让原告提供担保时，会考虑许多因素。在以往的案例中，法院考虑的因素包括：原告在法院辖区内没有财产或营业地的事实；相关国家之间存在判决互惠执行的安排的事实；原告的财产状况及可能给原告带来的困境。

就非洲存在的许多地区性经济共同体而言，令人十分欣慰的是，居所也在许多共同体中成为申请费用担保的一个相关考虑因素。在乌干达法院审理的 *Shah v. Manurama Ltd* 案②中，被告请求法院下令要求原告提供费用担保。原告的居所在肯尼亚。被告声称，原告居住在国外的事实是命令他提供担保的表面理由。原告主张，考虑到东非共同体再次成立的事实，③ 居所能否成为下令提供担保的理由这一问题需要重新审视。法院驳回了被告的申请，理由是，在东非不能再理所当然地推定，对于居所在东共体的原告，法院可下令提供担保。对于乌干达法院来说，就要求原告提供费用担保的法律的实施而言，拥有东共体居所的事实"需要重新考虑我们的司法思维"。法院在作出自己的决定时，考虑的因素是下列事实：《东共体条约》明确规定了要对成员国的法律进行统一化和协调化，包括对共同体内的判决实现标准化，在成员国内成立了一个共同的律师协会（即跨境法律执业），以及在成员国之间存在判决互惠执行的安排。Shah 案可以与肯尼亚法院审理的 *Healthwise Pharmaceuticals Ltd v. Smithkline Beecham Consumer Healthcare Ltd* 案④进行对比。在该案中，肯尼亚法院驳回了原告的主张，即其是

---

① ［1982－1983］GLR 809 at 816.

② ［2003］1 EA 294.

③ 东非共同体目前由肯尼亚、乌干达、坦桑尼亚、布隆迪和卢旺达组成。南苏丹也已加入该组织。——译者注

④ ［2001］LLR 1279.

东共体的居民，因此被告可以毫不费力地追回其在诉讼中的花费。

　　提供费用担保可能会给外国的诉讼人带来沉重的财务负担。这也可能会迫使一些人放弃诉讼或寻求和解。如果外国人相信申请费用担保被用来阻挠合法的诉讼，这就会影响一国法律制度的声誉。因此，法院必须行使自由裁量权决定是否提供担保，在保护国内被告不受无理缠诉的合法利益的同时，法院要有理由确保费用担保的命令不会给外国原告带来不当困境，以至于会影响公正的实现。对此，吉耶克－达科（Gyeke-Dako）法官的话切中肯綮：

　　　　和加纳一样，博茨瓦纳也有一部宪法，它明确规定了民主原则和对法治的尊重。它反对一切形式的歧视，为生活在该国的各行各业的人员提供了平等和自由进入法院的机会。需要时刻谨记的是，原告不应被驱离审判席，除非因案件的公正而不得已为之。在我看来，法院必须保持警惕，审慎分析费用担保申请是否被粗暴使用以设法压制一项真正的诉讼。①

---

① *Misroame v. Motsisi* 1994 BLR 313 at 324.

参考文献

Abraham, G. , '"Yes ... But Does It Have Personality?" The International Committee of the Red Cross and Sovereign Immunity' (2007) 124 *South African Law Journal* 499.

Adede, A. O. , 'Loan Agreements with Foreign Sovereign Borrowers: Issues of Sovereign Immunity, Applicable Law and Settlement of Disputes' (1987) 3: 2 *Lesotho Law Journal* 101.

Adeleke, F. A. R. , 'Doctrine of Sovereign Immunity in Nigerian Law from Inception to Section 308 of 1999 Constitution' (2003) 7 *Journal of International and Comparative Law* 193.

Aden, M. , 'The German Matrimonial Property Regime of Zugewinngemeinschaft in South African Private International Law' (1973) 90 *South African Law Journal* 160.

Agbede, I. O. , 'Conflict of Laws in a Federation: The Nigerian Experience' (1973) 7 *Nigerian Law Journal* 48.

'Conflict of Laws: New Bases for Solution' (1977 – 80) 11 *Nigerian Law Journal* 75.

'Conflict of Tort Laws in Nigeria: An Analysis of the *Rule in Benson v. Ashiru*' (1972) 6 Nigerian Law Journal 103.

'Doctrine of Characterisation: Theory and Practice' (1988) 15 *Nigerian Journal of Contemporary Law* 41.

---

* 本参考文献更为详细的版本首次发表在《美国比较法杂志》上。See R. F. Oppong, 'Private International Law Scholarship in Africa (1884 – 2009) – A Selected Bibliography' (2010) 58 A-merican *Journal of Comparative Law* 319 – 42.

'Forum Law and Petroleum Contracts: Comments on Choice – of – law Provision of Decree 15 of 1969' (1986) *Nigerian Current Law Review* 122.

'The English Doctrine of Renvoi: Its Applicability in Common Law Africa' (1977) 2 *Nigerian Juridical Review* 55.

'Conflict of Torts Laws under the Received English Law in Common Law Africa: A Review' (1971) 3: 1 *Zambia Law Journal* 64.

Agyemang, A. A. , 'African Courts, the Settlement of Investment Disputes and the Enforcement of Awards' (1989) 33 *Journal of African Law* 31.

'African States and ICC Arbitration' (1989) 5: 2 *Lesotho Law Journal* 217.

'African States and ICSID Arbitration' (1988) *Comparative and International Law Journal of Southern Africa* 177.

Ailola, D. A. , 'Recognition of Foreign Proceedings, Orders and Officials in Insolvency in Southern Africa: A Call for a Regional Convention' (1999) 32 *Comparative and International Law Journal of Southern Africa* 54.

'The UNCITRAL Model Law on Cross – Border Insolvency: Its Efficacy and Suitability as a Basis for a SADC Convention' (2000) 11 *Stellenbosch Law Review* 215.

Amerasinghe, C. F. , 'Recognition of Foreign Nullity Decrees' (1963) 80 *South African Law Journal* 283.

Asante, S. K. B. , 'The Perspective of African Countries on International Commercial Arbitration' (1995) *Nigerian Current Law Review* 42.

Asouzu, A. A. , 'Some Fundamental Concerns and Issues about International Arbitration in Africa' (2006) 1 *Law for Development Review* 81.

Atilade, P. , 'Is There One Nigerian Domicile or Different Regional Domicile in Regard to Divorce' (1964) 5 *Nigeria Bar Journal* 55.

Bamodu, G. , 'In Personam Jurisdiction: An overlooked Concept in Recent Nigerian Jurisprudence' (2011) 7 *Journal of Private International Law* 273.

'Jurisdiction and Applicable Law in Transnational Dispute Resolution before the Nigerian Courts' (1995) 29 *The International Lawyer* 555.

'The Enforcement of Foreign Money Judgments in Nigeria: A Case of Unnecessary Judicial Pragmatism?' (2012) 12 *Oxford University Commonwealth Law Journal* 1.

Bannermah, R. E. , 'Award of Damages in Foreign Currency: A Critical Look at the Judgments' (1993 – 95) 19 *Review of Ghana Law* 231.

Barrie, G. N. , 'An Accurate Reflection of the Most Significant Relationship Test in the Private International Law of Delict' (1994) *Journal of South African Law* 851.

'Foreign Sovereign Immunity: Acta Iure Imperii or Acta Iure Gestionis' (1996) *Journal of South African Law* 591.

'Sovereign Immunity of States: Acts Iure Imperii and Acts Iure Gestionis – What is the Distinction' (2001) 26 *South African Yearbook of International Law* 156.

'The Approach of the Courts Regarding South African Custodian Parents Going into the Diaspora' (2009) *Journal of South African Law* 562.

Beck, A. , 'Company Residence as a Jurisdictional Connecting Factor' (1985) 7 *Modern Business Law* 90.

'Jurisdiction over Peregrines, Consent, Attachment and Res Gestae' (1986) 103 *South African Law Journal* 14.

'The Convenience of Jurisdiction' (1983) 100 *South African Law Journal* 43.

Beck, A. C. , 'Treasury Permission and the Jurisdiction of the Courts' (1982) 99 *South African Law Journal* 125.

'The Convenience of Jurisdiction' (1982) 15 *Comparative and International Law Journal of Southern Africa* 344.

Bennet, T. W. , 'Cumulation and Gap: Are They Systemic Defects in the Conflict of Laws?' (1988) 105 *South African Law Journal* 444.

Bentwich, N. , 'Private International Law in Ethiopia' (1951) 4 *International Law Quarterly* 111.

Booysen, H. , 'Procedural and Jurisdictional Uncertainties in the Foreign States Immunities Act' (1987 – 88) 13 *South African Yearbook of International Law* 139.

'The Municipal Enforcement of Arbitration Awards against States in Terms of Arbitration Conventions, with Special References to the New York Convention – Does International Law Provide for a Municipal Law Concept of an Arbitrable Act of State' (1986 – 87) 12 *South African Yearbook of International Law* 73.

Bray, W. and Beukes, M., 'Recent Trends in the Development of State Immunity in South African Law' (1981) 7 *South African Yearbook of International Law* 13.

Brooks, P. E. J., 'Foreign Business Corporations and South African Private International Law' (1988) 21 *Comparative and International Law Journal of Southern Africa* 92.

'Matrimonial Property Regimes and Succession in South African Private International Law' (1978) 11 *Comparative and International Law Journal of Southern Africa* 289.

'Security Council Decisions and Private Contracts in Conflict of Law Situations' (1977) 3 *South African Yearbook of International Law* 33.

'The Effect of Changes to the Law Regulating Matrimonial Proprietary Regimes in South African Private International Law' (1976) 9 *Comparative and International Law Journal of Southern Africa* 99.

'The Status of Foreign Juristic Persons in South Africa' (1986) 8 *Modern Business Law* 91.

'The Wife's Residence and Domicile as Jurisdictional Factors in Divorce Actions' (1979) 42 *Journal of Contemporary Roman – Dutch Law* 103.

C. L. M., 'Effect of Foreign Custody Orders' (1970) 10 *Rhodesia Law Journal* 87.

Cheshire, G. C., 'Plea for a Wider Study of Private International Law' (1948) 65 *South African Law Journal* 213.

Couzens, M., 'A very Long Engagement: The Children's Act 38 of 2005 and the 1993 Hague Convention on the Protection of Children and Cooperation in respect of Intercountry Adoption' (2009) *Potchefstroom Electronic*

Law Journal 54.

Davel, C. J. and Boniface, A. , 'Cross Border Relocation of Children and Custodial Parent' (2003) 66 *Journal of Contemporary Roman – Dutch Law* 138.

de Vos, W. , 'Freedom of Choice of Law for Contracts in Private International Law' (1961) *Acta Juridica* 1.

de Vos, W. L. , 'International Aspects of Civil Procedural Law' (1996) 7 *Stellenbosch Law Review* 163.

du Toit, S. F. , 'International Funds Transfer and Private International Law' (2006) 18 *South African Mercantile Law Journal* 53.

Edwards, A. B. , 'Choice of Law in Delict: Rules or Approach' (1979) 96 *South African Law Journal* 48.

Eiselen, S. , 'Goodbye Arrest ad Fundandam. Hello *Forum non Conveniens?*' (2008) *Journal of South African Law* 794.

  'International Jurisdiction in Claims Sounding in Money' (2006) 18 *South African Mercantile Law Journal* 45.

  'Laconian Revisited – A Reappraisal of Classification in Conflicts Law' (2006) 123 *South African Law Journal* 147.

Ekwere, F. N. , 'Doctrine of Characterisation: Fact or Fiction' (1992 – 93) *Nigerian Current Law Review* 63.

  'Is There Domicile of Dependence in Nigerian Conflict of Laws' (2000) 12 *African Journal of International and Comparative Law* 616.

Elbalti, B. , 'The Jurisdiction of Foreign Courts and the Enforcement of their Judgments in Tunisia: A Need for Reconsideration' (2012) 8 *Journal of Private International Law* 195.

Erasmus, G. , 'Execution of Judgments against Foreign States' (1983) 100 *South African Law Journal* 516.

Faris, J. A. , 'Domicile and Residence – The Independent Grounds for Divorce Jurisdiction' (1993) 56 *Journal of Contemporary Roman – Dutch Law* 277.

Field, T.-L. , 'What Law Determines the Money of Payment: Exploring a Recent Contribution to South African Conflict of Laws' (2001) 34 *Compara-*

tive and International Law Journal of Southern Africa 365.

Forsyth, C. , 'A Modest Defence of Renvoi' (2009) *Journal of South African Law* 135.

'Enforcement of Arbitral Awards, Choice of Law in Contract, Characterization and a New Attitude to Private International Law' (1987) 104 *South African Law Journal* 4.

'Exercise of Powers of Appointment in Foreign Wills' (1983) 100 *South African Law Journal* 172.

'Extinctive Prescription and the Lex Fori: A New Direction' (1982) 99 *South African Law Journal* 16.

'"Mind the Gap": A Practical Example of the Characterization of Prescription/Limitation Rules' (2006) 2 *Journal of Private International Law* 169.

'"Mind the Gap Part II": The South African Supreme Court of Appeal and Characterization' (2006) 2 *Journal of Private International Law* 425.

'Renvoi – Is there an Answer?' (1976) 1 *Natal University Law Review* 321.

'Submission as a Ground of International Competence and the Finality of Foreign Default Judgments' (1992) 109 *South African Law Journal* 1.

'The Growing Importance of the Conflict of Laws in South Africa' (1980) 43 *Journal of Contemporary Roman – Dutch Law* 77.

'The Impact of the Domestic on the International: Some Crucial Deficiencies in the South African Law of Jurisdiction with Their Regional and International Consequences' (2006) 18 *South African Mercantile Law Journal* 1.

'The Provenance and Future of Private International Law in Southern Africa' (2002) *Journal of South African Law* 60.

'What Happens When the Lex Causae Changes' (1975) 92 *South African Law Journal* 368.

Fredericks, E. A. , 'Contractual Capacity in Private International Law: Interpreting the Powell Case' (2006) 69 *Journal of Contemporary Roman – Dutch Law* 279.

and J. L. Neels, 'The Proper Law of a Documentary Letter of Credit (Part

1)' (2003) 15 *South African Mercantile Law Journal* 63.

and J. L. Neels, 'The Proper Law of a Documentary Letter of Credit (Part 2)' (2003) 15 *South African Mercantile Law Journal* 207.

Greig, M. , 'Foreign Currency and Interest Awards in the Context of Fluctuating Inflation and Currency Rates' (2009) 126 *South African Law Journal* 124.

G. R. J. H. , 'The Enforcement of Foreign Judgments' (1970) 10 *Rhodesia Law Journal* 8.

'Domicil in Federated States' (1971) 11 *Rhodesia Law Journal* 5.

Hahlo, H. R. , 'The Finality of Foreign Default Judgments' (1969) 86 *South African Law Journal* 354.

Heaton, J. and Schoeman, E. , 'Foreign Marriages and Section 7 (3) of the Divorce Act 70 of 1979' (2000) 63 *Journal of Contemporary Roman – Dutch Law* 141.

Hlophe, M. J. , 'The Judicial Approach to Summary Applications for the Child's Return: A Move Away from "Best Interests" Principles' (1998) 115 *South African Law Journal* 439.

Idris, I. , 'Ethiopian Law of Execution of Foreign Judgments' (1999) 19 *Journal of Ethiopian Law* 17.

Kahn, E. , 'Choice of Law in Divorce Actions' (1973) 90 *South African Law Journal* 125.

'Choice of Law in Succession in the South African Conflict of Laws' (1956) 73 *South African Law Journal* 303.

'Choice of Law in Succession in the South African Conflict of Laws' (1956) 73 *South African Law Journal* 392.

'Choice of Law in Succession in the South African Conflict of Laws' (1957) 74 *South African Law Journal* 43.

'De Lege Ferenda: Jurisdiction and Choice of Law in Matrimonial Actions' (1953) 70 *South African Law Journal* 52.

'Divorced Abroad: Still Married Here' (1986) *Journal of South African Law* 1.

'Domicile: As Connecting and Jurisdictional Factor; Choice of Law' (1985) 102 *South African Law Journal* 407.

'Illegitimacy: Jurisdiction and Choice of Law' (1964) 81 *South African Law Journal* 283.

'International Contracts – I: What Legal System Governs Them?' (1990) 19 *Businessman's Law* 203.

'International Contracts – II: Is There a General Governing Legal System?' (1990) 19 *Businessman's Law* 259.

'International Contracts – III: The General Governing Legal System in Some Developed Countries' (1990) 20 *Businessman's Law* 35.

'International Contracts – IV: The General Governing Legal System in Other Developed Countries' (1990) 20 *Businessman's Law* 77.

'International Contracts – V: The General Rule in South Africa and the Issue of Capacity' (1991) 20 *Businessman's Law* 126.

'International Contracts – VI: A Potpourri of Problems' (1991) 20 *Businessman's Law* 147.

'Jurisdiction to Annul a Voidable Marriage' (1955) 72 *South African Law Journal* 410.

'Jurisdiction to Grant a Separation Order' (1965) 82 *South African Law Journal* 142.

'Legal Milestones (II). The Emergence of Private International Law (Conflict of Laws)' (1981) *De Rebus* 535.

'Multiple Domiciles' (1965) 82 *South African Law Journal* 147.

'Proving the Law of Our Friends and Neighbours' (1965) 82 *South African Law Journal* 133.

'Reform of the Law of Domicile: Time for some History' (1987) 12 *Journal of Juridical Science* 113.

'Ruminations of a Quondam Would – Be South African Conflicts Lawyer' (2002) *Journal of South African Law* 125.

'The Domicile of Choice of Immigrant and Deportee' (1948) 65 *South Afri-*

can Law Journal 220.

'The Law Governing the Formal Validity of a Will Disposing of Movables' (1951) 4 *International Law Quarterly* 397.

'The South African Law of Domicile of Natural Persons' (1971) *Acta Juridica* 1.

'What Happens in a Conflicts Case When the Governing Foreign Law is Not Proved' (1970) 87 *South African Law Journal* 145.

Kallel, S., 'The Recognition and Enforcement of Foreign Arbitral Awards in Tunisia' (1992) 2 *Tilburg Foreign Law Review* 17.

Kane, T. G., 'Divorce Jurisdiction – What Basis' (1969) 1 *Review of Ghana Law* 235.

Kelbrick, R., 'The Incola Plaintiff, Consent and Arrest or Attachment to Found Jurisdiction' (1992) 25 *Comparative and International Law Journal of Southern Africa* 332.

Kelbrick, R. A., 'The Doctrine of Consent' (1986) 19 *Comparative and International Law Journal of Southern Africa* 130.

Kerr, A. J, 'Choosing a System of Law by the Exercise of Discretion' (1977) *Acta Juridica* 95.

'Judicial Notice of Foreign Law and of Customary Law' (1994) 111 *South African Law Journal* 577.

Kiggundu, J., 'Choice of Law in Delict: The Rise and Rise of *Lex Loci Delicti Commissi*' (2006) 18 *South African Mercantile Law Journal* 97.

'The Law of Domicile in Botswana: The Need for Reform' (1990) 2 *African Journal of International and Comparative Law* 626.

'The Problem of Child Abduction in Private International Law' (1991) 3 *African Journal of International and Comparative Law* 399.

'The Recognition of Foreign Divorces in Botswana' (1992) 25 *Comparative and International Law Journal of Southern Africa* 83.

'The Treatment of Foreign Polygamous Marriages in Private International Law' (2003) 17 *Speculum Juris* 214.

Kuforiji, A. A. , 'Voluntary Submission in Actions in Personam: The Nigerian Solution' (1984) *Nigerian Current Law Review* 194.

Leon, P. S. G. , 'Roma Non Locuta Est: The Recognition and Enforcement of Foreign Judgments in South Africa' (1983) 16 *Comparative and International Law Journal of Southern Africa* 325.

Leslie, R. D. , 'The Non – enforcement of Foreign Revenue Laws' (1976) 93 *South African Law Journal* 46.

Lubuschagne, J. M. T. , 'International Parental Abduction of Children: Remarks on the Overriding Status of the Best Interest of the Child in International Law' (2000) 33 *Comparative and International Law Journal of Southern Africa* 333.

Malan, F. R. , 'Letters of Credit and Attachment Ad Fundandam Jurisdictionem' (1994) *Journal of South African Law* 150.

Malan, F. R. , Neels, J. L. , O' Brien, P. H. , and Boshoff, A. , 'Transnational Litigation in South African Law (1)' (1995) *Journal of South African Law* 106.

'Transnational Litigation in South African Law (2)' (1995) *Journal of South African Law* 282.

'Transnational Litigation in South African Law (3)' (1995) *Journal of South African Law* 460.

Martin, B. , 'The Ascertainment of Foreign Law by Means of Judicial Notice' (1997) 8 *Stellenbosch Law Review* 377.

Martin, B. S. C. , 'Judicial Notice of Foreign Law' (1998) 31 *Comparative and International Law Journal of Southern Africa* 61.

Mbanefo, I. D. , 'Application of Foreign Law – A Minefield?' (1986) *Nigerian Current Law Review* 183.

Mendelsohn, J. M. , 'The Choice of Law Rule for Goods in Transit: Bominflot Ltd v Kien Hung Shipping Co Ltd' (2007) 19 *South African Mercantile Law Journal* 387.

Mhone, K. , 'Arbitration Law in Malawi and its Implications for the PTA/SAD-

CC Organisations' (1990) 23 *Comparative and International Law Journal of Southern Africa* 234.

Mhura, N. D. , 'The Making of Wills under the Law of Malawi: A Review of the Case of in the Estate of Guiseppe Pino Barretta and the Choice of Law' (1992) 25 *Comparative and International Law Journal of Southern Africa* 343.

Moodley, P. , 'Unravelling the Legal Knots around Inter – Country Adoptions in *De Gree v. Webb*' (2007) *Potchefstroom Electronic Law Journal* 2.

Mosikatsana, T. L. , 'www. buyababy. com: Inter – Country Adoption' (2003) 120 *South African Law Journal* 103.

Mosito, K. E. , 'The UNCITRAL Model Law on International Commercial Arbitration and the Doctrine of the Party Autonomy' (1993) 9: 2 *Lesotho Law Journal* 133.

Myburgh, P. , 'Choice of Law in Maritime Delict: All at Sea' (1988) 10 *Modern Business Law* 25.

'Recognition of Foreign Maritime Liens' (1989) 106 *South African Law Journal* 263.

Namiseb, T. , 'The Children's Status Act, 2006 (No. 6 of 2006)' (2009) 1 *Namibian Law Journal* 121.

Ndumo, M. E. , 'Lesotho and the Cross – Border Protection of Children: A Focus on Inter – Country Adoption' (2006) 16: 2 *Lesotho Law Journal* 377.

Neels, J. L. , 'Classification as an Argumentative Device in International Family Law' (2003) 120 *South African Law Journal* 883.

'Falconbridge in Africa. Via Media Classification (Characterisation) and Liberative (Extinctive) Prescription (Limitation of Actions) in Private International Law – A Canadian Doctrine on Safari in Southern Africa (Hic Sunt Leones!); or: Simper Aliquid Novi Africam Adferre' (2008) 4 *Journal of Private International Law* 167.

'Private International Law of Succession in South Africa' (2005) 7 *Yearbook of Private International Law* 183.

'The Proprietary Effect of Reservation – of – Title Clauses in Private International Law' (2006) 18 *South African Mercantile Law Journal* 66.

'The Revocation of Wills in South African Private International Law' (2007) 56 *International & Comparative Law Quarterly* 613.

'Via Media Classification in Private International Law' (1994) 57 *Journal of Contemporary Roman – Dutch Law* 687.

Neels, J. L. and Fredericks, E. A., 'The Music Performance Contract in European and Southern African Private International Law (1)' (2008) 71 *Journal of Contemporary Roman – Dutch Law* 351.

'The Music Performance Contract in European and Southern African Private International Law (2)' (2008) 71 *Journal of Contemporary Roman – Dutch Law* 529.

Neels, J. L. and Wethmar–Lemmer, M., 'Constitutional Values and the Proprietary Consequences of Marriage in Private International Law – Introducing the Lex Causae Proprietatis Matrimonii' (2008) *Journal of South African Law* 587.

Nicholson, C., 'The Recognition and Enforcement of Foreign Custody Orders and the Problem of International Child Abduction' (1993) 34 *Codicillus* 4.

Nicholson, C. M. A., 'The Hague Convention on the Civil Aspects of International Child Abduction – Pill or Placebo?' (1999) 32 *Comparative and International Law Journal of Southern Africa* 228.

Niekerk, J. P. V., 'Commercial Law, Commercial Transactions and the Foreign States Immunities Act 87 of 1981' (1991) 3 *South African Mercantile Law Journal* 137.

Nnova, G., 'Choice of Law in International Contracts for the Transfer of Technology: A Critique of the Nigerian Approach' (2000) 44 *Journal of African Law* 78.

Obi, A. C., 'Divorce Jurisdiction in Nigeria Based on *Dr. Ogwurike v. Renate Ogwurike*' (1973) 11 *Nigeria Bar Journal* 146.

Olivier, M. , 'Some Aspects of International Law in South African Cross – Border Insolvency Law' (2005) 38 *Comparative and International Law Journal of Southern Africa* 373.

Omoruyi, I. O. , 'Enforcement of Foreign Judgments in Nigeria: An Appraisal' (2000) 1 *Nigeria Contemporary Law Journal* 28.

'The Determination of Applicable Law in International Contracts: A Nigerian Perspective' (2001) 5 *Modern Practice Journal of Finance & Investment Law* 582.

Oppong, R. F. , 'Choice of Law and Forum Agreement Survives a Constitutional Challenge in the Kenya Court of Appeal' (2007) 33 *Commonwealth Law Bulletin* 158.

'Mere Presence and International Competence in Private International Law' (2007) 3 *Journal of Private International Law* 321.

'Private International Law and the African Economic Community: A Plea for Greater Attention' (2006) 55 *International & Comparative Law Quarterly* 911.

'Private International Law in Africa: The Past, Present and Future' (2007) 55 *American Journal of Comparative Law* 677.

'Recognition and Enforcement of Foreign Judgments in Ghana: A Second Look at a Colonial Inheritance' (2005) 31 *Commonwealth Law Bulletin* 19.

'Roman – Dutch Law meets the Common Law on Jurisdiction in International Matters' (2008) 4 *Journal of Private International Law* 311.

'The Hague Conference and the Development of Private International Law in Africa: A Plea for Cooperation' (2006) 8 *Yearbook of Private International Law* 189.

Osode, P. C. , 'State Contracts, State Interests and International Commercial Arbitration: A Third World Perspective' (1997) 30 *Comparative and International Law Journal of Southern Africa* 37.

Peter, J. , 'Attachment of Found Jurisdiction and the Effect of Consent'

(1989) 106 *South African Law Journal* 27.

Pieterse–Spies, A. , 'Inter – Country Adoption: A South African Perspective' (2008) 71 *Journal of Contemporary Roman – Dutch Law* 556.

Prevost, M. D. , 'Does Immunity Attach to the State or Its Acts' (1996) 21 *South African Yearbook of International Law* 118.

Quansah, E. K. , 'Determining Matrimonial Property Rights of Non – Domiciled Spouses: The Applicable Law in Botswana' (2004) 48 *Journal of African Law* 104.

Rantenbach, C. , 'Formalities of "Foreign" Internet Wills in South Africa and the Netherlands: A Storm in a Teacup?' (2009) 72 *Journal of Contemporary Roman – Dutch Law* 240.

Reinhartz, B. E. , 'International Matrimonial Property Law: Developments in the Netherlands, Europe and South Africa' (2009) *Journal of South African Law* 125.

Ringo, F. S. , 'The Recognition and Enforcement of Foreign Arbitral Awards in the COMESA/SADC Region: Analysis of Legal Developments' (1993) 9: 1 *Lesotho Law Journal* 185.

Roodt, C. , 'Conflict of Law (s) and Autonomy in Antenuptial Agreements (1)' (2006) 69 *Journal of Contemporary Roman – Dutch Law* 215.

'Conflict of Law (s) and Autonomy in Antenuptial Agreements (2)' (2006) 69 *Journal of Contemporary Roman – Dutch Law* 367.

'Conflict of Law (s) and Autonomy in Antenuptial Agreements (3)' (2006) 69 *Journal of Contemporary Roman – Dutch Law* 546.

'International Regulation of Cultural Objects: The Options Facing South Africa' (1997) *South African Public Law* 99.

'Law Applicable to Certain Rights in Respect of Securities Held with an Intermediary: The Hague Securities Convention' (2006) 18 *South African Mercantile Law Journal* 83.

'Recognition and Enforcement of Foreign Judgments: Still a Hobson's Choice among Competing Theories' (2005) 38 *Comparative and International Law*

Journal of Southern Africa 15.

'The Integration of Substantive Law Interests and Material Justice in South African Choice of Law' (2003) 36 *Comparative and International Law Journal of Southern Africa* 1.

'The Recognition and Enforcement of Foreign Judgments, Maintenance Orders and Arbitral Awards: AProposal for Structural Reform' (2004) 45 *Codicillus* 64.

'Party Autonomy in International Law of Succession: A Starting Point for a Global Consensus?' (2009) *Journal of South African Law* 241.

Roodt, C. and Esser, I. - M. , 'Venue in Transnational Litigation: Party Autonomy Adds New Impacts to the Judgment Project' (2006) 18 *South African Mercantile Law Journal* 13.

Sanders, A. J. G. M. , 'The Expatriate Contract Worker and the Acquisition of a Domicile of Choice – The Botswana Position' (1983) 100 *South African Law Journal* 705.

Sawyerr, A. G. F. , 'Contractual Capacity and the Conflict of Laws in East Africa: A Study in Conflicts Method' (1968) 1 *Eastern African Law Review* 1.

Schoeman, E. , 'Choice of Law and Legitimacy: Back to 1917' (1999) 116 *South African Law Journal* 288.

'Domicile of Choice and Animus: How Definite is Indefinite?' (1999) 62 *Journal of Contemporary Roman – Dutch Law* 272.

'Domicile of Choice and Animus: How Definite is Indefinite? (Continued)' (1999) 62 *Journal of Contemporary Roman – Dutch Law* 325.

'Domicile, Status and Divorce in South African Conflict of Laws: A Historical Perspective' (1998) 4 *Fundamina: A Journal of Legal History* 1.

'The Abolition of the Wife's Domicile of Dependence: A Lesson in History' (1995) 58 *Journal of Contemporary Roman – Dutch Law* 488.

'The Connecting Factor for the Proprietary Consequences of Marriage' (2001) *Journal of South African Law* 74.

'The South African Conflict Rule for Proprietary Consequences of Marriage:

Learning from the German Experience' (2004) *Journal of South African Law* 115.

'The South African Conflict Rule for Proprietary Consequences of Marriage: The Need for Reform' (2004) 24 *IPRax* 65.

Schulze, C. , 'Electronic Commerce and Civil Jurisdiction, with Special Reference to Consumer Contracts' (2006) 18 *South African Mercantile Law Journal* 31.

'Formalistic and Discretionary Approaches to Characterization in Private International Law' (2006) 123 *South African Law Journal* 161.

'International Jurisdiction in Claims Sounding in Money: is Richman v Ben – Tovim the Last Word?' (2008) 20 *South African Mercantile Law Journal* 61.

'Practical Problems Regarding the Enforcement of Foreign Money Judgements' (2005) 17 *South African Mercantile Law Journal* 125.

'Should a Peregrine Plaintiff Furnish Security for Costs for the Counterclaim of an Incola Defendant?' (2007) 19 *South African Mercantile Law Journal* 393.

Schulze, H. , 'The Recognition and Enforcement of Foreign Arbitral Awards in South Africa' (2000) 8 *Juta's Business Law* 66.

Schulze, H. C. A. W. , 'Legal Aspects of Offshore Transactions' (1994) 27 *Comparative and International Law Journal of Southern Africa* 27.

'Private International Law and Jurisdictional Problems Relating to Offshore Joint Venture Agreements' (1995) 28 *Comparative and International Law Journal of Southern Africa* 383.

'Declining and Referring Jurisdiction in International Litigation: The Leuven/London Principles' (2000) 25 *South African Yearbook of International Law* 161.

'Forum Non Conveniens in Comparative Private International Law' (2001) 118 *South African Law Journal* 812.

'Conflicting Laws of Conflict in Cases of International Succession' (2001) 34 *Comparative and International Law Journal of Southern Africa* 34.

Schulze, W. G. , 'Attachment Ad Fundandam Jurisdictionem of the Rights under a Documentary Letter of Credit – Some Questions Answered, Some Questions Raised' (2000) 63 *Journal of Contemporary Roman – Dutch Law* 672.

Sibanda, O., 'Jurisdictional Arrest of a Foreign Peregrinus Now Unconstitutional in South Africa: *Bid Industrial Holdings* v. *Strang*' (2008) 4 *Journal of Private International Law* 329.

'National Court Intervention in International Commercial Arbitration in South Africa' (2008) 12 *Vindobona Journal of International Commercial Law and Arbitration* 153.

Sigwadi, M., 'The Recognition and Enforcement of Foreign Judgments in South Africa' (2001) 13 *South African Mercantile Law Journal* 649.

Silberberg, H., 'The Determination of Matrimonial Property Rights and the Doctrine of Immutability in the Conflict of Laws' (1973) 6 *Comparative and International Law Journal of Southern Africa* 323.

Skeen, A. S. Q., 'The Mercenary Witness and the Grant of a Commission De Bene Esse' (1982) 99 *South African Law Journal* 338.

Smith, A., 'Some Aspects of Comity and the Protection of Local Creditors in Cross – Border Insolvency Law: South Africa and the United States Compared' (2002) 14 *South African Mercantile Law Journal* 17.

Spiro, E., 'Adoption and the Conflict of Laws' (1983) 16 *Comparative and International Law Journal of Southern Africa* 242.

'Autonomy of the Parties to a Contract and the Conflict of Laws: Illegality' (1984) 17 *Comparative and International Law Journal of Southern Africa*197.

'Conflict of the Locus Regit Actum Rule and the Lex Causae' (1986) 49 *Journal of Contemporary Roman – Dutch Law* 139.

'Currency Problems in Transactions Extending Beyond One Legal Unit' (1985) 18 *Comparative and International Law Journal of Southern Africa* 377.

'Deportation and Domicile' (1964) 81 *South African Law Journal* 173.

'Domicile in South African Law' (1962) *Acta Juridica* 62.

'Domicile of Illegal Immigrant' (1963) 12 *International & Comparative Law*

Quarterly 680.

'Effect of Adoption in South Africa' (1961) 78 *South African Law Journal* 318.

'Enforcement of a Foreign Judgment Sounding in Money against a Fugitive from Justice' (1974) 7 *Comparative and International Law Journal of Southern Africa* 339.

'Enforcement of Foreign Default Judgments' (1968) 1 *Comparative and International Law Journal of Southern Africa* 484.

'Failure to Choose the Applicable Law' (1984) 47 *Journal of Contemporary Roman – Dutch Law* 140.

'Foreign Acts of State and the Conflict of Laws' (1967) 16 *International & Comparative Law Quarterly* 145.

'Foreign Law' (1972) 5 *Comparative and International Law Journal of Southern Africa* 56.

'Foreign Order of Adoption' (1966) *Journal of Contemporary Roman – Dutch Law* 120.

'Forum Non Conveniens' (1980) 14 *Comparative and International Law Journal of Southern Africa* 333.

'Jurisdiction by Consent' (1967) 84 *South African Law Journal* 295.

'Kinds of Conflict Rules' (1979) 96 *South African Law Journal* 598.

'Legitimate and Illegitimate Children' (1964) *Acta Juridica* 53.

'Limitation of Action and the Conflict of Laws' (1988) 51 *Journal of Contemporary Roman – Dutch Law* 34.

'Must Foreign Law Be Applied?' (1979) 12 *Comparative and International Law Journal of Southern Africa* 319.

'Propriety Consequences of Marriage and the Conflict of Laws' (1976) *Journal of Contemporary Roman – Dutch Law* 22.

'Prorogatio Fori of Peregrini Parties' (1987) 20 *Comparative and International Law Journal of Southern Africa* 244.

'Recognition of Foreign Decrees of Divorce' (1974) 37 *Journal of Contemporary Roman – Dutch Law* 340.

'The Defence of *Lis Alibi Pendens*' (1976) 9 *Comparative and International Law Journal of Southern Africa* 89.

'The Evolution of the Closest (Most Significant) Connection in the Conflict of Laws' (1990) 53 *Journal of Contemporary Roman – Dutch Law* 74.

'The Incidence of Jurisdiction in the Recognition and Enforcement of Foreign Judgments' (1978) *Acta Juridica* 59.

Staniland, H. , 'Is the Admiralty Court to be Turned into a Court of Convenience for the Wandering Litigants of the World' (1986) 103 *South African Law Journal* 9.

'Should Foreign Maritime Liens Be Recognized' (1991) 108 *South African Law Journal* 293.

Steyn, E. , 'On the International Recognition of Gay Love' (2003) *Journal of South African Law* 340.

Taitz, J. , 'Jurisdiction and Forum Conveniens – A New Approach?' (1980) 43 *Journal of Contemporary Roman – Dutch Law* 187.

'Jurisdiction and Forum Conveniens – A Reply' (1981) 44 *Journal of Contemporary Roman – Dutch Law* 372.

Tannock, Q. , 'Public Policy as a Ground for Setting Aside an Award: Is Zimbabwe Out of Step?' (2008) 74 *Arbitration: The International Journal of Arbitration, Mediation and Dispute Management* 72.

Terblanche, P. , 'Lex Fori or Lex Loci Delicti? The Problem of Choice of Law in International Delicts' (1997) 30 *Comparative and International Law Journal of Southern Africa* 243.

Teshale, S. , 'Reciprocity with respect to Enforcement of Foreign Judgments in Ethiopia: A Critique of the Supreme Court's Decision in the Paulos Papassinous Case' (2000) 12 *African Journal of International and Comparative Law* 569.

'Towards Rationalizing Judicial Jurisdiction in Ethiopia' (2000) 8 *Tilburg Foreign Law Review* 195.

Thanawalla, S. , 'Foreign Inter Partes Judgments: Their Recognition and Enforcement in the Private International Law of East Africa' (1970) 19 *International & Comparative Law Quarterly* 430.

Therion, S. , 'The Validity of Marriages Solemnized in a Foreign Consulate' (1985) *De Rebus* 353.

Thomashausen, A. , 'The Enforcement and Recognition of Judgments and Other Forms of Legal Cooperation in the SADC' (2002) 35 *Comparative and International Law Journal of Southern Africa* 26.

Thomashausen, A. E. A. M. , 'Some Problems in the Application of South African Private International Law' (1984) 17 *Comparative and International Law Journal of Southern Africa* 78.

'The Matrimonial Property Act 1984: Some New Aspects for Marriages out of Community and Marriages Governed by Foreign Law' (1985) *De Rebus* 167.

Tiewul, S. A. , 'The Enforcement of Arbitration Agreements and Awards' (1974) 11 *University of Ghana Law Journal* 143.

Tshosa, O. B. , 'Immunity of Diplomatic Missions in Botswana in Light of *Amadou Oury Bah v. Libyan Embassy*' (2008) 7 *University of Botswana Law Journal.*

Tsikata, F. , 'Proving Familiar Foreign Law' (1987 – 88) 16 *Review of Ghana Law* 249.

'Actions in Respect of Foreign Currency Obligations' (1987 – 88) 26 *Review of Ghana Law* 234.

Turpin, C. C. , 'Characterization and Policy in the Conflict of Laws' (1959) *Acta Juridica* 222.

'Freedom of Choice in the Acquisition of a Domicile of Choice' (1957) 74 *South African Law Journal* 201.

Uys, J. F. , 'The Continuation of Civil Proceedings in a Foreign Country' (1969) 2 *Comparative and International Law Journal of Southern Africa* 99.

Van Der Linde, K. and Van Der Merwe, T. , 'Company Residence and Jurisdiction' (1994) 111 *South African Law Journal* 780.

van Loggerenberg, C. , 'Changing the Matrimonial Property Regime in the Case of Spouses Married under a Foreign Domiciliary Law' (1987) *Obiter* 111.

Viejobueno, S. , 'Private International Law Rules Relating to the Validity of International Sales Contracts' (1993) 26 *Comparative and International Law Journal of Southern Africa* 172.

Visser, C. , 'Applicable Law in Online Copyright Disputes: A Proposal Emerges' (2004) 16 *South African Mercantile Law Journal* 765.

'Choice of Law in Internet Copyright Disputes' (1999) 11 *South African Mercantile Law Journal* 268.

Vrancken, P. , 'Submission and Attachment to Found Jurisdiction' (1993) 110 *South African Law Journal* 208.

Vrancken, P. H. G. , 'Continuance of Jurisdiction and Effectiveness' (1993) 56 *Journal of Contemporary Roman – Dutch Law* 320.

'Foreign Antenuptial Contracts and s 7 (3) of the Divorce Act 1970 of 1979: Lagesse v. Lagesse' (1993) *Journal of South African Law* 180.

Walker, D. M. , 'The Concept of Status' (1979) *Acta Juridica* 416.

Wesley, C. , 'The Presumption that Foreign Law is the Same as the Local Law: An Absolute Tradition Revisited' (1996) 37 *Codicillus* 36.

Wyk, A. V. , 'Judgments in a Foreign Currency' (1991) 3 *South African Mercantile Law Journal* 197.

Zajtay, I. , 'The Application of Foreign Law: Science and Fictions' (1973) 6 *Comparative and International Law Journal of Southern Africa* 245.

译后记

　　2000 年中非合作论坛设立以来，中非之间的经贸关系发展迅速，民商事交流日益频繁。在 2018 年召开的中非合作论坛北京峰会上，习近平主席明确提出对非合作的"八大行动"，并宣布将"一带一路"建设同落实联合国《2030 年可持续发展议程》、非盟《2063 年议程》以及非洲各国的国内发展战略相对接，与非洲国家携手共筑"责任共担""合作共赢""幸福共享""文化共兴""安全共筑""和谐共生"的更加紧密的中非命运共同体。截至 2019 年 10 月底，中国已同 44 个非洲国家签署了共建"一带一路"相关文件。随着"一带一路"建设在非洲的推进，双方之间的民商事纠纷也可能增加。

　　我一直关注中非之间的民商事纠纷问题。近年来，中国和非洲国家的当事人之间已出现大量民商事纠纷。根据我掌握的材料，非洲国家法院和仲裁机构已受理了大量涉及中国当事人的民商事案件，而中国法院和仲裁机构受理的涉及非洲国家当事人的民商事案件也大量增加，几乎涉及来自非洲所有国家的当事人。这些民商事纠纷能否得到妥善处理，将会影响中非之间人员、资本、服务和商品的流通，影响中非之间的人文交流。要妥善解决中非之间的民商事纠纷案件，就需要了解非洲国家有关涉外案件管辖权、法律适用、文书送达、调查取证和外国判决承认与执行的相关规定。这些问题都是国际私法的调整领域。

　　因此，这些年来，我投入很多精力进行非洲国际私法的研究，有意识地翻译了一些非洲国际私法方面的文献资料。十多年前，当我在剑桥大学法学院做博士后研究时，我的合作导师、著名的南非国际私法问题专家福赛斯（Christopher Forsyth）教授介绍我与本书作者奥蓬博士认识，从此我们一直保持联系。奥蓬博士对非洲国际私法有浓厚的兴趣，对非洲国际私法在促进非洲一体化方面的作用有独到见解。他发表了大量颇有见地的非洲国际私法方面的论文。有些论文受到了国际社会的关注，例如，他发表在《国际私法年刊》第八卷上的论文《海牙国际私法会议在非洲：呼吁合作》（The Hague Conference on Private International Law in Africa：A Plea for Cooperation）就被海牙国际私法会议译成法语，希望以此推动法语非洲加入海牙国际私法会议的工作。我也把他的一些重要论文译成了中文，发表在《民商法论丛》《国际法与比较法论丛》《湘江法律评论》等杂志上。当奥蓬博士在2014年将他完成的《英联邦非洲国际私法》一书的电子版发给我时，我就表示希望将这本书译成中文，他欣然同意。

这本《英联邦非洲国际私法》对于了解英联邦非洲国家的国际私法制度具有重要的参考价值。非洲虽然也是产生法律冲突的沃壤，但非洲国际私法长期以来是少有人关注的"灰姑娘"（福赛斯教授语）。除南非外，非洲国家的国际私法文献十分匮乏，仅有的一些文献也多关注某几个国家的某一国际私法领域，并且内容陈旧。在这种背景下，奥蓬博士的这本书如同降在撒哈拉沙漠的甘霖，及时而且珍贵。这部书体系完整，内容丰富，实用性强。本书的体系涵盖了除喀麦隆、莫桑比克、毛里求斯、塞舌尔和卢旺达以外的14个英联邦非洲国家以及曾经的英联邦国家津巴布韦，通过本书读者可以对英联邦非洲国家的国际私法有一个系统而全面的了解；在内容方面，本书涉及国际私法的所有领域，包括管辖权、法律适用、域外送达、域外调查取证以及判决的承认与执行；本书结合相关国家的国际私法规定，运用具体案例分析相关国家处理涉外民商事案件的过程，具有很强的实用性。正如海牙国际私法会议秘书长贝纳斯科尼先生所言，本书填补了非洲地区这一领域的"空白"。而英联邦非洲国家有关国际私法问题的解决方案无疑也会给我们带来全新的视角和思考。

除了关注中非纠纷问题外，我还对非洲一体化法律问题、非洲商法协调组织的法律制度充满兴趣。我在一些论文中论述过这些研究领域对中非经贸关系的意义。"嘤其鸣矣，求其友声"。为了引起国内同行对上述领域问题的关注，我围绕相关问题先后翻译了一些代表性著作，如《非洲商法：OHADA与统一化进程》《非洲统一商法：普通法视角下的OHADA》《非洲经济一体化的法律问题》《中非争议解决：仲裁的法律、经济和文化分析》，也出版了相关著作，如《非洲涉外民商事纠纷的多元化解决机制研究》《非洲商法协调组织》等，以抛砖引玉，期待国内同行能够深入开展上述领域的研究。实际上，在国内，学术著作的翻译完全是"为他人作嫁衣裳"，因为许多单位不把翻译作品作为相关考核成果对待。但是，对于自己认为有意义的事情，谁还会斤斤计较个人的利益得失呢？在针对"一带一路"共建国家法律风险提出对策建议时，如果对对象国的法律制度不了解，又如何提出有针对性的建议呢？实际上，近年来一些有关"一带一路"共建国家法律风险对策的论文、建议大多千篇一律、泛泛而谈，给人雾里看花、隔靴搔痒之感。所以，总需要有人踏踏实实地做些共建国家相关法律资料的收集、整理和翻译工作。

需要说明的是，本书原著目录仅对"部分"和"章"编排了序号，对于"章"以下的标题没有编排序号，也没有进一步划分更小的次级标题。在译成中文后，为了便于阅读和查找，我把"章"以下的标题按顺序编成不同的"节"，同时又把相关"节"的内容按顺序编了更小的标题。

非常感谢海牙国际私法会议秘书长克里斯托弗·贝纳斯科尼先生在百忙中为本书中文版作序。我与贝纳斯科尼先生在 2019 年 10 月 30 日在中国社会科学院国际法研究所举行的"构建人类命运共同体与国际法治"国际研讨会上相识。当时他在会议上的主旨发言中提到非洲国家在海牙国际私法会议中的参与情况，希望能推动更多非洲国家加入该组织。会后，我和他谈起我所做的有关非洲国际私法的研究工作，非洲国家参与海牙国际私法会议或加入更多海牙公约对中非经贸关系发展的意义，以及中国、非洲国家和海牙国际私法会议三方合作的可能性。他听后非常感兴趣，慨然应允为《英联邦非洲国际私法》中文版作序，希望更多在非洲国家经营的中国人和中国企业能够了解非洲国际私法，也希望更多非洲国家能够参与海牙国际私法会议的工作，为"一带一路"倡议在非洲的实施提供更好的法律基础。

我还要感谢我的博士研究生张梦颖和王婷同学以及硕士研究生欧阳慧和艾昕语同学，她们在繁忙的学习之余，帮我整理了本书的部分脚注，减少了我一部分工作量。在本书翻译过程中，我的家人也给予了我最大限度的理解和支持，同样对他们致以诚挚的谢意。本书的完成也离不开编辑老师和其他许多人士的帮助与付出，衷心感谢你们！

　　需要说明的是，本人力求译文符合原意，但受制于多种因素，错漏之处难免，望读者诸君不吝指正。

朱伟东

2019.12.25

图书在版编目（CIP）数据

英联邦非洲国际私法／（加纳）理查德·弗林蓬·奥
蓬著；朱伟东译 . -- 北京：社会科学文献出版社，
2020.5
书名原文：Private international law in
Commonwealth Africa
ISBN 978 – 7 – 5201 – 6097 – 1

Ⅰ.①英… Ⅱ.①理… ②朱… Ⅲ.①国际私法 – 研
究 – 非洲 Ⅳ.①D997

中国版本图书馆 CIP 数据核字（2020）第 026682 号

英联邦非洲国际私法

著　　者／〔加纳〕理查德·弗林蓬·奥蓬
译　　者／朱伟东

出 版 人／谢寿光
责任编辑／许玉燕
文稿编辑／卢敏华

出　　版／社会科学文献出版社·国别区域分社（010）59367078
　　　　　　地址：北京市北三环中路甲 29 号院华龙大厦　邮编：100029
　　　　　　网址：www. ssap. com. cn
发　　行／市场营销中心（010）59367081　59367083
印　　装／三河市尚艺印装有限公司

规　　格／开本：787mm×1092mm　1/16
　　　　　　印张：34.25　字数：529 千字
版　　次／2020 年 5 月第 1 版　2020 年 5 月第 1 次印刷
书　　号／ISBN 978 – 7 – 5201 – 6097 – 1
著作权合同
登 记 号／图字 01 – 2020 – 1687 号
定　　价／168.00 元